Fechner/Arnhold

Sportrecht

Sportrecht

Vorschriftensammlung

herausgegeben von

Frank Fechner und
Johannes Arnhold

Mohr Siebeck

Frank Fechner ist Universitätsprofessor für Öffentliches Recht, insbesondere öffentlich-rechtliches Wirtschaftsrecht und Medienrecht an der TU Ilmenau.

Johannes Arnhold ist Rechtsanwalt und Wissenschaftlicher Mitarbeiter im Fachbereich Öffentliches Recht an der TU Ilmenau sowie Lehrbeauftragter für Sportrecht an der Universität Erfurt.

ISBN 978-3-16-152055-6

Die Deutsche Nationalbibliothek verzeichnet diese Publikation in der Deutschen Nationalbibliographie; detaillierte bibliographische Daten sind im Internet über *http://dnb.dnb.de* abrufbar.

Das Buch wurde von Gulde-Druck in Tübingen auf alterungsbeständiges Werkdruckpapier gedruckt und von der Buchbinderei Nädele in Nehren gebunden.

Vorwort

Das Sportrecht ist eine dynamische Querschnittsmaterie, deren Rechtsgrundlagen in verschiedenen Gesetzen, Verordnungen und Normen verstreut sind. Ein klassisches „Sportgesetzbuch", in dem alle sportrechtlichen Fragen geregelt wären, gibt es nicht. Das liegt nicht zuletzt an der sportspezifischen Verflechtung von internem (verbandspezifischem) und staatlichem Sportrecht.

Diese Vorschriftensammlung trägt daher – in dieser übergreifenden Betrachtung erstmalig – sowohl die wichtigsten Normen des staatlichen Rechts als auch die zentralen verbandsspezifischen Regelungen mit Sportbezug zusammen. Sie bietet die Möglichkeit, sich den – durch einen starken Praxisbezug gekennzeichneten – Rechtsproblemen im Sport zu nähern und die Orientierung im „Normendschungel" zu erleichtern und soll das Auffinden der einschlägigen Rechtsgrundlagen in einem Band ermöglichen. Die Vorschriftensammlung ist abgestimmt auf das Lehrbuch zum Sportrecht von Fechner/Arnhold/Brodführer (erscheint im 2. Halbjahr 2012).

Athleten sowie Verantwortlichen aus Vereinen und Verbänden, Veranstaltern und Zuschauern von Sportereignissen, Sponsoren und Förderern, aber auch Sportmanagern und im Sportrecht tätigen Rechtsanwälten soll die Sammlung gleichermaßen hilfreich sein. Darüber hinaus richtet sie sich vor allem an Studierende und Auszubildende im Bereich der Sportwissenschaften, des Sport- oder Eventmanagements und an sportinteressierte Jurastudentinnen und -studenten.

Für wertvolle inhaltliche Hinweise danken wir den Mitarbeitern am Fachgebiet Öffentliches Recht der TU Ilmenau, Frau Ass. iur. Heike Krischok und Herrn Dr. iur. Michael Brodführer. Ebenso sei Frau Ass. iur. Christine Kneipel gedankt für kritische und wertvolle Anregungen. Darüber hinaus danken wir dem IOC, den Internationalen Sportverbänden FIFA, IAAF, IHF, FIS,

IBU und der WADA sowie dem Deutschen Olympischen Sportbund, dem Deutschen Fußball-Bund, dem Deutschen Tennis-Bund, dem Deutschen Turner-Bund, dem Deutschen Leichtathletik-Verband und dem Deutschen Handball-Bund für die kooperative Zusammenarbeit. Ein weiteres Dankeschön geht an Herrn Prof. Dr. Christoph Vedder sowie an Herrn Prof. Dr. Manfred Lämmer für die Übersetzung der Olympischen Charta.

Verbesserungsvorschläge nehmen wir gern entgegen.

Kontaktadressen:
Frank.Fechner@tu-ilmenau.de
Johannes.Arnhold@tu-ilmenau.de.

Ilmenau, im Sommer 2012

Frank Fechner
Johannes Arnhold

Inhaltsverzeichnis

Vorwort V
Abkürzungsverzeichnis XI
Einleitung XV
Tabelle: sportrechtliche Probleme im Überblick XLIII

Teil 1. Staatliches Sportrecht

A. Übergeordnete Rechtsvorschriften 1

I. Völkerrechtliche Grundlagen 2
1. New Yorker Übereinkommen über die Anerkennung und Vollstreckung ausländischer Schiedssprüche (Auszug) 2
2. Europäisches Übereinkommen über die internationale Handelsschiedsgerichtsbarkeit (Auszug) 4
3. UNESCO-Übereinkommen über Doping im Sport 8

II. Europarechtliche Grundlagen 28
4. Vertrag über die Arbeitsweise der Europäischen Union (Auszug) 28
5. Charta der Grundrechte der EU (Auszug) 37
6. Europäische Menschenrechtskonvention (Auszug) 40
7. Verordnung des Rates über die gerichtliche Zuständigkeit und die Anerkennung und Vollstreckung von Entscheidungen in Zivil- und Handelssachen/ EuGVO (Auszug) 43

III. Verfassungsrechtliche Grundlagen 52
8. Grundgesetz (Auszug) 52
9.-23. Landesverfassungen (Auszug) 67

IV. Bundesrecht/ Landesrecht 82

a) Öffentlich-rechtliche Grundlagen 82
24. Vereinsgesetz (Auszug) 82

25. Vereinsregisterverordnung (Auszug) 86
26. Sportanlagenlärmschutzverordnung 103
27. Musterversammlungsstättenverordnung 109

b) Zivilrechtliche Grundlagen 127
28. Bürgerliches Gesetzbuch (Auszug) 127
29. Einführungsgesetz zum Bürgerlichen Gesetzbuch (Auszug) 169
30. Zivilprozessordnung (Auszug) 172

c) Strafrechtliche Grundlagen 189
31. Strafgesetzbuch (Auszug) 189
32. Arzneimittelgesetz (Auszug) 212
33. Betäubungsmittelgesetz (Auszug) 224

B. Besondere Sportrechtsgebiete 231

I. Sportarbeitsrecht 231
34. Kündigungsschutzgesetz (Auszug) 231
35. Bundesurlaubsgesetz (Auszug) 239
36. Teilzeit- und Befristungsgesetz (Auszug) 241
37. Arbeitszeitgesetz (Auszug) 245
38. Jugendarbeitsschutzgesetz (Auszug) 248

II. Sportmedienrecht 263
39. Richtlinie über audiovisuelle Mediendienste (Auszug) 263
40. Rundfunkstaatsvertrag (Auszug) 268
41. Gesetz gegen den unlauteren Wettbewerb (Auszug) 277
42. Urheberrechtsgesetz (Auszug) 292
43. Markengesetz (Auszug) 309
44. Kunsturheberrechtsgesetz (Auszug) 320
45. Gesetz zum Schutz des olympischen Emblems und der olympischen Bezeichnungen 323
45. Bundesdatenschutzgesetz (Auszug) 327

III. Sportsteuerrecht 350
47. Abgabenordnung (Auszug) 350
48. Einkommensteuergesetz (Auszug) 360
49. Gewerbesteuergesetz (Auszug) 379
50. Umsatzsteuergesetz (Auszug) 388

Teil 2. Selbstverwaltungsrecht des Sports (internes Sportrecht)

A. Internationales Sportverbandsrecht ... 403
51. Olympische Charta ... 403
52. Statuten der FIFA (Fédération Internationale de Football Association) ... 486
53. Verfassung der Internationalen Biathlon Union ... 529

B. Nationales Sportverbandsrecht ... 549
54. Satzung des Deutschen Olympischen Sportbunds ... 549
55. Satzung des Deutschen Fußball-Bunds ... 571
56. Satzung des Deutschen Turner-Bunds ... 621
57. Satzung des Deutsche Handball-Bunds ... 646
58. Code der Nationalen Anti-Doping-Agentur ... 687

Linkliste mit den Satzungen der wichtigsten nationalen und internationalen Sportverbände ... 735
Sachverzeichnis ... 738

Abkürzungsverzeichnis

Abs.	Absatz
AEUV	Vertrag über die Arbeitsweise der Europäischen Union
AG	Aktiengesellschaft; Amtsgericht
AGB	Allgemeine Geschäftsbedingungen
Alt.	Alternative
AMG	Gesetz über den Verkehr mit Arzneimitteln
AO	Abgabenordnung
ArbZG	Arbeitszeitgesetz
Art.	Artikel
ATP	Allgemeiner Testpool
AVMD-RL	Richtlinie über audiovisuelle Mediendienste
BauGB	Baugesetzbuch
BBL	Basketball Bundesliga
Bd.	Band
BDSG	Bundesdatenschutzgesetz
BGB	Bürgerliches Gesetzbuch
BGH	Bundesgerichtshof
BImschG	Bundesimmissionsschutzgesetz
BImschV, 18.	Sportanlagenlärmschutzverordnung
BtMG	Betäubungsmittelgesetz
BurlG	Bundesurlaubsgesetz
BVerfG	Bundesverfassungsgericht
BVerwG	Bundesverwaltungsgericht
ca.	circa
CAS	Court of Arbitration for Sport
Co.	Compagnie
DFB	Deutscher Fußball-Bund
DEL	Deutsche Eishockey-Liga
DFL	Deutsche Fußball Liga

DHB	Deutscher Handball-Bund
DLV	Deutscher Leichtathletik-Verband
DOSB	Deutscher Olympischer Sportbund
DTB	Deutscher Turner-Bund; Deutscher Tennis-Bund
ECA	European Club Association
EGBGB	Einführungsgesetz zum BGB
EM	Europameisterschaft
EMRK	Europäische Konvention zum Schutz der Menschenrechte und Grundfreiheiten
EStG	Einkommensteuergesetz
etc.	et cetera
EU	Europäische Union
EuGH	Europäischer Gerichtshof
EUGVO	Verordnung des Rates über die gerichtliche Zuständigkeit und die Anerkennung und Vollstreckung von Entscheidungen in Zivil- und Handelssachen
EUV	Vertrag über die Europäische Union
e.V.	eingetragener Verein
f.	folgende
FC	Fußballclub
FIFA	Fédération Internationale de Football Association
GewStG	Gewerbesteuergesetz
GG	Grundgesetz
GmbH	Gesellschaft mit beschränkter Haftung
GmbHG	Gesetz der Gesellschaft mit beschränkter Haftung
GO	Geschäftsordnung
HBL	Handball Bundesliga
HGB	Handelsgesetzbuch
Hrsg.	Herausgeber
IAAF	International Amateur Athletic Federation
IBU	Internationale Biathlon-Union
IHF	Federation Internationale de Handball
IOC	International Olympic Committee
i.S.v.	im Sinne von
i.V.m.	in Verbindung mit

JArbSchG	Jugendarbeitsschutzgesetz
Kap	Kapitel
KG	Kommanditgesellschaft
KGaA	Kommanditgesellschaft auf Aktien
KStG	Körperschaftssteuergesetz
KUG	Kunst-Urhebergesetz
KSchG	Kündigungsschutzgesetz
LG	Landgericht
LO	Lizenzordnung Ligaverband
LOS	Lizenzordnung Spieler
MarkenG	Markengesetz
Mio.	Millionen
MVStVO	Musterversammlungsstättenverordnung
NADA	Nationale Anti-Doping Agentur
New Yorker Übereinkommen	New Yorker Übereinkommen über die Anerkennung und Vollstreckung ausländischer Schiedssprüche
Nr.	Nummer
o.Ä.	oder Ähnliches
OLG	Oberlandesgericht
OlympSchG	Gesetz zum Schutz des olympischen Emblems und der olympischen Bezeichnung
RL	Richtlinie
Rspr.	Rechtsprechung
RStV	Rundfunkstaatsvertrag
RTP	Registred Testpool
S.	Seite
Slg.	Sammlung der Rechtsprechung des EuGH
sog.	so genannt
StGB	Strafgesetzbuch
SV	Sportverein
TzBfG	Teilzeitbefristungsgesetz
u.a.	unter anderem
UEFA	Union des Association Européennes de Football
UrhG	Urheberrechtsgesetz
Urt.	Urteil
UStG	Umsatzsteuergesetz

usw.	und so weiter
UWG	Gesetz gegen den unlauteren Wettbewerb
v.	vom/von
VG	Verwaltungsgericht
vgl.	vergleiche
VO	Verordnung
WADA	World-Anti-Doping-Agentur
VereinsG	Vereinsgesetz
VRV	Vereinsregisterverordnung
WM	Weltmeisterschaft
z.B.	zum Beispiel
ZPO	Zivilprozessordnung

Einleitung

Lange Zeit war der Sport kein Betätigungsfeld für den Gesetzgeber. Vielmehr überließ er ihn aufgrund seiner verfassungsrechtlich garantierten Verbandsautonomie weitgehend „sich selbst“. Im Zuge der Kommerzialisierung des Sports stieg jedoch das Bedürfnis nach Klärung einzelner Sachverhalte durch staatliches und überstaatliches Recht.

Aufgrund dieser Entwicklung ist das außerverbandliche, staatliche Recht vor allem dort für den Sport von Relevanz, wo der wirtschaftliche Wert einer sportlichen Leistung bzw. Sportveranstaltung eine zentrale Bedeutung hat oder auch dort, wo eine Gefahr für die öffentliche Sicherheit und Ordnung von einer Sportveranstaltung ausgeht.

Diese Mehrschichtigkeit spiegelt sich in der Darstellung der sportrechtlich relevanten Normen wider. Neben dem **internen Sportrecht** mit seinen verbandsspezifischen Regeln der internationalen und nationalen Sportverbände als dem eigenverantwortlich gesetzten Recht der Sportorganisationen ist eine Vielzahl von Normen mit Sportbezug im Bereich des staatlichen Rechts zu berücksichtigen. Es bedarf jeweils einer Einordnung der Fragestellung in das entsprechende Rechtsgebiet.

Die Vorschriftensammlung bietet zunächst eine Einführung in die grundlegenden Zusammenhänge im Sportrecht. Im Anschluss daran ist eine Tabelle zu finden, aus der auch der juristische Laie leicht die für seine Fragen relevanten Normen ablesen kann. Die dann aufgeführten Vorschriften sind unterteilt in eine Darstellung der wichtigsten staatlichen Regelungen (→ Teil 1) und der verbandsspezifischen Regelungen großer nationaler und internationaler Sportverbände (→ Teil 2). Teil 1 ist seinerseits gegliedert in einen hierarchisch strukturierten Abschnitt (Völkerrecht, Europarecht, Bundesrecht/Landesrecht) aus übergeordneten Normen mit Sportbezug und in einen Teil, der besonderen Sportrechtsgebieten gewidmet ist (Sportarbeitsrecht, Sportmedienrecht, Sportsteuerrecht). Ergänzt wird die Sammlung durch ein Sachverzeichnis.

Teil 1. Staatliches Sportrecht

Ein eigenes Gesetz mit sportspezifischem Recht des Staates findet sich in Deutschland nicht – anders etwa als in Frankreich, Griechenland, Polen oder Ungarn. Der Staat gibt lediglich einen äußeren Rahmen vor. Staatlich gesetzt sind insbesondere arbeitsrechtliche, vertragsrechtliche, bau- und immissionsschutzrechtliche sowie strafrechtliche Normen. Internes Recht im Sport (Regeln, Sportorganisation etc.) setzen und verwalten die Sportverbände selbst und autonom. Der Staat ist verpflichtet, diese Eigenständigkeit und Eigengesetzlichkeit zu respektieren. Das ergibt sich aus der Vereinigungsfreiheit des Art. 9 Abs. 1 des Grundgesetzes. Dabei ist er an das Subsidiaritätsprinzip gebunden, das heißt, wenn er tätig wird, ist er darauf beschränkt, die private Tätigkeit der Sportorganisationen zu fördern bzw. sicherzustellen. Insofern darf der Begriff des **staatlichen Sportrechts** nicht falsch verstanden werden.

Die Notwendigkeit, sich allgemeiner staatlicher Normen im Sport zu bedienen, resultiert aus der sozialen, politischen und ökonomischen Bedeutung, die der organisierte Sport als eines der größten gesellschaftlichen Subsysteme in Deutschland erlangt hat. Vor allem im Profisport entstehen rechtliche Konflikte, die mehr und mehr nicht nur durch die eigenverantwortlichen Kräfte der Verbände zu lösen sind, so dass hier eine „Einbruchstelle" des staatlichen Rechts ins interne Sportrecht zu finden ist.

Begrifflich umfasst das staatliche Sportrecht dabei auch das übernationale, also internationale und europäisches Recht im Sport, welches nicht verbandspezifisches Recht ist.

A. Übergeordnete Rechtsvorschriften

I. Völkerrechtliche Grundlagen

Sport ist international und durch grenzüberschreitende Strukturen geprägt. Internationales Sportrecht bezeichnet den Bereich des Sportrechts, der sich mit grenzüberschreitenden zwischenstaatlichen Konfliktsituationen im Sport befasst. Anspruch des internationalen Wettbewerbs ist es, neben dem Grundsatz des Fair Play ein weltweit einheitliches Sportrecht zu haben, das die Gleichbehandlung aller Sportler gewährleistet.

Der Leistungssport wird von Internationalen Sportverbänden organisiert (siehe unten → verbandsspezifisches Recht im Sport, Internationale Sportverbände). In Streitfällen bemühen sich diese (ebenso wie auch die nationalen Sportverbände), sportbezogene Streitigkeiten von den staatlichen Gerichten fernzuhalten und diese lieber vor Verbandsgerichten klären zu lassen. Hintergrund ist zum einen die Ersparnis von Zeit und Kosten, zum anderen sollen auf dem Gebiet des Sports Fachleute über rechtliche Streitigkeiten entscheiden. Dennoch ist nach dem Ausschöpfen des Verbandsrechtsweges der Gang vor die staatliche Gerichtsbarkeit in der Regel möglich. Für die Mitgliedstaaten der Europäischen Union ist die internationale Zuständigkeit eines Gerichts durch die **Europäische Gerichtsstands- und Vollstreckungsverordnung (EuGVO; → Nr. 7)** vom 1.3.2003 geregelt. Jedoch bleibt die bereits aufgeworfene Frage nach der Einheitlichkeit des Rechtschutzes für Sportler zu beantworten.

Um hier eine Harmonisierung auf der Ebene der Gerichtsbarkeit zu erreichen, haben die Verbände zum Teil spezielle Sportschiedsgerichte eingerichtet. Schiedsgerichte treten durch Vereinbarungen der Parteien an die Stelle nationaler staatlicher Gerichte. Im Vergleich zum verbandsgerichtlichen Urteil kann ein schiedsgerichtliches Urteil zwar von einem staatlichen Gericht aufgehoben, nicht jedoch inhaltlich überprüft werden.

Das international anerkannteste Schiedsgericht im Sport ist der CAS (Court of Arbitration for Sport) in Lausanne. Dessen bedeutende Rolle in der Sportschiedsgerichtsbarkeit resultiert insbesondere aus seiner Funktion als letzte Instanz in Dopingstreitigkeiten. Ein deutsches Sportschiedsgericht besteht seit 1.1.2008. Es hat seinen Sitz in Köln und ist der Deutschen Institution für Schiedsgerichtsbarkeit e.V. angegliedert.

Schiedsgerichte genügen den nationalen Anforderungen der §§ 1025 ff. **Zivilprozessordnung (ZPO; → Nr. 30)** durch die Beachtung rechtstaatlicher Verfahrensgrundsätze. Die wichtigsten völkerrechtlichen Rechtsgrundlagen einer Schiedsgerichtsentscheidung im Sport finden sich im **New Yorker Übereinkom-**

men über die Anerkennung und Vollstreckung ausländischer Schiedssprüche vom 10.6.1958 (**→ Nr. 1**), welches 2010 von 144 Staaten ratifiziert worden ist und damit nahezu weltweit gilt. Es manifestiert die Anerkennung sowohl von Schiedsgerichtsvereinbarungen (Art. II Abs. 1) als auch von Schiedssprüchen (Art. III Abs. 1) und sieht die Vollstreckbarkeit dieser Entscheidungen nach nationalem Vollstreckungsrecht vor. Sportrechtliche Relevanz hat auch das **Genfer Europäische Übereinkommen über die Internationale Handelsgerichtsbarkeit** vom 21.4. 1961 (**→ Nr. 2**) für die Konstellationen, in denen eine Streitigkeit aus einem beiderseitigen internationalen Handelsgeschäft gegeben ist.

Im Bereich des Dopings ist der Welt-Anti-Doping-Code vom 1.1.2004 von zentraler Bedeutung. Wesentliche Ziele sind die Harmonisierung, Koordinierung und Effektuierung des nationalen und internationalen Kampfes gegen Doping. Allerdings kommt dem Code nicht die Eigenschaft eines völkerrechtlichen Vertrages zu, denn die WADA ist eine private Stiftung nach Schweizer Recht. Da der WADA-Code dem privaten Recht zuzuordnen ist, scheidet eine direkte Anwendbarkeit aus. Durch das **UNESCO-Übereinkommen über Doping im Sport** vom 19.10. 2005 (**→ Nr. 3**) erlangen jedoch Teile des WADA-Codes durch Übernahme in die UNESCO-Konvention völkerrechtlichen Status. Mit diesem Übereinkommen haben sich die Vertragsstaaten den Grundsätzen des Codes verpflichtet. Seine nationale Umsetzung hat der WADA-Code durch den **NADA-Code** (**→ vgl. Nr. 58**) der Nationalen-Anti-Doping-Agentur erfahren.

II. Europarechtliche Grundlagen

Die Rechtsetzung der Europäischen Union spielt eine immer größer werdende Rolle im Sport. Der Vertrag von Lissabon hat dabei erhebliche Neuerungen gebracht: der **Vertrag über die Arbeitsweise der Europäischen Union (AEUV; → Nr. 4)** enthält erstmals mit Art. 165 einen eigenen Kompetenztitel, der die Förderung im Sport durch eigene EU-Maßnahmen ermöglicht. Daneben ist das Europarecht vor allem von Bedeutung, wo Aktivitäten im Sport zum Bereich des Europäischen Wirtschaftsraumes gezählt werden. Dies ist vor allem im Kartellrecht und dort der Fall, wo es um die individuellen Rechte einzelner Athleten oder der am Sport Beteiligten geht.

Im Zentrum steht der professionelle Sport als Teil des Wirtschaftslebens. Berücksichtigt werden müssen vor allem die europäischen Grundrechte, die in der **Charta der Grundrechte der Europäischen Union (GRC; Nr. 5)** und der **Europäischen Menschenrechtskonvention (EMRK, → Nr. 6)** niedergeschrieben sind und die Grundfreiheiten, die im AEUV verankert sind. Daneben spielt das Kartellrecht (Geregelt in Art. 101, 102 AEUV) wegen der oft monopolartig angelegten Sportverbände eine wichtige Rolle.

Sportrelevant sind bei den Grundrechten die Vereinigungsfreiheit (Art. 11 EMRK; Art. 12 GRC) und die Berufsfreiheit (Art. 15 GRC). Bei den Grundfreiheiten ist die Arbeitnehmerfreizügigkeit des Art. 45 AEUV zu berücksichtigen, an der sich sportverbandliche Regelungen messen lassen müssen. Beispiele sind u.a. Transferregelungen im Fußball (vgl. die Bosman-Entscheidung des EuGH vom 15. Dezember 1996; RS C-415/93) oder so genannte Ausländerklauseln, die die Zahl der in einem Wettkampf eingesetzten nationalen und ausländischen Spieler festlegen.

Daneben gewähren die Warenverkehrsfreiheit (Art. 28 ff. AEUV), die Niederlassungsfreiheit (Art. 49 AEUV) und die Dienstleistungsfreiheit des Art. 56 AEUV europarechtlichen Schutz im Sport. Letztere garantiert eine diskriminierungsfreie selbständige Erwerbstätigkeit von Unionsbürgern in anderen Mitgliedstaaten. Vor allem in den Nicht-Mannschaftssportarten trägt sie damit zur Sicherung der Lebensgrundlage von Profisportlern bei.

Europäisches Wettbewerbsrecht ist generell auf Beschlüsse und Satzungen von Sportverbänden anwendbar. Das hat der Europäische Gerichtshof mit der Grundsatzentscheidung Meca-Medina und Macjen (EuGH, Urteil vom 18. Juni 2006; RS C-519/04) klargestellt. Die Folge ist, dass Regelungen mit rein sportlichem Charakter einer kartellrechtlichen Prüfung unterzogen werden können. Insbesondere das Verbot wettbewerbshindernder Vereinbarungen und Beschlüsse gemäß Art. 101 AEUV sowie das Verbot des Missbrauchs einer marktbeherrschenden Stellung gem. Art. 102 AEUV sind zu beachten. Auswirkungen hat das unter anderem auf das Sponsoring (z.B. bei exklusiven

Ausrüsterverträgen), die Beteiligung von Großinvestoren an Fußballvereinen (vgl. „50+1-Regel" in der Satzung des Ligaverbands des Deutschen Fußball-Bunds) sowie auf die Zentralvermarktung von Ligaspielen durch den jeweiligen Verband.

III. Verfassungsrechtliche Grundlagen

Im **Grundgesetz (GG; → Nr. 8)** findet der Sport trotz seiner gesellschaftlichen und wirtschaftlichen Bedeutung (noch) keine Erwähnung – im Gegensatz zu anderen europäischen Verfassungen und den Verträgen der Europäischen Union (vgl. oben → europarechtliche Grundlagen). Entsprechende Forderungen sind bisher nicht in die Verfassung umgesetzt worden, wohl nicht zuletzt, weil die Bundesländer traditionell für diesen Bereich kompetenziell zuständig sind. In beinahe allen deutschen **Landesverfassungen (vgl. → Nr. 9-23)** ist der Sport als Staatszielbestimmung fest verankert.

Obwohl kein ausdrückliches „Sportgrundrecht" in der nationalen Verfassung zu finden ist, ist Sport in Deutschland durch verschiedene Grundrechte geschützt, auf die sich Sportler, Vereine und Verbände berufen können. Grundsätzlich sind Grundrechte Abwehrrechte des Bürgers gegen den Staat; sie wirken aber auch mittelbar zwischen Privatrechtssubjekten (Verbände, Vereine, Sportler) über zivilrechtliche Generalklauseln (so genannte mittelbare Drittwirkung der Grundrechte).

Inwieweit die Menschenwürde, das oberste in Art. 1 Abs. 1 GG festgelegte Verfassungsprinzip gegenüber extremen Kampfsportarten ins Feld geführt werden kann, wurde bisher gerichtlich noch nicht ausgelotet. Erörtert wird die Menschenwürde unter anderem im Zusammenhang mit Kampfspielen wie „Paintball" oder „Mixed Material Arts" und entfaltet Wirkung gegenüber pseudosportlichen Veranstaltungen wie dem sog. „Zwergenweitwurf".

Die allgemeine Handlungsfreiheit des Art. 2 Abs. 1 GG kann nicht zuletzt als Grundlage des Freizeitsports bezeichnet werden, ermöglicht sie doch, Sport nach Belieben auszuführen, soweit dadurch nicht Rechte anderer beeinträchtigt werden.

Eine Kombination der vorgenannten Grundrechte, Art. 2 Abs. 1 und Art. 1 Abs. 1 GG, ist die verfassungsrechtliche Grundlage des allgemeinen Persönlichkeitsrechts, das auch bei der Medienberichterstattung über Sportler beachtet werden muss. Dem gegenüber stehen die Medienfreiheiten des Art. 5 Abs. 1 GG, die miteinander zu einem Ausgleich gebracht werden müssen (nähere Ausführungen, siehe → Sportmedienrecht).

Das Recht der Eltern, vor allem aber ihre Pflicht zur sportlichen Erziehung ihrer Kinder ergibt sich aus Art. 6 Abs. 2 GG, wohingegen die Schulpflicht mit dem Schulsport in Art. 7 GG zu verankern sind. Besonders schwer zu lösende Konflikte ergeben sich diesbezüglich mit der Glaubensfreiheit, die von Eltern bezüglich des Sportunterrichts als auch von christlichen Eltern gegenüber der Teilnahme am Schwimmunterricht ihrer Töchter geltend gemacht wurde.

Das zentrale Grundrecht, welches die Autonomie der Vereine und Verbände gewährleistet, ist die Vereinigungsfreiheit gemäß Art. 9 Abs. 1 GG. Danach hat jeder Deutsche das Recht, Vereine oder Gesellschaften zu bilden. Geschützt ist neben der Vereinigungsfreiheit des Einzelnen auch die kollektive funktionsgerechte Betätigung der Vereinigungen selbst.

Die in Art. 12 Abs. 1 GG gewährleistete Berufsfreiheit kann von Wettkampfveranstaltern beispielsweise dann gegenüber dem Gesetzgeber geltend gemacht werden, wenn in unverhältnismäßiger Weise in Veranstalterrechte eingegriffen wird. Indes ist die Berufsfreiheit mittelbar im Profisport von Verbänden zu beachten, z.B. wenn sie Athleten aufgrund von Anti-Doping-Bestimmungen (vgl. unten → Sportstrafrecht) eine Wettkampfsperre auferlegen.

IV. Bundesrecht/Landesrecht

a. Öffentlich-rechtliche Grundlagen

Im Öffentlichen Recht sind vor allem die Sportfördergesetze der Länder, Normen des Polizeirechts, des Immissionsschutzrechts, des Baurechts und des öffentlich-rechtlichen Teils des Vereinsrechts zu beachten.

Die Förderung des Sports ist als Gemeinwohlaufgabe des Staates anerkannt und – je nach Kompetenz – auf Bund, Länder und Kommunen verteilt. Der Bund besitzt Kompetenzen im

Hochleistungssport, bei auswärtigen Angelegenheiten (z.B. Förderung von Aktivitäten bei Olympischen Spielen oder Weltmeisterschaften) sowie bei der Finanzierung von Sportkompanien bei der Bundeswehr. Die Länder sind dagegen mit der originären Sportförderung entsprechend ihrer landesverfassungsrechtlichen Staatszielbestimmungen befasst (siehe Sportfördergesetze der Länder). Die sich ähnelnden Landesgesetze regeln vor allem die Ziele und Mittel der Sportförderung, den Sportstättenbau und dessen Nutzung sowie spezifische Fördermöglichkeiten. Zu den kommunalen Kompetenzen zählen u.a. der Bau und die Unterhaltung von Sportstätten in Gemeinden (z.B. Schwimmhallen, Spielplätze) sowie die punktuelle Förderung des kommunalen Vereinswesens (z.B. Ehrungen, Förderung von Einzelathleten).

Im Polizeirecht sind unter anderem die Befugnisse der Polizei im Rahmen von Sportgroßveranstaltungen geregelt. Die Tätigkeiten der Beamten erstrecken sich mittlerweile auf weit mehr als den Einsatz während der Wettkampfzeit. Umfasst sind z.B. auch informationelle Tätigkeiten im Vorfeld (vgl. auch unten → Sportstrafrecht, Sportmedienrecht). Hinzu kommen Maßnahmen der Gefahrenabwehr wie Identitätsfeststellung, erkennungsdienstliche Maßnahmen, Sicherstellungen, Platzverweise, Ingewahrsamnahmen usw. In diesem Zusammenhang ist die Frage der Kostentragung bei Sportgroßveranstaltungen thematisiert worden, vor allem das Umlegen der Kosten auf private Sportveranstalter.

Bei Bauvorhaben im Bereich des Sports (Stadien, Hallen, Trainingsplätze etc.) sind **Bauplanungsrecht** und **Bauordnungsrecht** zu beachten. Letzteres behandelt vor allem gefahrenabwehrrechtliche sowie ästhetische und ökologische Aspekte des Bauens. In diesem Zusammenhang sind bei Sportstätten die Versammlungsstättenverordnungen der einzelnen Länder zu beachten. Die deutsche Bauministerkonferenz (ARGEBAU) hat eine einheitliche **Musterversammlungsstättenverordnung (MVStättVO; → Nr. 27)** erstellt, welche die wesentlichen einheitlichen Regelungen umfasst. Das Bauplanungsrecht regelt die flächenbezogenen Anforderungen an das Bauvorhaben im Rahmen der beabsichtigten städtebaulichen Entwicklung (z.B. Bauleitplanung, Lärm). Sportbedingte Geräusche können dem Schutz von Menschen und Tieren entgegenstehen. Das Problemfeld Lärmschutz wird mit Hilfe des Immissionsschutzrechts gelöst. Die **Sportanlagenlärmschutzverordnung (18.BImSchV; → Nr. 26)** gibt hierbei konkrete Richtwerte vor, die beim Betrieb von Sportanlagen eingehalten werden müssen.

Das **Vereinsgesetz (VereinsG; → Nr. 24)** deckt den öffentlich-rechtlichen Teil des ansonsten privatrechtlich geregelten Vereinsrechts (siehe unten → Zivilrechtliche Grundlagen) ab. Das Vereinsgesetz geht von einem umfassenderen Vereinsbegriff als das BGB aus, der alle bürgerlich-rechtlichen Vereine gleichermaßen umfasst. Ausführlich geregelt im VereinsG ist der im Sport selten vorkommende Fall des Vereinsverbotsverfahrens. Die **Vereinsregisterverordnung (VRV; → Nr. 25)** regelt die gesetzlichen Vorschriften zur Führung des Vereinsregisters und ist daher von großer praktischer Relevanz.

b. Zivilrechtliche Grundlagen

Der zivilrechtliche Teil des Vereinsrechts ist in den §§ 21 ff. des **Bürgerlichen Gesetzbuchs (BGB; → Nr. 28)** geregelt. Der Verein als die „Urform aller privatrechtlichen Körperschaften" wird definiert als auf Dauer angelegter, körperschaftlich organisierter Zusammenschluss von Personen mit einem gemeinsamen Zweck. Man unterscheidet zwischen nicht-eingetragenen und eingetragenen Vereinen. Rechtsfähige Vereine (typischerweise: Sportvereine) sind juristische Personen des Zivilrechts, die ins Vereinsregister eingetragen sind. Ein nicht-eingetragener Verein (typischerweise: Gewerkschaften, Unterorganisationen großer Verbände, z.B. Ortsverbände DRK, Freiwillige Feuerwehren) wird gem. § 54 BGB wie eine Gesellschaft bürgerlichen Rechts behandelt. Laut einer Erhebung des Deutschen Olympischen Sportbundes (DOSB) aus dem Jahr 2011 sind ca. 27,5 Millionen Mitglieder in mehr als 91.000 Vereinen organisiert.

Die meisten Sportvereine und -verbände sind im Vereinsregister des zuständigen Amtsgerichtes als Idealvereine (eingetragener, nicht-wirtschaftlicher Verein) im Sinne des § 21 BGB eingetragen. Im Profisport sind aber viele Vereine wirtschaftlich tätig und erzielen zum Teil beachtliche Umsätze. Das kann zum Wegfall der steuerbegünstigten Gemeinnützigkeit gemäß § 59 AO (siehe unten → Sportsteuerrecht) führen. Die Folge ist, das eine Vielzahl von Profisportvereinen einzelne Bereiche (Sportarten, Mannschaften) als Kapitalgesellschaften (wirtschaftliche Vereine im Sinne des § 22 BGB i.V.m. GmbH-Gesetz bzw. Aktien-Gesetz) ausgegliedert haben. Im Profifußball etwa sind Gesellschaftsformen wie die Aktiengesellschaft (AG, z.B. FC Bayern München), die GmbH (z.B. Bayer Leverkusen, Borussia Mönchengladbach) und die GmbH und Compagnie Kommanditgesellschaft auf Aktien (GmbH & Co. KGaA, z.B. 1. FC Köln, Borussia Dortmund) auch vor dem Hintergrund größerer Flexibilität bei Beteiligungen von Investoren, Verkauf von Geschäftsanteilen usw. keine Seltenheit.

Vereine handeln durch Organe. Höchstes Organ der Willensbildung ist die Gesamtheit der Mitglieder, § 32 BGB. Der Vorstand ist an die Entscheidungen der Mitgliederversammlung gebunden, § 27 Abs. 3 BGB. Nach außen wird ein Verein gemäß § 26 BGB gerichtlich und außergerichtlich durch den Vorstand vertreten. Wichtige Vorschriften über die Bestellung, Beschlussfassung und Haftung des Vorstands sind in den §§ 27 ff. BGB geregelt. Der neu eingeführte § 31a BGB sieht dabei für Vorstände, die ehrenamtlich tätig sind bzw. deren jährliche Vergütung 500 € nicht übersteigt, eine Haftung für einen in Wahrnehmung der Vorstandspflichten verursachten Schaden nur bei Vorliegen von Vorsatz oder grober Fahrlässigkeit vor.

Die Vereinsautonomie des § 25 BGB als Ausfluss der Vereinigungsfreiheit des Art. 9 Abs. 1 GG erlaubt es den eingetragenen nicht-wirtschaftlichen Vereinen, ihre Verfassung (Satzung) und alle Regelungen unterhalb der Satzung selbst zu bestimmen (vgl. unten → verbandspezifisches Recht). Die Satzung muss Informationen über den Vereinszweck, den Vereinsnamen und den Sitz des Vereins enthalten, § 57 Abs. 1 BGB. Auch die Organe des Vereins (Vorstand, Mitgliederversammlung), Rechte und Pflichten der Mitglieder sowie Rechtsgrundlagen für weiterführende Rechtssätze (z.B. Ordnungen) sind in der Satzung zu regeln. Weitere wesentliche „Soll"-Vorgaben sind in § 58 BGB (Beitragspflicht, Mitgliedschaft etc.) normiert.

Für die Mitgliedschaft im Verein gelten die allgemeinen Regeln des BGB. Praxisrelevant sind vor allem Fragen zur Begründung der Mitgliedschaft (in der Regel durch Vertrag, §§ 145 ff. BGB) sowie zur Minderjährigkeit eines Vereinsmitglieds (§§ 104 ff. BGB). Die Möglichkeit des Vereinsaustritts ist in § 39

Abs. 1 BGB normiert. Die Mitgliedschaft eines Sportlers im Verband kann sowohl mittelbar (Sportler ist Mitglied im Verein; Verein ist Mitglied im Verband) als auch vertraglich begründet werden. Letzteres ist im Profisport oft der Fall, da arbeitsvertraglich an Vereine bzw. an ausgegliederte Kapitalgesellschaften (siehe sogleich und unten → Sportarbeitsrecht) gebundene Athleten oft gar keine Mitglieder „ihres“ Vereins sind. Der Profisportler trifft aus diesem Grund mit dem Verein bzw. Verband spezielle Vereinbarungen, z.B. so genannte Athletenvereinbarungen oder Lizenzspielerverträge. In solchen Vereinbarungen wird unter anderem auch geregelt, in welcher Weise der Athlet dem Verein seine Persönlichkeitsrechte zum Zwecke der Vermarktung zur Verfügung stellt (siehe unten → Sportmedienrecht).

Neben dem Vereinsrecht ist das Vertragsrecht von großer Bedeutung: vor allem im Bereich des Dienst- und Arbeitsrechts (siehe unten → Sportarbeitsrecht), beim Sporteventrecht (z.B. Ticketing etc.), bei der Vermarktung, im Sponsoring sowie bei der Spielervermittlung. Wegen der individuellen Vertragsinhalte im Sport handelt es sich häufig um typengemischte schuldrechtliche Verträge. Eine genaue Zuordnung zu einer vom BGB normierten Vertragsart (z.B. Kaufvertrag, Werkvertrag, Mietvertrag usw.) ist oft nicht möglich; die allgemeinen schuldrechtlichen Bestimmungen der §§ 241 ff., 320 ff. BGB sind zu berücksichtigen.

Bei den Werberechten sind Regelungen des Pachtvertrags- (§§ 581 ff. BGB) und Mietvertragsrechts (§§ 535 ff. BGB), beim Recht der Spielervermittlung des Handels- und – wegen der Vermittlung von Arbeitsverhältnissen – des Sozialrechts (siehe: FIFA-Spielervermittlungsreglement: http://de.fifa.com/mm/document/affederation/administration/51/55/18/playersagents_de_32512.pdf) zu beachten.

Die Haftung im Sport greift bei vertraglichen Schuldverhältnissen (§§ 280 ff. BGB) und im Deliktsrecht (§§ 823 ff. BGB). Vertraglich haftet ein Schuldner gemäß § 280 Abs. 1 BGB, wenn er schuldhaft (§ 276 BGB) eine Pflicht verletzt. Abzustellen ist auf den konkreten Vertragstyp, da der Haftungsumfang variieren kann. Deliktisch haftet, wer rechtswidrig und schuldhaft Rechtsgüter oder Rechte eines anderen verletzt. Rechtsgüter sind: Leben, Körper, Gesundheit, Freiheit, Eigentum und sonstige Rechte (vgl. § 823 Abs.1 BGB). Nach § 823 Abs. 2 BGB haftet deliktisch derjenige, der schuldhaft gegen ein den Schutz eines anderen bezweckenden Gesetzes verstößt. Gemäß § 826 BGB muss zudem jeder den Schaden ersetzen, den er vorsätzlich in einer gegen die guten Sitten verstoßenden Weise einem anderen zugefügt hat.

Denkbar sind verschiedene Konstellationen: sowohl der einzelne Sportler (z.B. gegenüber einem anderen Sportler, gegenüber Zuschauern oder Sponsoren) als auch der Sportveranstalter (gegenüber Sportlern oder Zuschauern) ist grundsätzlich haftbar. Gerechtfertigt wird die Beeinträchtigung der körperlichen Unversehrtheit im Sportlerverhältnis aber oftmals durch eine Einwilligung (vgl. → Sportstrafrecht). Der Zuschauer haftet im Rahmen von Zuschauerverträgen für Pflichtverletzungen. Bei Sachbeschädigungen greift eine deliktische Haftung, sofern ein Rechtsgut (z.B. Eigentum des Veranstalters) verletzt wird.

c. Strafrechtliche Grundlagen

Strafrechtliche Normen sind vor allem bei Körperverletzungen und beim Thema Doping sowie bei Betrug und Manipulationen im Sport relevant. Die Voraussetzungen der Strafbarkeit von Körperverletzungen sind in den §§ 223 ff. **Strafgesetzbuch (StGB; → Nr. 31)** geregelt. Zu unterscheiden ist zwischen vorsätzlichen (§§ 223-228 StGB) und fahrlässigen (§ 229 StGB) Körperverletzungsdelikten. Spezifische Spiel- und Wettkampfregeln in einigen Disziplinen führen zu Besonderheiten. So ist vor allem bei Kampfsportarten zu fragen, ob die nach den sportspezifischen Regeln zulässigen vorsätzlichen Körperverletzungshandlungen durch eine – in der Regel nicht ausdrücklich erklärte – Einwilligung gerechtfertigt werden können. Dies ist grundsätzlich zu bejahen, solange kein Verstoß gegen die guten Sitten im Sinne des § 228 StGB vorliegt. Umstritten ist, wie dies bei Extremkampfsportarten wie z.B. „Mixed Material Arts" zu beurteilen ist. Bei der fahrlässigen Körperverletzung (§ 229 StGB) ergeben sich sportspezifische Sonderprobleme im Rahmen von im Sportbetrieb begangenen Sorgfaltspflichtverletzungen.

Für Doping fehlt in Deutschland – trotz anhaltender Diskussion – ein Straftatbestand im StGB; allerdings sind im **Arzneimit-**

telgesetz (AMG; → Nr. 32) seit 1998 Normen zu finden, die Dopingvergehen bestrafen, vgl. §§ 6a, 95 Abs. 1 Nr. 2a, b, Abs. 3 AMG. Danach ist es verboten, Arzneimittel zu Dopingzwecken in den Verkehr zu bringen, zu verschreiben oder bei anderen anzuwenden sowie in nicht geringer Menge zu besitzen. Sofern es sich bei Dopingpräparaten um Betäubungsmittel im Sinne des **Betäubungsmittelgesetzes (BtMG; → Nr. 33)** handelt, ergibt sich eine Strafbarkeit aus § 29 BtMG. Diskutiert wird zudem die Strafbarkeit des Dopings wegen Betrugs gemäß § 263 StGB, insbesondere wenn dies zum Nachteil von Sponsoren, Zuschauern, Veranstaltern oder Konkurrenten geführt hat. Dennoch ist es bislang noch nicht zu einer Strafverhandlung wegen Betrugs vor einem deutschen Gericht gekommen.

Ins Blickfeld strafrechtlicher Betrachtungen ist der Profisport auch durch Manipulationen von sportlichen Wettkämpfen gerückt (vgl. die Fälle Hoyzer und THW Kiel); allerdings fehlt es auch hier an einem adäquaten Straftatbestand im StGB. Über die Einführung eines entsprechenden Straftatbestandes („Sportbetrug") wird diskutiert. Der Betrugstatbestand des § 263 StGB ist nur dann einschlägig, wenn ein Vermögensschaden aus den Manipulationen resultiert, etwa im Bereich des Wettbetruges. Lediglich im „geschäftlichen Verkehr" (§§ 299 ff. StGB) bzw. bei der Bestechung von Amtsträgern (§§ 331 ff. StGB) ist eine strafrechtliche Verfolgung möglich. Insbesondere im Zusammenhang mit Unregelmäßigkeiten bei Hospitality-Maßnahmen im Rahmen von Sportgroßveranstaltungen ist dies in der Regel zu problematisieren, vgl. den Leitfaden „Hospitality und Strafrecht". Wird einem Athleten beharrlich nachgestellt, kann zudem der Stalking-Tatbestand des § 238 StGB einschlägig sein.

Das Phänomen gewalttätiger Ausschreitungen von Fans ist vor allem im Fußball zu beobachten. Neben den in der Mehrzahl festzustellenden Straftaten gegen Leib und Leben (z.B. Körperverletzungsdelikte, §§ 223 ff. StGB) liegen häufig Sachbeschädigungsdelikte (§§ 303 ff. StGB) sowie der Widerstand gegen Vollstreckungsbeamte (§ 113 StGB) vor. Eng verbunden mit Straftaten im Zusammenhang mit Fußballveranstaltungen ist die viel diskutierte Stadionverbotspraxis des DFB (vgl. Stadionverbots-Richtlinien des DFB). Ein Stadionverbot ergeht danach auf der zivilrechtlichen Grundlage des Hausrechts (§§ 859, 903, 1004 BGB) des jeweiligen Hausrechtsinhabers (in der Regel der gastgebende Verein). Durch eine schriftliche Erklärung haben sich alle Vereine von der ersten bis zur Regionalliga zur Einhaltung dieser Richtlinie verpflichtet, wodurch das Verhängen überörtlicher Stadionverbote für die Vereine möglich ist. Allerdings darf ein Verbot nur ausgesprochen werden, wenn die Einleitung eines strafrechtlichen Ermittlungsverfahrens aufgrund einer Handlung im Zusammenhang mit dem Fußballsport, insbesondere anlässlich einer Fußballveranstaltung der Lizenzligen, der 3. Liga oder der Regionalligen, des DFB oder Ligaverbandes oder eines Spiels des internationalen Wettbewerbs vorausgegangen ist.

B. Besondere Sportrechtsgebiete

Unter der Überschrift „Besondere Sportrechtsgebiete" fasst die Vorschriftensammlung die wichtigsten Normen aus den Bereichen des Arbeits-, Medien- und Steuerrechts mit sportrechtlicher Relevanz zusammen. Die Begrifflichkeiten Sportarbeitsrecht, Sportmedienrecht, Sportsteuerrecht werden dabei verwendet, um spezielle staatliche Normen, deren Regelungsinhalte für den (vor allem professionellen) Sport eine herausragende Bedeutung haben, zusammenzufassen.

I. Sportarbeitsrecht

Die Anwendbarkeit gesetzlicher Vorschriften des Arbeitsrechts hängt davon ab, ob der Sport als bloße Freizeitbeschäftigung oder als Beruf zur Sicherung der Lebensgrundlage und Existenz betrieben wird. Hochleistungen im professionellen Sport werden seit langem als Arbeit im rechtlichen Sinne eingeordnet. Verpflichtet sich ein Sportler zur Erbringung einer entgeltlichen sportlichen Leistung, so bestimmen sich seine Rechte und Pflichten grundsätzlich nach den Vorschriften des BGB – insbesondere kommen die gesetzlichen Vertragstypen des Dienst- oder Arbeitsvertrags (§§ 611 ff. BGB) oder des eher seltenen Werkvertrags (§§ 631 ff. BGB) in Betracht. Bei einem Sportleistungsvertrag handelt es sich um einen Dienstvertrag, da eine sportliche Betätigung und nicht ein bestimmter sportlicher Erfolg geschuldet ist (Werkvertrag).

Beim Dienstvertrag ist zwischen einem Veranstaltervertrag (Dienstvertrag zwischen Sportveranstalter oder Verein/Verband und Athlet) und einem Sportarbeitsvertrag (Dienstvertrag mit arbeitsrechtlichen Sonderbestimmungen) zu unterscheiden. Dabei ist die Art des Arbeitsverhältnisses im konkreten Fall zu berücksichtigen. Maßgeblich ist die Frage, ob die Arbeitnehmereigenschaft vorliegt. Trifft das zu, sind arbeitsrechtliche Sonderbestimmungen anwendbar. Handelt der Sportler dagegen als Selbständiger, werden die Besonderheiten des Arbeitsrechts nicht berücksichtigt.

Als Arbeitnehmer wird bezeichnet, wer auf Grund eines privatrechtlichen Vertrags im Dienste eines anderen zur Leistung weisungsgebundener fremdbestimmter Arbeit in persönlicher Abhängigkeit gegen Vergütung verpflichtet ist. Im Sport ist die Arbeitnehmereigenschaft dann anzunehmen, wenn der zugrunde gelegte Vertrag für den Athleten oder Trainer konkrete Pflichten normiert, wie beispielsweise Trainings- und Turnier/Wett kampfabläufe (Vorgabe von Ort, Zeit usw.), aber auch Verhaltensweisen in Bezug auf das außersportliche Verhalten (z.B. das Wahrnehmen von Presse- oder Sponsorenterminen). Eine Differenzierung ergibt sich daher im Profisport zwischen Mannschafts- und Individualsportarten. Während Athleten von Mannschaftsportarten (Fußball, Handball, Eishockey usw.) in der Regel Arbeitnehmer sind, handelt es sich bei Sportlern in Einzeldisziplinen (wie z.B. Tennis, Leichtathletik, Golf, Eisschnelllauf usw.) meist um selbständig Tätige, die im Rahmen reiner Dienstverträge bei bestimmten Sportveranstaltungen antreten. Allerdings sind hier je nach konkreter Gestaltung des Einzelvertrags auch arbeitsvertragliche Konstellationen möglich. Maßgebliches Kriterium ist jeweils die Frage der Weisungsgebundenheit und Abhängigkeit vom Verein oder Verband.

Im Rahmen eines Arbeitsverhältnisses unterliegt der Athlet dem Direktions- und Sanktionsrecht seines Arbeitgebers. Das heißt, der Arbeitgeber kann dem Sportler konkrete Weisungen erteilen, an die dieser gebunden ist. Allerdings ist das Direktionsrecht auf Seiten des Arbeitgebers durch seine Fürsorgepflicht dem Athleten gegenüber gemäß §§ 617, 618 BGB begrenzt. Des Weiteren gibt es im professionellen Sport häufig ein vertraglich vereinbartes Sanktionsrecht, oftmals in Gestalt von Vertragsstrafen.

Ansprüche auf Arbeitslohn ergeben sich für den Sportler oder Trainer aus § 611 BGB in Verbindung mit den jeweiligen arbeitsvertraglichen Regelungen. Darüber hinaus besteht eine Beschäftigungspflicht des Arbeitgebers, die lediglich einen Anspruch zur Teilnahme am Training, jedoch keinen Anspruch auf einen Einsatz im Wettkampf begründet. Insoweit wird der Beschäftigungsanspruch vom Direktionsrecht des Trainers beschränkt. Der Verein/Verband (Arbeitgeber) hat gemäß § 611 Abs. 1 BGB gegenüber dem Sportler/Trainer einen Anspruch auf Erbringung der vereinbarten Leistung. Bei Pflichtverletzungen des Vereins oder Verbandes als Arbeitgeber oder durch den Athleten bzw. Trainer als Arbeitnehmer sind die Vorschriften des Allgemeinen Schuldrechts zum Schadensersatz (§§ 241, 275, 280, 311 BGB) zu berücksichtigen. Ergänzt werden sie durch die speziellen dienstvertraglichen Vorschriften der §§ 615 – 619a BGB.

Sportlerverträge können auch befristet werden, was im Profisport der Regelfall ist. Für Sportdienstverträge gilt § 620 BGB; bei Sportarbeitsverträgen sind die spezielleren Vorschriften zur Befristung im **Teilzeit- und Befristungsgesetz (TzBfG; → Nr. 36)** zu finden. Eine Befristung muss gemäß § 14 Abs. 1 TzBfG durch einen sachlichen Grund und ihrer Dauer nach gerechtfertigt sein. Als sachliche Gründe sind im professionellen Sport die abnehmende physische Leistungsfähigkeit des Athleten und ein Bedürfnis der Öffentlichkeit nach Abwechslung anerkannt. Zu beachten ist bei der Befristung zudem die Einhaltung der Schriftform, § 14 Abs. 4 TzBfG. Selbst ein auflösend bedingtes Arbeitsverhältnis ist möglich. Als zulässiger Sachgrund für die Auflösung ist u.a. ein Abstieg in eine unterklassige Liga anerkannt.

Im Bereich des Kündigungsrechts gibt es sportspezifische Besonderheiten. So ist eine außerordentliche Kündigung grundsätzlich an das Vorliegen eines wichtigen Grundes im Sinne des § 626 Abs. 1 BGB geknüpft. Ein solcher liegt zum Beispiel vor, wenn ein Athlet als Arbeitnehmer gegen das Doping-Verbot (vgl. Art. 2 WADA-Code) verstößt. Der sportliche Misserfolg stellt dagegen keinen Kündigungsgrund dar, weil durch den Sportarbeitsvertrag nicht der sportliche Erfolg geschuldet ist. Zudem greift auch bei Arbeitsverträgen im Sport der **Kündigungsschutz**

(KSchG, → Nr. 34), sofern die Voraussetzungen des § 1 Abs. 1 KSchG vorliegen.

Einen Anspruch auf gesetzlichen Urlaub kann der Sportler – sofern er Arbeitnehmer ist – aus dem **Bundesurlaubsgesetz (BurlG, → Nr. 35)** ableiten, ohne dass sein Anspruch auf Fortzahlung des Entgelts erlischt, § 11 Abs. 1 BurlG. Allerdings sind hier die Besonderheiten der Wettkampfzeiten zu berücksichtigen. Problematisch gestaltet es sich aus arbeitsrechtlicher Sicht, die bestehenden Arbeitnehmerschutzvorschriften in den Bereichen des Arbeitszeitschutzes und des Jugendarbeitsschutzes mit den Anforderungen des professionellen Sports in Einklang zu bringen. Nach den Vorgaben des **Arbeitszeitgesetzes (ArbZG; → Nr. 37)** ist Arbeitszeit die Zeit, die zwischen Beginn und Ende der Arbeit liegt, ohne Berücksichtigung von Ruhepausen (vgl. § 2 Abs. 1 ArbZG). Sie soll an Werktagen acht Stunden nicht über schreiten und nur in Ausnamefällen zehn Stunden betragen (vgl. § 3 S. 1, 2 ArbZG). Dies ist für Profisportler unter Berücksichtigung des heutigen Trainings- und Regenerationsablaufes nicht einzuhalten.

Ein ähnliches Missverhältnis zwischen gesetzlichen Vorgaben und profisportlicher Realität ist auch im **Jugendarbeitsschutz (JArbSchG; → Nr. 38)** festzustellen. Zu beachten sind dabei stets die Anforderungen des § 5 JArbSchG. So sollen Jugendliche nicht mehr als acht Stunden täglich und nicht mehr als 40 Stunden wöchentlich arbeiten (§ 8 Abs. 1 JArbSchG). Zudem sollen sie grundsätzlich nur in der Zeit von 6 bis 20 Uhr beschäftigt werden (§ 14 Abs. 1 JArbSchG). Zwar sind Ausnahmen vorgesehen, allerdings fehlt der Sport in der Aufzählung des § 14 JArbSchG.

II. Sportmedienrecht

Die Kommerzialisierung im Sport steht in engem Zusammenhang mit der Entwicklung der Medienlandschaft seit den 1980er Jahren. Durch technische Entwicklungen sind neue Übertragungswege und -formate möglich geworden, um Livesportveranstaltungen medial zugänglich zu machen. Eine wachsende Konkurrenzsituation zwischen neuen Rundfunk- (Privatfernsehen) bzw. Diensteanbietern (z.B. Internet, IP-TV) ist dafür verantwortlich, dass die wirtschaftliche Verwertung sportlicher Ereignisse zugenommen hat. Im Zentrum medienrechtlicher Betrachtungen steht dabei oft die Frage, wie ein Ausgleich zwischen den Verwertungsinteressen von Veranstalter bzw. Exklusivrechteinhaber auf der einen Seite und dem Informationsinteresse der Öffentlichkeit auf der anderen Seite gefunden werden kann. Durch dieses geht mit der Medialisierung des Sports zudem eine zunehmende Berichterstattung über Sportler, Trainer und Sportfunktionäre einher, wobei deren Persönlichkeitsrechte zu berücksichtigen sind. Zudem spielen immer wieder Probleme des Urheber-, Marken und Wettbewerbsrechts bei der Vermarktung von Sportlern, Vereinen und Sportveranstaltungen eine Rolle. Aufgabe des Medienrechts im Sport ist es dabei, die unterschiedlichen Interessenlagen miteinander in Ausgleich zu bringen.

Die Medienfreiheiten des Art. 5 Abs. 1 GG sowie die individualrechtlichen Garantien der Meinungsäußerungsfreiheit (Art. 5 Abs. 1 Satz 1, 1. Alt. GG) und der Informationsfreiheit (Art. 5 Abs. 1 Satz 1, 2. Alt. GG) bilden die so genannten Kommunikationsfreiheiten, die als Grundrechte Grundlage und Ausgangspunkt des Medienrechts sind, da sie als Verfassungsrecht den einfachgesetzlichen Regelungen vorgehen. Die Medienfreiheiten sind oftmals mit den Grundrechten des Athleten abzuwägen. Dabei ist vor allem das allgemeine Persönlichkeitsrecht (Art. 2 Abs. 1 i.V.m. Art. 1 Abs. 1 GG) zu berücksichtigen.

Die Informationsfreiheit gewähreistet zwar den Zugang zu und den Empfang in- und ausländischer Presseorgane, Rundfunkprogramme und Mediendienste; sie gewährt jedoch kein Recht auf Zutritt zu einer privat organisierten Leistung, wie es bei Sportveranstaltungen in der Regel der Fall ist. Die Entscheidung, in welchen Rahmen der Zutritt zu einer Veranstaltung gewährt werden soll, obliegt dem Inhaber des Hausrechts (Verband, Verein, Veranstalter) gemäß §§ 903, 1004 BGB. Umstritten ist die Frage, inwieweit Spitzensport der Bevölkerung im Rahmen der Rundfunkfreiheit des Art. 5 Abs. 1 Satz 2 GG als „Grundversorgung" im öffentlich-rechtlichen Rundfunk zur Verfügung stehen soll. Dagegen sprechen die hohen Kosten, dafür die gesellschaftliche Bedeutung von Sportgroßveranstaltungen und die Möglichkeit der Zuschauer, mitreden zu können.

Bei der Übertragung bestimmter Großereignisse (wie z.B. Fußballweltmeisterschaften, Olympische Spiele) wird dem Zuschauerbedürfnis von großen Teilen der Bevölkerung nach unverschlüsselten Livebildern insoweit Rechnung getragen, als Art. 14 Abs. 1 **AVMD-Richtlinie (Europäische Richtlinie für audiovisuelle Mediendienste, AVMD; → Nr. 39)** den Mitgliedstaaten der Europäischen Union die Möglichkeit gibt, eine Liste von Ereignissen aufzustellen, die im jeweiligen Mitgliedstaat eine so erhebliche gesellschaftliche Bedeutung haben, dass sie zwingend (live oder zeitversetzt) im frei empfangbaren Fernsehen übertragen werden müssen.

Der deutsche Gesetzgeber hat bei der Umsetzung der Richtlinie gemäß § 4 Abs. 2 Satz 1 RStV **(Rundfunkstaatsvertrag, RStV; → Nr. 40)** folgende Großereignisse festgelegt: Olympische Sommer- und Winterspiele, bei Fußball Welt- und Europameisterschaften alle Spiele mit deutscher Beteiligung sowie unabhängig von einer deutschen Beteiligung das Eröffnungsspiel, das Halbfinale und das Endspiel; das Halbfinale und das Endspiel um den Vereinspokal des Deutschen Fußball-Bundes; Heim- und Auswärtsspiele der deutschen Frauenfußballnationalmannschaft und Endspiele der europäischen Vereinsmeisterschaften im Fußball (Champions League, Europa League) bei deutscher Beteiligung. Demnach ist die Ausstrahlung dieser Großereignisse im Pay-TV nur zulässig, wenn die Ausstrahlung zeitgleich oder leicht zeitversetzt in einem frei empfangbaren und allgemein zugänglichen Fernsehprogramm zu angemessenen Bedingungen ermöglicht wird. Voraussetzung ist allerdings, dass sich ein Fernsehsender findet. Diese Vorgabe stellt für die Rechteinhaber eine starke Einschränkung dar und ist wegen verfassungsrechtlicher Bedenken (Art. 12, 14 GG) nicht unumstritten.

Der Rundfunkstaatsvertrag regelt in § 5 auch das Recht auf Kurzberichterstattung in Folge der Umsetzung des Art. 15 AVMD-RL. Danach können Rundfunkveranstalter zu eigenen Sendezwecken das Recht auf eine zeitlich begrenzte Berichterstattung über Veranstaltungen und Ereignisse haben, die öffentlich zugänglich und von allgemeinem Informationsinteresse sind. Umfasst ist davon nicht nur das Recht, über bestimmte Ereignisse zu berichten, sondern auch das Recht auf Zugang zum Ort der Veranstaltung, wodurch das Hausrecht des Veranstalters eingeschränkt wird. Der Umfang der Berichterstattung muss sich allerdings auf 90 Sekunden beschränken. § 5 Abs. 7 RStV sieht eine Entschädigungsmöglichkeit für den Veranstalter gegen ein dem Charakter der Veranstaltung entsprechendes billiges Entgelt vor.

Das Bestehen exklusiver Verwertungsrechte ist grundsätzlich anerkannt. Der Europäische Gerichtshof hat zwar in dem Verfahren „Karen Murphy" festgestellt, dass Sportveranstaltungen als solche urheberrechtlich nicht geschützt sind (EuGH Urt. v. 4.10.2011 Rs. C-429/08) und auch der Bundesgerichtshof hat in seinem Urteil zu den „Hartplatzhelden" (BGH Urt. v. 28.10.2010, Az. I ZR 60/09) ausgeführt, dass ein Sportveranstalter in Deutschland nur eingeschränkten Schutz im Hinblick auf seine Verwertungsrechte genießt (im Gegensatz zur Darbietung ausübender Künstler, die gemäß § 81 UrhG geschützt ist - urheberrechtlicher Schutz erwächst jedoch in der Praxis häufig durch das Einfügen von ligaspezifischen Hymnen oder Grafiken usw., die einen Werkcharakter im Sinne des § 2 UrhG aufweisen). Ein Vermarktungsrecht von Sportereignissen ist dennoch aus dem Hausrecht des Veranstalters gemäß §§ 859, 903, 1004 BGB abzuleiten.

Sportler sind in verschiedener Hinsicht durch das allgemeine Persönlichkeitsrecht geschützt. Eine für die Praxis besonders wichtige Ausprägung ist das Recht am eigenen Bild, das im **Kunsturhebergesetz (KUG, → Nr. 44)** geregelt ist. Grundsätzlich bedarf es für die Veröffentlichung eines Fotos oder einer Filmsequenz einer Person deren Einwilligung gem. § 22 KUG. Diese wird bei Wettkämpfen entweder ausdrücklich oder zumindest stillschweigend erklärt werden. Andernfalls ist eine Veröffentlichung nur zulässig, wenn es sich um ein Bildnis aus dem Bereich der Zeitgeschichte i.S.d. § 23 Abs. 1 Nr. 1 KUG handelt. Ein solches Ereignis kann auch eine Sportveranstaltung sein. In seiner Freizeit ist hingegen ein Sportler, selbst wenn er sehr bekannt ist, grundsätzlich vor einer Bildberichterstattung geschützt. Außerhalb der Sportveranstaltung selbst, insbesondere in seinen eigenen vier Wänden, hat der Profisportler mithin das Recht, Exklusivverträge mit einzelnen Medien abzuschließen und damit Geld zu verdienen. Er muss aber wissen, dass die Bereiche, die er einem Medienvertreter geöffnet hat, wie sein Haus oder seine Familie, dann auch für andere Medien nicht mehr „tabu" sind.

Eine weitere Ausprägung des allgemeinen Persönlichkeitsrechts ist das Recht der persönlichen Ehre, das über die §§ 185 ff. StGB strafrechtlichen Schutz erfährt sowie das Namensrecht gem. § 12 BGB. Geschützt ist ein bekannter Sportler darüber hinaus gegen ungenehmigte Nachahmung seiner Person durch Doubles, sofern diese nicht satirisch erfolgt, sondern aus kommerziellen Interessen.

Problematisch ist der – vor allem markenrechtliche – Schutz bestimmter Sportgroßereignisse (wie z.B. Fußball WM, Olympische Spiele) und damit in Verbindung stehender Symbole wegen der lukrativen Marketingmöglichkeiten im Rahmen dieser Events. Hier hat sich das Phänomen des sogenannten Ambush Marketings herausgebildet, also das Initiieren von Marketingaktivitäten, die darauf abzielen, die mediale Aufmerksamkeit eines Großereignisses auszunutzen, ohne selbst Sponsor der Veranstaltung zu sein.

Die großen Sportveranstalter reagieren hierauf durch zahlreiche Maßnahmen. So hat sich der Fußball-Weltverband FIFA mehrere Marken schützen lassen; unter anderem wird für die Abbildung des WM-Pokals die Zustimmung der FIFA benötigt. Markenrechtlicher Schutz wird unter anderem durch die Eintragung eines Logos, Emblems oder auch eines Slogans oder geschäftlichen Zeichens beim deutschen Marken- und Patentamt gemäß § 4 Nr. 1, 2 **Markengesetz (MarkenG; → Nr. 43)** erlangt. Für den Fall von Verletzungen kann der Betroffene Unterlassungs- bzw. Schadensersatzansprüche geltend machen (§§ 14 Abs. 5, 6; 15 Abs. 4, 5 MarkenG).

In zahlreichen Staaten sind Gesetze geschaffen worden, die einen markenrechtlichen Schutz für Großveranstalter gewährleisten. In Deutschland ist das **Gesetz zum Schutz des olympischen Emblems und der olympischen Bezeichnungen (OlympSchG; → Nr. 45)** zu beachten, das im Zuge der Olympia-Bewerbung Leipzigs 2004 in Kraft trat. Das Gesetz stellt die sonst nicht als Marke schutzfähigen olympischen Bezeichnungen und das olympische Emblem unter die Verfügungsgewalt des Internationalen Olympischen Komitees (IOC).

Das Datenschutzrecht ist im Sport insbesondere bei der Vermarktung von Persönlichkeitsrechten von Profisportlern sowie im Doping zu beachten. Bei Letzterem stellt sich vor allem die Frage, inwieweit sich die Meldepflichten von Spitzenathleten (im so genannten „Registered Testpool") und die Weitergabe der Daten über das elektronische Meldesystem „Adams" mit dem Schutz von personenbezogenen Daten im Sinne des § 3 Abs.1 **Bundesdatenschutzgesetz (BDSG; → Nr. 46)** bzw. den Anforderungen an die Übermittlung personenbezogener Daten ins Ausland gemäß § 4b BDSG vereinbaren lassen. Auch im Zusammenhang mit der Erhebung von „Fan-Daten" z.B. bei der „Verbunddatei Gewalttäter Sport" sind datenschutzrechtliche Anforderungen zu erfüllen (vgl. oben → Sportstrafrecht, öffentlich-rechtliche Grundlagen).

III. Sportsteuerrecht

Zwei Aspekte des Steuerrechts stehen im Sport im besonderen Fokus: die steuerrechtliche Stellung des Vereins und die des Athleten.

Die **Abgabenordnung (AO; → Nr. 47)** ist das spezielle Verfahrensrecht für das Steuerrecht; das allgemeine Verwaltungsverfahrensrecht findet keine Anwendung. In der AO sind die Voraussetzungen der Gemeinnützigkeit in den §§ 51 ff. geregelt, die für den Sport eine hohe Relevanz haben, weil sich daraus Steuerbegünstigungen für Vereine ergeben können. Sport ist als gemeinnütziger Zweck in § 52 Abs. 2 Nr. 21 AO erwähnt. Die Voraussetzungen der Steuervergünstigung sind in § 59 AO geregelt. Konkret sind dabei die Ausschließlichkeit (§ 56 AO), d.h. das Verfolgen begünstigter Zwecke, die Unmittelbarkeit (§ 57 AO), d.h. die eigenverantwortliche Tätigkeit bei der Verfolgung des begünstigten Zwecks und die Selbstlosigkeit gemäß § 55 AO zu beachten. An der Selbstlosigkeit fehlt es, wenn durch die Tätigkeit eines Vereins in erster Linie gewerbliche oder sonstige Erwerbszwecke verfolgt werden, vgl. § 55 Abs. 1 AO.

Die Gemeinnützigkeit wird durch das Finanzamt festgestellt. Aus diesem Grund muss dem Finanzamt eine Satzung (§ 59 AO) vorgelegt werden (vgl. Anlage 1 zu § 60 der AO - Mustersatzung: http://dejure.org/gesetze/AO/Anlage1.html), die genaue Vorgaben im Hinblick auf die Steuerbegünstigung erfüllen muss. Ergibt die Prüfung eine Gemeinnützigkeit, so erlässt das Finanzamt einen Freistellungsbescheid. Damit ist der Verein steuerbefreit bzw. steuerbegünstigt im ideellen Bereich (z.B. Spenden,

Mitgliedsbeiträge usw.), in der Vermögensverwaltung, beim wirtschaftlichen Zweckbetrieb (z.B. Sportveranstaltungen) bis zu einem Brutto-Betrag von 35.000 € jährlich (vgl. § 67a AO) sowie beim wirtschaftlichen Geschäftsbetrieb (z.B. Werbung) bis zu einem Betrag von 35.000 € im Jahr (vgl. § 64 Abs. 3 AO). Ist ein Verein jedoch gewerblich (d.h. bei Einnahmen aus wirtschaftlichem Zweckbetrieb bzw. wirtschaftlichem Geschäftsbetrieb über 35.000 € brutto jährlich) tätig, so unterliegt er der Körperschaftssteuer (KStG) und der **Gewerbesteuer (GewStG; → Nr. 49).** Ebenso kann er zusätzlich der umsatzsteuerpflichtig **(UStG; → Nr. 50)** sein. Allerdings sind lediglich Tätigkeiten aus dem Bereich des wirtschaftlichen Geschäftsbetriebs eines Vereins, wie zum Beispiel Transferzahlungen im Profisport oder Entgelteinnahmen im Rahmen einer Nutzung vereinseigener Sportanlagen durch Nicht-Vereinsmitglieder, umsatzsteuerpflichtig.

Die Besteuerung des Athleten richtet sich nach dem **Einkommensteuergesetz (EStG; → Nr. 48)**. Es unterscheidet verschiedene Einkunftsarten (§ 2 Abs. 1 EStG). Dabei ist bei Einkünften aus Gewerbebetrieb und selbständiger Arbeit der Gewinn zu ermitteln. Zu den Einkünften aus nichtselbständiger Arbeit gehören vor allem Löhne und Gehälter (§ 19 EStG). Ein Athlet, der arbeitsvertraglich an einen Verein oder Verband gebunden ist, erzielt Einkünfte aus nichtselbständiger Arbeit. Die Trainer- und Übungsleitertätigkeit bei Sportvereinen wird als selbständige sportliche Tätigkeit betrachtet, sofern sie sechs Stunden in der Woche nicht übersteigt.

Wer dagegen selbständig ist, steht grundsätzlich vor der Frage, ob es sich dabei um Einkünfte aus Gewerbebetrieb (§ 15 EStG) oder aus selbständiger Arbeit (§ 18 EStG) handelt. Der selbständige Athlet erzielt im Sport Einkünfte aus Gewerbetrieb und keine Einkünfte aus selbständiger Arbeit, denn bei der sportlichen Tätigkeit handelt es sich gerade nicht um einen freien Beruf oder eine sonstige selbständige Tätigkeit im Sinne des § 18 EStG. Einkünfte aus Gewerbebetrieb liegen beim Sportler unter anderem dann vor, wenn der Athlet Antrittsverträge mit Veranstaltern schließt, ohne dabei weisungsabhängig zu sein. Darüber hinaus werden auch Sponsoring-Einnahmen als gewerblich eingestuft, wenn sie außerhalb eines Dienstverhältnisses des Sportlers zum Verein oder Verband als Arbeitgeber liegen. Neben der Besteuerung nach dem EStG unterliegt der Sportler im Rahmen der Einkünfte aus Gewerbetrieb dann auch der Gewerbesteuerpflicht gemäß § 2 GewStG sowie der Umsatzsteuerpflicht gemäß §§ 1 ff. UStG.

Zu beachten sind vor allem im Sport auch die so genannten Übungsleiter- (§ 3 Nr. 26 EStG; bis 2100 € pro Jahr) und Ehrenamtsfreibeträge (§ 3 Nr. 26a EStG, bis 500 € im Jahr).

Teil 2. Verbandspezifisches Recht im Sport (Internes Sportrecht)

Während das staatliche Sportrecht den gesetzlichen Rahmen des Sports bestimmt, werden durch das interne Recht der Vereine und Verbände die Strukturen der Sportorganisation normiert sowie konkrete Regeln für die Durchführung sportlicher Wettkämpfe gesetzt. Die Vereinheitlichung der Regelwerke ist dabei eine der wesentlichen Aufgaben der internationalen und nationalen Sportverbände. Um dies zu erreichen, ist das Verbandswesen in den einzelnen Sportarten meist monopolistisch organisiert (so genanntes Ein-Platz-Prinzip) und unterliegt einem streng hierarchischen Aufbau. Das bedeutet, dass an der Spitze die Weltsportverbände (z.B. FIFA; IBU usw. → vgl. Satzungen: Nr. 52, 53) stehen, welchen kontinentale (z.B. UEFA, EAA, EHF) und nationale Fachverbände (z.B. DFB, DTB; DHB → vgl. Satzungen: Nr. 55, 56. 57) als ordentliche Mitglieder angehören, die an die Satzungen und Ordnungen der Weltsportverbände gebunden sind. Diese Normpyramide gewährleistet, dass jedes einzelne Mitglied im Verein den weltweit gültigen Regeln der Sportart unterworfen ist, ohne selbst Mitglied im Weltverband zu sein.

Sportartenübergreifend sind die Vereine in lokalen Sportbünden (so genannte Stadtsportbünde) organisiert, die selbst Landessportbünden angehören. Diese bilden auf nationaler Ebene gemeinsam mit 60 nationalen Fachverbänden und weiteren Verbänden mit besonderen Aufgaben (z.B. Deutsche Sporthilfe) den Deutschen Olympischen Sportbund (DOSB), der als Dachorganisation des deutschen Sports organisiert ist. Dieser ist Mitglied im Internationalen Olympischen Komitee (IOC), das als weltweit oberstes Gremium der olympischen Sportarten fungiert und in der **Olympischen Charta (OCh; → Nr. 51)** die internationalen Regelwerke harmonisiert.

Die Rechtsetzung durch Vereine und Verbände erfolgt in der Hauptsache durch die Satzungen und Statuten. Die Statuten der großen Sportverbände sind dabei – international wie national – sehr ähnlich aufgebaut: sie enthalten Regelungen zur Mitgliedschaft, zur Organisation, zu den Verbandsorganen, zu Vermarktungs- und Finanzierungsfragen und in der Regel zu Fragen der internen Gerichtsbarkeit und des Schiedsgerichtsverfahrens sowie zum Teil zu Wettbewerbsvoraussetzungen und zum Umgang mit Doping. Darüber hinaus bestimmen die Vereine und Verbände auch weitere Aufgaben und Regeln durch oftmals als „Ordnungen" bezeichneten Regelwerke, die im Rang unterhalb der Satzungen anzusiedeln sind (z.B. Spielordnung mit konkreten Spielregeln, Jugendordnung, Rechts- und Verfahrensordnung usw.).

Die Geltung des Verbandsrechts wird über die Mitgliedschaft im Verein erreicht. Darüber hinaus ist eine Unterwerfung durch eine rechtsgeschäftliche Vereinbarung mit dem Verein bzw. Verband (siehe oben → Zivilrechtliche Grundlagen, Athletenvereinbarung) möglich.

Das durch die Vereine und Verbände gesetzte Recht unterliegt der Kontrolle durch die staatlichen Gerichte. Allerdings wird in der Regel Rechtschutz zunächst intern über die Verbandsgerichtsbarkeit gewährleistet. Dabei sind verbandseigene Gerichte mit teilweise sehr unterschiedlichen Bezeichnungen bei ähnlichen Funktionen tätig (z.B. im Fußball national: DFB-Sportgericht; international: FIFA-Disziplinarkommission). Sie urteilen auf der Grundlage der Rechts- oder Verfahrensordnungen der jeweiligen Verbände (z.B. Rechts- und Verfahrensordnung des Deutschen Fußballbundes). Den Verbänden steht es grundsätzlich frei, in der Satzung zu bestimmen, dass vor Anrufung eines staatlichen Gerichts der Verbandsrechtsweg ausgeschöpft werden muss. In jedem Fall ist aber im Anschluss daran eine Überprüfung durch ein staatliches Gericht möglich. Dabei variiert der Prüfungsumfang je nach Art der zugrundeliegenden Regelung (vgl. Tatsachenentscheidung des Schiedsrichters im Fußball, die in der Regel nicht im Nachhinein überprüft werden können). Zu unterscheiden sind die Verbandsgerichte von den echten Schiedsgerichten, deren Errichtung zum Ausschluss der gerichtlichen Kontrolle nach §§ 1125 ff. ZPO führen können (vgl. oben → Völkerrechtliche Grundlagen, Schiedsgericht).

Die Vielzahl an Sportverbänden macht es unmöglich, alle Statuten und Satzungen in die Vorschriftensammlung aufzunehmen. Die Auswahl der abgedruckten Normen beschränkt sich auf die Olympische Charta sowie exemplarisch für die internationalen Verbände auf die FIFA-Statuten und die IBU (Internationale Biathlon-Union)-Verfassung. Auf nationaler Ebene sind fünf der mitgliederstärksten Verbände berücksichtigt; daneben das Statut des DOSB sowie der NADA-Code. Eine Übersicht und eine Linkliste mit weiteren Sportverbänden ist im Anhang an das Kapitel zum Verbandsrecht zu finden.

A. Internationales Sportverbandsrecht

I. Olympische Charta

Die **Olympische Charta (OCh; → Nr. 51)** ist mehr als ein verbindliches Regelwerk, nach dem das IOC seine Handlungen gestaltet und durchführt. Sie kodifiziert die Prinzipien des Olympismus sowie die Regeln und Durchführungsbestimmungen, die vom Internationalen Olympischen Komitee (IOC) erlassen wurden. Sie regelt die Organisation der Olympischen Bewegung und legt die Bedingungen für die Olympischen Spiele fest. Darüber hinaus dient sie als Satzung für das IOC und bestimmt gegenseitige Rechte und Pflichten der internationalen Verbände, nationalen Komitees und dem IOC fest.

II. FIFA-Statuten

Die Statuten der FIFA (Fédération Internationale de Football Association; **FIFA-Statuten; → Nr. 52)** und die dazugehörenden Ausführungsbestimmungen bilden die Verfassung des Weltfußballverbands. Sie beinhalten die Grundregeln für den Weltfußball und damit die Grundlage für eine Vielzahl von Wettbewerbs-, Transfer- und Dopingbestimmungen.

III. IBU-Verfassung

Die Internationale Biathlon-Union (IBU, engl. International Biathlon Union) ist der Dachverband aller nationalen Biathlonverbände (**IBU-Verfassung; → Nr. 53**).

B. Nationales Sportverbandsrecht

I. DOSB-Satzung

Der Deutsche Olympische Sportbund (DOSB) ist die Dachorganisation des deutschen Sports. Er entstand am 20. Mai 2006 durch den Zusammenschluss des Deutschen Sportbundes und des Nationalen Olympischen Komitees (**DOSB-Satzung; → Nr. 54**).

II. DFB-Satzung

Der Deutsche Fußballbund (DFB) ist der Dachverband des deutschen Fußballs und mit einer Mitgliederzahl von mehr als 6,7 Millionen nicht nur der größte nationale, sondern auch der größte Sportverband weltweit (**DFB-Satzung; → Nr. 55**).

Der Lizenzfußballbereich (Mannschaften der ersten und zweiten Bundesliga) hat sich seit 2001 verselbständigt und einen eigenen Ligaverband mit eigenem Statut gegründet. Die DFL (Deutsche Fußball Liga GmbH, Satzung → https://www.bundesliga.de/media/native/dfl/satzung/satzung_dfl_04-08-23_stand_.pdf) führt für den Ligaverband das operative Geschäft und ist vor allem für den Spielbereich, die Vermarktung und die Lizenzierung verantwortlich.

III. Satzung Deutscher Turner-Bund

Der Deutsche Turner-Bund (DTB) ist der Dachverband der Turn-Verbände und -Vereine und mit knapp 5 Millionen Mitgliedern der zweitgrößte deutsche Sportverband (**DTB-Satzung; → Nr. 56**).

IV. Satzung Deutscher Handball-Bund

Der Deutsche Handballbund (DHB) ist der Dachverband der deutschen Handballvereine und mit aktuell ca. 833.000 Mitgliedern der weltweit größte Handball-Dachverband **(DHB-Satzung; → Nr. 57)**.

Ähnlich wie beim Fußball ist auch im Handball in Deutschland der Lizenzspielerbetrieb ausgegliedert als Ligaverband der aktuell 38 Erst- und Zweitligisten (e.V.) sowie deren durchführender GmbH (aktuell Toyota Handball Bundesliga GmbH).

V. NADA-Code

Mit der Annahme des Welt-Anti-Doping-Codes am 10. Dezember 2003 in Leipzig hat sich die NADA zusammen mit dem Nationalen Olympischen Komitee für Deutschland zur Umsetzung des WADA-Code verpflichtet. Der **NADA-Code (→ Nr. 58)** setzt die zwingenden Vorgaben des WADA-Codes um und bezieht bereits bestehende Anti-Doping-Richtlinien in Deutschland mit ein.

Tabellarische Übersicht wichtiger Probleme des Sportrechts und der dazugehörigen Normen

Sportrechts-gebiet	Regelungsbereich	Gesetz/ Ordnungsnr./ Norm
Doping		NADA-Code/58
	Definition des Begriffs Doping	Art. 1
	Doping-Verbotsliste	Art. 4
	Dopingkontrollen	Art. 5
	Analyse von Proben	Art. 6
	Sanktionen	Art. 10, 11
		StGB/31
	Doping als Betrugstatbestand	§ 263
		AMG/32
	Bestrafung von Dopingvergehen nach dem Arzneimittelgesetz	§§ 6a, 95
		BDSG/46
	Datenschutzrechtliche Probleme bei der Meldepflicht von Spitzenathleten („Registred Testpool“) und Weitergabe von personenbezogenen Daten	§§ 3 Abs. 1, 4b
		UNESCO-Übereinkommen/3
	Verhältnis des Übereinkommens zum WADA-Code	Art. 4
	Tätigkeiten zur Dopingbekämpfung auf nationaler Ebene	Art. 7 ff.
	Internationale Zusammenarbeit	Art. 13 ff.
Europäisches Sportrecht		AEUV/4
	Förderung der europäischen Dimension des Sports	Art. 165
		AEUV/4
	Europäische Grundfreiheiten mit Sportbezug; z.B. Werbeverbote für Tabak und Alkohol; Ausländerklauseln von Sportverbänden, Transferregelungen; Beschränkungsverbot von unternehmerisch tätigen Einzelsportlern	Art. 28, 45, 49, 56

Sportrechtsgebiet	Regelungsbereich	Gesetz/ Ordnungsnr./ Norm
	Kartellrecht; Exklusivrechte (Übertragung, Vermarktung), Mehrfachbeteiligungen an Fußballvereinen	AEUV/4 Art. 101, 102
Rechtschutz	Vereins- und Verbandsrecht	Satzungen Verbandsrecht
	Internationale Anerkennung von Schiedsgerichtsvereinbarungen und Schiedssprüchen	New Yorker-Übereinkommen/1 § 2
	Europaweite Anerkennung von Schiedsgerichtsvereinbarungen	EU-Übereinkommen/2 §§ 2 ff.
Sponsoring/ Vermarktung	Gesetzliche Voraussetzungen des Sponsoringvertrags	BGB/28 § 311
	Anspruchsgrundlagen bei Verletzung von Persönlichkeitsrechten von Sportlern	BGB/28 §§ 823, 1004
	Lauterbarkeitsrechtlicher Schutz von Fußballspielen durch Nachahmungsschutz	UWG/41 §§ 3 ff.
	Schutzrechte für das Olympische Emblem und die Olympischen Bezeichnungen	OlymSchG/45 §§ 1 ff.
Sportarbeitsrecht	Arbeitsverhältnis im Sport Lohnzahlungsanspruch	BGB/28 §§ 611 ff. § 612
	Kündigungsschutz in Arbeitsverhältnissen im Sport	KSchG/34 §§ 1 ff.
	Innovationsinteresse als Befristungsgrund des Arbeitsverhältnisses im Sport	TzBfG/36 § 14

Sportrechts-gebiet	**Regelungsbereich**	**Gesetz/ Ordnungsnr./ Norm**
	Urlaubsanspruch Urlaubsentgelt	BurlG/35 § 1 § 11
	Befreiung von Sportlern vom Verbot der Sonntagsarbeit	ArbZG/37 § 10 Nr. 7
Sport-haftungs-recht	Vertragliche Haftung des Sportlers im Rahmen von Sponsorenverträgen; vertragliche Haftung des Veranstalters gegenüber dem Zuschauer	BGB/28 §§ 280 ff.
	Deliktische Haftung von Athleten untereinander; deliktische Haftung des Veranstalters gegenüber Zuschauern wegen Verletzung von Verkehrssicherungspflichten	BGB/28 §§ 823 ff.
	Haftung des Vereinsvorstands	BGB/28 §§ 31, 31a, 32, 36
Sport-medienrecht	Mediengrundrechte (Pressefreiheit, Meinungsfreiheit, Rundfunkfreiheit, Informationsfreiheit) Allgemeines Persönlichkeitsrecht	GG/8 Art. 5 Art. 2 I, Art. 1 I
	Listenregelung für die Übertragung von Sport-Großereignissen	AVMD-RL/39 Art. 14
	Übertragung von Großereignissen Recht auf unentgeltliche Kurzberichterstattung (90 Sekunden)	RStV/40 § 4 § 5
	Grundsatz der Einwilligung bei der Abbildung von Bildnissen Nichterforderlichkeit der Einwilligung bei Bildnissen aus dem Bereich der Zeitgeschichte Rückausnahme von § 23 I bei	KUG/44 § 22 § 23 I § 23 II

Sportrechtsgebiet	Regelungsbereich	Gesetz/ Ordnungsnr./ Norm
	Vorliegen eines berechtigten Interesses des Abgebildeten	
Sport-steuerrecht	Gemeinnützigkeitsrecht im Sport Steuerfreiheit eines Sportvereins bis zu Einnahmen in Höhe von 35.000 € brutto/Jahr	AO/47 §§ 51 ff. § 67a
	Unterscheidung zwischen Einkünften aus Gewerbebetrieb und Einkünften aus selbständiger Arbeit bei Sportlern	EStG/48 §§ 15, 18
	Gewerbesteuerpflicht von Athleten	GewStG/49 § 2
Sport-strafrecht	Körperverletzungen im Sport Einwilligung in Körperverletzungsdelikte	StGB/31 §§ 223 ff. § 228
	Sportmanipulationen (Wettbetrug) im Rahmen von Betrugsdelikten	StGB/31 §§ 263 ff.
	Manipulation (Bestechung und Bestechlichkeit) im geschäftlichen Verkehr bzw. bei der Bestechung von Amtsträgern (im Rahmen von Hospitality-Rechten)	StGB/31 §§ 299 ff., 334 ff.
Sport und Staat	Grundrechte als Abwehrrechte des Bürgers gegen den Staat oder im mittelbaren Drittwirkungsverhältnis zwischen Privaten: Allgemeine Handlungsfreiheit, Vereinigungsfreiheit; Berufsfreiheit	GG/8 Art. 2 I, 9 I, 12 I
	Sport als Staatsziel in den Landesverfassungen	Landesverfassungen/9–23 div. Art.

Sportrechts-gebiet	Regelungsbereich	Gesetz/ Ordnungsnr./ Norm
Sportveranstaltungsrecht	Ticket-AGB bei Zuschauerverträgen	BGB/28 §§ 305 ff.
	Lizenzierung von Public-Viewing - Veranstaltungen im Rahmen von Großereignissen	UrhG/42 § 87
	Verkehrssicherungspflicht des Veranstalters	BGB/28 § 823
	Richtwerte für Geräuschimmissionen bei Sportveranstaltungen	Sportanlagen-lärmschutzVO/26 § 2
	Besondere Bauvorschriften für Versammlungsstätten mit mehr als 5000 Besuchern	MusterversammlungsstättenVO/27 §§ 26 ff.
Vereins- und Verbandsrecht	Nicht wirtschaftlicher Verein; Vereinssatzung; Vorstand, Mitgliederversammlung Mitgliedschaft im Verein	BGB/28 § 21; §§ 25, 33, 57, 58; §§ 26, 27, 28, 29, 31a, 32, 36; §§ 38, 39, 104 ff., 145 ff.
	Anspruch auf Vereinsaufnahme	GG/8 Art. 9 I
	Struktur und Rechtstatus des IOC Feier, Veranstaltung und Durchführung der Olympischen Spiele Teilnahme an Olympischen Spielen	OCh/51 Regel 15–25 Regel 33–40 Regel 41–45
	Mitgliedschaft im Deutschen Olympischen Sportbund DOSB-Organe	DOSB-Satzung/54 §§ 6–9 § 10 ff.
	Organe und Funktionen der Internationalen Biathlon-Union	IBU-Satzung/53 §§ 4 ff.

Sportrechtsgebiet	Regelungsbereich	Gesetz/ Ordnungsnr./ Norm
		FIFA-Satzung/52
	Aufnahme in die FIFA	§§ 10 ff.
	FIFA-Organe	§§ 21 ff.
	Rechtsorgane und Disziplinarmaßnahmen	§§ 57 ff.
	Internationale Spiele und Wettbewerbe	§§ 77 ff.
		DFB-Satzung/55
	Mitgliedschaft im DFB	§§ 7 ff.
	Rolle des Ligaverbands	§§ 16 ff.
	Organe und Ausschüsse des DFB	§§ 19 ff.
		DTB-Satzung/56
	Organisation des Deutschen Turner-Bundes	§§ 7 ff.
	Gerichtsbarkeit im DTB	§§ 19, 20
		DHB-Satzung/57
	Mitgliedschaft im Deutschen Handball-Bund	§§ 6 ff.
	Verbandsgremien	§§ 17 ff.
	Rechtsinstanzen im DHB	§§ 49 ff.

Teil 1. Staatliches Sportrecht

A. Übergeordnete Rechtsvorschriften

I. Völkerrechtliche Grundlagen

[1] New Yorker Übereinkommen über die Anerkennung und Vollstreckung ausländischer Schiedssprüche

In der Fassung vom 10. Juni 1958 – Auszug –

Art. 1

(1) Dieses Übereinkommen ist auf die Anerkennung und Vollstreckung von Schiedssprüchen anzuwenden, die in Rechtsstreitigkeiten zwischen natürlichen oder juristischen Personen in dem Hoheitsgebiet eines anderen Staates als desjenigen ergangen sind, in dem die Anerkennung und Vollstreckung nachgesucht wird. Es ist auch auf solche Schiedssprüche anzuwenden, die in dem Staat, in dem ihre Anerkennung und Vollstreckung nachgesucht wird, nicht als inländische anzusehen sind.

(2) Unter „Schiedssprüchen" sind nicht nur Schiedssprüche von Schiedsrichtern, die für eine bestimmte Sache bestellt worden sind, sondern auch solche eines ständigen Schiedsgerichts, dem sich die Parteien unterworfen haben, zu verstehen.

(3) Jeder Staat, der dieses Übereinkommen unterzeichnet oder ratifiziert, ihm beitritt oder dessen Ausdehnung gemäß Artikel X notifiziert, kann gleichzeitig auf der Grundlage der Gegenseitigkeit erklären, dass er das Übereinkommen nur auf die Anerkennung und Vollstreckung solcher Schiedssprüche anwenden werde, die in dem Hoheitsgebiet eines anderen Vertragsstaates ergangen sind. Er kann auch erklären, dass er das Übereinkommen nur auf Streitigkeiten aus solchen Rechtsverhältnissen, sei es vertraglicher oder nichtvertraglicher Art, anwenden werde, die nach seinem innerstaatlichen Recht als Handelssachen angesehen werden.

Art. 2

(1) Jeder Vertragsstaat erkennt eine schriftliche Vereinbarung an, durch die sich die Parteien verpflichten, alle oder einzelne Streitigkeiten, die zwischen ihnen aus einem bestimmten Rechtsverhältnis, sei es vertraglicher oder nichtvertraglicher Art, bereits entstanden sind oder etwa künftig entstehen, einem

schiedsrichterlichen Verfahren zu unterwerfen, sofern der Gegenstand des Streites auf schiedsrichterlichem Wege geregelt werden kann.

(2) Unter einer „schriftlichen Vereinbarung" ist eine Schiedsklausel in einem Vertrag oder eine Schiedsabrede zu verstehen, sofern der Vertrag oder die Schiedsabrede von den Parteien unterzeichnet oder in Briefen oder Telegrammen enthalten ist, die sie gewechselt haben.

(3) Wird ein Gericht eines Vertragsstaates wegen eines Streitgegenstandes angerufen, hinsichtlich dessen die Parteien eine Vereinbarung im Sinne dieses Artikels getroffen haben, so hat das Gericht auf Antrag einer der Parteien sie auf das schiedsrichterliche Verfahren zu verweisen, sofern es nicht feststellt, dass die Vereinbarung hinfällig, unwirksam oder nicht erfüllbar ist.

Art. 3

Jeder Vertragsstaat erkennt Schiedssprüche als wirksam an und lässt sie nach den Verfahrensvorschriften des Hoheitsgebietes, in dem der Schiedsspruch geltend gemacht wird, zur Vollstreckung zu, sofern die in den folgenden Artikeln festgelegten Voraussetzungen gegeben sind. Die Anerkennung oder Vollstreckung von Schiedssprüchen, auf die dieses Übereinkommen anzuwenden ist, darf weder wesentlich strengeren Verfahrensvorschriften noch wesentlich höheren Kosten unterliegen als die Anerkennung oder Vollstreckung inländischer Schiedssprüche.

[2] Europäisches Übereinkommen über die internationale Handelsschiedsgerichtsbarkeit

In der Fassung vom 21. April 1961 –Auszug –

Art. 1 [Anwendungsbereich des Übereinkommens]

(1) Dieses Übereinkommen ist anzuwenden:

a) auf Schiedsvereinbarungen, die zum Zwecke der Regelung von bereits entstandenen oder künftig entstehenden Streitigkeiten aus internationalen Handelsgeschäften zwischen natürlichen oder juristischen Personen geschlossen werden, sofern diese bei Abschluss der Vereinbarung ihren gewöhnlichen Aufenthalt oder ihren Sitz in verschiedenen Vertragsstaaten haben;

b) auf schiedsrichterliche Verfahren und auf Schiedssprüche, die sich auf die in Abs. 1 Buchstabe a bezeichneten Vereinbarungen gründen.

(2) Im Sinne dieses Übereinkommens bedeutet

a) „Schiedsvereinbarung" eine Schiedsklausel in einem Vertrag oder eine Schiedsabrede, sofern der Vertrag oder die Schiedsabrede von den Parteien unterzeichnet oder in Briefen, Telegrammen oder Fernschreiben, die sie gewechselt haben, enthalten ist und, im Verhältnis zwischen Staaten, die in ihrem Recht für Schiedsvereinbarungen nicht die Schriftform fordern, jede Vereinbarung, die in den nach diesen Rechtsordnungen zulässigen Formen geschlossen ist;

b) „Regelung durch ein Schiedsgericht" die Regelung von Streitigkeiten nicht durch Schiedsrichter, die für eine bestimmte Sache bestellt werden (ad hoc-Schiedsgericht), sondern auch durch ein ständiges Schiedsgericht;

c) „Sitz" den Ort, an dem sich die Niederlassung befindet, welche die Schiedsvereinbarung geschlossen hat.

Art. 2 [Schiedsfähigkeit der juristischen Personen des öffentlichen Rechts]

(1) In Fällen des Art. I Abs. 1 haben die juristischen Personen, die nach dem für sie maßgebenden Recht „juristische Personen des öffentlichen Rechts" sind, die Fähigkeit, wirksam Schiedsvereinbarungen zu schließen.

(2) Jeder Staat kann bei der Unterzeichnung oder Ratifizierung des Übereinkommens oder beim Beitritt erklären, dass er diese Fähigkeit in dem Ausmaße beschränkt, das in seiner Erklärung bestimmt ist.

Art. 4 [Gestaltung des schiedsrichterlichen Verfahrens]

(1) Den Parteien einer Schiedsvereinbarung steht es frei zu bestimmen,

a) dass ihre Streitigkeiten einem ständigen Schiedsgericht unterworfen werden; in diesem Fall wird das Verfahren nach der Schiedsgerichtsordnung des bezeichneten Schiedsgerichts durchgeführt; oder

b) dass ihre Streitigkeiten einem ad hoc-Schiedsgericht unterworfen werden; in diesem Fall können die Parteien insbesondere

i) die Schiedsrichter bestellen oder im einzelnen bestimmen, wie die Schiedsrichter bei Entstehen einer Streitigkeit bestellt werden;

ii) den Ort bestimmen, an dem das schiedsrichterliche Verfahren durchgeführt werden soll;

iii) die von den Schiedsrichtern einzuhaltenden Verfahrensregeln festlegen.

(2) Haben die Parteien vereinbart, die Regelung ihrer Streitigkeiten einem ad hoc-Schiedsgericht zu unterwerfen, und hat eine der Parteien innerhalb von 30 Tagen, nachdem der Antrag, mit dem das Schiedsgericht angerufen wird, dem Beklagten zugestellt worden ist, ihren Schiedsrichter nicht bestellt, so wird dieser Schiedsrichter, sofern nichts anderes vereinbart ist, auf Antrag der anderen Partei von dem Präsidenten der zuständigen Handelskammer des Staates bestellt, in dem die säumige Partei bei Stellung des Antrags, mit dem das Schiedsgericht angerufen wird, ihren gewöhnlichen Aufenthalt oder ihren Sitz hat. Dieser Absatz gilt auch für die Ersetzung von Schiedsrichtern, die von einer Partei oder von dem Präsidenten der oben bezeichneten Handelskammer bestellt worden sind.

(3) Haben die Parteien vereinbart, die Regelung ihrer Streitigkeiten einem ad hoc-Schiedsgericht, das aus einem Schiedsrichter oder aus mehreren Schiedsrichtern besteht, zu unterwerfen, und enthält die Schiedsvereinbarung keine Angaben über die Maßnahmen der in Abs. 1 bezeichneten Art, die zur Gestaltung

des schiedsrichterlichen Verfahrens erforderlich sind, so werden diese Maßnahmen, wenn die Parteien sich hierüber nicht einigen und wenn nicht ein Fall des Abs. 2 vorliegt, von dem Schiedsrichter oder von den Schiedsrichtern getroffen, die bereits bestellt sind. Kommt zwischen den Parteien über die Bestellung des Einzelschiedsrichters oder zwischen den Schiedsrichtern über die zu treffenden Maßnahmen eine Einigung nicht zustande, so kann der Kläger, wenn die Parteien den Ort bestimmt haben, an dem das schiedsrichterliche Verfahren durchgeführt werden soll, sich zu dem Zweck, dass diese Maßnahmen getroffen werden, nach seiner Wahl entweder an den Präsidenten der zuständigen Handelskammer des Staates, in dem der von den Parteien bestimmte Ort liegt, oder an den Präsidenten der zuständigen Handelskammer des Staates wenden, in dem der Beklagte bei Stellung des Antrags, mit dem das Schiedsgericht angerufen wird, seinen gewöhnlichen Aufenthalt oder seinen Sitz hat; haben die Parteien den Ort, an dem das schiedsrichterliche Verfahren durchgeführt werden soll, nicht bestimmt, so kann sich der Kläger nach seiner Wahl entweder an den Präsidenten der zuständigen Handelskammer des Staates, in dem der Beklagte bei Stellung des Antrags, mit dem das Schiedsgericht angerufen wird, seinen gewöhnlichen Aufenthalt oder seinen Sitz hat, oder an das Besondere Komitee wenden, dessen Zusammensetzung und dessen Verfahren in der Anlage zu diesem Übereinkommen geregelt sind. Übt der Kläger die ihm in diesem Absatz eingeräumten Rechte nicht aus, so können sie von dem Beklagten oder von den Schiedsrichtern ausgeübt werden.

(4) Der Präsident oder das Besondere Komitee kann, je nach den Umständen des ihm vorgelegten Falles, folgende Maßnahmen treffen:

a) den Einzelschiedsrichter, den Obmann des Schiedsgerichts, den Oberschiedsrichter oder den dritten Schiedsrichter bestellen;

b) einen oder mehrere Schiedsrichter ersetzen, die nach einem anderen als dem in Abs. 2 vorgesehenen Verfahren bestellt worden sind;

c) den Ort bestimmen, an dem das schiedsrichterliche Verfahren durchgeführt werden soll; jedoch können die Schiedsrichter einen anderen Ort wählen;

d) unmittelbar oder durch Verweisung auf die Schiedsgerichtsordnung eines ständigen Schiedsgerichts die von den Schiedsrichtern einzuhaltenden Verfahrensregeln festlegen, wenn nicht mangels einer Vereinbarung der Parteien über das Verfahren die Schiedsrichter dieses selbst festgelegt haben.

(5) Haben die Parteien vereinbart, die Regelung ihrer Streitigkeiten einem ständigen Schiedsgericht zu unterwerfen, ohne dass sie das ständige Schiedsgericht bestimmt haben, und einigen sie sich nicht über die Bestimmung des Schiedsgerichts, so kann der Kläger diese Bestimmung gemäß dem in Abs. 3 vorgesehenen Verfahren beantragen.

(6) Enthält die Schiedsvereinbarung keine Angaben über die Art des Schiedsgerichts (ständiges Schiedsgericht oder ad hoc-Schiedsgericht), dem die Parteien ihre Streitigkeit zu unterwerfen beabsichtigt haben, und einigen sich die Parteien nicht über diese Frage, so kann der Kläger von dem in Abs. 3 vorgesehenen Verfahren Gebrauch machen. Der Präsident der zuständigen Handelskammer oder das Besondere Komitee kann die Parteien entweder an ein ständiges Schiedsgericht verweisen oder sie auffordern, ihre Schiedsrichter innerhalb einer von ihm festgesetzten Frist zu bestellen und sich innerhalb derselben Frist über die Maßnahmen zu einigen, die zur Durchführung des schiedsrichterlichen Verfahrens erforderlich sind. In diesem letzten Falle sind die Abs. 2, 3 und 4 anzuwenden.

(7) Ist ein Antrag der in den Absätzen 2, 3, 4, 5 und 6 vorgesehenen Art von dem Präsidenten der in diesen Absätzen bezeichneten Handelskammer innerhalb von 60 Tagen nach Eingang des Antrags nicht erledigt worden, so kann sich der Antragsteller an das Besondere Komitee wenden, damit dieses die Aufgaben übernimmt, die nicht erfüllt worden sind.

[3] UNESCO-Übereinkommen gegen Doping im Sport

In der Fassung vom 19. Oktober 2005.

Art. 1

Zweck dieses Übereinkommens ist es, im Rahmen der Strategie und des Tätigkeitsprogramms der UNESCO im Bereich der Leibeserziehung und des Sports die Verhütung und Bekämpfung des Dopings im Sport zu fördern mit dem Ziel der vollständigen Ausmerzung des Dopings.

Art. 2

Diese Begriffsbestimmungen sind im Zusammenhang des Welt-Anti-Doping-Codes zu sehen. Bei Widersprüchen sind jedoch die Bestimmungen des Übereinkommens maßgebend.

Im Sinne dieses Übereinkommens

(1) bedeutet „akkreditierte Dopingkontrolllabors" Labors, die von der Welt-Anti-Doping-Agentur akkreditiert sind;

(2) bedeutet „Anti-Doping-Organisation" eine Stelle, die dafür zuständig ist, Vorschriften für die Einleitung, Durchführung und Durchsetzung aller Teile des Dopingkontrollprozesses zu verabschieden. Dazu gehören zum Beispiel das Internationale Olympische Komitee, das Internationale Paralympische Komitee, andere Sportgroßveranstalter, die bei ihren Veranstaltungen Kontrollen durchführen, die Welt-Anti-Doping-Agentur, internationale Sportfachverbände und nationale Anti-Doping-Organisationen;

(3) bedeutet „Verstoß gegen die Anti-Doping-Regeln" im Sport das Vorliegen eines oder mehrerer der nachstehenden Sachverhalte:

a) das Vorhandensein eines verbotenen Wirkstoffs oder seiner Metaboliten oder Marker in einer Körperprobe eines Athleten;

b) die tatsächliche oder versuchte Anwendung eines verbotenen Wirkstoffs oder einer verbotenen Methode;

c) die Weigerung, sich einer Probennahme zu unterziehen, oder die Nichtabgabe einer Probe ohne zwingenden Grund, beides im Anschluss an eine den geltenden Anti-Doping-Regeln entsprechenden Ankündigung, oder ein anderweitiges Umgehen der Probennahme;

d) die Nichterfüllung des Erfordernisses der Verfügbarkeit des Athleten für Kontrollen außerhalb des Wettkampfs, einschließlich der nicht erfolgten Angabe der erforderlichen Informationen über den Aufenthaltsort des Athleten und des Versäumnisses, sich einer Kontrolle zu unterziehen, die als zumutbaren Regeln entsprechend gilt;

e) die tatsächliche oder versuchte unzulässige Einflussnahme auf jeden Teil der Dopingkontrolle;

f) der Besitz verbotener Wirkstoffe oder Methoden;

g) das Inverkehrbringen eines verbotenen Wirkstoffs oder einer verbotenen Methode;

h) die tatsächliche oder versuchte Verabreichung von verbotenen Wirkstoffen oder verbotenen Methoden an Athleten oder die Unterstützung, Anstiftung, Beihilfe, Verschleierung oder sonstige Tatbeteiligung bei einem tatsächlichen oder versuchten Verstoß gegen die Anti-Doping-Regeln;

(4) bedeutet „Athlet" für die Zwecke der Dopingkontrolle jede Person, die auf internationaler oder nationaler Ebene, wie von jeder nationalen Anti-Doping-Organisation näher bestimmt und von den Vertragsstaaten anerkannt, am Sport teilnimmt, sowie jede sonstige Person, die auf einer niedrigeren Ebene, wie von den Vertragsstaaten anerkannt, am Sport oder einer Veranstaltung teilnimmt. Für die Zwecke von Erziehungs- und Schulungsprogrammen bedeutet „Athlet" jede Person, die im Auftrag einer Sportorganisation am Sport teilnimmt;

(5) bedeutet „Athletenbetreuer" Trainer, sportliche Betreuer, Manager, Vertreter, Teammitglieder, Funktionäre sowie Ärzte und medizinische Betreuer, die mit Athleten arbeiten oder sie behandeln, welche an Wettkämpfen teilnehmen oder sich auf sie vorbereiten;

(6) bedeutet „Code" den Welt-Anti-Doping-Code, der von der Welt-Anti-Doping-Agentur am 5. März 2003 in Kopenhagen verabschiedet wurde und als Anhang 1 diesem Übereinkommen beigefügt ist;

(7) bedeutet „Wettkampf" ein einzelnes Rennen, einen einzelnen Kampf, ein einzelnes Spiel oder einen bestimmten athletischen Wettbewerb;

(8) bedeutet „Dopingkontrolle" das Verfahren, welches die Planung der Verteilung der Kontrollen, die Probennahme, die

Bearbeitung der Proben, die Laboranalyse, die Bearbeitung der Ergebnisse, die Anhörung und Rechtsbehelfe umfasst;

(9) bedeutet „Doping im Sport" das Vorliegen eines Verstoßes gegen die Anti-Doping-Regeln;

(10) bedeutet „ordnungsgemäß befugte Dopingkontrollteams" Dopingkontrollteams, die im Auftrag internationaler oder nationaler Anti-Doping-Organisationen tätig sind;

(11) bedeutet Kontrolle „während des Wettkampfs" - zur Unterscheidung zwischen Kontrollen während und Kontrollen außerhalb des Wettkampfs - eine Kontrolle, für die ein Athlet im Rahmen eines bestimmten Wettkampfs ausgewählt wird; dies gilt, sofern nicht in den Regeln eines internationalen Sportfachverbands oder einer anderen zuständigen Anti-Doping-Organisation etwas anderes vorgesehen ist;

(12) bedeutet „Internationaler Standard für Labors" den Standard, der als Anhang 2 diesem Übereinkommen beigefügt ist;

(13) bedeutet „Internationaler Standard für Kontrollen" den Standard, der als Anhang 3 diesem Übereinkommen beigefügt ist;

(14) bedeutet „unangekündigte Kontrolle" eine Dopingkontrolle, die ohne Vorankündigung des Athleten durchgeführt wird und bei welcher der Athlet vom Zeitpunkt der Benachrichtigung bis zur Abgabe der Probe ununterbrochen beaufsichtigt wird;

(15) bedeutet „Olympische Bewegung" alle diejenigen, die sich damit einverstanden erklären, sich von der Olympischen Charta leiten zu lassen und welche die Autorität des Internationalen Olympischen Komitees anerkennen, das heißt die internationalen Verbände der Sportarten, die zum Programm der Olympischen Spiele gehören, die Nationalen Olympischen Komitees, die Organisationskomitees der Olympischen Spiele, die Athleten, Kampfrichter und Schiedsrichter, die Verbände und Vereine wie auch die durch das Internationale Olympische Komitee anerkannten Organisationen und Institutionen;

(16) bedeutet Dopingkontrollen „außerhalb des Wettkampfs" Dopingkontrollen, die nicht im Zusammenhang mit einem Wettkampf durchgeführt werden;

(17) bedeutet „Verbotsliste" die in Anlage I enthaltene Liste, in der die verbotenen Wirkstoffe und verbotenen Methoden aufgeführt sind;

(18) bedeutet „verbotene Methode“ jede Methode, die in der in Anlage I enthaltenen Verbotsliste als solche beschrieben ist;

(19) bedeutet „verbotener Wirkstoff“ jeden Wirkstoff, der in der in Anlage I enthaltenen Verbotsliste als solcher beschrieben ist;

(20) bedeutet „Sportorganisation“ jede Organisation, die als Veranstalter eines Wettkampfs mit einer oder mehreren Sportarten tätig ist;

(21) bedeutet „Standards für die Erteilung von Ausnahmegenehmigungen zur therapeutischen Anwendung“ die in Anlage II enthaltenen Standards;

(22) bedeutet „Kontrolle“ diejenigen Bestandteile des Dopingkontrollverfahrens, welche die Planung der Verteilung der Kontrollen, die Probennahme, die Bearbeitung der Proben sowie die Beförderung der Proben zum Labor umfassen;

(23) bedeutet „Ausnahmegenehmigung zur therapeutischen Anwendung“ eine Ausnahmegenehmigung, die in Übereinstimmung mit den Standards für die Erteilung von Ausnahmegenehmigungen zur therapeutischen Anwendung erteilt worden ist;

(24) bedeutet „Anwendung“ das Auftragen, die Einnahme, die Injektion oder den Gebrauch eines verbotenen Wirkstoffs oder einer verbotenen Methode auf jedwede Art und Weise;

(25) bedeutet „Welt-Anti-Doping-Agentur (WADA)“ die so bezeichnete Stiftung, die am 10. November 1999 nach Schweizer Recht gegründet wurde.

Art. 3 [Mittel zur Erreichung des Zweckes des Übereinkommens]

Um den Zweck des Übereinkommens zu erreichen, verpflichten sich die Vertragsstaaten,

a) auf nationaler und internationaler Ebene angemessene Maßnahmen zu ergreifen, die mit den Grundsätzen des Codes vereinbar sind;

b) zu allen Formen der internationalen Zusammenarbeit zu ermutigen, die darauf abzielen, die Athleten und die Ethik im Sport zu schützen und Forschungsergebnisse weiterzugeben;

c) die internationale Zusammenarbeit zwischen den Vertragsstaaten und den führenden Organisationen im Bereich der Bekämpfung des Dopings im Sport, insbesondere der Welt-Anti-Doping-Agentur, zu fördern.

Art. 4 [Verhältnis des Übereinkommens zum Code]

(1) Um die Durchführung der Bekämpfung des Dopings im Sport auf der nationalen und internationalen Ebene zu koordinieren, verpflichten sich die Vertragsstaaten den Grundsätzen des Codes als Grundlage für die in Artikel 5 dieses Übereinkommens vorgesehenen Maßnahmen. Dieses Übereinkommen hindert die Vertragsstaaten nicht daran, zusätzliche Maßnahmen in Ergänzung des Codes zu ergreifen.

(2) Der Code und die jeweils geltenden Fassungen der Anhänge 2 und 3 sind zu Informationszwecken aufgeführt und sind nicht Bestandteil dieses Übereinkommens. Aus den Anhängen als solchen erwachsen für die Vertragsstaaten keine völkerrechtlich verbindlichen Verpflichtungen.

(3) Die Anlagen sind Bestandteil dieses Übereinkommens.

Art. 5 [Maßnahmen zur Erreichung der Ziele des Übereinkommens]

Zur Erfüllung der in diesem Übereinkommen enthaltenen Verpflichtungen verpflichtet sich jeder Vertragsstaat, geeignete Maßnahmen zu ergreifen. Die Maßnahmen können Gesetze, sonstige Vorschriften, politische Maßnahmen oder Verwaltungspraktiken beinhalten.

Art. 6 [Verhältnis zu anderen völkerrechtlichen Übereinkünften]

Dieses Übereinkommen verändert nicht die Rechte und Pflichten der Vertragsstaaten, die aus vorher geschlossenen Übereinkünften erwachsen und mit Ziel und Zweck des Übereinkommens in Einklang stehen. Dies berührt nicht die Wahrnehmung der Rechte oder die Erfüllung der Verpflichtungen aus diesem Übereinkommen durch andere Vertragsstaaten.

II. Tätigkeiten zur Dopingbekämpfung auf nationaler Ebene

Art. 7 [Innerstaatliche Koordinierung]

Die Vertragsstaaten stellen die Anwendung dieses Übereinkommens insbesondere durch innerstaatliche Koordinierung sicher. Um ihren Verpflichtungen aus dem Übereinkommen nachzukommen, können sich die Vertragsstaaten auf Anti-Doping-Organisationen wie auch auf für den Sport zuständige Stellen und Sportorganisationen stützen.

Art. 8 [Maßnahmen zur Einschränkung der Verfügbarkeit und Anwendung verbotener Wirkstoffe und Methoden im Sport]

(1) Die Vertragsstaaten ergreifen in geeigneten Fällen Maßnahmen, um die Verfügbarkeit verbotener Wirkstoffe und Methoden und damit die Anwendung durch Athleten im Sport einzuschränken, es sei denn, die Anwendung erfolgt aufgrund einer Ausnahmegenehmigung zur therapeutischen Anwendung. Dazu gehören Maßnahmen, die sich gegen das Inverkehrbringen verbotener Wirkstoffe in Bezug auf Athleten richten und damit auch Maßnahmen, die auf die Eindämmung der Produktion, der Verbringung, der Einfuhr, des Vertriebs und des Verkaufs abzielen.

(2) Die Vertragsstaaten ergreifen Maßnahmen beziehungsweise ermutigen die einschlägigen Stellen innerhalb ihres jeweiligen Hoheitsbereichs zur Ergreifung entsprechender Maßnahmen, um die Anwendung und den Besitz verbotener Wirkstoffe und Methoden durch Athleten im Sport zu verhüten und einzuschränken, es sei denn, die Anwendung erfolgt aufgrund einer Ausnahmegenehmigung zur therapeutischen Anwendung.

(3) Die nach diesem Übereinkommen getroffenen Maßnahmen behindern nicht die Verfügbarkeit für rechtmäßige Zwecke von Wirkstoffen und Methoden, die ansonsten im Sport verboten oder eingeschränkt anwendbar sind.

Art. 9 [Maßnahmen gegen Athletenbetreuer]

Die Vertragsstaaten ergreifen selbst beziehungsweise ermutigen die Sportorganisationen und Anti-Doping-Organisationen zur Ergreifung von Maßnahmen, die sich gegen Athletenbetreuer richten, die einen Verstoß gegen die Anti-Doping-Regeln oder eine andere Zuwiderhandlung im Zusammenhang mit Doping im Sport begehen; zu diesen Maßnahmen gehören auch Sanktionen und Strafen.

Art. 10 [Nahrungsergänzungsmittel]

Die Vertragsstaaten ermutigen in geeigneten Fällen die Hersteller und Vertreiber von Nahrungsergänzungsmitteln, vorbildliche Vorgehensweisen bei der Vermarktung und dem Vertrieb von Nahrungsergänzungsmitteln einzuführen, einschließlich der Angaben über deren analytische Zusammensetzung und die Qualitätssicherung.

Art. 11 [Finanzielle Maßnahmen]

In geeigneten Fällen werden die Vertragsstaaten

a) Mittel in ihren jeweiligen Haushalten vorsehen, um ein nationales und alle Sportarten abdeckendes Kontrollprogramm zu unterstützen beziehungsweise den Sportorganisationen und Anti-Doping-Organisationen entweder durch direkte Subventionen oder Zuweisungen bei der Finanzierung von Dopingkontrollen behilflich zu sein oder die Kosten derartiger Kontrollen bei der Festlegung der den entsprechenden Organisationen zu gewährenden Gesamtsubventionen oder Zuweisungen zu berücksichtigen;

b) Schritte unternehmen, um einzelnen Athleten oder Athletenbetreuern, die nach einem Verstoß gegen die Anti-Doping-Regeln gesperrt wurden, während der Dauer der Sperre eine etwaige sportbezogene finanzielle Unterstützung zu verweigern;

c) Sportorganisationen oder Anti-Doping-Organisationen, die gegen den Code oder gegen in Übereinstimmung mit dem Code beschlossene anwendbare Anti-Doping-Regeln verstoßen, die finanzielle oder anderweitige sportbezogene Unterstützung teilweise oder ganz verweigern.

Art. 12 [Maßnahmen zur Erleichterung von Dopingkontrollen]

In geeigneten Fällen werden die Vertragsstaaten

a) es fördern und erleichtern, dass Sportorganisationen und Anti-Doping-Organisationen in ihrem jeweiligen Hoheitsbereich Dopingkontrollen entsprechend den Vorgaben des Codes durchführen; hierzu gehören unangekündigte Kontrollen, Kontrollen außerhalb des Wettkampfs und während des Wettkampfs;

b) es fördern und erleichtern, dass Sportorganisationen und Anti-Doping-Organisationen Vereinbarungen treffen, durch die eine Kontrolle ihrer Mitglieder durch ordnungsgemäß befugte Dopingkontrollteams aus anderen Ländern ermöglicht wird;

c) sich verpflichten, die Sportorganisationen und Anti-Doping-Organisationen in ihrem jeweiligen Hoheitsbereich dabei zu unterstützen, zum Zweck der Dopingkontrollanalyse Zugang zu einem akkreditierten Dopingkontrolllabor zu erhalten.

III. Internationale Zusammenarbeit

Art. 13 [Zusammenarbeit zwischen Anti-Doping-Organisationen und Sportorganisationen]

Die Vertragsstaaten fördern die Zusammenarbeit zwischen den Anti-Doping-Organisationen, staatlichen Behörden und Sportorganisationen in ihrem Hoheitsbereich und denjenigen im Hoheitsbereich anderer Vertragsstaaten, um auf internationaler Ebene den Zweck dieses Übereinkommens zu erreichen.

Art. 14 [Unterstützung des Auftrags der Welt-Anti-Doping-Agentur]

Die Vertragsstaaten verpflichten sich, den wichtigen Auftrag der Welt-Anti-Doping-Agentur bei der internationalen Bekämpfung des Dopings zu unterstützen.

Art. 15 [Finanzierung der Welt-Anti-Doping-Agentur zu gleichen Anteilen]

Die Vertragsstaaten unterstützen den Grundsatz, wonach die staatlichen Behörden und die Olympische Bewegung den gebilligten jährlichen Kernhaushalt der Welt-Anti-Doping-Agentur zu gleichen Teilen übernehmen.

Art. 16 [Internationale Zusammenarbeit bei der Dopingkontrolle]

In Anerkennung der Tatsache, dass die Bekämpfung des Dopings im Sport nur wirksam sein kann, wenn die Athleten unangekündigt kontrolliert und die Proben für die Analyse rechtzeitig in Labors gebracht werden können, werden die Vertragsstaaten in geeigneten Fällen und im Einklang mit den innerstaatlichen Rechtsvorschriften und Verfahren

a) die Aufgabe der Welt-Anti-Doping-Agentur und der im Einklang mit dem Code tätigen Anti-Doping-Organisationen, die darin besteht, bei den Athleten der Vertragsstaaten Dopingkontrollen während des Wettkampfs oder außerhalb des Wettkampfs in ihrem Hoheitsgebiet oder andernorts durchzuführen, nach Maßgabe der einschlägigen Vorschriften der Gastgeberländer erleichtern;

b) den rechtzeitigen grenzüberschreitenden Transport ordnungsgemäß befugter Dopingkontrollteams bei Dopingkontrolltätigkeiten erleichtern;

c) zusammenarbeiten, um den rechtzeitigen Versand oder die rechtzeitige grenzüberschreitende Verbringung von Proben so zu beschleunigen, dass deren Sicherheit und Unversehrtheit gewahrt bleiben;

d) bei der internationalen Koordinierung von Dopingkontrollen durch verschiedene Anti-Doping-Organisationen mitwirken und zu diesem Zweck mit der Welt-Anti-Doping-Agentur zusammenarbeiten;

e) die Zusammenarbeit zwischen den Dopingkontrolllaboren in ihrem Hoheitsbereich mit denen im Hoheitsbereich anderer Vertragsstaaten fördern. Insbesondere sollen die Vertragsstaaten mit akkreditierten Dopingkontrolllabors die Labors in ihrem Hoheitsbereich ermutigen, andere Vertragsstaaten dabei zu unterstützen, die Erfahrungen, Fertigkeiten und Techniken zu erwerben, die erforderlich sind, um ihre eigenen Labors einzurichten, wenn sie dies wünschen;

f) gegenseitige Vereinbarungen über die Durchführung von Kontrollen zwischen den benannten Anti-Doping-Organisationen in Übereinstimmung mit dem Code anregen und unterstützen;

g) gegenseitig die mit dem Code vereinbaren Dopingkontrollverfahren und Methoden zur Bearbeitung der Ergebnisse einschließlich der entsprechenden Sportsanktionen aller Anti-Doping-Organisationen anerkennen.

Art. 17 [Freiwilliger Fonds]

(1) Hiermit wird ein „Fonds zur Ausmerzung des Dopings im Sport" errichtet, der im Folgenden als „Freiwilliger Fonds" bezeichnet wird. Der Freiwillige Fonds setzt sich aus Treuhandvermögen zusammen, das in Übereinstimmung mit der Finanzordnung der UNESCO eingerichtet wird. Alle Beiträge der Vertragsstaaten und anderer Akteure sind freiwillig.

(2) Die Mittel des Freiwilligen Fonds bestehen aus

a) Beiträgen der Vertragsstaaten;

b) Beiträgen, Schenkungen oder Vermächtnissen

i) anderer Staaten;

ii) von Organisationen und Programmen des Systems der Vereinten Nationen, insbesondere des Entwicklungsprogramms der Vereinten Nationen, wie auch von anderen internationalen Organisationen;

iii) von Einrichtungen des öffentlichen oder privaten Rechts oder von Einzelpersonen;

c) den für die Mittel des Freiwilligen Fonds anfallenden Zinsen;

d) Mitteln, die durch Sammlungen und Einnahmen aus Veranstaltungen zugunsten des Freiwilligen Fonds aufgebracht werden, und

e) allen sonstigen Mitteln, die durch die von der Konferenz der Vertragsparteien für den Freiwilligen Fonds aufzustellenden Vorschriften genehmigt sind.

(3) Beiträge der Vertragsstaaten zum Freiwilligen Fonds gelten nicht als Ersatzleistung für die Verpflichtung der Vertragsstaaten, ihren Beitrag zum jährlichen Haushalt der Welt-Anti-Doping-Agentur zu entrichten.

Art. 18 [Verwendung und Verwaltung des Freiwilligen Fonds]

Die Mittel im Freiwilligen Fonds werden von der Konferenz der Vertragsparteien für die Finanzierung der von ihr gebilligten Tätigkeiten zugewiesen, insbesondere um die Vertragsstaaten dabei zu unterstützen, in Übereinstimmung mit diesem Übereinkommen und unter Berücksichtigung der Zielsetzungen der Welt-Anti-Doping-Agentur Anti-Doping-Programme zu entwickeln und durchzuführen; sie dürfen auch verwendet werden, um die Kosten der Durchführung dieses Übereinkommens zu decken. An die dem Freiwilligen Fonds gezahlten Beiträge dürfen keine politischen, wirtschaftlichen oder andere Bedingungen geknüpft werden.

IV. Erziehung und Schulung

Art. 19 [Allgemeine Erziehungs- und Schulungsgrundsätze]

(1) Die Vertragsstaaten verpflichten sich, im Rahmen ihrer Möglichkeiten Erziehungs- und Schulungsprogramme zur Bekämpfung des Dopings zu unterstützen, zu entwickeln oder durchzuführen. Für die Sportwelt im Allgemeinen sollen diese Programme darauf abzielen, aktuelle und genaue Informationen zu folgenden Bereichen bereitzustellen:

a) zu dem Schaden, den das Doping den ethischen Werten des Sports zufügt;

b) zu den gesundheitlichen Auswirkungen des Dopings.

(2) Für die Athleten und Athletenbetreuer sollen die Erziehungs- und Schulungsprogramme darüber hinaus, insbesondere bei ihrer ersten Schulung, darauf abzielen, aktuelle und genaue Informationen zu folgenden Bereichen bereitzustellen:

a) zu den Dopingkontrollverfahren;

b) zu den Rechten und Pflichten der Athleten im Hinblick auf die Dopingbekämpfung, einschließlich Informationen über den Code und die Anti-Doping-Maßnahmen der einschlägigen Sport- und Anti-Doping-Organisationen. Diese Informationen müssen die Folgen eines Verstoßes gegen die Anti-Doping-Regeln beinhalten;

c) zu der Liste der verbotenen Wirkstoffe und Methoden und zu den Ausnahmegenehmigungen zur therapeutischen Anwendung;

d) zu Nahrungsergänzungsmitteln.

Art. 20 [Verhaltensrichtlinien für den Berufssport]

Die Vertragsstaaten ermutigen die einschlägigen zuständigen Verbände und Einrichtungen des Berufssports, geeignete und mit dem Code vereinbare Verhaltensrichtlinien, vorbildliche Praktiken und ethische Regeln in Bezug auf die Bekämpfung des Dopings im Sport zu entwickeln und umzusetzen.

Art. 21 [Einbeziehung von Athleten und Athletenbetreuern]

Die Vertragsstaaten fördern und – im Rahmen ihrer Möglichkeiten – unterstützen die aktive Beteiligung von Athleten und Athletenbetreuern an allen Arten der Dopingbekämpfung durch die Sportorganisationen und die anderen einschlägigen Organisationen und ermutigen die Sportorganisationen in ihrem Hoheitsbereich, Gleiches zu tun.

Art. 22 [Sportorganisationen und die fortlaufende Erziehung und Schulung im Bereich der Dopingbekämpfung]

Die Vertragsstaaten ermutigen die Sportorganisationen und die Anti-Doping-Organisationen, für alle Athleten und Athletenbetreuer fortlaufende Erziehungs- und Schulungsprogramme zu den in Artikel 19 aufgeführten Themen durchzuführen.

Art. 23 [Zusammenarbeit bei der Erziehung und Schulung]

Die Vertragsstaaten arbeiten untereinander und mit den einschlägigen Organisationen zusammen, um in geeigneten Fällen Informationen, Fachwissen und Erfahrungen zu wirksamen Dopingbekämpfungsprogrammen auszutauschen.

V. Forschung

Art. 24 [Förderung der Forschung im Bereich der Dopingbekämpfung]

Die Vertragsstaaten verpflichten sich, im Rahmen ihrer Möglichkeiten und in Zusammenarbeit mit den Sportorganisationen und anderen einschlägigen Organisationen die Forschung im Bereich der Dopingbekämpfung zu folgenden Fragen zu unterstützen und zu fördern:

a) Verhütung des Dopings, Nachweismethoden, Verhaltens- und gesellschaftliche Aspekte und gesundheitliche Auswirkungen des Dopings;

b) Mittel und Wege zur Entwicklung wissenschaftlich fundierter physiologischer und psychologischer Schulungsprogramme, die der Integrität der Person Rechnung tragen;

c) Anwendung aller neuen Wirkstoffe und Methoden, die aus wissenschaftlichen Entwicklungen entstehen.

Art. 25 [Wesen der Forschung im Bereich der Dopingbekämpfung[

Bei der in Artikel 24 beschriebenen Förderung der Forschung im Bereich der Dopingbekämpfung stellen die Vertragsstaaten sicher, dass die betreffende Forschung

a) international anerkannten ethischen Praktiken entspricht;

b) die Verabreichung verbotener Wirkstoffe und Methoden an Athleten vermeidet;

c) nur mit geeigneten Sicherheitsvorkehrungen erfolgt, um zu verhindern, dass die Forschungsergebnisse im Bereich der Dopingbekämpfung für Dopingzwecke missbraucht und angewendet werden.

Art. 26 [Weitergabe von Forschungsergebnissen im Bereich der Dopingbekämpfung]

Vorbehaltlich der Einhaltung des anzuwendenden nationalen und internationalen Rechts geben die Vertragsstaaten in geeigneten Fällen die Forschungsergebnisse im Bereich der Dopingbekämpfung an andere Vertragsstaaten und an die Welt-Anti-Doping-Agentur weiter.

Art. 27 [Sportwissenschaftliche Forschung]

Die Vertragsstaaten ermutigen

a) die Mitglieder der wissenschaftlichen und medizinischen Gemeinschaft, in Einklang mit den Grundsätzen des Codes sportwissenschaftliche Forschung zu betreiben;

b) die Sportorganisationen und die Athletenbetreuer in ihrem Hoheitsbereich, mit den Grundsätzen des Codes vereinbare sportwissenschaftliche Forschung durchzuführen.

VI. Überwachung der Anwendung des Übereinkommens

Art. 28 [Konferenz der Vertragsparteien]

(1) Hiermit wird eine Konferenz der Vertragsparteien eingesetzt. Die Konferenz der Vertragsparteien ist das Lenkungsorgan dieses Übereinkommens.

(2) Die Konferenz der Vertragsparteien tritt in der Regel alle zwei Jahre zu einer ordentlichen Tagung zusammen. Sie kann zu außerordentlichen Tagungen zusammentreten, wenn sie dies beschließt oder wenn mindestens ein Drittel der Vertragsstaaten darum ersuchen.

(3) Jeder Vertragsstaat hat bei der Konferenz der Vertragsparteien eine Stimme.

(4) Die Konferenz der Vertragsparteien gibt sich eine Geschäftsordnung.

Art. 29 [Beratende Organisation und Beobachter bei der Konferenz der Vertragsparteien]

Die Welt-Anti-Doping-Agentur wird als beratende Organisation zur Konferenz der Vertragsparteien eingeladen. Das Internationale Olympische Komitee, das Internationale Paralympische Komitee, der Europarat und der Zwischenstaatliche Ausschuss für Körpererziehung und Sport (CIGEPS) werden als Beobachter eingeladen. Die Konferenz der Vertragsparteien kann beschließen, weitere einschlägige Organisationen als Beobachter einzuladen.

Art. 30 [Aufgaben der Konferenz der Vertragsparteien]

(1) Neben den in anderen Bestimmungen dieses Übereinkommens aufgeführten Aufgaben bestehen die Aufgaben der Konferenz der Vertragspartei darin,

a) den Zweck dieses Übereinkommens zu fördern;

b) das Verhältnis zur Welt-Anti-Doping-Agentur zu erörtern und die Finanzierungsmechanismen des jährlichen Kernhaushalts der Agentur zu beobachten. Nichtvertragsstaaten können zu diesen Erörterungen eingeladen werden;

c) einen Plan für die Verwendung der Mittel des Freiwilligen Fonds nach Artikel 18 zu beschließen;

d) die von den Vertragsstaaten nach Artikel 31 vorgelegten Berichte zu prüfen;

e) die Überwachung der Einhaltung dieses Übereinkommens unter Berücksichtigung der Entwicklung von Dopingbekämpfungssystemen nach Artikel 31 fortlaufend zu überprüfen. Alle Überwachungsmechanismen oder -maßnahmen, die über Artikel 31 hinausgehen, werden durch den nach Artikel 17 errichteten Freiwilligen Fonds finanziert;

f) Änderungsentwürfe zu diesem Übereinkommen im Hinblick auf deren Beschlussfassung zu prüfen;

g)nach Artikel 34 des Übereinkommens die von der Welt-Anti-Doping-Agentur beschlossenen Änderungen der Verbotsliste und der Standards für die Erteilung von Ausnahmegenehmigungen zur therapeutischen Anwendung im Hinblick auf deren Genehmigung zu prüfen;

h) die Zusammenarbeit zwischen den Vertragsstaaten und der Welt-Anti-Doping-Agentur im Rahmen dieses Übereinkommens näher zu bestimmen und durchzuführen;

i) von der Welt-Anti-Doping-Agentur bei jeder ihrer Tagungen einen Bericht über die Durchführung des Codes zur Prüfung zu erbitten.

(2) Bei der Wahrnehmung ihrer Aufgaben kann die Konferenz der Vertragsparteien mit anderen zwischenstaatlichen Gremien zusammenarbeiten.

Art. 31 [Nationale Berichte an die Konferenz der Vertragsparteien]

Die Vertragsstaaten legen der Konferenz der Vertragsparteien über das Sekretariat alle zwei Jahre und in einer der offiziellen Sprachen der UNESCO alle einschlägigen Informationen über die Maßnahmen vor, die sie zur Einhaltung dieses Übereinkommens ergriffen haben.

Art. 32 [Sekretariat der Konferenz der Vertragsparteien]

(1) Das Sekretariat der Konferenz der Vertragsparteien wird vom Generaldirektor der UNESCO gestellt.

(2) Auf Ersuchen der Konferenz der Vertragsparteien nutzt der Generaldirektor der UNESCO zu den von der Konferenz der Vertragsparteien gebilligten Bedingungen die Dienste der Welt-Anti-Doping-Agentur im größtmöglichen Umfang.

(3) Die mit dem Übereinkommen in Zusammenhang stehenden Durchführungskosten werden im Rahmen vorhandener Mittel und in angemessener Höhe aus dem ordentlichen Haushalt der UNESCO, aus dem nach Artikel 17 errichteten Freiwilligen Fonds oder entsprechend einer alle zwei Jahre zu treffenden Festlegung aus einer angemessenen Kombination beider Quellen finanziert. Die Finanzierung des Sekretariats aus dem ordentlichen Haushalt erfolgt auf einer strikt minimalen Grundlage, wobei davon ausgegangen wird, dass auch eine freiwillige Finanzierung zur Unterstützung des Übereinkommens zur Verfügung gestellt werden soll.

(4) Das Sekretariat bereitet die Dokumentation der Konferenz der Vertragsparteien und die Entwürfe der Tagesordnung ihrer Sitzungen vor und stellt die Durchführung ihrer Beschlüsse sicher.

Art. 33 [Änderungen]

(1) Jeder Vertragsstaat kann durch schriftliche Mitteilung an den Generaldirektor der UNESCO Änderungen dieses Übereinkommens vorschlagen. Der Generaldirektor leitet diese Mitteilung an alle Vertragsstaaten weiter. Gibt innerhalb von sechs Monaten nach dem Datum der Weiterleitung der Mitteilung mindestens die Hälfte der Vertragsstaaten ihre Zustimmung, so legt der Generaldirektor diese Vorschläge der nachfolgenden Tagung der Konferenz der Vertragsparteien vor.

(2) Änderungen werden von der Konferenz der Vertragsparteien mit Zweidrittelmehrheit der auf der Tagung anwesenden und abstimmenden Vertragsstaaten beschlossen.

(3) Nach der Beschlussfassung werden Änderungen dieses Übereinkommens den Vertragsstaaten zur Ratifikation, Annahme, Genehmigung oder zum Beitritt vorgelegt.

(4) Änderungen dieses Übereinkommens treten für die Vertragsstaaten, die sie ratifiziert, angenommen oder genehmigt haben oder ihnen beigetreten sind, drei Monate nach Hinterlegung der in Absatz 3 genannten Urkunden durch zwei Drittel der Vertragsstaaten in Kraft. Für jeden Vertragsstaat, der eine Änderung zu einem späteren Zeitpunkt ratifiziert, annimmt, genehmigt oder ihr beitritt, tritt sie drei Monate nach Hinterlegung der Ratifikations-, Annahme-, Genehmigungs- oder Beitrittsurkunde durch diesen Vertragsstaat in Kraft.

(5) Ein Staat, der nach Inkrafttreten von Änderungen nach Absatz 4 Vertragspartei dieses Übereinkommens wird, gilt, wenn er keine anderweitige Absicht zum Ausdruck gebracht hat,

a) als Vertragspartei des geänderten Übereinkommens;

b) als Vertragspartei des nicht geänderten Übereinkommens im Verhältnis zu jedem Vertragsstaat, der nicht durch die Änderungen gebunden ist.

Art. 34 [Besonderes Änderungsverfahren für die Anlagen des Übereinkommens]

(1) Ändert die Welt-Anti-Doping-Agentur die Verbotsliste oder die Standards für die Erteilung von Ausnahmegenehmigungen zur therapeutischen Anwendung, so kann sie den Generaldirektor der UNESCO durch eine an ihn gerichtete schriftliche Mitteilung von den Änderungen in Kenntnis setzen. Der Generaldirektor notifiziert diese Änderungen umgehend allen Ver-

tragsstaaten als vorgeschlagene Änderungen der betreffenden Anlagen zu diesem Übereinkommen. Die Änderungen der Anlagen werden von der Konferenz der Vertragsparteien entweder auf einer ihrer Tagungen oder durch schriftliche Konsultation genehmigt.

(2) Innerhalb von 45 Tagen nach der Notifikation des Generaldirektors können die Vertragsstaaten ihren Einspruch gegen die vorgeschlagene Änderung entweder - im Fall einer schriftlichen Konsultation - schriftlich gegenüber dem Generaldirektor oder auf einer Tagung der Konferenz der Vertragsparteien einlegen. Die vorgeschlagene Änderung gilt als von der Konferenz der Vertragsparteien genehmigt, wenn nicht zwei Drittel der Vertragsstaaten Einspruch gegen sie einlegen.

(3) Die von der Konferenz der Vertragsparteien genehmigten Änderungen werden den Vertragsstaaten vom Generaldirektor notifiziert. Sie treten 45 Tage nach dieser Notifikation in Kraft; hiervon ausgenommen sind Vertragsstaaten, die dem Generaldirektor vorab notifiziert haben, dass sie diese Änderungen nicht annehmen.

(4) Ein Vertragsstaat, der dem Generaldirektor notifiziert hat, dass er eine nach den Absätzen 1 bis 3 genehmigte Änderung nicht annimmt, bleibt durch die nicht geänderten Fassungen der Anlagen gebunden.

VII. Schlussbestimmungen

Art. 35 [Bundesstaatliche oder nicht einheitsstaatliche Verfassungssysteme]

Folgende Bestimmungen gelten für Vertragsstaaten, die ein bundesstaatliches oder nicht einheitsstaatliches Verfassungssystem haben:

a) Hinsichtlich derjenigen Bestimmungen dieses Übereinkommens, deren Durchführung in die Zuständigkeit des Bundes- oder Zentral-Gesetzgebungsorgans fällt, sind die Verpflichtungen der Bundes- oder Zentralregierung dieselben wie für diejenigen Vertragsstaaten, die nicht Bundesstaaten sind;

b) hinsichtlich derjenigen Bestimmungen dieses Übereinkommens, deren Durchführung in die Zuständigkeit eines einzelnen Gliedstaats, eines Kreises1, einer Provinz oder eines

Kantons fällt, die nicht durch das Verfassungssystem des Bundes verpflichtet sind, gesetzgeberische Maßnahmen zu treffen, unterrichtet die Bundesregierung die zuständigen Stellen dieser Staaten, Kreise, Provinzen oder Kantone von den genannten Bestimmungen und empfiehlt ihnen ihre Annahme.

Art. 36 [Ratifikation, Annahme, Genehmigung oder Beitritt]

Dieses Übereinkommen bedarf der Ratifikation, Annahme, Genehmigung oder des Beitritts durch die Mitgliedstaaten der UNESCO nach Maßgabe ihrer verfassungsrechtlichen Verfahren. Die Ratifikations-, Annahme-, Genehmigungs- oder Beitrittsurkunden werden beim Generaldirektor der UNESCO hinterlegt.

Art. 37 [Inkrafttreten]

(1) Dieses Übereinkommen tritt am ersten Tag des Monats in Kraft, der auf einen Zeitabschnitt von einem Monat nach Hinterlegung der dreißigsten Ratifikations-, Annahme-, Genehmigungs- oder Beitrittsurkunde folgt.

(2) Für jeden Staat, der danach seine Zustimmung erklärt, durch dieses Übereinkommen gebunden zu sein, tritt es am ersten Tag des Monats in Kraft, der auf einen Zeitabschnitt von einem Monat nach Hinterlegung seiner Ratifikations-, Annahme-, Genehmigungs- oder Beitrittsurkunde folgt.

Art. 38 [Räumliche Erstreckung des Übereinkommens]

(1) Jeder Staat kann bei der Hinterlegung seiner Ratifikations-, Annahme-, Genehmigungs- oder Beitrittsurkunde einzelne oder mehrere Hoheitsgebiete bezeichnen, deren internationale Beziehungen er wahrnimmt und auf die dieses Übereinkommen Anwendung findet.

(2) Jeder Vertragsstaat kann jederzeit danach durch eine an die UNESCO gerichtete Erklärung die Anwendung dieses Übereinkommens auf jedes weitere in der Erklärung bezeichnete Hoheitsgebiet erstrecken. Das Übereinkommen tritt für dieses Hoheitsgebiet am ersten Tag des Monats in Kraft, der auf einen Zeitabschnitt von einem Monat nach Eingang der Erklärung beim Verwahrer folgt.

(3) Jede nach den Absätzen 1 und 2 abgegebene Erklärung kann in Bezug auf jedes darin bezeichnete Hoheitsgebiet durch eine an die UNESCO gerichtete Notifikation zurückgenommen

werden. Die Rücknahme wird am ersten Tag des Monats wirksam, der auf einen Zeitabschnitt von einem Monat nach Eingang der Notifikation beim Verwahrer folgt.

Art. 39 [Kündigung]

Jeder Vertragsstaat kann dieses Übereinkommen kündigen. Die Kündigung wird durch eine Urkunde notifiziert, die beim Generaldirektor der UNESCO hinterlegt wird. Die Kündigung wird am ersten Tag des Monats wirksam, der auf einen Zeitabschnitt von sechs Monaten nach Eingang der Kündigungsurkunde folgt. Sie lässt die finanziellen Verpflichtungen des betreffenden Vertragsstaats bis zu dem Tag unberührt, an dem der Rücktritt wirksam wird.

Art. 40 [Verwahrer]

Der Generaldirektor der UNESCO ist der Verwahrer dieses Übereinkommens und der Änderungen dieses Übereinkommens. Als Verwahrer informiert der Generaldirektor der UNESCO die Vertragsstaaten dieses Übereinkommens wie auch die anderen Mitgliedstaaten der Organisation über

a) jede Hinterlegung einer Ratifikations-, Annahme-, Genehmigungs- oder Beitrittsurkunde;

b) den Zeitpunkt des Inkrafttretens dieses Übereinkommens nach Artikel 37;

c) jeden nach Artikel 31 erstellten Bericht;

d) jede Änderung des Übereinkommens oder seiner Anlagen, die nach den Artikeln 33 und 34 beschlossen wurde, und über den Zeitpunkt des Inkrafttretens der Änderungen;

e) jede Erklärung oder Notifikation nach Artikel 38;

f) jede Notifikation nach Artikel 39 und über den Zeitpunkt des Wirksamwerdens der Kündigung und

g) jede andere Handlung, Notifikation oder Mitteilung im Zusammenhang mit diesem Übereinkommen.

Art. 41 [Registrierung]

Auf Ersuchen des Generaldirektors der UNESCO wird dieses Übereinkommen nach Artikel 102 der Charta2 der Vereinten Nationen beim Sekretariat der Vereinten Nationen registriert.

Art. 42 [Verbindliche Wortlaute]

(1) Dieses Übereinkommen einschließlich seiner Anlagen ist in arabischer, chinesischer, englischer, französischer, russischer und spanischer Sprache abgefasst, wobei jeder Wortlaut gleichermaßen verbindlich ist.

(2) Die Anhänge zu diesem Übereinkommen stehen in arabischer, chinesischer, englischer, französischer, russischer und spanischer Sprache zur Verfügung.

Art. 43 [Vorbehalte]

Vorbehalte, die mit Ziel und Zweck dieses Übereinkommens unvereinbar sind, sind unzulässig.

II. Europarechtliche Grundlagen

[4] Vertrag über die Arbeitsweise der Europäischen Union

In der Fassung der Bekanntmachung vom 30. März 2010 (ABl. C 83/01) - Auszug -

Art. 6 [Zuständigkeit]

Die Union ist für die Durchführung von Maßnahmen zur Unterstützung, Koordinierung oder Ergänzung der Maßnahmen der Mitgliedstaaten zuständig. Diese Maßnahmen mit europäischer Zielsetzung können in folgenden Bereichen getroffen werden:

a) Schutz und Verbesserung der menschlichen Gesundheit,
b) Industrie,
c) Kultur,
d) Tourismus,
e) allgemeine und berufliche Bildung, Jugend und Sport,
f) Katastrophenschutz,
g) Verwaltungszusammenarbeit.

Art. 18 [Diskriminierungsverbot]

Unbeschadet besonderer Bestimmungen der Verträge ist in ihrem Anwendungsbereich jede Diskriminierung aus Gründen der Staatsangehörigkeit verboten. Das Europäische Parlament und der Rat können gemäß dem ordentlichen Gesetzgebungsverfahren Regelungen für das Verbot solcher Diskriminierungen treffen.

Art. 28 [Zollunion; Warenverkehrsfreiheit]

(1) Die Union umfasst eine Zollunion, die sich auf den gesamten Warenaustausch erstreckt; sie umfasst das Verbot, zwischen den Mitgliedstaaten Ein- und Ausfuhrzölle und Abgaben gleicher Wirkung zu erheben, sowie die Einführung eines Gemeinsamen Zolltarifs gegenüber dritten Ländern.

(2) Artikel 30 und Kapitel 3 dieses Titels gelten für die aus den Mitgliedstaaten stammenden Waren sowie für diejenigen Waren aus dritten Ländern, die sich in den Mitgliedstaaten im freien Verkehr befinden.

Art. 34 [Verbot mengenmäßiger Einfuhrbeschränkungen]

Mengenmäßige Einfuhrbeschränkungen sowie alle Maßnahmen gleicher Wirkung sind zwischen den Mitgliedstaaten verboten.

Art. 35 [Verbot mengenmäßiger Ausfuhrbeschränkungen]

Mengenmäßige Ausfuhrbeschränkungen sowie alle Maßnahmen gleicher Wirkung sind zwischen den Mitgliedstaaten verboten.

Art. 36 [Ausnahmen wegen öffentlicher Interessen]

Die Bestimmungen der Artikel 34 und 35 stehen Einfuhr-, Ausfuhr- und Durchfuhrverboten oder -beschränkungen nicht entgegen, die aus Gründen der öffentlichen Sittlichkeit, Ordnung und Sicherheit, zum Schutze der Gesundheit und des Lebens von Menschen, Tieren oder Pflanzen, des nationalen Kulturguts von künstlerischem, geschichtlichem oder archäologischem Wert oder des gewerblichen und kommerziellen Eigentums gerechtfertigt sind. Diese Verbote oder Beschränkungen dürfen jedoch weder ein Mittel zur willkürlichen Diskriminierung noch eine verschleierte Beschränkung des Handels zwischen den Mitgliedstaaten darstellen.

Art. 45 [Freizügigkeit der Arbeitnehmer]

(1) Innerhalb der Union ist die Freizügigkeit der Arbeitnehmer gewährleistet.

(2) Sie umfasst die Abschaffung jeder auf der Staatsangehörigkeit beruhenden unterschiedlichen Behandlung der Arbeitnehmer der Mitgliedstaaten in Bezug auf Beschäftigung, Entlohnung und sonstige Arbeitsbedingungen.

(3) Sie gibt – vorbehaltlich der aus Gründen der öffentlichen Ordnung, Sicherheit und Gesundheit gerechtfertigten Beschränkungen – den Arbeitnehmern das Recht,

a) sich um tatsächlich angebotene Stellen zu bewerben;

b) sich zu diesem Zweck im Hoheitsgebiet der Mitgliedstaaten frei zu bewegen;

c) sich in einem Mitgliedstaat aufzuhalten, um dort nach den für die Arbeitnehmer dieses Staates geltenden Rechts- und Verwaltungsvorschriften eine Beschäftigung auszuüben;

d) nach Beendigung einer Beschäftigung im Hoheitsgebiet eines Mitgliedstaats unter Bedingungen zu verbleiben, welche die Kommission durch Verordnungen festlegt.

(4) Dieser Artikel findet keine Anwendung auf die Beschäftigung in der öffentlichen Verwaltung.

Art. 49 [Niederlassungsfreiheit]

Die Beschränkungen der freien Niederlassung von Staatsangehörigen eines Mitgliedstaats im Hoheitsgebiet eines anderen Mitgliedstaats sind nach Maßgabe der folgenden Bestimmungen verboten. Das Gleiche gilt für Beschränkungen der Gründung von Agenturen, Zweigniederlassungen oder Tochtergesellschaften durch Angehörige eines Mitgliedstaats, die im Hoheitsgebiet eines Mitgliedstaats ansässig sind. Vorbehaltlich des Kapitels über den Kapitalverkehr umfasst die Niederlassungsfreiheit die Aufnahme und Ausübung selbstständiger Erwerbstätigkeiten sowie die Gründung und Leitung von Unternehmen, insbesondere von Gesellschaften im Sinne des Artikels 54 Absatz 2, nach den Bestimmungen des Aufnahmestaats für seine eigenen Angehörigen.

Art. 56 [Dienstleistungsfreiheit]

Die Beschränkungen des freien Dienstleistungsverkehrs innerhalb der Union für Angehörige der Mitgliedstaaten, die in einem anderen Mitgliedstaat als demjenigen des Leistungsempfängers ansässig sind, sind nach Maßgabe der folgenden Bestimmungen verboten.

Das Europäische Parlament und der Rat können gemäß dem ordentlichen Gesetzgebungsverfahren beschließen, dass dieses Kapitel auch auf Erbringer von Dienstleistungen Anwendung findet, welche die Staatsangehörigkeit eines dritten Landes besitzen und innerhalb der Union ansässig sind.

Art. 57 [Definition der Dienstleistung]

Dienstleistungen im Sinne der Verträge sind Leistungen, die in der Regel gegen Entgelt erbracht werden, soweit sie nicht den Vorschriften über den freien Waren- und Kapitalverkehr und über die Freizügigkeit der Personen unterliegen.

Als Dienstleistungen gelten insbesondere:

a) gewerbliche Tätigkeiten,

a) Beihilfen sozialer Art an einzelne Verbraucher, wenn sie ohne Diskriminierung nach der Herkunft der Waren gewährt werden;

b) Beihilfen zur Beseitigung von Schäden, die durch Naturkatastrophen oder sonstige außergewöhnliche Ereignisse entstanden sind;

c) Beihilfen für die Wirtschaft bestimmter, durch die Teilung Deutschlands betroffener Gebiete der Bundesrepublik Deutschland, soweit sie zum Ausgleich der durch die Teilung verursachten wirtschaftlichen Nachteile erforderlich sind. Der Rat kann fünf Jahre nach dem Inkrafttreten des Vertrags von Lissabon auf Vorschlag der Kommission einen Beschluss erlassen, mit dem dieser Buchstabe aufgehoben wird.

(3) Als mit dem Binnenmarkt vereinbar können angesehen werden:

a) Beihilfen zur Förderung der wirtschaftlichen Entwicklung von Gebieten, in denen die Lebenshaltung außergewöhnlich niedrig ist oder eine erhebliche Unterbeschäftigung herrscht, sowie der in Artikel 349 genannten Gebiete unter Berücksichtigung ihrer strukturellen, wirtschaftlichen und sozialen Lage;

b) Beihilfen zur Förderung wichtiger Vorhaben von gemeinsamem europäischem Interesse oder zur Behebung einer beträchtlichen Störung im Wirtschaftsleben eines Mitgliedstaats;

c) Beihilfen zur Förderung der Entwicklung gewisser Wirtschaftszweige oder Wirtschaftsgebiete, soweit sie die Handelsbedingungen nicht in einer Weise verändern, die dem gemeinsamen Interesse zuwiderläuft;

d) Beihilfen zur Förderung der Kultur und der Erhaltung des kulturellen Erbes, soweit sie die Handels- und Wettbewerbsbedingungen in der Union nicht in einem Maß beeinträchtigen, das dem gemeinsamen Interesse zuwiderläuft;

e) sonstige Arten von Beihilfen, die der Rat durch einen Beschluss auf Vorschlag der Kommission bestimmt.

Art. 108 [Kontrolle und Maßnahmen gegen unstatthafte Beihilfen]

(1) Die Kommission überprüft fortlaufend in Zusammenarbeit mit den Mitgliedstaaten die in diesen bestehenden Beihilferegelungen. Sie schlägt ihnen die zweckdienlichen Maßnahmen vor, welche die fortschreitende Entwicklung und das Funktionieren des Binnenmarkts erfordern.

(2) Stellt die Kommission fest, nachdem sie den Beteiligten eine Frist zur Äußerung gesetzt hat, dass eine von einem Staat oder aus staatlichen Mitteln gewährte Beihilfe mit dem Binnenmarkt nach Artikel 107 unvereinbar ist oder dass sie missbräuchlich angewandt wird, so beschließt sie, dass der betreffende Staat sie binnen einer von ihr bestimmten Frist aufzuheben oder umzugestalten hat. Kommt der betreffende Staat diesem Beschluss innerhalb der festgesetzten Frist nicht nach, so kann die Kommission oder jeder betroffene Staat in Abweichung von den Artikeln 258 und 259 den Gerichtshof der Europäischen Union unmittelbar anrufen. Der Rat kann einstimmig auf Antrag eines Mitgliedstaats beschließen, dass eine von diesem Staat gewährte oder geplante Beihilfe in Abweichung von Artikel 107 oder von den nach Artikel 109 erlassenen Verordnungen als mit dem Binnenmarkt vereinbar gilt, wenn außergewöhnliche Umstände einen solchen Beschluss rechtfertigen. Hat die Kommission bezüglich dieser Beihilfe das in Unterabsatz 1 dieses Absatzes vorgesehene Verfahren bereits eingeleitet, so bewirkt der Antrag des betreffenden Staates an den Rat die Aussetzung dieses Verfahrens, bis der Rat sich geäußert hat. Äußert sich der Rat nicht binnen drei Monaten nach Antragstellung, so beschließt die Kommission.

(3) Die Kommission wird von jeder beabsichtigten Einführung oder Umgestaltung von Beihilfen so rechtzeitig unterrichtet, dass sie sich dazu äußern kann. Ist sie der Auffassung, dass ein derartiges Vorhaben nach Artikel 107 mit dem Binnenmarkt unvereinbar ist, so leitet sie unverzüglich das in Absatz 2 vorgesehene Verfahren ein. Der betreffende Mitgliedstaat darf die beabsichtigte Maßnahme nicht durchführen, bevor die Kommission einen abschließenden Beschluss erlassen hat.

(4) Die Kommission kann Verordnungen zu den Arten von staatlichen Beihilfen erlassen, für die der Rat nach Artikel 109 festgelegt hat, dass sie von dem Verfahren nach Absatz 3 ausgenommen werden können.

Art. 109 [Erlass von Durchführungsverordnungen]

Der Rat kann auf Vorschlag der Kommission und nach Anhörung des Europäischen Parlaments alle zweckdienlichen Durchführungsverordnungen zu den Artikeln 107 und 108 erlassen und insbesondere die Bedingungen für die Anwendung des Artikels 108 Absatz 3 sowie diejenigen Arten von Beihilfen festlegen, die von diesem Verfahren ausgenommen sind.

Art. 165 [Kompetenz der Union in den Bereichen Berufliche Bildung, Jugend und Sport]

(1) Die Union trägt zur Entwicklung einer qualitativ hoch stehenden Bildung dadurch bei, dass sie die Zusammenarbeit zwischen den Mitgliedstaaten fördert und die Tätigkeit der Mitgliedstaaten unter strikter Beachtung der Verantwortung der Mitgliedstaaten für die Lehrinhalte und die Gestaltung des Bildungssystems sowie der Vielfalt ihrer Kulturen und Sprachen erforderlichenfalls unterstützt und ergänzt.

Die Union trägt zur Förderung der europäischen Dimension des Sports bei und berücksichtigt dabei dessen besondere Merkmale, dessen auf freiwilligem Engagement basierende Strukturen sowie dessen soziale und pädagogische Funktion.

(2) Die Tätigkeit der Union hat folgende Ziele:

- Entwicklung der europäischen Dimension im Bildungswesen, insbesondere durch Erlernen und Verbreitung der Sprachen der Mitgliedstaaten;

- Förderung der Mobilität von Lernenden und Lehrenden, auch durch die Förderung der akademischen Anerkennung der Diplome und Studienzeiten;

- Förderung der Zusammenarbeit zwischen den Bildungseinrichtungen; - Ausbau des Informations- und Erfahrungsaustauschs über gemeinsame Probleme im Rahmen der Bildungssysteme der Mitgliedstaaten;

- Förderung des Ausbaus des Jugendaustauschs und des Austauschs sozialpädagogischer Betreuer und verstärkte Beteiligung der Jugendlichen am demokratischen Leben in Europa;

- Förderung der Entwicklung der Fernlehre;

- Entwicklung der europäischen Dimension des Sports durch Förderung der Fairness und der Offenheit von Sportwettkämpfen und der Zusammenarbeit zwischen den für den Sport verantwortlichen Organisationen sowie durch den Schutz der körperlichen und seelischen Unversehrtheit der Sportler, insbesondere der jüngeren Sportler.

(3) Die Union und die Mitgliedstaaten fördern die Zusammenarbeit mit dritten Ländern und den für den Bildungsbereich und den Sport zuständigen internationalen Organisationen, insbesondere dem Europarat.

(4) Als Beitrag zur Verwirklichung der Ziele dieses Artikels – erlassen das Europäische Parlament und der Rat gemäß dem ordentlichen Gesetzgebungsverfahren und nach Anhörung des Wirtschafts- und Sozialausschusses und des Ausschusses der Regionen Fördermaßnahmen unter Ausschluss jeglicher Harmonisierung der Rechts- und Verwaltungsvorschriften der Mitgliedstaaten

– erlässt der Rat auf Vorschlag der Kommission Empfehlungen.

[5] Charta der Grundrechte der Europäischen Union

In der Fassung der Bekanntmachung vom 14.12.2007 (ABl. 2007/ C 303/1) - Auszug -

Art. 1 [Würde des Menschen]

Die Würde des Menschen ist unantastbar. Sie ist zu achten und zu schützen.

Art. 2 [Recht auf Leben]

(1) Jeder Mensch hat das Recht auf Leben.

(2) Niemand darf zur Todesstrafe verurteilt oder hingerichtet werden.

Art. 3 [Recht auf Unversehrtheit]

(1) Jeder Mensch hat das Recht auf körperliche und geistige Unversehrtheit.

(2) Im Rahmen der Medizin und der Biologie muss insbesondere Folgendes beachtet werden:

a) die freie Einwilligung des Betroffenen nach vorheriger Aufklärung entsprechend den gesetzlich festgelegten Einzelheiten,

b) das Verbot eugenischer Praktiken, insbesondere derjenigen, welche die Selektion von Menschen zum Ziel haben,

c) das Verbot, den menschlichen Körper und Teile davon als solche zur Erzielung von Gewinnen zu nutzen,

d) das Verbot des reproduktiven Klonens von Menschen.

Art. 7 [Achtung des Privat- und Familienlebens]

Jede Person hat das Recht auf Achtung ihres Privat- und Familienlebens, ihrer Wohnung sowie ihrer Kommunikation.

Art. 8 [Schutz personenbezogener Daten]

(1) Jede Person hat das Recht auf Schutz der sie betreffenden personenbezogenen Daten.

(2) Diese Daten dürfen nur nach Treu und Glauben für festgelegte Zwecke und mit Einwilligung der betroffenen Person oder auf einer sonstigen gesetzlich geregelten legitimen Grundlage verarbeitet werden. Jede Person hat das Recht, Auskunft über die sie betreffenden erhobenen Daten zu erhalten und die Berichtigung der Daten zu erwirken.

(3) Die Einhaltung dieser Vorschriften wird von einer unabhängigen Stelle überwacht.

Art. 11 [Freiheit der Meinungsäußerung und Informationsfreiheit]

(1) Jede Person hat das Recht auf freie Meinungsäußerung. Dieses Recht schließt die Meinungsfreiheit und die Freiheit ein, Informationen und Ideen ohne behördliche Eingriffe und ohne Rücksicht auf Staatsgrenzen zu empfangen und weiterzugeben.

(2) Die Freiheit der Medien und ihre Pluralität werden geachtet.

Art. 12 [Versammlungs- und Vereinigungsfreiheit]

(1) Jede Person hat das Recht, sich insbesondere im politischen, gewerkschaftlichen und

zivilgesellschaftlichen Bereich auf allen Ebenen frei und friedlich mit anderen zu versammeln und frei mit anderen zusammenzuschließen, was das Recht jeder Person umfasst, zum Schutz ihrer Interessen Gewerkschaften zu gründen und Gewerkschaften beizutreten.

(2) Politische Parteien auf der Ebene der Union tragen dazu bei, den politischen Willen der

Unionsbürgerinnen und Unionsbürger zum Ausdruck zu bringen.

Art. 15 [Berufsfreiheit und Recht zu arbeiten]

(1) Jede Person hat das Recht, zu arbeiten und einen frei gewählten oder angenommenen Beruf auszuüben.

(2) Alle Unionsbürgerinnen und Unionsbürger haben die Freiheit, in jedem Mitgliedstaat Arbeit zu suchen, zu arbeiten, sich niederzulassen oder Dienstleistungen zu erbringen.

(3) Die Staatsangehörigen dritter Länder, die im Hoheitsgebiet der Mitgliedstaaten arbeiten dürfen, haben Anspruch auf Arbeitsbedingungen, die denen der Unionsbürgerinnen und Unionsbürger entsprechen.

Art. 16 [Unternehmerische Freiheit]

Die unternehmerische Freiheit wird nach dem Unionsrecht und den einzelstaatlichen Rechtsvorschriften und Gepflogenheiten anerkannt.

Art. 45 [Freizügigkeit und Aufenthaltsrecht]

(1) Die Unionsbürgerinnen und Unionsbürger haben das Recht, sich im Hoheitsgebiet derMitgliedstaaten frei zu bewegen und aufzuhalten.

(2) Staatsangehörigen von Drittländern, die sich rechtmäßig im Hoheitsgebiet eines Mitgliedstaats aufhalten, kann nach Maßgabe der Verträge Freizügigkeit und Aufenthaltsfreiheit gewährt werden.

[6] Europäische Menschenrechtskonvention

Vom 04.11.1950; zuletzt geändert durch Protokoll Nr. 14 vom 13.5.2004 (BGBl. 2006 I S.136) - Auszug -

Art. 1 [Verpflichtung zur Achtung der Menschenwürde]

Die Hohen Vertragsparteien sichern allen ihrer Hoheitsgewalt unterstehenden Personen die in Abschnitt I bestimmten Rechte und Freiheiten zu.

Art. 2 [Recht auf Leben]

(1) Das Recht jedes Menschen auf Leben wird gesetzlich geschützt. Niemand darf absichtlich

getötet werden, außer durch Vollstreckung eines Todesurteils, das ein Gericht wegen eines

Verbrechens verhängt hat, für das die Todesstrafe gesetzlich vorgesehen ist.

(2) Eine Tötung wird nicht als Verletzung dieses Artikels betrachtet, wenn sie durch eine Gewaltanwendung verursacht wird, die unbedingt erforderlich ist, um

a) jemanden gegen rechtswidrige Gewalt zu verteidigen;

b) jemanden rechtmäßig festzunehmen oder jemanden, dem die Freiheit rechtmäßig entzogen ist, an der Flucht zu hindern;

c) einen Aufruhr oder Aufstand rechtmäßig niederzuschlagen.

Art. 6 [Recht auf ein faires Verfahren]

(1) Jede Person hat ein Recht darauf, dass über Streitigkeiten in Bezug auf ihre zivilrechtlichen Ansprüche und Verpflichtungen oder über eine gegen sie erhobene strafrechtliche Anklage von einem unabhängigen und unparteiischen, auf Gesetz beruhenden Gericht in einem fairen Verfahren, öffentlich und innerhalb angemessener Frist verhandelt wird. Das Urteil muss öffentlich verkündet werden; Presse und Öffentlichkeit können jedoch während des ganzen oder eines Teiles des Verfahrens ausgeschlossen werden, wenn dies im Interesse der Moral, der öffentlichen Ordnung oder der nationalen Sicherheit in einer demokratischen Gesellschaft liegt, wenn die Interessen von Jugendlichen oder der Schutz des Privatlebens der Prozessparteien es verlangen oder - soweit das Gericht es für unbedingt erforderlich hält - wenn unter besonderen Umständen eine öffentliche Verhandlung die Interessen der Rechtspflege beeinträchtigen würde.

(2) Jede Person, die einer Straftat angeklagt ist, gilt bis zum gesetzlichen Beweis ihrer Schuld als unschuldig.

(3) Jede angeklagte Person hat mindestens folgende Rechte:

a) innerhalb möglichst kurzer Frist in einer ihr verständlichen Sprache in allen Einzelheiten über Art und Grund der gegen sie erhobenen Beschuldigung unterrichtet zu werden;

b) ausreichende Zeit und Gelegenheit zur Vorbereitung ihrer Verteidigung zu haben;

c) sich selbst zu verteidigen, sich durch einen Verteidiger ihrer Wahl verteidigen zu lassen oder, falls ihr die Mittel zur Bezahlung fehlen, unentgeltlich den Beistand eines Verteidigers zu erhalten, wenn dies im Interesse der Rechtspflege erforderlich ist;

d) Fragen an Belastungszeugen zu stellen oder stellen zu lassen und die Ladung und Vernehmung von Entlastungszeugen unter denselben Bedingungen zu erwirken, wie sie für Belastungszeugen gelten;

e) unentgeltliche Unterstützung durch einen Dolmetscher zu erhalten, wenn sie die Verhandlungssprache des Gerichts nicht versteht oder spricht.

Art. 8 [Verpflichtung zur Achtung der Menschenwürde]

(1) Jede Person hat das Recht auf Achtung ihres Privat- und Familienlebens, ihrer Wohnung und ihrer Korrespondenz.

(2) Eine Behörde darf in die Ausübung dieses Rechts nur eingreifen, soweit der Eingriff gesetzlich vorgesehen und in einer demokratischen Gesellschaft notwendig ist für die nationale oder öffentliche Sicherheit, für das wirtschaftliche Wohl des Landes, zur Aufrechterhaltung der Ordnung, zur Verhütung von Straftaten, zum Schutz der Gesundheit oder der Moral oder zum Schutz der Rechte und Freiheiten anderer.

Art. 10 [Freiheit der Meinungsäußerung]

(1) Jede Person hat das Recht auf freie Meinungsäußerung. Dieses Recht schließt die

Meinungsfreiheit und die Freiheit ein, Informationen und Ideen ohne behördliche Eingriffe und ohne Rücksicht auf Staatsgrenzen zu empfangen und weiterzugeben. Dieser Artikel hindert die Staaten nicht, für Hörfunk-, Fernseh- oder Kinounternehmen eine Genehmigung vorzuschreiben.

(2) Die Ausübung dieser Freiheiten ist mit Pflichten und Verantwortung verbunden; sie kann daher Formvorschriften, Bedingungen, Einschränkungen oder Strafdrohungen unterworfen werden, die gesetzlich vorgesehen und in einer demokratischen Gesellschaft notwendig sind für die nationale Sicherheit, die territoriale Unversehrtheit oder die öffentliche Sicherheit, zur Aufrechterhaltung der Ordnung oder zur Verhütung von Straftaten, zum Schutz der Gesundheit oder der Moral, zum Schutz des guten Rufes oder der Rechte anderer, zur Verhinderung der Verbreitung vertraulicher Informationen oder zur Wahrung der Autorität und der Unparteilichkeit der Rechtsprechung.

Art. 11 [Versammlungs- und Vereinigungsfreiheit]

(1) Jede Person hat das Recht, sich frei und friedlich mit anderen zu versammeln und sich frei mit anderen zusammenzuschließen; dazu gehört auch das Recht, zum Schutz seiner Interessen Gewerkschaften zu gründen und Gewerkschaften beizutreten.

(2) Die Ausübung dieser Rechte darf nur Einschränkungen unterworfen werden, die gesetzlich vorgesehen und in einer demokratischen Gesellschaft notwendig sind für die nationale oder öffentliche Sicherheit, zur Aufrechterhaltung der Ordnung oder zur Verhütung von Straftaten, zum Schutz der Gesundheit oder der Moral oder zum Schutz der Rechte und Freiheiten anderer. Dieser Artikel steht rechtmäßigen Einschränkungen der Ausübung dieser Rechte für Angehörige der Streitkräfte, der Polizei oder der Staatsverwaltung nicht entgegen.

Art. 13 [Recht auf wirksame Beschwerde]

Jede Person, die in ihren in dieser Konvention anerkannten Rechten oder Freiheiten verletzt worden ist, hat das Recht, bei einer innerstaatlichen Instanz eine wirksame Beschwerde zu erheben, auch wenn die Verletzung von Personen begangen worden ist, die in amtlicher Eigenschaft gehandelt haben.

[7] Verordnung über die gerichtliche Zuständigkeit und die Anerkennung und Vollstreckung von Entscheidungen in Zivil- und Handelssachen (EuGVVO)

In der Fassung vom 22. Dezember 2000 – Auszug –

Art. 1

(1) Diese Verordnung ist in Zivil- und Handelssachen anzuwenden, ohne dass es auf die Art der Gerichtsbarkeit ankommt. Sie erfasst insbesondere nicht Steuer- und Zollsachen sowie verwaltungsrechtliche Angelegenheiten.

(2) Sie ist nicht anzuwenden auf:

a) den Personenstand, die Rechts- und Handlungsfähigkeit sowie die gesetzliche Vertretung von natürlichen Personen, die ehelichen Güterstände, das Gebiet des Erbrechts einschließlich des Testamentsrechts;

b) Konkurse, Vergleiche und ähnliche Verfahren;

c) die soziale Sicherheit;

d) die Schiedsgerichtsbarkeit.

(3) In dieser Verordnung bedeutet der Begriff „Mitgliedstaat“ jeden Mitgliedstaat mit Ausnahme des Königreichs Dänemark.

Art. 2

(1) Vorbehaltlich der Vorschriften dieser Verordnung sind Personen, die ihren Wohnsitz im Hoheitsgebiet eines Mitgliedstaats haben, ohne Rücksicht auf ihre Staatsangehörigkeit vor den Gerichten dieses Mitgliedstaats zu verklagen.

(2) Auf Personen, die nicht dem Mitgliedstaat, in dem sie ihren Wohnsitz haben, angehören, sind die für Inländer maßgebenden Zuständigkeitsvorschriften anzuwenden.

Art. 4

(1) Hat der Beklagte keinen Wohnsitz im Hoheitsgebiet eines Mitgliedstaats, so bestimmt sich vorbehaltlich der Artikel 22 und 23 die Zuständigkeit der Gerichte eines jeden Mitgliedstaats nach dessen eigenen Gesetzen.

(2) Gegenüber einem Beklagten, der keinen Wohnsitz im Hoheitsgebiet eines Mitgliedstaats hat, kann sich jede Person, die ihren Wohnsitz im Hoheitsgebiet eines Mitgliedstaats hat, in diesem Staat auf die dort geltenden Zuständigkeitsvorschriften,

insbesondere auf die in Anhang I aufgeführten Vorschriften, wie ein Inländer berufen, ohne dass es auf ihre Staatsangehörigkeit ankommt.

Art. 5

Eine Person, die ihren Wohnsitz im Hoheitsgebiet eines Mitgliedstaats hat, kann in einem anderen Mitgliedstaat verklagt werden:

1. a) wenn ein Vertrag oder Ansprüche aus einem Vertrag den Gegenstand des Verfahrens bilden, vor dem Gericht des Ortes, an dem die Verpflichtung erfüllt worden ist oder zu erfüllen wäre;

b) im Sinne dieser Vorschrift – und sofern nichts anderes vereinbart worden ist – ist der Erfüllungsort der Verpflichtung

– für den Verkauf beweglicher Sachen der Ort in einem Mitgliedstaat, an dem sie nach dem Vertrag geliefert worden sind oder hätten geliefert werden müssen;

– für die Erbringung von Dienstleistungen der Ort in einem Mitgliedstaat, an dem sie nach dem Vertrag erbracht worden sind oder hätten erbracht werden müssen;

c) ist Buchstabe b) nicht anwendbar, so gilt Buchstabe a);

2. wenn es sich um eine Unterhaltssache handelt, vor dem Gericht des Ortes, an dem der Unterhaltsberechtigte seinen Wohnsitz oder seinen gewöhnlichen Aufenthalt hat, oder im Falle einer Unterhaltssache, über die im Zusammenhang mit einem Verfahren in Bezug auf den Personenstand zu entscheiden ist, vor dem nach seinem Recht für dieses Verfahren zuständigen Gericht, es sei denn, diese Zuständigkeit beruht lediglich auf der Staatsangehörigkeit einer der Parteien;

3. wenn eine unerlaubte Handlung oder eine Handlung, die einer unerlaubten Handlung gleichgestellt ist, oder wenn Ansprüche aus einer solchen Handlung den Gegenstand des Verfahrens bilden, vor dem Gericht des Ortes, an dem das schädigende Ereignis eingetreten ist oder einzutreten droht;

4. wenn es sich um eine Klage auf Schadensersatz oder auf Wiederherstellung des früheren Zustands handelt, die auf eine mit Strafe bedrohte Handlung gestützt wird, vor dem Strafgericht, bei dem die öffentliche Klage erhoben ist, soweit dieses Gericht nach seinem Recht über zivilrechtliche Ansprüche erkennen kann;

5. wenn es sich um Streitigkeiten aus dem Betrieb einer Zweigniederlassung, einer Agentur oder einer sonstigen Niederlassung handelt, vor dem Gericht des Ortes, an dem sich diese befindet;

6. wenn sie in ihrer Eigenschaft als Begründer, trustee oder Begünstigter eines trust in Anspruch genommen wird, der aufgrund eines Gesetzes oder durch schriftlich vorgenommenes oder schriftlich bestätigtes Rechtsgeschäft errichtet worden ist, vor den Gerichten des Mitgliedstaats, in dessen Hoheitsgebiet der trust seinen Sitz hat;

7. wenn es sich um eine Streitigkeit wegen der Zahlung von Berge- und Hilfslohn handelt, der für Bergungs- oder Hilfeleistungsarbeiten gefordert wird, die zugunsten einer Ladung oder einer Frachtforderung erbracht worden sind, vor dem Gericht, in dessen Zuständigkeitsbereich diese Ladung oder die entsprechende Frachtforderung

a) mit Arrest belegt worden ist, um die Zahlung zu gewährleisten, oder

b) mit Arrest hätte belegt werden können, jedoch dafür eine Bürgschaft oder eine andere Sicherheit geleistet worden ist;

diese Vorschrift ist nur anzuwenden, wenn behauptet wird, dass der Beklagte Rechte an der Ladung oder an der Frachtforderung hat oder zur Zeit der Bergungs- oder Hilfeleistungsarbeiten hatte.

Art. 6

Eine Person, die ihren Wohnsitz im Hoheitsgebiet eines Mitgliedstaats hat, kann auch verklagt werden:

1. wenn mehrere Personen zusammen verklagt werden, vor dem Gericht des Ortes, an dem einer der Beklagten seinen Wohnsitz hat, sofern zwischen den Klagen eine so enge Beziehung gegeben ist, dass eine gemeinsame Verhandlung und Entscheidung geboten erscheint, um zu vermeiden, dass in getrennten Verfahren widersprechende Entscheidungen ergehen könnten;

2. wenn es sich um eine Klage auf Gewährleistung oder um eine Interventionsklage handelt, vor dem Gericht des Hauptprozesses, es sei denn, dass die Klage nur erhoben worden ist, um diese Person dem für sie zuständigen Gericht zu entziehen;

3. wenn es sich um eine Widerklage handelt, die auf denselben Vertrag oder Sachverhalt wie die Klage selbst gestützt wird, vor dem Gericht, bei dem die Klage selbst anhängig ist;

4. wenn ein Vertrag oder Ansprüche aus einem Vertrag den Gegenstand des Verfahrens bilden und die Klage mit einer Klage wegen dinglicher Rechte an unbeweglichen Sachen gegen denselben Beklagten verbunden werden kann, vor dem Gericht des Mitgliedstaats, in dessen Hoheitsgebiet die unbewegliche Sache belegen ist.

Art. 19

Ein Arbeitgeber, der seinen Wohnsitz im Hoheitsgebiet eines Mitgliedstaats hat, kann verklagt werden:

1. vor den Gerichten des Mitgliedstaats, in dem er seinen Wohnsitz hat, oder

2. in einem anderen Mitgliedstaat

a) vor dem Gericht des Ortes, an dem der Arbeitnehmer gewöhnlich seine Arbeit verrichtet oder zuletzt gewöhnlich verrichtet hat, oder

b) wenn der Arbeitnehmer seine Arbeit gewöhnlich nicht in ein und demselben Staat verrichtet oder verrichtet hat, vor dem Gericht des Ortes, an dem sich die Niederlassung, die den Arbeitnehmer eingestellt hat, befindet bzw. befand.

Art. 21

Von den Vorschriften dieses Abschnitts kann im Wege der Vereinbarung nur abgewichen werden,

1. wenn die Vereinbarung nach der Entstehung der Streitigkeit getroffen wird oder

2. wenn sie dem Arbeitnehmer die Befugnis einräumt, andere als die in diesem Abschnitt angeführten Gerichte anzurufen.

Art. 22

Ohne Rücksicht auf den Wohnsitz sind ausschließlich zuständig:

1. für Klagen, welche dingliche Rechte an unbeweglichen Sachen sowie die Miete oder Pacht von unbeweglichen Sachen zum Gegenstand haben, die Gerichte des Mitgliedstaats, in dem die unbewegliche Sache belegen ist.

Jedoch sind für Klagen betreffend die Miete oder Pacht unbeweglicher Sachen zum vorübergehenden privaten Gebrauch für höchstens sechs aufeinander folgende Monate auch die Gerichte des Mitgliedstaats zuständig, in dem der Beklagte seinen Wohnsitz hat, sofern es sich bei dem Mieter oder Pächter um eine natürliche Person handelt und der Eigentümer sowie der Mieter oder Pächter ihren Wohnsitz in demselben Mitgliedstaat haben;

2. für Klagen, welche die Gültigkeit, die Nichtigkeit oder die Auflösung einer Gesellschaft oder juristischen Person oder die Gültigkeit der Beschlüsse ihrer Organe zum Gegenstand haben, die Gerichte des Mitgliedstaats, in dessen Hoheitsgebiet die Gesellschaft oder juristische Person ihren Sitz hat. Bei der Entscheidung darüber, wo der Sitz sich befindet, wendet das Gericht die Vorschriften seines Internationalen Privatrechts an;

3. für Klagen, welche die Gültigkeit von Eintragungen in öffentliche Register zum Gegenstand haben, die Gerichte des Mitgliedstaats, in dessen Hoheitsgebiet die Register geführt werden;

4. für Klagen, welche die Eintragung oder die Gültigkeit von Patenten, Marken, Mustern und Modellen sowie ähnlicher Rechte, die einer Hinterlegung oder Registrierung bedürfen, zum Gegenstand haben, die Gerichte des Mitgliedstaats, in dessen Hoheitsgebiet die Hinterlegung oder Registrierung beantragt oder vorgenommen worden ist oder aufgrund eines Gemeinschaftsrechtsakts oder eines zwischenstaatlichen Übereinkommens als vorgenommen gilt.

Unbeschadet der Zuständigkeit des Europäischen Patentamts nach dem am 5. Oktober 1973 in München unterzeichneten Übereinkommen über die Erteilung europäischer Patente sind die Gerichte eines jeden Mitgliedstaats ohne Rücksicht auf den Wohnsitz der Parteien für alle Verfahren ausschließlich zuständig, welche die Erteilung oder die Gültigkeit eines europäischen Patents zum Gegenstand haben, das für diesen Staat erteilt wurde;

5. für Verfahren, welche die Zwangsvollstreckung aus Entscheidungen zum Gegenstand haben, die Gerichte des Mitgliedstaats, in dessen Hoheitsgebiet die Zwangsvollstreckung durchgeführt werden soll oder durchgeführt worden ist.

Art. 23

(1) Haben die Parteien, von denen mindestens eine ihren Wohnsitz im Hoheitsgebiet eines Mitgliedstaats hat, vereinbart, dass ein Gericht oder die Gerichte eines Mitgliedstaats über eine bereits entstandene Rechtsstreitigkeit oder über eine künftige aus einem bestimmten Rechtsverhältnis entspringende Rechtsstreitigkeit entscheiden sollen, so sind dieses Gericht oder die Gerichte dieses Mitgliedstaats zuständig. Dieses Gericht oder die Gerichte dieses Mitgliedstaats sind ausschließlich zuständig, sofern die Parteien nichts anderes vereinbart haben. Eine solche Gerichtsstandsvereinbarung muss geschlossen werden

a) schriftlich oder mündlich mit schriftlicher Bestätigung,

b) in einer Form, welche den Gepflogenheiten entspricht, die zwischen den Parteien entstanden sind, oder

c) im internationalen Handel in einer Form, die einem Handelsbrauch entspricht, den die Parteien kannten oder kennen mussten und den Parteien von Verträgen dieser Art in dem betreffenden Geschäftszweig allgemein kennen und regelmäßig beachten.

(2) Elektronische Übermittlungen, die eine dauerhafte Aufzeichnung der Vereinbarung ermöglichen, sind der Schriftform gleichgestellt.

(3) Wenn eine solche Vereinbarung von Parteien geschlossen wurde, die beide ihren Wohnsitz nicht im Hoheitsgebiet eines Mitgliedstaats haben, so können die Gerichte der anderen Mitgliedstaaten nicht entscheiden, es sei denn, das vereinbarte Gericht oder die vereinbarten Gerichte haben sich rechtskräftig für unzuständig erklärt.

(4) Ist in schriftlich niedergelegten trust-Bedingungen bestimmt, dass über Klagen gegen einen Begründer, trustee oder Begünstigten eines trust ein Gericht oder die Gerichte eines Mitgliedstaats entscheiden sollen, so ist dieses Gericht oder sind diese Gerichte ausschließlich zuständig, wenn es sich um Beziehungen zwischen diesen Personen oder ihre Rechte oder Pflichten im Rahmen des trust handelt.

(5) Gerichtsstandsvereinbarungen und entsprechende Bestimmungen in trust-Bedingungen haben keine rechtliche Wirkung, wenn sie den Vorschriften der Artikel 13, 17 und 21 zuwiderlaufen oder wenn die Gerichte, deren Zuständigkeit abbe-

dungen wird, aufgrund des Artikels 22 ausschließlich zuständig sind.

Art. 27

(1) Werden bei Gerichten verschiedener Mitgliedstaaten Klagen wegen desselben Anspruchs zwischen denselben Parteien anhängig gemacht, so setzt das später angerufene Gericht das Verfahren von Amts wegen aus, bis die Zuständigkeit des zuerst angerufenen Gerichts feststeht.

(2) Sobald die Zuständigkeit des zuerst angerufenen Gerichts feststeht, erklärt sich das später angerufene Gericht zugunsten dieses Gerichts für unzuständig.

Art. 29

Ist für die Klagen die ausschließliche Zuständigkeit mehrerer Gerichte gegeben, so hat sich das zuletzt angerufene Gericht zugunsten des zuerst angerufenen Gerichts für unzuständig zu erklären.

Art. 31

Die im Recht eines Mitgliedstaats vorgesehenen einstweiligen Maßnahmen einschließlich solcher, die auf eine Sicherung gerichtet sind, können bei den Gerichten dieses Staates auch dann beantragt werden, wenn für die Entscheidung in der Hauptsache das Gericht eines anderen Mitgliedstaats aufgrund dieser Verordnung zuständig ist.

Art. 32

Unter „Entscheidung" im Sinne dieser Verordnung ist jede von einem Gericht eines Mitgliedstaats erlassene Entscheidung zu verstehen, ohne Rücksicht auf ihre Bezeichnung wie Urteil, Beschluss, Zahlungsbefehl oder Vollstreckungsbescheid, einschließlich des Kostenfestsetzungsbeschlusses eines Gerichtsbediensteten.

Art. 59

(1) Ist zu entscheiden, ob eine Partei im Hoheitsgebiet des Mitgliedstaats, dessen Gerichte angerufen sind, einen Wohnsitz hat, so wendet das Gericht sein Recht an.

(2) Hat eine Partei keinen Wohnsitz in dem Mitgliedstaat, dessen Gerichte angerufen sind, so wendet das Gericht, wenn es zu entscheiden hat, ob die Partei einen Wohnsitz in einem anderen Mitgliedstaat hat, das Recht dieses Mitgliedstaats an.

Art. 60

(1) Gesellschaften und juristische Personen haben für die Anwendung dieser Verordnung ihren Wohnsitz an dem Ort, an dem sich

a) ihr satzungsmäßiger Sitz,
b) ihre Hauptverwaltung oder
c) ihre Hauptniederlassung

befindet.

(2) Im Falle des Vereinigten Königreichs und Irlands ist unter dem Ausdruck „satzungsmäßiger Sitz" das registered office oder, wenn ein solches nirgendwo besteht, der place of incorporation (Ort der Erlangung der Rechtsfähigkeit) oder, wenn ein solcher nirgendwo besteht, der Ort, nach dessen Recht die formation (Gründung) erfolgt ist, zu verstehen.

(3) Um zu bestimmen, ob ein trust seinen Sitz in dem Vertragsstaat hat, bei dessen Gerichten die Klage anhängig ist, wendet das Gericht sein Internationales Privatrecht an.

Art. 68

(1) Diese Verordnung tritt im Verhältnis zwischen den Mitgliedstaaten an die Stelle des Brüsseler Übereinkommens, außer hinsichtlich der Hoheitsgebiete der Mitgliedstaaten, die in den territorialen Anwendungsbereich dieses Übereinkommens fallen und aufgrund der Anwendung von Artikel 299 des Vertrags zur Gründung der Europäischen Gemeinschaft von der vorliegenden Verordnung ausgeschlossen sind.

(2) Soweit diese Verordnung die Bestimmungen des Brüsseler Übereinkommens zwischen den Mitgliedstaaten ersetzt, gelten Verweise auf dieses Übereinkommen als Verweise auf die vorliegende Verordnung.

Art. 73

Die Kommission legt dem Europäischen Parlament, dem Rat und dem Wirtschafts- und Sozialausschuss spätestens fünf Jahre nach Inkrafttreten dieser Verordnung einen Bericht über deren

Anwendung vor. Diesem Bericht sind gegebenenfalls Vorschläge zur Anpassung der Verordnung beizufügen.

Art. 76

Diese Verordnung tritt am 1. März 2002 in Kraft.

Diese Verordnung ist in allen ihren Teilen verbindlich und gilt gemäß dem Vertrag zur Gründung der Europäischen Gemeinschaft unmittelbar in den Mitgliedstaaten.

III. Verfassungsrechtliche Grundlagen

[8] Grundgesetz für die Bundesrepublik Deutschland

vom 23. Mai 1949, zuletzt geändert durch Gesetz vom 29.7.2009 (BGBl. Teil I S. 2248) – Auszug –

Art. 1 [Menschenwürde]

(1) Die Würde des Menschen ist unantastbar. Sie zu achten und zu schützen ist Verpflichtung aller staatlichen Gewalt.

(2) Das Deutsche Volk bekennt sich darum zu unverletzlichen und unveräußerlichen Menschenrechten als Grundlage jeder menschlichen Gemeinschaft, des Friedens und der Gerechtigkeit in der Welt.

(3) Die nachfolgenden Grundrechte binden Gesetzgebung, vollziehende Gewalt und Rechtsprechung als unmittelbar geltendes Recht.

Art. 2 [Freie Entfaltung der Persönlichkeit, Recht auf Leben und körperliche Unversehrtheit, Freiheit der Person]

(1) Jeder hat das Recht auf die freie Entfaltung seiner Persönlichkeit, soweit er nicht die Rechte anderer verletzt und nicht gegen die verfassungsmäßige Ordnung oder das Sittengesetz verstößt.

(2) Jeder hat das Recht auf Leben und körperliche Unversehrtheit. Die Freiheit der Person ist unverletzlich. In diese Rechte darf nur auf Grund eines Gesetzes eingegriffen werden.

Art. 3 [Gleichheit]

(1) Alle Menschen sind vor dem Gesetz gleich.

(2) Männer und Frauen sind gleichberechtigt. Der Staat fördert die tatsächliche Durchsetzung der Gleichberechtigung von Frauen und Männern und wirkt auf die Beseitigung bestehender Nachteile hin.

(3) Niemand darf wegen seines Geschlechtes, seiner Abstammung, seiner Rasse, seiner Sprache, seiner Heimat und Herkunft, seines Glaubens, seiner religiösen oder politischen Anschauungen benachteiligt oder bevorzugt werden. Niemand darf wegen seiner Behinderung benachteiligt werden.

Art. 4 [Freiheit des Glaubens, des Gewissens und des Bekenntnisses, Kriegsdienstverweigerung]

(1) Die Freiheit des Glaubens, des Gewissens und die Freiheit des religiösen und weltanschaulichen Bekenntnisses sind unverletzlich.

(2) Die ungestörte Religionsausübung wird gewährleistet.

(3) Niemand darf gegen sein Gewissen zum Kriegsdienst mit der Waffe gezwungen werden. Das Nähere regelt ein Bundesgesetz.

Art. 5 [Kommunikationsfreiheiten, insbesondere Medienfreiheit; Kunst- und Wissenschaftsfreiheit]

(1) Jeder hat das Recht, seine Meinung in Wort, Schrift und Bild frei zu äußern und zu verbreiten und sich aus allgemein zugänglichen Quellen ungehindert zu unterrichten. Die Pressefreiheit und die Freiheit der Berichterstattung durch Rundfunk und Film werden gewährleistet. Eine Zensur findet nicht statt.

(2) Diese Rechte finden ihre Schranken in den Vorschriften der allgemeinen Gesetze, den gesetzlichen Bestimmungen zum Schutze der Jugend und in dem Recht der persönlichen Ehre.

(3) Kunst und Wissenschaft, Forschung und Lehre sind frei. Die Freiheit der Lehre entbindet nicht von der Treue zur Verfassung.

Art. 6 [Ehe, Familie]

(1) Ehe und Familie stehen unter dem besonderen Schutze der staatlichen Ordnung.

(2) Pflege und Erziehung der Kinder sind das natürliche Recht der Eltern und die zuvörderst ihnen obliegende Pflicht. Über ihre Betätigung wacht die staatliche Gemeinschaft.

(3) Gegen den Willen der Erziehungsberechtigten dürfen Kinder nur auf Grund eines Gesetzes von der Familie getrennt werden, wenn die Erziehungsberechtigten versagen oder wenn die Kinder aus anderen Gründen zu verwahrlosen drohen.

(4) Jede Mutter hat Anspruch auf den Schutz und die Fürsorge der Gemeinschaft.

(5) Den unehelichen Kindern sind durch die Gesetzgebung die gleichen Bedingungen für ihre leibliche und seelische Entwicklung und ihre Stellung in der Gesellschaft zu schaffen wie den ehelichen Kindern.

Art. 7 [Schule, Privatschulfreiheit]

(1) Das gesamte Schulwesen steht unter der Aufsicht des Staates.

(2) Die Erziehungsberechtigten haben das Recht, über die Teilnahme des Kindes am Religionsunterricht zu bestimmen.

(3) Der Religionsunterricht ist in den öffentlichen Schulen mit Ausnahme der bekenntnisfreien Schulen ordentliches Lehrfach. Unbeschadet des staatlichen Aufsichtsrechtes wird der Religionsunterricht in Übereinstimmung mit den Grundsätzen der Religionsgemeinschaften erteilt. Kein Lehrer darf gegen seinen Willen verpflichtet werden, Religionsunterricht zu erteilen.

(4) Das Recht zur Errichtung von privaten Schulen wird gewährleistet. Private Schulen als Ersatz für öffentliche Schulen bedürfen der Genehmigung des Staates und unterstehen den Landesgesetzen. Die Genehmigung ist zu erteilen, wenn die privaten Schulen in ihren Lehrzielen und Einrichtungen sowie in der wissenschaftlichen Ausbildung ihrer Lehrkräfte nicht hinter den öffentlichen Schulen zurückstehen und eine Sonderung der Schüler nach den Besitzverhältnissen der Eltern nicht gefördert wird. Die Genehmigung ist zu versagen, wenn die wirtschaftliche und rechtliche Stellung der Lehrkräfte nicht genügend gesichert ist.

(5) Eine private Volksschule ist nur zuzulassen, wenn die Unterrichtsverwaltung ein besonderes pädagogisches Interesse anerkennt oder, auf Antrag von Erziehungsberechtigten, wenn sie als Gemeinschaftsschule, als Bekenntnis- oder Weltanschauungsschule errichtet werden soll und eine öffentliche Volksschule dieser Art in der Gemeinde nicht besteht.

(6) Vorschulen bleiben aufgehoben.

Art. 8 [Versammlungsfreiheit]

(1) Alle Deutschen haben das Recht, sich ohne Anmeldung oder Erlaubnis friedlich und ohne Waffen zu versammeln.

(2) Für Versammlungen unter freiem Himmel kann dieses Recht durch Gesetz oder auf Grund eines Gesetzes beschränkt werden.

Art. 9 [Vereinigungsfreiheit]

(1) Alle Deutschen haben das Recht, Vereine und Gesellschaften zu bilden.

(2) Vereinigungen, deren Zwecke oder deren Tätigkeit den Strafgesetzen zuwiderlaufen oder die sich gegen die verfassungsmäßige Ordnung oder gegen den Gedanken der Völkerverständigung richten, sind verboten.

(3) Das Recht, zur Wahrung und Förderung der Arbeits- und Wirtschaftsbedingungen Vereinigungen zu bilden, ist für jedermann und für alle Berufe gewährleistet. Abreden, die dieses Recht einschränken oder zu behindern suchen, sind nichtig, hierauf gerichtete Maßnahmen sind rechtswidrig. Maßnahmen nach den Artikeln 12a, 35 Abs. 2 und 3, Artikel 87a Abs. 4 und Artikel 91 dürfen sich nicht gegen Arbeitskämpfe richten, die zur Wahrung und Förderung der Arbeits- und Wirtschaftsbedingungen von Vereinigungen im Sinne des Satzes 1 geführt werden.

Art. 10 [Telekommunikationsgeheimnis]

(1) Das Briefgeheimnis sowie das Post- und Fernmeldegeheimnis sind unverletzlich.

(2) Beschränkungen dürfen nur auf Grund eines Gesetzes angeordnet werden. Dient die Beschränkung dem Schutze der freiheitlichen demokratischen Grundordnung oder des Bestandes oder der Sicherung des Bundes oder eines Landes, so kann das Gesetz bestimmen, dass sie dem Betroffenen nicht mitgeteilt wird und dass an die Stelle des Rechtsweges die Nachprüfung durch von der Volksvertretung bestellte Organe und Hilfsorgane tritt.

Art. 12 [Berufsfreiheit]

(1) Alle Deutschen haben das Recht, Beruf, Arbeitsplatz und Ausbildungsstätte frei zu wählen. Die Berufsausübung kann durch Gesetz oder auf Grund eines Gesetzes geregelt werden.

(2) Niemand darf zu einer bestimmten Arbeit gezwungen werden, außer im Rahmen einer herkömmlichen allgemeinen, für alle gleichen öffentlichen Dienstleistungspflicht.

(3) Zwangsarbeit ist nur bei einer gerichtlich angeordneten Freiheitsentziehung zulässig.

Art. 14 [Eigentumsfreiheit]

(1) Das Eigentum und das Erbrecht werden gewährleistet. Inhalt und Schranken werden durch die Gesetze bestimmt.

(2) Eigentum verpflichtet. Sein Gebrauch soll zugleich dem Wohle der Allgemeinheit dienen.

(3) Eine Enteignung ist nur zum Wohle der Allgemeinheit zulässig. Sie darf nur durch Gesetz oder auf Grund eines Gesetzes erfolgen, das Art und Ausmaß der Entschädigung regelt. Die Entschädigung ist unter gerechter Abwägung der Interessen der Allgemeinheit und der Beteiligten zu bestimmen. Wegen der Höhe der Entschädigung steht im Streitfalle der Rechtsweg vor den ordentlichen Gerichten offen.

Art. 19 [Grundrechtseinschränkungen, Rechtsweggarantie]

(1) Soweit nach diesem Grundgesetz ein Grundrecht durch Gesetz oder auf Grund eines Gesetzes eingeschränkt werden kann, muss das Gesetz allgemein und nicht nur für den Einzelfall gelten. Außerdem muss das Gesetz das Grundrecht unter Angabe des Artikels nennen.

(2) In keinem Falle darf ein Grundrecht in seinem Wesensgehalt angetastet werden.

(3) Die Grundrechte gelten auch für inländische juristische Personen, soweit sie ihrem Wesen nach auf diese anwendbar sind.

(4) Wird jemand durch die öffentliche Gewalt in seinen Rechten verletzt, so steht ihm der Rechtsweg offen. Soweit eine andere Zuständigkeit nicht begründet ist, ist der ordentliche Rechtsweg gegeben. Artikel 10 Abs. 2 Satz 2 bleibt unberührt.

Art. 20 [Staatsprinzipien, Widerstandsrecht]

(1) Die Bundesrepublik Deutschland ist ein demokratischer und sozialer Bundesstaat.

(2) Alle Staatsgewalt geht vom Volke aus. Sie wird vom Volke in Wahlen und Abstimmungen und durch besondere Organe der Gesetzgebung, der vollziehenden Gewalt und der Rechtsprechung ausgeübt.

(3) Die Gesetzgebung ist an die verfassungsmäßige Ordnung, die vollziehende Gewalt und die Rechtsprechung sind an Gesetz und Recht gebunden.

(4) Gegen jeden, der es unternimmt, diese Ordnung zu beseitigen, haben alle Deutschen das Recht zum Widerstand, wenn andere Abhilfe nicht möglich ist.

Art. 20a [Umwelt- und Tierschutz]

Der Staat schützt auch in Verantwortung für die künftigen Generationen die natürlichen Lebensgrundlagen und die Tiere im Rahmen der verfassungsmäßigen Ordnung durch die Gesetzgebung und nach Maßgabe von Gesetz und Recht durch die vollziehende Gewalt und die Rechtsprechung.

Art. 28 [Landesverfassungen, Selbstverwaltung der Gemeinden]

(1) Die verfassungsmäßige Ordnung in den Ländern muss den Grundsätzen des republikanischen, demokratischen und sozialen Rechtsstaates im Sinne dieses Grundgesetzes entsprechen. In den Ländern, Kreisen und Gemeinden muss das Volk eine Vertretung haben, die aus allgemeinen, unmittelbaren, freien, gleichen und geheimen Wahlen hervorgegangen ist. Bei Wahlen in Kreisen und Gemeinden sind auch Personen, die die Staatsangehörigkeit eines Mitgliedstaates der Europäischen Gemeinschaft besitzen, nach Maßgabe von Recht der Europäischen Gemeinschaft wahlberechtigt und wählbar. In Gemeinden kann an die Stelle einer gewählten Körperschaft die Gemeindeversammlung treten.

(2) Den Gemeinden muss das Recht gewährleistet sein, alle Angelegenheiten der örtlichen Gemeinschaft im Rahmen der Gesetze in eigener Verantwortung zu regeln. Auch die Gemeindeverbände haben im Rahmen ihres gesetzlichen Aufgabenbereiches nach Maßgabe der Gesetze das Recht der Selbstverwaltung. Die Gewährleistung der Selbstverwaltung umfasst auch die Grundlagen der finanziellen Eigenverantwortung; zu diesen Grundlagen gehört eine den Gemeinden mit Hebesatzrecht zustehende wirtschaftskraftbezogene Steuerquelle.

(3) Der Bund gewährleistet, dass die verfassungsmäßige Ordnung der Länder den Grundrechten und den Bestimmungen der Absätze 1 und 2 entspricht.

Art. 30 [Funktionen der Länder]

Die Ausübung der staatlichen Befugnisse und die Erfüllung der staatlichen Aufgaben ist Sache der Länder, soweit dieses Grundgesetz keine andere Regelung trifft oder zulässt.

Art. 32 [Auswärtige Beziehungen]

(1) Die Pflege der Beziehungen zu auswärtigen Staaten ist Sache des Bundes.

(2) Vor dem Abschlusse eines Vertrages, der die besonderen Verhältnisse eines Landes berührt, ist das Land rechtzeitig zu hören.

(3) Soweit die Länder für die Gesetzgebung zuständig sind, können sie mit Zustimmung der Bundesregierung mit auswärtigen Staaten Verträge abschließen.

Art. 70 [Gesetzgebung des Bundes und der Länder]

(1) Die Länder haben das Recht der Gesetzgebung, soweit dieses Grundgesetz nicht dem Bunde Gesetzgebungsbefugnisse verleiht.

(2) Die Abgrenzung der Zuständigkeit zwischen Bund und Ländern bemisst sich nach den Vorschriften dieses Grundgesetzes über die ausschließliche und die konkurrierende Gesetzgebung.

Art. 71 [Ausschließliche Gesetzgebung]

Im Bereiche der ausschließlichen Gesetzgebung des Bundes haben die Länder die Befugnis zur Gesetzgebung nur, wenn und soweit sie hierzu in einem Bundesgesetze ausdrücklich ermächtigt werden.

Art. 72 [Konkurrierende Gesetzgebung]

(1) Im Bereich der konkurrierenden Gesetzgebung haben die Länder die Befugnis zur Gesetzgebung, solange und soweit der Bund von seiner Gesetzgebungszuständigkeit nicht durch Gesetz Gebrauch gemacht hat.

(2) Auf den Gebieten des Artikels 74 Abs. 1 Nr. 4, 7, 11, 13, 15, 19a, 20, 22, 25 und 26 hat der Bund das Gesetzgebungsrecht, wenn und soweit die Herstellung gleichwertiger Lebensverhältnisse im Bundesgebiet oder die Wahrung der Rechts- oder Wirtschaftseinheit im gesamtstaatlichen Interesse eine bundesgesetzliche Regelung erforderlich macht.

(3) Hat der Bund von seiner Gesetzgebungszuständigkeit Gebrauch gemacht, können die Länder durch Gesetz hiervon abweichende Regelungen treffen über:

1. das Jagdwesen (ohne das Recht der Jagdscheine);

2. den Naturschutz und die Landschaftspflege (ohne die allgemeinen Grundsätze des Naturschutzes, das Recht des Artenschutzes oder des Meeresnaturschutzes);

3. die Bodenverteilung;

4. die Raumordnung;

5. den Wasserhaushalt (ohne stoff- oder anlagenbezogene Regelungen);

6. die Hochschulzulassung und die Hochschulabschlüsse.

Bundesgesetze auf diesen Gebieten treten frühestens sechs Monate nach ihrer Verkündung in Kraft, soweit nicht mit Zustimmung des Bundesrates anderes bestimmt ist. Auf den Gebieten des Satzes 1 geht im Verhältnis von Bundes- und Landesrecht das jeweils spätere Gesetz vor.

(4) Durch Bundesgesetz kann bestimmt werden, dass eine bundesgesetzliche Regelung, für die eine Erforderlichkeit im Sinne des Absatzes 2 nicht mehr besteht, durch Landesrecht ersetzt werden kann.

Art. 73 [Gegenstände der ausschließlichen Gesetzgebungskompetenz]

(1) Der Bund hat die ausschließliche Gesetzgebung über:

1. die auswärtigen Angelegenheiten sowie die Verteidigung einschließlich des Schutzes der Zivilbevölkerung;

2. die Staatsangehörigkeit im Bunde;

3. die Freizügigkeit, das Passwesen, das Melde- und Ausweiswesen, die Ein- und Auswanderung und die Auslieferung;

4. das Währungs-, Geld- und Münzwesen, Maße und Gewichte sowie die Zeitbestimmung;

5. die Einheit des Zoll- und Handelsgebietes, die Handels- und Schifffahrtsverträge, die Freizügigkeit des Warenverkehrs und den Waren- und Zahlungsverkehr mit dem Auslande einschließlich des Zoll- und Grenzschutzes;

5a. den Schutz deutschen Kulturgutes gegen Abwanderung ins Ausland;

6. den Luftverkehr;

6a. den Verkehr von Eisenbahnen, die ganz oder mehrheitlich im Eigentum des Bundes stehen (Eisenbahnen des Bundes), den Bau, die Unterhaltung und das Betreiben von Schienenwegen der Eisenbahnen des Bundes sowie die Erhebung von Entgelten für die Benutzung dieser Schienenwege;

7. das Postwesen und die Telekommunikation;

8. die Rechtsverhältnisse der im Dienste des Bundes und der bundesunmittelbaren Körperschaften des öffentlichen Rechtes stehenden Personen;

9. den gewerblichen Rechtsschutz, das Urheberrecht und das Verlagsrecht;

9a. die Abwehr von Gefahren des internationalen Terrorismus durch das Bundeskriminalpolizeiamt in Fällen, in denen eine länderübergreifende Gefahr vorliegt, die Zuständigkeit einer Landespolizeibehörde nicht erkennbar ist oder die oberste Landesbehörde um eine Übernahme ersucht;

10. die Zusammenarbeit des Bundes und der Länder

a) in der Kriminalpolizei,

b) zum Schutze der freiheitlichen demokratischen Grundordnung, des Bestandes und der Sicherheit des Bundes oder eines Landes (Verfassungsschutz) und

c) zum Schutze gegen Bestrebungen im Bundesgebiet, die durch Anwendung von Gewalt oder darauf gerichtete Vorbereitungshandlungen auswärtige Belange der Bundesrepublik Deutschland gefährden,

sowie die Einrichtung eines Bundeskriminalpolizeiamtes und die internationale Verbrechensbekämpfung;

11. die Statistik für Bundeszwecke;

12. das Waffen- und das Sprengstoffrecht;

13. die Versorgung der Kriegsbeschädigten und Kriegshinterbliebenen und die Fürsorge für die ehemaligen Kriegsgefangenen;

14. die Erzeugung und Nutzung der Kernenergie zu friedlichen Zwecken, die Errichtung und den Betrieb von Anlagen, die diesen Zwecken dienen, den Schutz gegen Gefahren, die bei Freiwerden von Kernenergie oder durch ionisierende Strahlen entstehen, und die Beseitigung radioaktiver Stoffe.

(2) Gesetze nach Absatz 1 Nr. 9a bedürfen der Zustimmung des Bundesrates.

Art. 74 [Gegenstände der konkurrierenden Gesetzgebungskompetenz]

(1) Die konkurrierende Gesetzgebung erstreckt sich auf folgende Gebiete:

1. das bürgerliche Recht, das Strafrecht, die Gerichtsverfassung, das gerichtliche Verfahren (ohne das Recht des Untersuchungshaftvollzugs), die Rechtsanwaltschaft, das Notariat und die Rechtsberatung;

2. das Personenstandswesen;

3. das Vereinsrecht;

4. das Aufenthalts- und Niederlassungsrecht der Ausländer;

5. (weggefallen)

6. die Angelegenheiten der Flüchtlinge und Vertriebenen;

7. die öffentliche Fürsorge (ohne das Heimrecht);

8. (weggefallen)

9. die Kriegsschäden und die Wiedergutmachung;

10. die Kriegsgräber und Gräber anderer Opfer des Krieges und Opfer von Gewaltherrschaft;

11. das Recht der Wirtschaft (Bergbau, Industrie, Energiewirtschaft, Handwerk, Gewerbe, Handel, Bank- und Börsenwesen, privatrechtliches Versicherungswesen) ohne das Recht des Ladenschlusses, der Gaststätten, der Spielhallen, der Schaustellung von Personen, der Messen, der Ausstellungen und der Märkte;

12. das Arbeitsrecht einschließlich der Betriebsverfassung, des Arbeitsschutzes und der Arbeitsvermittlung sowie die Sozialversicherung einschließlich der Arbeitslosenversicherung;

13. die Regelung der Ausbildungsbeihilfen und die Förderung der wissenschaftlichen Forschung;

14. das Recht der Enteignung, soweit sie auf den Sachgebieten der Artikel 73 und 74 in Betracht kommt;

15. die Überführung von Grund und Boden, von Naturschätzen und Produktionsmitteln in Gemeineigentum oder in andere Formen der Gemeinwirtschaft;

16. die Verhütung des Missbrauchs wirtschaftlicher Machtstellung;

17. die Förderung der land- und forstwirtschaftlichen Erzeugung (ohne das Recht der Flurbereinigung), die Sicherung der Ernährung, die Ein- und Ausfuhr land- und forstwirtschaftlicher Erzeugnisse, die Hochsee- und Küstenfischerei und den Küstenschutz;

18. den städtebaulichen Grundstücksverkehr, das Bodenrecht (ohne das Recht der Erschließungsbeiträge) und das Wohngeldrecht, das Altschuldenhilferecht, das Wohnungsbauprämien-

recht, das Bergarbeiterwohnungsbaurecht und das Bergmannssiedlungsrecht;

19. Maßnahmen gegen gemeingefährliche oder übertragbare Krankheiten bei Menschen und Tieren, Zulassung zu ärztlichen und anderen Heilberufen und zum Heilgewerbe, sowie das Recht des Apothekenwesens, der Arzneien, der Medizinprodukte, der Heilmittel, der Betäubungsmittel und der Gifte;

19a. die wirtschaftliche Sicherung der Krankenhäuser und die Regelung der Krankenhauspflegesätze;

20. das Recht der Lebensmittel einschließlich der ihrer Gewinnung dienenden Tiere, das Recht der Genussmittel, Bedarfsgegenstände und Futtermittel sowie den Schutz beim Verkehr mit land- und forstwirtschaftlichem Saat- und Pflanzgut, den Schutz der Pflanzen gegen Krankheiten und Schädlinge sowie den Tierschutz;

21. die Hochsee- und Küstenschifffahrt sowie die Seezeichen, die Binnenschifffahrt, den Wetterdienst, die Seewasserstraßen und die dem allgemeinen Verkehr dienenden Binnenwasserstraßen;

22. den Straßenverkehr, das Kraftfahrwesen, den Bau und die Unterhaltung von Landstraßen für den Fernverkehr sowie die Erhebung und Verteilung von Gebühren oder Entgelten für die Benutzung öffentlicher Straßen mit Fahrzeugen;

23. die Schienenbahnen, die nicht Eisenbahnen des Bundes sind, mit Ausnahme der Bergbahnen;

24. die Abfallwirtschaft, die Luftreinhaltung und die Lärmbekämpfung (ohne Schutz vor verhaltensbezogenem Lärm);

25. die Staatshaftung;

26. die medizinisch unterstützte Erzeugung menschlichen Lebens, die Untersuchung und die künstliche Veränderung von Erbinformationen sowie Regelungen zur Transplantation von Organen, Geweben und Zellen;

27. die Statusrechte und -pflichten der Beamten der Länder, Gemeinden und anderen Körperschaften des öffentlichen Rechts sowie der Richter in den Ländern mit Ausnahme der Laufbahnen, Besoldung und Versorgung;

28. das Jagdwesen;

29. den Naturschutz und die Landschaftspflege;

30. die Bodenverteilung;

31. die Raumordnung;

32. den Wasserhaushalt;
33. die Hochschulzulassung und die Hochschulabschlüsse.

(2) Gesetze nach Absatz 1 Nr. 25 und 27 bedürfen der Zustimmung des Bundesrates.

Art. 79 [Änderung des Grundgesetzes, „Ewigkeitsgarantie"]

(1) Das Grundgesetz kann nur durch ein Gesetz geändert werden, das den Wortlaut des Grundgesetzes ausdrücklich ändert oder ergänzt. Bei völkerrechtlichen Verträgen, die eine Friedensregelung, die Vorbereitung einer Friedensregelung oder den Abbau einer besatzungsrechtlichen Ordnung zum Gegenstand haben oder der Verteidigung der Bundesrepublik zu dienen bestimmt sind, genügt zur Klarstellung, dass die Bestimmungen des Grundgesetzes dem Abschluss und dem Inkraftsetzen der Verträge nicht entgegenstehen, eine Ergänzung des Wortlautes des Grundgesetzes, die sich auf diese Klarstellung beschränkt.

(2) Ein solches Gesetz bedarf der Zustimmung von zwei Dritteln der Mitglieder des Bundestages und zwei Dritteln der Stimmen des Bundesrates.

(3) Eine Änderung dieses Grundgesetzes, durch welche die Gliederung des Bundes in Länder, die grundsätzliche Mitwirkung der Länder bei der Gesetzgebung oder die in den Artikeln 1 und 20 niedergelegten Grundsätze berührt werden, ist unzulässig.

Art. 83 [Zuständigkeit für den Vollzug von Bundesrecht]

Die Länder führen die Bundesgesetze als eigene Angelegenheit aus, soweit dieses Grundgesetz nichts anderes bestimmt oder zulässt.

Art. 87 [Gegenstände der Bundesverwaltung]

(1) In bundeseigener Verwaltung mit eigenem Verwaltungsunterbau werden geführt der Auswärtige Dienst, die Bundesfinanzverwaltung und nach Maßgabe des Artikels 89 die Verwaltung der Bundeswasserstraßen und der Schifffahrt. Durch Bundesgesetz können Bundesgrenzschutzbehörden, Zentralstellen für das polizeiliche Auskunfts- und Nachrichtenwesen, für die Kriminalpolizei und zur Sammlung von Unterlagen für Zwecke des Verfassungsschutzes und des Schutzes gegen Bestrebungen im Bundesgebiet, die durch Anwendung von Gewalt oder darauf gerichtete Vorbereitungshandlungen auswärtige Belange der Bundesrepublik Deutschland gefährden, eingerichtet werden.

(2) Als bundesunmittelbare Körperschaften des öffentlichen Rechtes werden diejenigen sozialen Versicherungsträger geführt, deren Zuständigkeitsbereich sich über das Gebiet eines Landes hinaus erstreckt. Soziale Versicherungsträger, deren Zuständigkeitsbereich sich über das Gebiet eines Landes, aber nicht über mehr als drei Länder hinaus erstreckt, werden abweichend von Satz 1 als landesunmittelbare Körperschaften des öffentlichen Rechtes geführt, wenn das aufsichtsführende Land durch die beteiligten Länder bestimmt ist.

(3) Außerdem können für Angelegenheiten, für die dem Bunde die Gesetzgebung zusteht, selbständige Bundesoberbehörden und neue bundesunmittelbare Körperschaften und Anstalten des öffentlichen Rechtes durch Bundesgesetz errichtet werden. Erwachsen dem Bunde auf Gebieten, für die ihm die Gesetzgebung zusteht, neue Aufgaben, so können bei dringendem Bedarf bundeseigene Mittel- und Unterbehörden mit Zustimmung des Bundesrates und der Mehrheit der Mitglieder des Bundestages errichtet werden.

Art. 87a [Streitkräfte]

(1) Der Bund stellt Streitkräfte zur Verteidigung auf. Ihre zahlenmäßige Stärke und die Grundzüge ihrer Organisation müssen sich aus dem Haushaltsplan ergeben.

(2) Außer zur Verteidigung dürfen die Streitkräfte nur eingesetzt werden, soweit dieses Grundgesetz es ausdrücklich zulässt.

(3) Die Streitkräfte haben im Verteidigungsfalle und im Spannungsfalle die Befugnis, zivile Objekte zu schützen und Aufgaben der Verkehrsregelung wahrzunehmen, soweit dies zur Erfüllung ihres Verteidigungsauftrages erforderlich ist. Außerdem kann den Streitkräften im Verteidigungsfalle und im Spannungsfalle der Schutz ziviler Objekte auch zur Unterstützung polizeilicher Maßnahmen übertragen werden; die Streitkräfte wirken dabei mit den zuständigen Behörden zusammen.

(4) Zur Abwehr einer drohenden Gefahr für den Bestand oder die freiheitliche demokratische Grundordnung des Bundes oder eines Landes kann die Bundesregierung, wenn die Voraussetzungen des Artikels 91 Abs. 2 vorliegen und die Polizeikräfte sowie der Bundesgrenzschutz nicht ausreichen, Streitkräfte zur

Unterstützung der Polizei und des Bundesgrenzschutzes beim Schutze von zivilen Objekten und bei der Bekämpfung organisierter und militärisch bewaffneter Aufständischer einsetzen. Der Einsatz von Streitkräften ist einzustellen, wenn der Bundestag oder der Bundesrat es verlangen.

Art. 91b [Zusammenwirken Bund/Länder bei Forschung, Wissenschaft, Bildungswesen]

(1) Bund und Länder können auf Grund von Vereinbarungen in Fällen überregionaler Bedeutung zusammenwirken bei der Förderung von:

1. Einrichtungen und Vorhaben der wissenschaftlichen Forschung außerhalb von Hochschulen;
2. Vorhaben der Wissenschaft und Forschung an Hochschulen;
3. Forschungsbauten an Hochschulen einschließlich Großgeräten.

Vereinbarungen nach Satz 1 Nr. 2 bedürfen der Zustimmung aller Länder.

(2) Bund und Länder können auf Grund von Vereinbarungen zur Feststellung der Leistungsfähigkeit des Bildungswesens im internationalen Vergleich und bei diesbezüglichen Berichten und Empfehlungen zusammenwirken.

(3) Die Kostentragung wird in der Vereinbarung geregelt.

Art. 104a [Verteilung der Aufgabenlast auf Bund und Länder]

(1) Der Bund und die Länder tragen gesondert die Ausgaben, die sich aus der Wahrnehmung ihrer Aufgaben ergeben, soweit dieses Grundgesetz nichts anderes bestimmt.

(2) Handeln die Länder im Auftrage des Bundes, trägt der Bund die sich daraus ergebenden Ausgaben.

(3) Bundesgesetze, die Geldleistungen gewähren und von den Ländern ausgeführt werden, können bestimmen, dass die Geldleistungen ganz oder zum Teil vom Bund getragen werden. Bestimmt das Gesetz, dass der Bund die Hälfte der Ausgaben oder mehr trägt, wird es im Auftrage des Bundes durchgeführt.

(4) Bundesgesetze, die Pflichten der Länder zur Erbringung von Geldleistungen, geldwerten Sachleistungen oder vergleichbaren Dienstleistungen gegenüber Dritten begründen und von den Ländern als eigene Angelegenheit oder nach Absatz 3 Satz 2 im Auftrag des Bundes ausgeführt werden, bedürfen der Zustimmung des Bundesrates, wenn daraus entstehende Ausgaben von den Ländern zu tragen sind.

(5) Der Bund und die Länder tragen die bei ihren Behörden entstehenden Verwaltungsausgaben und haften im Verhältnis zueinander für eine ordnungsmäßige Verwaltung. Das Nähere bestimmt ein Bundesgesetz, das der Zustimmung des Bundesrates bedarf.

(6) Bund und Länder tragen nach der innerstaatlichen Zuständigkeits- und Aufgabenverteilung die Lasten einer Verletzung von supranationalen oder völkerrechtlichen Verpflichtungen Deutschlands. In Fällen länderübergreifender Finanzkorrekturen der Europäischen Union tragen Bund und Länder diese Lasten im Verhältnis 15 zu 85. Die Ländergesamtheit trägt in diesen Fällen solidarisch 35 vom Hundert der Gesamtlasten entsprechend einem allgemeinen Schlüssel; 50 vom Hundert der Gesamtlasten tragen die Länder, die die Lasten verursacht haben, anteilig entsprechend der Höhe der erhaltenen Mittel. Das Nähere regelt ein Bundesgesetz, das der Zustimmung des Bundesrates bedarf.

[9] Verfassung des Landes Baden-Württemberg

In der Fassung vom 11. November 1953, zuletzt geändert am 7. Februar 2011 (GBl. S. 46) - Auszug -

Art. 3c

(1) Der Staat und die Gemeinden fördern das kulturelle Leben und den Sport unter Wahrung der Autonomie der Träger.

(2) Die Landschaft sowie die Denkmale der Kunst, der Geschichte und der Natur genießen öffentlichen Schutz und die Pflege des Staates und der Gemeinden.

[10] Verfassung des Freistaates Bayern

In der Fassung vom 15. Dezember 1998 (GVBl S. 991, BayRS 100-1-I), zuletzt geändert durch Gesetz vom 10. November 2003 (GVBl S. 817) – Auszug –

Art. 140

(1) Kunst und Wissenschaft sind von Staat und Gemeinde zu fördern.

(2) Sie haben insbesonders Mittel zur Unterstützung schöpferischer Künstler, Gelehrter und Schriftsteller bereitzustellen, die den Nachweis ernster künstlerischer oder kultureller Tätigkeit erbringen.

(3) Das kulturelle Leben und der Sport sind von Staat und Gemeinden zu fördern.

[11] Verfassung von Berlin

In der Fassung vom 23. November 1995, zuletzt geändert durch das elfte Gesetz zur Änderung der Verfassung von Berlin vom 17. März 2010 - Auszug -

Art. 32

Sport ist ein förderungs- und schützenswerter Teil des Lebens. Die Teilnahme am Sport ist den Angehörigen aller Bevölkerungsgruppen zu ermöglichen.

[12] Verfassung des Landes Brandenburg

In der Fassung vom 20. August 1992 (GVBl. 92, S. 298), zuletzt geändert durch Artikel 1 des Gesetzes vom 07. Juli 2009 (GVBl. 09, S. 191) - Auszug -

Art. 35

Sport ist ein förderungswürdiger Teil des Lebens. Die Sportförderung des Landes, der Gemeinden und Gemeindeverbände ist auf ein ausgewogenes und bedarfsgerechtes Verhältnis von Breitensport und Spitzensport gerichtet. Sie soll die besonderen Bedürfnisse von Schülern, Studenten, Senioren und Menschen mit Behinderungen berücksichtigen.

[13] Verfassung der Freien und Hansestadt Bremen

In der Fassung vom 21. Oktober 1947, zuletzt geändert durch Gesetz vom 8. April 2003 (GVBl. S. 167) - Auszug -

Art. 36a

Der Staat pflegt und fördert den Sport.

[14] Verfassung des Landes Hessen

In der Fassung vom 1. Dezember 1946, zuletzt geändert durch Gesetz vom 18. Oktober 2002 (GVBl. S. 628) - Auszug -

Art. 62a

Der Sport genießt den Schutz und die Pflege des Staates, der Gemeinden und Gemeindeverbände.

[15] Verfassung des Landes Mecklenburg-Vorpommern

In der Fassung vom 23. Mai 1993, zuletzt geändert durch Gesetz vom 14. Juli 2006 (GVBl. S. 572) – Auszug –

Art. 16

(1) Land, Gemeinden und Kreise schützen und fördern Kultur, Sport, Kunst und Wissenschaft. Dabei werden die besonderen Belange der beiden Landesteile Mecklenburg und Vorpommern berücksichtigt.

(2) Das Land schützt und fördert die Pflege der niederdeutschen Sprache.

(3) Hochschulen und andere wissenschaftliche Einrichtungen sollen in ausreichendem Maße eingerichtet, unterhalten und gefördert werden. Freie Träger sind zugelassen.

(4) Land, Gemeinden und Kreise fördern Einrichtungen der Jugend- und Erwachsenenbildung.

[16] Niedersächsische Verfassung

In der Fassung vom 19. Mai 1993, zuletzt geändert durch Gesetz vom 27. Januar 2006 (GVBl. S. 58) – Auszug –

Art. 6

Das Land, die Gemeinden und die Landkreise schützen und fördern Kunst, Kultur und Sport.

[17] Verfassung des Landes Nordrhein-Westfalen

In der Fassung vom 28. Juni 1950, zuletzt geändert durch Gesetz vom 5. März 2002 (GVBl. S. 108) - Auszug -

Art. 18

(1) Kultur, Kunst und Wissenschaft sind durch Land und Gemeinden zu pflegen und zu fördern.

(2) Die Denkmäler der Kunst, der Geschichte und der Kultur, die Landschaft und Naturdenkmale stehen unter dem Schutz des Landes, der Gemeinden und Gemeindeverbände.

(3) Sport ist durch Land und Gemeinden zu pflegen und zu fördern.

[18] Verfassung des Landes Rheinland-Pfalz

In der Fassung vom 18. Mai 1947, zuletzt geändert durch Gesetz vom 16. Dezember 2005 (GVBl. S. 495) - Auszug -

Art. 40

(1) Das künstlerische und kulturelle Schaffen ist durch das Land, die Gemeinden und Gemeindeverbände zu pflegen und zu fördern.

(2) Die Erzeugnisse der geistigen Arbeit, die Rechte der Urheber, Erfinder und Künstler genießen den Schutz und die Fürsorge des Staates.

(3) Der Staat nimmt die Denkmäler der Kunst, der Geschichte und der Natur sowie die Landschaft in seine Obhut und Pflege. Die Teilnahme an den Kulturgütern des Lebens ist dem gesamten Volke zu ermöglichen.

(4) Der Sport ist durch das Land, die Gemeinden und Gemeindeverbände zu pflegen und zu fördern.

[19] Saarländische Verfassung

In der Fassung vom 15. Dezember 1947, zuletzt geändert durch Gesetz vom 5. September 2001 (ABl. S. 1630) - Auszug -

Art. 34a

Wegen seiner gesundheitlichen und sozialen Bedeutung genießt der Sport die Förderung des Landes und der Gemeinden.

[20] Sächsische Verfassung

In der Fassung vom 27. Mai 1992 – Auszug –

Art. 11

(1) Das Land fördert das kulturelle, das künstlerische und wissenschaftliche Schaffen, die sportliche Betätigung sowie den Austausch auf diesen Gebieten.

(2) Die Teilnahme an der Kultur in ihrer Vielfalt und am Sport ist dem gesamten Volk zu ermöglichen. Zu diesem Zweck werden öffentlich zugängliche Museen, Bibliotheken, Archive, Gedenkstätten, Theater, Sportstätten, musikalische und weitere kulturelle Einrichtungen sowie allgemein zugängliche Universitäten, Hochschulen, Schulen und andere Bildungseinrichtungen unterhalten.

(3) Denkmale und andere Kulturgüter stehen unter dem Schutz und der Pflege des Landes. Für ihr Verbleiben in Sachsen setzt sich das Land ein.

[21] Verfassung des Landes Sachsen-Anhalt

In der Fassung vom 16. Juli 1992, zuletzt geändert durch Gesetz vom 27. Januar 2005 (GVBl. S. 43) - Auszug -

Art. 36

(1) Kunst, Kultur und Sport sind durch das Land und die Kommunen zu schützen und zu fördern.

(2) Die heimatbezogenen Einrichtungen und Eigenheiten der einzelnen Regionen innerhalb des Landes sind zu pflegen.

(3) Das Land und die Kommunen fördern im Rahmen ihrer finanziellen Möglichkeiten die kulturelle Betätigung aller Bürger insbesondere dadurch, dass sie öffentlich zugängliche Museen, Büchereien, Gedenkstätten, Theater, Sportstätten und weitere Einrichtungen unterhalten.

(4) Das Land sorgt, unterstützt von den Kommunen, für den Schutz und die Pflege der Denkmale von Kultur und Natur.

(5) Das Nähere regeln die Gesetze.

[22] Verfassung des Landes Schleswig-Holstein

In der Fassung vom 13. Dezember 1949, zuletzt geändert durch Gesetz vom 13. Mai 2008 – Auszug –

Art. 36

(1) Das Land schützt und fördert Kunst und Wissenschaft, Forschung und Lehre.

(2) Das Land schützt und fördert die Pflege der niederdeutschen Sprache.

(3) Die Förderung der Kultur einschließlich des Sports, der Erwachsenenbildung, des Büchereiwesens und der Volkshochschulen ist Aufgabe des Landes, der Gemeinden und Gemeindeverbände.

[23] Verfassung des Thüringen

In der Fassung vom 25. Oktober 1993, zuletzt geändert durch Gesetz vom 11. Oktober 2004 (GVBl. S. 745) - Auszug -

Art. 30

(1) Kultur, Kunst, Brauchtum genießen Schutz und Förderung durch das Land und seine Gebietskörperschaften.

(2) Die Denkmale der Kultur, Kunst, Geschichte und die Naturdenkmale stehen unter dem Schutz des Landes und seiner Gebietskörperschaften. Die Pflege der Denkmale obliegt in erster Linie ihren Eigentümern. Sie sind der Öffentlichkeit im Rahmen der Gesetze unter Beachtung der Rechte anderer zugänglich zu machen.

(3) Der Sport genießt Schutz und Förderung durch das Land und seine Gebietskörperschaften.

IV. Bundesrecht/ Landesrecht

a. Öffentlich-rechtliche Grundlagen

[24] Vereinsgesetz

Gesetz vom 05.08.1964 (BGBl. I S. 593) zuletzt geändert durch Gesetz vom 21.12.2007 (BGBl. I S. 3198) - Auszug -

§ 1 Vereinsfreiheit

(1) Die Bildung von Vereinen ist frei (Vereinsfreiheit).

(2) Gegen Vereine, die die Vereinsfreiheit mißbrauchen, kann zur Wahrung der öffentlichen Sicherheit oder Ordnung nur nach Maßgabe dieses Gesetzes eingeschritten werden.

§ 2 Begriff des Vereins

(1) Verein im Sinne dieses Gesetzes ist ohne Rücksicht auf die Rechtsform jede Vereinigung, zu der sich eine Mehrheit natürlicher oder juristischer Personen für längere Zeit zu einem gemeinsamen Zweck freiwillig zusammengeschlossen und einer organisierten Willensbildung unterworfen hat.

(2) Vereine im Sinne dieses Gesetzes sind nicht

1. politische Parteien im Sinne des Artikels 21 des Grundgesetzes,

2. Fraktionen des Deutschen Bundestages und der Parlamente der Länder.

§ 3 Verbot

(1) Ein Verein darf erst dann als verboten (Artikel 9 Abs. 2 des Grundgesetzes) behandelt werden, wenn durch Verfügung der Verbotsbehörde festgestellt ist, daß seine Zwecke oder seine Tätigkeit den Strafgesetzen zuwiderlaufen oder daß er sich gegen die verfassungsmäßige Ordnung oder den Gedanken der Völkerverständigung richtet; in der Verfügung ist die Auflösung des Vereins anzuordnen (Verbot). Mit dem Verbot ist in der Regel die Beschlagnahme und die Einziehung

1. des Vereinsvermögens,

2. von Forderungen Dritter, soweit die Einziehung in § 12 Abs. 1 vorgesehen ist, und

3. von Sachen Dritter, soweit der Berechtigte durch die Überlassung der Sachen an den Verein dessen verfassungswidrige Bestrebungen vorsätzlich gefördert hat oder die Sachen zur Förderung dieser Bestrebungen bestimmt sind,

zu verbinden.

(2) Verbotsbehörde ist

1. die oberste Landesbehörde oder die nach Landesrecht zuständige Behörde für Vereine und Teilvereine, deren erkennbare Organisation und Tätigkeit sich auf das Gebiet eines Landes beschränken;

2. der Bundesminister des Innern für Vereine und Teilvereine, deren Organisation oder Tätigkeit sich über das Gebiet eines Landes hinaus erstreckt.

Die oberste Landesbehörde oder die nach Landesrecht zuständige Behörde entscheidet im Benehmen mit dem Bundesminister des Innern, wenn sich das Verbot gegen den Teilverein eines Vereins richtet, für dessen Verbot nach Satz 1 Nr. 2 der Bundesminister des Innern zuständig ist. Der Bundesminister des Innern entscheidet im Benehmen mit den Behörden, die nach Satz 1 Nr. 1 für das Verbot von Teilvereinen zuständig gewesen wären.

(3) Das Verbot erstreckt sich, wenn es nicht ausdrücklich beschränkt wird, auf alle Organisationen, die dem Verein derart eingegliedert sind, daß sie nach dem Gesamtbild der tatsächlichen Verhältnisse als Gliederung dieses Vereins erscheinen (Teilorganisationen). Auf nichtgebietliche Teilorganisationen mit eigener Rechtspersönlichkeit erstreckt sich das Verbot nur, wenn sie in der Verbotsverfügung ausdrücklich benannt sind.

(4) Das Verbot ist schriftlich oder elektronisch mit einer dauerhaft überprüfbaren Signatur nach § 37 Abs. 4 des Verwaltungsverfahrensgesetzes abzufassen, zu begründen und dem Verein, im Falle des Absatzes 3 Satz 2 auch den Teilorganisationen, zuzustellen. Der verfügende Teil des Verbots ist im Bundesanzeiger und danach im amtlichen Mitteilungsblatt des Landes bekanntzumachen, in dem der Verein oder, sofern sich das Verbot hierauf beschränkt, der Teilverein seinen Sitz hat; Verbote nach § 15 werden nur im Bundesanzeiger bekanntgemacht. Das Verbot wird mit der Zustellung, spätestens mit der Bekanntmachung im Bundesanzeiger, wirksam und vollziehbar; § 80 der Verwaltungsgerichtsordnung bleibt unberührt.

(5) Die Verbotsbehörde kann das Verbot auch auf Handlungen von Mitgliedern des Vereins stützen, wenn

1. ein Zusammenhang zur Tätigkeit im Verein oder zu seiner Zielsetzung besteht,

2. die Handlungen auf einer organisierten Willensbildung beruhen und

3. nach den Umständen anzunehmen ist, daß sie vom Verein geduldet werden.

§ 7 Unanfechtbarkeit des Verbots, Eintragung in öffentliche Register

(1) Ist das Verbot unanfechtbar geworden, so ist sein verfügender Teil nochmals unter Hinweis auf die Unanfechtbarkeit im Bundesanzeiger und in dem in § 3 Abs. 4 Satz 2 genannten Mitteilungsblatt zu veröffentlichen.

(2) Ist der Verein oder eine Teilorganisation in ein öffentliches Register eingetragen, so sind auf Anzeige der Verbotsbehörde einzutragen

die Beschlagnahme des Vereinsvermögens und ihre Aufhebung,

die Bestellung und Abberufung von Verwaltern (§ 10 Abs. 3),

die Auflösung des Vereins, nachdem das Verbot unanfechtbar geworden ist, und

das Erlöschen des Vereins.

§ 9 Kennzeichenverbot

(1) Kennzeichen des verbotenen Vereins dürfen für die Dauer der Vollziehbarkeit des Verbots nicht mehr

1. öffentlich, in einer Versammlung oder

2. in Schriften, Ton- oder Bildträgern, Abbildungen oder Darstellungen, die verbreitet werden oder zur Verbreitung bestimmt sind, verwendet werden. Ausgenommen ist eine Verwendung von Kennzeichen im Rahmen der staatsbürgerlichen Aufklärung, der Abwehr verfassungswidriger Bestrebungen und ähnlicher Zwecke.

(2) Kennzeichen im Sinne des Absatzes 1 sind insbesondere Fahnen, Abzeichen, Uniformstücke, Parolen und Grußformen. Den in Satz 1 genannten Kennzeichen stehen solche gleich, die ihnen zum Verwechseln ähnlich sind.

(3) Absatz 1 gilt entsprechend für Kennzeichen eines verbotenen Vereins, die in im Wesentlichen gleicher Form von anderen nicht verbotenen Teilorganisationen oder von selbständigen, die Zielrichtung des verbotenen Vereins teilenden Vereinen verwendet werden.

(4) Diese Vorschriften gelten auch für die Verwendung von Kennzeichen einer Ersatzorganisation für die Dauer der Vollziehbarkeit einer Verfügung nach § 8 Abs. 2 Satz 1.

[25] Vereinsregisterverordnung (VRV)

Verordnung vom 10. Februar 1999 (BGBl. I S. 147), geändert durch Gesetz vom 24. September 2009 (BGBl. I S. 3145) – Auszug –

Zuständigkeit, Einrichtung des Vereinsregisters

§ 1 Zuständigkeit

(1) Jedes Amtsgericht führt für seinen Bezirk ein Vereinsregister, soweit nicht die Landesjustizverwaltung gemäß § 23d des Gerichtsverfassungsgesetzes die Führung des Vereinsregisters für die Bezirke mehrerer Amtsgerichte einem Amtsgericht zugewiesen hat.
(2) Zu dem Vereinsregister wird ein alphabetisches Verzeichnis der Namen der Vereine geführt, die im Register eingetragen sind (Namensverzeichnis).

(3) Wird die Zuständigkeit des Amtsgerichts durch die Landesjustizverwaltung geändert, gibt das bisher zuständige Amtsgericht das Vereinsregister einschließlich der geschlossenen Registerblätter, das dazu geführte Namensverzeichnis und die Registerakten an das künftig zuständige Amtsgericht ab.

(4) Für die Erledigung der Geschäfte des Registergerichts ist der Rechtspfleger zuständig, soweit nicht nach dem Bürgerlichen Gesetzbuch oder dieser Verordnung der Urkundsbeamte der Geschäftsstelle zuständig ist.

§ 2 Aufbau des Vereinsregisters

(1) Das Vereinsregister wird in Karteiform geführt. Es enthält für jeden dort einzutragenden Verein ein Registerblatt, das aus einem oder mehreren Blättern besteht. Die Registerblätter erhalten fortlaufende Nummern. Wenn ein Amtsgericht das Register für mehrere Amtsgerichtsbezirke führt, können auf Anordnung der Landesjustizverwaltung die fortlaufenden Nummern für einzelne Amtsgerichtsbezirke je gesondert geführt werden. In diesem Fall sind die fortlaufenden Nummern der jeweiligen Amtsgerichtsbezirke durch den Zusatz eines Ortskennzeichens unterscheidbar zu halten. Nähere Anordnungen hierüber trifft die Landesjustizverwaltung. Die Blätter eines Registerblatts sind

durchzunumerieren; auf die Benutzung der Rückseite eines Registerblattes ist auf seiner Vorderseite hinzuweisen.

(2) Das Registerblatt wird in Papierform geführt, soweit nicht durch Rechtsverordnung nach § 55a Abs. 1 des Bürgerlichen Gesetzbuchs die maschinelle Führung als automatisierte Datei angeordnet wird.

(3) (weggefallen)

§ 3 Gestaltung und Benutzung des Registerblatts

Das Registerblatt hat fünf Spalten. Die Einzelheiten ergeben sich aus dem Muster in der Anlage 1 zu dieser Verordnung. Es sind einzutragen:

1. in Spalte 1: die laufende Nummer der Eintragung;

2. in Spalte 2: unter Buchstabe a der Name und unter Buchstabe b der Sitz;

3. in Spalte 3: unter Buchstabe a die allgemeine Vertretungsregelung und unter Buchstabe b die Vertretungsberechtigten (der Vorstand und etwaige Liquidatoren) mit Namen, Vornamen, Wohnort, Geburtsdatum und, soweit zweckmäßig, auch die Stellung im Vorstand sowie besondere Vertretungsbefugnisse sowie die Änderung dieser Eintragungen unter kurzer Angabe des Grundes;

4. in Spalte 4:

a) unter Buchstabe a Angaben zur Satzung, namentlich die Rechtsform, das Datum der Errichtung der Satzung, ihre Änderungen unter Beschränkung auf die geänderten Vorschriften der Satzung und den Gegenstand ihrer Änderung, und

b) unter Buchstabe b Angaben zu den sonstigen Rechtsverhältnissen, namentlich

aa) Umwandlungen,

bb) der Verzicht auf die Rechtsfähigkeit und die Entziehung der Rechtsfähigkeit,

cc) der Beschluss, durch den die Eröffnung eines Insolvenzverfahrens mangels Masse rechtskräftig abgewiesen worden ist, die Eröffnung, Einstellung und Aufhebung eines Insolvenzverfahrens, die Aufhebung des Eröffnungsbeschlusses, die Bestellung eines vorläufigen Insolvenzverwalters oder Treuhänders unter den Voraussetzungen des § 75 Absatz 1 Nummer 2 des Bürgerlichen Gesetzbuchs und die Aufhebung dieser Maßnahme, die Anordnung der Eigenverwaltung durch den Schuldner, deren Aufhebung und die Anordnung der Zustimmungsbedürftigkeit bestimmter Rechtsgeschäfte des Schuldners sowie die Überwachung der Erfüllung des Insolvenzplans und die Aufhebung der Überwachung,

dd) die Auflösung und die Fortsetzung,

ee) die Beendigung des Vereins nach der Liquidation und

ff) das Erlöschen;

5. in Spalte 5: unter Buchstabe a das Datum einer Eintragung und unter Buchstabe b zum Verständnis der Eintragung notwendige Bemerkungen.

Eintragungen in den Spalten 1 bis 4 sind in Spalte 5 zu unterschreiben.

§ 4 Schließung des Registerblatts

(1) Ist das Registerblatt zu schließen, so sind sämtliche Seiten des Registerblatts rot zu durchkreuzen.

(2) Das Registerblatt ist insbesondere zu schließen, wenn alle Eintragungen gegenstandslos geworden sind. Gegenstandslos sind alle Eintragungen eines Registerblatts namentlich, wenn

1. der Verein wegen Wegfalls sämtlicher Mitglieder oder durch bestandskräftiges Verbot erloschen und das Erlöschen eingetragen ist,

2. die Beendigung der Liquidation des Vereins, die Fortführung als nichtrechtsfähiger Verein oder der Verzicht auf die Rechtsfähigkeit eingetragen worden ist.

Das Registerblatt eines aufgelösten Vereins kann geschlossen werden, wenn seit mindestens 1 Jahr von der Eintragung der Auflösung an keine weitere Eintragung erfolgt und eine schriftliche Anfrage des Registergerichts bei dem Verein unbeantwortet geblieben ist.

(3) Ist ein Registerblatt zu Unrecht geschlossen worden, so wird die Schließung rückgängig gemacht.

(4) Die geschlossenen Registerblätter können nach näherer Anordnung der Landesjustizverwaltung elektronisch aufbewahrt werden, wenn sichergestellt ist, daß die Daten innerhalb angemessener Zeit lesbar gemacht werden können. Sie können bei einer anderen Stelle aufbewahrt werden, wenn sie elektronisch auch beim Registergericht abrufbar sind.

§ 5 Neufassung des Registerblatts

(1) Ist ein Registerblatt unübersichtlich geworden, so sind die noch gültigen Eintragungen unter Beibehaltung der bisherigen Blattnummer auf ein neues Registerblatt zu übertragen (Neufassung). Dabei kann auch von dem ursprünglichen Text der Eintragung abgewichen werden, soweit der Inhalt der Eintragung dadurch nicht verändert wird. Abweichend von Satz 1 können auch nicht mehr gültige Eintragungen übertragen werden, soweit dies im Einzelfall dazu dient, die Nachvollziehung von Eintragungen zu erleichtern. Auf dem neu gefaßten Registerblatt ist die Neufassung unter Angabe des Datums zu vermerken. Nach der Eintragung der noch gültigen Eintragungen auf dem neuen Blatt wird das bisherige Registerblatt geschlossen.

(2) Das Registerblatt kann neu gefaßt werden, wenn es durch die Neufassung wesentlich vereinfacht wird.

(3) Eine Benachrichtigung der Beteiligten von der Neufassung ist nicht notwendig. Bestehen Zweifel über die Art oder den Umfang der Neufassung, so sind die Beteiligten vorher zu hören.

§ 6 Sitzverlegung und Umwandlung von Vereinen

(1) Wird der Sitz eines Vereins aus dem Bezirk des Registergerichts des bisherigen Sitzes verlegt, so hat dieses unverzüglich von Amts wegen die Verlegung dem Gericht des neuen Sitzes mitzuteilen. Der Mitteilung sind die Eintragungen für den bisherigen Sitz sowie die Registerakten beizufügen. Das Gericht des neuen Sitzes hat zu prüfen, ob der Sitz ordnungsgemäß verlegt und § 57 Abs. 2 des Bürgerlichen Gesetzbuchs beachtet ist. Ist dies der Fall, so hat es die Verlegung einzutragen und dabei die ihm mitgeteilten Eintragungen ohne weitere Nachprüfung in sein Vereinsregister zu übernehmen. Die Eintragung ist dem Gericht des bisherigen Sitzes mitzuteilen. Nach Eingang dieser Mitteilung trägt das Gericht des bisherigen Sitzes die Sitzverlegung ein und schließt das bisherige Registerblatt. Auf dem bisherigen Registerblatt ist in der Spalte 5 unter „Bemerkungen" auf das Registerblatt des neuen Registergerichts zu verweisen und umgekehrt.

(2) Sind mit der Sitzverlegung weitere Eintragungen vorzunehmen, ist das Gericht des neuen Sitzes auch für die Vornahme dieser Eintragungen zuständig.

(3) Die Verlegung des Vereinssitzes in das Ausland ist in den Spalten 2 und 4 des bestehenden Registerblatts als Auflösung einzutragen.

(4) Die Umwandlung (Verschmelzung, Spaltung oder Formwechsel) von Vereinen ist in Spalte 4 unter Buchstabe b des Registerblatts aller beteiligten Vereine einzutragen. Bei einer Verschmelzung durch Aufnahme wird nach der Eintragung des Tages der Verschmelzung in das Registerblatt eines aufgenommenen Vereins dieses Registerblatt geschlossen. Dies gilt entsprechend bei einer Aufspaltung oder einem Formwechsel. Bei einer Verschmelzung durch Neugründung werden nach der Eintragung des Tages der Verschmelzung in die Registerblätter der beteiligten Vereine diese Registerblätter geschlossen. Für die aus der Verschmelzung oder Spaltung entstandenen Vereine sind neue Registerblätter anzulegen. Auf den Registerblättern der übertragenden oder formwechselnden Vereine ist in der Spalte 4 unter „b) Sonstige Rechtsverhältnisse" auf das Registerblatt der übernehmenden, neu gegründeten Vereine oder Rechtsträger neuer Rechtsform zu verweisen und umgekehrt. Die vorstehenden Vorschriften gelten entsprechend, wenn Vereine in andere Rechtsträger aufgenommen werden oder aus ihnen andere Rechtsträger entstehen sollen.

§ 7 Registerakten, Handblatt

(1) Für jedes Registerblatt wird eine Registerakte geführt. Die zum Vereinsregister eingereichten Dokumente können für jedes Registerblatt in einem besonderen Aktenband zusammengefaßt werden.

(2) Werden Urkunden, die zum Register einzureichen waren, zurückgegeben, so wird eine beglaubigte Abschrift zurückbehalten. Wird ein Dokument aus anderen Akten des Amtsgerichts für die Führung des Registers gebraucht, so ist eine beglaubigte Abschrift zu den Registerakten zu nehmen. In den Abschriften können die Teile des Dokuments, die für die Führung des Vereinsregisters ohne Bedeutung sind, weggelassen werden. Im Zweifel bestimmt der Rechtspfleger den Umfang der Abschrift, sonst der Urkundsbeamte der Geschäftsstelle.

(3) Für jedes Registerblatt des Vereinsregisters ist ein dem Inhalt des Registers wörtlich entsprechendes Handblatt zu führen; es ist unter dem Deckel des letzten Bandes der Registerakten zu

verwahren und in einen Umschlag zu heften, wenn ein Bedürfnis hierfür besteht.

§ 8 Führung des Namensverzeichnisses

Das Namensverzeichnis kann elektronisch geführt werden. Im Übrigen richtet sich die Führung des Namensverzeichnisses nach den Vorschriften über die Aktenführung.

Führung des Vereinsregisters

§ 9 Eintragungsverfügungen

(1) Die Eintragung erfolgt auf Grund einer Eintragungsverfügung, die den Wortlaut der Eintragung feststellt.

(2) Das Registergericht hat dafür Sorge zu tragen, daß die gesetzlich vorgeschriebenen Eintragungen in das Register erfolgen. Ist zweifelhaft, ob der Zweck eines angemeldeten Vereins auf einen nichtwirtschaftlichen Geschäftsbetrieb gerichtet ist, kann das Registergericht im Wege der Amtshilfe eine Stellungnahme der nach § 22 des Bürgerlichen Gesetzbuchs zuständigen Stelle und der Industrie- und Handelskammer oder einer anderen geeigneten Stelle einholen. Das Registergericht teilt seine Entscheidung dieser Stelle mit, wenn sie darum gebeten hat.

(3) (weggefallen)

(4) (weggefallen)

§ 10 Form der Eintragungen

(1) Die Eintragungen sind deutlich und in der Regel ohne Abkürzung herzustellen. In dem Register darf nichts radiert oder unleserlich gemacht werden.

(2) Jede Eintragung ist mit einer laufenden Nummer zu versehen und mittels eines alle Spalten des Registerblatts durchschneidenden Querstrichs von der folgenden Eintragung zu trennen. Werden mehrere Eintragungen gleichzeitig vorgenommen, so erhalten sie nur eine laufende Nummer.

(3) Bei jeder Eintragung ist der Tag der Eintragung anzugeben. Der Tag der Eintragung und ihre Stelle im Register sind in den Registerakten bei der gerichtlichen Verfügung zu vermerken.

(4) Erfolgt eine Eintragung auf Grund einer rechtskräftigen oder vollstreckbaren Entscheidung des Prozeßgerichts, so ist dies bei der Eintragung im Register unter Angabe des Prozessgerichts, des Datums und des Aktenzeichens der Entscheidung zu vermerken. Eine Aufhebung der Entscheidung ist in dieselbe Spalte des Registers einzutragen. Hat in sonstigen Fällen eine Eintragung von Amts wegen zu erfolgen, so muß sie den Hinweis auf die gesetzliche Grundlage und den Vermerk „Von Amts wegen eingetragen" enthalten. Dies gilt nicht für die Eintragung der Vermerke über den Beschluss, durch den die Eröffnung eines Insolvenzverfahrens mangels Masse rechtskräftig abgewiesen worden ist, die Eröffnung, die Einstellung oder Aufhebung des Insolvenzverfahrens, die Aufhebung des Eröffnungsbeschlusses, die Anordnung der Eigenverwaltung durch den Schuldner und deren Aufhebung, die Anordnung der Zustimmungsbedürftigkeit bestimmter Rechtsgeschäfte des Schuldners nach § 277 der Insolvenzordnung sowie die sonstigen in § 75 des Bürgerlichen Gesetzbuchs vorgesehenen Vermerke.

§ 11 Änderung und Löschung von Eintragungen

(1) Änderungen des Inhalts einer Eintragung sowie Löschungen sind unter einer neuen laufenden Nummer einzutragen. Eine Eintragung, die durch eine spätere Eintragung ihre Bedeutung verloren hat, ist rot zu unterstreichen. Die rote Unterstreichung kann dadurch ersetzt werden, daß über der ersten und unter der letzten Zeile der Eintragung oder des Vermerks ein waagerechter roter Strich gezogen wird und beide Striche durch einen von oben links nach unten rechts verlaufenden roten Schrägstrich verbunden werden; erstreckt sich eine Eintragung oder ein Vermerk auf mehr als eine Seite, so ist auf jeder Seite entsprechend zu verfahren. Mit der Eintragung selbst ist auch der Vermerk über ihre Löschung rot zu unterstreichen.

(2) Ein Teil einer Eintragung darf nur rot unterstrichen oder durchkreuzt werden, wenn die Verständlichkeit der Eintragung und des aktuellen Ausdrucks nach § 32 Abs. 3 nicht beeinträchtigt wird.

(3) Soll eine Eintragung von Amts wegen gelöscht werden, weil sie mangels einer wesentlichen Voraussetzung unzulässig war, so erfolgt die Löschung durch Eintragung des Vermerks „Von Amts wegen gelöscht".

§ 12 Berichtigung von Eintragungen

(1) Bei noch nicht unterschriebenen Eintragungen können Schreibfehler, die den Sinn der Eintragung nicht verändern, dadurch berichtigt werden, daß die fehlerhaften Worte, Buchstaben oder Zeichen durchgestrichen und, soweit erforderlich, in richtiger Schreibweise wiederholt werden. Die Berichtigung kann entweder unmittelbar bei der Streichung oder unter Verwendung von Einschaltezeichen an geeigneter Stelle außerhalb des Eintragungstextes erfolgen. Die unrichtig geschriebenen Worte, Buchstaben oder Zeichen müssen lesbar bleiben.

(2) Sonstige Schreibversehen und ähnliche offenbare Unrichtigkeiten, die in einer Eintragung vorkommen, sind an oder neben dieser Eintragung zu berichtigen. In Spalte 5 unter Buchstabe b ist ein Berichtigungsvermerk einzutragen. Berichtigungen können auch in Form einer neuen Eintragung vorgenommen werden.

(3) Die Berichtigung wird von der für die Eintragung zuständigen Person angeordnet. Eine Berichtigung nach Absatz 2 ist den Beteiligten bekanntzugeben.

(4) Eine versehentliche rote Unterstreichung ist dadurch zu beseitigen, daß der rote Strich durch kleine schwarze Striche durchkreuzt wird.

§ 13 Bekanntgabe gegenüber den Beteiligten

(1) Für die Bekanntgabe der Eintragung an die Beteiligten sollen Vordrucke verwendet werden. Die Benachrichtigungen zur Bekanntgabe der Eintragung sind zu unterschreiben. In geeigneten Fällen ist darauf hinzuweisen, dass auf die Bekanntgabe der Eintragung verzichtet werden kann.

(2) Werden die Benachrichtigungen nach Absatz 1 maschinell erstellt, brauchen sie nicht unterschrieben werden. Anstelle der Unterschrift ist der Vermerk „Dieses Schreiben ist maschinell erstellt und auch ohne Unterschrift wirksam“ anzubringen.

§ 14 Öffentliche Bekanntmachung der Ersteintragung

Die Veröffentlichung der Eintragung des Vereins ist unverzüglich zu veranlassen. In ihr sollen Name und Sitz des Vereins und die Registernummer angegeben werden. In den Veröffentlichungen ist das Gericht und der Tag der Eintragung zu bezeichnen, einer Unterschrift bedarf es nicht. § 13 Abs. 2 gilt entsprechend. Erfolgen mehrere Veröffentlichungen desselben Gerichts gleichzeitig, so sind sie möglichst zusammenzufassen.

§ 15 Erreichbarkeit des Vereins

Bei der Benachrichtigung über die erstmalige Eintragung in das Register, bei der Eintragung nach § 6 Abs. 1 und in anderen Fällen, in denen dies zweckmäßig ist, um die Erreichbarkeit des Vereins sicherzustellen, kann das Registergericht den Verein auffordern, die Änderung der ladungsfähigen Vereinsanschrift unverzüglich mitzuteilen.

§ 16 Einsicht in das Vereinsregister

Das Register, die von dem Verein zum Register eingereichten Dokumente und das Namensverzeichnis sind in der Geschäftsstelle des Registergerichts während der Dienststunden zur Einsicht vorzulegen. Werden die vom Verein zum Register eingereichten Dokumente oder geschlossene Registerblätter elektronisch aufbewahrt, wird die Einsicht nach § 31 Satz 2 gewährt. Dasselbe gilt für die Einsicht in ein elektronisch geführtes Namensverzeichnis.

§ 17 Abschriften, Bescheinigungen und Zeugnisse

(1) Einfache Abschriften sind mit dem Vermerk: „Gefertigt am ...“ abzuschließen. Der Vermerk ist nicht zu unterzeichnen. Die Beglaubigung einer Abschrift geschieht durch einen unter die Abschrift zu setzenden Vermerk, der die Übereinstimmung mit der Hauptschrift bezeugt. Der Beglaubigungsvermerk muß Ort und Tag der Ausstellung enthalten, von dem Urkundsbeamten der Geschäftsstelle unterschrieben und mit Siegel oder Stempel versehen sein.

(2) Wird eine beglaubigte Abschrift von einem zum Register eingereichten Dokument beantragt, so ist in dem Beglaubigungsvermerk ersichtlich zu machen, ob das Dokument eine Urschrift, eine Wiedergabe auf einem Bildträger oder anderen Datenträger nach § 55a Absatz 5 des Bürgerlichen Gesetzbuchs in der vor dem 30. September 2009 geltenden Fassung, eine Ausfertigung oder eine einfache oder beglaubigte Abschrift ist. Ist das Dokument eine beglaubigte Abschrift, eine Ausfertigung oder eine Wiedergabe nach Satz 1, so ist der Ausfertigungsvermerk, der Beglaubigungsvermerk oder der Vermerk nach § 55a

Absatz 5 Satz 2 des Bürgerlichen Gesetzbuchs in der vor dem 30. September 2009 geltenden Fassung in die beglaubigte Abschrift aufzunehmen. Auch Durchstreichungen, Änderungen, Einschaltungen, Radierungen oder andere Mängel des Dokuments sollen in dem Vermerk angegeben werden.

(3) Ausfertigungen der Bescheinigungen und Zeugnisse sind unter Angabe des Ortes und Tages zu unterschreiben und mit dem Gerichtssiegel oder Stempel zu versehen.

Besondere Vorschriften für das maschinell geführte Vereinsregister

Einrichtung des maschinell geführten Vereinsregisters

§ 18 Grundsatz

Wird das Vereinsregister auf Grund einer Bestimmung nach § 55a Abs. 1 des Bürgerlichen Gesetzbuchs in maschineller Form als automatisierte Datei geführt, sind die Vorschriften der Abschnitte 1 und 2 entsprechend anzuwenden, soweit nachfolgend nichts anderes bestimmt ist.

§ 19 Begriff des maschinell geführten Vereinsregisters

Bei dem maschinell geführten Vereinsregister ist der in den dafür bestimmten Datenspeicher aufgenommene und auf Dauer unverändert in lesbarer Form wiedergabefähige Inhalt des Registerblatts (§ 2 Abs. 1 Satz 2) das Vereinsregister. Die Bestimmung des Datenspeichers nach Satz 1 kann durch Verfügung der nach Landesrecht zuständigen Stelle geändert werden, wenn dies dazu dient, die Erhaltung und die Abrufbarkeit der Daten sicherzustellen oder zu verbessern, und die Daten dabei nicht verändert werden. Die Verfügung kann auch in allgemeiner Form und vor Eintritt eines Änderungsfalls getroffen werden.

§ 20 Anforderungen an Anlagen und Programme, Sicherung der Anlagen, Programme und Daten

(1) Hinsichtlich der Anforderungen an die für das maschinell geführte Vereinsregister verwendeten Anlagen und Programme, deren Sicherung sowie der Sicherung der Daten gelten die §§ 64 bis 66 der Grundbuchverfügung entsprechend.

(2) Das eingesetzte Datenverarbeitungssystem soll innerhalb eines jeden Landes einheitlich sein und mit den in den anderen Ländern eingesetzten Systemen verbunden werden können.

§ 21 Gestaltung des maschinell geführten Vereinsregisters

Der Inhalt des maschinell geführten Vereinsregisters muß auf dem Bildschirm und in Ausdrucken entsprechend § 3 und dem Muster der Anlage 1 zu dieser Verordnung sichtbar gemacht werden können. Kopfzeile und Spaltenüberschrift müssen beim Abruf der Registerdaten auf dem Bildschirm oder in einem Ausdruck stets sichtbar sein; eine Einteilung in Blätter (§ 2 Abs. 1 Satz 2) ist nicht erforderlich. Der letzte Stand aller noch nicht gegenstandslos gewordenen Eintragungen (aktueller Registerinhalt) darf statt in spaltenweiser Wiedergabe auch als fortlaufender Text nach dem Muster in Anlage 2 zu dieser Verordnung sichtbar gemacht werden.

Anlegung des maschinell geführten Registerblatts

§ 22 (weggefallen)

§ 23 Anlegung des maschinell geführten Registerblattes durch Umschreibung

Ein bisher in Papierform geführtes Registerblatt ist für die maschinelle Führung umzuschreiben. Die Landesjustizverwaltung kann anordnen, dass für Registerblätter, die von anderen Registergerichten übernommen werden, bestimmte Nummern vergeben werden. Es können nicht mehr gültige Eintragungen übertragen werden, soweit dies im Einzelfall dazu dient, die Nachvollziehung von Eintragungen zu erleichtern. Der Tag der ersten Eintragung des Vereins in das Vereinsregister ist in dem maschinell geführten Registerblatt in Spalte 5 unter Buchstabe b zu vermerken.

§ 24 (weggefallen)

§ 25 Freigabe des maschinell geführten Registerblatts

(1) Das nach § 23 angelegte maschinell geführte Registerblatt tritt mit seiner Freigabe an die Stelle des in Papierform geführ-

ten Registerblatts. Die Freigabe erfolgt, wenn die Vollständigkeit und Richtigkeit der Übertragung des angelegten maschinell geführten Registerblatts und seine Abrufbarkeit aus dem Datenspeicher gesichert sind.

(2) In der Wiedergabe des Registerblatts auf dem Bildschirm oder bei Ausdrucken soll folgender Freigabevermerk erscheinen:

„Dieses Blatt ist zur Fortführung auf EDV umgeschrieben worden und dabei an die Stelle des bisherigen Registerblatts getreten. Freigegeben am/zum ... Name(n).“

(3) Die Umschreibung des Registerblattes einschließlich seiner Freigabe kann ganz oder teilweise dem Urkundsbeamten der Geschäftsstelle übertragen werden.

Maschinelle Führung des Vereinsregisters

§ 26 Registerakten, Namensverzeichnis und Handblatt

(1) Nach Anlegung des maschinell geführten Vereinsregisters werden die Registerakten nach § 7 Absatz 1 und 2 weitergeführt. Ein Namensverzeichnis und Handblätter werden zu dem maschinell geführten Vereinsregister nicht geführt. Das Namensverzeichnis und die Handblätter zu dem in Papierform geführten Register werden geschlossen.

(2) Die Handblätter können ausgesondert und vernichtet werden. Wird das Handblatt bei den Registerakten verwahrt, ist es deutlich als Handblatt des wegen Umschreibung geschlossenen Registers zu kennzeichnen.

§ 27 Eintragung in das maschinell geführte Vereinsregister

(1) Einer Eintragungsverfügung bedarf es nicht, wenn die Eintragungen in das maschinell geführte Vereinsregister von dem Rechtspfleger selbst vorgenommen werden.

(2) Bei der Überprüfung nach § 55a Absatz 3 des Bürgerlichen Gesetzbuchs soll die Eintragung auch auf ihre Richtigkeit, Vollständigkeit, Verständlichkeit und auf ihre Übereinstimmung mit der Eintragungsverfügung durchgesehen werden.

§ 28 Elektronische Registersignatur

Bei dem maschinell geführten Vereinsregister soll eine Eintragung nur möglich sein, wenn die für die Eintragung zuständige Person der Eintragung ihren Nachnamen hinzusetzt und beides elektronisch signiert. Im übrigen gilt § 75 der Grundbuchverfügung entsprechend.

§ 29 Rötungen

Bei dem maschinell geführten Vereinsregister können Eintragungen oder Vermerke, die rot zu unterstreichen oder rot zu durchkreuzen sind, statt durch Rötung auch auf andere eindeutige Weise als gegenstandslos kenntlich gemacht werden. Eine versehentlich vorgenommene Rötung oder Kenntlichmachung nach Satz 1 ist zu löschen oder auf andere eindeutige Weise zu beseitigen. Die Löschung oder sonstige Beseitigung ist zu vermerken.

§ 30 Behandlung der nach Neufassung geschlossenen Registerblätter

Wird ein maschinell geführtes Registerblatt nach einer Neufassung entsprechend den §§ 4 und 5 geschlossen, soll es, als geschlossen erkennbar, weiterhin lesbar und auch in Form von Ausdrucken wiedergabefähig bleiben.

Einsicht in das maschinell geführte Vereinsregister

§ 31 Einsicht in das maschinell geführte Vereinsregister

Die Einsicht in das maschinell geführte Vereinsregister ist über ein Datensichtgerät oder durch Einsicht in einen aktuellen oder chronologischen Ausdruck zu gewähren. Dem Einsichtnehmenden kann gestattet werden, das Registerblatt selbst am Datensichtgerät einzusehen, wenn sichergestellt ist, dass er die zulässige Einsicht nicht überschreitet und Veränderungen am Inhalt des Vereinsregisters nicht vorgenommen werden können. Für die Einsicht in die vom Verein eingereichten Dokumente, die elektronisch aufbewahrt werden, in ein elektronisch geführtes Namensverzeichnis oder elektronisch aufbewahrte geschlossene Registerblätter gilt Satz 1 entsprechend.

§ 32 Ausdrucke

(1) Ausdrucke aus dem maschinell geführten Vereinsregister sind mit der Aufschrift „Ausdruck“ oder „Amtlicher Ausdruck“,

dem Datum der letzten Eintragung und dem Datum des Abrufs der Daten aus dem Vereinsregister zu versehen. Sie sind nicht zu unterschreiben.

(2) Der amtliche Ausdruck ist darüber hinaus mit Ort und Tag der Ausstellung, dem Vermerk, daß der Ausdruck den Inhalt des Vereinsregisters bezeugt, sowie dem Namen des erstellenden Urkundsbeamten der Geschäftsstelle und mit einem Dienstsiegel zu versehen. Anstelle der Siegelung kann maschinell ein Abdruck des Dienstsiegels eingedruckt sein oder aufgedruckt werden; in beiden Fällen muß unter der Aufschrift „Amtlicher Ausdruck" der Vermerk „Dieser Ausdruck wird nicht unterschrieben und gilt als beglaubigte Abschrift." aufgedruckt sein oder werden.

(3) Auf Antrag ist anstelle eines Ausdrucks, der ausschließlich den letzten Stand aller noch nicht gegenstandslos gewordenen Eintragungen wiedergibt (aktueller Ausdruck), ein vollständiger Ausdruck zu erteilen, in dem alle Eintragungen enthalten sind (chronologischer Ausdruck). Aktuelle Ausdrucke können statt in spaltenweiser Wiedergabe auch als fortlaufender Text erstellt werden.

(4) Ausdrucke und amtliche Ausdrucke können dem Antragsteller auch elektronisch übermittelt werden.

Automatisierter Abruf von Daten

§ 33 Umfang des automatisierten Datenabrufs

Umfang und Voraussetzungen des Abrufs im automatisierten Verfahren richten sich nach § 79 Abs. 1 bis 4 des Bürgerlichen Gesetzbuchs. Die Fertigung von Abdrucken ist zulässig. Abdrucke stehen den Ausdrucken (§ 32) nicht gleich.

§ 34 (weggefallen)

§ 35 (weggefallen)

§ 36 Abrufprotokollierung

(1) Die Rechtmäßigkeit der Abrufe durch einzelne Nutzer prüft das Gericht nur, wenn es dazu nach den konkreten Umständen Anlaß hat. Für die Kontrolle der Rechtmäßigkeit der

Abrufe, für die Sicherstellung der ordnungsgemäßen Datenverarbeitung und für die Erhebung der Kosten für die Abrufe durch die Justizverwaltung protokolliert das Registergericht alle Abrufe. Das Registergericht hält das Protokoll für Stichprobenverfahren durch die aufsichtsführenden Stellen bereit. Das Protokoll muß jeweils das Gericht, die Nummer des Registerblatts, die abrufende Person oder Stelle, deren Geschäfts- oder Aktenzeichen, den Zeitpunkt des Abrufs und die für die Durchführung des Abrufs verwendeten Daten ausweisen.

(2) Die protokollierten Daten dürfen nur für die in Absatz 1 Satz 2 genannten Zwecke verwendet werden. Sie sind durch geeignete Vorkehrungen gegen zweckfremde Nutzung und gegen sonstigen Mißbrauch zu schützen.

(3) Nach Ablauf des auf die Erstellung der Protokolle nächstfolgenden Kalenderjahres werden die nach Absatz 1 Satz 2 gefertigten Protokolle vernichtet. Protokolle, die im Rahmen eines Stichprobenverfahrens den aufsichtsführenden Stellen zur Verfügung gestellt wurden, sind dort spätestens ein Jahr nach ihrem Eingang zu vernichten, sofern sie nicht für weitere bereits eingeleitete Prüfungen benötigt werden.

Schlußbestimmungen

§ 37 Datenverarbeitung im Auftrag

(1) Die Vorschriften der Unterabschnitte 1 bis 5 gelten für die Verarbeitung von Vereinsregisterdaten im Auftrag des zuständigen Gerichts (§ 387 Abs. 1 und 5 des Gesetzes über das Verfahren in Familiensachen und in den Angelegenheiten der freiwilligen Gerichtsbarkeit) sinngemäß. Hierbei soll sichergestellt sein, daß Eintragungen in das maschinell geführte Vereinsregister und der Abruf von Daten hieraus nur erfolgen, wenn dies von dem zuständigen Gericht verfügt worden oder sonst zulässig ist.

(2) Die Verarbeitung von Registerdaten im Auftrag des zuständigen Gerichts ist auf Anlagen, die nicht im Eigentum des Auftragnehmers stehen, nur zulässig, wenn gewährleistet ist, dass die Daten dem uneingeschränkten Zugriff des Gerichts unterliegen und der Eigentümer der Anlage keinen Zugang zu den Daten hat.

§ 38 Ersatzregister

(1) Ist die Vornahme von Eintragungen in das maschinell geführte Vereinsregister vorübergehend nicht möglich, so können auf Anordnung der nach Landesrecht zuständigen Stelle Eintragungen ohne Vergabe einer neuen Nummer in einem Ersatzregister in Papierform vorgenommen werden, sofern hiervon Verwirrung nicht zu besorgen ist. Sie sollen in das maschinell geführte Vereinsregister übernommen werden, sobald dies wieder möglich ist. Auf die erneute Übernahme sind die Vorschriften über die Anlegung des maschinell geführten Registerblatts sinngemäß anzuwenden.

(2) Bestimmt die Landesregierung oder die von ihr ermächtigte Landesjustizverwaltung durch Rechtsverordnung auf der Grundlage des § 55a Abs. 1 des Bürgerlichen Gesetzbuchs, daß ein maschinell geführtes Vereinsregister wieder in Papierform geführt wird, weil die Voraussetzungen nach § 55a Abs. 1 Satz 2 des Bürgerlichen Gesetzbuchs nicht nur vorübergehend entfallen sind und in absehbarer Zeit nicht wieder hergestellt werden können, so sind die betroffenen maschinell geführten Registerblätter im Wege der Umschreibung oder der Neufassung auf Registerblätter in Papierform zu übertragen.

(3) Für die Einrichtung und Führung der Ersatzregister nach Absatz 1 und der wieder in Papierform umgeschriebenen Registerblätter nach Absatz 2 gelten die Bestimmungen der Abschnitte 1 und 2.

§ 39 Übergangsregelung

Für das in Papierform geführte Vereinsregister können die bisher zulässigen Muster weiterverwendet werden. Wird ein Registerblatt neu gefaßt, ist für das neu gefaßte Registerblatt das in § 2 und der Anlage 1 zu dieser Verordnung vorgesehene Muster zu verwenden. In diesem Falle erhalten die Beteiligten eine Eintragungsnachricht.

Anlage 1 (zu § 2 Satz 2)

(Fundstelle des Originaltextes: BGBl. I 1999, 154)

Vereinsregister des Amtsgerichts			Nummer des Vereins: VR	
Nummer der Eintragung	a) Name b) Sitz	a) Allgemeine Vertretungsregelung b) Vertretungsberechtigte und besondere Vertretungsbefugnis	a) Satzung b) Sonstige Rechtsverhältnisse	a) Tag der Eintragung b) Bemerkungen
1	2	3	4	5

Anlage 2 (zu § 21 Satz 3)

(Fundstelle des Originaltextes: BGBl. I 1999, 154; bzgl. der einzelnen Änderungen vgl. Fußnote)

Vereinsregister des des Amtsgerichts	Wiedergabe des aktuellen Registerinhalts	Nummer des Vereins: VR

1. Anzahl der bisherigen Eintragungen
2. a) Name
   b) Sitz
3. a) Allgemeine Vertretungsregelung
   b) Vertretungsberechtigte und besondere Vertretungsbefugnis
4. a) Satzung
   b) Sonstige Rechtsverhältnisse
5. Tag der letzten Eintragung

[26] Achtzehnte Verordnung zur Durchführung des Bundes-Immissionsschutzgesetzes (Sportanlagenlärmschutzverordnung – 18. BImSchV)

Verordnung vom 18. Juli 1991 (BGBl. I S. 1588, 1790), die durch Artikel 1 der Verordnung vom 9. Februar 2006 (BGBl. I S. 324) geändert worden ist. – Auszug –

§ 1 Anwendungsbereich

(1) Diese Verordnung gilt für die Errichtung, die Beschaffenheit und den Betrieb von Sportanlagen, soweit sie zum Zwecke der Sportausübung betrieben werden und einer Genehmigung nach § 4 des Bundes-Immissionsschutzgesetzes nicht bedürfen.

(2) Sportanlagen sind ortsfeste Einrichtungen im Sinne des § 3 Abs. 5 Nr. 1 des Bundes-Immissionsschutzgesetzes, die zur Sportausübung bestimmt sind.

(3) Zur Sportanlage zählen auch Einrichtungen, die mit der Sportanlage in einem engen räumlichen und betrieblichen Zusammenhang stehen. Zur Nutzungsdauer der Sportanlage gehören auch die Zeiten des An- und Abfahrverkehrs sowie des Zu- und Abgangs.

§ 2 Immissionsrichtwerte

(1) Sportanlagen sind so zu errichten und zu betreiben, daß die in den Absätzen 2 bis 4 genannten Immissionsrichtwerte unter Einrechnung der Geräuschimmissionen anderer Sportanlagen nicht überschritten werden.

(2) Die Immissionsrichtwerte betragen für Immissionsorte außerhalb von Gebäuden

1. in Gewerbegebieten

tags außerhalb der Ruhezeiten	65 dB(A),
tags innerhalb der Ruhezeiten	60 dB(A),
nachts	50 dB(A),

2. in Kerngebieten, Dorfgebieten und Mischgebieten

tags außerhalb der Ruhezeiten	60 dB(A),
tags innerhalb der Ruhezeiten	55 dB(A),
nachts	45 dB(A),

3. in allgemeinen Wohngebieten und Kleinsiedlungsgebieten

tags außerhalb der Ruhezeiten	55 dB(A),

tags innerhalb der Ruhezeiten	50 dB(A),
nachts	40 dB(A),
4. in reinen Wohngebieten	
tags außerhalb der Ruhezeiten	50 dB(A),
tags innerhalb der Ruhezeiten	45 dB(A),
nachts	35 dB(A),
5. in Kurgebieten, für Krankenhäuser und Pflegeanstalten	
tags außerhalb der Ruhezeiten	45 dB(A),
tags innerhalb der Ruhezeiten	45 dB(A),
nachts	35 dB(A).

(3) Werden bei Geräuschübertragung innerhalb von Gebäuden in Aufenthaltsräumen von Wohnungen, die baulich aber nicht betrieblich mit der Sportanlage verbunden sind, von der Sportanlage verursachte Geräuschimmissionen mit einem Beurteilungspegel von mehr als 35 dB(A) tags oder 25 dB(A) nachts festgestellt, hat der Betreiber der Sportanlage Maßnahmen zu treffen, welche die Einhaltung der genannten Immissionsrichtwerte sicherstellen; dies gilt unabhängig von der Lage der Wohnung in einem der in Absatz 2 genannten Gebiete.

(4) Einzelne kurzzeitige Geräuschspitzen sollen die Immissionsrichtwerte nach Absatz 2 tags um nicht mehr als 30 dB(A) sowie nachts um nicht mehr als 20 dB(A) überschreiten; ferner sollen einzelne kurzzeitige Geräuschspitzen die Immissionsrichtwerte nach Absatz 3 um nicht mehr als 10 dB(A) überschreiten.

(5) Die Immissionsrichtwerte beziehen sich auf folgende Zeiten:

1. tags	an Werktagen	6.00 bis 22.00 Uhr,
	an Sonn- und Feiertagen	7.00 bis 22.00 Uhr,
2. nachts	an Werktagen	0.00 bis 6.00 Uhr,
	und	22.00 bis 24.00 Uhr
	an Sonn- und Feiertagen	0.00 bis 7.00 Uhr,
	und	22.00 bis 24.00 Uhr,
3. Ruhezeit	an Werktagen	6.00 bis 8.00 Uhr
	und	20.00 bis 22.00 Uhr,
	an Sonn- und Feiertagen	7.00 bis 9.00 Uhr,
		13.00 bis 15.00 Uhr
	und	20.00 bis 22.00 Uhr.

Die Ruhezeit von 13.00 bis 15.00 Uhr an Sonn- und Feiertagen ist nur zu berücksichtigen, wenn die Nutzungsdauer der Sportanlage oder der Sportanlagen an Sonn- und Feiertagen in der Zeit von 9.00 bis 20.00 Uhr 4 Stunden oder mehr beträgt.

(6) Die Art der in Absatz 2 bezeichneten Gebiete und Anlagen ergibt sich aus den Festsetzungen in den Bebauungsplänen. Sonstige in Bebauungsplänen festgesetzte Flächen für Gebiete und Anlagen sowie Gebiete und Anlagen, für die keine Festsetzungen bestehen, sind nach Absatz 2 entsprechend der Schutzbedürftigkeit zu beurteilen. Weicht die tatsächliche bauliche Nutzung im Einwirkungsbereich der Anlage erheblich von der im Bebauungsplan festgesetzten baulichen Nutzung ab, ist von der tatsächlichen baulichen Nutzung unter Berücksichtigung der vorgesehenen baulichen Entwicklung des Gebietes auszugehen.

(7) Die von der Sportanlage oder den Sportanlagen verursachten Geräuschimmissionen sind nach dem Anhang zu dieser Verordnung zu ermitteln und zu beurteilen.

§ 3 Maßnahmen

Zur Erfüllung der Pflichten nach § 2 Abs. 1 hat der Betreiber insbesondere

1. an Lautsprecheranlagen und ähnlichen Einrichtungen technische Maßnahmen, wie dezentrale Aufstellung von Lautsprechern und Einbau von Schallpegelbegrenzern, zu treffen,
2. technische und bauliche Schallschutzmaßnahmen, wie die Verwendung lärmgeminderter oder lärmmindernder Ballfangzäune, Bodenbeläge, Schallschutzwände und -wälle, zu treffen,
3. Vorkehrungen zu treffen, daß Zuschauer keine übermäßig lärmerzeugenden Instrumente wie pyrotechnische Gegenstände oder druckgasbetriebene Lärmfanfaren verwenden, und
4. An- und Abfahrtswege und Parkplätze durch Maßnahmen betrieblicher und organisatorischer Art so zu gestalten, daß schädliche Umwelteinwirkungen durch Geräusche auf ein Mindestmaß beschränkt werden.

§ 4 Weitergehende Vorschriften

Weitergehende Vorschriften, vor allem zum Schutz der Sonn- und Feiertags-, Mittags- und Nachtruhe oder zum Schutz besonders empfindlicher Gebiete, bleiben unberührt.

§ 5 Nebenbestimmungen und Anordnungen im Einzelfall

(1) Die zuständige Behörde soll von Nebenbestimmungen zu erforderlichen Zulassungsentscheidungen und Anordnungen zur Durchführung dieser Verordnung absehen, wenn die von der Sportanlage ausgehenden Geräusche durch ständig vorherrschende Fremdgeräusche nach Nummer 1.4 des Anhangs überlagert werden.

(2) Die zuständige Behörde kann zur Erfüllung der Pflichten nach § 2 Abs. 1 außer der Festsetzung von Nebenbestimmungen zu erforderlichen Zulassungsentscheidungen oder der Anordnung von Maßnahmen nach § 3 für Sportanlagen Betriebszeiten (ausgenommen für Freibäder von 7.00 Uhr bis 22.00 Uhr) festsetzen; hierbei sind der Schutz der Nachbarschaft und der Allgemeinheit sowie die Gewährleistung einer sinnvollen Sportausübung auf der Anlage gegeneinander abzuwägen.

(3) Die zuständige Behörde soll von einer Festsetzung von Betriebszeiten absehen, soweit der Betrieb einer Sportanlage dem Schulsport oder der Durchführung von Sportstudiengängen an Hochschulen dient. Dient die Anlage auch der allgemeinen Sportausübung, sind bei der Ermittlung der Geräuschimmissionen die dem Schulsport oder der Durchführung von Sportstudiengängen an Hochschulen zuzurechnenden Teilzeiten nach Nummer 1.3.2.3 des Anhangs außer Betracht zu lassen; die Beurteilungszeit wird um die dem Schulsport oder der Durchführung von Sportstudiengängen an Hochschulen tatsächlich zuzurechnenden Teilzeiten verringert. Die Sätze 1 und 2 gelten entsprechend für Sportanlagen, die der Sportausbildung im Rahmen der Landesverteidigung dienen.

(4) Bei Sportanlagen, die vor Inkrafttreten dieser Verordnung baurechtlich genehmigt oder – soweit eine Baugenehmigung nicht erforderlich war – errichtet waren, soll die zuständige Behörde von einer Festsetzung von Betriebszeiten absehen, wenn die Immissionsrichtwerte an den in § 2 Abs. 2 genannten Immissionsorten jeweils um weniger als 5 dB(A) überschritten werden; dies gilt nicht an den in § 2 Abs. 2 Nr. 5 genannten Immissionsorten.

(5) Die zuständige Behörde soll von einer Festsetzung von Betriebszeiten absehen, wenn infolge des Betriebs einer oder mehrerer Sportanlagen bei seltenen Ereignissen nach Nummer 1.5

des Anhangs Überschreitungen der Immissionsrichtwerte nach § 2 Abs. 2

1. die Geräuschimmissionen außerhalb von Gebäuden die Immissionsrichtwerte nach § 2 Abs. 2 um nicht mehr als 10 dB(A), keinesfalls aber die folgenden Höchstwerte überschreiten:

tags außerhalb der Ruhezeiten	70 dB(A),
tags innerhalb der Ruhezeiten	65 dB(A),
nachts	55 dB(A)

und

2. einzelne kurzzeitige Geräuschspitzen die nach Nummer 1 für seltene Ereignisse geltenden Immissionsrichtwerte tags um nicht mehr als 20 dB(A) und nachts um nicht mehr als 10 dB(A) überschreiten.

(6) In dem in Artikel 3 des Einigungsvertrages genannten Gebiet soll die zuständige Behörde für die Durchführung angeordneter Maßnahmen nach § 3 Nr. 1 und 2 eine Frist setzen, die bis zu zehn Jahre betragen kann.

(7) Im übrigen Geltungsbereich dieser Verordnung soll die zuständige Behörde bei Sportanlagen, die vor Inkrafttreten der Verordnung baurechtlich genehmigt oder - soweit eine Baugenehmigung nicht erforderlich war - errichtet waren, für die Durchführung angeordneter Maßnahmen nach § 3 Nr. 1 und 2 eine angemessene Frist gewähren.

§ 6 Zulassung von Ausnahmen

Die zuständige Behörde kann für internationale oder nationale Sportveranstaltungen von herausragender Bedeutung im öffentlichen Interesse Ausnahmen von den Bestimmungen des § 5 Abs. 5, einschließlich einer Überschreitung der Anzahl der seltenen Ereignisse nach Nummer 1.5 des Anhangs, zulassen. Satz 1 gilt entsprechend auch für Verkehrsgeräusche auf öffentlichen Verkehrsflächen außerhalb der Sportanlage durch das der Anlage zuzurechnende Verkehrsaufkommen nach Nummer 1.1 Satz 2 des Anhangs einschließlich der durch den Zu- und Abgang der Zuschauer verursachten Geräusche.

§ 7 Zugänglichkeit der Norm- und Richtlinienblätter

Die in den Nummern 2.1, 2.3, 3.1 und 3.2 des Anhangs genannten DIN-Normblätter und VDI-Richtlinien sind bei der

Beuth Verlag GmbH, Berlin, zu beziehen. Die genannten Normen und Richtlinien sind bei dem Deutschen Patentamt archivmäßig gesichert niedergelegt.

Schlußformel

Der Bundesrat hat zugestimmt.

§ 8 Inkrafttreten

Diese Verordnung tritt drei Monate nach der Verkündung in Kraft.

[27] Musterverordnung über den Bau und Betrieb von Versammlungsstätten (Muster-Versammlungsstättenverordnung – MVStättV)

Fassung vom Juni 2005, zuletzt geändert durch Beschluss der Fachkommission Bauaufsicht vom Februar 2010) – Auszug –

Teil 1. Allgemeine Vorschriften

§ 1 Anwendungsbereich

(1) Die Vorschriften dieser Verordnung gelten für den Bau und Betrieb von

1. Versammlungsstätten mit Versammlungsräumen, die einzeln mehr als 200 Besucher fassen. Sie gelten auch für Versammlungsstätten mit mehreren Versammlungsräumen, die insgesamt mehr als 200 Besucher fassen, wenn diese Versammlungsräume gemeinsame Rettungswege haben;
2. Versammlungsstätten im Freien mit Szenenflächen, deren Besucherbereich mehr als 1.000 Besucher fasst und ganz oder teilweise aus baulichen Anlagen besteht;
3. Sportstadien, die mehr als 5.000 Besucher fassen.

(2) Die Anzahl der Besucher ist wie folgt zu bemessen:

1. für Sitzplätze an Tischen: ein Besucher je m^2 Grundfläche des Versammlungsraumes,
2. für Sitzplätze in Reihen und für Stehplätze: zwei Besucher je m^2 Grundfläche des Versammlungsraumes,
3. für Stehplätze auf Stufenreihen: zwei Besucher je laufendem Meter Stufenreihe,
4. bei Ausstellungsräumen: ein Besucher je m^2 Grundfläche des Versammlungsraumes.

Für Besucher nicht zugängliche Flächen werden in die Berechnung nicht einbezogen. Für Versammlungsstätten im Freien und für Sportstadien gelten Satz 1 Nr. 1 bis 3 und Satz 2 entsprechend.

(3) Die Vorschriften dieser Verordnung gelten nicht für

1. Räume, die dem Gottesdienst gewidmet sind,
2. Unterrichtsräume in allgemein- und berufsbildenden Schulen,
3. Ausstellungsräume in Museen,

4. Fliegende Bauten.

(4) Soweit in dieser Verordnung nichts Abweichendes geregelt ist, sind auf tragende und aussteifende sowie auf raumabschließende Bauteile die Anforderungen der MBO an diese Bauteile in Gebäuden der Gebäudeklasse 5 anzuwenden. Die Erleichterungen des § 30 Abs. 3 Satz 2, § 31 Abs. 4 Nr. 1 und 2, § 36 Abs. 1 Satz 2 Nr. 2, § 39 Abs. 1 Nr. 4, § 40 Abs. 1 Nr. 1 und 3 sowie des § 41 Abs. 5 Nr. 1 und 3 MBO sind nicht anzuwenden.

(5) Bauprodukte, Bauarten und Prüfverfahren, die den in Vorschriften eines anderen Mitgliedstaats der Europäischen Union, der Türkei oder eines Vertragsstaats des Abkommens über den Europäischen Wirtschaftsraum genannten technischen Anforderungen entsprechen, dürfen verwendet werden, wenn das geforderte Schutzniveau in Bezug auf Sicherheit, Gesundheit und Gebrauchstauglichkeit gleichermaßen dauerhaft erreicht und die Verwendbarkeit nachgewiesen wird.

§ 2 Begriffe

(1) Versammlungsstätten sind bauliche Anlagen oder Teile baulicher Anlagen, die für die gleichzeitige Anwesenheit vieler Menschen bei Veranstaltungen, insbesondere erzieherischer, wirtschaftlicher, geselliger, kultureller, künstlerischer, politischer, sportlicher oder unterhaltender Art, bestimmt sind sowie Schank- und Speisewirtschaften.

(2) Erdgeschossige Versammlungsstätten sind Gebäude mit nur einem Geschoss ohne Ränge oder Emporen, dessen Fußboden an keiner Stelle mehr als 1 m unter der Geländeoberfläche liegt; dabei bleiben Geschosse außer Betracht, die ausschließlich der Unterbringung technischer Anlagen und Einrichtungen dienen.

(3) Versammlungsräume sind Räume für Veranstaltungen oder für den Verzehr von Speisen und Getränken. Hierzu gehören auch Aulen und Foyers, Vortrags- und Hörsäle sowie Studios.

(4) Szenenflächen sind Flächen für künstlerische und andere Darbietungen; für Darbietungen bestimmte Flächen unter 20 m^2 gelten nicht als Szenenflächen.

(5) In Versammlungsstätten mit einem Bühnenhaus ist

1. das Zuschauerhaus der Gebäudeteil, der die Versammlungsräume und die mit ihnen in baulichem Zusammenhang stehenden Räume umfasst,

2. das Bühnenhaus der Gebäudeteil, der die Bühnen und die mit ihnen in baulichem Zusammenhang stehenden Räume umfasst,

3. die Bühnenöffnung die Öffnung in der Trennwand zwischen der Hauptbühne und dem Versammlungsraum,

4. die Bühne der hinter der Bühnenöffnung liegende Raum mit Szenenflächen; zur Bühne zählen die Hauptbühne sowie die Hinter- und Seitenbühnen einschließlich der jeweils zugehörigen Ober- und Unterbühnen,

5. eine Großbühne eine Bühne

a) mit einer Szenenfläche hinter der Bühnenöffnung von mehr als 200 m^2,

b) mit einer Oberbühne mit einer lichten Höhe von mehr als 2,5 m über der Bühnenöffnung oder

c) mit einer Unterbühne,

6. die Unterbühne der begehbare Teil des Bühnenraumes unter dem Bühnenboden, der zur Unterbringung einer Untermaschinerie geeignet ist,

7. die Oberbühne der Teil des Bühnenraumes über der Bühnenöffnung, der zur Unterbringung einer Obermaschinerie geeignet ist.

(6) Mehrzweckhallen sind überdachte Versammlungsstätten für verschiedene Veranstaltungsarten.

(7) Studios sind Produktionsstätten für Film, Fernsehen und Hörfunk und mit Besucherplätzen.

(8) Foyers sind Empfangs- und Pausenräume für Besucher.

(9) Ausstattungen sind Bestandteile von Bühnen- oder Szenenbildern. Hierzu gehören insbesondere Wand-, Fußboden- und Deckenelemente, Bildwände, Treppen und sonstige Bühnenbildteile.

(10) Requisiten sind bewegliche Einrichtungsgegenstände von Bühnen- oder Szenenbildern. Hierzu gehören insbesondere Möbel, Leuchten, Bilder und Geschirr.

(11) Ausschmückungen sind vorübergehend eingebrachte Dekorationsgegenstände. Zu den Ausschmückungen gehören insbesondere Drapierungen, Girlanden, Fahnen und künstlicher Pflanzenschmuck.

(12) Sportstadien sind Versammlungsstätten mit Tribünen für Besucher und mit nicht überdachten Sportflächen.

(13) Tribünen sind bauliche Anlagen mit ansteigenden Steh- oder Sitzplatzreihen (Stufenreihen) für Besucher.

(14) Innenbereich ist die von Tribünen umgebene Fläche für Darbietungen.

Teil 2. Allgemeine Bauvorschriften

Abschnitt 1. Bauteile und Baustoffe

§ 3 Bauteile

(1) Tragende und aussteifende Bauteile, wie Wände, Pfeiler, Stützen und Decken, müssen feuerbeständig, in erdgeschossigen Versammlungsstätten feuerhemmend sein. Satz 1 gilt nicht für erdgeschossige Versammlungsstätten mit automatischen Feuerlöschanlagen.

(2) Außenwände mehrgeschossiger Versammlungsstätten müssen aus nichtbrennbaren Baustoffen bestehen.

(3) Trennwände sind erforderlich zum Abschluss von Versammlungsräumen und Bühnen. Diese Trennwände müssen feuerbeständig, in erdgeschossigen Versammlungsstätten mindestens feuerhemmend sein. In der Trennwand zwischen der Bühne und dem Versammlungsraum ist eine Bühnenöffnung zulässig.

(4) Werkstätten, Magazine und Lagerräume sowie Räume unter Tribünen und Podien müssen feuerbeständige Trennwände und Decken haben.

(5) Der Fußboden von Szenenflächen muss fugendicht sein. Betriebsbedingte Öffnungen sind zulässig. Die Unterkonstruktion, mit Ausnahme der Lagerhölzer, muss aus nichtbrennbaren Baustoffen bestehen. Räume unter dem Fußboden, die nicht zu einer Unterbühne gehören, müssen feuerbeständige Wände und Decken haben.

(6) Die Unterkonstruktion der Fußböden von Tribünen und Podien, die veränderbare Einbauten in Versammlungsräumen sind, muss aus nichtbrennbaren Baustoffen bestehen; dies gilt nicht für Podien mit insgesamt nicht mehr als 20 m^2 Fläche.

(7) Veränderbare Einbauten sind so auszubilden, dass sie in ihrer Standsicherheit nicht durch dynamische Schwingungen gefährdet werden können.

§ 4 Dächer

(1) Tragwerke von Dächern, die den oberen Abschluss von Räumen der Versammlungsstätte bilden oder die von diesen Räumen nicht durch feuerbeständige Bauteile getrennt sind, müssen feuerhemmend sein. Tragwerke von Dächern über Tribünen und Szenenflächen im Freien müssen mindestens feuerhemmend sein oder aus nichtbrennbaren Baustoffen bestehen. Satz 1 gilt nicht für Versammlungsstätten mit automatischen Feuerlöschanlagen.

(2) Bedachungen, ausgenommen Dachhaut und Dampfsperre, müssen bei Dächern, die den oberen Abschluss von Räumen der Versammlungsstätte bilden oder die von diesen Räumen nicht durch feuerbeständige Bauteile getrennt sind, aus nichtbrennbaren Baustoffen hergestellt werden. Dies gilt nicht für Bedachungen über Versammlungsräumen mit nicht mehr als 1.000 m² Grundfläche.

(3) Lichtdurchlässige Bedachungen über Versammlungsräumen müssen aus nichtbrennbaren Baustoffen bestehen. Bei Versammlungsräumen mit automatischen Feuerlöschanlagen genügen schwerentflammbare Baustoffe, die nicht brennend abtropfen können.

§ 5 Dämmstoffe, Unterdecken, Bekleidungen und Bodenbeläge

(1) Dämmstoffe müssen aus nichtbrennbaren Baustoffen bestehen.

(2) Bekleidungen an Wänden in Versammlungsräumen müssen aus mindestens schwerentflammbaren Baustoffen bestehen. In Versammlungsräumen mit nicht mehr als 1 000 m² Grundfläche genügen geschlossene nicht hinterlüftete Holzbekleidungen.

(3) Unterdecken und Bekleidungen an Decken in Versammlungsräumen müssen aus nichtbrennbaren Baustoffen bestehen. In Versammlungsräumen mit nicht mehr als 1.000 m² Grundfläche genügen Bekleidungen aus mindestens schwerent-

flammbaren Baustoffen oder geschlossene nicht hinterlüftete Holzbekleidungen.

(4) In Foyers, durch die Rettungswege aus anderen Versammlungsräumen führen, in notwendigen Treppenräumen, Räumen zwischen notwendigen Treppenräumen und Ausgängen ins Freie sowie notwendigen Fluren müssen Unterdecken und Bekleidungen aus nichtbrennbaren Baustoffen bestehen.

(5) Unterdecken und Bekleidungen, die mindestens schwerentflammbar sein müssen, dürfen nicht brennend abtropfen.

(6) Unterkonstruktionen, Halterungen und Befestigungen von Unterdecken und Bekleidungen nach den Absätzen 2 bis 4 müssen aus nichtbrennbaren Baustoffen bestehen; dies gilt nicht für Versammlungsräume mit nicht mehr als 100 m^2 Grundfläche. In den Hohlräumen hinter Unterdecken und Bekleidungen aus brennbaren Baustoffen dürfen Kabel und Leitungen nur in Installationsschächten oder Installationskanälen aus nichtbrennbaren Baustoffen verlegt werden.

(7) In notwendigen Treppenräumen, Räumen zwischen notwendigen Treppenräumen und Ausgängen ins Freie müssen Bodenbeläge nichtbrennbar sein. In notwendigen Fluren sowie in Foyers, durch die Rettungswege aus anderen Versammlungsräumen führen, müssen Bodenbeläge mindestens schwerentflammbar sein.

Abschnitt 2. Rettungswege

§ 6 Führung der Rettungswege

(1) Rettungswege müssen ins Freie zu öffentlichen Verkehrsflächen führen. Zu den Rettungswegen von Versammlungsstätten gehören insbesondere die frei zu haltenden Gänge und Stufengänge, die Ausgänge aus Versammlungsräumen, die notwendigen Flure und notwendigen Treppen, die Ausgänge ins Freie, die als Rettungsweg dienenden Balkone, Dachterrassen und Außentreppen sowie die Rettungswege im Freien auf dem Grundstück.

(2) Versammlungsstätten müssen in jedem Geschoss mit Aufenthaltsräumen mindestens zwei voneinander unabhängige bauliche Rettungswege haben; dies gilt für Tribünen entsprechend. Die Führung beider Rettungswege innerhalb eines Geschosses durch einen gemeinsamen notwendigen Flur ist zulässig. Rettungswege dürfen über Balkone, Dachterrassen und Außentreppen auf das Grundstück führen, wenn sie im Brandfall sicher begehbar sind.

(3) Rettungswege dürfen über Gänge und Treppen durch Foyers oder Hallen zu Ausgängen ins Freie geführt werden, soweit mindestens ein weiterer von dem Foyer oder der Halle unabhängiger baulicher Rettungsweg vorhanden ist.

(4) Versammlungsstätten müssen für Geschosse mit jeweils mehr als 800 Besucherplätzen nur diesen Geschossen zugeordnete Rettungswege haben.

(5) Versammlungsräume und sonstige Aufenthaltsräume mit mehr als 100 m^2 Grundfläche müssen jeweils mindestens zwei möglichst weit auseinander und entgegengesetzt liegende Ausgänge ins Freie oder zu Rettungswegen haben.

(6) Ausgänge und Rettungswege müssen durch Sicherheitszeichen dauerhaft und gut sichtbar gekennzeichnet sein.

§ 7 Bemessung der Rettungswege

(1) Die Entfernung von jedem Besucherplatz bis zum nächsten Ausgang aus dem Versammlungsraum oder von der Tribüne darf nicht länger als 30 m sein. Bei mehr als 5 m lichter Höhe ist je 2,5 m zusätzlicher lichter Höhe über der zu entrauchenden Ebene für diesen Bereich eine Verlängerung der Entfernung um 5 m zulässig. Die Entfernung von 60 m bis zum nächsten Ausgang darf nicht überschritten werden.

(2) Die Entfernung von jeder Stelle einer Bühne bis zum nächsten Ausgang darf nicht länger als 30 m sein. Gänge zwischen den Wänden der Bühne und dem Rundhorizont oder den Dekorationen müssen eine lichte Breite von 1,20 m haben; in Großbühnen müssen diese Gänge vorhanden sein.

(3) Die Entfernung von jeder Stelle eines notwendigen Flures oder eines Foyers bis zum Ausgang ins Freie oder zu einem notwendigen Treppenraum darf nicht länger als 30 m sein.

(4) Die Breite der Rettungswege ist nach der größtmöglichen Personenzahl zu bemessen. Die lichte Breite eines jeden Teiles von Rettungswegen muss mindestens 1,20 m betragen. Die lichte Breite eines jeden Teiles von Rettungswegen muss für die darauf angewiesenen Personen mindestens betragen bei

1. Versammlungsstätten im Freien sowie Sportstadien 1,20 m je 600 Personen,

2. anderen Versammlungsstätten 1,20 m je 200 Personen.

Staffelungen sind nur in Schritten von 0,60 m zulässig. Bei Rettungswegen von Versammlungsräumen mit nicht mehr als 200 Besucherplätzen und bei Rettungswegen im Bühnenhaus genügt eine lichte Breite von 0,90 m. Für Rettungswege von Arbeitsgalerien genügt eine Breite von 0,80 m. 7§ 50 Abs. 3 MBO bleibt unberührt.

(5) Ausstellungshallen müssen durch Gänge so unterteilt sein, dass die Tiefe der zur Aufstellung von Ausstellungsständen bestimmten Grundflächen (Ausstellungsflächen) nicht mehr als 30 m beträgt. Die Entfernung von jeder Stelle auf einer Ausstellungsfläche bis zu einem Gang darf nicht mehr als 20 m betragen; sie wird auf die nach Absatz 1 bemessene Entfernung nicht angerechnet. Die Gänge müssen auf möglichst geradem Weg zu entgegengesetzt liegenden Ausgängen führen. Die lichte Breite der Gänge und der zugehörigen Ausgänge muss mindestens 3 m betragen.

(6) Die Entfernungen werden in der Lauflinie gemessen.

§ 8 Treppen

(1) Die Führung der jeweils anderen Geschossen zugeordneten notwendigen Treppen in einem gemeinsamen notwendigen Treppenraum (Schachteltreppen) ist zulässig.

(2) Notwendige Treppen müssen feuerbeständig sein. Für notwendige Treppen in notwendigen Treppenräumen oder als Außentreppen genügen nichtbrennbare Baustoffe. Für notwendige Treppen von Tribünen und Podien als veränderbare Einbauten genügen Bauteile aus nichtbrennbaren Baustoffen und Stufen aus Holz. 4Die Sätze 1 bis 3 gelten nicht für notwendige Treppen von Ausstellungsständen.

(3) Die lichte Breite notwendiger Treppen darf nicht mehr als 2,40 m betragen.

(4) Notwendige Treppen und dem allgemeinen Besucherverkehr dienende Treppen müssen auf beiden Seiten feste und griffsichere Handläufe ohne freie Enden haben. Die Handläufe sind über Treppenabsätze fortzuführen.

(5) Notwendige Treppen und dem allgemeinen Besucherverkehr dienende Treppen müssen geschlossene Trittstufen haben; dies gilt nicht für Außentreppen.

(6) Wendeltreppen sind als notwendige Treppen für Besucher unzulässig.

§ 9 Türen und Tore

(1) Türen und Tore in raumabschließenden Innenwänden, die feuerbeständig sein müssen, sowie in inneren Brandwänden, müssen mindestens feuerhemmend, rauchdicht und selbstschließend sein.

(2) Türen und Tore in raumabschließenden Innenwänden, die feuerhemmend sein müssen, müssen mindestens rauchdicht und selbstschließend sein

(3) Türen in Rettungswegen müssen in Fluchtrichtung aufschlagen und dürfen keine Schwellen haben. Während des Aufenthaltes von Personen in der Versammlungsstätte, müssen die Türen der jeweiligen Rettungswege jederzeit von innen leicht und in voller Breite geöffnet werden können.

(4) Schiebetüren sind im Zuge von Rettungswegen unzulässig, dies gilt nicht für automatische Schiebetüren, die die Rettungswege nicht beeinträchtigen. Pendeltüren müssen in Rettungswegen Vorrichtungen haben, die ein Durchpendeln der Türen verhindern.

(5) Türen, die selbstschließend sein müssen, dürfen offengehalten werden, wenn sie Einrichtungen haben, die bei Raucheinwirkung ein selbsttätiges Schließen der Türen bewirken; sie müssen auch von Hand geschlossen werden können.

(6) Mechanische Vorrichtungen zur Vereinzelung oder Zählung von Besuchern, wie Drehtüren oder -kreuze, sind in Rettungswegen unzulässig; dies gilt nicht für mechanische Vorrichtungen, die im Gefahrenfall von innen leicht und in voller Breite geöffnet werden können.

Abschnitt 3. Besucherplätze und Einrichtungen für Besucher

§ 10 Bestuhlung, Gänge und Stufengänge

(1) In Reihen angeordnete Sitzplätze müssen unverrückbar befestigt sein; werden nur vorübergehend Stühle aufgestellt, so sind sie in den einzelnen Reihen fest miteinander zu verbinden. Satz 1 gilt nicht für Gaststätten und Kantinen sowie für abgegrenzte Bereiche von Versammlungsräumen mit nicht mehr als 20 Sitzplätzen und ohne Stufen, wie Logen.

(2) Die Sitzplatzbereiche der Tribünen von Versammlungsstätten mit mehr als 5.000 Besucherplätzen müssen unverrückbar befestigte Einzelsitze haben.

(3) Sitzplätze müssen mindestens 0,50 m breit sein. Zwischen den Sitzplatzreihen muss eine lichte Durchgangsbreite von mindestens 0,40 m vorhanden sein.

(4) Sitzplätze müssen in Blöcken von höchstens 30 Sitzplatzreihen angeordnet sein. Hinter und zwischen den Blöcken müssen Gänge mit einer Mindestbreite von 1,20 m vorhanden sein. Die Gänge müssen auf möglichst kurzem Weg zum Ausgang führen.

(5) Seitlich eines Ganges dürfen höchstens zehn Sitzplätze, bei Versammlungsstätten im Freien und Sportstadien höchstens 20 Sitzplätze angeordnet sein. Zwischen zwei Seitengängen dürfen 20 Sitzplätze, bei Versammlungsstätten im Freien und Sportstadien höchstens 40 Sitzplätze angeordnet sein. In Versammlungsräumen dürfen zwischen zwei Seitengängen höchstens 50 Sitzplätze angeordnet sein, wenn auf jeder Seite des Versammlungsraumes für jeweils vier Sitzreihen eine Tür mit einer lichten Breite von 1,20 m angeordnet ist.

(6) Von jedem Tischplatz darf der Weg zu einem Gang nicht länger als 10 m sein. Der Abstand von Tisch zu Tisch soll 1,50 m nicht unterschreiten.

(7) In Versammlungsräumen müssen für Rollstuhlbenutzer mindestens 1 Prozent der Besucherplätze, mindestens jedoch zwei Plätze auf ebenen Standflächen vorhanden sein. Den Plätzen für Rollstuhlbenutzer sind Besucherplätze für Begleitpersonen zuzuordnen. Die Plätze für Rollstuhlbenutzer und die Wege zu ihnen sind durch Hinweisschilder gut sichtbar zu kennzeichnen.

(8) Stufen in Gängen (Stufengänge) müssen eine Steigung von mindestens 0,10 m und höchstens 0,19 m und einen Auftritt von mindestens 0,26 m haben. Der Fußboden des Durchganges zwischen Sitzplatzreihen und der Fußboden von Stehplatzreihen muss mit dem anschließenden Auftritt des Stufenganges auf einer Höhe liegen. Stufengänge in Mehrzweckhallen mit mehr als 5.000 Besucherplätzen und in Sportstadien müssen sich durch farbliche Kennzeichnung von den umgebenden Flächen deutlich abheben.

§ 11 Abschrankungen und Schutzvorrichtungen

(1) Flächen, die im Allgemeinen zum Begehen bestimmt sind und unmittelbar an tiefer liegende Flächen angrenzen, sind mit Abschrankungen zu umwehren, soweit sie nicht durch Stufengänge oder Rampen mit der tiefer liegenden Fläche verbunden sind. Satz 1 ist nicht anzuwenden:

1. für die den Besuchern zugewandten Seiten von Bühnen und Szenenflächen,
2. vor Stufenreihen, wenn die Stufenreihe nicht mehr als 0,50 m über dem Fußboden der davor liegenden Stufenreihe oder des Versammlungsraumes liegt oder
3. vor Stufenreihen, wenn die Rückenlehnen der Sitzplätze der davor liegenden Stufenreihe den Fußboden der hinteren Stufenreihe um mindestens 0,65 m überragen.

(2) Abschrankungen, wie Umwehrungen, Geländer, Wellenbrecher, Zäune, Absperrgitter oder Glaswände, müssen mindestens 1,10 m hoch sein. Umwehrungen und Geländer von Flächen, auf denen mit der Anwesenheit von Kleinkindern zu rechnen ist, sind so zu gestalten, dass ein Überklettern erschwert wird; der Abstand von Umwehrungs- und Geländerteilen darf in einer Richtung nicht mehr als 0,12 m betragen.

(3) Vor Sitzplatzreihen genügen Umwehrungen von 0,90 m Höhe; bei mindestens 0,20 m Brüstungsbreite der Umwehrung genügen 0,80 m; bei mindestens 0,50 m Brüstungsbreite genügen 0,70 m. Liegt die Stufenreihe nicht mehr als 1 m über dem Fußboden der davor liegenden Stufenreihe oder des Versammlungsraumes, genügen vor Sitzplatzreihen 0,65 m.

(4) Abschrankungen in den für Besucher zugänglichen Bereichen müssen so bemessen sein, dass sie dem Druck einer Personengruppe standhalten.

(5) Die Fußböden und Stufen von Tribünen, Podien, Bühnen oder Szenenflächen dürfen keine Öffnungen haben, durch die Personen abstürzen können.

(6) Spielfelder, Manegen, Fahrbahnen für den Rennsport und Reitbahnen müssen durch Abschrankungen, Netze oder andere Vorrichtungen so gesichert sein, dass Besucher durch die Darbietung oder den Betrieb des Spielfeldes, der Manege oder der Bahn nicht gefährdet werden. Für Darbietungen und für den Betrieb technischer Einrichtungen im Luftraum über den Besucherplätzen gilt Satz 1 entsprechend.

(7) Werden Besucherplätze im Innenbereich von Fahrbahnen angeordnet, so muss der Innenbereich ohne Betreten der Fahrbahnen erreicht werden können.

§ 12 Toilettenräume

(1) Versammlungsstätten müssen getrennte Toilettenräume für Damen und Herren haben. Toiletten sollen in jedem Geschoss angeordnet werden. Es sollen mindestens vorhanden sein:

Besucherplätze	Damentoiletten Toilettenbecken	Herrentoiletten	
		Toilettenbecken	Urinalbecken
bis 1 000 je 100	1,2	0,8	1,2
über 1 000 je weitere 100	0,8	0,4	0,6
über 20 000 je weitere 100	0,4	0,3	0,6

Die ermittelten Zahlen sind auf ganze Zahlen aufzurunden. Soweit die Aufteilung der Toilettenräume nach Satz 2 nach der Art der Veranstaltung nicht zweckmäßig ist, kann für die Dauer der Veranstaltung eine andere Aufteilung erfolgen, wenn die Toilettenräume entsprechend gekennzeichnet werden. Auf dem Gelände der Versammlungsstätte oder in der Nähe vorhandene Toiletten können angerechnet werden, wenn sie für die Besucher der Versammlungsstätte zugänglich sind.

(2) Für Rollstuhlbenutzer muss eine ausreichende Zahl geeigneter, stufenlos erreichbarer Toiletten, mindestens jedoch je zehn Plätzen für Rollstuhlbenutzer eine Toilette, vorhanden sein.

(3) Jeder Toilettenraum muss einen Vorraum mit Waschbecken haben.

§ 13 Stellplätze für Behinderte

Die Zahl der notwendigen Stellplätze für die Kraftfahrzeuge behinderter Personen muss mindestens der Hälfte der Zahl der nach § 10 Abs. 7 erforderlichen Besucherplätze entsprechen. Auf diese Stellplätze ist dauerhaft und leicht erkennbar hinzuweisen.

Abschnitt 4. Technische Anlagen und Einrichtungen, besondere Räume

§ 14 Sicherheitsstromversorgungsanlagen, elektrische Anlagen und Blitzschutzanlagen

(1) Versammlungsstätten müssen eine Sicherheitsstromversorgungsanlage haben, die bei Ausfall der Stromversorgung den Betrieb der sicherheitstechnischen Anlagen und Einrichtungen übernimmt, insbesondere der

1. Sicherheitsbeleuchtung,
2. automatischen Feuerlöschanlagen und Druckerhöhungsanlagen für die Löschwasserversorgung,
3. Rauchabzugsanlagen,
4. Brandmeldeanlagen,
5. Alarmierungsanlagen.

(2) In Versammlungsstätten für verschiedene Veranstaltungsarten, wie Mehrzweckhallen, Theater und Studios, sind für die vorübergehende Verlegung beweglicher Kabel und Leitungen bauliche Vorkehrungen, wie Installationsschächte und -kanäle oder Abschottungen, zu treffen, die die Ausbreitung von Feuer und Rauch verhindern und die sichere Begehbarkeit, insbesondere der Rettungswege, gewährleisten.

(3) Elektrische Schaltanlagen dürfen für Besucher nicht zugänglich sein.

(4) Versammlungsstätten müssen Blitzschutzanlagen haben, die auch die sicherheitstechnischen Einrichtungen schützen (äußerer und innerer Blitzschutz).

§ 15 Sicherheitsbeleuchtung

(1) In Versammlungsstätten muss eine Sicherheitsbeleuchtung vorhanden sein, die so beschaffen ist, dass Arbeitsvorgänge auf Bühnen und Szenenflächen sicher abgeschlossen werden können und sich Besucher, Mitwirkende und Betriebsangehörige auch bei vollständigem Versagen der allgemeinen Beleuchtung bis zu öffentlichen Verkehrsflächen hin gut zurechtfinden können.

(2) Eine Sicherheitsbeleuchtung muss vorhanden sein

1. in notwendigen Treppenräumen, in Räumen zwischen notwendigen Treppenräumen und Ausgängen ins Freie und in notwendigen Fluren,
2. in Versammlungsräumen sowie in allen übrigen Räumen für Besucher (z. B. Foyers, Garderoben, Toiletten),
3. für Bühnen und Szenenflächen,
4. in den Räumen für Mitwirkende und Beschäftigte mit mehr als 20 m² Grundfläche, ausgenommen Büroräume,
5. in elektrischen Betriebsräumen, in Räumen für haustechnische Anlagen sowie in Scheinwerfer und Bildwerferräumen,
6. in Versammlungsstätten im Freien und Sportstadien, die während der Dunkelheit benutzt werden,
7. für Sicherheitszeichen von Ausgängen und Rettungswegen,
8. für Stufenbeleuchtungen.

(3) In betriebsmäßig verdunkelten Versammlungsräumen, auf Bühnen und Szenenflächen muss eine Sicherheitsbeleuchtung in Bereitschaftsschaltung vorhanden sein. Die Ausgänge, Gänge und Stufen im Versammlungsraum müssen auch bei Verdunklung unabhängig von der übrigen Sicherheitsbeleuchtung erkennbar sein. Bei Gängen in Versammlungsräumen mit auswechselbarer Bestuhlung sowie bei Sportstadien mit Sicherheitsbeleuchtung ist eine Stufenbeleuchtung nicht erforderlich.

§ 16 Rauchableitung

(1) Versammlungsräume und sonstige Aufenthaltsräume mit mehr als 200 m² Grundfläche , Versammlungsräume in Kellergeschossen, Bühnen sowie notwendige Treppenräume müssen entraucht werden können.

(2) Für die Entrauchung von Versammlungsräumen und sonstigen Aufenthaltsräumen mit nicht mehr als 1.000 m² Grundfläche genügen Rauchableitungsöffnungen mit einer freien Öffnungsfläche von insgesamt 1 Prozent der Grundfläche, Fenster oder Türen mit einer freien Öffnungsfläche von insgesamt 2 Prozent der Grundfläche oder maschinelle Rauchabzugsanlagen mit einem Luftvolumenstrom von 36 m³/h je Quadratmeter Grundfläche.

(3) Für die Entrauchung von Versammlungsräumen und sonstigen Aufenthaltsräumen mit mehr als 1 000 m² Grundfläche sowie von Bühnen müssen Rauchabzugsanlagen vorhanden sein, die so bemessen sind, dass sie eine raucharme Schicht von mindestens 2,50 m auf allen zu entrauchenden Ebenen, bei Bühnen jedoch mindestens eine raucharme Schicht von der Höhe der Bühnenöffnung, ermöglichen.

(4) Notwendige Treppenräume müssen Rauchableitungsöffnungen mit einer freien Öffnungsfläche von mindestens 1 m² haben.

(5) Rauchableitungsöffnungen sollen an der höchsten Stelle des Raumes liegen und müssen unmittelbar ins Freie führen. Die Rauchableitung über Schächte mit strömungstechnisch äquivalenten Querschnitten ist zulässig, wenn die Wände der Schächte die Anforderungen nach § 3 Abs. 3 erfüllen. Die Austrittsöffnungen müssen mindestens 0,25 m über der Dachfläche liegen. Fenster und Türen, die auch der Rauchableitung dienen, müssen im oberen Drittel der Außenwand der zu entrauchenden Ebene angeordnet werden.

(6) Die Abschlüsse der Rauchableitungsöffnungen von Bühnen mit Schutzvorhang müssen bei einem Überdruck von 350 Pa selbsttätig öffnen; eine automatische Auslösung durch geeignete Temperaturmelder ist zulässig.

(7) Maschinelle Rauchabzugsanlagen sind für eine Betriebszeit von 30 Minuten bei einer Rauchgastemperatur von 300°C auszulegen. Maschinelle Lüftungsanlagen können als maschinelle Rauchabzugsanlagen betrieben werden, wenn sie die an diese gestellten Anforderungen erfüllen.

(8) Die Vorrichtungen zum Öffnen oder Einschalten der Rauchabzugsanlagen, der Abschlüsse der Rauchableitungsöffnungen und zum Öffnen der nach Absatz 5 angerechneten Fenster müssen von einer jederzeit zugänglichen Stelle im Raum aus leicht bedient werden können. Bei notwendigen Treppenräumen muss die Vorrichtung zum Öffnen von jedem Geschoss aus leicht bedient werden können.

(9) Jede Bedienungsstelle muss mit einem Hinweisschild mit der Bezeichnung „RAUCHABZUG“ und der Bezeichnung des jeweiligen Raumes gekennzeichnet sein. An der Bedienungsvorrichtung muss die Betriebsstellung der Anlage oder Öffnung erkennbar sein.

§ 17 Heizungsanlagen und Lüftungsanlagen

(1) Heizungsanlagen in Versammlungsstätten müssen dauerhaft fest eingebaut sein. Sie müssen so angeordnet sein, dass ausreichende Abstände zu Personen, brennbaren Bauprodukten und brennbarem Material eingehalten werden und keine Beeinträchtigung durch Abgase entstehen.

(2) Versammlungsräume und sonstige Aufenthaltsräume mit mehr als 200 m^2 Grundfläche müssen Lüftungsanlagen haben.

§ 18 Stände und Arbeitsgalerien für Licht-, Ton-, Bild- und Regieanlagen

(1) Stände und Arbeitsgalerien für den Betrieb von Licht-, Ton-, Bild- und Regieanlagen, wie Schnürböden, Beleuchtungstürme oder Arbeitsbrücken, müssen aus nichtbrennbaren Baustoffen bestehen. Der Abstand zwischen Arbeitsgalerien und Raumdecken muss mindestens 2 m betragen.

(2) Von Arbeitsgalerien müssen mindestens zwei Rettungswege erreichbar sein. Jede Arbeitsgalerie einer Hauptbühne muss auf beiden Seiten der Hauptbühne einen Ausgang zu Rettungswegen außerhalb des Bühnenraumes haben.

(3) Öffnungen in Arbeitsgalerien müssen so gesichert sein, dass Personen oder Gegenstände nicht herabfallen können.

§ 19 Feuerlöscheinrichtungen und -anlagen

(1) Versammlungsräume, Bühnen, Foyers, Werkstätten, Magazine, Lagerräume und notwendige Flure sind mit geeigneten Feuerlöschern in ausreichender Zahl auszustatten. Die Feuerlöscher sind gut sichtbar und leicht zugänglich anzubringen.

(2) In Versammlungsstätten mit Versammlungsräumen von insgesamt mehr als 1.000 m^2 Grundfläche müssen Wandhydranten in ausreichender Zahl gut sichtbar und leicht zugänglich an geeigneten Stellen angebracht sein.

(3) Versammlungsstätten mit Versammlungsräumen von insgesamt mehr als 3.600 m^2 Grundfläche müssen eine automati-

sche Feuerlöschanlage haben; dies gilt nicht für Versammlungsstätten, deren Versammlungsräume jeweils nicht mehr als 400 m² Grundfläche haben.

(4) Foyers oder Hallen, durch die Rettungswege aus anderen Versammlungsräumen führen, müssen eine automatische Feuerlöschanlage haben.

(5) Versammlungsräume, bei denen eine Fußbodenebene höher als 22 m über der Geländeoberfläche liegt, sind nur in Gebäuden mit automatischer Feuerlöschanlage zulässig.

(6) Versammlungsräume in Kellergeschossen müssen eine automatische Feuerlöschanlage haben. Dies gilt nicht für Versammlungsräume mit nicht mehr als 200 m², deren Fußboden an keiner Stelle mehr als 5 m unter der Geländeoberfläche liegt.

(7) In Versammlungsräumen müssen offene Küchen oder ähnliche Einrichtungen mit einer Grundfläche von mehr als 30 m² eine dafür geeignete automatische Feuerlöschanlage haben.

(8) Die Wirkung automatischer Feuerlöschanlagen darf durch überdeckte oder mehrgeschossige Ausstellungs- oder Dienstleistungsstände nicht beeinträchtigt werden.

(9) Automatische Feuerlöschanlagen müssen an eine Brandmelderzentrale angeschlossen sein.

§ 20 Brandmelde- und Alarmierungsanlagen, Brandmelder- und Alarmzentrale, Brandfallsteuerung der Aufzüge

(1) Versammlungsstätten mit Versammlungsräumen von insgesamt mehr als 1.000 m² Grundfläche müssen Brandmeldeanlagen mit automatischen und nichtautomatischen Brandmeldern haben.

(2) Versammlungsstätten mit Versammlungsräumen von insgesamt mehr als 1.000 m² Grundfläche müssen Alarmierungs- und Lautsprecheranlagen haben, mit denen im Gefahrenfall Besucher, Mitwirkende und Betriebsangehörige alarmiert und Anweisungen erteilt werden können.

(3) In Versammlungsstätten mit Versammlungsräumen von insgesamt mehr als 1.000 m² Grundfläche müssen zusätzlich zu den örtlichen Bedienungsvorrichtungen zentrale Bedienungsvorrichtungen für Rauchabzugs-, Feuerlösch-, Brandmelde-, Alarmierungs- und Lautsprecheranlagen in einem für die Feu-

erwehr leicht zugänglichen Raum (Brandmelder- und Alarmzentrale) zusammengefasst werden.

(4) In Versammlungsstätten mit Versammlungsräumen von insgesamt mehr als 1.000 m² Grundfläche müssen die Aufzüge mit einer Brandfallsteuerung ausgestattet sein, die durch die automatische Brandmeldeanlage ausgelöst wird. Die Brandfallsteuerung muss sicherstellen, dass die Aufzüge ein Geschoss mit Ausgang ins Freie oder das diesem nächstgelegene, nicht von der Brandmeldung betroffene Geschoss unmittelbar anfahren und dort mit geöffneten Türen außer Betrieb gehen.

(5) Automatische Brandmeldeanlagen müssen durch technische Maßnahmen gegen Falschalarme gesichert sein. Brandmeldungen müssen von der Brandmelderzentrale unmittelbar und automatisch zur Leitstelle der Feuerwehr weitergeleitet werden.

§ 21 Werkstätten, Magazine und Lagerräume

(1) Für feuergefährliche Arbeiten, wie Schweiß-, Löt- oder Klebearbeiten, müssen dafür geeignete Werkstätten vorhanden sein.

(2) Für das Aufbewahren von Dekorationen, Requisiten und anderem brennbaren Material müssen eigene Lagerräume (Magazine) vorhanden sein.

(3) Für die Sammlung von Abfällen und Wertstoffen müssen dafür geeignete Behälter im Freien oder besondere Lagerräume vorhanden sein.

(4) Werkstätten, Magazine und Lagerräume dürfen mit notwendigen Treppenräumen nicht in unmittelbarer Verbindung stehen.

b. Zivilrechtliche Grundlagen

[28] Bürgerliches Gesetzbuch (BGB)

Ausfertigungsdatum: 18.08.1896
Bürgerliches Gesetzbuch in der Fassung der Bekanntmachung vom 2. Januar 2002 (BGBl. I S. 42, 2909; 2003 I S. 738), das zuletzt durch Artikel 1 des Gesetzes vom 27. Juli 2011 (BGBl. I S. 1600) geändert worden ist[1] – Auszug –

§ 1 Beginn der Rechtsfähigkeit
Die Rechtsfähigkeit des Menschen beginnt mit der Vollendung der Geburt.

§ 2 Eintritt der Volljährigkeit
Die Volljährigkeit tritt mit der Vollendung des 18. Lebensjahres ein.

§ 12 Namensrecht
Wird das Recht zum Gebrauch eines Namens dem Berechtigten von einem anderen bestritten oder wird das Interesse des Berechtigten dadurch verletzt, dass ein anderer unbefugt den gleichen Namen gebraucht, so kann der Berechtigte von dem anderen Beseitigung der Beeinträchtigung verlangen. Sind weitere Beeinträchtigungen zu besorgen, so kann er auf Unterlassung klagen.

§ 13 Verbraucher
Verbraucher ist jede natürliche Person, die ein Rechtsgeschäft zu einem Zwecke abschließt, der weder ihrer gewerblichen noch ihrer selbständigen beruflichen Tätigkeit zugerechnet werden kann.

§ 14 Unternehmer
(1) Unternehmer ist eine natürliche oder juristische Person oder eine rechtsfähige Personengesellschaft, die bei Abschluss eines Rechtsgeschäfts in Ausübung ihrer gewerblichen oder selbständigen beruflichen Tätigkeit handelt.

---

[1] Auf den Abdruck der amtlichen Hinweise wurde verzichtet.

(2) Eine rechtsfähige Personengesellschaft ist eine Personengesellschaft, die mit der Fähigkeit ausgestattet ist, Rechte zu erwerben und Verbindlichkeiten einzugehen.

§ 21 Nichtwirtschaftlicher Verein

Ein Verein, dessen Zweck nicht auf einen wirtschaftlichen Geschäftsbetrieb gerichtet ist, erlangt Rechtsfähigkeit durch Eintragung in das Vereinsregister des zuständigen Amtsgerichts.

§ 22 Wirtschaftlicher Verein

Ein Verein, dessen Zweck auf einen wirtschaftlichen Geschäftsbetrieb gerichtet ist, erlangt in Ermangelung besonderer bundesgesetzlicher Vorschriften Rechtsfähigkeit durch staatliche Verleihung. Die Verleihung steht dem Land zu, in dessen Gebiet der Verein seinen Sitz hat.

§ 24 Sitz

Als Sitz eines Vereins gilt, wenn nicht ein anderes bestimmt ist, der Ort, an welchem die Verwaltung geführt wird.

§ 25 Verfassung

Die Verfassung eines rechtsfähigen Vereins wird, soweit sie nicht auf den nachfolgenden Vorschriften beruht, durch die Vereinssatzung bestimmt.

§ 26 Vorstand und Vertretung

(1) Der Verein muss einen Vorstand haben. Der Vorstand vertritt den Verein gerichtlich und außergerichtlich; er hat die Stellung eines gesetzlichen Vertreters. Der Umfang der Vertretungsmacht kann durch die Satzung mit Wirkung gegen Dritte beschränkt werden.

(2) Besteht der Vorstand aus mehreren Personen, so wird der Verein durch die Mehrheit der Vorstandsmitglieder vertreten. Ist eine Willenserklärung gegenüber einem Verein abzugeben, so genügt die Abgabe gegenüber einem Mitglied des Vorstands.

§ 27 Bestellung und Geschäftsführung des Vorstands

(1) Die Bestellung des Vorstands erfolgt durch Beschluss der Mitgliederversammlung.

(2) Die Bestellung ist jederzeit widerruflich, unbeschadet des Anspruchs auf die vertragsmäßige Vergütung. Die Widerruflichkeit kann durch die Satzung auf den Fall beschränkt werden, dass ein wichtiger Grund für den Widerruf vorliegt; ein solcher Grund ist insbesondere grobe Pflichtverletzung oder Unfähigkeit zur ordnungsmäßigen Geschäftsführung.

(3) Auf die Geschäftsführung des Vorstands finden die für den Auftrag geltenden Vorschriften der §§ 664 bis 670 entsprechende Anwendung.

§ 28 Beschlussfassung des Vorstands

Bei einem Vorstand, der aus mehreren Personen besteht, erfolgt die Beschlussfassung nach den für die Beschlüsse der Mitglieder des Vereins geltenden Vorschriften der §§ 32 und 34.

§ 29 Notbestellung durch Amtsgericht

Soweit die erforderlichen Mitglieder des Vorstands fehlen, sind sie in dringenden Fällen für die Zeit bis zur Behebung des Mangels auf Antrag eines Beteiligten von dem Amtsgericht zu bestellen, das für den Bezirk, in dem der Verein seinen Sitz hat, das Vereinsregister führt.

§ 30 Besondere Vertreter

Durch die Satzung kann bestimmt werden, dass neben dem Vorstand für gewisse Geschäfte besondere Vertreter zu bestellen sind. Die Vertretungsmacht eines solchen Vertreters erstreckt sich im Zweifel auf alle Rechtsgeschäfte, die der ihm zugewiesene Geschäftskreis gewöhnlich mit sich bringt.

§ 31 Haftung des Vereins für Organe

Der Verein ist für den Schaden verantwortlich, den der Vorstand, ein Mitglied des Vorstands oder ein anderer verfassungsmäßig berufener Vertreter durch eine in Ausführung der ihm zustehenden Verrichtungen begangene, zum Schadensersatz verpflichtende Handlung einem Dritten zufügt.

§ 31a Haftung von Vorstandsmitgliedern

(1) Ein Vorstand, der unentgeltlich tätig ist oder für seine Tätigkeit eine Vergütung erhält, die 500 Euro jährlich nicht übersteigt, haftet dem Verein für einen in Wahrnehmung seiner

Vorstandspflichten verursachten Schaden nur bei Vorliegen von Vorsatz oder grober Fahrlässigkeit. Satz 1 gilt auch für die Haftung gegenüber den Mitgliedern des Vereins.

(2) Ist ein Vorstand nach Absatz 1 Satz 1 einem anderen zum Ersatz eines in Wahrnehmung seiner Vorstandspflichten verursachten Schadens verpflichtet, so kann er von dem Verein die Befreiung von der Verbindlichkeit verlangen. Satz 1 gilt nicht, wenn der Schaden vorsätzlich oder grob fahrlässig verursacht wurde.

§ 32 Mitgliederversammlung; Beschlussfassung

(1) Die Angelegenheiten des Vereins werden, soweit sie nicht von dem Vorstand oder einem anderen Vereinsorgan zu besorgen sind, durch Beschlussfassung in einer Versammlung der Mitglieder geordnet. Zur Gültigkeit des Beschlusses ist erforderlich, dass der Gegenstand bei der Berufung bezeichnet wird. Bei der Beschlussfassung entscheidet die Mehrheit der abgegebenen Stimmen.

(2) Auch ohne Versammlung der Mitglieder ist ein Beschluss gültig, wenn alle Mitglieder ihre Zustimmung zu dem Beschluss schriftlich erklären.

§ 33 Satzungsänderung

(1) Zu einem Beschluss, der eine Änderung der Satzung enthält, ist eine Mehrheit von drei Vierteln der abgegebenen Stimmen erforderlich. Zur Änderung des Zweckes des Vereins ist die Zustimmung aller Mitglieder erforderlich; die Zustimmung der nicht erschienenen Mitglieder muss schriftlich erfolgen.

(2) Beruht die Rechtsfähigkeit des Vereins auf Verleihung, so ist zu jeder Änderung der Satzung die Genehmigung der zuständigen Behörde erforderlich.

§ 34 Ausschluss vom Stimmrecht

Ein Mitglied ist nicht stimmberechtigt, wenn die Beschlussfassung die Vornahme eines Rechtsgeschäfts mit ihm oder die Einleitung oder Erledigung eines Rechtsstreits zwischen ihm und dem Verein betrifft.

§ 35 Sonderrechte

Sonderrechte eines Mitglieds können nicht ohne dessen Zustimmung durch Beschluss der Mitgliederversammlung beeinträchtigt werden.

§ 36 Berufung der Mitgliederversammlung

Die Mitgliederversammlung ist in den durch die Satzung bestimmten Fällen sowie dann zu berufen, wenn das Interesse des Vereins es erfordert.

§ 37 Berufung auf Verlangen einer Minderheit

(1) Die Mitgliederversammlung ist zu berufen, wenn der durch die Satzung bestimmte Teil oder in Ermangelung einer Bestimmung der zehnte Teil der Mitglieder die Berufung schriftlich unter Angabe des Zweckes und der Gründe verlangt.

(2) Wird dem Verlangen nicht entsprochen, so kann das Amtsgericht die Mitglieder, die das Verlangen gestellt haben, zur Berufung der Versammlung ermächtigen; es kann Anordnungen über die Führung des Vorsitzes in der Versammlung treffen. Zuständig ist das Amtsgericht, das für den Bezirk, in dem der Verein seinen Sitz hat, das Vereinsregister führt. Auf die Ermächtigung muss bei der Berufung der Versammlung Bezug genommen werden.

§ 38 Mitgliedschaft

Die Mitgliedschaft ist nicht übertragbar und nicht vererblich. Die Ausübung der Mitgliedschaftsrechte kann nicht einem anderen überlassen werden.

§ 39 Austritt aus dem Verein

(1) Die Mitglieder sind zum Austritt aus dem Verein berechtigt.

(2) Durch die Satzung kann bestimmt werden, dass der Austritt nur am Schluss eines Geschäftsjahrs oder erst nach dem Ablauf einer Kündigungsfrist zulässig ist; die Kündigungsfrist kann höchstens zwei Jahre betragen.

§ 40 Nachgiebige Vorschriften

Die Vorschriften des § 26 Absatz 2 Satz 1, des § 27 Absatz 1 und 3, der §§ 28, 31a Abs. 1 Satz 2 sowie der §§ 32, 33 und 38 finden insoweit keine Anwendung als die Satzung ein anderes bestimmt. Von § 34 kann auch für die Beschlussfassung des Vorstands durch die Satzung nicht abgewichen werden.

§ 41 Auflösung des Vereines

Der Verein kann durch Beschluss der Mitgliederversammlung aufgelöst werden. Zu dem Beschluss ist eine Mehrheit von drei Vierteln der abgegebenen Stimmen erforderlich, wenn nicht die Satzung ein anderes bestimmt.

§ 42 Insolvenz

(1) Der Verein wird durch die Eröffnung des Insolvenzverfahrens und mit Rechtskraft des Beschlusses, durch den die Eröffnung des Insolvenzverfahrens mangels Masse abgewiesen worden ist, aufgelöst. Wird das Verfahren auf Antrag des Schuldners eingestellt oder nach der Bestätigung eines Insolvenzplans, der den Fortbestand des Vereins vorsieht, aufgehoben, so kann die Mitgliederversammlung die Fortsetzung des Vereins beschließen. Durch die Satzung kann bestimmt werden, dass der Verein im Falle der Eröffnung des Insolvenzverfahrens als nicht rechtsfähiger Verein fortbesteht; auch in diesem Falle kann unter den Voraussetzungen des Satzes 2 die Fortsetzung als rechtsfähiger Verein beschlossen werden.

(2) Der Vorstand hat im Falle der Zahlungsunfähigkeit oder der Überschuldung die Eröffnung des Insolvenzverfahrens zu beantragen. Wird die Stellung des Antrags verzögert, so sind die Vorstandsmitglieder, denen ein Verschulden zur Last fällt, den Gläubigern für den daraus entstehenden Schaden verantwortlich; sie haften als Gesamtschuldner.

§ 43 Entziehung der Rechtsfähigkeit

Einem Verein, dessen Rechtsfähigkeit auf Verleihung beruht, kann die Rechtsfähigkeit entzogen werden, wenn er einen anderen als den in der Satzung bestimmten Zweck verfolgt.

§ 44 Zuständigkeit und Verfahren

Die Zuständigkeit und das Verfahren für die Entziehung der Rechtsfähigkeit nach § 43 bestimmen sich nach dem Recht des Landes, in dem der Verein seinen Sitz hat.

§ 45 Anfall des Vereinsvermögens

(1) Mit der Auflösung des Vereins oder der Entziehung der Rechtsfähigkeit fällt das Vermögen an die in der Satzung bestimmten Personen.

(2) Durch die Satzung kann vorgeschrieben werden, dass die Anfallberechtigten durch Beschluss der Mitgliederversammlung oder eines anderen Vereinsorgans bestimmt werden. Ist der Zweck des Vereins nicht auf einen wirtschaftlichen Geschäftsbetrieb gerichtet, so kann die Mitgliederversammlung auch ohne eine solche Vorschrift das Vermögen einer öffentlichen Stiftung oder Anstalt zuweisen.

(3) Fehlt es an einer Bestimmung der Anfallberechtigten, so fällt das Vermögen, wenn der Verein nach der Satzung ausschließlich den Interessen seiner Mitglieder diente, an die zur Zeit der Auflösung oder der Entziehung der Rechtsfähigkeit vorhandenen Mitglieder zu gleichen Teilen, anderenfalls an den Fiskus des Landes, in dessen Gebiet der Verein seinen Sitz hatte.

§ 46 Anfall an den Fiskus

Fällt das Vereinsvermögen an den Fiskus, so finden die Vorschriften über eine dem Fiskus als gesetzlichem Erben anfallende Erbschaft entsprechende Anwendung. Der Fiskus hat das Vermögen tunlichst in einer den Zwecken des Vereins entsprechenden Weise zu verwenden.

§ 47 Liquidation

Fällt das Vereinsvermögen nicht an den Fiskus, so muss eine Liquidation stattfinden, sofern nicht über das Vermögen des Vereins das Insolvenzverfahren eröffnet ist.

§ 48 Liquidatoren

(1) Die Liquidation erfolgt durch den Vorstand. Zu Liquidatoren können auch andere Personen bestellt werden; für die Bestellung sind die für die Bestellung des Vorstands geltenden Vorschriften maßgebend.

(2) Die Liquidatoren haben die rechtliche Stellung des Vorstands, soweit sich nicht aus dem Zwecke der Liquidation ein anderes ergibt.

(3) Sind mehrere Liquidatoren vorhanden, so sind sie nur gemeinschaftlich zur Vertretung befugt und können Beschlüsse nur einstimmig fassen, sofern nicht ein anderes bestimmt ist.

§ 49 Aufgaben der Liquidatoren

(1) Die Liquidatoren haben die laufenden Geschäfte zu beendigen, die Forderungen einzuziehen, das übrige Vermögen in Geld umzusetzen, die Gläubiger zu befriedigen und den Überschuss den Anfallberechtigten auszuantworten. Zur Beendigung schwebender Geschäfte können die Liquidatoren auch neue Geschäfte eingehen. Die Einziehung der Forderungen sowie die Umsetzung des übrigen Vermögens in Geld darf unterbleiben, soweit diese Maßregeln nicht zur Befriedigung der Gläubiger oder zur Verteilung des Überschusses unter die Anfallberechtigten erforderlich sind.

(2) Der Verein gilt bis zur Beendigung der Liquidation als fortbestehend, soweit der Zweck der Liquidation es erfordert.

§ 50 Bekanntmachung des Vereins in Liquidation

(1) Die Auflösung des Vereins oder die Entziehung der Rechtsfähigkeit ist durch die Liquidatoren öffentlich bekannt zu machen. In der Bekanntmachung sind die Gläubiger zur Anmeldung ihrer Ansprüche aufzufordern. Die Bekanntmachung erfolgt durch das in der Satzung für Veröffentlichungen bestimmte Blatt. Die Bekanntmachung gilt mit dem Ablauf des zweiten Tages nach der Einrückung oder der ersten Einrückung als bewirkt.

(2) Bekannte Gläubiger sind durch besondere Mitteilung zur Anmeldung aufzufordern.

§ 50a Bekanntmachungsblatt

Hat ein Verein in der Satzung kein Blatt für Bekanntmachungen bestimmt oder hat das bestimmte Bekanntmachungsblatt sein Erscheinen eingestellt, sind Bekanntmachungen des Vereins in dem Blatt zu veröffentlichen, welches für Bekanntmachungen des Amtsgerichts bestimmt ist, in dessen Bezirk der Verein seinen Sitz hat.

§ 51 Sperrjahr

Das Vermögen darf den Anfallberechtigten nicht vor dem Ablauf eines Jahres nach der Bekanntmachung der Auflösung des Vereins oder der Entziehung der Rechtsfähigkeit ausgeantwortet werden.

§ 52 Sicherung für Gläubiger

(1) Meldet sich ein bekannter Gläubiger nicht, so ist der geschuldete Betrag, wenn die Berechtigung zur Hinterlegung vorhanden ist, für den Gläubiger zu hinterlegen.

(2) Ist die Berichtigung einer Verbindlichkeit zur Zeit nicht ausführbar oder ist eine Verbindlichkeit streitig, so darf das Vermögen den Anfallberechtigten nur ausgeantwortet werden, wenn dem Gläubiger Sicherheit geleistet ist.

§ 53 Schadensersatzpflicht der Liquidatoren

Liquidatoren, welche die ihnen nach dem § 42 Abs. 2 und den §§ 50, 51 und 52 obliegenden Verpflichtungen verletzen oder vor der Befriedigung der Gläubiger Vermögen den Anfallberechtigten ausantworten, sind, wenn ihnen ein Verschulden zur Last fällt, den Gläubigern für den daraus entstehenden Schaden verantwortlich; sie haften als Gesamtschuldner.

§ 54 Nicht rechtsfähige Vereine

Auf Vereine, die nicht rechtsfähig sind, finden die Vorschriften über die Gesellschaft Anwendung. Aus einem Rechtsgeschäft, das im Namen eines solchen Vereins einem Dritten gegenüber vorgenommen wird, haftet der Handelnde persönlich; handeln mehrere, so haften sie als Gesamtschuldner.

§ 55 Zuständigkeit für die Registereintragung

Die Eintragung eines Vereins der in § 21 bezeichneten Art in das Vereinsregister hat bei dem Amtsgericht zu geschehen, in dessen Bezirk der Verein seinen Sitz hat.

§ 55a Elektronisches Vereinsregister

(1) Die Landesregierungen können durch Rechtsverordnung bestimmen, dass und in welchem Umfang das Vereinsregister in maschineller Form als automatisierte Datei geführt wird. Hierbei muss gewährleistet sein, dass

1. die Grundsätze einer ordnungsgemäßen Datenverarbeitung eingehalten, insbesondere Vorkehrungen gegen einen Datenverlust getroffen sowie die erforderlichen Kopien der Datenbestände mindestens tagesaktuell gehalten und die originären Datenbestände sowie deren Kopien sicher aufbewahrt werden,

2. die vorzunehmenden Eintragungen alsbald in einen Datenspeicher aufgenommen und auf Dauer inhaltlich unverändert in lesbarer Form wiedergegeben werden können,

3. die nach der Anlage zu § 126 Abs. 1 Satz 2 Nr. 3 der Grundbuchordnung gebotenen Maßnahmen getroffen werden. Die Landesregierungen können durch Rechtsverordnung die Ermächtigung nach Satz 1 auf die Landesjustizverwaltungen übertragen.

(2) Das maschinell geführte Vereinsregister tritt für eine Seite des Registers an die Stelle des bisherigen Registers, sobald die Eintragungen dieser Seite in den für die Vereinsregistereintragungen bestimmten Datenspeicher aufgenommen und als Vereinsregister freigegeben worden sind. Die entsprechenden Seiten des bisherigen Vereinsregisters sind mit einem Schließungsvermerk zu versehen.

(3) Eine Eintragung wird wirksam, sobald sie in den für die Registereintragungen bestimmten Datenspeicher aufgenommen ist und auf Dauer inhaltlich unverändert in lesbarer Form wiedergegeben werden kann. Durch eine Bestätigungsanzeige oder in anderer geeigneter Weise ist zu überprüfen, ob diese Voraussetzungen eingetreten sind. Jede Eintragung soll den Tag angeben, an dem sie wirksam geworden ist.

§ 56 Mindestmitgliederzahl des Vereins

Die Eintragung soll nur erfolgen, wenn die Zahl der Mitglieder mindestens sieben beträgt.

§ 57 Mindesterfordernisse an die Vereinssatzung

(1) Die Satzung muss den Zweck, den Namen und den Sitz des Vereins enthalten und ergeben, dass der Verein eingetragen werden soll.

(2) Der Name soll sich von den Namen der an demselben Ort oder in derselben Gemeinde bestehenden eingetragenen Vereine deutlich unterscheiden.

§ 58 Sollinhalt der Vereinssatzung

Die Satzung soll Bestimmungen enthalten:

1. über den Eintritt und Austritt der Mitglieder,
2. darüber, ob und welche Beiträge von den Mitgliedern zu leisten sind,
3. über die Bildung des Vorstandes,
4. über die Voraussetzungen, unter denen die Mitgliederversammlung zu berufen ist, über die Form der

Berufung und über die Beurkundung der Beschlüsse.

§ 59 Anmeldung zur Eintragung

(1) Der Vorstand hat den Verein zur Eintragung anzumelden.

(2) Der Anmeldung sind Abschriften der Satzung und der Urkunden über die Bestellung des Vorstands beizufügen.

(3) Die Satzung soll von mindestens sieben Mitgliedern unterzeichnet sein und die Angabe des Tages der Errichtung enthalten.

§ 60 Zurückweisung der Anmeldung

Die Anmeldung ist, wenn den Erfordernissen der §§ 56 bis 59 nicht genügt ist, von dem Amtsgericht unter Angabe der Gründe zurückzuweisen.

§§ 61 bis 63 (weggefallen)

§ 64 Inhalt der Vereinsregistereintragung

Bei der Eintragung sind der Name und der Sitz des Vereins, der Tag der Errichtung der Satzung, die Mitglieder des Vorstands und ihre Vertretungsmacht anzugeben.

§ 65 Namenszusatz

Mit der Eintragung erhält der Name des Vereins den Zusatz „eingetragener Verein“.

§ 66 Bekanntmachung der Eintragung und Aufbewahrung von Dokumenten

(1) Das Amtsgericht hat die Eintragung des Vereins in das Vereinsregister durch Veröffentlichung in dem von der Landesjustizverwaltung bestimmten elektronischen Informations- und Kommunikationssystem bekannt zu machen.

(2) Die mit der Anmeldung eingereichten Dokumente werden vom Amtsgericht aufbewahrt.

§ 67 Änderung des Vorstands

(1) Jede Änderung des Vorstands ist von dem Vorstand zur Eintragung anzumelden. Der Anmeldung ist eine Abschrift der Urkunde über die Änderung beizufügen.

(2) Die Eintragung gerichtlich bestellter Vorstandsmitglieder erfolgt von Amts wegen.

§ 68 Vertrauensschutz durch Vereinsregister

Wird zwischen den bisherigen Mitgliedern des Vorstands und einem Dritten ein Rechtsgeschäft vorgenommen, so kann die Änderung des Vorstands dem Dritten nur entgegengesetzt werden, wenn sie zur Zeit der Vornahme des Rechtsgeschäfts im Vereinsregister eingetragen oder dem Dritten bekannt ist. Ist die Änderung eingetragen, so braucht der Dritte sie nicht gegen sich gelten zu lassen, wenn er sie nicht kennt, seine Unkenntnis auch nicht auf Fahrlässigkeit beruht.

§ 69 Nachweis des Vereinsvorstands

Der Nachweis, dass der Vorstand aus den im Register eingetragenen Personen besteht, wird Behörden gegenüber durch ein Zeugnis des Amtsgerichts über die Eintragung geführt.

§ 70 Vertrauensschutz bei Eintragungen zur Vertretungsmacht

Die Vorschriften des § 68 gelten auch für Bestimmungen, die den Umfang der Vertretungsmacht des Vorstands beschränken oder die Vertretungsmacht des Vorstands abweichend von der Vorschrift des § 26 Absatz 2 Satz 1 regeln.

§ 71 Änderungen der Satzung

(1) Änderungen der Satzung bedürfen zu ihrer Wirksamkeit der Eintragung in das Vereinsregister. Die Änderung ist von dem Vorstand zur Eintragung anzumelden. Der Anmeldung sind eine Abschrift des die Änderung enthaltenden Beschlusses und der Wortlaut der Satzung beizufügen. In dem Wortlaut der Satzung müssen die geänderten Bestimmungen mit dem Beschluss über die Satzungsänderung, die unveränderten Bestimmungen mit

dem zuletzt eingereichten vollständigen Wortlaut der Satzung und, wenn die Satzung geändert worden ist, ohne dass ein vollständiger Wortlaut der Satzung eingereicht wurde, auch mit den zuvor eingetragenen Änderungen übereinstimmen.

(2) Die Vorschriften der §§ 60, 64 und des § 66 Abs. 2 finden entsprechende Anwendung.

§ 72 Bescheinigung der Mitgliederzahl

Der Vorstand hat dem Amtsgericht auf dessen Verlangen jederzeit eine schriftliche Bescheinigung über die Zahl der Vereinsmitglieder einzureichen.

§ 73 Unterschreiten der Mindestmitgliederzahl

Sinkt die Zahl der Vereinsmitglieder unter drei herab, so hat das Amtsgericht auf Antrag des Vorstands und, wenn der Antrag nicht binnen drei Monaten gestellt wird, von Amts wegen nach Anhörung des Vorstands dem Verein die Rechtsfähigkeit zu entziehen.

§ 74 Auflösung

(1) Die Auflösung des Vereins sowie die Entziehung der Rechtsfähigkeit ist in das Vereinsregister einzutragen.

(2) Wird der Verein durch Beschluss der Mitgliederversammlung oder durch den Ablauf der für die Dauer des Vereins bestimmten Zeit aufgelöst, so hat der Vorstand die Auflösung zur Eintragung anzumelden. Der Anmeldung ist im ersteren Fall eine Abschrift des Auflösungsbeschlusses beizufügen.

(3) (weggefallen)

§ 75 Eintragungen bei Insolvenz

(1) Die Eröffnung des Insolvenzverfahrens und der Beschluss, durch den die Eröffnung des Insolvenzverfahrens mangels Masse rechtskräftig abgewiesen worden ist, sowie die Auflösung des Vereins nach § 42 Absatz 2 Satz 1 sind von Amts wegen einzutragen. Von Amts wegen sind auch einzutragen

1. die Aufhebung des Eröffnungsbeschlusses,

2. die Bestellung eines vorläufigen Insolvenzverwalters, wenn zusätzlich dem Schuldner ein allgemeines Verfügungsverbot auferlegt oder angeordnet wird, dass Verfügungen des Schuldners nur mit Zustimmung des vorläufigen Insolvenzverwalters

wirksam sind, und die Aufhebung einer derartigen Sicherungsmaßnahme,

3. die Anordnung der Eigenverwaltung durch den Schuldner und deren Aufhebung sowie die Anordnung der Zustimmungsbedürftigkeit bestimmter Rechtsgeschäfte des Schuldners,

4. die Einstellung und die Aufhebung des Verfahrens und

5. die Überwachung der Erfüllung eines Insolvenzplans und die Aufhebung der Überwachung.

(2) Wird der Verein durch Beschluss der Mitgliederversammlung nach § 42 Absatz 1 Satz 2 fortgesetzt, so hat der Vorstand die Fortsetzung zur Eintragung anzumelden. Der Anmeldung ist eine Abschrift des Beschlusses beizufügen.

§ 76 Eintragungen bei Liquidation

(1) Bei der Liquidation des Vereins sind die Liquidatoren und ihre Vertretungsmacht in das Vereinsregister einzutragen. Das Gleiche gilt für die Beendigung des Vereins nach der Liquidation.

(2) Die Anmeldung der Liquidatoren hat durch den Vorstand zu erfolgen. Bei der Anmeldung ist der Umfang der Vertretungsmacht der Liquidatoren anzugeben. Änderungen der Liquidatoren oder ihrer Vertretungsmacht sowie die Beendigung des Vereins sind von den Liquidatoren anzumelden. Der Anmeldung der durch Beschluss der Mitgliederversammlung bestellten Liquidatoren ist eine Abschrift des Bestellungsbeschlusses, der Anmeldung der Vertretungsmacht, die abweichend von § 48 Absatz 3 bestimmt wurde, ist eine Abschrift der diese Bestimmung enthaltenden Urkunde beizufügen.

(3) Die Eintragung gerichtlich bestellter Liquidatoren geschieht von Amts wegen.

§ 77 Anmeldepflichtige und Form der Anmeldungen

Die Anmeldungen zum Vereinsregister sind von Mitgliedern des Vorstands sowie von den Liquidatoren, die insoweit zur Vertretung des Vereins berechtigt sind, mittels öffentlich beglaubigter Erklärung abzugeben. Die Erklärung kann in Urschrift oder in öffentlich beglaubigter Abschrift beim Gericht eingereicht werden.

§ 78 Festsetzung von Zwangsgeld

(1) Das Amtsgericht kann die Mitglieder des Vorstands zur Befolgung der Vorschriften des § 67 Abs. 1, des § 71 Abs. 1, des § 72, des § 74 Abs. 2, des § 75 Absatz 2 und des § 76 durch Festsetzung von Zwangsgeld anhalten.

(2) In gleicher Weise können die Liquidatoren zur Befolgung der Vorschriften des § 76 angehalten werden.

§ 79 Einsicht in das Vereinsregister

(1) Die Einsicht des Vereinsregisters sowie der von dem Verein bei dem Amtsgericht eingereichten Dokumente ist jedem gestattet. Von den Eintragungen kann eine Abschrift verlangt werden; die Abschrift ist auf Verlangen zu beglaubigen. Wird das Vereinsregister maschinell geführt, tritt an die Stelle der Abschrift ein Ausdruck, an die der beglaubigten Abschrift ein amtlicher Ausdruck.

(2) Die Einrichtung eines automatisierten Verfahrens, das die Übermittlung von Daten aus maschinell geführten Vereinsregistern durch Abruf ermöglicht, ist zulässig, wenn sichergestellt ist, dass

1. der Abruf von Daten die zulässige Einsicht nach Absatz 1 nicht überschreitet und

2. die Zulässigkeit der Abrufe auf der Grundlage einer Protokollierung kontrolliert werden kann. Die Länder können für das Verfahren ein länderübergreifendes elektronisches Informations- und Kommunikationssystem bestimmen.

(3) Der Nutzer ist darauf hinzuweisen, dass er die übermittelten Daten nur zu Informationszwecken verwenden darf. Die zuständige Stelle hat (z. B. durch Stichproben) zu prüfen, ob sich Anhaltspunkte dafür ergeben, dass die nach Satz 1 zulässige Einsicht überschritten oder übermittelte Daten missbraucht werden.

(4) Die zuständige Stelle kann einen Nutzer, der die Funktionsfähigkeit der Abrufeinrichtung gefährdet, die nach Absatz 3 Satz 1 zulässige Einsicht überschreitet oder übermittelte Daten missbraucht, von der Teilnahme am automatisierten Abrufverfahren ausschließen; dasselbe gilt bei drohender Überschreitung oder drohendem Missbrauch.

(5) Zuständige Stelle ist die Landesjustizverwaltung. Örtlich zuständig ist die Landesjustizverwaltung, in deren Zuständigkeitsbereich das betreffende Amtsgericht liegt. Die Zuständigkeit kann durch Rechtsverordnung der Landesregierung abweichend geregelt werden. Sie kann diese Ermächtigung durch Rechtsverordnung auf die Landesjustizverwaltung übertragen. Die Länder können auch die Übertragung der Zuständigkeit auf die zuständige Stelle eines anderen Landes vereinbaren.

§ 80 Entstehung einer rechtsfähigen Stiftung

(1) Zur Entstehung einer rechtsfähigen Stiftung sind das Stiftungsgeschäft und die Anerkennung durch die zuständige Behörde des Landes erforderlich, in dem die Stiftung ihren Sitz haben soll.

(2) Die Stiftung ist als rechtsfähig anzuerkennen, wenn das Stiftungsgeschäft den Anforderungen des § 81 Abs. 1 genügt, die dauernde und nachhaltige Erfüllung des Stiftungszwecks gesichert erscheint und der Stiftungszweck das Gemeinwohl nicht gefährdet.

(3) Vorschriften der Landesgesetze über kirchliche Stiftungen bleiben unberührt. Das gilt entsprechend für Stiftungen, die nach den Landesgesetzen kirchlichen Stiftungen gleichgestellt sind.

§ 81 Stiftungsgeschäft

(1) Das Stiftungsgeschäft unter Lebenden bedarf der schriftlichen Form. Es muss die verbindliche Erklärung des Stifters enthalten, ein Vermögen zur Erfüllung eines von ihm vorgegebenen Zweckes zu widmen. Durch das Stiftungsgeschäft muss die Stiftung eine Satzung erhalten mit Regelungen über

1. den Namen der Stiftung,
2. den Sitz der Stiftung,
3. den Zweck der Stiftung,
4. das Vermögen der Stiftung,
5. die Bildung des Vorstands der Stiftung.

Genügt das Stiftungsgeschäft den Erfordernissen des Satzes 3 nicht und ist der Stifter verstorben, findet § 83 Satz 2 bis 4 entsprechende Anwendung.

(2) Bis zur Anerkennung der Stiftung als rechtsfähig ist der Stifter zum Widerruf des Stiftungsgeschäfts berechtigt. Ist die Anerkennung bei der zuständigen Behörde beantragt, so kann der Widerruf nur dieser gegenüber erklärt werden. Der Erbe des

Stifters ist zum Widerruf nicht berechtigt, wenn der Stifter den Antrag bei der zuständigen Behörde gestellt oder im Falle der notariellen Beurkundung des Stiftungsgeschäfts den Notar bei oder nach der Beurkundung mit der Antragstellung betraut hat.

§ 82 Übertragungspflicht des Stifters

Wird die Stiftung als rechtsfähig anerkannt, so ist der Stifter verpflichtet, das in dem Stiftungsgeschäft zugesicherte Vermögen auf die Stiftung zu übertragen. Rechte, zu deren Übertragung der Abtretungsvertrag genügt, gehen mit der Anerkennung auf die Stiftung über, sofern nicht aus dem Stiftungsgeschäft sich ein anderer Wille des Stifters ergibt.

§ 83 Stiftung von Todes wegen

Besteht das Stiftungsgeschäft in einer Verfügung von Todes wegen, so hat das Nachlassgericht dies der zuständigen Behörde zur Anerkennung mitzuteilen, sofern sie nicht von dem Erben oder dem Testamentsvollstrecker beantragt wird. Genügt das Stiftungsgeschäft nicht den Erfordernissen des § 81 Abs. 1 Satz 3, wird der Stiftung durch die zuständige Behörde vor der Anerkennung eine Satzung gegeben oder eine unvollständige Satzung ergänzt; dabei soll der Wille des Stifters berücksichtigt werden. Als Sitz der Stiftung gilt, wenn nicht ein anderes bestimmt ist, der Ort, an welchem die Verwaltung geführt wird. Im Zweifel gilt der letzte Wohnsitz des Stifters im Inland als Sitz.

§ 84 Anerkennung nach Tod des Stifters

Wird die Stiftung erst nach dem Tode des Stifters als rechtsfähig anerkannt, so gilt sie für die Zuwendungen des Stifters als schon vor dessen Tod entstanden.

§ 85 Stiftungsverfassung

Die Verfassung einer Stiftung wird, soweit sie nicht auf Bundes- oder Landesgesetz beruht, durch das Stiftungsgeschäft bestimmt.

§ 86 Anwendung des Vereinsrechts

Die Vorschriften der §§ 26 und 27 Absatz 3 und der §§ 28 bis 31a und 42 finden auf Stiftungen entsprechende Anwendung, die Vorschriften des § 26 Absatz 2 Satz 1, des § 27 Absatz 3 und des § 28 jedoch nur insoweit, als sich nicht aus der Verfassung, insbesondere daraus, dass die Verwaltung der Stiftung von einer öffentlichen Behörde geführt wird, ein anderes ergibt. Die Vorschriften des § 26 Absatz 2 Satz 2 und des § 29 finden auf Stiftungen, deren Verwaltung von einer öffentlichen Behörde geführt wird, keine Anwendung.

§ 87 Zweckänderung; Aufhebung

(1) Ist die Erfüllung des Stiftungszwecks unmöglich geworden oder gefährdet sie das Gemeinwohl, so kann die zuständige Behörde der Stiftung eine andere Zweckbestimmung geben oder sie aufheben.

(2) Bei der Umwandlung des Zweckes soll der Wille des Stifters berücksichtigt werden, insbesondere soll dafür gesorgt werden, dass die Erträge des Stiftungsvermögens dem Personenkreis, dem sie zustatten kommen sollten, im Sinne des Stifters erhalten bleiben. Die Behörde kann die Verfassung der Stiftung ändern, soweit die Umwandlung des Zweckes es erfordert.

(3) Vor der Umwandlung des Zweckes und der Änderung der Verfassung soll der Vorstand der Stiftung gehört werden.

§ 88 Vermögensanfall

Mit dem Erlöschen der Stiftung fällt das Vermögen an die in der Verfassung bestimmten Personen. Fehlt es an einer Bestimmung der Anfallberechtigten, so fällt das Vermögen an den Fiskus des Landes, in dem die Stiftung ihren Sitz hatte, oder an einen anderen nach dem Recht dieses Landes bestimmten Anfallberechtigten. Die Vorschriften der §§ 46 bis 53 finden entsprechende Anwendung.

§ 104 Geschäftsunfähigkeit

Geschäftsunfähig ist:

1. wer nicht das siebente Lebensjahr vollendet hat,
2. wer sich in einem die freie Willensbestimmung ausschließenden Zustand krankhafter Störung der Geistestätigkeit befindet, sofern nicht der Zustand seiner Natur nach ein vorübergehender ist.

§ 105 Nichtigkeit der Willenserklärung

(1) Die Willenserklärung eines Geschäftsunfähigen ist nichtig.

(2) Nichtig ist auch eine Willenserklärung, die im Zustand der Bewusstlosigkeit oder vorübergehender Störung der Geistestätigkeit abgegeben wird.

§ 105a Geschäfte des täglichen Lebens

Tätigt ein volljähriger Geschäftsunfähiger ein Geschäft des täglichen Lebens, das mit geringwertigen Mitteln bewirkt werden kann, so gilt der von ihm geschlossene Vertrag in Ansehung von Leistung und, soweit vereinbart, Gegenleistung als wirksam, sobald Leistung und Gegenleistung bewirkt sind. Satz 1 gilt nicht bei einer erheblichen Gefahr für die Person oder das Vermögen des Geschäftsunfähigen.

§ 106 Beschränkte Geschäftsfähigkeit Minderjähriger

Ein Minderjähriger, der das siebente Lebensjahr vollendet hat, ist nach Maßgabe der §§ 107 bis 113 in der Geschäftsfähigkeit beschränkt.

§ 107 Einwilligung des gesetzlichen Vertreters

Der Minderjährige bedarf zu einer Willenserklärung, durch die er nicht lediglich einen rechtlichen Vorteil erlangt, der Einwilligung seines gesetzlichen Vertreters.

§ 108 Vertragsschluss ohne Einwilligung

(1) Schließt der Minderjährige einen Vertrag ohne die erforderliche Einwilligung des gesetzlichen Vertreters, so hängt die Wirksamkeit des Vertrags von der Genehmigung des Vertreters ab.

(2) Fordert der andere Teil den Vertreter zur Erklärung über die Genehmigung auf, so kann die Erklärung nur ihm gegenüber erfolgen; eine vor der Aufforderung dem Minderjährigen gegenüber erklärte Genehmigung oder Verweigerung der Genehmigung wird unwirksam. Die Genehmigung kann nur bis zum Ablauf von zwei Wochen nach dem Empfang der Aufforderung erklärt werden; wird sie nicht erklärt, so gilt sie als verweigert.

(3) Ist der Minderjährige unbeschränkt geschäftsfähig geworden, so tritt seine Genehmigung an die Stelle der Genehmigung des Vertreters.

§ 109 Widerrufsrecht des anderen Teils

(1) Bis zur Genehmigung des Vertrags ist der andere Teil zum Widerruf berechtigt. Der Widerruf kann auch dem Minderjährigen gegenüber erklärt werden.

(2) Hat der andere Teil die Minderjährigkeit gekannt, so kann er nur widerrufen, wenn der Minderjährige der Wahrheit zuwider die Einwilligung des Vertreters behauptet hat; er kann auch in diesem Falle nicht widerrufen, wenn ihm das Fehlen der Einwilligung bei dem Abschluss des Vertrags bekannt war.

§ 110 Bewirken der Leistung mit eigenen Mitteln

Ein von dem Minderjährigen ohne Zustimmung des gesetzlichen Vertreters geschlossener Vertrag gilt als von Anfang an wirksam, wenn der Minderjährige die vertragsmäßige Leistung mit Mitteln bewirkt, die ihm zu diesem Zweck oder zu freier Verfügung von dem Vertreter oder mit dessen Zustimmung von einem Dritten überlassen worden sind.

§ 138 Sittenwidriges Rechtsgeschäft; Wucher

(1) Ein Rechtsgeschäft, das gegen die guten Sitten verstößt, ist nichtig.

(2) Nichtig ist insbesondere ein Rechtsgeschäft, durch das jemand unter Ausbeutung der Zwangslage, der Unerfahrenheit, des Mangels an Urteilsvermögen oder der erheblichen Willensschwäche eines anderen sich oder einem Dritten für eine Leistung Vermögensvorteile versprechen oder gewähren lässt, die in einem auffälligen Missverhältnis zu der Leistung stehen.

§ 145 Bindung an den Antrag

Wer einem anderen die Schließung eines Vertrags anträgt, ist an den Antrag gebunden, es sei denn, dass er die Gebundenheit ausgeschlossen hat.

§ 146 Erlöschen des Antrags

Der Antrag erlischt, wenn er dem Antragenden gegenüber abgelehnt oder wenn er nicht diesem gegenüber nach den §§ 147 bis 149 rechtzeitig angenommen wird.

§ 147 Annahmefrist

(1) Der einem Anwesenden gemachte Antrag kann nur sofort angenommen werden. Dies gilt auch von einem mittels Fernsprechers oder einer sonstigen technischen Einrichtung von Person zu Person gemachten Antrag.

(2) Der einem Abwesenden gemachte Antrag kann nur bis zu dem Zeitpunkt angenommen werden, in welchem der Antragende den Eingang der Antwort unter regelmäßigen Umständen erwarten darf.

§ 241 Pflichten aus dem Schuldverhältnis

(1) Kraft des Schuldverhältnisses ist der Gläubiger berechtigt, von dem Schuldner eine Leistung zu fordern. Die Leistung kann auch in einem Unterlassen bestehen.

(2) Das Schuldverhältnis kann nach seinem Inhalt jeden Teil zur Rücksicht auf die Rechte, Rechtsgüter und Interessen des anderen Teils verpflichten.

§ 241a Unbestellte Leistungen

(1) Durch die Lieferung unbestellter Sachen oder durch die Erbringung unbestellter sonstiger Leistungen durch einen Unternehmer an einen Verbraucher wird ein Anspruch gegen diesen nicht begründet.

(2) Gesetzliche Ansprüche sind nicht ausgeschlossen, wenn die Leistung nicht für den Empfänger bestimmt war oder in der irrigen Vorstellung einer Bestellung erfolgte und der Empfänger dies erkannt hat oder bei Anwendung der im Verkehr erforderlichen Sorgfalt hätte erkennen können.

(3) Eine unbestellte Leistung liegt nicht vor, wenn dem Verbraucher statt der bestellten eine nach Qualität und Preis gleichwertige Leistung angeboten und er darauf hingewiesen wird, dass er zur Annahme nicht verpflichtet ist und die Kosten der Rücksendung nicht zu tragen hat.

§ 242 Leistung nach Treu und Glauben

Der Schuldner ist verpflichtet, die Leistung so zu bewirken, wie Treu und Glauben mit Rücksicht auf die Verkehrssitte es erfordern.

§ 249 Art und Umfang des Schadensersatzes

(1) Wer zum Schadensersatz verpflichtet ist, hat den Zustand herzustellen, der bestehen würde, wenn der zum Ersatz verpflichtende Umstand nicht eingetreten wäre.

(2) Ist wegen Verletzung einer Person oder wegen Beschädigung einer Sache Schadensersatz zu leisten, so kann der Gläubiger statt der Herstellung den dazu erforderlichen Geldbetrag verlangen. Bei der Beschädigung einer Sache schließt der nach Satz 1 erforderliche Geldbetrag die Umsatzsteuer nur mit ein, wenn und soweit sie tatsächlich angefallen ist.

§ 250 Schadensersatz in Geld nach Fristsetzung

Der Gläubiger kann dem Ersatzpflichtigen zur Herstellung eine angemessene Frist mit der Erklärung bestimmen, dass er die Herstellung nach dem Ablauf der Frist ablehne. Nach dem Ablauf der Frist kann der Gläubiger den Ersatz in Geld verlangen, wenn nicht die Herstellung rechtzeitig erfolgt; der Anspruch auf die Herstellung ist ausgeschlossen.

§ 251 Schadensersatz in Geld ohne Fristsetzung

(1) Soweit die Herstellung nicht möglich oder zur Entschädigung des Gläubigers nicht genügend ist, hat der Ersatzpflichtige den Gläubiger in Geld zu entschädigen.

(2) Der Ersatzpflichtige kann den Gläubiger in Geld entschädigen, wenn die Herstellung nur mit unverhältnismäßigen Aufwendungen möglich ist. Die aus der Heilbehandlung eines verletzten Tieres entstandenen Aufwendungen sind nicht bereits dann unverhältnismäßig, wenn sie dessen Wert erheblich übersteigen.

§ 252 Entgangener Gewinn

Der zu ersetzende Schaden umfasst auch den entgangenen Gewinn. Als entgangen gilt der Gewinn, welcher nach dem gewöhnlichen Lauf der Dinge oder nach den besonderen Umständen, insbesondere nach den getroffenen Anstalten und Vorkehrungen, mit Wahrscheinlichkeit erwartet werden konnte.

§ 253 Immaterieller Schaden

(1) Wegen eines Schadens, der nicht Vermögensschaden ist, kann Entschädigung in Geld nur in den durch das Gesetz bestimmten Fällen gefordert werden.

(2) Ist wegen einer Verletzung des Körpers, der Gesundheit, der Freiheit oder der sexuellen Selbstbestimmung Schadensersatz zu leisten, kann auch wegen des Schadens, der nicht Vermögensschaden ist, eine billige Entschädigung in Geld gefordert werden.

§ 254 Mitverschulden

(1) Hat bei der Entstehung des Schadens ein Verschulden des Beschädigten mitgewirkt, so hängt die Verpflichtung zum Ersatz sowie der Umfang des zu leistenden Ersatzes von den Umständen, insbesondere davon ab, inwieweit der Schaden vorwiegend von dem einen oder dem anderen Teil verursacht worden ist.

(2) Dies gilt auch dann, wenn sich das Verschulden des Beschädigten darauf beschränkt, dass er unterlassen hat, den Schuldner auf die Gefahr eines ungewöhnlich hohen Schadens aufmerksam zu machen, die der Schuldner weder kannte noch kennen musste, oder dass er unterlassen hat, den Schaden abzuwenden oder zu mindern. Die Vorschrift des § 278 findet entsprechende Anwendung.

§ 280 Schadensersatz wegen Pflichtverletzung

(1) Verletzt der Schuldner eine Pflicht aus dem Schuldverhältnis, so kann der Gläubiger Ersatz des hierdurch entstehenden Schadens verlangen. Dies gilt nicht, wenn der Schuldner die Pflichtverletzung nicht zu vertreten hat.

(2) Schadensersatz wegen Verzögerung der Leistung kann der Gläubiger nur unter der zusätzlichen Voraussetzung des § 286 verlangen.

(3) Schadensersatz statt der Leistung kann der Gläubiger nur unter den zusätzlichen Voraussetzungen des § 281, des § 282 oder des § 283 verlangen.

§ 281 Schadensersatz statt der Leistung wegen nicht oder nicht wie geschuldet erbrachter Leistung

(1) Soweit der Schuldner die fällige Leistung nicht oder nicht wie geschuldet erbringt, kann der Gläubiger unter den Voraussetzungen des § 280 Abs. 1 Schadensersatz statt der Leistung verlangen, wenn er dem Schuldner erfolglos eine angemessene Frist zur Leistung oder Nacherfüllung bestimmt hat. Hat der Schuldner eine Teilleistung bewirkt, so kann der Gläubiger Schadensersatz statt der ganzen Leistung nur verlangen, wenn er an der Teilleistung kein Interesse hat. Hat der Schuldner die Leistung nicht wie geschuldet bewirkt, so kann der Gläubiger Schadensersatz statt der ganzen Leistung nicht verlangen, wenn die Pflichtverletzung unerheblich ist.

(2) Die Fristsetzung ist entbehrlich, wenn der Schuldner die Leistung ernsthaft und endgültig verweigert oder wenn besondere Umstände vorliegen, die unter Abwägung der beiderseitigen Interessen die sofortige Geltendmachung des Schadensersatzanspruchs rechtfertigen.

(3) Kommt nach der Art der Pflichtverletzung eine Fristsetzung nicht in Betracht, so tritt an deren Stelle eine Abmahnung.

(4) Der Anspruch auf die Leistung ist ausgeschlossen, sobald der Gläubiger statt der Leistung Schadensersatz verlangt hat.

(5) Verlangt der Gläubiger Schadensersatz statt der ganzen Leistung, so ist der Schuldner zur Rückforderung des Geleisteten nach den §§ 346 bis 348 berechtigt.

§ 282 Schadensersatz statt der Leistung wegen Verletzung einer Pflicht nach § 241 Abs. 2

Verletzt der Schuldner eine Pflicht nach § 241 Abs. 2, kann der Gläubiger unter den Voraussetzungen des § 280 Abs. 1 Schadensersatz statt der Leistung verlangen, wenn ihm die Leistung durch den Schuldner nicht mehr zuzumuten ist.

§ 283 Schadensersatz statt der Leistung bei Ausschluss der Leistungspflicht

Braucht der Schuldner nach § 275 Abs. 1 bis 3 nicht zu leisten, kann der Gläubiger unter den Voraussetzungen des § 280 Abs. 1 Schadensersatz statt der Leistung verlangen. § 281 Abs. 1 Satz 2 und 3 und Abs. 5 findet entsprechende Anwendung.

§ 284 Ersatz vergeblicher Aufwendungen

Anstelle des Schadensersatzes statt der Leistung kann der Gläubiger Ersatz der Aufwendungen verlangen, die er im Vertrauen auf den Erhalt der Leistung gemacht hat und billigerweise machen durfte, es sei denn, deren Zweck wäre auch ohne die Pflichtverletzung des Schuldners nicht erreicht worden.

§ 285 Herausgabe des Ersatzes

(1) Erlangt der Schuldner infolge des Umstands, auf Grund dessen er die Leistung nach § 275 Abs. 1 bis 3 nicht zu erbringen braucht, für den geschuldeten Gegenstand einen Ersatz oder einen Ersatzanspruch, so kann der Gläubiger Herausgabe des als Ersatz Empfangenen oder Abtretung des Ersatzanspruchs verlangen.

(2) Kann der Gläubiger statt der Leistung Schadensersatz verlangen, so mindert sich dieser, wenn er von dem in Absatz 1 bestimmten Recht Gebrauch macht, um den Wert des erlangten Ersatzes oder Ersatzanspruchs.

§ 286 Verzug des Schuldners

(1) Leistet der Schuldner auf eine Mahnung des Gläubigers nicht, die nach dem Eintritt der Fälligkeit erfolgt, so kommt er durch die Mahnung in Verzug. Der Mahnung stehen die Erhebung der Klage auf die Leistung sowie die Zustellung eines Mahnbescheids im Mahnverfahren gleich.

(2) Der Mahnung bedarf es nicht, wenn

1. für die Leistung eine Zeit nach dem Kalender bestimmt ist,
2. der Leistung ein Ereignis vorauszugehen hat und eine angemessene Zeit für die Leistung in der Weise bestimmt ist, dass sie sich von dem Ereignis an nach dem Kalender berechnen lässt,
3. der Schuldner die Leistung ernsthaft und endgültig verweigert,
4. aus besonderen Gründen unter Abwägung der beiderseitigen Interessen der sofortige Eintritt des Verzugs gerechtfertigt ist.

(3) Der Schuldner einer Entgeltforderung kommt spätestens in Verzug, wenn er nicht innerhalb von 30 Tagen nach Fälligkeit und Zugang einer Rechnung oder gleichwertigen Zahlungsaufstellung leistet; dies gilt gegenüber einem Schuldner, der Verbraucher ist, nur, wenn auf diese Folgen in der Rechnung oder Zahlungsaufstellung besonders hingewiesen worden ist. Wenn der Zeitpunkt des Zugangs der Rechnung oder Zahlungsaufstellung unsicher ist, kommt der Schuldner, der nicht Verbraucher ist, spätestens 30 Tage nach Fälligkeit und Empfang der Gegenleistung in Verzug.

(4) Der Schuldner kommt nicht in Verzug, solange die Leistung infolge eines Umstands unterbleibt, den er nicht zu vertreten hat.

§ 305 Einbeziehung Allgemeiner Geschäftsbedingungen in den Vertrag

(1) Allgemeine Geschäftsbedingungen sind alle für eine Vielzahl von Verträgen vorformulierten Vertragsbedingungen, die eine Vertragspartei (Verwender) der anderen Vertragspartei bei Abschluss eines Vertrags stellt. Gleichgültig ist, ob die Bestimmungen einen äußerlich gesonderten Bestandteil des Vertrags bilden oder in die Vertragsurkunde selbst aufgenommen werden, welchen Umfang sie haben, in welcher Schriftart sie verfasst sind und welche Form der Vertrag hat. Allgemeine Geschäftsbedingungen liegen nicht vor, soweit die Vertragsbedingungen zwischen den Vertragsparteien im Einzelnen ausgehandelt sind.

(2) Allgemeine Geschäftsbedingungen werden nur dann Bestandteil eines Vertrags, wenn der Verwender bei Vertragsschluss

1. die andere Vertragspartei ausdrücklich oder, wenn ein ausdrücklicher Hinweis wegen der Art des Vertragsschlusses nur unter unverhältnismäßigen Schwierigkeiten möglich ist, durch deutlich sichtbaren Aushang am Ort des Vertragsschlusses auf sie hinweist und

2. der anderen Vertragspartei die Möglichkeit verschafft, in zumutbarer Weise, die auch eine für den Verwender erkennbare körperliche Behinderung der anderen Vertragspartei angemessen berücksichtigt, von ihrem Inhalt Kenntnis zu nehmen,

und wenn die andere Vertragspartei mit ihrer Geltung einverstanden ist.

(3) Die Vertragsparteien können für eine bestimmte Art von Rechtsgeschäften die Geltung bestimmter Allgemeiner Geschäftsbedingungen unter Beachtung der in Absatz 2 bezeichneten Erfordernisse im Voraus vereinbaren.

§ 305a Einbeziehung in besonderen Fällen

Auch ohne Einhaltung der in § 305 Abs. 2 Nr. 1 und 2 bezeichneten Erfordernisse werden einbezogen, wenn die andere Vertragspartei mit ihrer Geltung einverstanden ist,

1. die mit Genehmigung der zuständigen Verkehrsbehörde oder auf Grund von internationalen Übereinkommen erlassenen Tarife und Ausführungsbestimmungen der Eisenbahnen und die nach Maßgabe des Personenbeförderungsgesetzes genehmigten Beförderungsbedingungen der Straßenbahnen, Obusse und Kraftfahrzeuge im Linienverkehr in den Beförderungsvertrag,

2. die im Amtsblatt der Bundesnetzagentur für Elektrizität, Gas, Telekommunikation, Post und Eisenbahnen veröffentlichten und in den Geschäftsstellen des Verwenders bereitgehaltenen Allgemeinen Geschäftsbedingungen

a) in Beförderungsverträge, die außerhalb von Geschäftsräumen durch den Einwurf von Postsendungen in Briefkästen abgeschlossen werden,

b) in Verträge über Telekommunikations-, Informations- und andere Dienstleistungen, die unmittelbar durch Einsatz von Fernkommunikationsmitteln und während der Erbringung einer Telekommunikationsdienstleistung in einem Mal erbracht werden, wenn die Allgemeinen Geschäftsbedingungen der anderen Vertragspartei nur unter unverhältnismäßigen Schwierigkeiten vor dem Vertragsschluss zugänglich gemacht werden können.

§ 305b Vorrang der Individualabrede

Individuelle Vertragsabreden haben Vorrang vor Allgemeinen Geschäftsbedingungen.

§ 305c Überraschende und mehrdeutige Klauseln

(1) Bestimmungen in Allgemeinen Geschäftsbedingungen, die nach den Umständen, insbesondere nach dem äußeren Erscheinungsbild des Vertrags, so ungewöhnlich sind, dass der Vertragspartner des Verwenders mit ihnen nicht zu rechnen braucht, werden nicht Vertragsbestandteil.

(2) Zweifel bei der Auslegung Allgemeiner Geschäftsbedingungen gehen zu Lasten des Verwenders.

§ 306 Rechtsfolgen bei Nichteinbeziehung und Unwirksamkeit

(1) Sind Allgemeine Geschäftsbedingungen ganz oder teilweise nicht Vertragsbestandteil geworden oder unwirksam, so bleibt der Vertrag im Übrigen wirksam.

(2) Soweit die Bestimmungen nicht Vertragsbestandteil geworden oder unwirksam sind, richtet sich der Inhalt des Vertrags nach den gesetzlichen Vorschriften.

(3) Der Vertrag ist unwirksam, wenn das Festhalten an ihm auch unter Berücksichtigung der nach Absatz 2 vorgesehenen Änderung eine unzumutbare Härte für eine Vertragspartei darstellen würde.

§ 306a Umgehungsverbot

Die Vorschriften dieses Abschnitts finden auch Anwendung, wenn sie durch anderweitige Gestaltungen umgangen werden.

§ 307 Inhaltskontrolle

(1) Bestimmungen in Allgemeinen Geschäftsbedingungen sind unwirksam, wenn sie den Vertragspartner des Verwenders entgegen den Geboten von Treu und Glauben unangemessen benachteiligen. Eine unangemessene Benachteiligung kann sich auch daraus ergeben, dass die Bestimmung nicht klar und verständlich ist.

(2) Eine unangemessene Benachteiligung ist im Zweifel anzunehmen, wenn eine Bestimmung

1. mit wesentlichen Grundgedanken der gesetzlichen Regelung, von der abgewichen wird, nicht zu vereinbaren ist oder

2. wesentliche Rechte oder Pflichten, die sich aus der Natur des Vertrags ergeben, so einschränkt, dass die Erreichung des Vertragszwecks gefährdet ist.

(3) Die Absätze 1 und 2 sowie die §§ 308 und 309 gelten nur für Bestimmungen in Allgemeinen Geschäftsbedingungen, durch die von Rechtsvorschriften abweichende oder diese ergänzende Regelungen vereinbart werden. Andere Bestimmungen können nach Absatz 1 Satz 2 in Verbindung mit Absatz 1 Satz 1 unwirksam sein.

§ 308 Klauselverbote mit Wertungsmöglichkeit

In Allgemeinen Geschäftsbedingungen ist insbesondere unwirksam

1. (Annahme- und Leistungsfrist)

eine Bestimmung, durch die sich der Verwender unangemessen lange oder nicht hinreichend bestimmte Fristen für die Annahme oder Ablehnung eines Angebots oder die Erbringung einer Leistung vorbehält; ausgenommen hiervon ist der Vorbehalt, erst nach Ablauf der Widerrufs- oder Rückgabefrist nach § 355 Abs. 1 bis 3 und § 356 zu leisten;

2. (Nachfrist)

eine Bestimmung, durch die sich der Verwender für die von ihm zu bewirkende Leistung abweichend von Rechtsvorschriften eine unangemessen lange oder nicht hinreichend bestimmte Nachfrist vorbehält;

3. (Rücktrittsvorbehalt)

die Vereinbarung eines Rechts des Verwenders, sich ohne sachlich gerechtfertigten und im Vertrag angegebenen Grund von seiner Leistungspflicht zu lösen; dies gilt nicht für Dauerschuldverhältnisse;

4. (Änderungsvorbehalt)

die Vereinbarung eines Rechts des Verwenders, die versprochene Leistung zu ändern oder von ihr abzuweichen, wenn nicht die Vereinbarung der Änderung oder Abweichung unter Berücksichtigung der Interessen des Verwenders für den anderen Vertragsteil zumutbar ist;

5. (Fingierte Erklärungen)

eine Bestimmung, wonach eine Erklärung des Vertragspartners des Verwenders bei Vornahme oder Unterlassung einer bestimmten Handlung als von ihm abgegeben oder nicht abgegeben gilt, es sei denn, dass

a) dem Vertragspartner eine angemessene Frist zur Abgabe einer ausdrücklichen Erklärung eingeräumt ist und

b) der Verwender sich verpflichtet, den Vertragspartner bei Beginn der Frist auf die vorgesehene Bedeutung seines Verhaltens besonders hinzuweisen;

6. (Fiktion des Zugangs)

eine Bestimmung, die vorsieht, dass eine Erklärung des Verwenders von besonderer Bedeutung dem anderen Vertragsteil als zugegangen gilt;

7. (Abwicklung von Verträgen)

eine Bestimmung, nach der der Verwender für den Fall, dass eine Vertragspartei vom Vertrag zurücktritt oder den Vertrag kündigt,

a) eine unangemessen hohe Vergütung für die Nutzung oder den Gebrauch einer Sache oder eines Rechts oder für erbrachte Leistungen oder

b) einen unangemessen hohen Ersatz von Aufwendungen verlangen kann;

8. (Nichtverfügbarkeit der Leistung)

die nach Nummer 3 zulässige Vereinbarung eines Vorbehalts des Verwenders, sich von der Verpflichtung zur Erfüllung des Vertrags bei Nichtverfügbarkeit der Leistung zu lösen, wenn sich der Verwender nicht verpflichtet,

a) den Vertragspartner unverzüglich über die Nichtverfügbarkeit zu informieren und

b) Gegenleistungen des Vertragspartners unverzüglich zu erstatten.

§ 309 Klauselverbote ohne Wertungsmöglichkeit

Auch soweit eine Abweichung von den gesetzlichen Vorschriften zulässig ist, ist in Allgemeinen Geschäftsbedingungen unwirksam

1. (Kurzfristige Preiserhöhungen)

eine Bestimmung, welche die Erhöhung des Entgelts für Waren oder Leistungen vorsieht, die innerhalb von vier Monaten nach Vertragsschluss geliefert oder erbracht werden sollen; dies gilt nicht bei Waren oder Leistungen, die im Rahmen von Dauerschuldverhältnissen geliefert oder erbracht werden;

2. (Leistungsverweigerungsrechte)

eine Bestimmung, durch die

a) das Leistungsverweigerungsrecht, das dem Vertragspartner des Verwenders nach § 320 zusteht, ausgeschlossen oder eingeschränkt wird oder

b) ein dem Vertragspartner des Verwenders zustehendes Zurückbehaltungsrecht, soweit es auf demselben Vertragsverhältnis beruht, ausgeschlossen oder eingeschränkt, insbesondere von der Anerkennung von Mängeln durch den Verwender abhängig gemacht wird;

3. (Aufrechnungsverbot)

eine Bestimmung, durch die dem Vertragspartner des Verwenders die Befugnis genommen wird, mit einer unbestrittenen oder rechtskräftig festgestellten Forderung aufzurechnen;

4. (Mahnung, Fristsetzung)

eine Bestimmung, durch die der Verwender von der gesetzlichen Obliegenheit freigestellt wird, den anderen Vertragsteil zu mahnen oder ihm eine Frist für die Leistung oder Nacherfüllung zu setzen;

5. (Pauschalierung von Schadensersatzansprüchen)

die Vereinbarung eines pauschalierten Anspruchs des Verwenders auf Schadensersatz oder Ersatz einer Wertminderung, wenn

a) die Pauschale den in den geregelten Fällen nach dem gewöhnlichen Lauf der Dinge zu erwartenden Schaden oder die gewöhnlich eintretende Wertminderung übersteigt oder

b) dem anderen Vertragsteil nicht ausdrücklich der Nachweis gestattet wird, ein Schaden oder eine Wertminderung sei überhaupt nicht entstanden oder wesentlich niedriger als die Pauschale;

6. (Vertragsstrafe)

eine Bestimmung, durch die dem Verwender für den Fall der Nichtabnahme oder verspäteten Abnahme der Leistung, des Zahlungsverzugs oder für den Fall, dass der andere Vertragsteil sich vom Vertrag löst, Zahlung einer Vertragsstrafe versprochen wird;

7. (Haftungsausschluss bei Verletzung von Leben, Körper, Gesundheit und bei grobem Verschulden)

a) (Verletzung von Leben, Körper, Gesundheit)

ein Ausschluss oder eine Begrenzung der Haftung für Schäden aus der Verletzung des Lebens, des Körpers oder der Gesundheit, die auf einer fahrlässigen Pflichtverletzung des Verwenders oder einer vorsätzlichen oder fahrlässigen Pflichtverletzung eines gesetzlichen Vertreters oder Erfüllungsgehilfen des Verwenders beruhen;

b) (Grobes Verschulden)

ein Ausschluss oder eine Begrenzung der Haftung für sonstige Schäden, die auf einer grob fahrlässigen Pflichtverletzung des Verwenders oder auf einer vorsätzlichen oder grob fahrlässigen Pflichtverletzung eines gesetzlichen Vertreters oder Erfüllungsgehilfen des Verwenders beruhen;

die Buchstaben a und b gelten nicht für Haftungsbeschränkungen in den nach Maßgabe des Personenbeförderungsgesetzes genehmigten Beförderungsbedingungen und Tarifvorschriften der Straßenbahnen, Obusse und Kraftfahrzeuge im Linienverkehr, soweit sie nicht zum Nachteil des Fahrgastes von der Verordnung über die Allgemeinen Beförderungsbedingungen für den Straßenbahn- und Obusverkehr sowie den Linienverkehr mit Kraftfahrzeugen vom 27. Februar 1970 abweichen; Buchstabe b gilt nicht für Haftungsbeschränkungen für staatlich genehmigte Lotterie- oder Ausspielverträge;

8. (Sonstige Haftungsausschlüsse bei Pflichtverletzung)

a) (Ausschluss des Rechts, sich vom Vertrag zu lösen)

eine Bestimmung, die bei einer vom Verwender zu vertretenden, nicht in einem Mangel der Kaufsache oder des Werkes bestehenden Pflichtverletzung das Recht des anderen Vertragsteils, sich vom Vertrag zu lösen, ausschließt oder einschränkt; dies gilt nicht für die in der Nummer 7 bezeichneten Beförderungsbedingungen und Tarifvorschriften unter den dort genannten Voraussetzungen;

b) (Mängel)

eine Bestimmung, durch die bei Verträgen über Lieferungen neu hergestellter Sachen und über Werkleistungen

aa) (Ausschluss und Verweisung auf Dritte)

die Ansprüche gegen den Verwender wegen eines Mangels insgesamt oder bezüglich einzelner Teile ausgeschlossen, auf die Einräumung von Ansprüchen gegen Dritte beschränkt oder von der vorherigen gerichtlichen Inanspruchnahme Dritter abhängig gemacht werden;

bb) (Beschränkung auf Nacherfüllung)

die Ansprüche gegen den Verwender insgesamt oder bezüglich einzelner Teile auf ein Recht auf Nacherfüllung beschränkt werden, sofern dem anderen Vertragsteil nicht ausdrücklich das Recht vorbehalten wird, bei Fehlschlagen der Nacherfüllung zu mindern oder, wenn nicht eine Bauleistung Gegenstand der Mängelhaftung ist, nach seiner Wahl vom Vertrag zurückzutreten;

cc) (Aufwendungen bei Nacherfüllung)

die Verpflichtung des Verwenders ausgeschlossen oder beschränkt wird, die zum Zwecke der Nacherfüllung erforderlichen Aufwendungen, insbesondere Transport-, Wege-, Arbeits- und Materialkosten, zu tragen;

dd) (Vorenthalten der Nacherfüllung)

der Verwender die Nacherfüllung von der vorherigen Zahlung des vollständigen Entgelts oder eines unter Berücksichtigung des Mangels unverhältnismäßig hohen Teils des Entgelts abhängig macht;

ee) (Ausschlussfrist für Mängelanzeige)

der Verwender dem anderen Vertragsteil für die Anzeige nicht offensichtlicher Mängel eine Ausschlussfrist setzt, die kürzer ist als die nach dem Doppelbuchstaben ff zulässige Frist;

ff) (Erleichterung der Verjährung)

die Verjährung von Ansprüchen gegen den Verwender wegen eines Mangels in den Fällen des § 438 Abs. 1 Nr. 2 und des § 634a Abs. 1 Nr. 2 erleichtert oder in den sonstigen Fällen eine weniger als ein Jahr betragende Verjährungsfrist ab dem gesetzlichen Verjährungsbeginn erreicht wird;

9. (Laufzeit bei Dauerschuldverhältnissen)

bei einem Vertragsverhältnis, das die regelmäßige Lieferung von Waren oder die regelmäßige Erbringung von Dienst- oder Werkleistungen durch den Verwender zum Gegenstand hat,

a) eine den anderen Vertragsteil länger als zwei Jahre bindende Laufzeit des Vertrags,

b) eine den anderen Vertragsteil bindende stillschweigende Verlängerung des Vertragsverhältnisses um jeweils mehr als ein Jahr oder

c) zu Lasten des anderen Vertragsteils eine längere Kündigungsfrist als drei Monate vor Ablauf der zunächst vorgesehenen oder stillschweigend verlängerten Vertragsdauer;

dies gilt nicht für Verträge über die Lieferung als zusammengehörig verkaufter Sachen, für Versicherungsverträge sowie für Verträge zwischen den Inhabern urheberrechtlicher Rechte und Ansprüche und Verwertungsgesellschaften im Sinne des Gesetzes über die Wahrnehmung von Urheberrechten und verwandten Schutzrechten;

10. (Wechsel des Vertragspartners)

eine Bestimmung, wonach bei Kauf-, Darlehens-, Dienst- oder Werkverträgen ein Dritter anstelle des Verwenders in die sich aus dem Vertrag ergebenden Rechte und Pflichten eintritt oder eintreten kann, es sei denn, in der Bestimmung wird

a) der Dritte namentlich bezeichnet oder

b) dem anderen Vertragsteil das Recht eingeräumt, sich vom Vertrag zu lösen;

11. (Haftung des Abschlussvertreters)

eine Bestimmung, durch die der Verwender einem Vertreter, der den Vertrag für den anderen Vertragsteil abschließt,

a) ohne hierauf gerichtete ausdrückliche und gesonderte Erklärung eine eigene Haftung oder Einstandspflicht oder

b) im Falle vollmachtsloser Vertretung eine über § 179 hinausgehende Haftung

auferlegt;

12. (Beweislast)

eine Bestimmung, durch die der Verwender die Beweislast zum Nachteil des anderen Vertragsteils ändert, insbesondere indem er

a)diesem die Beweislast für Umstände auferlegt, die im Verantwortungsbereich des Verwenders liegen, oder

b) den anderen Vertragsteil bestimmte Tatsachen bestätigen lässt;

Buchstabe b gilt nicht für Empfangsbekenntnisse, die gesondert unterschrieben oder mit einer gesonderten qualifizierten elektronischen Signatur versehen sind;

13.(Form von Anzeigen und Erklärungen)

eine Bestimmung, durch die Anzeigen oder Erklärungen, die dem Verwender oder einem Dritten gegenüber abzugeben sind, an eine strengere Form als die Schriftform oder an besondere Zugangserfordernisse gebunden werden.

§ 310 Anwendungsbereich

(1) § 305 Abs. 2 und 3 und die §§ 308 und 309 finden keine Anwendung auf Allgemeine Geschäftsbedingungen, die gegenüber einem Unternehmer, einer juristischen Person des öffentlichen Rechts oder einem öffentlich-rechtlichen Sondervermögen verwendet werden. § 307 Abs. 1 und 2 findet in den Fällen des Satzes 1 auch insoweit Anwendung, als dies zur Unwirksamkeit von in den §§ 308 und 309 genannten Vertragsbestimmungen führt; auf die im Handelsverkehr geltenden Gewohnheiten und Gebräuche ist angemessen Rücksicht zu nehmen. In den Fällen des Satzes 1 findet § 307 Abs. 1 und 2 auf Verträge, in die die Vergabe- und Vertragsordnung für Bauleistungen Teil B (VOB/B) in der jeweils zum Zeitpunkt des Vertragsschlusses geltenden Fassung ohne inhaltliche Abweichungen insgesamt einbezogen ist, in Bezug auf eine Inhaltskontrolle einzelner Bestimmungen keine Anwendung.

(2) Die §§ 308 und 309 finden keine Anwendung auf Verträge der Elektrizitäts-, Gas-, Fernwärme- und Wasserversorgungsunternehmen über die Versorgung von Sonderabnehmern mit elektrischer Energie, Gas, Fernwärme und Wasser aus dem Versorgungsnetz, soweit die Versorgungsbedingungen nicht zum Nachteil der Abnehmer von Verordnungen über Allgemeine Bedingungen für die Versorgung von Tarifkunden mit elektrischer Energie, Gas, Fernwärme und Wasser abweichen. Satz 1 gilt entsprechend für Verträge über die Entsorgung von Abwasser.

(3) Bei Verträgen zwischen einem Unternehmer und einem Verbraucher (Verbraucherverträge) finden die Vorschriften dieses Abschnitts mit folgenden Maßgaben Anwendung:

1. Allgemeine Geschäftsbedingungen gelten als vom Unternehmer gestellt, es sei denn, dass sie durch den Verbraucher in den Vertrag eingeführt wurden;

2. § 305c Abs. 2 und die §§ 306 und 307 bis 309 dieses Gesetzes sowie Artikel 46b des Einführungsgesetzes zum Bürgerlichen Gesetzbuche finden auf vorformulierte Vertragsbedingungen auch dann Anwendung, wenn diese nur zur einmaligen Verwendung bestimmt sind und soweit der Verbraucher auf Grund der Vorformulierung auf ihren Inhalt keinen Einfluss nehmen konnte;

3. bei der Beurteilung der unangemessenen Benachteiligung nach § 307 Abs. 1 und 2 sind auch die den Vertragsschluss begleitenden Umstände zu berücksichtigen.

(4) Dieser Abschnitt findet keine Anwendung bei Verträgen auf dem Gebiet des Erb-, Familien- und Gesellschaftsrechts sowie auf Tarifverträge, Betriebs- und Dienstvereinbarungen. Bei der Anwendung auf Arbeitsverträge sind die im Arbeitsrecht geltenden Besonderheiten angemessen zu berücksichtigen; § 305 Abs. 2 und 3 ist nicht anzuwenden. Tarifverträge, Betriebs- und Dienstvereinbarungen stehen Rechtsvorschriften im Sinne von § 307 Abs. 3 gleich.

§ 611 Vertragstypische Pflichten beim Dienstvertrag

(1) Durch den Dienstvertrag wird derjenige, welcher Dienste zusagt, zur Leistung der versprochenen Dienste, der andere Teil zur Gewährung der vereinbarten Vergütung verpflichtet.

(2) Gegenstand des Dienstvertrags können Dienste jeder Art sein.

§ 612 Vergütung

(1) Eine Vergütung gilt als stillschweigend vereinbart, wenn die Dienstleistung den Umständen nach nur gegen eine Vergütung zu erwarten ist.

(2) Ist die Höhe der Vergütung nicht bestimmt, so ist bei dem Bestehen einer Taxe die taxmäßige Vergütung, in Ermangelung einer Taxe die übliche Vergütung als vereinbart anzusehen.

(3) (weggefallen)

§ 614 Fälligkeit der Vergütung

Die Vergütung ist nach der Leistung der Dienste zu entrichten. Ist die Vergütung nach Zeitabschnitten bemessen, so ist sie nach dem Ablauf der einzelnen Zeitabschnitte zu entrichten.

§ 618 Pflicht zu Schutzmaßnahmen

(1) Der Dienstberechtigte hat Räume, Vorrichtungen oder Gerätschaften, die er zur Verrichtung der Dienste zu beschaffen hat, so einzurichten und zu unterhalten und Dienstleistungen, die unter seiner Anordnung oder seiner Leitung vorzunehmen sind, so zu regeln, dass der Verpflichtete gegen Gefahr für Leben und Gesundheit soweit geschützt ist, als die Natur der Dienstleistung es gestattet.

(2) Ist der Verpflichtete in die häusliche Gemeinschaft aufgenommen, so hat der Dienstberechtigte in Ansehung des Wohn- und Schlafraums, der Verpflegung sowie der Arbeits- und Erholungszeit diejenigen Einrichtungen und Anordnungen zu treffen, welche mit Rücksicht auf die Gesundheit, die Sittlichkeit und die Religion des Verpflichteten erforderlich sind.

(3) Erfüllt der Dienstberechtigte die ihm in Ansehung des Lebens und der Gesundheit des Verpflichteten obliegenden Verpflichtungen nicht, so finden auf seine Verpflichtung zum Schadensersatz die für unerlaubte Handlungen geltenden Vorschriften der §§ 842 bis 846 entsprechende Anwendung.

§ 620 Beendigung des Dienstverhältnisses

(1) Das Dienstverhältnis endigt mit dem Ablauf der Zeit, für die es eingegangen ist.

(2) Ist die Dauer des Dienstverhältnisses weder bestimmt noch aus der Beschaffenheit oder dem Zwecke der Dienste zu entnehmen, so kann jeder Teil das Dienstverhältnis nach Maßgabe der §§ 621 bis 623 kündigen.

(3) Für Arbeitsverträge, die auf bestimmte Zeit abgeschlossen werden, gilt das Teilzeit- und Befristungsgesetz.

§ 621 Kündigungsfristen bei Dienstverhältnissen

Bei einem Dienstverhältnis, das kein Arbeitsverhältnis im Sinne des § 622 ist, ist die Kündigung zulässig,

1. wenn die Vergütung nach Tagen bemessen ist, an jedem Tag für den Ablauf des folgenden Tages;
2. wenn die Vergütung nach Wochen bemessen ist, spätestens am ersten Werktag einer Woche für den Ablauf des folgenden Sonnabends;
3. wenn die Vergütung nach Monaten bemessen ist, spätestens am fünfzehnten eines Monats für den Schluss des Kalendermonats;
4. wenn die Vergütung nach Vierteljahren oder längeren Zeitabschnitten bemessen ist, unter Einhaltung einer Kündigungsfrist von sechs Wochen für den Schluss eines Kalendervierteljahrs;
5. wenn die Vergütung nicht nach Zeitabschnitten bemessen ist, jederzeit; bei einem die Erwerbstätigkeit des Verpflichteten vollständig oder hauptsächlich in Anspruch nehmenden Dienstverhältnis ist jedoch eine Kündigungsfrist von zwei Wochen einzuhalten.

§ 622 Kündigungsfristen bei Arbeitsverhältnissen

(1) Das Arbeitsverhältnis eines Arbeiters oder eines Angestellten (Arbeitnehmers) kann mit einer Frist von vier Wochen zum Fünfzehnten oder zum Ende eines Kalendermonats gekündigt werden.

(2) Für eine Kündigung durch den Arbeitgeber beträgt die Kündigungsfrist, wenn das Arbeitsverhältnis in dem Betrieb oder Unternehmen

1. zwei Jahre bestanden hat, einen Monat zum Ende eines Kalendermonats,

2. fünf Jahre bestanden hat, zwei Monate zum Ende eines Kalendermonats,

3. acht Jahre bestanden hat, drei Monate zum Ende eines Kalendermonats,

4. zehn Jahre bestanden hat, vier Monate zum Ende eines Kalendermonats,

5. zwölf Jahre bestanden hat, fünf Monate zum Ende eines Kalendermonats,

6. 15 Jahre bestanden hat, sechs Monate zum Ende eines Kalendermonats,

7. 20 Jahre bestanden hat, sieben Monate zum Ende eines Kalendermonats.

Bei der Berechnung der Beschäftigungsdauer werden Zeiten, die vor der Vollendung des 25. Lebensjahrs des Arbeitnehmers liegen, nicht berücksichtigt.

(3) Während einer vereinbarten Probezeit, längstens für die Dauer von sechs Monaten, kann das Arbeitsverhältnis mit einer Frist von zwei Wochen gekündigt werden.

(4) Von den Absätzen 1 bis 3 abweichende Regelungen können durch Tarifvertrag vereinbart werden. Im Geltungsbereich eines solchen Tarifvertrags gelten die abweichenden tarifvertraglichen Bestimmungen zwischen nicht tarifgebundenen Arbeitgebern und Arbeitnehmern, wenn ihre Anwendung zwischen ihnen vereinbart ist.

(5) Einzelvertraglich kann eine kürzere als die in Absatz 1 genannte Kündigungsfrist nur vereinbart werden,

1. wenn ein Arbeitnehmer zur vorübergehenden Aushilfe eingestellt ist; dies gilt nicht, wenn das Arbeitsverhältnis über die Zeit von drei Monaten hinaus fortgesetzt wird;

2. wenn der Arbeitgeber in der Regel nicht mehr als 20 Arbeitnehmer ausschließlich der zu ihrer Berufsbildung Beschäftigten beschäftigt und die Kündigungsfrist vier Wochen nicht unterschreitet.

Bei der Feststellung der Zahl der beschäftigten Arbeitnehmer sind teilzeitbeschäftigte Arbeitnehmer mit einer regelmäßigen wöchentlichen Arbeitszeit von nicht mehr als 20 Stunden mit 0,5 und nicht mehr als 30 Stunden mit 0,75 zu berücksichtigen. Die einzelvertragliche Vereinbarung längerer als der in den Absätzen 1 bis 3 genannten Kündigungsfristen bleibt hiervon unberührt.

(6) Für die Kündigung des Arbeitsverhältnisses durch den Arbeitnehmer darf keine längere Frist vereinbart werden als für die Kündigung durch den Arbeitgeber.

§ 623 Schriftform der Kündigung

Die Beendigung von Arbeitsverhältnissen durch Kündigung oder Auflösungsvertrag bedürfen zu ihrer Wirksamkeit der Schriftform; die elektronische Form ist ausgeschlossen.

§ 624 Kündigungsfrist bei Verträgen über mehr als fünf Jahre

Ist das Dienstverhältnis für die Lebenszeit einer Person oder für längere Zeit als fünf Jahre eingegangen, so kann es von dem Verpflichteten nach dem Ablauf von fünf Jahren gekündigt werden. Die Kündigungsfrist beträgt sechs Monate.

§ 625 Stillschweigende Verlängerung

Wird das Dienstverhältnis nach dem Ablauf der Dienstzeit von dem Verpflichteten mit Wissen des anderen Teiles fortgesetzt, so gilt es als auf unbestimmte Zeit verlängert, sofern nicht der andere Teil unverzüglich widerspricht.

§ 626 Fristlose Kündigung aus wichtigem Grund

(1) Das Dienstverhältnis kann von jedem Vertragsteil aus wichtigem Grund ohne Einhaltung einer Kündigungsfrist gekündigt werden, wenn Tatsachen vorliegen, auf Grund derer dem Kündigenden unter Berücksichtigung aller Umstände des Einzelfalles und unter Abwägung der Interessen beider Vertragsteile die Fortsetzung des Dienstverhältnisses bis zum Ablauf der Kündigungsfrist oder bis zu der vereinbarten Beendigung des Dienstverhältnisses nicht zugemutet werden kann.

(2) Die Kündigung kann nur innerhalb von zwei Wochen erfolgen. Die Frist beginnt mit dem Zeitpunkt, in dem der Kündigungsberechtigte von den für die Kündigung maßgebenden Tatsachen Kenntnis erlangt. Der Kündigende muss dem anderen Teil auf Verlangen den Kündigungsgrund unverzüglich schriftlich mitteilen.

§ 627 Fristlose Kündigung bei Vertrauensstellung

(1) Bei einem Dienstverhältnis, das kein Arbeitsverhältnis im Sinne des § 622 ist, ist die Kündigung auch ohne die in § 626 bezeichnete Voraussetzung zulässig, wenn der zur Dienstleistung Verpflichtete, ohne in einem dauernden Dienstverhältnis mit festen Bezügen zu stehen, Dienste höherer Art zu leisten hat, die auf Grund besonderen Vertrauens übertragen zu werden pflegen.

(2) Der Verpflichtete darf nur in der Art kündigen, dass sich der Dienstberechtigte die Dienste anderweit beschaffen kann, es sei denn, dass ein wichtiger Grund für die unzeitige Kündigung vorliegt. Kündigt er ohne solchen Grund zur Unzeit, so hat er dem Dienstberechtigten den daraus entstehenden Schaden zu ersetzen.

§ 823 Schadensersatzpflicht

(1) Wer vorsätzlich oder fahrlässig das Leben, den Körper, die Gesundheit, die Freiheit, das Eigentum oder ein sonstiges Recht eines anderen widerrechtlich verletzt, ist dem anderen zum Ersatz des daraus entstehenden Schadens verpflichtet.

(2) Die gleiche Verpflichtung trifft denjenigen, welcher gegen ein den Schutz eines anderen bezweckendes Gesetz verstößt. Ist nach dem Inhalt des Gesetzes ein Verstoß gegen dieses auch ohne Verschulden möglich, so tritt die Ersatzpflicht nur im Falle des Verschuldens ein.

§ 826 Sittenwidrige vorsätzliche Schädigung

Wer in einer gegen die guten Sitten verstoßenden Weise einem anderen vorsätzlich Schaden zufügt, ist dem anderen zum Ersatz des Schadens verpflichtet.

§ 827 Ausschluss und Minderung der Verantwortlichkeit

Wer im Zustand der Bewusstlosigkeit oder in einem die freie Willensbestimmung ausschließenden Zustand krankhafter Störung der Geistestätigkeit einem anderen Schaden zufügt, ist für den Schaden nicht verantwortlich. Hat er sich durch geistige Getränke oder ähnliche Mittel in einen vorübergehenden Zustand dieser Art versetzt, so ist er für einen Schaden, den er in diesem Zustand widerrechtlich verursacht, in gleicher Weise verantwortlich, wie wenn ihm Fahrlässigkeit zur Last fiele; die

Verantwortlichkeit tritt nicht ein, wenn er ohne Verschulden in den Zustand geraten ist.

§ 828 Minderjährige

(1) Wer nicht das siebente Lebensjahr vollendet hat, ist für einen Schaden, den er einem anderen zufügt, nicht verantwortlich.

(2) Wer das siebente, aber nicht das zehnte Lebensjahr vollendet hat, ist für den Schaden, den er bei einem Unfall mit einem Kraftfahrzeug, einer Schienenbahn oder einer Schwebebahn einem anderen zufügt, nicht verantwortlich. Dies gilt nicht, wenn er die Verletzung vorsätzlich herbeigeführt hat.

(3) Wer das 18. Lebensjahr noch nicht vollendet hat, ist, sofern seine Verantwortlichkeit nicht nach Absatz 1 oder 2 ausgeschlossen ist, für den Schaden, den er einem anderen zufügt, nicht verantwortlich, wenn er bei der Begehung der schädigenden Handlung nicht die zur Erkenntnis der Verantwortlichkeit erforderliche Einsicht hat.

§ 829 Ersatzpflicht aus Billigkeitsgründen

Wer in einem der in den §§ 823 bis 826 bezeichneten Fälle für einen von ihm verursachten Schaden auf Grund der §§ 827, 828 nicht verantwortlich ist, hat gleichwohl, sofern der Ersatz des Schadens nicht von einem aufsichtspflichtigen Dritten erlangt werden kann, den Schaden insoweit zu ersetzen, als die Billigkeit nach den Umständen, insbesondere nach den Verhältnissen der Beteiligten, eine Schadloshaltung erfordert und ihm nicht die Mittel entzogen werden, deren er zum angemessenen Unterhalt sowie zur Erfüllung seiner gesetzlichen Unterhaltspflichten bedarf.

§ 830 Mittäter und Beteiligte

(1) Haben mehrere durch eine gemeinschaftlich begangene unerlaubte Handlung einen Schaden verursacht, so ist jeder für den Schaden verantwortlich. Das Gleiche gilt, wenn sich nicht ermitteln lässt, wer von mehreren Beteiligten den Schaden durch seine Handlung verursacht hat.

(2) Anstifter und Gehilfen stehen Mittätern gleich.

§ 831 Haftung für den Verrichtungsgehilfen

(1) Wer einen anderen zu einer Verrichtung bestellt, ist zum Ersatz des Schadens verpflichtet, den der andere in Ausführung der Verrichtung einem Dritten widerrechtlich zufügt. Die Ersatzpflicht tritt nicht ein, wenn der Geschäftsherr bei der Auswahl der bestellten Person und, sofern er Vorrichtungen oder Gerätschaften zu beschaffen oder die Ausführung der Verrichtung zu leiten hat, bei der Beschaffung oder der Leitung die im Verkehr erforderliche Sorgfalt beobachtet oder wenn der Schaden auch bei Anwendung dieser Sorgfalt entstanden sein würde.

(2) Die gleiche Verantwortlichkeit trifft denjenigen, welcher für den Geschäftsherrn die Besorgung eines der im Absatz 1 Satz 2 bezeichneten Geschäfte durch Vertrag übernimmt.

§ 840 Haftung mehrerer

(1) Sind für den aus einer unerlaubten Handlung entstehenden Schaden mehrere nebeneinander verantwortlich, so haften sie als Gesamtschuldner.

(2) Ist neben demjenigen, welcher nach den §§ 831, 832 zum Ersatz des von einem anderen verursachten Schadens verpflichtet ist, auch der andere für den Schaden verantwortlich, so ist in ihrem Verhältnis zueinander der andere allein, im Falle des § 829 der Aufsichtspflichtige allein verpflichtet.

(3) Ist neben demjenigen, welcher nach den §§ 833 bis 838 zum Ersatz des Schadens verpflichtet ist, ein Dritter für den Schaden verantwortlich, so ist in ihrem Verhältnis zueinander der Dritte allein verpflichtet.

§ 1004 Beseitigungs- und Unterlassungsanspruch

(1) Wird das Eigentum in anderer Weise als durch Entziehung oder Vorenthaltung des Besitzes beeinträchtigt, so kann der Eigentümer von dem Störer die Beseitigung der Beeinträchtigung verlangen. Sind weitere Beeinträchtigungen zu besorgen, so kann der Eigentümer auf Unterlassung klagen.

(2) Der Anspruch ist ausgeschlossen, wenn der Eigentümer zur Duldung verpflichtet ist.

[29] Einführungsgesetz zum Bürgerlichen Gesetzbuche (EGBGB)

Ausfertigungsdatum: 18.08.1896
In der Fassung der Bekanntmachung vom 21. September 1994 (BGBl. I S. 2494; 1997 I S. 1061), das zuletzt durch Artikel 2 des Gesetzes vom 27. Juli 2011 (BGBl. I S. 1600, 1942) geändert worden ist – Auszug –

Zweites Kapitel. Internationales Privatrecht

Erster Abschnitt. Allgemeine Vorschriften

Art. 3 Anwendungsbereich; Verhältnis zu Regelungen der Europäischen Gemeinschaft und zu völkerrechtlichen Vereinbarungen

Soweit nicht

1. unmittelbar anwendbare Regelungen der Europäischen Gemeinschaft in ihrer jeweils geltenden Fassung, insbesondere

a) die Verordnung (EG) Nr. 864/2007 des Europäischen Parlaments und des Rates vom 11. Juli 2007 über das auf außervertragliche Schuldverhältnisse anzuwendende Recht (Rom II) (ABl. L 199 vom 31.7.2007, S. 40),

b) die Verordnung (EG) Nr. 593/2008 des Europäischen Parlaments und des Rates vom 17. Juni 2008 über das auf vertragliche Schuldverhältnisse anzuwendende Recht (Rom I) (ABl. L 177 vom 4.7.2008, S. 6) sowie

c) der Beschluss des Rates vom 30. November 2009 über den Abschluss des Haager Protokolls vom 23. November 2007 über das auf Unterhaltspflichten anzuwendende Recht durch die Europäische Gemeinschaft (ABl. L 331 vom 16.12.2009, S. 17) oder

2. Regelungen in völkerrechtlichen Vereinbarungen, soweit sie unmittelbar anwendbares innerstaatliches Recht geworden sind,

maßgeblich sind, bestimmt sich das anzuwendende Recht bei Sachverhalten mit einer Verbindung zu einem ausländischen Staat nach den Vorschriften dieses Kapitels (Internationales Privatrecht).

Fünfter Abschnitt. Außervertragliche Schuldverhältnisse

Art. 38 Ungerechtfertigte Bereicherung

(1) Bereicherungsansprüche wegen erbrachter Leistung unterliegen dem Recht, das auf das Rechtsverhältnis anzuwenden ist, auf das die Leistung bezogen ist.

(2) Ansprüche wegen Bereicherung durch Eingriff in ein geschütztes Interesse unterliegen dem Recht des Staates, in dem der Eingriff geschehen ist.

(3) In sonstigen Fällen unterliegen Ansprüche aus ungerechtfertigter Bereicherung dem Recht des Staates, in dem die Bereicherung eingetreten ist.

Art. 39 Geschäftsführung ohne Auftrag

(1) Gesetzliche Ansprüche aus der Besorgung eines fremden Geschäfts unterliegen dem Recht des Staates, in dem das Geschäft vorgenommen worden ist.

(2) Ansprüche aus der Tilgung einer fremden Verbindlichkeit unterliegen dem Recht, das auf die Verbindlichkeit anzuwenden ist.

Art. 40 Unerlaubte Handlung

(1) Ansprüche aus unerlaubter Handlung unterliegen dem Recht des Staates, in dem der Ersatzpflichtige gehandelt hat. Der Verletzte kann verlangen, daß anstelle dieses Rechts das Recht des Staates angewandt wird, in dem der Erfolg eingetreten ist. Das Bestimmungsrecht kann nur im ersten Rechtszug bis zum Ende des frühen ersten Termins oder dem Ende des schriftlichen Vorverfahrens ausgeübt werden.

(2) Hatten der Ersatzpflichtige und der Verletzte zur Zeit des Haftungsereignisses ihren gewöhnlichen Aufenthalt in demselben Staat, so ist das Recht dieses Staates anzuwenden. Handelt es sich um Gesellschaften, Vereine oder juristische Personen, so steht dem gewöhnlichen Aufenthalt der Ort gleich, an dem sich die Hauptverwaltung oder, wenn eine Niederlassung beteiligt ist, an dem sich diese befindet.

(3) Ansprüche, die dem Recht eines anderen Staates unterliegen, können nicht geltend gemacht werden, soweit sie

1. wesentlich weiter gehen als zur angemessenen Entschädigung des Verletzten erforderlich,

2. offensichtlich anderen Zwecken als einer angemessenen Entschädigung des Verletzten dienen oder

3. haftungsrechtlichen Regelungen eines für die Bundesrepublik Deutschland verbindlichen Übereinkommens widersprechen.

(4) Der Verletzte kann seinen Anspruch unmittelbar gegen einen Versicherer des Ersatzpflichtigen geltend machen, wenn das auf die unerlaubte Handlung anzuwendende Recht oder das Recht, dem der Versicherungsvertrag unterliegt, dies vorsieht.

Art. 41 Wesentlich engere Verbindung

(1) Besteht mit dem Recht eines Staates eine wesentlich engere Verbindung als mit dem Recht, das nach den Artikeln 38 bis 40 Abs. 2 maßgebend wäre, so ist jenes Recht anzuwenden.

(2) Eine wesentlich engere Verbindung kann sich insbesondere ergeben

1. aus einer besonderen rechtlichen oder tatsächlichen Beziehung zwischen den Beteiligten im Zusammenhang mit dem Schuldverhältnis oder

2. in den Fällen des Artikels 38 Abs. 2 und 3 und des Artikels 39 aus dem gewöhnlichen Aufenthalt der Beteiligten in demselben Staat im Zeitpunkt des rechtserheblichen Geschehens; Artikel 40 Abs. 2 Satz 2 gilt entsprechend.

Art. 42 Rechtswahl

Nach Eintritt des Ereignisses, durch das ein außervertragliches Schuldverhältnis entstanden ist, können die Parteien das Recht wählen, dem es unterliegen soll. Rechte Dritter bleiben unberührt.

[30] Zivilprozessordnung (ZPO)

In der Fassung der Bekanntmachung vom 05.12.2005 (BGBl. I S. 3202, ber. 2006 I S. 431, 2007 I S. 1781) zuletzt geändert durch Gesetz vom 22.12.2011 (BGBl. I S. 3044). – Auszug –

§ 1025 Anwendungsbereich

(1) Die Vorschriften dieses Buches sind anzuwenden, wenn der Ort des schiedsrichterlichen Verfahrens im Sinne des § 1043 Abs. 1 in Deutschland liegt.

(2) Die Bestimmungen der §§ 1032, 1033 und 1050 sind auch dann anzuwenden, wenn der Ort des schiedsrichterlichen Verfahrens im Ausland liegt oder noch nicht bestimmt ist.

(3) Solange der Ort des schiedsrichterlichen Verfahrens noch nicht bestimmt ist, sind die deutschen Gerichte für die Ausübung der in den §§ 1034, 1035, 1037 und 1038 bezeichneten gerichtlichen Aufgaben zuständig, wenn der Beklagte oder der Kläger seinen Sitz oder seinen gewöhnlichen Aufenthalt in Deutschland hat.

(4) Für die Anerkennung und Vollstreckung ausländischer Schiedssprüche gelten die §§ 1061 bis 1065.

§ 1026 Umfang gerichtlicher Tätigkeit

Ein Gericht darf in den in den §§ 1025 bis 1061 geregelten Angelegenheiten nur tätig werden, soweit dieses Buch es vorsieht.

§ 1027 Verlust des Rügerechts

Ist einer Bestimmung dieses Buches, von der die Parteien abweichen können, oder einem vereinbarten Erfordernis des schiedsrichterlichen Verfahrens nicht entsprochen worden, so kann eine Partei, die den Mangel nicht unverzüglich oder innerhalb einer dafür vorgesehenen Frist rügt, diesen später nicht mehr geltend machen. Dies gilt nicht, wenn der Partei der Mangel nicht bekannt war.

§ 1028 Empfang schriftlicher Mitteilungen bei unbekanntem Aufenthalt

(1) Ist der Aufenthalt einer Partei oder einer zur Entgegennahme berechtigten Person unbekannt, gelten, sofern die Parteien nichts anderes vereinbart haben, schriftliche Mitteilungen

an dem Tag als empfangen, an dem sie bei ordnungsgemäßer Übermittlung durch Einschreiben gegen Rückschein oder auf eine andere Weise, welche den Zugang an der letztbekannten Postanschrift oder Niederlassung oder dem letztbekannten gewöhnlichen Aufenthalt des Adressaten belegt, dort hätten empfangen werden können.

(2) Absatz 1 ist auf Mitteilungen in gerichtlichen Verfahren nicht anzuwenden.

§ 1029 Begriffsbestimmung

(1) Schiedsvereinbarung ist eine Vereinbarung der Parteien, alle oder einzelne Streitigkeiten, die zwischen ihnen in Bezug auf ein bestimmtes Rechtsverhältnis vertraglicher oder nichtvertraglicher Art entstanden sind oder künftig entstehen, der Entscheidung durch ein Schiedsgericht zu unterwerfen.

(2) Eine Schiedsvereinbarung kann in Form einer selbständigen Vereinbarung (Schiedsabrede) oder in Form einer Klausel in einem Vertrag (Schiedsklausel) geschlossen werden.

§ 1030 Schiedsfähigkeit

(1) Jeder vermögensrechtliche Anspruch kann Gegenstand einer Schiedsvereinbarung sein. Eine Schiedsvereinbarung über nichtvermögensrechtliche Ansprüche hat insoweit rechtliche Wirkung, als die Parteien berechtigt sind, über den Gegenstand des Streites einen Vergleich zu schließen.

(2) Eine Schiedsvereinbarung über Rechtsstreitigkeiten, die den Bestand eines Mietverhältnisses über Wohnraum im Inland betreffen, ist unwirksam. Dies gilt nicht, soweit es sich um Wohnraum der in § 549 Abs. 2 Nr. 1 bis 3 des Bürgerlichen Gesetzbuchs bestimmten Art handelt.

(3) Gesetzliche Vorschriften außerhalb dieses Buches, nach denen Streitigkeiten einem schiedsrichterlichen Verfahren nicht oder nur unter bestimmten Voraussetzungen unterworfen werden dürfen, bleiben unberührt.

§ 1031 Form der Schiedsvereinbarung

(1) Die Schiedsvereinbarung muss entweder in einem von den Parteien unterzeichneten Dokument oder in zwischen ihnen gewechselten Schreiben, Fernkopien, Telegrammen oder

anderen Formen der Nachrichtenübermittlung, die einen Nachweis der Vereinbarung sicherstellen, enthalten sein.

(2) Die Form des Absatzes 1 gilt auch dann als erfüllt, wenn die Schiedsvereinbarung in einem von der einen Partei der anderen Partei oder von einem Dritten beiden Parteien übermittelten Dokument enthalten ist und der Inhalt des Dokuments im Falle eines nicht rechtzeitig erfolgten Widerspruchs nach der Verkehrssitte als Vertragsinhalt angesehen wird.

(3) Nimmt ein den Formerfordernissen des Absatzes 1 oder 2 entsprechender Vertrag auf ein Dokument Bezug, das eine Schiedsklausel enthält, so begründet dies eine Schiedsvereinbarung, wenn die Bezugnahme dergestalt ist, dass sie diese Klausel zu einem Bestandteil des Vertrages macht.

(4) Eine Schiedsvereinbarung wird auch durch die Begebung eines Konnossements begründet, in dem ausdrücklich auf die in einem Chartervertrag enthaltene Schiedsklausel Bezug genommen wird.

(5) Schiedsvereinbarungen, an denen ein Verbraucher beteiligt ist, müssen in einer von den Parteien eigenhändig unterzeichneten Urkunde enthalten sein. Die schriftliche Form nach Satz 1 kann durch die elektronische Form nach § 126a des Bürgerlichen Gesetzbuchs ersetzt werden. Andere Vereinbarungen als solche, die sich auf das schiedsrichterliche Verfahren beziehen, darf die Urkunde oder das elektronische Dokument nicht enthalten; dies gilt nicht bei notarieller Beurkundung.

(6) Der Mangel der Form wird durch die Einlassung auf die schiedsgerichtliche Verhandlung zur Hauptsache geheilt.

§ 1032 Schiedsvereinbarung und Klage vor Gericht

(1) Wird vor einem Gericht Klage in einer Angelegenheit erhoben, die Gegenstand einer Schiedsvereinbarung ist, so hat das Gericht die Klage als unzulässig abzuweisen, sofern der Beklagte dies vor Beginn der mündlichen Verhandlung zur Hauptsache rügt, es sei denn, das Gericht stellt fest, dass die Schiedsvereinbarung nichtig, unwirksam oder undurchführbar ist.

(2) Bei Gericht kann bis zur Bildung des Schiedsgerichts Antrag auf Feststellung der Zulässigkeit oder Unzulässigkeit eines schiedsrichterlichen Verfahrens gestellt werden.

(3) Ist ein Verfahren im Sinne des Absatzes 1 oder 2 anhängig, kann ein schiedsrichterliches Verfahren gleichwohl eingeleitet oder fortgesetzt werden und ein Schiedsspruch ergehen.

§ 1033 Schiedsvereinbarung und einstweilige gerichtliche Maßnahmen

Eine Schiedsvereinbarung schließt nicht aus, dass ein Gericht vor oder nach Beginn des schiedsrichterlichen Verfahrens auf Antrag einer Partei eine vorläufige oder sichernde Maßnahme in Bezug auf den Streitgegenstand des schiedsrichterlichen Verfahrens anordnet.

§ 1034 Zusammensetzung des Schiedsgerichts

(1) Die Parteien können die Anzahl der Schiedsrichter vereinbaren. Fehlt eine solche Vereinbarung, so ist die Zahl der Schiedsrichter drei.

(2) Gibt die Schiedsvereinbarung einer Partei bei der Zusammensetzung des Schiedsgerichts ein Übergewicht, das die andere Partei benachteiligt, so kann diese Partei bei Gericht beantragen, den oder die Schiedsrichter abweichend von der erfolgten Ernennung oder der vereinbarten Ernennungsregelung zu bestellen. Der Antrag ist spätestens bis zum Ablauf von zwei Wochen, nachdem der Partei die Zusammensetzung des Schiedsgerichts bekannt geworden ist, zu stellen. § 1032 Abs. 3 gilt entsprechend.

§ 1035 Bestellung der Schiedsrichter

(1) Die Parteien können das Verfahren zur Bestellung des Schiedsrichters oder der Schiedsrichter vereinbaren.

(2) Sofern die Parteien nichts anderes vereinbart haben, ist eine Partei an die durch sie erfolgte Bestellung eines Schiedsrichters gebunden, sobald die andere Partei die Mitteilung über die Bestellung empfangen hat.

(3) Fehlt eine Vereinbarung der Parteien über die Bestellung der Schiedsrichter, wird ein Einzelschiedsrichter, wenn die Parteien sich über seine Bestellung nicht einigen können, auf Antrag einer Partei durch das Gericht bestellt. In schiedsrichterlichen Verfahren mit drei Schiedsrichtern bestellt jede Partei einen Schiedsrichter; diese beiden Schiedsrichter bestellen den dritten Schiedsrichter, der als Vorsitzender des Schiedsgerichts

tätig wird. Hat eine Partei den Schiedsrichter nicht innerhalb eines Monats nach Empfang einer entsprechenden Aufforderung durch die andere Partei bestellt oder können sich die beiden Schiedsrichter nicht binnen eines Monats nach ihrer Bestellung über den dritten Schiedsrichter einigen, so ist der Schiedsrichter auf Antrag einer Partei durch das Gericht zu bestellen.

(4) Haben die Parteien ein Verfahren für die Bestellung vereinbart und handelt eine Partei nicht entsprechend diesem Verfahren oder können die Parteien oder die beiden Schiedsrichter eine Einigung entsprechend diesem Verfahren nicht erzielen oder erfüllt ein Dritter eine ihm nach diesem Verfahren übertragene Aufgabe nicht, so kann jede Partei bei Gericht die Anordnung der erforderlichen Maßnahmen beantragen, sofern das vereinbarte Bestellungsverfahren zur Sicherung der Bestellung nichts anderes vorsieht.

(5) Das Gericht hat bei der Bestellung eines Schiedsrichters alle nach der Parteivereinbarung für den Schiedsrichter vorgeschriebenen Voraussetzungen zu berücksichtigen und allen Gesichtspunkten Rechnung zu tragen, die die Bestellung eines unabhängigen und unparteiischen Schiedsrichters sicherstellen. Bei der Bestellung eines Einzelschiedsrichters oder eines dritten Schiedsrichters hat das Gericht auch die Zweckmäßigkeit der Bestellung eines Schiedsrichters mit einer anderen Staatsangehörigkeit als derjenigen der Parteien in Erwägung zu ziehen.

§ 1036 Ablehnung eines Schiedsrichters

(1) Eine Person, der ein Schiedsrichteramt angetragen wird, hat alle Umstände offen zu legen, die Zweifel an ihrer Unparteilichkeit oder Unabhängigkeit wecken können. Ein Schiedsrichter ist auch nach seiner Bestellung bis zum Ende des schiedsrichterlichen Verfahrens verpflichtet, solche Umstände den Parteien unverzüglich offen zu legen, wenn er sie ihnen nicht schon vorher mitgeteilt hat.

(2) Ein Schiedsrichter kann nur abgelehnt werden, wenn Umstände vorliegen, die berechtigte Zweifel an seiner Unparteilichkeit oder Unabhängigkeit aufkommen lassen, oder wenn er die zwischen den Parteien vereinbarten Voraussetzungen nicht erfüllt. Eine Partei kann einen Schiedsrichter, den sie bestellt oder an dessen Bestellung sie mitgewirkt hat, nur aus Gründen ablehnen, die ihr erst nach der Bestellung bekannt geworden sind.

§ 1037 Ablehnungsverfahren

(1) Die Parteien können vorbehaltlich des Absatzes 3 ein Verfahren für die Ablehnung eines Schiedsrichters vereinbaren.

(2) Fehlt eine solche Vereinbarung, so hat die Partei, die einen Schiedsrichter ablehnen will, innerhalb von zwei Wochen, nachdem ihr die Zusammensetzung des Schiedsgerichts oder ein Umstand im Sinne des § 1036 Abs. 2 bekannt geworden ist, dem Schiedsgericht schriftlich die Ablehnungsgründe darzulegen. Tritt der abgelehnte Schiedsrichter von seinem Amt nicht zurück oder stimmt die andere Partei der Ablehnung nicht zu, so entscheidet das Schiedsgericht über die Ablehnung.

(3) Bleibt die Ablehnung nach dem von den Parteien vereinbarten Verfahren oder nach dem in Absatz 2 vorgesehenen Verfahren erfolglos, so kann die ablehnende Partei innerhalb eines Monats, nachdem sie von der Entscheidung, mit der die Ablehnung verweigert wurde, Kenntnis erlangt hat, bei Gericht eine Entscheidung über die Ablehnung beantragen; die Parteien können eine andere Frist vereinbaren. Während ein solcher Antrag anhängig ist, kann das Schiedsgericht einschließlich des abgelehnten Schiedsrichters das schiedsrichterliche Verfahren fortsetzen und einen Schiedsspruch erlassen.

§ 1038 Untätigkeit oder Unmöglichkeit der Aufgabenerfüllung

(1) Ist ein Schiedsrichter rechtlich oder tatsächlich außerstande, seine Aufgaben zu erfüllen, oder kommt er aus anderen Gründen seinen Aufgaben in angemessener Frist nicht nach, so endet sein Amt, wenn er zurücktritt oder wenn die Parteien die Beendigung seines Amtes vereinbaren. Tritt der Schiedsrichter von seinem Amt nicht zurück oder können sich die Parteien über dessen Beendigung nicht einigen, kann jede Partei bei Gericht eine Entscheidung über die Beendigung des Amtes beantragen.

(2) Tritt ein Schiedsrichter in den Fällen des Absatzes 1 oder des § 1037 Abs. 2 zurück oder stimmt eine Partei der Beendigung des Schiedsrichteramtes zu, so bedeutet dies nicht die Anerkennung der in Absatz 1 oder § 1036 Abs. 2 genannten Rücktrittsgründe.

§ 1039 Bestellung eines Ersatzschiedsrichters

(1) Endet das Amt eines Schiedsrichters nach den §§ 1037, 1038 oder wegen seines Rücktritts vom Amt aus einem anderen Grund oder wegen der Aufhebung seines Amtes durch Vereinbarung der Parteien, so ist ein Ersatzschiedsrichter zu bestellen. Die Bestellung erfolgt nach den Regeln, die auf die Bestellung des zu ersetzenden Schiedsrichters anzuwenden waren.

(2) Die Parteien können eine abweichende Vereinbarung treffen.

§ 1040 Befugnis des Schiedsgerichts zur Entscheidung über die eigene Zuständigkeit

(1) Das Schiedsgericht kann über die eigene Zuständigkeit und im Zusammenhang hiermit über das Bestehen oder die Gültigkeit der Schiedsvereinbarung entscheiden. Hierbei ist eine Schiedsklausel als eine von den übrigen Vertragsbestimmungen unabhängige Vereinbarung zu behandeln.

(2) Die Rüge der Unzuständigkeit des Schiedsgerichts ist spätestens mit der Klagebeantwortung vorzubringen. Von der Erhebung einer solchen Rüge ist eine Partei nicht dadurch ausgeschlossen, dass sie einen Schiedsrichter bestellt oder an der Bestellung eines Schiedsrichters mitgewirkt hat. Die Rüge, das Schiedsgericht überschreite seine Befugnisse, ist zu erheben, sobald die Angelegenheit, von der dies behauptet wird, im Schiedsrichterlichen Verfahren zur Erörterung kommt. Das Schiedsgericht kann in beiden Fällen eine spätere Rüge zulassen, wenn die Partei die Verspätung genügend entschuldigt.

(3) Hält das Schiedsgericht sich für zuständig, so entscheidet es über eine Rüge nach Absatz 2 in der Regel durch Zwischenentscheid. In diesem Fall kann jede Partei innerhalb eines Monats nach schriftlicher Mitteilung des Entscheids eine gerichtliche Entscheidung beantragen. Während ein solcher Antrag anhängig ist, kann das Schiedsgericht das schiedsrichterliche Verfahren fortsetzen und einen Schiedsspruch erlassen.

§ 1041 Maßnahmen des einstweiligen Rechtsschutzes

(1) Haben die Parteien nichts anderes vereinbart, so kann das Schiedsgericht auf Antrag einer Partei vorläufige oder sichernde Maßnahmen anordnen, die es in Bezug auf den Streitgegenstand für erforderlich hält. Das Schiedsgericht kann von jeder Partei im Zusammenhang mit einer solchen Maßnahme angemessene Sicherheit verlangen.

(2) Das Gericht kann auf Antrag einer Partei die Vollziehung einer Maßnahme nach Absatz 1 zulassen, sofern nicht schon eine entsprechende Maßnahme des einstweiligen Rechtsschutzes bei einem Gericht beantragt worden ist. Es kann die Anordnung abweichend fassen, wenn dies zur Vollziehung der Maßnahme notwendig ist.

(3) Auf Antrag kann das Gericht den Beschluss nach Absatz 2 aufheben oder ändern.

(4) Erweist sich die Anordnung einer Maßnahme nach Absatz 1 als von Anfang an ungerechtfertigt, so ist die Partei, welche ihre Vollziehung erwirkt hat, verpflichtet, dem Gegner den Schaden zu ersetzen, der ihm aus der Vollziehung der Maßnahme oder dadurch entsteht, dass er Sicherheit leistet, um die Vollziehung abzuwenden. Der Anspruch kann im anhängigen schiedsrichterlichen Verfahren geltend gemacht werden.

§ 1042 Allgemeine Verfahrensregeln

(1) Die Parteien sind gleich zu behandeln. Jeder Partei ist rechtliches Gehör zu gewähren.

(2) Rechtsanwälte dürfen als Bevollmächtigte nicht ausgeschlossen werden.

(3) Im Übrigen können die Parteien vorbehaltlich der zwingenden Vorschriften dieses Buches das Verfahren selbst oder durch Bezugnahme auf eine schiedsrichterliche Verfahrensordnung regeln.

(4) Soweit eine Vereinbarung der Parteien nicht vorliegt und dieses Buch keine Regelung enthält, werden die Verfahrensregeln vom Schiedsgericht nach freiem Ermessen bestimmt. Das Schiedsgericht ist berechtigt, über die Zulässigkeit einer Beweiserhebung zu entscheiden, diese durchzuführen und das Ergebnis frei zu würdigen.

§ 1043 Ort des schiedsrichterlichen Verfahrens

(1) Die Parteien können eine Vereinbarung über den Ort des schiedsrichterlichen Verfahrens treffen. Fehlt eine solche Vereinbarung, so wird der Ort des schiedsrichterlichen Verfahrens vom Schiedsgericht bestimmt. Dabei sind die Umstände des

Falles einschließlich der Eignung des Ortes für die Parteien zu berücksichtigen.

(2) Haben die Parteien nichts anderes vereinbart, so kann das Schiedsgericht ungeachtet des Absatzes 1 an jedem ihm geeignet erscheinenden Ort zu einer mündlichen Verhandlung, zur Vernehmung von Zeugen, Sachverständigen oder der Parteien, zur Beratung zwischen seinen Mitgliedern, zur Besichtigung von Sachen oder zur Einsichtnahme in Dokumente zusammentreten.

§ 1044 Beginn des schiedsrichterlichen Verfahrens

Haben die Parteien nichts anderes vereinbart, so beginnt das schiedsrichterliche Verfahren über eine bestimmte Streitigkeit mit dem Tag, an dem der Beklagte den Antrag, die Streitigkeit einem Schiedsgericht vorzulegen, empfangen hat. Der Antrag muss die Bezeichnung der Parteien, die Angabe des Streitgegenstandes und einen Hinweis auf die Schiedsvereinbarung enthalten.

§ 1045 Verfahrenssprache

(1) Die Parteien können die Sprache oder die Sprachen, die im schiedsrichterlichen Verfahren zu verwenden sind, vereinbaren. Fehlt eine solche Vereinbarung, so bestimmt hierüber das Schiedsgericht. Die Vereinbarung der Parteien oder die Bestimmung des Schiedsgerichts ist, sofern darin nichts anderes vorgesehen wird, für schriftliche Erklärungen einer Partei, mündliche Verhandlungen, Schiedssprüche, sonstige Entscheidungen und andere Mitteilungen des Schiedsgerichts maßgebend.

(2) Das Schiedsgericht kann anordnen, dass schriftliche Beweismittel mit einer Übersetzung in die Sprache oder die Sprachen versehen sein müssen, die zwischen den Parteien vereinbart oder vom Schiedsgericht bestimmt worden sind.

§ 1046 Klage und Klagebeantwortung

(1) Innerhalb der von den Parteien vereinbarten oder vom Schiedsgericht bestimmten Frist hat der Kläger seinen Anspruch und die Tatsachen, auf die sich dieser Anspruch stützt, darzulegen und der Beklagte hierzu Stellung zu nehmen. Die Parteien können dabei alle ihnen erheblich erscheinenden Dokumente

vorlegen oder andere Beweismittel bezeichnen, derer sie sich bedienen wollen.

(2) Haben die Parteien nichts anderes vereinbart, so kann jede Partei im Laufe des schiedsrichterlichen Verfahrens ihre Klage oder ihre Angriffs- und Verteidigungsmittel ändern oder ergänzen, es sei denn, das Schiedsgericht lässt dies wegen Verspätung, die nicht genügend entschuldigt wird, nicht zu.

(3) Die Absätze 1 und 2 gelten für die Widerklage entsprechend.

§ 1047 Mündliche Verhandlung und schriftliches Verfahren

(1) Vorbehaltlich einer Vereinbarung der Parteien entscheidet das Schiedsgericht, ob mündlich verhandelt werden soll oder ob das Verfahren auf der Grundlage von Dokumenten und anderen Unterlagen durchzuführen ist. Haben die Parteien die mündliche Verhandlung nicht ausgeschlossen, hat das Schiedsgericht eine solche Verhandlung in einem geeigneten Abschnitt des Verfahrens durchzuführen, wenn eine Partei es beantragt.

(2) Die Parteien sind von jeder Verhandlung und jedem Zusammentreffen des Schiedsgerichts zu Zwecken der Beweisaufnahme rechtzeitig in Kenntnis zu setzen.

(3) Alle Schriftsätze, Dokumente und sonstigen Mitteilungen, die dem Schiedsgericht von einer Partei vorgelegt werden, sind der anderen Partei, Gutachten und andere schriftliche Beweismittel, auf die sich das Schiedsgericht bei seiner Entscheidung stützen kann, sind beiden Parteien zur Kenntnis zu bringen.

§ 1048 Säumnis einer Partei

(1) Versäumt es der Kläger, seine Klage nach § 1046 Abs. 1 einzureichen, so beendet das Schiedsgericht das Verfahren.

(2) Versäumt es der Beklagte, die Klage nach § 1046 Abs. 1 zu beantworten, so setzt das Schiedsgericht das Verfahren fort, ohne die Säumnis als solche als Zugeständnis der Behauptungen des Klägers zu behandeln.

(3) Versäumt es eine Partei, zu einer mündlichen Verhandlung zu erscheinen oder innerhalb einer festgelegten Frist ein Dokument zum Beweis vorzulegen, so kann das Schiedsgericht das Verfahren fortsetzen und den Schiedsspruch nach den vorliegenden Erkenntnissen erlassen.

(4) Wird die Säumnis nach Überzeugung des Schiedsgerichts genügend entschuldigt, bleibt sie außer Betracht. Im Übrigen können die Parteien über die Folgen der Säumnis etwas anderes vereinbaren.

§ 1049 Vom Schiedsgericht bestellter Sachverständiger

(1) Haben die Parteien nichts anderes vereinbart, so kann das Schiedsgericht einen oder mehrere Sachverständige zur Erstattung eines Gutachtens über bestimmte vom Schiedsgericht festzulegende Fragen bestellen. Es kann ferner eine Partei auffordern, dem Sachverständigen jede sachdienliche Auskunft zu erteilen oder alle für das Verfahren erheblichen Dokumente oder Sachen zur Besichtigung vorzulegen oder zugänglich zu machen.

(2) Haben die Parteien nichts anderes vereinbart, so hat der Sachverständige, wenn eine Partei dies beantragt oder das Schiedsgericht es für erforderlich hält, nach Erstattung seines schriftlichen oder mündlichen Gutachtens an einer mündlichen Verhandlung teilzunehmen. Bei der Verhandlung können die Parteien dem Sachverständigen Fragen stellen und eigene Sachverständige zu den streitigen Fragen aussagen lassen.

(3) Auf den vom Schiedsgericht bestellten Sachverständigen sind die §§ 1036, 1037 Abs. 1 und 2 entsprechend anzuwenden.

§ 1050 Gerichtliche Unterstützung bei der Beweisaufnahme und sonstige richterliche Handlungen

Das Schiedsgericht oder eine Partei mit Zustimmung des Schiedsgerichts kann bei Gericht Unterstützung bei der Beweisaufnahme oder die Vornahme sonstiger richterlicher Handlungen, zu denen das Schiedsgericht nicht befugt ist, beantragen. Das Gericht erledigt den Antrag, sofern es ihn nicht für unzulässig hält, nach seinen für die Beweisaufnahme oder die sonstige richterliche Handlung geltenden Verfahrensvorschriften. Die Schiedsrichter sind berechtigt, an einer gerichtlichen Beweisaufnahme teilzunehmen und Fragen zu stellen.

§ 1051 Anwendbares Recht

(1) Das Schiedsgericht hat die Streitigkeit in Übereinstimmung mit den Rechtsvorschriften zu entscheiden, die von den Parteien als auf den Inhalt des Rechtsstreits anwendbar be-

zeichnet worden sind. Die Bezeichnung des Rechts oder der Rechtsordnung eines bestimmten Staates ist, sofern die Parteien nicht ausdrücklich etwas anderes vereinbart haben, als unmittelbare Verweisung auf die Sachvorschriften dieses Staates und nicht auf sein Kollisionsrecht zu verstehen.

(2) Haben die Parteien die anzuwendenden Rechtsvorschriften nicht bestimmt, so hat das Schiedsgericht das Recht des Staates anzuwenden, mit dem der Gegenstand des Verfahrens die engsten Verbindungen aufweist.

(3) Das Schiedsgericht hat nur dann nach Billigkeit zu entscheiden, wenn die Parteien es ausdrücklich dazu ermächtigt haben. Die Ermächtigung kann bis zur Entscheidung des Schiedsgerichts erteilt werden.

(4) In allen Fällen hat das Schiedsgericht in Übereinstimmung mit den Bestimmungen des Vertrages zu entscheiden und dabei bestehende Handelsbräuche zu berücksichtigen.

§ 1052 Entscheidung durch ein Schiedsrichterkollegium

(1) Haben die Parteien nichts anderes vereinbart, so ist in schiedsrichterlichen Verfahren mit mehr als einem Schiedsrichter jede Entscheidung des Schiedsgerichts mit Mehrheit der Stimmen aller Mitglieder zu treffen.

(2) Verweigert ein Schiedsrichter die Teilnahme an einer Abstimmung, können die übrigen Schiedsrichter ohne ihn entscheiden, sofern die Parteien nichts anderes vereinbart haben. Die Absicht, ohne den verweigernden Schiedsrichter über den Schiedsspruch abzustimmen, ist den Parteien vorher mitzuteilen. Bei anderen Entscheidungen sind die Parteien von der Abstimmungsverweigerung nachträglich in Kenntnis zu setzen.

(3) Über einzelne Verfahrensfragen kann der vorsitzende Schiedsrichter allein entscheiden, wenn die Parteien oder die anderen Mitglieder des Schiedsgerichts ihn dazu ermächtigt haben.

§ 1053 Vergleich

(1) Vergleichen sich die Parteien während des schiedsrichterlichen Verfahrens über die Streitigkeit, so beendet das Schiedsgericht das Verfahren. Auf Antrag der Parteien hält es den Vergleich in der Form eines Schiedsspruchs mit vereinbartem

Wortlaut fest, sofern der Inhalt des Vergleichs nicht gegen die öffentliche Ordnung (ordre public) verstößt.

(2) Ein Schiedsspruch mit vereinbartem Wortlaut ist gemäß § 1054 zu erlassen und muss angeben, dass es sich um einen Schiedsspruch handelt. Ein solcher Schiedsspruch hat dieselbe Wirkung wie jeder andere Schiedsspruch zur Sache.

(3) Soweit die Wirksamkeit von Erklärungen eine notarielle Beurkundung erfordert, wird diese bei einem Schiedsspruch mit vereinbartem Wortlaut durch die Aufnahme der Erklärungen der Parteien in den Schiedsspruch ersetzt.

(4) Mit Zustimmung der Parteien kann ein Schiedsspruch mit vereinbartem Wortlaut auch von einem Notar, der seinen Amtssitz im Bezirk des nach § 1062 Abs. 1, 2 für die Vollstreckbarerklärung zuständigen Gerichts hat, für vollstreckbar erklärt werden. Der Notar lehnt die Vollstreckbarerklärung ab, wenn die Voraussetzungen des Absatzes 1 Satz 2 nicht vorliegen.

§ 1054 Form und Inhalt des Schiedsspruchs

(1) Der Schiedsspruch ist schriftlich zu erlassen und durch den Schiedsrichter oder die Schiedsrichter zu unterschreiben. In schiedsrichterlichen Verfahren mit mehr als einem Schiedsrichter genügen die Unterschriften der Mehrheit aller Mitglieder des Schiedsgerichts, sofern der Grund für eine fehlende Unterschrift angegeben wird.

(2) Der Schiedsspruch ist zu begründen, es sei denn, die Parteien haben vereinbart, dass keine Begründung gegeben werden muss, oder es handelt sich um einen Schiedsspruch mit vereinbartem Wortlaut im Sinne des § 1053.

(3) Im Schiedsspruch sind der Tag, an dem er erlassen wurde, und der nach § 1043 Abs. 1 bestimmte Ort des schiedsrichterlichen Verfahrens anzugeben. Der Schiedsspruch gilt als an diesem Tag und diesem Ort erlassen.

(4) Jeder Partei ist ein von den Schiedsrichtern unterschriebener Schiedsspruch zu übermitteln.

§ 1055 Wirkungen des Schiedsspruchs

Der Schiedsspruch hat unter den Parteien die Wirkungen eines rechtskräftigen gerichtlichen Urteils.

§ 1056 Beendigung des schiedsrichterlichen Verfahrens

(1) Das schiedsrichterliche Verfahren wird mit dem endgültigen Schiedsspruch oder mit einem Beschluss des Schiedsgerichts nach Absatz 2 beendet.

(2) Das Schiedsgericht stellt durch Beschluss die Beendigung des schiedsrichterlichen Verfahrens fest, wenn

1. der Kläger

a) es versäumt, seine Klage nach § 1046 Abs. 1 einzureichen und kein Fall des § 1048 Abs. 4 vorliegt, oder

b) seine Klage zurücknimmt, es sei denn, dass der Beklagte dem widerspricht und das Schiedsgericht ein berechtigtes Interesse des Beklagten an der endgültigen Beilegung der Streitigkeit anerkennt; oder

2. die Parteien die Beendigung des Verfahrens vereinbaren; oder

3. die Parteien das schiedsrichterliche Verfahren trotz Aufforderung des Schiedsgerichts nicht weiter betreiben oder die Fortsetzung des Verfahrens aus einem anderen Grund unmöglich geworden ist.

(3) Vorbehaltlich des § 1057 Abs. 2 und der §§ 1058, 1059 Abs. 4 endet das Amt des Schiedsgerichts mit der Beendigung des schiedsrichterlichen Verfahrens.

§ 1057 Entscheidung über die Kosten

(1) Sofern die Parteien nichts anderes vereinbart haben, hat das Schiedsgericht in einem Schiedsspruch darüber zu entscheiden, zu welchem Anteil die Parteien die Kosten des schiedsrichterlichen Verfahrens einschließlich der den Parteien erwachsenen und zur zweckentsprechenden Rechtsverfolgung notwendigen Kosten zu tragen haben. Hierbei entscheidet das Schiedsgericht nach pflichtgemäßem Ermessen unter Berücksichtigung der Umstände des Einzelfalles, insbesondere des Ausgangs des Verfahrens.

(2) Soweit die Kosten des schiedsrichterlichen Verfahrens feststehen, hat das Schiedsgericht auch darüber zu entscheiden, in welcher Höhe die Parteien diese zu tragen haben. Ist die Festsetzung der Kosten unterblieben oder erst nach Beendigung des schiedsrichterlichen Verfahrens möglich, wird hierüber in einem gesonderten Schiedsspruch entschieden.

§ 1058 Berichtigung, Auslegung und Ergänzung des Schiedsspruchs

(1) Jede Partei kann beim Schiedsgericht beantragen,

1. Rechen-, Schreib- und Druckfehler oder Fehler ähnlicher Art im Schiedsspruch zu berichtigen;

2. bestimmte Teile des Schiedsspruchs auszulegen;

3. einen ergänzenden Schiedsspruch über solche Ansprüche zu erlassen, die im schiedsrichterlichen Verfahren zwar geltend gemacht, im Schiedsspruch aber nicht behandelt worden sind.

(2) Sofern die Parteien keine andere Frist vereinbart haben, ist der Antrag innerhalb eines Monats nach Empfang des Schiedsspruchs zu stellen.

(3) Das Schiedsgericht soll über die Berichtigung oder Auslegung des Schiedsspruchs innerhalb eines Monats und über die Ergänzung des Schiedsspruchs innerhalb von zwei Monaten entscheiden.

(4) Eine Berichtigung des Schiedsspruchs kann das Schiedsgericht auch ohne Antrag vornehmen.

(5) § 1054 ist auf die Berichtigung, Auslegung oder Ergänzung des Schiedsspruchs anzuwenden.

§ 1059 Aufhebungsantrag

(1) Gegen einen Schiedsspruch kann nur der Antrag auf gerichtliche Aufhebung nach den Absätzen 2 und 3 gestellt werden.

(2) Ein Schiedsspruch kann nur aufgehoben werden,

1. wenn der Antragsteller begründet geltend macht, dass

a) eine der Parteien, die eine Schiedsvereinbarung nach den §§ 1029, 1031 geschlossen haben, nach dem Recht, das für sie persönlich maßgebend ist, hierzu nicht fähig war, oder dass die Schiedsvereinbarung nach dem Recht, dem die Parteien sie unterstellt haben oder, falls die Parteien hierüber nichts bestimmt haben, nach deutschem Recht ungültig ist oder

b) er von der Bestellung eines Schiedsrichters oder von dem schiedsrichterlichen Verfahren nicht gehörig in Kenntnis gesetzt worden ist oder dass er aus einem anderen Grund seine Angriffs- oder Verteidigungsmittel nicht hat geltend machen können oder

c) der Schiedsspruch eine Streitigkeit betrifft, die in der Schiedsabrede nicht erwähnt ist oder nicht unter die Bestimmungen der Schiedsklausel fällt, oder dass er Entscheidungen enthält, welche die Grenzen der Schiedsvereinbarung überschreiten; kann jedoch der Teil des Schiedsspruchs, der sich auf Streitpunkte bezieht, die dem schiedsrichterlichen Verfahren unterworfen waren, von dem Teil, der Streitpunkte betrifft, die ihm nicht unterworfen waren, getrennt werden, so kann nur der letztgenannte Teil des Schiedsspruchs aufgehoben werden; oder

d) die Bildung des Schiedsgerichts oder das schiedsrichterliche Verfahren einer Bestimmung dieses Buches oder einer zulässigen Vereinbarung der Parteien nicht entsprochen hat und anzunehmen ist, dass sich dies auf den Schiedsspruch ausgewirkt hat; oder

2. wenn das Gericht feststellt, dass

a) der Gegenstand des Streites nach deutschem Recht nicht schiedsfähig ist oder

b) die Anerkennung oder Vollstreckung des Schiedsspruchs zu einem Ergebnis führt, das der öffentlichen Ordnung (ordre public) widerspricht.

(3) Sofern die Parteien nichts anderes vereinbaren, muss der Aufhebungsantrag innerhalb einer Frist von drei Monaten bei Gericht eingereicht werden. Die Frist beginnt mit dem Tag, an dem der Antragsteller den Schiedsspruch empfangen hat. Ist ein Antrag nach § 1058 gestellt worden, verlängert sich die Frist um höchstens einen Monat nach Empfang der Entscheidung über diesen Antrag. Der Antrag auf Aufhebung des Schiedsspruchs kann nicht mehr gestellt werden, wenn der Schiedsspruch von einem deutschen Gericht für vollstreckbar erklärt worden ist.

(4) Ist die Aufhebung beantragt worden, so kann das Gericht in geeigneten Fällen auf Antrag einer Partei unter Aufhebung des Schiedsspruchs die Sache an das Schiedsgericht zurückverweisen.

(5) Die Aufhebung des Schiedsspruchs hat im Zweifel zur Folge, dass wegen des Streitgegenstandes die Schiedsvereinbarung wiederauflebt.

§ 1060 Inländische Schiedssprüche

(1) Die Zwangsvollstreckung findet statt, wenn der Schiedsspruch für vollstreckbar erklärt ist.

(2) Der Antrag auf Vollstreckbarerklärung ist unter Aufhebung des Schiedsspruchs abzulehnen, wenn einer der in § 1059 Abs. 2

bezeichneten Aufhebungsgründe vorliegt. Aufhebungsgründe sind nicht zu berücksichtigen, soweit im Zeitpunkt der Zustellung des Antrags auf Vollstreckbarerklärung ein auf sie gestützter Aufhebungsantrag rechtskräftig abgewiesen ist. Aufhebungsgründe nach § 1059 Abs. 2 Nr. 1 sind auch dann nicht zu berücksichtigen, wenn die in § 1059 Abs. 3 bestimmten Fristen abgelaufen sind, ohne dass der Antragsgegner einen Antrag auf Aufhebung des Schiedsspruchs gestellt hat.

§ 1061 Ausländische Schiedssprüche

(1) Die Anerkennung und Vollstreckung ausländischer Schiedssprüche richtet sich nach dem Übereinkommen vom 10. Juni 1958 über die Anerkennung und Vollstreckung ausländischer Schiedssprüche (BGBl. 1961 II S. 121). Die Vorschriften in anderen Staatsverträgen über die Anerkennung und Vollstreckung von Schiedssprüchen bleiben unberührt.

(2) Ist die Vollstreckbarerklärung abzulehnen, stellt das Gericht fest, dass der Schiedsspruch im Inland nicht anzuerkennen ist.

(3) Wird der Schiedsspruch, nachdem er für vollstreckbar erklärt worden ist, im Ausland aufgehoben, so kann die Aufhebung der Vollstreckbarerklärung beantragt werden.

c. Strafrechtliche Grundlagen

[31] Strafgesetzbuch (StGB)

Ausfertigungsdatum: 15.05.1871
Strafgesetzbuch in der Fassung der Bekanntmachung vom 13. November 1998 (BGBl. I S. 3322), das zuletzt durch Artikel 1 des Gesetzes vom 6. Dezember 2011 (BGBl. I S. 2557) geändert worden ist. – Auszug –

Erster Abschnitt

Zweiter Titel. Sprachgebrauch

§ 11 Personen- und Sachbegriffe

(1) Im Sinne dieses Gesetzes ist

1. Angehöriger:

wer zu den folgenden Personen gehört:

a) Verwandte und Verschwägerte gerader Linie, der Ehegatte, der Lebenspartner, der Verlobte, auch im Sinne des Lebenspartnerschaftsgesetzes, Geschwister, Ehegatten oder Lebenspartner der Geschwister, Geschwister der Ehegatten oder Lebenspartner, und zwar auch dann, wenn die Ehe oder die Lebenspartnerschaft, welche die Beziehung begründet hat, nicht mehr besteht oder wenn die Verwandtschaft oder Schwägerschaft erloschen ist,

b) Pflegeeltern und Pflegekinder;

2. Amtsträger:

wer nach deutschem Recht

a) Beamter oder Richter ist,

b) in einem sonstigen öffentlich-rechtlichen Amtsverhältnis steht oder

c) sonst dazu bestellt ist, bei einer Behörde oder bei einer sonstigen Stelle oder in deren Auftrag Aufgaben der öffentlichen Verwaltung unbeschadet der zur Aufgabenerfüllung gewählten Organisationsform wahrzunehmen;

3. Richter:

wer nach deutschem Recht Berufsrichter oder ehrenamtlicher Richter ist;

4. für den öffentlichen Dienst besonders Verpflichteter:

wer, ohne Amtsträger zu sein,

a) bei einer Behörde oder bei einer sonstigen Stelle, die Aufgaben der öffentlichen Verwaltung wahrnimmt, oder

b) bei einem Verband oder sonstigen Zusammenschluß, Betrieb oder Unternehmen, die für eine Behörde oder für eine sonstige Stelle Aufgaben der öffentlichen Verwaltung ausführen,

beschäftigt oder für sie tätig und auf die gewissenhafte Erfüllung seiner Obliegenheiten auf Grund eines Gesetzes förmlich verpflichtet ist;

5. rechtswidrige Tat:

nur eine solche, die den Tatbestand eines Strafgesetzes verwirklicht;

6. Unternehmen einer Tat:

deren Versuch und deren Vollendung;

7. Behörde:

auch ein Gericht;

8. Maßnahme:

jede Maßregel der Besserung und Sicherung, der Verfall, die Einziehung und die Unbrauchbarmachung;

9. Entgelt:

jede in einem Vermögensvorteil bestehende Gegenleistung.

(2) Vorsätzlich im Sinne dieses Gesetzes ist eine Tat auch dann, wenn sie einen gesetzlichen Tatbestand verwirklicht, der hinsichtlich der Handlung Vorsatz voraussetzt, hinsichtlich einer dadurch verursachten besonderen Folge jedoch Fahrlässigkeit ausreichen läßt.

(3) Den Schriften stehen Ton- und Bildträger, Datenspeicher, Abbildungen und andere Darstellungen in denjenigen Vorschriften gleich, die auf diesen Absatz verweisen.

Zweiter Abschnitt

Zweiter Titel. Versuch

§ 22 Begriffsbestimmung

Eine Straftat versucht, wer nach seiner Vorstellung von der Tat zur Verwirklichung des Tatbestandes unmittelbar ansetzt.

§ 23 Strafbarkeit des Versuchs

(1) Der Versuch eines Verbrechens ist stets strafbar, der Versuch eines Vergehens nur dann, wenn das Gesetz es ausdrücklich bestimmt.

(2) Der Versuch kann milder bestraft werden als die vollendete Tat (§ 49 Abs. 1).

(3) Hat der Täter aus grobem Unverstand verkannt, daß der Versuch nach der Art des Gegenstandes, an dem, oder des Mittels, mit dem die Tat begangen werden sollte, überhaupt nicht zur Vollendung führen konnte, so kann das Gericht von Strafe absehen oder die Strafe nach seinem Ermessen mildern (§ 49 Abs. 2).

§ 24 Rücktritt

(1) Wegen Versuchs wird nicht bestraft, wer freiwillig die weitere Ausführung der Tat aufgibt oder deren Vollendung verhindert. Wird die Tat ohne Zutun des Zurücktretenden nicht vollendet, so wird er straflos, wenn er sich freiwillig und ernsthaft bemüht, die Vollendung zu verhindern.

(2) Sind an der Tat mehrere beteiligt, so wird wegen Versuchs nicht bestraft, wer freiwillig die Vollendung verhindert. Jedoch genügt zu seiner Straflosigkeit sein freiwilliges und ernsthaftes Bemühen, die Vollendung der Tat zu verhindern, wenn sie ohne sein Zutun nicht vollendet oder unabhängig von seinem früheren Tatbeitrag begangen wird.

Dritter Titel. Täterschaft und Teilnahme

§ 25 Täterschaft

(1) Als Täter wird bestraft, wer die Straftat selbst oder durch einen anderen begeht.

(2) Begehen mehrere die Straftat gemeinschaftlich, so wird jeder als Täter bestraft (Mittäter).

§ 26 Anstiftung

Als Anstifter wird gleich einem Täter bestraft, wer vorsätzlich einen anderen zu dessen vorsätzlich begangener rechtswidriger Tat bestimmt hat.

§ 27 Beihilfe

(1) Als Gehilfe wird bestraft, wer vorsätzlich einem anderen zu dessen vorsätzlich begangener rechtswidriger Tat Hilfe geleistet hat.

(2) Die Strafe für den Gehilfen richtet sich nach der Strafdrohung für den Täter. Sie ist nach § 49 Abs. 1 zu mildern.

§ 28 Besondere persönliche Merkmale

(1) Fehlen besondere persönliche Merkmale (§ 14 Abs. 1), welche die Strafbarkeit des Täters begründen, beim Teilnehmer (Anstifter oder Gehilfe), so ist dessen Strafe nach § 49 Abs. 1 zu mildern.

(2) Bestimmt das Gesetz, daß besondere persönliche Merkmale die Strafe schärfen, mildern oder ausschließen, so gilt das nur für den Beteiligten (Täter oder Teilnehmer), bei dem sie vorliegen.

§ 29 Selbständige Strafbarkeit des Beteiligten

Jeder Beteiligte wird ohne Rücksicht auf die Schuld des anderen nach seiner Schuld bestraft.

§ 30 Versuch der Beteiligung

(1) Wer einen anderen zu bestimmen versucht, ein Verbrechen zu begehen oder zu ihm anzustiften, wird nach den Vorschriften über den Versuch des Verbrechens bestraft. Jedoch ist die Strafe nach § 49 Abs. 1 zu mildern. § 23 Abs. 3 gilt entsprechend.

(2) Ebenso wird bestraft, wer sich bereit erklärt, wer das Erbieten eines anderen annimmt oder wer mit einem anderen verabredet, ein Verbrechen zu begehen oder zu ihm anzustiften.

§ 31 Rücktritt vom Versuch der Beteiligung

(1) Nach § 30 wird nicht bestraft, wer freiwillig

1. den Versuch aufgibt, einen anderen zu einem Verbrechen zu bestimmen, und eine etwa bestehende Gefahr, daß der andere die Tat begeht, abwendet,

2. nachdem er sich zu einem Verbrechen bereit erklärt hatte, sein Vorhaben aufgibt oder,

3. nachdem er ein Verbrechen verabredet oder das Erbieten eines anderen zu einem Verbrechen angenommen hatte, die Tat verhindert.

(2) Unterbleibt die Tat ohne Zutun des Zurücktretenden oder wird sie unabhängig von seinem früheren Verhalten begangen, so genügt zu seiner Straflosigkeit sein freiwilliges und ernsthaftes Bemühen, die Tat zu verhindern.

Vierter Abschnitt. Strafantrag, Ermächtigung, Strafverlangen

§ 77 Antragsberechtigte

(1) Ist die Tat nur auf Antrag verfolgbar, so kann, soweit das Gesetz nichts anderes bestimmt, der Verletzte den Antrag stellen.

(2) Stirbt der Verletzte, so geht sein Antragsrecht in den Fällen, die das Gesetz bestimmt, auf den Ehegatten, den Lebenspartner und die Kinder über. Hat der Verletzte weder einen Ehegatten, oder einen Lebenspartner noch Kinder hinterlassen oder sind sie vor Ablauf der Antragsfrist gestorben, so geht das Antragsrecht auf die Eltern und, wenn auch sie vor Ablauf der Antragsfrist gestorben sind, auf die Geschwister und die Enkel über. Ist ein Angehöriger an der Tat beteiligt oder ist seine Verwandtschaft erloschen, so scheidet er bei dem Übergang des Antragsrechts aus. Das Antragsrecht geht nicht über, wenn die Verfolgung dem erklärten Willen des Verletzten widerspricht.

(3) Ist der Antragsberechtigte geschäftsunfähig oder beschränkt geschäftsfähig, so können der gesetzliche Vertreter in den persönlichen Angelegenheiten und derjenige, dem die Sorge für die Person des Antragsberechtigten zusteht, den Antrag stellen.

(4) Sind mehrere antragsberechtigt, so kann jeder den Antrag selbständig stellen.

§ 77a Antrag des Dienstvorgesetzten

(1) Ist die Tat von einem Amtsträger, einem für den öffentlichen Dienst besonders Verpflichteten oder einem Soldaten der Bundeswehr oder gegen ihn begangen und auf Antrag des Dienstvorgesetzten verfolgbar, so ist derjenige Dienstvorgesetzte

antragsberechtigt, dem der Betreffende zur Zeit der Tat unterstellt war.

(2) Bei Berufsrichtern ist an Stelle des Dienstvorgesetzten antragsberechtigt, wer die Dienstaufsicht über den Richter führt. Bei Soldaten ist Dienstvorgesetzter der Disziplinarvorgesetzte.

(3) Bei einem Amtsträger oder einem für den öffentlichen Dienst besonders Verpflichteten, der keinen Dienstvorgesetzten hat oder gehabt hat, kann die Dienststelle, für die er tätig war, den Antrag stellen. Leitet der Amtsträger oder der Verpflichtete selbst diese Dienststelle, so ist die staatliche Aufsichtsbehörde antragsberechtigt.

(4) Bei Mitgliedern der Bundesregierung ist die Bundesregierung, bei Mitgliedern einer Landesregierung die Landesregierung antragsberechtigt.

§ 77b Antragsfrist

(1) Eine Tat, die nur auf Antrag verfolgbar ist, wird nicht verfolgt, wenn der Antragsberechtigte es unterläßt, den Antrag bis zum Ablauf einer Frist von drei Monaten zu stellen. Fällt das Ende der Frist auf einen Sonntag, einen allgemeinen Feiertag oder einen Sonnabend, so endet die Frist mit Ablauf des nächsten Werktags.

(2) Die Frist beginnt mit Ablauf des Tages, an dem der Berechtigte von der Tat und der Person des Täters Kenntnis erlangt. Hängt die Verfolgbarkeit der Tat auch von einer Entscheidung über die Nichtigkeit oder Auflösung einer Ehe ab, so beginnt die Frist nicht vor Ablauf des Tages, an dem der Berechtigte von der Rechtskraft der Entscheidung Kenntnis erlangt. Für den Antrag des gesetzlichen Vertreters und des Sorgeberechtigten kommt es auf dessen Kenntnis an.

(3) Sind mehrere antragsberechtigt oder mehrere an der Tat beteiligt, so läuft die Frist für und gegen jeden gesondert.

(4) Ist durch Tod des Verletzten das Antragsrecht auf Angehörige übergegangen, so endet die Frist frühestens drei Monate und spätestens sechs Monate nach dem Tod des Verletzten.

(5) Der Lauf der Frist ruht, wenn ein Antrag auf Durchführung eines Sühneversuchs gemäß § 380 der Strafprozeßordnung bei der Vergleichsbehörde eingeht, bis zur Ausstellung der Bescheinigung nach § 380 Abs. 1 Satz 3 der Strafprozeßordnung.

§ 77c Wechselseitig begangene Taten

Hat bei wechselseitig begangenen Taten, die miteinander zusammenhängen und nur auf Antrag verfolgbar sind, ein Berechtigter die Strafverfolgung des anderen beantragt, so erlischt das Antragsrecht des anderen, wenn er es nicht bis zur Beendigung des letzten Wortes im ersten Rechtszug ausübt. Er kann den Antrag auch dann noch stellen, wenn für ihn die Antragfrist schon verstrichen ist.

§ 77d Zurücknahme des Antrags

(1) Der Antrag kann zurückgenommen werden. Die Zurücknahme kann bis zum rechtskräftigen Abschluß des Strafverfahrens erklärt werden. Ein zurückgenommener Antrag kann nicht nochmals gestellt werden.

(2) Stirbt der Verletzte oder der im Falle seines Todes Berechtigte, nachdem er den Antrag gestellt hat, so können der Ehegatte, der Lebenspartner, die Kinder, die Eltern, die Geschwister und die Enkel des Verletzten in der Rangfolge des § 77 Abs. 2 den Antrag zurücknehmen. Mehrere Angehörige des gleichen Ranges können das Recht nur gemeinsam ausüben. Wer an der Tat beteiligt ist, kann den Antrag nicht zurücknehmen.

§ 77e Ermächtigung und Strafverlangen

Ist eine Tat nur mit Ermächtigung oder auf Strafverlangen verfolgbar, so gelten die §§ 77 und 77d entsprechend.

Vierzehnter Abschnitt. Beleidigung

§ 185 Beleidigung

Die Beleidigung wird mit Freiheitsstrafe bis zu einem Jahr oder mit Geldstrafe und, wenn die Beleidigung mittels einer Tätlichkeit begangen wird, mit Freiheitsstrafe bis zu zwei Jahren oder mit Geldstrafe bestraft.

§ 186 Üble Nachrede

Wer in Beziehung auf einen anderen eine Tatsache behauptet oder verbreitet, welche denselben verächtlich zu machen oder in der öffentlichen Meinung herabzuwürdigen geeignet ist, wird, wenn nicht diese Tatsache erweislich wahr ist, mit Freiheitsstrafe bis zu einem Jahr oder mit Geldstrafe und, wenn die Tat öffentlich oder durch Verbreiten von Schriften (§ 11 Abs. 3) begangen ist, mit Freiheitsstrafe bis zu zwei Jahren oder mit Geldstrafe bestraft.

§ 187 Verleumdung

Wer wider besseres Wissen in Beziehung auf einen anderen eine unwahre Tatsache behauptet oder verbreitet, welche denselben verächtlich zu machen oder in der öffentlichen Meinung herabzuwürdigen oder dessen Kredit zu gefährden geeignet ist, wird mit Freiheitsstrafe bis zu zwei Jahren oder mit Geldstrafe und, wenn die Tat öffentlich, in einer Versammlung oder durch Verbreiten von Schriften (§ 11 Abs. 3) begangen ist, mit Freiheitsstrafe bis zu fünf Jahren oder mit Geldstrafe bestraft.

§ 188 Üble Nachrede und Verleumdung gegen Personen des politischen Lebens

(1) Wird gegen eine im politischen Leben des Volkes stehende Person öffentlich, in einer Versammlung oder durch Verbreiten von Schriften (§ 11 Abs. 3) eine üble Nachrede (§ 186) aus Beweggründen begangen, die mit der Stellung des Beleidigten im öffentlichen Leben zusammenhängen, und ist die Tat geeignet, sein öffentliches Wirken erheblich zu erschweren, so ist die Strafe Freiheitsstrafe von drei Monaten bis zu fünf Jahren.

(2) Eine Verleumdung (§ 187) wird unter den gleichen Voraussetzungen mit Freiheitsstrafe von sechs Monaten bis zu fünf Jahren bestraft.

§ 189 Verunglimpfung des Andenkens Verstorbener

Wer das Andenken eines Verstorbenen verunglimpft, wird mit Freiheitsstrafe bis zu zwei Jahren oder mit Geldstrafe bestraft.

§ 190 Wahrheitsbeweis durch Strafurteil

Ist die behauptete oder verbreitete Tatsache eine Straftat, so ist der Beweis der Wahrheit als erbracht anzusehen, wenn der Beleidigte wegen dieser Tat rechtskräftig verurteilt worden ist. Der Beweis der Wahrheit ist dagegen ausgeschlossen, wenn der Beleidigte vor der Behauptung oder Verbreitung rechtskräftig freigesprochen worden ist.

§ 192 Beleidigung trotz Wahrheitsbeweises

Der Beweis der Wahrheit der behaupteten oder verbreiteten Tatsache schließt die Bestrafung nach § 185 nicht aus, wenn das Vorhandensein einer Beleidigung aus der Form der Behauptung oder Verbreitung oder aus den Umständen, unter welchen sie geschah, hervorgeht.

§ 193 Wahrnehmung berechtigter Interessen

Tadelnde Urteile über wissenschaftliche, künstlerische oder gewerbliche Leistungen, desgleichen Äußerungen, welche zur Ausführung oder Verteidigung von Rechten oder zur Wahrnehmung berechtigter Interessen gemacht werden, sowie Vorhaltungen und Rügen der Vorgesetzten gegen ihre Untergebenen, dienstliche Anzeigen oder Urteile von seiten eines Beamten und ähnliche Fälle sind nur insofern strafbar, als das Vorhandensein einer Beleidigung aus der Form der Äußerung oder aus den Umständen, unter welchen sie geschah, hervorgeht.

§ 194 Strafantrag

(1) Die Beleidigung wird nur auf Antrag verfolgt. Ist die Tat durch Verbreiten oder öffentliches Zugänglichmachen einer Schrift (§ 11 Abs. 3), in einer Versammlung oder durch eine Darbietung im Rundfunk begangen, so ist ein Antrag nicht erforderlich, wenn der Verletzte als Angehöriger einer Gruppe unter der nationalsozialistischen oder einer anderen Gewalt- und Willkürherrschaft verfolgt wurde, diese Gruppe Teil der Bevölkerung ist und die Beleidigung mit dieser Verfolgung zusammenhängt. Die Tat kann jedoch nicht von Amts wegen verfolgt werden, wenn der Verletzte widerspricht. Der Widerspruch kann nicht zurückgenommen werden. Stirbt der Verletzte, so gehen das Antragsrecht und das Widerspruchsrecht auf die in § 77 Abs. 2 bezeichneten Angehörigen über.

(2) Ist das Andenken eines Verstorbenen verunglimpft, so steht das Antragsrecht den in § 77 Abs. 2 bezeichneten Angehörigen zu. Ist die Tat durch Verbreiten oder öffentliches Zugänglichmachen einer Schrift (§ 11 Abs. 3), in einer Versammlung oder durch eine Darbietung im Rundfunk begangen, so ist ein Antrag nicht erforderlich, wenn der Verstorbene sein Leben als Opfer der nationalsozialistischen oder einer anderen Gewalt- und Willkürherrschaft verloren hat und die Verunglimpfung damit zusammenhängt. Die Tat kann jedoch nicht von Amts wegen verfolgt werden, wenn ein Antragsberechtigter der Verfolgung widerspricht. Der Widerspruch kann nicht zurückgenommen werden.

(3) Ist die Beleidigung gegen einen Amtsträger, einen für den öffentlichen Dienst besonders Verpflichteten oder einen Soldaten der Bundeswehr während der Ausübung seines Dienstes oder in Beziehung auf seinen Dienst begangen, so wird sie auch auf Antrag des Dienstvorgesetzten verfolgt. Richtet sich die Tat gegen eine Behörde oder eine sonstige Stelle, die Aufgaben der öffentlichen Verwaltung wahrnimmt, so wird sie auf Antrag des Behördenleiters oder des Leiters der aufsichtführenden Behörde verfolgt. Dasselbe gilt für Träger von Ämtern und für Behörden der Kirchen und anderen Religionsgesellschaften des öffentlichen Rechts.

(4) Richtet sich die Tat gegen ein Gesetzgebungsorgan des Bundes oder eines Landes oder eine andere politische Körperschaft im räumlichen Geltungsbereich dieses Gesetzes, so wird sie nur mit Ermächtigung der betroffenen Körperschaft verfolgt.

Fünfzehnter Abschnitt. Verletzung des persönlichen Lebens- und Geheimbereichs

§ 201 Verletzung der Vertraulichkeit des Wortes

(1) Mit Freiheitsstrafe bis zu drei Jahren oder mit Geldstrafe wird bestraft, wer unbefugt

1. das nichtöffentlich gesprochene Wort eines anderen auf einen Tonträger aufnimmt oder

2. eine so hergestellte Aufnahme gebraucht oder einem Dritten zugänglich macht.

(2) Ebenso wird bestraft, wer unbefugt

1. das nicht zu seiner Kenntnis bestimmte nichtöffentlich gesprochene Wort eines anderen mit einem Abhörgerät abhört oder

2. das nach Absatz 1 Nr. 1 aufgenommene oder nach Absatz 2 Nr. 1 abgehörte nichtöffentlich gesprochene Wort eines anderen im Wortlaut oder seinem wesentlichen Inhalt nach öffentlich mitteilt. Die Tat nach Satz 1 Nr. 2 ist nur strafbar, wenn die öffentliche Mitteilung geeignet ist, berechtigte Interessen eines

anderen zu beeinträchtigen. Sie ist nicht rechtswidrig, wenn die öffentliche Mitteilung zur Wahrnehmung überragender öffentlicher Interessen gemacht wird.

(3) Mit Freiheitsstrafe bis zu fünf Jahren oder mit Geldstrafe wird bestraft, wer als Amtsträger oder als für den öffentlichen Dienst besonders Verpflichteter die Vertraulichkeit des Wortes verletzt (Absätze 1 und 2).

(4) Der Versuch ist strafbar.

(5) Die Tonträger und Abhörgeräte, die der Täter oder Teilnehmer verwendet hat, können eingezogen werden. § 74a ist anzuwenden.

§ 201a Verletzung des höchstpersönlichen Lebensbereichs durch Bildaufnahmen

(1) Wer von einer anderen Person, die sich in einer Wohnung oder einem gegen Einblick besonders geschützten Raum befindet, unbefugt Bildaufnahmen herstellt oder überträgt und dadurch deren höchstpersönlichen Lebensbereich verletzt, wird mit Freiheitsstrafe bis zu einem Jahr oder mit Geldstrafe bestraft.

(2) Ebenso wird bestraft, wer eine durch eine Tat nach Absatz 1 hergestellte Bildaufnahme gebraucht oder einem Dritten zugänglich macht.

(3) Wer eine befugt hergestellte Bildaufnahme von einer anderen Person, die sich in einer Wohnung oder einem gegen Einblick besonders geschützten Raum befindet, wissentlich unbefugt einem Dritten zugänglich macht und dadurch deren höchstpersönlichen Lebensbereich verletzt, wird mit Freiheitsstrafe bis zu einem Jahr oder mit Geldstrafe bestraft.

(4) Die Bildträger sowie Bildaufnahmegeräte oder andere technische Mittel, die der Täter oder Teilnehmer verwendet hat, können eingezogen werden. § 74a ist anzuwenden.

§ 203 Verletzung von Privatgeheimnissen

(1) Wer unbefugt ein fremdes Geheimnis, namentlich ein zum persönlichen Lebensbereich gehörendes Geheimnis oder ein Betriebs- oder Geschäftsgeheimnis, offenbart, das ihm als

1. Arzt, Zahnarzt, Tierarzt, Apotheker oder Angehörigen eines anderen Heilberufs, der für die Berufsausübung oder die Führung der Berufsbezeichnung eine staatlich geregelte Ausbildung erfordert,

2. Berufspsychologen mit staatlich anerkannter wissenschaftlicher Abschlußprüfung,

3. Rechtsanwalt, Patentanwalt, Notar, Verteidiger in einem gesetzlich geordneten Verfahren,

Wirtschaftsprüfer, vereidigtem Buchprüfer, Steuerberater, Steuerbevollmächtigten oder Organ oder Mitglied eines Organs einer Rechtsanwalts-, Patentanwalts-, Wirtschaftsprüfungs-, Buchprüfungs- oder Steuerberatungsgesellschaft,

4. Ehe-, Familien-, Erziehungs- oder Jugendberater sowie Berater für Suchtfragen in einer Beratungsstelle, die von einer Behörde oder Körperschaft, Anstalt oder Stiftung des öffentlichen Rechts anerkannt ist.

4a. Mitglied oder Beauftragten einer anerkannten Beratungsstelle nach den §§ 3 und 8 des Schwangerschaftskonfliktgesetzes,

5. staatlich anerkanntem Sozialarbeiter oder staatlich anerkanntem Sozialpädagogen oder

6. Angehörigen eines Unternehmens der privaten Kranken-, Unfall- oder Lebensversicherung oder einer privatärztlichen, steuerberaterlichen oder anwaltlichen Verrechnungsstelle anvertraut worden oder sonst bekanntgeworden ist, wird mit Freiheitsstrafe bis zu einem Jahr oder mit Geldstrafe bestraft.

(2) Ebenso wird bestraft, wer unbefugt ein fremdes Geheimnis, namentlich ein zum persönlichen Lebensbereich gehörendes Geheimnis oder ein Betriebs- oder Geschäftsgeheimnis, offenbart, das ihm als

1. Amtsträger,

2. für den öffentlichen Dienst besonders Verpflichteten,

3. Person, die Aufgaben oder Befugnisse nach dem Personalvertretungsrecht wahrnimmt,

4. Mitglied eines für ein Gesetzgebungsorgan des Bundes oder eines Landes tätigen

Untersuchungsausschusses, sonstigen Ausschusses oder Rates, das nicht selbst Mitglied des

Gesetzgebungsorgans ist, oder als Hilfskraft eines solchen Ausschusses oder Rates,

5. öffentlich bestelltem Sachverständigen, der auf die gewissenhafte Erfüllung seiner Obliegenheiten auf Grund eines Gesetzes förmlich verpflichtet worden ist, oder

6. Person, die auf die gewissenhafte Erfüllung ihrer Geheimhaltungspflicht bei der Durchführung wissenschaftlicher Forschungsvorhaben auf Grund eines Gesetzes förmlich verpflichtet worden ist, anvertraut worden oder sonst bekanntgeworden ist. Einem Geheimnis im Sinne des Satzes 1 stehen Einzelangaben über persönliche oder sachliche Verhältnisse eines anderen gleich, die für Aufgaben der öffentlichen Verwaltung erfaßt worden sind; Satz 1 ist jedoch nicht anzuwenden, soweit solche Einzelangaben anderen Behörden oder sonstigen Stellen für Aufgaben der öffentlichen Verwaltung bekanntgegeben werden und das Gesetz dies nicht untersagt.

(2a) Die Absätze 1 und 2 gelten entsprechend, wenn ein Beauftragter für den Datenschutz unbefugt ein fremdes Geheimnis im Sinne dieser Vorschriften offenbart, das einem in den Absätzen 1 und 2 Genannten in dessen beruflicher Eigenschaft anvertraut worden oder sonst bekannt geworden ist und von dem er bei der Erfüllung seiner Aufgaben als Beauftragter für den Datenschutz Kenntnis erlangt hat.

(3) Einem in Absatz 1 Nr. 3 genannten Rechtsanwalt stehen andere Mitglieder einer Rechtsanwaltskammer gleich. Den in Absatz 1 und Satz 1 Genannten stehen ihre berufsmäßig tätigen Gehilfen und die Personen gleich, die bei ihnen zur Vorbereitung auf den Beruf tätig sind. Den in Absatz 1 und den in Satz 1 und 2 Genannten steht nach dem Tod des zur Wahrung des Geheimnisses Verpflichteten ferner gleich, wer das Geheimnis von dem Verstorbenen oder aus dessen Nachlaß erlangt hat.

(4) Die Absätze 1 bis 3 sind auch anzuwenden, wenn der Täter das fremde Geheimnis nach dem Tod des Betroffenen unbefugt offenbart.

(5) Handelt der Täter gegen Entgelt oder in der Absicht, sich oder einen anderen zu bereichern oder einen anderen zu schädigen, so ist die Strafe Freiheitsstrafe bis zu zwei Jahren oder Geldstrafe.

Siebzehnter Abschnitt. Straftaten gegen die körperliche Unversehrtheit

§ 223 Körperverletzung

(1) Wer eine andere Person körperlich mißhandelt oder an der Gesundheit schädigt, wird mit Freiheitsstrafe bis zu fünf Jahren oder mit Geldstrafe bestraft.

(2) Der Versuch ist strafbar.

§ 224 Gefährliche Körperverletzung

(1) Wer die Körperverletzung

1. durch Beibringung von Gift oder anderen gesundheitsschädlichen Stoffen,
2. mittels einer Waffe oder eines anderen gefährlichen Werkzeugs,
3. mittels eines hinterlistigen Überfalls,
4. mit einem anderen Beteiligten gemeinschaftlich oder
5. mittels einer das Leben gefährdenden Behandlung

begeht, wird mit Freiheitsstrafe von sechs Monaten bis zu zehn Jahren, in minder schweren Fällen mit Freiheitsstrafe von drei Monaten bis zu fünf Jahren bestraft.

(2) Der Versuch ist strafbar.

§ 225 Mißhandlung von Schutzbefohlenen

(1) Wer eine Person unter achtzehn Jahren oder eine wegen Gebrechlichkeit oder Krankheit wehrlose Person, die

1. seiner Fürsorge oder Obhut untersteht,
2. seinem Hausstand angehört,
3. von dem Fürsorgepflichtigen seiner Gewalt überlassen worden oder
4. ihm im Rahmen eines Dienst- oder Arbeitsverhältnisses untergeordnet ist,

quält oder roh mißhandelt, oder wer durch böswillige Vernachlässigung seiner Pflicht, für sie zu sorgen, sie an der Gesundheit schädigt, wird mit Freiheitsstrafe von sechs Monaten bis zu zehn Jahren bestraft.

(2) Der Versuch ist strafbar.

(3) Auf Freiheitsstrafe nicht unter einem Jahr ist zu erkennen, wenn der Täter die schutzbefohlene Person durch die Tat in die Gefahr

1. des Todes oder einer schweren Gesundheitsschädigung oder

2. einer erheblichen Schädigung der körperlichen oder seelischen Entwicklung

bringt.

(4) In minder schweren Fällen des Absatzes 1 ist auf Freiheitsstrafe von drei Monaten bis zu fünf Jahren, in minder schweren Fällen des Absatzes 3 auf Freiheitsstrafe von sechs Monaten bis zu fünf Jahren zu erkennen.

§ 226 Schwere Körperverletzung

(1) Hat die Körperverletzung zur Folge, daß die verletzte Person

1. das Sehvermögen auf einem Auge oder beiden Augen, das Gehör, das Sprechvermögen oder die Fortpflanzungsfähigkeit verliert,

2. ein wichtiges Glied des Körpers verliert oder dauernd nicht mehr gebrauchen kann oder

3. in erheblicher Weise dauernd entstellt wird oder in Siechtum, Lähmung oder geistige Krankheit oder Behinderung verfällt, so ist die Strafe Freiheitsstrafe von einem Jahr bis zu zehn Jahren.

(2) Verursacht der Täter eine der in Absatz 1 bezeichneten Folgen absichtlich oder wissentlich, so ist die Strafe Freiheitsstrafe nicht unter drei Jahren.

(3) In minder schweren Fällen des Absatzes 1 ist auf Freiheitsstrafe von sechs Monaten bis zu fünf Jahren, in minder schweren Fällen des Absatzes 2 auf Freiheitsstrafe von einem Jahr bis zu zehn Jahren zu erkennen.

§ 227 Körperverletzung mit Todesfolge

(1) Verursacht der Täter durch die Körperverletzung (§§ 223 bis 226) den Tod der verletzten Person, so ist die Strafe Freiheitsstrafe nicht unter drei Jahren.

(2) In minder schweren Fällen ist auf Freiheitsstrafe von einem Jahr bis zu zehn Jahren zu erkennen.

§ 228 Einwilligung

Wer eine Körperverletzung mit Einwilligung der verletzten Person vornimmt, handelt nur dann rechtswidrig, wenn die Tat trotz der Einwilligung gegen die guten Sitten verstößt.

§ 229 Fahrlässige Körperverletzung

Wer durch Fahrlässigkeit die Körperverletzung einer anderen Person verursacht, wird mit Freiheitsstrafe bis zu drei Jahren oder mit Geldstrafe bestraft.

§ 230 Strafantrag

(1) Die vorsätzliche Körperverletzung nach § 223 und die fahrlässige Körperverletzung nach § 229 werden nur auf Antrag verfolgt, es sei denn, daß die Strafverfolgungsbehörde wegen des besonderen öffentlichen Interesses an der Strafverfolgung ein Einschreiten von Amts wegen für geboten hält. Stirbt die verletzte Person, so geht bei vorsätzlicher Körperverletzung das Antragsrecht nach § 77 Abs. 2 auf die Angehörigen über.

(2) Ist die Tat gegen einen Amtsträger, einen für den öffentlichen Dienst besonders Verpflichteten oder einen Soldaten der Bundeswehr während der Ausübung seines Dienstes oder in Beziehung auf seinen Dienst begangen, so wird sie auch auf Antrag des Dienstvorgesetzten verfolgt. Dasselbe gilt für Träger von Ämtern der Kirchen und anderen Religionsgesellschaften des öffentlichen Rechts.

§ 231 Beteiligung an einer Schlägerei

(1) Wer sich an einer Schlägerei oder an einem von mehreren verübten Angriff beteiligt, wird schon wegen dieser Beteiligung mit Freiheitsstrafe bis zu drei Jahren oder mit Geldstrafe bestraft, wenn durch die Schlägerei oder den Angriff der Tod eines Menschen oder eine schwere Körperverletzung (§ 226) verursacht worden ist.

(2) Nach Absatz 1 ist nicht strafbar, wer an der Schlägerei oder dem Angriff beteiligt war, ohne daß ihm dies vorzuwerfen ist.

Zweiundzwanzigster Abschnitt. Betrug und Untreue

§ 263 Betrug

(1) Wer in der Absicht, sich oder einem Dritten einen rechtswidrigen Vermögensvorteil zu verschaffen, das Vermögen eines anderen dadurch beschädigt, daß er durch Vorspiegelung falscher oder durch Entstellung oder Unterdrückung wahrer Tatsachen einen Irrtum erregt oder unterhält, wird mit Freiheitsstrafe bis zu fünf Jahren oder mit Geldstrafe bestraft.

(2) Der Versuch ist strafbar.

(3) In besonders schweren Fällen ist die Strafe Freiheitsstrafe von sechs Monaten bis zu zehn Jahren. Ein besonders schwerer Fall liegt in der Regel vor, wenn der Täter

1. gewerbsmäßig oder als Mitglied einer Bande handelt, die sich zur fortgesetzten Begehung von Urkundenfälschung oder Betrug verbunden hat,
2. einen Vermögensverlust großen Ausmaßes herbeiführt oder in der Absicht handelt, durch die fortgesetzte Begehung von Betrug eine große Zahl von Menschen in die Gefahr des Verlustes von Vermögenswerten zu bringen,
3. eine andere Person in wirtschaftliche Not bringt,
4. seine Befugnisse oder seine Stellung als Amtsträger mißbraucht oder
5. einen Versicherungsfall vortäuscht, nachdem er oder ein anderer zu diesem Zweck eine Sache von bedeutendem Wert in Brand gesetzt oder durch eine Brandlegung ganz oder teilweise zerstört oder ein Schiff zum Sinken oder Stranden gebracht hat.

(4) § 243 Abs. 2 sowie die §§ 247 und 248a gelten entsprechend.

(5) Mit Freiheitsstrafe von einem Jahr bis zu zehn Jahren, in minder schweren Fällen mit Freiheitsstrafe von sechs Monaten bis zu fünf Jahren wird bestraft, wer den Betrug als Mitglied einer Bande, die sich zur fortgesetzten Begehung von Straftaten nach den §§ 263 bis 264 oder 267 bis 269 verbunden hat, gewerbsmäßig begeht.

(6) Das Gericht kann Führungsaufsicht anordnen (§ 68 Abs. 1).

(7) Die §§ 43a und 73d sind anzuwenden, wenn der Täter als Mitglied einer Bande handelt, die sich zur fortgesetzten Begehung von Straftaten nach den §§ 263 bis 264 oder 267 bis 269 verbunden hat. § 73d ist auch dann anzuwenden, wenn der Täter gewerbsmäßig handelt.

Dreiundzwanzigster Abschnitt. Urkundenfälschung

§ 267 Urkundenfälschung

(1) Wer zur Täuschung im Rechtsverkehr eine unechte Urkunde herstellt, eine echte Urkunde verfälscht oder eine unechte oder verfälschte Urkunde gebraucht, wird mit Freiheitsstrafe bis zu fünf Jahren oder mit Geldstrafe bestraft.

(2) Der Versuch ist strafbar.

(3) In besonders schweren Fällen ist die Strafe Freiheitsstrafe von sechs Monaten bis zu zehn Jahren. Ein besonders schwerer Fall liegt in der Regel vor, wenn der Täter

1. gewerbsmäßig oder als Mitglied einer Bande handelt, die sich zur fortgesetzten Begehung von Betrug oder Urkundenfälschung verbunden hat,
2. einen Vermögensverlust großen Ausmaßes herbeiführt,
3. durch eine große Zahl von unechten oder verfälschten Urkunden die Sicherheit des Rechtsverkehrs erheblich gefährdet oder
4. seine Befugnisse oder seine Stellung als Amtsträger mißbraucht.

(4) Mit Freiheitsstrafe von einem Jahr bis zu zehn Jahren, in minder schweren Fällen mit Freiheitsstrafe von sechs Monaten bis zu fünf Jahren wird bestraft, wer die Urkundenfälschung als Mitglied einer Bande, die sich zur fortgesetzten Begehung von Straftaten nach den §§ 263 bis 264 oder 267 bis 269 verbunden hat, gewerbsmäßig begeht.

§ 269 Fälschung beweiserheblicher Daten

(1) Wer zur Täuschung im Rechtsverkehr beweiserhebliche Daten so speichert oder verändert, daß bei ihrer Wahrnehmung eine unechte oder verfälschte Urkunde vorliegen würde, oder derart gespeicherte oder veränderte Daten gebraucht, wird mit Freiheitsstrafe bis zu fünf Jahren oder mit Geldstrafe bestraft.

(2) Der Versuch ist strafbar.

(3) § 267 Abs. 3 und 4 gilt entsprechend.

§ 274 Urkundenunterdrückung, Veränderung einer Grenzbezeichnung

(1) Mit Freiheitsstrafe bis zu fünf Jahren oder mit Geldstrafe wird bestraft, wer

1. eine Urkunde oder eine technische Aufzeichnung, welche ihm entweder überhaupt nicht oder nicht ausschließlich gehört, in der Absicht, einem anderen Nachteil zuzufügen, vernichtet, beschädigt oder unterdrückt,

2. beweiserhebliche Daten (§ 202a Abs. 2), über die er nicht oder nicht ausschließlich verfügen darf, in der Absicht, einem anderen Nachteil zuzufügen, löscht, unterdrückt, unbrauchbar macht oder verändert oder

3. einen Grenzstein oder ein anderes zur Bezeichnung einer Grenze oder eines Wasserstandes bestimmtes Merkmal in der Absicht, einem anderen Nachteil zuzufügen, wegnimmt, vernichtet, unkenntlich macht, verrückt oder fälschlich setzt.

(2) Der Versuch ist strafbar.

Sechsundzwanzigster Abschnitt. Straftaten gegen den Wettbewerb

§ 299 Bestechlichkeit und Bestechung im geschäftlichen Verkehr

(1) Wer als Angestellter oder Beauftragter eines geschäftlichen Betriebes im geschäftlichen Verkehr einen Vorteil für sich oder einen Dritten als Gegenleistung dafür fordert, sich versprechen läßt oder annimmt, daß er einen anderen bei dem Bezug von Waren oder gewerblichen Leistungen im Wettbewerb in unlauterer Weise bevorzuge, wird mit Freiheitsstrafe bis zu drei Jahren oder mit Geldstrafe bestraft.

(2) Ebenso wird bestraft, wer im geschäftlichen Verkehr zu Zwecken des Wettbewerbs einem Angestellten oder Beauftragten eines geschäftlichen Betriebes einen Vorteil für diesen oder einen Dritten als Gegenleistung dafür anbietet, verspricht oder gewährt, daß er ihn oder einen anderen bei dem Bezug von Waren oder gewerblichen Leistungen in unlauterer Weise bevorzuge.

(3) Die Absätze 1 und 2 gelten auch für Handlungen im ausländischen Wettbewerb.

§ 300 Besonders schwere Fälle der Bestechlichkeit und Bestechung im geschäftlichen Verkehr

In besonders schweren Fällen wird eine Tat nach § 299 mit Freiheitsstrafe von drei Monaten bis zu fünf Jahren bestraft. Ein besonders schwerer Fall liegt in der Regel vor, wenn

1. die Tat sich auf einen Vorteil großen Ausmaßes bezieht oder
2. der Täter gewerbsmäßig oder als Mitglied einer Bande handelt, die sich zur fortgesetzten Begehung solcher Taten verbunden hat.

§ 301 Strafantrag

(1) Die Bestechlichkeit und Bestechung im geschäftlichen Verkehr nach § 299 wird nur auf Antrag verfolgt, es sei denn, daß die Strafverfolgungsbehörde wegen des besonderen öffentlichen Interesses an der Strafverfolgung ein Einschreiten von Amts wegen für geboten hält.

(2) Das Recht, den Strafantrag nach Absatz 1 zu stellen, hat neben dem Verletzten jeder der in § 8 Abs. 3 Nr. 1, 2 und 4 des Gesetzes gegen den unlauteren Wettbewerb bezeichneten Gewerbetreibenden, Verbände und Kammern.

Siebenundzwanzigster Abschnitt. Sachbeschädigung

§ 303 Sachbeschädigung

(1) Wer rechtswidrig eine fremde Sache beschädigt oder zerstört, wird mit Freiheitsstrafe bis zu zwei Jahren oder mit Geldstrafe bestraft.

(2) Ebenso wird bestraft, wer unbefugt das Erscheinungsbild einer fremden Sache nicht nur unerheblich und nicht nur vorübergehend verändert.

(3) Der Versuch ist strafbar.

§ 303c Strafantrag

In den Fällen der §§ 303, 303a Abs. 1 und 2 sowie § 303b Abs. 1 bis 3 wird die Tat nur auf Antrag verfolgt, es sei denn, daß die Strafverfolgungsbehörde wegen des besonderen öffentlichen Interesses an der Strafverfolgung ein Einschreiten von Amts wegen für geboten hält.

Dreißigster Abschnitt. Straftaten im Amt

§ 331 Vorteilsannahme

(1) Ein Amtsträger oder ein für den öffentlichen Dienst besonders Verpflichteter, der für die Dienstausübung einen Vorteil für sich oder einen Dritten fordert, sich versprechen läßt oder annimmt, wird mit Freiheitsstrafe bis zu drei Jahren oder mit Geldstrafe bestraft.

(2) Ein Richter oder Schiedsrichter, der einen Vorteil für sich oder einen Dritten als Gegenleistung dafür fordert, sich versprechen läßt oder annimmt, daß er eine richterliche Handlung vorgenommen hat oder künftig vornehme, wird mit Freiheitsstrafe bis zu fünf Jahren oder mit Geldstrafe bestraft. Der Versuch ist strafbar.

(3) Die Tat ist nicht nach Absatz 1 strafbar, wenn der Täter einen nicht von ihm geforderten Vorteil sich versprechen läßt oder annimmt und die zuständige Behörde im Rahmen ihrer Befugnisse entweder die Annahme vorher genehmigt hat oder der Täter unverzüglich bei ihr Anzeige erstattet und sie die Annahme genehmigt.

§ 332 Bestechlichkeit

(1) Ein Amtsträger oder ein für den öffentlichen Dienst besonders Verpflichteter, der einen Vorteil für sich oder einen Dritten als Gegenleistung dafür fordert, sich versprechen läßt oder annimmt, daß er eine Diensthandlung vorgenommen hat oder künftig vornehme und dadurch seine Dienstpflichten verletzt hat oder verletzen würde, wird mit Freiheitsstrafe von sechs Monaten bis zu fünf Jahren bestraft. In minder schweren Fällen ist die Strafe Freiheitsstrafe bis zu drei Jahren oder Geldstrafe. Der Versuch ist strafbar.

(2) Ein Richter oder Schiedsrichter, der einen Vorteil für sich oder einen Dritten als Gegenleistung dafür fordert, sich versprechen läßt oder annimmt, daß er eine richterliche Handlung vorgenommen hat oder künftig vornehme und dadurch seine richterlichen Pflichten verletzt hat oder verletzen würde, wird mit Freiheitsstrafe von einem Jahr bis zu zehn Jahren bestraft. In minder schweren Fällen ist die Strafe Freiheitsstrafe von sechs Monaten bis zu fünf Jahren.

(3) Falls der Täter den Vorteil als Gegenleistung für eine künftige Handlung fordert, sich versprechen läßt oder annimmt, so sind die Absätze 1 und 2 schon dann anzuwenden, wenn er sich dem anderen gegenüber bereit gezeigt hat,

1. bei der Handlung seine Pflichten zu verletzen oder,

2. soweit die Handlung in seinem Ermessen steht, sich bei Ausübung des Ermessens durch den Vorteil beeinflussen zu lassen.

§ 333 Vorteilsgewährung

(1) Wer einem Amtsträger, einem für den öffentlichen Dienst besonders Verpflichteten oder einem Soldaten der Bundeswehr für die Dienstausübung einen Vorteil für diesen oder einen Dritten anbietet, verspricht oder gewährt, wird mit Freiheitsstrafe bis zu drei Jahren oder mit Geldstrafe bestraft.

(2) Wer einem Richter oder Schiedsrichter einen Vorteil für diesen oder einen Dritten als Gegenleistung dafür anbietet, verspricht oder gewährt, daß er eine richterliche Handlung vorgenommen hat oder künftig vornehme, wird mit Freiheitsstrafe bis zu fünf Jahren oder mit Geldstrafe bestraft.

(3) Die Tat ist nicht nach Absatz 1 strafbar, wenn die zuständige Behörde im Rahmen ihrer Befugnisse entweder die Annahme des Vorteils durch den Empfänger vorher genehmigt hat oder sie auf unverzügliche Anzeige des Empfängers genehmigt.

§ 334 Bestechung

(1) Wer einem Amtsträger, einem für den öffentlichen Dienst besonders Verpflichteten oder einem Soldaten der Bundeswehr einen Vorteil für diesen oder einen Dritten als Gegenleistung dafür anbietet, verspricht oder gewährt, daß er eine Diensthandlung vorgenommen hat oder künftig vornehme und dadurch seine Dienstpflichten verletzt hat oder verletzen würde, wird mit Freiheitsstrafe von drei Monaten bis zu fünf Jahren bestraft. In minder schweren Fällen ist die Strafe Freiheitsstrafe bis zu zwei Jahren oder Geldstrafe.

(2) Wer einem Richter oder Schiedsrichter einen Vorteil für diesen oder einen Dritten als Gegenleistung dafür anbietet, verspricht oder gewährt, daß er eine richterliche Handlung

1. vorgenommen und dadurch seine richterlichen Pflichten verletzt hat oder

2. künftig vornehme und dadurch seine richterlichen Pflichten verletzen würde,

wird in den Fällen der Nummer 1 mit Freiheitsstrafe von drei Monaten bis zu fünf Jahren, in den Fällen der Nummer 2 mit Freiheitsstrafe von sechs Monaten bis zu fünf Jahren bestraft. Der Versuch ist strafbar.

(3) Falls der Täter den Vorteil als Gegenleistung für eine künftige Handlung anbietet, verspricht oder gewährt, so sind die Absätze 1 und 2 schon dann anzuwenden, wenn er den anderen zu bestimmen versucht, daß dieser

1. bei der Handlung seine Pflichten verletzt oder,

2. soweit die Handlung in seinem Ermessen steht, sich bei der Ausübung des Ermessens durch den Vorteil beeinflussen läßt.

[32] Arzneimittelgesetz (AMG)

In der Fassung der Bekanntmachung vom 12. Dezember 2005 (BGBl. I S. 3394), das zuletzt durch Artikel 13 des Gesetzes vom 22. Dezember 2011 (BGBl. I S. 2983) geändert worden ist. – Auszug –

§ 2 Arzneimittelbegriff

(1) Arzneimittel sind Stoffe oder Zubereitungen aus Stoffen,

1. die zur Anwendung im oder am menschlichen oder tierischen Körper bestimmt sind und als Mittel mit Eigenschaften zur Heilung oder Linderung oder zur Verhütung menschlicher oder tierischer Krankheiten oder krankhafter Beschwerden bestimmt sind oder

2. die im oder am menschlichen oder tierischen Körper angewendet oder einem Menschen oder einem Tier verabreicht werden können, um entweder

a) die physiologischen Funktionen durch eine pharmakologische, immunologische oder metabolische Wirkung wiederherzustellen, zu korrigieren oder zu beeinflussen oder

b) eine medizinische Diagnose zu erstellen.

(2) Als Arzneimittel gelten

1. Gegenstände, die ein Arzneimittel nach Absatz 1 enthalten oder auf die ein Arzneimittel nach Absatz 1 aufgebracht ist und die dazu bestimmt sind, dauernd oder vorübergehend mit dem menschlichen oder tierischen Körper in Berührung gebracht zu werden,

1a. tierärztliche Instrumente, soweit sie zur einmaligen Anwendung bestimmt sind und aus der Kennzeichnung hervorgeht, dass sie einem Verfahren zur Verminderung der Keimzahl unterzogen worden sind,

2. Gegenstände, die, ohne Gegenstände nach Nummer 1 oder 1a zu sein, dazu bestimmt sind, zu den in Absatz 1 bezeichneten Zwecken in den tierischen Körper dauernd oder vorübergehend eingebracht zu werden, ausgenommen tierärztliche Instrumente,

3. Verbandstoffe und chirurgische Nahtmaterialien, soweit sie zur Anwendung am oder im tierischen Körper bestimmt und nicht Gegenstände der Nummer 1, 1a oder 2 sind,

4. Stoffe und Zubereitungen aus Stoffen, die, auch im Zusammenwirken mit anderen Stoffen oder Zubereitungen aus Stoffen, dazu bestimmt sind, ohne am oder im tierischen Körper angewendet zu werden, die Beschaffenheit, den Zustand oder die Funktion des tierischen Körpers erkennen zu lassen oder der Erkennung von Krankheitserregern bei Tieren zu dienen.

(3) Arzneimittel sind nicht

1. Lebensmittel im Sinne des § 2 Abs. 2 des Lebensmittel- und Futtermittelgesetzbuches,

2. kosmetische Mittel im Sinne des § 2 Abs. 5 des Lebensmittel- und Futtermittelgesetzbuches,

3. Tabakerzeugnisse im Sinne des § 3 des Vorläufigen Tabakgesetzes,

4. Stoffe oder Zubereitungen aus Stoffen, die ausschließlich dazu bestimmt sind, äußerlich am Tier zur Reinigung oder Pflege oder zur Beeinflussung des Aussehens oder des Körpergeruchs angewendet zu werden, soweit ihnen keine Stoffe oder Zubereitungen aus Stoffen zugesetzt sind, die vom Verkehr außerhalb der Apotheke ausgeschlossen sind,

5. Biozid-Produkte nach § 3b des Chemikaliengesetzes,

6. Futtermittel im Sinne des § 3 Nr. 11 bis 15 des Lebensmittel- und Futtermittelgesetzbuches,

7. Medizinprodukte und Zubehör für Medizinprodukte im Sinne des § 3 des Medizinproduktegesetzes, es sei denn, es handelt sich um Arzneimittel im Sinne des § 2 Abs. 1 Nr. 2,

8. Organe im Sinne des § 1a Nr. 1 des Transplantationsgesetzes, wenn sie zur Übertragung auf menschliche Empfänger bestimmt sind.

(3a) Arzneimittel sind auch Erzeugnisse, die Stoffe oder Zubereitungen aus Stoffen sind oder enthalten, die unter Berücksichtigung aller Eigenschaften des Erzeugnisses unter eine Begriffsbestimmung des Absatzes 1 fallen und zugleich unter die Begriffsbestimmung eines Erzeugnisses nach Absatz 3 fallen können.

(4) Solange ein Mittel nach diesem Gesetz als Arzneimittel zugelassen oder registriert oder durch Rechtsverordnung von der Zulassung oder Registrierung freigestellt ist, gilt es als Arzneimittel. Hat die zuständige Bundesoberbehörde die Zulassung oder Registrierung eines Mittels mit der Begründung abgelehnt, dass es sich um kein Arzneimittel handelt, so gilt es nicht als Arzneimittel.

§ 3 Stoffbegriff

Stoffe im Sinne dieses Gesetzes sind

1. chemische Elemente und chemische Verbindungen sowie deren natürlich vorkommende Gemische und Lösungen,
2. Pflanzen, Pflanzenteile, Pflanzenbestandteile, Algen, Pilze und Flechten in bearbeitetem oder unbearbeitetem Zustand,
3. Tierkörper, auch lebender Tiere, sowie Körperteile, -bestandteile und Stoffwechselprodukte von Mensch oder Tier in bearbeitetem oder unbearbeitetem Zustand,
4. Mikroorganismen einschließlich Viren sowie deren Bestandteile oder Stoffwechselprodukte.

§ 4 Sonstige Begriffsbestimmungen

(1) Fertigarzneimittel sind Arzneimittel, die im Voraus hergestellt und in einer zur Abgabe an den Verbraucher bestimmten Packung in den Verkehr gebracht werden oder andere zur Abgabe an Verbraucher bestimmte Arzneimittel, bei deren Zubereitung in sonstiger Weise ein industrielles Verfahren zur Anwendung kommt oder die, ausgenommen in Apotheken, gewerblich hergestellt werden. Fertigarzneimittel sind nicht Zwischenprodukte, die für eine weitere Verarbeitung durch einen Hersteller bestimmt sind.

(2) Blutzubereitungen sind Arzneimittel, die aus Blut gewonnene Blut-, Plasma- oder Serumkonserven, Blutbestandteile oder Zubereitungen aus Blutbestandteilen sind oder als Wirkstoffe enthalten.

(3) Sera sind Arzneimittel im Sinne des § 2 Absatz 1, die Antikörper, Antikörperfragmente oder Fusionsproteine mit einem funktionellen Antikörperbestandteil als Wirkstoff enthalten und wegen dieses Wirkstoffs angewendet werden. Sera gelten nicht als Blutzubereitungen im Sinne des Absatzes 2 oder als Gewebezubereitungen im Sinne des Absatzes 30.

(4) Impfstoffe sind Arzneimittel im Sinne des § 2 Abs. 1, die Antigene oder rekombinante Nukleinsäuren enthalten und die dazu bestimmt sind, bei Mensch oder Tier zur Erzeugung von spezifischen Abwehr- und Schutzstoffen angewendet zu werden und, soweit sie rekombinante Nukleinsäuren enthalten, aus-

schließlich zur Vorbeugung oder Behandlung von Infektionskrankheiten bestimmt sind.

(5) Allergene sind Arzneimittel im Sinne des § 2 Abs. 1, die Antigene oder Haptene enthalten und dazu bestimmt sind, bei Mensch oder Tier zur Erkennung von spezifischen Abwehr- oder Schutzstoffen angewendet zu werden (Testallergene) oder Stoffe enthalten, die zur antigenspezifischen Verminderung einer spezifischen immunologischen Überempfindlichkeit angewendet werden (Therapieallergene).

(6) Testsera sind Arzneimittel im Sinne des § 2 Abs. 2 Nr. 4, die aus Blut, Organen, Organteilen oder Organsekreten gesunder, kranker, krank gewesener oder immunisatorisch vorbehandelter Lebewesen gewonnen werden, spezifische Antikörper enthalten und die dazu bestimmt sind, wegen dieser Antikörper verwendet zu werden, sowie die dazu gehörenden Kontrollsera.

(7) Testantigene sind Arzneimittel im Sinne des § 2 Abs. 2 Nr. 4, die Antigene oder Haptene enthalten und die dazu bestimmt sind, als solche verwendet zu werden.

(8) Radioaktive Arzneimittel sind Arzneimittel, die radioaktive Stoffe sind oder enthalten und ionisierende Strahlen spontan aussenden und die dazu bestimmt sind, wegen dieser Eigenschaften angewendet zu werden; als radioaktive Arzneimittel gelten auch für die Radiomarkierung anderer Stoffe vor der Verabreichung hergestellte Radionuklide (Vorstufen) sowie die zur Herstellung von radioaktiven Arzneimitteln bestimmten Systeme mit einem fixierten Mutterradionuklid, das ein Tochterradionuklid bildet, (Generatoren).

(9) Arzneimittel für neuartige Therapien sind Gentherapeutika, somatische Zelltherapeutika oder biotechnologisch bearbeitete Gewebeprodukte nach Artikel 2 Absatz 1 Buchstabe a der Verordnung (EG) Nr. 1394/2007 des Europäischen Parlaments und des Rates vom 13. November 2007 über Arzneimittel für neuartige Therapien und zur Änderung der Richtlinie 2001/83/EG und der Verordnung (EG) Nr. 726/2004 (ABl. L 324 vom 10.12.2007, S. 121).

(10) Fütterungsarzneimittel sind Arzneimittel in verfütterungsfertiger Form, die aus Arzneimittel-Vormischungen und Mischfuttermitteln hergestellt werden und die dazu bestimmt sind, zur Anwendung bei Tieren in den Verkehr gebracht zu werden.

(11) Arzneimittel-Vormischungen sind Arzneimittel, die ausschließlich dazu bestimmt sind, zur Herstellung von Fütterungsarzneimitteln verwendet zu werden. Sie gelten als Fertigarzneimittel.

(12) Die Wartezeit ist die Zeit, die bei bestimmungsgemäßer Anwendung des Arzneimittels nach der letzten Anwendung des Arzneimittels bei einem Tier bis zur Gewinnung von Lebensmitteln, die von diesem Tier stammen, zum Schutz der öffentlichen Gesundheit einzuhalten ist und die sicherstellt, dass Rückstände in diesen Lebensmitteln die im Anhang der Verordnung (EU) Nr. 37/2010 der Kommission vom 22. Dezember 2009 über pharmakologisch wirksame Stoffe und ihre Einstufung hinsichtlich der Rückstandshöchstmengen in Lebensmitteln tierischen Ursprungs (ABl. L 15 vom 20.1.2010, S. 1) in der jeweils geltenden Fassung festgelegten zulässigen Höchstmengen für pharmakologisch wirksame Stoffe nicht überschreiten.

(13) Nebenwirkungen sind die beim bestimmungsgemäßen Gebrauch eines Arzneimittels auftretenden schädlichen unbeabsichtigten Reaktionen. Schwerwiegende Nebenwirkungen sind Nebenwirkungen, die tödlich oder lebensbedrohend sind, eine stationäre Behandlung oder Verlängerung einer stationären Behandlung erforderlich machen, zu bleibender oder schwerwiegender Behinderung, Invalidität, kongenitalen Anomalien oder Geburtsfehlern führen; für Arzneimittel, die zur Anwendung bei Tieren bestimmt sind, sind schwerwiegend auch Nebenwirkungen, die ständig auftretende oder lang anhaltende Symptome hervorrufen. Unerwartete Nebenwirkungen sind Nebenwirkungen, deren Art, Ausmaß oder Ausgang von der Packungsbeilage des Arzneimittels abweichen. Die Sätze 1 bis 3 gelten auch für die als Folge von Wechselwirkungen auftretenden Nebenwirkungen.

(14) Herstellen ist das Gewinnen, das Anfertigen, das Zubereiten, das Be- oder Verarbeiten, das Umfüllen einschließlich Abfüllen, das Abpacken, das Kennzeichnen und die Freigabe; nicht als Herstellen gilt das Mischen von Fertigarzneimitteln mit Futtermitteln durch den Tierhalter zur unmittelbaren Verabreichung an die von ihm gehaltenen Tiere.

(15) Qualität ist die Beschaffenheit eines Arzneimittels, die nach Identität, Gehalt, Reinheit, sonstigen chemischen, physikalischen, biologischen Eigenschaften oder durch das Herstellungsverfahren bestimmt wird.

(16) Eine Charge ist die jeweils aus derselben Ausgangsmenge in einem einheitlichen Herstellungsvorgang oder bei einem kontinuierlichen Herstellungsverfahren in einem bestimmten Zeitraum erzeugte Menge eines Arzneimittels.

(17) Inverkehrbringen ist das Vorrätighalten zum Verkauf oder zu sonstiger Abgabe, das Feilhalten, das Feilbieten und die Abgabe an andere.

(18) Der pharmazeutische Unternehmer ist bei zulassungs- oder registrierungspflichtigen Arzneimitteln der Inhaber der Zulassung oder Registrierung. Pharmazeutischer Unternehmer ist auch, wer Arzneimittel unter seinem Namen in den Verkehr bringt, außer in den Fällen des § 9 Abs. 1 Satz 2.

(19) Wirkstoffe sind Stoffe, die dazu bestimmt sind, bei der Herstellung von Arzneimitteln als arzneilich wirksame Bestandteile verwendet zu werden oder bei ihrer Verwendung in der Arzneimittelherstellung zu arzneilich wirksamen Bestandteilen der Arzneimittel zu werden.

(20) (weggefallen)

(21) Xenogene Arzneimittel sind zur Anwendung im oder am Menschen bestimmte Arzneimittel, die lebende tierische Gewebe oder Zellen sind oder enthalten.

(22) Großhandel mit Arzneimitteln ist jede berufs- oder gewerbsmäßige zum Zwecke des Handeltreibens ausgeübte Tätigkeit, die in der Beschaffung, der Lagerung, der Abgabe oder Ausfuhr von Arzneimitteln besteht, mit Ausnahme der Abgabe von Arzneimitteln an andere Verbraucher als Ärzte, Zahnärzte, Tierärzte oder Krankenhäuser.

(23) Klinische Prüfung bei Menschen ist jede am Menschen durchgeführte Untersuchung, die dazu bestimmt ist, klinische oder pharmakologische Wirkungen von Arzneimitteln zu erforschen oder nachzuweisen oder Nebenwirkungen festzustellen oder die Resorption, die Verteilung, den Stoffwechsel oder die Ausscheidung zu untersuchen, mit dem Ziel, sich von der Unbedenklichkeit oder Wirksamkeit der Arzneimittel zu überzeugen. Satz 1 gilt nicht für eine Untersuchung, die eine nichtinterventionelle Prüfung ist. Nichtinterventionelle Prüfung ist eine Untersuchung, in deren Rahmen Erkenntnisse aus der Behandlung von Personen mit Arzneimitteln anhand epidemiologischer

Methoden analysiert werden; dabei folgt die Behandlung einschließlich der Diagnose und Überwachung nicht einem vorab festgelegten Prüfplan, sondern ausschließlich der ärztlichen Praxis; soweit es sich um ein zulassungspflichtiges oder nach § 21a Absatz 1 genehmigungspflichtiges Arzneimittel handelt, erfolgt dies ferner gemäß den in der Zulassung oder der Genehmigung festgelegten Angaben für seine Anwendung.

(24) Sponsor ist eine natürliche oder juristische Person, die die Verantwortung für die Veranlassung, Organisation und Finanzierung einer klinischen Prüfung bei Menschen übernimmt.

(25) Prüfer ist in der Regel ein für die Durchführung der klinischen Prüfung bei Menschen in einer Prüfstelle verantwortlicher Arzt oder in begründeten Ausnahmefällen eine andere Person, deren Beruf auf Grund seiner wissenschaftlichen Anforderungen und der seine Ausübung voraussetzenden Erfahrungen in der Patientenbetreuung für die Durchführung von Forschungen am Menschen qualifiziert. Wird eine Prüfung in einer Prüfstelle von mehreren Prüfern vorgenommen, so ist der verantwortliche Leiter der Gruppe der Hauptprüfer. Wird eine Prüfung in mehreren Prüfstellen durchgeführt, wird vom Sponsor ein Prüfer als Leiter der klinischen Prüfung benannt.

(26) Homöopathisches Arzneimittel ist ein Arzneimittel, das nach einem im Europäischen Arzneibuch oder, in Ermangelung dessen, nach einem in den offiziell gebräuchlichen Pharmakopöen der Mitgliedstaaten der Europäischen Union beschriebenen homöopathischen Zubereitungsverfahren hergestellt worden ist. Ein homöopathisches Arzneimittel kann auch mehrere Wirkstoffe enthalten.

(27) Ein mit der Anwendung des Arzneimittels verbundenes Risiko ist

a) jedes Risiko im Zusammenhang mit der Qualität, Sicherheit oder Wirksamkeit des Arzneimittels für die Gesundheit der Patienten oder die öffentliche Gesundheit, bei zur Anwendung bei Tieren bestimmten Arzneimitteln für die Gesundheit von Mensch oder Tier,

b) jedes Risiko unerwünschter Auswirkungen auf die Umwelt.

(28) Das Nutzen-Risiko-Verhältnis umfasst eine Bewertung der positiven therapeutischen Wirkungen des Arzneimittels im Verhältnis zu dem Risiko nach Absatz 27 Buchstabe a, bei zur

Anwendung bei Tieren bestimmten Arzneimitteln auch nach Absatz 27 Buchstabe b.

(29) Pflanzliche Arzneimittel sind Arzneimittel, die als Wirkstoff ausschließlich einen oder mehrere pflanzliche Stoffe oder eine oder mehrere pflanzliche Zubereitungen oder eine oder mehrere solcher pflanzlichen Stoffe in Kombination mit einer oder mehreren solcher pflanzlichen Zubereitungen enthalten.

(30) Gewebezubereitungen sind Arzneimittel, die Gewebe im Sinne von § 1a Nr. 4 des Transplantationsgesetzes sind oder aus solchen Geweben hergestellt worden sind. Menschliche Samen- und Eizellen, einschließlich imprägnierter Eizellen (Keimzellen), und Embryonen sind weder Arzneimittel noch Gewebezubereitungen.

(31) Rekonstitution eines Fertigarzneimittels zur Anwendung beim Menschen ist die Überführung in seine anwendungsfähige Form unmittelbar vor seiner Anwendung gemäß den Angaben der Packungsbeilage oder im Rahmen der klinischen Prüfung nach Maßgabe des Prüfplans.

(32) Verbringen ist jede Beförderung in den, durch den oder aus dem Geltungsbereich des Gesetzes. Einfuhr ist die Überführung von unter das Arzneimittelgesetz fallenden Produkten aus Drittstaaten, die nicht Vertragsstaaten des Abkommens über den Europäischen Wirtschaftsraum sind, in den zollrechtlich freien Verkehr. Produkte gemäß Satz 2 gelten als eingeführt, wenn sie entgegen den Zollvorschriften in den Wirtschaftskreislauf überführt wurden.

(33) Anthroposophisches Arzneimittel ist ein Arzneimittel, das nach der anthroposophischen Menschen- und Naturerkenntnis entwickelt wurde, nach einem im Europäischen Arzneibuch oder, in Ermangelung dessen, nach einem in den offiziell gebräuchlichen Pharmakopöen der Mitgliedstaaten der Europäischen Union beschriebenen homöopathischen Zubereitungsverfahren oder nach einem besonderen anthroposophischen Zubereitungsverfahren hergestellt worden ist und das bestimmt ist, entsprechend den Grundsätzen der anthroposophischen Menschen- und Naturerkenntnis angewendet zu werden.

§ 6 Ermächtigung zum Schutz der Gesundheit

(1) Das Bundesministerium für Gesundheit (Bundesministerium) wird ermächtigt, durch Rechtsverordnung mit Zustimmung des Bundesrates die Verwendung bestimmter Stoffe, Zubereitungen aus Stoffen oder Gegenstände bei der Herstellung von Arzneimitteln vorzuschreiben, zu beschränken oder zu verbieten und das Inverkehrbringen und die Anwendung von Arzneimitteln, die nicht nach diesen Vorschriften hergestellt sind, zu untersagen, soweit es zur Risikovorsorge oder zur Abwehr einer unmittelbaren oder mittelbaren Gefährdung der Gesundheit von Mensch oder Tier durch Arzneimittel geboten ist. Die Rechtsverordnung nach Satz 1 wird vom Bundesministerium für Ernährung, Landwirtschaft und Verbraucherschutz im Einvernehmen mit dem Bundesministerium erlassen, soweit es sich um Arzneimittel handelt, die zur Anwendung bei Tieren bestimmt sind.

(2) Die Rechtsverordnung nach Absatz 1 ergeht im Einvernehmen mit dem Bundesministerium für Umwelt, Naturschutz und Reaktorsicherheit, soweit es sich um radioaktive Arzneimittel und um Arzneimittel handelt, bei deren Herstellung ionisierende Strahlen verwendet werden.

§ 6a Verbot von Arzneimitteln zu Dopingzwecken im Sport

(1) Es ist verboten, Arzneimittel zu Dopingzwecken im Sport in den Verkehr zu bringen, zu verschreiben oder bei anderen anzuwenden.

(2) Absatz 1 findet nur Anwendung auf Arzneimittel, die Stoffe der im Anhang des Übereinkommens gegen Doping (Gesetz vom 2. März 1994 zu dem Übereinkommen vom 16. November 1989 gegen Doping, BGBl. 1994 II S. 334) aufgeführten Gruppen von verbotenen Wirkstoffen oder Stoffe enthalten, die zur Verwendung bei den dort aufgeführten verbotenen Methoden bestimmt sind, sofern das Doping bei Menschen erfolgt oder erfolgen soll. In der Packungsbeilage und in der Fachinformation dieser Arzneimittel ist folgender Warnhinweis anzugeben:

„Die Anwendung des Arzneimittels [Bezeichnung des Arzneimittels einsetzen] kann bei Dopingkontrollen zu positiven Ergebnissen führen." Kann aus dem Fehlgebrauch des Arzneimittels zu Dopingzwecken eine Gesundheitsgefährdung folgen, ist dies zusätzlich anzugeben. Satz 2 findet keine Anwendung auf Arzneimittel, die nach einer homöopathischen Verfahrenstechnik hergestellt worden sind.

(2a) Es ist verboten, Arzneimittel oder Wirkstoffe, die im Anhang zu diesem Gesetz genannte Stoffe sind oder enthalten, in nicht geringer Menge zu Dopingzwecken im Sport zu besitzen, sofern das Doping bei Menschen erfolgen soll. Das Bundesministerium bestimmt im Einvernehmen mit dem Bundesministerium des Innern nach Anhörung von Sachverständigen durch Rechtsverordnung mit Zustimmung des Bundesrates die nicht geringe Menge der in Satz 1 genannten Stoffe. Das Bundesministerium wird ermächtigt, im Einvernehmen mit dem Bundesministerium des Innern nach Anhörung von Sachverständigen durch Rechtsverordnung mit Zustimmung des Bundesrates

1. weitere Stoffe in den Anhang dieses Gesetzes aufzunehmen, die zu Dopingzwecken im Sport geeignet sind, hierfür in erheblichem Umfang angewendet werden und deren Anwendung bei nicht therapeutischer Bestimmung gefährlich ist, und

2. die nicht geringe Menge dieser Stoffe zu bestimmen.

Durch Rechtsverordnung nach Satz 3 können Stoffe aus dem Anhang dieses Gesetzes gestrichen werden, wenn die Voraussetzungen des Satzes 3 Nr. 1 nicht mehr vorliegen.

(3) Das Bundesministerium wird ermächtigt, im Einvernehmen mit dem Bundesministerium des Innern durch Rechtsverordnung mit Zustimmung des Bundesrates weitere Stoffe oder Zubereitungen aus Stoffen zu bestimmen, auf die Absatz 1 Anwendung findet, soweit dies geboten ist, um eine unmittelbare oder mittelbare Gefährdung der Gesundheit des Menschen durch Doping im Sport zu verhüten.

§ 95 Strafvorschriften

(1) Mit Freiheitsstrafe bis zu drei Jahren oder mit Geldstrafe wird bestraft, wer

1. entgegen § 5 Absatz 1 ein Arzneimittel in den Verkehr bringt oder bei anderen anwendet,

2. einer Rechtsverordnung nach § 6, die das Inverkehrbringen von Arzneimitteln untersagt, zuwiderhandelt, soweit sie für einen bestimmten Tatbestand auf diese Strafvorschrift verweist,

2a. entgegen § 6a Abs. 1 Arzneimittel zu Dopingzwecken im Sport in den Verkehr bringt, verschreibt oder bei anderen anwendet,

2b. entgegen § 6a Absatz 2a Satz 1 ein Arzneimittel oder einen Wirkstoff besitzt,

3. entgegen § 7 Abs. 1 radioaktive Arzneimittel oder Arzneimittel, bei deren Herstellung ionisierende Strahlen verwendet worden sind, in den Verkehr bringt,

3a. entgegen § 8 Abs. 1 Nr. 1 oder 1a, auch in Verbindung mit § 73 Abs. 4 oder § 73a, Arzneimittel oder Wirkstoffe herstellt oder in den Verkehr bringt,

4. entgegen § 43 Abs. 1 Satz 2, Abs. 2 oder 3 Satz 1 mit Arzneimitteln, die nur auf Verschreibung an Verbraucher abgegeben werden dürfen, Handel treibt oder diese Arzneimittel abgibt,

5. Arzneimittel, die nur auf Verschreibung an Verbraucher abgegeben werden dürfen, entgegen § 47 Abs. 1 an andere als dort bezeichnete Personen oder Stellen oder entgegen § 47 Abs. 1a abgibt oder entgegen § 47 Abs. 2 Satz 1 bezieht,

5a. entgegen § 47a Abs. 1 ein dort bezeichnetes Arzneimittel an andere als die dort bezeichneten Einrichtungen abgibt oder in den Verkehr bringt,

6. entgegen § 48 Abs. 1 Satz 1 in Verbindung mit einer Rechtsverordnung nach § 48 Abs. 2 Nr. 1 oder 2 Arzneimittel, die zur Anwendung bei Tieren bestimmt sind, die der Gewinnung von Lebensmitteln dienen, abgibt,

7. Fütterungsarzneimittel entgegen § 56 Abs. 1 ohne die erforderliche Verschreibung an Tierhalter abgibt,

8. entgegen § 56a Abs. 1 Satz 1, auch in Verbindung mit Satz 3, oder Satz 2 Arzneimittel verschreibt, abgibt oder anwendet, die zur Anwendung bei Tieren bestimmt sind, die der Gewinnung von Lebensmitteln dienen, und nur auf Verschreibung an Verbraucher abgegeben werden dürfen,

9. Arzneimittel, die nur auf Verschreibung an Verbraucher abgegeben werden dürfen, entgegen § 57 Abs. 1 erwirbt,

10. entgegen § 58 Abs. 1 Satz 1 Arzneimittel, die nur auf Verschreibung an Verbraucher abgegeben werden dürfen, bei Tieren anwendet, die der Gewinnung von Lebensmitteln dienen oder

11. entgegen § 59d Satz 1 Nummer 1 einen verbotenen Stoff einem dort genannten Tier verabreicht.

(2) Der Versuch ist strafbar.

(3) In besonders schweren Fällen ist die Strafe Freiheitsstrafe von einem Jahr bis zu zehn Jahren. Ein besonders

schwerer Fall liegt in der Regel vor, wenn der Täter

1. durch eine der in Absatz 1 bezeichneten Handlungen

a) die Gesundheit einer großen Zahl von Menschen gefährdet,

b) einen anderen der Gefahr des Todes oder einer schweren Schädigung an Körper oder Gesundheit aussetzt oder

c) aus grobem Eigennutz für sich oder einen anderen Vermögensvorteile großen Ausmaßes erlangt oder

2. in den Fällen des Absatzes 1 Nr. 2a

a) Arzneimittel zu Dopingzwecken im Sport an Personen unter 18 Jahren abgibt oder bei diesen Personen anwendet oder

b) gewerbsmäßig oder als Mitglied einer Bande handelt, die sich zur fortgesetzten Begehung solcher Taten verbunden hat, oder

3. in den Fällen des Absatzes 1 Nr. 3a gefälschte Arzneimittel oder Wirkstoffe herstellt oder in den Verkehr bringt und dabei gewerbsmäßig oder als Mitglied einer Bande handelt, die sich zur fortgesetzten Begehung solcher Taten verbunden hat.

(4) Handelt der Täter in den Fällen des Absatzes 1 fahrlässig, so ist die Strafe Freiheitsstrafe bis zu einem Jahr oder Geldstrafe.

[33] Betäubungsmittelgesetz (BtMG)

In der Fassung der Bekanntmachung vom 1. März 1994 (BGBl. I S. 358), die zuletzt durch Artikel 1 der Verordnung vom 11. Mai 2011 (BGBl. I S. 821) geändert worden ist. – Auszug –

§ 29 Straftaten

(1) Mit Freiheitsstrafe bis zu fünf Jahren oder mit Geldstrafe wird bestraft, wer

1. Betäubungsmittel unerlaubt anbaut, herstellt, mit ihnen Handel treibt, sie, ohne Handel zu treiben, einführt, ausführt, veräußert, abgibt, sonst in den Verkehr bringt, erwirbt oder sich in sonstiger Weise verschafft,

2. eine ausgenommene Zubereitung (§ 2 Abs. 1 Nr. 3) ohne Erlaubnis nach § 3 Abs. 1 Nr. 2 herstellt,

3. Betäubungsmittel besitzt, ohne zugleich im Besitz einer schriftlichen Erlaubnis für den Erwerb zu sein,

4. (weggefallen)

5. entgegen § 11 Abs. 1 Satz 2 Betäubungsmittel durchführt,

6. entgegen § 13 Abs. 1 Betäubungsmittel

a) verschreibt,

b) verabreicht oder zum unmittelbaren Verbrauch überläßt,

7. entgegen § 13 Absatz 2

a) Betäubungsmittel in einer Apotheke oder tierärztlichen Hausapotheke,

b) Diamorphin als pharmazeutischer Unternehmer abgibt,

8. entgegen § 14 Abs. 5 für Betäubungsmittel wirbt,

9. unrichtige oder unvollständige Angaben macht, um für sich oder einen anderen oder für ein Tier die Verschreibung eines Betäubungsmittels zu erlangen,

10. einem anderen eine Gelegenheit zum unbefugten Erwerb oder zur unbefugten Abgabe von Betäubungsmitteln verschafft oder gewährt, eine solche Gelegenheit öffentlich oder eigennützig mitteilt oder einen anderen zum unbefugten Verbrauch von Betäubungsmitteln verleitet,

11. ohne Erlaubnis nach § 10a einem anderen eine Gelegenheit zum unbefugten Verbrauch von Betäubungsmitteln verschafft oder gewährt, oder wer eine außerhalb einer Einrichtung nach § 10a bestehende Gelegenheit zu einem solchen Verbrauch eigennützig oder öffentlich mitteilt,

12. öffentlich, in einer Versammlung oder durch Verbreiten von Schriften (§ 11 Abs. 3 des Strafgesetzbuches) dazu auffordert, Betäubungsmittel zu verbrauchen, die nicht zulässigerweise verschrieben worden sind,

13. Geldmittel oder andere Vermögensgegenstände einem anderen für eine rechtswidrige Tat nach Nummern 1, 5, 6, 7, 10, 11 oder 12 bereitstellt,

14. einer Rechtsverordnung nach § 11 Abs. 2 Satz 2 Nr. 1 oder § 13 Abs. 3 Satz 2 Nr. 1, 2a oder 5 zuwiderhandelt, soweit sie für einen bestimmten Tatbestand auf diese Strafvorschrift verweist. Die Abgabe von sterilen Einmalspritzen an Betäubungsmittelabhängige und die öffentliche Information darüber sind kein Verschaffen und kein öffentliches Mitteilen einer Gelegenheit zum Verbrauch nach Satz 1 Nr. 11.

(2) In den Fällen des Absatzes 1 Satz 1 Nr. 1, 2, 5 oder 6 Buchstabe b ist der Versuch strafbar.

(3) In besonders schweren Fällen ist die Strafe Freiheitsstrafe nicht unter einem Jahr. Ein besonders schwerer Fall liegt in der Regel vor, wenn der Täter

1. in den Fällen des Absatzes 1 Satz 1 Nr. 1, 5, 6, 10, 11 oder 13 gewerbsmäßig handelt,

2. durch eine der in Absatz 1 Satz 1 Nr. 1, 6 oder 7 bezeichneten Handlungen die Gesundheit mehrerer Menschen gefährdet.

(4) Handelt der Täter in den Fällen des Absatzes 1 Satz 1 Nr. 1, 2, 5, 6 Buchstabe b, Nr. 10 oder 11 fahrlässig, so ist die Strafe Freiheitsstrafe bis zu einem Jahr oder Geldstrafe.

(5) Das Gericht kann von einer Bestrafung nach den Absätzen 1, 2 und 4 absehen, wenn der Täter die Betäubungsmittel lediglich zum Eigenverbrauch in geringer Menge anbaut, herstellt, einführt, ausführt, durchführt, erwirbt, sich in sonstiger Weise verschafft oder besitzt.

(6) Die Vorschriften des Absatzes 1 Satz 1 Nr. 1 sind, soweit sie das Handeltreiben, Abgeben oder Veräußern betreffen, auch anzuwenden, wenn sich die Handlung auf Stoffe oder Zubereitungen bezieht, die nicht Betäubungsmittel sind, aber als solche ausgegeben werden.

§ 29a Straftaten

(1) Mit Freiheitsstrafe nicht unter einem Jahr wird bestraft, wer

1. als Person über 21 Jahre Betäubungsmittel unerlaubt an eine Person unter 18 Jahren abgibt oder sie ihr entgegen § 13 Abs. 1 verabreicht oder zum unmittelbaren Verbrauch überläßt oder

2. mit Betäubungsmitteln in nicht geringer Menge unerlaubt Handel treibt, sie in nicht geringer Menge herstellt oder abgibt oder sie besitzt, ohne sie auf Grund einer Erlaubnis nach § 3 Abs. 1 erlangt zu haben.

(2) In minder schweren Fällen ist die Strafe Freiheitsstrafe von drei Monaten bis zu fünf Jahren.

§ 30 Straftaten

(1) Mit Freiheitsstrafe nicht unter zwei Jahren wird bestraft, wer

1. Betäubungsmittel unerlaubt anbaut, herstellt oder mit ihnen Handel treibt (§ 29 Abs. 1 Satz 1 Nr. 1) und dabei als Mitglied einer Bande handelt, die sich zur fortgesetzten Begehung solcher Taten verbunden hat,

2. im Falle des § 29a Abs. 1 Nr. 1 gewerbsmäßig handelt,

3. Betäubungsmittel abgibt, einem anderen verabreicht oder zum unmittelbaren Verbrauch überläßt und dadurch leichtfertig dessen Tod verursacht oder

4. Betäubungsmittel in nicht geringer Menge ohne Erlaubnis nach § 3 Abs. 1 Nr. 1 einführt.

(2) In minder schweren Fällen ist die Strafe Freiheitsstrafe von drei Monaten bis zu fünf Jahren.

§ 30a Straftaten

(1) Mit Freiheitsstrafe nicht unter fünf Jahren wird bestraft, wer Betäubungsmittel in nicht geringer Menge unerlaubt anbaut, herstellt, mit ihnen Handel treibt, sie ein- oder ausführt (§ 29 Abs. 1 Satz 1 Nr. 1) und dabei als Mitglied einer Bande handelt, die sich zur fortgesetzten Begehung solcher Taten verbunden hat.

(2) Ebenso wird bestraft, wer

1. als Person über 21 Jahre eine Person unter 18 Jahren bestimmt, mit Betäubungsmitteln unerlaubt Handel zu treiben, sie, ohne Handel zu treiben, einzuführen, auszuführen, zu veräußern, abzugeben oder sonst in den Verkehr zu bringen oder eine dieser Handlungen zu fördern, oder

2. mit Betäubungsmitteln in nicht geringer Menge unerlaubt Handel treibt oder sie, ohne Handel zu treiben, einführt, ausführt oder sich verschafft und dabei eine Schußwaffe oder sonstige Gegenstände mit sich führt, die ihrer Art nach zur Verletzung von Personen geeignet und bestimmt sind.

(3) In minder schweren Fällen ist die Strafe Freiheitsstrafe von sechs Monaten bis zu zehn Jahren.

§ 30b Straftaten

§ 129 des Strafgesetzbuches gilt auch dann, wenn eine Vereinigung, deren Zwecke oder deren Tätigkeit auf den unbefugten Vertrieb von Betäubungsmitteln im Sinne des § 6 Nr. 5 des Strafgesetzbuches gerichtet sind, nicht oder nicht nur im Inland besteht.

§ 30c Vermögensstrafe

(1) In den Fällen des § 29 Abs. 1 Nr. 1, 5, 6, 10, 11 und 13 ist § 43a des Strafgesetzbuches anzuwenden. Dies gilt nicht, soweit der Täter Betäubungsmittel, ohne mit ihnen Handel zu treiben, veräußert, abgibt, erwirbt oder sich in sonstiger Weise verschafft.

(2) In den Fällen der §§ 29a, 30, 30a und 30b ist § 43a des Strafgesetzbuches anzuwenden.

§ 31 Strafmilderung oder Absehen von Strafe

Das Gericht kann die Strafe nach § 49 Abs. 1 des Strafgesetzbuches mildern oder, wenn der Täter keine Freiheitsstrafe von mehr als drei Jahren verwirkt hat, von Strafe absehen, wenn der Täter

1. durch freiwillige Offenbarung seines Wissens wesentlich dazu beigetragen hat, daß die Tat über seinen eigenen Tatbeitrag hinaus aufgedeckt werden konnte, oder

2. freiwillig sein Wissen so rechtzeitig einer Dienststelle offenbart, daß Straftaten nach § 29 Abs. 3, § 29a Abs. 1, § 30 Abs. 1, § 30a Abs. 1 von deren Planung er weiß, noch verhindert werden können. § 46b Abs. 2 und 3 des Strafgesetzbuches gilt entsprechend.

§ 31a Absehen von der Verfolgung

(1) Hat das Verfahren ein Vergehen nach § 29 Abs. 1, 2 oder 4 zum Gegenstand, so kann die Staatsanwaltschaft von der Verfolgung absehen, wenn die Schuld des Täters als gering anzusehen wäre, kein öffentliches Interesse an der Strafverfolgung besteht und der Täter die Betäubungsmittel lediglich zum Eigenverbrauch in geringer Menge anbaut, herstellt, einführt, ausführt, durchführt, erwirbt, sich in sonstiger Weise verschafft oder besitzt.

Von der Verfolgung soll abgesehen werden, wenn der Täter in einem Drogenkonsumraum Betäubungsmittel lediglich zum Eigenverbrauch, der nach § 10a geduldet werden kann, in geringer Menge besitzt, ohne zugleich im Besitz einer schriftlichen Erlaubnis für den Erwerb zu sein.

(2) Ist die Klage bereits erhoben, so kann das Gericht in jeder Lage des Verfahrens unter den Voraussetzungen des Absatzes 1 mit Zustimmung der Staatsanwaltschaft und des Angeschuldigten das Verfahren einstellen. Der Zustimmung des Angeschuldigten bedarf es nicht, wenn die Hauptverhandlung aus den in § 205 der Strafprozeßordnung angeführten Gründen nicht durchgeführt werden kann oder in den Fällen des § 231 Abs. 2 der Strafprozeßordnung und der §§ 232 und 233 der Strafprozeßordnung in seiner Abwesenheit durchgeführt wird. Die Entscheidung ergeht durch Beschluß. Der Beschluß ist nicht anfechtbar.

§ 32 Ordnungswidrigkeiten

(1) Ordnungswidrig handelt, wer vorsätzlich oder fahrlässig

1. entgegen § 4 Abs. 3 Satz 1 die Teilnahme am Betäubungsmittelverkehr nicht anzeigt,

2. in einem Antrag nach § 7, auch in Verbindung mit § 10a Abs. 3 oder § 13 Absatz 3 Satz 3, unrichtige Angaben macht oder unrichtige Unterlagen beifügt,

3. entgegen § 8 Abs. 3 Satz 1, auch in Verbindung mit § 10a Abs. 3, eine Änderung nicht richtig, nicht vollständig oder nicht unverzüglich mitteilt,

4. einer vollziehbaren Auflage nach § 9 Abs. 2, auch in Verbindung mit § 10a Abs. 3, zuwiderhandelt,

5. entgegen § 11 Abs. 1 Satz 1 Betäubungsmittel ohne Genehmigung ein- oder ausführt,

6. einer Rechtsverordnung nach § 11 Abs. 2 Satz 2 Nr. 2 bis 4, § 12 Abs. 4, § 13 Abs. 3 Satz 2 Nr. 2, 3 oder 4, § 20 Abs. 1 oder § 28 Abs. 2 zuwiderhandelt, soweit sie für einen bestimmten Tatbestand auf diese Bußgeldvorschrift verweist,

7. entgegen § 12 Abs. 1 Betäubungsmittel abgibt oder entgegen § 12 Abs. 2 die Abgabe oder den Erwerb nicht richtig, nicht vollständig oder nicht unverzüglich meldet oder den Empfang nicht bestätigt,

8. entgegen § 14 Abs. 1 bis 4 Betäubungsmittel nicht vorschriftsmäßig kennzeichnet,

9. einer vollziehbaren Anordnung nach § 15 Satz 2 zuwiderhandelt,

10. entgegen § 16 Abs. 1 Betäubungsmittel nicht vorschriftsmäßig vernichtet, eine Niederschrift nicht fertigt oder sie nicht aufbewahrt oder entgegen § 16 Abs. 2 Satz 1 Betäubungsmittel nicht zur Vernichtung einsendet, jeweils auch in Verbindung mit § 16 Abs. 3,

11. entgegen § 17 Abs. 1 oder 2 Aufzeichnungen nicht, nicht richtig oder nicht vollständig führt oder entgegen § 17 Abs. 3 Aufzeichnungen oder Rechnungsdurchschriften nicht aufbewahrt,

12. entgegen § 18 Abs. 1 bis 3 Meldungen nicht richtig, nicht vollständig oder nicht rechtzeitig erstattet,

13. entgegen § 24 Abs. 1 einer Duldungs- oder Mitwirkungspflicht nicht nachkommt,

14. entgegen § 24a den Anbau von Nutzhanf nicht, nicht richtig, nicht vollständig oder nicht rechtzeitig anzeigt oder

15. Betäubungsmittel in eine Postsendung einlegt, obwohl diese Versendung durch den Weltpostvertrag oder ein Abkommen des Weltpostvereins verboten ist; das Postgeheimnis gemäß Artikel 10 Abs. 1 des Grundgesetzes wird insoweit für die Verfolgung und Ahndung der Ordnungswidrigkeit eingeschränkt.

(2) Die Ordnungswidrigkeit kann mit einer Geldbuße bis zu fünfundzwanzigtausend Euro geahndet werden.

(3) Verwaltungsbehörde im Sinne des § 36 Abs. 1 Nr. 1 des Gesetzes über Ordnungswidrigkeiten ist das Bundesinstitut für Arzneimittel und Medizinprodukte, soweit das Gesetz von ihm ausgeführt wird, im Falle des § 32 Abs. 1 Nr. 14 die Bundesanstalt für Landwirtschaft und Ernährung.

§ 33 Erweiterter Verfall und Einziehung

(1) § 73d des Strafgesetzbuches ist anzuwenden

1. in den Fällen des § 29 Abs. 1 Satz 1 Nr. 1, 5, 6, 10, 11 und 13, sofern der Täter gewerbsmäßig handelt, und

2. in den Fällen der §§ 29a, 30 und 30a.

(2) Gegenstände, auf die sich eine Straftat nach den §§ 29 bis 30a oder eine Ordnungswidrigkeit nach § 32 bezieht, können eingezogen werden. § 74a des Strafgesetzbuches und § 23 des Gesetzes über Ordnungswidrigkeiten sind anzuwenden.

§ 34 Führungsaufsicht

In den Fällen des § 29 Abs. 3, der §§ 29a, 30 und 30a kann das Gericht Führungsaufsicht anordnen (§ 68 Abs. 1 des Strafgesetzbuches).

B. Besondere Sportrechtsgebiete

I. Sportarbeitsrecht

[34] Kündigungsschutzgesetz [KSchG]

In der Fassung der Bekanntmachung vom 25. August 1969 (BGBl. I S. 1317), die zuletzt durch Artikel 3 des Gesetzes vom 26. März 2008 (BGBl. I S. 444) geändert worden ist. – Auszug –

§ 1 Sozial ungerechtfertigte Kündigungen

(1) Die Kündigung des Arbeitsverhältnisses gegenüber einem Arbeitnehmer, dessen Arbeitsverhältnis in demselben Betrieb oder Unternehmen ohne Unterbrechung länger als sechs Monate bestanden hat, ist rechtsunwirksam, wenn sie sozial ungerechtfertigt ist.

(2) Sozial ungerechtfertigt ist die Kündigung, wenn sie nicht durch Gründe, die in der Person oder in dem Verhalten des Arbeitnehmers liegen, oder durch dringende betriebliche Erfordernisse, die einer Weiterbeschäftigung des Arbeitnehmers in diesem Betrieb entgegenstehen, bedingt ist. Die Kündigung ist auch sozial ungerechtfertigt, wenn

1. in Betrieben des privaten Rechts

a) die Kündigung gegen eine Richtlinie nach § 95 des Betriebsverfassungsgesetzes verstößt,

b) der Arbeitnehmer an einem anderen Arbeitsplatz in demselben Betrieb oder in einem anderen Betrieb des Unternehmens weiterbeschäftigt werden kann und der Betriebsrat oder eine andere nach dem Betriebsverfassungsgesetz insoweit zuständige Vertretung der Arbeitnehmer aus einem dieser Gründe der Kündigung innerhalb der Frist des § 102 Abs. 2 Satz 1 des Betriebsverfassungsgesetzes schriftlich widersprochen hat,

2. in Betrieben und Verwaltungen des öffentlichen Rechts

a) die Kündigung gegen eine Richtlinie über die personelle Auswahl bei Kündigungen verstößt,

b) der Arbeitnehmer an einem anderen Arbeitsplatz in derselben Dienststelle oder in einer anderen Dienststelle desselben Verwaltungszweigs an demselben Dienstort einschließlich seines Einzugsgebiets weiterbeschäftigt werden kann und die zuständige Personalvertretung aus einem dieser Gründe fristgerecht gegen die Kündigung Einwendungen erhoben hat, es sei denn, daß die Stufenvertretung in der Verhandlung mit der übergeordneten Dienststelle die Einwendungen nicht aufrechterhalten hat.

Satz 2 gilt entsprechend, wenn die Weiterbeschäftigung des Arbeitnehmers nach zumutbaren Umschulungs- oder Fortbildungsmaßnahmen oder eine Weiterbeschäftigung des Arbeitnehmers unter geänderten Arbeitsbedingungen möglich ist und der Arbeitnehmer sein Einverständnis hiermit erklärt hat. Der Arbeitgeber hat die Tatsachen zu beweisen, die die Kündigung bedingen.

(3) Ist einem Arbeitnehmer aus dringenden betrieblichen Erfordernissen im Sinne des Absatzes 2 gekündigt worden, so ist die Kündigung trotzdem sozial ungerechtfertigt, wenn der Arbeitgeber bei der Auswahl des Arbeitnehmers die Dauer der Betriebszugehörigkeit, das Lebensalter, die Unterhaltspflichten und die Schwerbehinderung des Arbeitnehmers nicht oder nicht ausreichend berücksichtigt hat; auf Verlangen des Arbeitnehmers hat der Arbeitgeber dem Arbeitnehmer die Gründe anzugeben, die zu der getroffenen sozialen Auswahl geführt haben. In die soziale Auswahl nach Satz 1 sind Arbeitnehmer nicht einzubeziehen, deren Weiterbeschäftigung, insbesondere wegen ihrer Kenntnisse, Fähigkeiten und Leistungen oder zur Sicherung einer ausgewogenen Personalstruktur des Betriebes, im berechtigten betrieblichen Interesse liegt. Der Arbeitnehmer hat die Tatsachen zu beweisen, die die Kündigung als sozial ungerechtfertigt im Sinne des Satzes 1 erscheinen lassen.

(4) Ist in einem Tarifvertrag, in einer Betriebsvereinbarung nach § 95 des Betriebsverfassungsgesetzes oder in einer entsprechenden Richtlinie nach den Personalvertretungsgesetzen festgelegt, wie die sozialen Gesichtspunkte nach Absatz 3 Satz 1 im Verhältnis zueinander zu bewerten sind, so kann die Bewertung nur auf grobe Fehlerhaftigkeit überprüft werden.

(5) Sind bei einer Kündigung auf Grund einer Betriebsänderung nach § 111 des Betriebsverfassungsgesetzes die Arbeitnehmer, denen gekündigt werden soll, in einem Interessenausgleich zwischen Arbeitgeber und Betriebsrat namentlich bezeichnet, so wird vermutet, dass die Kündigung durch dringende betriebliche Erfordernisse im Sinne des Absatzes 2 bedingt ist. Die soziale Auswahl der Arbeitnehmer kann nur auf grobe Fehlerhaftigkeit überprüft werden. Die Sätze 1 und 2 gelten nicht, soweit sich die Sachlage nach Zustandekommen des Interessenausgleichs wesentlich geändert hat. Der Interessenausgleich nach Satz 1 ersetzt die Stellungnahme des Betriebsrates nach § 17 Abs. 3 Satz 2.

§ 4 Anrufung des Arbeitsgerichts

Will ein Arbeitnehmer geltend machen, dass eine Kündigung sozial ungerechtfertigt oder aus anderen Gründen rechtsunwirksam ist, so muss er innerhalb von drei Wochen nach Zugang der schriftlichen Kündigung Klage beim Arbeitsgericht auf Feststellung erheben, dass das Arbeitsverhältnis durch die Kündigung nicht aufgelöst ist. Im Falle des § 2 ist die Klage auf Feststellung zu erheben, daß die Änderung der Arbeitsbedingungen sozial ungerechtfertigt oder aus anderen Gründen rechtsunwirksam ist. Hat der Arbeitnehmer Einspruch beim Betriebsrat eingelegt (§ 3), so soll er der Klage die Stellungnahme des Betriebsrats beifügen. Soweit die Kündigung der Zustimmung einer Behörde bedarf, läuft die Frist zur Anrufung des Arbeitsgerichts erst von der Bekanntgabe der Entscheidung der Behörde an den Arbeitnehmer ab.

§ 5 Zulassung verspäteter Klagen

(1) War ein Arbeitnehmer nach erfolgter Kündigung trotz Anwendung aller ihm nach Lage der Umstände zuzumutenden Sorgfalt verhindert, die Klage innerhalb von drei Wochen nach Zugang der schriftlichen Kündigung zu erheben, so ist auf seinen Antrag die Klage nachträglich zuzulassen. Gleiches gilt, wenn eine Frau von ihrer Schwangerschaft aus einem von ihr nicht zu vertretenden Grund erst nach Ablauf der Frist des § 4 Satz 1 Kenntnis erlangt hat.

(2) Mit dem Antrag ist die Klageerhebung zu verbinden; ist die Klage bereits eingereicht, so ist auf sie im Antrag Bezug zu nehmen. Der Antrag muß ferner die Angabe der die nachträgliche Zulassung begründenden Tatsachen und der Mittel für deren Glaubhaftmachung enthalten.

(3) Der Antrag ist nur innerhalb von zwei Wochen nach Behebung des Hindernisses zulässig. Nach Ablauf von sechs Monaten, vom Ende der versäumten Frist an gerechnet, kann der Antrag nicht mehr gestellt werden.

(4) Das Verfahren über den Antrag auf nachträgliche Zulassung ist mit dem Verfahren über die Klage zu verbinden. Das Arbeitsgericht kann das Verfahren zunächst auf die Verhandlung und Entscheidung über den Antrag beschränken. In diesem Fall ergeht die Entscheidung durch Zwischenurteil, das wie ein Endurteil angefochten werden kann.

(5) Hat das Arbeitsgericht über einen Antrag auf nachträgliche Klagezulassung nicht entschieden oder wird ein solcher Antrag erstmals vor dem Landesarbeitsgericht gestellt, entscheidet hierüber die Kammer des Landesarbeitsgerichts. Absatz 4 gilt entsprechend.

§ 6 Verlängerte Anrufungsfrist

Hat ein Arbeitnehmer innerhalb von drei Wochen nach Zugang der schriftlichen Kündigung im Klagewege geltend gemacht, dass eine rechtswirksame Kündigung nicht vorliege, so kann er sich in diesem Verfahren bis zum Schluss der mündlichen Verhandlung erster Instanz zur Begründung der Unwirksamkeit der Kündigung auch auf innerhalb der Klagefrist nicht geltend gemachte Gründe berufen. Das Arbeitsgericht soll ihn hierauf hinweisen.

§ 7 Wirksamwerden der Kündigung

Wird die Rechtsunwirksamkeit einer Kündigung nicht rechtzeitig geltend gemacht (§ 4 Satz 1, §§ 5 und 6), so gilt die Kündigung als von Anfang an rechtswirksam; ein vom Arbeitnehmer nach § 2 erklärter Vorbehalt erlischt.

§ 8 Wiederherstellung der früheren Arbeitsbedingungen

Stellt das Gericht im Falle des § 2 fest, daß die Änderung der Arbeitsbedingungen sozial ungerechtfertigt ist, so gilt die Änderungskündigung als von Anfang an rechtsunwirksam.

§ 9 Auflösung des Arbeitsverhältnisses durch Urteil des Gerichts, Abfindung des Arbeitnehmers

(1) Stellt das Gericht fest, daß das Arbeitsverhältnis durch die Kündigung nicht aufgelöst ist, ist jedoch dem Arbeitnehmer die Fortsetzung des Arbeitsverhältnisses nicht zuzumuten, so hat das Gericht auf Antrag des Arbeitnehmers das Arbeitsverhältnis aufzulösen und den Arbeitgeber zur Zahlung einer angemesse-

nen Abfindung zu verurteilen. Die gleiche Entscheidung hat das Gericht auf Antrag des Arbeitgebers zu treffen, wenn Gründe vorliegen, die eine den Betriebszwecken dienliche weitere Zusammenarbeit zwischen Arbeitgeber und Arbeitnehmer nicht erwarten lassen. Arbeitnehmer und Arbeitgeber können den Antrag auf Auflösung des Arbeitsverhältnisses bis zum Schluß der letzten mündlichen Verhandlung in der Berufungsinstanz stellen.

(2) Das Gericht hat für die Auflösung des Arbeitsverhältnisses den Zeitpunkt festzusetzen, an dem es bei sozial gerechtfertigter Kündigung geendet hätte.

§ 14 Angestellte in leitender Stellung

(1) Die Vorschriften dieses Abschnitts gelten nicht

1. in Betrieben einer juristischen Person für die Mitglieder des Organs, das zur gesetzlichen Vertretung der juristischen Person berufen ist,

2. in Betrieben einer Personengesamtheit für die durch Gesetz, Satzung oder Gesellschaftsvertrag zur Vertretung der Personengesamtheit berufenen Personen.

(2) Auf Geschäftsführer, Betriebsleiter und ähnliche leitende Angestellte, soweit diese zur selbständigen Einstellung oder Entlassung von Arbeitnehmern berechtigt sind, finden die Vorschriften dieses Abschnitts mit Ausnahme des § 3 Anwendung. § 9 Abs. 1 Satz 2 findet mit der Maßgabe Anwendung, daß der Antrag des Arbeitgebers auf Auflösung des Arbeitsverhältnisses keiner Begründung bedarf.

§ 15 Unzulässigkeit der Kündigung

(1) Die Kündigung eines Mitglieds eines Betriebsrats, einer Jugend- und Auszubildendenvertretung, einer Bordvertretung oder eines Seebetriebsrats ist unzulässig, es sei denn, daß Tatsachen vorliegen, die den Arbeitgeber zur Kündigung aus wichtigem Grund ohne Einhaltung einer Kündigungsfrist berechtigen, und daß die nach § 103 des Betriebsverfassungsgesetzes erforderliche Zustimmung vorliegt oder durch gerichtliche

Entscheidung ersetzt ist. Nach Beendigung der Amtszeit ist die Kündigung eines Mitglieds eines Betriebsrats, einer Jugend- und Auszubildendenvertretung oder eines Seebetriebsrats innerhalb eines Jahres, die Kündigung eines Mitglieds einer Bordvertretung innerhalb von sechs Monaten, jeweils vom Zeitpunkt der Beendigung der Amtszeit an gerechnet, unzulässig, es sei denn, daß Tatsachen vorliegen, die den Arbeitgeber zur Kündigung aus wichtigem Grund ohne Einhaltung einer Kündigungsfrist berechtigen; dies gilt nicht, wenn die Beendigung der Mitgliedschaft auf einer gerichtlichen Entscheidung beruht.

(2) Die Kündigung eines Mitglieds einer Personalvertretung, einer Jugend- und Auszubildendenvertretung oder einer Jugendvertretung ist unzulässig, es sei denn, daß Tatsachen vorliegen, die den Arbeitgeber zur Kündigung aus wichtigem Grund ohne Einhaltung einer Kündigungsfrist berechtigen, und daß die nach dem Personalvertretungsrecht erforderliche Zustimmung vorliegt oder durch gerichtliche Entscheidung ersetzt ist. Nach Beendigung der Amtszeit der in Satz 1 genannten Personen ist ihre Kündigung innerhalb eines Jahres, vom Zeitpunkt der Beendigung der Amtszeit an gerechnet, unzulässig, es sei denn, daß Tatsachen vorliegen, die den Arbeitgeber zur Kündigung aus wichtigem Grund ohne Einhaltung einer Kündigungsfrist berechtigen; dies gilt nicht, wenn die Beendigung der Mitgliedschaft auf einer gerichtlichen Entscheidung beruht.

(3) Die Kündigung eines Mitglieds eines Wahlvorstands ist vom Zeitpunkt seiner Bestellung an, die Kündigung eines Wahlbewerbers vom Zeitpunkt der Aufstellung des Wahlvorschlags an, jeweils bis zur Bekanntgabe des Wahlergebnisses unzulässig, es sei denn, daß Tatsachen vorliegen, die den Arbeitgeber zur Kündigung aus wichtigem Grund ohne Einhaltung einer Kündigungsfrist berechtigen, und daß die nach § 103 des Betriebsverfassungsgesetzes oder nach dem Personalvertretungsrecht erforderliche Zustimmung vorliegt oder durch eine gerichtliche Entscheidung ersetzt ist. Innerhalb von sechs Monaten nach Bekanntgabe des Wahlergebnisses ist die Kündigung unzulässig, es sei denn, daß Tatsachen vorliegen, die den Arbeitgeber zur Kündigung aus wichtigem Grund ohne Einhaltung einer Kündigungsfrist berechtigen; dies gilt nicht für Mitglieder des Wahlvorstands, wenn dieser durch gerichtliche Entscheidung durch einen anderen Wahlvorstand ersetzt worden ist.

(3a) Die Kündigung eines Arbeitnehmers, der zu einer Betriebs-, Wahl- oder Bordversammlung nach § 17 Abs. 3, § 17a Nr. 3 Satz 2, § 115 Abs. 2 Nr. 8 Satz 1 des Betriebsverfassungsgesetzes einlädt oder die Bestellung eines Wahlvorstands nach § 16

Abs. 2 Satz 1, § 17 Abs. 4, § 17a Nr. 4, § 63 Abs. 3, § 115 Abs. 2 Nr. 8 Satz 2 oder § 116 Abs. 2 Nr. 7 Satz 5 des Betriebsverfassungsgesetzes beantragt, ist vom Zeitpunkt der Einladung oder Antragstellung an bis zur Bekanntgabe des Wahlergebnisses unzulässig, es sei denn, dass Tatsachen vorliegen, die den Arbeitgeber zur Kündigung aus wichtigem Grund ohne Einhaltung einer Kündigungsfrist berechtigen; der Kündigungsschutz gilt für die ersten drei in der Einladung oder Antragstellung aufgeführten Arbeitnehmer. Wird ein Betriebsrat, eine Jugend- und Auszubildendenvertretung, eine Bordvertretung oder ein Seebetriebsrat nicht gewählt, besteht der Kündigungsschutz nach Satz 1 vom Zeitpunkt der Einladung oder Antragstellung an drei Monate.

(4) Wird der Betrieb stillgelegt, so ist die Kündigung der in den Absätzen 1 bis 3 genannten Personen frühestens zum Zeitpunkt der Stillegung zulässig, es sei denn, daß ihre Kündigung zu einem früheren Zeitpunkt durch zwingende betriebliche Erfordernisse bedingt ist.

(5) Wird eine der in den Absätzen 1 bis 3 genannten Personen in einer Betriebsabteilung beschäftigt, die stillgelegt wird, so ist sie in eine andere Betriebsabteilung zu übernehmen. Ist dies aus betrieblichen Gründen nicht möglich, so findet auf ihre Kündigung die Vorschrift des Absatzes 4 über die Kündigung bei Stillegung des Betriebs sinngemäß Anwendung.

§ 23 Geltungsbereich

(1) Die Vorschriften des Ersten und Zweiten Abschnitts gelten für Betriebe und Verwaltungen des privaten und des öffentlichen Rechts, vorbehaltlich der Vorschriften des § 24 für die Seeschiffahrts-, Binnenschiffahrts- und Luftverkehrsbetriebe. Die Vorschriften des Ersten Abschnitts gelten mit Ausnahme der §§ 4 bis 7 und des § 13 Abs. 1 Satz 1 und 2 nicht für Betriebe und Verwaltungen, in denen in der Regel fünf oder weniger Arbeitnehmer ausschließlich der zu ihrer Berufsbildung Beschäftigten beschäftigt werden. In Betrieben und Verwaltungen, in denen in der Regel zehn oder weniger Arbeitnehmer ausschließlich der zu ihrer Berufsbildung Beschäftigten beschäftigt werden, gelten die Vorschriften des Ersten Abschnitts mit Ausnahme der §§ 4 bis 7 und des § 13 Abs. 1 Satz 1 und 2 nicht für Arbeitnehmer, deren Arbeitsverhältnis nach dem 31. Dezember 2003 begonnen hat;

diese Arbeitnehmer sind bei der Feststellung der Zahl der beschäftigten Arbeitnehmer nach Satz 2 bis zur Beschäftigung von in der Regel zehn Arbeitnehmern nicht zu berücksichtigen. Bei der Feststellung der Zahl der beschäftigten Arbeitnehmer nach den Sätzen 2 und 3 sind teilzeitbeschäftigte Arbeitnehmer mit einer regelmäßigen wöchentlichen Arbeitszeit von nicht mehr als 20 Stunden mit 0,5 und nicht mehr als 30 Stunden mit 0,75 zu berücksichtigen.

(2) Die Vorschriften des Dritten Abschnitts gelten für Betriebe und Verwaltungen des privaten Rechts sowie für Betriebe, die von einer öffentlichen Verwaltung geführt werden, soweit sie wirtschaftliche Zwecke verfolgen. Sie gelten nicht für Seeschiffe und ihre Besatzung.

[35] Mindesturlaubsgesetz für Arbeitnehmer [BUrlG]

In der im Bundesgesetzblatt Teil III, Gliederungsnummer 800-4, veröffentlichten bereinigten Fassung, das zuletzt durch Artikel 7 des Gesetzes vom 7. Mai 2002 (BGBl. I S. 1529) geändert worden ist. - Auszug -

§ 1 Urlaubsanspruch

Jeder Arbeitnehmer hat in jedem Kalenderjahr Anspruch auf bezahlten Erholungsurlaub.

§ 11 Urlaubsentgelt

(1) Das Urlaubsentgelt bemißt sich nach dem durchschnittlichen Arbeitsverdienst, das der Arbeitnehmer in den letzten dreizehn Wochen vor dem Beginn des Urlaubs erhalten hat, mit Ausnahme des zusätzlich für Überstunden gezahlten Arbeitsverdienstes. Bei Verdiensterhöhungen nicht nur vorübergehender Natur, die während des Berechnungszeitraums oder des Urlaubs eintreten, ist von dem erhöhten Verdienst auszugehen. Verdienstkürzungen, die im Berechnungszeitraum infolge von Kurzarbeit, Arbeitsausfällen oder unverschuldeter Arbeitsversäumnis eintreten, bleiben für die Berechnung des Urlaubsentgelts außer Betracht. Zum Arbeitsentgelt gehörende Sachbezüge, die während des Urlaubs nicht weitergewährt werden, sind für die Dauer des Urlaubs angemessen in bar abzugelten.

(2) Das Urlaubsentgelt ist vor Antritt des Urlaubs auszuzahlen.

§ 13 Unabdingbarkeit

(1) Von den vorstehenden Vorschriften mit Ausnahme der §§ 1, 2 und 3 Abs. 1 kann in Tarifverträgen abgewichen werden. Die abweichenden Bestimmungen haben zwischen nichttarifgebundenen Arbeitgebern und Arbeitnehmern Geltung, wenn zwischen diesen die Anwendung der einschlägigen tariflichen Urlaubsregelung vereinbart ist. Im übrigen kann, abgesehen von § 7 Abs. 2 Satz 2, von den Bestimmungen dieses Gesetzes nicht zuungunsten des Arbeitnehmers abgewichen werden.

(2) Für das Baugewerbe oder sonstige Wirtschaftszweige, in denen als Folge häufigen Ortswechsels der von den Betrieben zu leistenden Arbeit Arbeitsverhältnisse von kürzerer Dauer als

einem Jahr in erheblichem Umfange üblich sind, kann durch Tarifvertrag von den vorstehenden Vorschriften über die in Absatz 1 Satz 1 vorgesehene Grenze hinaus abgewichen werden, soweit dies zur Sicherung eines zusammenhängenden Jahresurlaubs für alle Arbeitnehmer erforderlich ist. Absatz 1 Satz 2 findet entsprechende Anwendung.

(3) Für den Bereich der Deutsche Bahn Aktiengesellschaft sowie einer gemäß § 2 Abs. 1 und § 3 Abs. 3 des Deutsche Bahn Gründungsgesetzes vom 27. Dezember 1993 (BGBl. I S. 2378, 2386) ausgegliederten Gesellschaft und für den Bereich der Nachfolgeunternehmen der Deutschen Bundespost kann von der Vorschrift über das Kalenderjahr als Urlaubsjahr (§ 1) in Tarifverträgen abgewichen werden.

[36] Gesetz über Teilzeitarbeit und befristete Arbeitsverträge (Teilzeit- und Befristungsgesetz - TzBfG)

In der Fassung vom 21. Dezember 2000 (BGBl. I S. 1966), die zuletzt durch Artikel 23 des Gesetzes vom 20. Dezember 2011 (BGBl. I S. 2854) geändert worden ist. - Auszug

§ 1 Zielsetzung

Ziel des Gesetzes ist, Teilzeitarbeit zu fördern, die Voraussetzungen für die Zulässigkeit befristeter Arbeitsverträge festzulegen und die Diskriminierung von teilzeitbeschäftigten und befristet beschäftigten Arbeitnehmern zu verhindern.

§ 2 Begriff des teilzeitbeschäftigten Arbeitnehmers

(1) Teilzeitbeschäftigt ist ein Arbeitnehmer, dessen regelmäßige Wochenarbeitszeit kürzer ist als die eines vergleichbaren vollzeitbeschäftigten Arbeitnehmers. Ist eine regelmäßige Wochenarbeitszeit nicht vereinbart, so ist ein Arbeitnehmer teilzeitbeschäftigt, wenn seine regelmäßige Arbeitszeit im Durchschnitt eines bis zu einem Jahr reichenden Beschäftigungszeitraums unter der eines vergleichbaren vollzeitbeschäftigten Arbeitnehmers liegt. Vergleichbar ist ein vollzeitbeschäftigter Arbeitnehmer des Betriebes mit derselben Art des Arbeitsverhältnisses und der gleichen oder einer ähnlichen Tätigkeit. Gibt es im Betrieb keinen vergleichbaren vollzeitbeschäftigten Arbeitnehmer, so ist der vergleichbare vollzeitbeschäftigte Arbeitnehmer auf Grund des anwendbaren Tarifvertrages zu bestimmen; in allen anderen Fällen ist darauf abzustellen, wer im jeweiligen Wirtschaftszweig üblicherweise als vergleichbarer vollzeitbeschäftigter Arbeitnehmer anzusehen ist.

(2) Teilzeitbeschäftigt ist auch ein Arbeitnehmer, der eine geringfügige Beschäftigung nach § 8 Abs. 1 Nr. 1 des Vierten Buches Sozialgesetzbuch ausübt.

§ 3 Begriff des befristet beschäftigten Arbeitnehmers

(1) Befristet beschäftigt ist ein Arbeitnehmer mit einem auf bestimmte Zeit geschlossenen Arbeitsvertrag. Ein auf bestimmte Zeit geschlossener Arbeitsvertrag (befristeter Arbeitsvertrag) liegt vor, wenn seine Dauer kalendermäßig bestimmt ist (kalendermäßig befristeter Arbeitsvertrag) oder sich aus Art, Zweck

oder Beschaffenheit der Arbeitsleistung ergibt (zweckbefristeter Arbeitsvertrag).

(2) Vergleichbar ist ein unbefristet beschäftigter Arbeitnehmer des Betriebes mit der gleichen oder einer ähnlichen Tätigkeit. Gibt es im Betrieb keinen vergleichbaren unbefristet beschäftigten Arbeitnehmer, so ist der vergleichbare unbefristet beschäftigte Arbeitnehmer auf Grund des anwendbaren Tarifvertrages zu bestimmen; in allen anderen Fällen ist darauf abzustellen, wer im jeweiligen Wirtschaftszweig üblicherweise als vergleichbarer unbefristet beschäftigter Arbeitnehmer anzusehen ist.

§ 14 Zulässigkeit der Befristung

(1) Die Befristung eines Arbeitsvertrages ist zulässig, wenn sie durch einen sachlichen Grund gerechtfertigt ist.

Ein sachlicher Grund liegt insbesondere vor, wenn

1. der betriebliche Bedarf an der Arbeitsleistung nur vorübergehend besteht,

2. die Befristung im Anschluss an eine Ausbildung oder ein Studium erfolgt, um den Übergang des Arbeitnehmers in eine Anschlussbeschäftigung zu erleichtern,

3. der Arbeitnehmer zur Vertretung eines anderen Arbeitnehmers beschäftigt wird,

4. die Eigenart der Arbeitsleistung die Befristung rechtfertigt,

5. die Befristung zur Erprobung erfolgt,

6. in der Person des Arbeitnehmers liegende Gründe die Befristung rechtfertigen,

7. der Arbeitnehmer aus Haushaltsmitteln vergütet wird, die haushaltsrechtlich für eine befristete Beschäftigung bestimmt sind, und er entsprechend beschäftigt wird oder

8. die Befristung auf einem gerichtlichen Vergleich beruht.

(2) Die kalendermäßige Befristung eines Arbeitsvertrages ohne Vorliegen eines sachlichen Grundes ist bis zur Dauer von zwei Jahren zulässig; bis zu dieser Gesamtdauer von zwei Jahren ist auch die höchstens dreimalige Verlängerung eines kalendermäßig befristeten Arbeitsvertrages zulässig. Eine Befristung nach Satz 1 ist nicht zulässig, wenn mit demselben Arbeitgeber bereits zuvor ein befristetes oder unbefristetes Arbeitsverhältnis bestanden hat. Durch Tarifvertrag kann die Anzahl der Verlängerungen oder die Höchstdauer der Befristung abweichend von

Satz 1 festgelegt werden. Im Geltungsbereich eines solchen Tarifvertrages können nicht tarifgebundene Arbeitgeber und Arbeitnehmer die Anwendung der tariflichen Regelungen vereinbaren.

(2a) In den ersten vier Jahren nach der Gründung eines Unternehmens ist die kalendermäßige Befristung eines Arbeitsvertrages ohne Vorliegen eines sachlichen Grundes bis zur Dauer von vier Jahren zulässig; bis zu dieser Gesamtdauer von vier Jahren ist auch die mehrfache Verlängerung eines kalendermäßig befristeten Arbeitsvertrages zulässig. Dies gilt nicht für Neugründungen im Zusammenhang mit der rechtlichen Umstrukturierung von Unternehmen und Konzernen. Maßgebend für den Zeitpunkt der Gründung des Unternehmens ist die Aufnahme einer Erwerbstätigkeit, die nach § 138 der Abgabenordnung der Gemeinde oder dem Finanzamt mitzuteilen ist. Auf die Befristung eines Arbeitsvertrages nach Satz 1 findet Absatz 2 Satz 2 bis 4 entsprechende Anwendung.

(3) Die kalendermäßige Befristung eines Arbeitsvertrages ohne Vorliegen eines sachlichen Grundes ist bis zu einer Dauer von fünf Jahren zulässig, wenn der Arbeitnehmer bei Beginn des befristeten Arbeitsverhältnisses das 52. Lebensjahr vollendet hat und unmittelbar vor Beginn des befristeten Arbeitsverhältnisses mindestens vier Monate beschäftigungslos im Sinne des § 119 Abs. 1 Nr. 1 des Dritten Buches Sozialgesetzbuch gewesen ist, Transferkurzarbeitergeld bezogen oder an einer öffentlich geförderten Beschäftigungsmaßnahme nach dem Zweiten oder Dritten Buch Sozialgesetzbuch teilgenommen hat. Bis zu der Gesamtdauer von fünf Jahren ist auch die mehrfache Verlängerung des Arbeitsvertrages zulässig.

(4) Die Befristung eines Arbeitsvertrages bedarf zu ihrer Wirksamkeit der Schriftform.

§ 15 Ende des befristeten Arbeitsvertrages

(1) Ein kalendermäßig befristeter Arbeitsvertrag endet mit Ablauf der vereinbarten Zeit.

(2) Ein zweckbefristeter Arbeitsvertrag endet mit Erreichen des Zwecks, frühestens jedoch zwei Wochen nach Zugang der schriftlichen Unterrichtung des Arbeitnehmers durch den Arbeitgeber über den Zeitpunkt der Zweckerreichung.

(3) Ein befristetes Arbeitsverhältnis unterliegt nur dann der ordentlichen Kündigung, wenn dies einzelvertraglich oder im anwendbaren Tarifvertrag vereinbart ist.

(4) Ist das Arbeitsverhältnis für die Lebenszeit einer Person oder für längere Zeit als fünf Jahre eingegangen, so kann es von dem Arbeitnehmer nach Ablauf von fünf Jahren gekündigt werden. Die Kündigungsfrist beträgt sechs Monate.

(5) Wird das Arbeitsverhältnis nach Ablauf der Zeit, für die es eingegangen ist, oder nach Zweckerreichung mit Wissen des Arbeitgebers fortgesetzt, so gilt es als auf unbestimmte Zeit verlängert, wenn der Arbeitgeber nicht unverzüglich widerspricht oder dem Arbeitnehmer die Zweckerreichung nicht unverzüglich mitteilt.

§ 16 Folgen unwirksamer Befristung

Ist die Befristung rechtsunwirksam, so gilt der befristete Arbeitsvertrag als auf unbestimmte Zeit geschlossen; er kann vom Arbeitgeber frühestens zum vereinbarten Ende ordentlich gekündigt werden, sofern nicht nach § 15 Abs. 3 die ordentliche Kündigung zu einem früheren Zeitpunkt möglich ist. Ist die Befristung nur wegen des Mangels der Schriftform unwirksam, kann der Arbeitsvertrag auch vor dem vereinbarten Ende ordentlich gekündigt werden.

§ 17 Anrufung des Arbeitsgerichts

Will der Arbeitnehmer geltend machen, dass die Befristung eines Arbeitsvertrages rechtsunwirksam ist, so muss er innerhalb von drei Wochen nach dem vereinbarten Ende des befristeten Arbeitsvertrages Klage beim Arbeitsgericht auf Feststellung erheben, dass das Arbeitsverhältnis auf Grund der Befristung nicht beendet ist. Die §§ 5 bis 7 des Kündigungsschutzgesetzes gelten entsprechend. Wird das Arbeitsverhältnis nach dem vereinbarten Ende fortgesetzt, so beginnt die Frist nach Satz 1 mit dem Zugang der schriftlichen Erklärung des Arbeitgebers, dass das Arbeitsverhältnis auf Grund der Befristung beendet sei.

§ 21 Auflösend bedingte Arbeitsverträge

Wird der Arbeitsvertrag unter einer auflösenden Bedingung geschlossen, gelten § 4 Abs. 2, § 5, § 14 Abs. 1 und 4, § 15 Abs. 2, 3 und 5 sowie die §§ 16 bis 20 entsprechend.

[37] Arbeitszeitgesetz (ArbZG)

In der Fassung vom 6. Juni 1994 (BGBl. I S. 1170, 1171), die zuletzt durch Artikel 7 des Gesetzes vom 15. Juli 2009 (BGBl. I S. 1939) geändert worden ist. - Auszug -

§ 1 Zweck des Gesetzes

Zweck des Gesetzes ist es,

1. die Sicherheit und den Gesundheitsschutz der Arbeitnehmer bei der Arbeitszeitgestaltung zu gewährleisten und die Rahmenbedingungen für flexible Arbeitszeiten zu verbessern sowie
2. den Sonntag und die staatlich anerkannten Feiertage als Tage der Arbeitsruhe und der seelischen Erhebung der Arbeitnehmer zu schützen.

§ 2 Begriffsbestimmungen

(1) Arbeitszeit im Sinne dieses Gesetzes ist die Zeit vom Beginn bis zum Ende der Arbeit ohne die Ruhepausen; Arbeitszeiten bei mehreren Arbeitgebern sind zusammenzurechnen. Im Bergbau unter Tage zählen die Ruhepausen zur Arbeitszeit.

(2) Arbeitnehmer im Sinne dieses Gesetzes sind Arbeiter und Angestellte sowie die zu ihrer Berufsbildung Beschäftigten.

(3) Nachtzeit im Sinne dieses Gesetzes ist die Zeit von 23 bis 6 Uhr, in Bäckereien und Konditoreien die Zeit von 22 bis 5 Uhr.

(4) Nachtarbeit im Sinne dieses Gesetzes ist jede Arbeit, die mehr als zwei Stunden der Nachtzeit umfaßt.

(5) Nachtarbeitnehmer im Sinne dieses Gesetzes sind Arbeitnehmer, die

1. auf Grund ihrer Arbeitszeitgestaltung normalerweise Nachtarbeit in Wechselschicht zu leisten haben oder
2. Nachtarbeit an mindestens 48 Tagen im Kalenderjahr leisten.

§ 3 Arbeitszeit der Arbeitnehmer

Die werktägliche Arbeitszeit der Arbeitnehmer darf acht Stunden nicht überschreiten. Sie kann auf bis zu zehn Stunden nur verlängert werden, wenn innerhalb von sechs Kalendermonaten oder innerhalb von 24 Wochen im Durchschnitt acht Stunden werktäglich nicht überschritten werden.

§ 10 Sonn- und Feiertagsbeschäftigung

(1) Sofern die Arbeiten nicht an Werktagen vorgenommen werden können, dürfen Arbeitnehmer an Sonn- und Feiertagen abweichend von § 9 beschäftigt werden

1. in Not- und Rettungsdiensten sowie bei der Feuerwehr,

2. zur Aufrechterhaltung der öffentlichen Sicherheit und Ordnung sowie der Funktionsfähigkeit von Gerichten und Behörden und für Zwecke der Verteidigung,

3. in Krankenhäusern und anderen Einrichtungen zur Behandlung, Pflege und Betreuung von Personen,

4. in Gaststätten und anderen Einrichtungen zur Bewirtung und Beherbergung sowie im Haushalt,

5. bei Musikaufführungen, Theatervorstellungen, Filmvorführungen, Schaustellungen, Darbietungen und anderen ähnlichen Veranstaltungen,

6. bei nichtgewerblichen Aktionen und Veranstaltungen der Kirchen, Religionsgesellschaften, Verbände, Vereine, Parteien und anderer ähnlicher Vereinigungen,

7. beim Sport und in Freizeit-, Erholungs- und Vergnügungseinrichtungen, beim Fremdenverkehr sowie in Museen und wissenschaftlichen Präsenzbibliotheken,

8. beim Rundfunk, bei der Tages- und Sportpresse, bei Nachrichtenagenturen sowie bei den der Tagesaktualität dienenden Tätigkeiten für andere Presseerzeugnisse einschließlich des Austragens, bei der Herstellung von Satz, Filmen und Druckformen für tagesaktuelle Nachrichten und Bilder, bei tagesaktuellen Aufnahmen auf Ton- und Bildträger sowie beim Transport und Kommissionieren von Presseerzeugnissen, deren Ersterscheinungstag am Montag oder am Tag nach einem Feiertag liegt,

9. bei Messen, Ausstellungen und Märkten im Sinne des Titels IV der Gewerbeordnung sowie bei Volksfesten,

10. in Verkehrsbetrieben sowie beim Transport und Kommissionieren von leichtverderblichen Waren im Sinne des § 30 Abs. 3 Nr. 2 der Straßenverkehrsordnung,

11. in den Energie- und Wasserversorgungsbetrieben sowie in Abfall- und Abwasserentsorgungsbetrieben,

12. in der Landwirtschaft und in der Tierhaltung sowie in Einrichtungen zur Behandlung und Pflege von Tieren,

13. im Bewachungsgewerbe und bei der Bewachung von Betriebsanlagen,

14. bei der Reinigung und Instandhaltung von Betriebseinrichtungen, soweit hierdurch der regelmäßige Fortgang des eigenen oder eines fremden Betriebs bedingt ist, bei der Vorbereitung der Wiederaufnahme des vollen werktägigen Betriebs sowie bei der Aufrechterhaltung der Funktionsfähigkeit von Datennetzen und Rechnersystemen,

15. zur Verhütung des Verderbens von Naturerzeugnissen oder Rohstoffen oder des Mißlingens von Arbeitsergebnissen sowie bei kontinuierlich durchzuführenden Forschungsarbeiten,

16. zur Vermeidung einer Zerstörung oder erheblichen Beschädigung der Produktionseinrichtungen.

(2) Abweichend von § 9 dürfen Arbeitnehmer an Sonn- und Feiertagen mit den Produktionsarbeiten beschäftigt werden, wenn die infolge der Unterbrechung der Produktion nach Absatz 1 Nr. 14 zulässigen Arbeiten den Einsatz von mehr Arbeitnehmern als bei durchgehender Produktion erfordern.

(3) Abweichend von § 9 dürfen Arbeitnehmer an Sonn- und Feiertagen in Bäckereien und Konditoreien für bis zu drei Stunden mit der Herstellung und dem Austragen oder Ausfahren von Konditorwaren und an diesem Tag zum Verkauf kommenden Bäckerwaren beschäftigt werden.

(4) Sofern die Arbeiten nicht an Werktagen vorgenommen werden können, dürfen Arbeitnehmer zur Durchführung des Eil- und Großbetragszahlungsverkehrs und des Geld-, Devisen-, Wertpapier- und Derivatehandels abweichend von § 9 Abs. 1 an den auf einen Werktag fallenden Feiertagen beschäftigt werden, die nicht in allen Mitgliedstaaten der Europäischen Union Feiertage sind.

[38] Gesetz zum Schutz der arbeitenden Jugend (Jugendarbeitsschutzgesetz – JArbSchG)

In der Fassung vom 12. April 1976 (BGBl. I S. 965),die zuletzt durch Artikel 15 des Gesetzes vom 7. Dezember 2011 (BGBl. I S. 2592) geändert worden ist. – Auszug –

§ 1 Geltungsbereich

(1) Dieses Gesetz gilt für die Beschäftigung von Personen, die noch nicht 18 Jahre alt sind,

1. in der Berufsausbildung,
2. als Arbeitnehmer oder Heimarbeiter,
3. mit sonstigen Dienstleistungen, die der Arbeitsleistung von Arbeitnehmern oder Heimarbeitern ähnlich sind,
4. in einem der Berufsausbildung ähnlichen Ausbildungsverhältnis.

(2) Dieses Gesetz gilt nicht

1. für geringfügige Hilfeleistungen, soweit sie gelegentlich

a) aus Gefälligkeit,

b) auf Grund familienrechtlicher Vorschriften,

c) in Einrichtungen der Jugendhilfe,

d) in Einrichtungen zur Eingliederung Behinderter

erbracht werden,

2. für die Beschäftigung durch die Personensorgeberechtigten im Familienhaushalt.

§ 2 Kind, Jugendlicher

(1) Kind im Sinne dieses Gesetzes ist, wer noch nicht 15 Jahre alt ist.

(2) Jugendlicher im Sinne dieses Gesetzes ist, wer 15, aber noch nicht 18 Jahre alt ist.

(3) Auf Jugendliche, die der Vollzeitschulpflicht unterliegen, finden die für Kinder geltenden Vorschriften Anwendung.

§ 3 Arbeitgeber

Arbeitgeber im Sinne dieses Gesetzes ist, wer ein Kind oder einen Jugendlichen gemäß § 1 beschäftigt.

§ 4 Arbeitszeit

(1) Tägliche Arbeitszeit ist die Zeit vom Beginn bis zum Ende der täglichen Beschäftigung ohne die Ruhepausen (§ 11).

(2) Schichtzeit ist die tägliche Arbeitszeit unter Hinzurechnung der Ruhepausen (§ 11).

(3) Im Bergbau unter Tage gilt die Schichtzeit als Arbeitszeit. Sie wird gerechnet vom Betreten des Förderkorbs bei der Einfahrt bis zum Verlassen des Förderkorbs bei der Ausfahrt oder vom Eintritt des einzelnen Beschäftigten in das Stollenmundloch bis zu seinem Wiederaustritt.

(4) Für die Berechnung der wöchentlichen Arbeitszeit ist als Woche die Zeit von Montag bis einschließlich Sonntag zugrunde zu legen. Die Arbeitszeit, die an einem Werktag infolge eines gesetzlichen Feiertags ausfällt, wird auf die wöchentliche Arbeitszeit angerechnet.

(5) Wird ein Kind oder ein Jugendlicher von mehreren Arbeitgebern beschäftigt, so werden die Arbeits- und Schichtzeiten sowie die Arbeitstage zusammengerechnet.

§ 5 Verbot der Beschäftigung von Kindern

(1) Die Beschäftigung von Kindern (§ 2 Abs. 1) ist verboten.

(2) Das Verbot des Absatzes 1 gilt nicht für die Beschäftigung von Kindern

1. zum Zwecke der Beschäftigungs- und Arbeitstherapie,
2. im Rahmen des Betriebspraktikums während der Vollzeitschulpflicht,
3. in Erfüllung einer richterlichen Weisung.

Auf die Beschäftigung finden § 7 Satz 1 Nr. 2 und die §§ 9 bis 46 entsprechende Anwendung.

(3) Das Verbot des Absatzes 1 gilt ferner nicht für die Beschäftigung von Kindern über 13 Jahre mit Einwilligung des Personensorgeberechtigten, soweit die Beschäftigung leicht und für Kinder geeignet ist. Die Beschäftigung ist leicht, wenn sie auf Grund ihrer Beschaffenheit und der besonderen Bedingungen, unter denen sie ausgeführt wird,

1. die Sicherheit, Gesundheit und Entwicklung der Kinder,
2. ihren Schulbesuch, ihre Beteiligung an Maßnahmen zur Berufswahlvorbereitung oder Berufsausbildung, die von der zuständigen Stelle anerkannt sind, und

3. ihre Fähigkeit, dem Unterricht mit Nutzen zu folgen, nicht nachteilig beeinflußt. Die Kinder dürfen nicht mehr als zwei Stunden täglich, in landwirtschaftlichen Familienbetrieben nicht mehr als drei Stunden täglich, nicht zwischen 18 und 8 Uhr, nicht vor dem Schulunterricht und nicht während des Schulunterrichts beschäftigt werden. Auf die Beschäftigung finden die §§ 15 bis 31 entsprechende Anwendung.

(4) Das Verbot des Absatzes 1 gilt ferner nicht für die Beschäftigung von Jugendlichen (§ 2 Abs. 3) während der Schulferien für höchstens vier Wochen im Kalenderjahr. Auf die Beschäftigung finden die §§ 8 bis 31 entsprechende Anwendung.

(4a) Die Bundesregierung hat durch Rechtsverordnung mit Zustimmung des Bundesrates die Beschäftigung nach Absatz 3 näher zu bestimmen.

(4b) Der Arbeitgeber unterrichtet die Personensorgeberechtigten der von ihm beschäftigten Kinder über mögliche Gefahren sowie über alle zu ihrer Sicherheit und ihrem Gesundheitsschutz getroffenen Maßnahmen.

(5) Für Veranstaltungen kann die Aufsichtsbehörde Ausnahmen gemäß § 6 bewilligen.

§ 6 Behördliche Ausnahmen für Veranstaltungen

(1) Die Aufsichtsbehörde kann auf Antrag bewilligen, daß

1. bei Theatervorstellungen Kinder über sechs Jahre bis zu vier Stunden täglich in der Zeit von 10 bis 23 Uhr,

2. bei Musikaufführungen und anderen Aufführungen, bei Werbeveranstaltungen sowie bei Aufnahmen im Rundfunk (Hörfunk und Fernsehen), auf Ton- und Bildträger sowie bei Film- und Fotoaufnahmen

a) Kinder über drei bis sechs Jahre bis zu zwei Stunden täglich in der Zeit von 8 bis 17 Uhr,

b) Kinder über sechs Jahre bis zu drei Stunden täglich in der Zeit von 8 bis 22 Uhr gestaltend mitwirken und an den erforderlichen Proben teilnehmen. Eine Ausnahme darf nicht bewilligt werden für die Mitwirkung in Kabaretts, Tanzlokalen und ähnlichen Betrieben sowie auf Vergnügungsparks, Kirmessen, Jahrmärkten und bei ähnlichen Veranstaltungen, Schaustellungen oder Darbietungen.

(2) Die Aufsichtsbehörde darf nach Anhörung des zuständigen Jugendamts die Beschäftigung nur bewilligen, wenn

1. die Personensorgeberechtigten in die Beschäftigung schriftlich eingewilligt haben,

2. der Aufsichtsbehörde eine nicht länger als vor drei Monaten ausgestellte ärztliche Bescheinigung vorgelegt wird, nach der gesundheitliche Bedenken gegen die Beschäftigung nicht bestehen,

3. die erforderlichen Vorkehrungen und Maßnahmen zum Schutz des Kindes gegen Gefahren für Leben und Gesundheit sowie zur Vermeidung einer Beeinträchtigung der körperlichen oder seelisch-geistigen Entwicklung getroffen sind,

4. Betreuung und Beaufsichtigung des Kindes bei der Beschäftigung sichergestellt sind,

5. nach Beendigung der Beschäftigung eine ununterbrochene Freizeit von mindestens 14 Stunden eingehalten wird,

6. das Fortkommen in der Schule nicht beeinträchtigt wird.

(3) Die Aufsichtsbehörde bestimmt,

1. wie lange, zu welcher Zeit und an welchem Tag das Kind beschäftigt werden darf,

2. Dauer und Lage der Ruhepausen,

3. die Höchstdauer des täglichen Aufenthalts an der Beschäftigungsstätte.

(4) Die Entscheidung der Aufsichtsbehörde ist dem Arbeitgeber schriftlich bekanntzugeben. Er darf das Kind erst nach Empfang des Bewilligungsbescheids beschäftigen.

§ 8 Dauer der Arbeitszeit

(1) Jugendliche dürfen nicht mehr als acht Stunden täglich und nicht mehr als 40 Stunden wöchentlich beschäftigt werden.

(2) Wenn in Verbindung mit Feiertagen an Werktagen nicht gearbeitet wird, damit die Beschäftigten eine längere zusammenhängende Freizeit haben, so darf die ausfallende Arbeitszeit auf die Werktage von fünf zusammenhängenden, die Ausfalltage einschließenden Wochen nur dergestalt verteilt werden, daß die Wochenarbeitszeit im Durchschnitt dieser fünf Wochen 40 Stunden nicht überschreitet. Die tägliche Arbeitszeit darf hierbei achteinhalb Stunden nicht überschreiten.

(2a) Wenn an einzelnen Werktagen die Arbeitszeit auf weniger als acht Stunden verkürzt ist, können Jugendliche an den übrigen Werktagen derselben Woche achteinhalb Stunden beschäftigt werden.

(3) In der Landwirtschaft dürfen Jugendliche über 16 Jahre während der Erntezeit nicht mehr als neun Stunden täglich und nicht mehr als 85 Stunden in der Doppelwoche beschäftigt werden.

§ 11 Ruhepausen, Aufenthaltsräume

(1) Jugendlichen müssen im voraus feststehende Ruhepausen von angemessener Dauer gewährt werden. Die Ruhepausen müssen mindestens betragen

1. 30 Minuten bei einer Arbeitszeit von mehr als viereinhalb bis zu sechs Stunden,
2. 60 Minuten bei einer Arbeitszeit von mehr als sechs Stunden.

Als Ruhepause gilt nur eine Arbeitsunterbrechung von mindestens 15 Minuten.

(2) Die Ruhepausen müssen in angemessener zeitlicher Lage gewährt werden, frühestens eine Stunde nach Beginn und spätestens eine Stunde vor Ende der Arbeitszeit. Länger als viereinhalb Stunden hintereinander dürfen Jugendliche nicht ohne Ruhepause beschäftigt werden.

(3) Der Aufenthalt während der Ruhepausen in Arbeitsräumen darf den Jugendlichen nur gestattet werden, wenn die Arbeit in diesen Räumen während dieser Zeit eingestellt ist und auch sonst die notwendige Erholung nicht beeinträchtigt wird.

(4) Absatz 3 gilt nicht für den Bergbau unter Tage.

§ 13 Tägliche Freizeit

Nach Beendigung der täglichen Arbeitszeit dürfen Jugendliche nicht vor Ablauf einer ununterbrochenen Freizeit von mindestens 12 Stunden beschäftigt werden.

§ 14 Nachtruhe

(1) Jugendliche dürfen nur in der Zeit von 6 bis 20 Uhr beschäftigt werden.

(2) Jugendliche über 16 Jahre dürfen

1. im Gaststätten- und Schaustellergewerbe bis 22 Uhr,
2. in mehrschichtigen Betrieben bis 23 Uhr,
3. in der Landwirtschaft ab 5 Uhr oder bis 21 Uhr,
4. in Bäckereien und Konditoreien ab 5 Uhr

beschäftigt werden.

(3) Jugendliche über 17 Jahre dürfen in Bäckereien ab 4 Uhr beschäftigt werden.

(4) An dem einem Berufsschultag unmittelbar vorangehenden Tag dürfen Jugendliche auch nach Absatz 2 Nr. 1 bis 3 nicht nach 20 Uhr beschäftigt werden, wenn der Berufsschulunterricht am Berufsschultag vor 9 Uhr beginnt.

(5) Nach vorheriger Anzeige an die Aufsichtsbehörde dürfen in Betrieben, in denen die übliche Arbeitszeit aus verkehrstechnischen Gründen nach 20 Uhr endet, Jugendliche bis 21 Uhr beschäftigt werden, soweit sie hierdurch unnötige Wartezeiten vermeiden können. Nach vorheriger Anzeige an die Aufsichtsbehörde dürfen ferner in mehrschichtigen Betrieben Jugendliche über 16 Jahre ab 5.30 Uhr oder bis 23.30 Uhr beschäftigt werden, soweit sie hierdurch unnötige Wartezeiten vermeiden können.

(6) Jugendliche dürfen in Betrieben, in denen die Beschäftigten in außergewöhnlichem Grade der Einwirkung von Hitze ausgesetzt sind, in der warmen Jahreszeit ab 5 Uhr beschäftigt werden. Die Jugendlichen sind berechtigt, sich vor Beginn der Beschäftigung und danach in regelmäßigen Zeitabständen arbeitsmedizinisch untersuchen zu lassen. Die Kosten der Untersuchungen hat der Arbeitgeber zu tragen, sofern er diese nicht kostenlos durch einen Betriebsarzt oder einen überbetrieblichen Dienst von Betriebsärzten anbietet.

(7) Jugendliche dürfen bei Musikaufführungen, Theatervorstellungen und anderen Aufführungen, bei Aufnahmen im Rundfunk (Hörfunk und Fernsehen), auf Ton- und Bildträger sowie bei Film- und Fotoaufnahmen bis 23 Uhr gestaltend mitwirken. Eine Mitwirkung ist nicht zulässig bei Veranstaltungen, Schaustellungen oder Darbietungen, bei denen die Anwesenheit Jugendlicher nach den Vorschriften des Jugendschutzgesetzes verboten ist. Nach Beendigung der Tätigkeit dürfen Jugendliche nicht vor Ablauf einer ununterbrochenen Freizeit von mindestens 14 Stunden beschäftigt werden.

§ 16 Samstagsruhe

(1) An Samstagen dürfen Jugendliche nicht beschäftigt werden.

(2) Zulässig ist die Beschäftigung Jugendlicher an Samstagen nur

1. in Krankenanstalten sowie in Alten-, Pflege- und Kinderheimen,

2. in offenen Verkaufsstellen, in Betrieben mit offenen Verkaufsstellen, in Bäckereien und Konditoreien, im Friseurhandwerk und im Marktverkehr,

3. im Verkehrswesen,

4. in der Landwirtschaft und Tierhaltung,

5. im Familienhaushalt,

6. im Gaststätten- und Schaustellergewerbe,

7. bei Musikaufführungen, Theatervorstellungen und anderen Aufführungen, bei Aufnahmen im Rundfunk (Hörfunk und Fernsehen), auf Ton- und Bildträger sowie bei Film- und Fotoaufnahmen,

8. bei außerbetrieblichen Ausbildungsmaßnahmen,

9. beim Sport,

10. im ärztlichen Notdienst,

11. in Reparaturwerkstätten für Kraftfahrzeuge.

Mindestens zwei Samstage im Monat sollen beschäftigungsfrei bleiben.

(3) Werden Jugendliche am Samstag beschäftigt, ist ihnen die Fünf-Tage-Woche (§ 15) durch Freistellung an einem anderen berufsschulfreien Arbeitstag derselben Woche sicherzustellen. In Betrieben mit einem Betriebsruhetag in der Woche kann die Freistellung auch an diesem Tag erfolgen, wenn die Jugendlichen an diesem Tag keinen Berufsschulunterricht haben.

(4) Können Jugendliche in den Fällen des Absatzes 2 Nr. 2 am Samstag nicht acht Stunden beschäftigt werden, kann der Unterschied zwischen der tatsächlichen und der nach § 8 Abs. 1 höchstzulässigen Arbeitszeit an dem Tag bis 13 Uhr ausgeglichen werden, an dem die Jugendlichen nach Absatz 3 Satz 1 freizustellen sind.

§ 17 Sonntagsruhe

(1) An Sonntagen dürfen Jugendliche nicht beschäftigt werden.

(2) Zulässig ist die Beschäftigung Jugendlicher an Sonntagen nur

1. in Krankenanstalten sowie in Alten-, Pflege- und Kinderheimen,

2. in der Landwirtschaft und Tierhaltung mit Arbeiten, die auch an Sonn- und Feiertagen naturnotwendig vorgenommen werden müssen,

3. im Familienhaushalt, wenn der Jugendliche in die häusliche Gemeinschaft aufgenommen ist,

4. im Schaustellergewerbe,

5. bei Musikaufführungen, Theatervorstellungen und anderen Aufführungen sowie bei Direktsendungen im Rundfunk (Hörfunk und Fernsehen),

6. beim Sport,

7. im ärztlichen Notdienst,

8. im Gaststättengewerbe.

Jeder zweite Sonntag soll, mindestens zwei Sonntage im Monat müssen beschäftigungsfrei bleiben.

(3) Werden Jugendliche am Sonntag beschäftigt, ist ihnen die Fünf-Tage-Woche (§ 15) durch Freistellung an einem anderen berufsschulfreien Arbeitstag derselben Woche sicherzustellen. In Betrieben mit einem Betriebsruhetag in der Woche kann die Freistellung auch an diesem Tag erfolgen, wenn die Jugendlichen an diesem Tag keinen Berufsschulunterricht haben.

§ 18 Feiertagsruhe

(1) Am 24. und 31. Dezember nach 14 Uhr und an gesetzlichen Feiertagen dürfen Jugendliche nicht beschäftigt werden.

(2) Zulässig ist die Beschäftigung Jugendlicher an gesetzlichen Feiertagen in den Fällen des § 17 Abs. 2, ausgenommen am 25. Dezember, am 1. Januar, am ersten Osterfeiertag und am 1. Mai.

(3) Für die Beschäftigung an einem gesetzlichen Feiertag, der auf einem Werktag fällt, ist der Jugendliche an einem anderen berufsschulfreien Arbeitstag derselben oder der folgenden Woche freizustellen. In Betrieben mit einem Betriebsruhetag in der Woche kann die Freistellung auch an diesem Tag erfolgen, wenn die Jugendlichen an diesem Tag keinen Berufsschulunterricht haben.

§ 47 Bekanntgabe des Gesetzes und der Aufsichtsbehörde

Arbeitgeber, die regelmäßig mindestens einen Jugendlichen beschäftigen, haben einen Abdruck dieses Gesetzes und die

Anschrift der zuständigen Aufsichtsbehörde an geeigneter Stelle im Betrieb zur Einsicht auszulegen oder auszuhängen.

§ 48 Aushang über Arbeitszeit und Pausen

Arbeitgeber, die regelmäßig mindestens drei Jugendliche beschäftigen, haben einen Aushang über Beginn und Ende der regelmäßigen täglichen Arbeitszeit und der Pausen der Jugendlichen an geeigneter Stelle im Betrieb anzubringen.

§ 49 Verzeichnisse der Jugendlichen

Arbeitgeber haben Verzeichnisse der bei ihnen beschäftigten Jugendlichen unter Angabe des Vor- und Familiennamens, des Geburtsdatums und der Wohnanschrift zu führen, in denen das Datum des Beginns der Beschäftigung bei ihnen, bei einer Beschäftigung unter Tage auch das Datum des Beginns dieser Beschäftigung, enthalten ist.

§ 50 Auskunft, Vorlage der Verzeichnisse

(1) Der Arbeitgeber ist verpflichtet, der Aufsichtsbehörde auf Verlangen

1. die zur Erfüllung ihrer Aufgaben erforderlichen Angaben wahrheitsgemäß und vollständig zu machen,

2. die Verzeichnisse gemäß § 49, die Unterlagen, aus denen Name, Beschäftigungsart und -zeiten der Jugendlichen sowie Lohn- und Gehaltszahlungen ersichtlich sind, und alle sonstigen Unterlagen, die sich auf die nach Nummer 1 zu machenden Angaben beziehen, zur Einsicht vorzulegen oder einzusenden.

(2) Die Verzeichnisse und Unterlagen sind mindestens bis zum Ablauf von zwei Jahren nach der letzten Eintragung aufzubewahren.

§ 51 Aufsichtsbehörde, Besichtigungsrechte und Berichtspflicht

(1) Die Aufsicht über die Ausführung dieses Gesetzes und der auf Grund dieses Gesetzes erlassenen Rechtsverordnungen obliegt der nach Landesrecht zuständigen Behörde (Aufsichtsbehörde). Die Landesregierung kann durch Rechtsverordnung die Aufsicht über die Ausführung dieser Vorschriften in Familienhaushalten auf gelegentliche Prüfungen beschränken.

(2) Die Beauftragten der Aufsichtsbehörde sind berechtigt, die Arbeitsstätten während der üblichen Betriebs- und Arbeitszeit zu betreten und zu besichtigen; außerhalb dieser Zeit oder wenn sich die Arbeitsstätten in einer Wohnung befinden, dürfen sie nur zur Verhütung von dringenden Gefahren für die öffentliche Sicherheit und Ordnung betreten und besichtigt werden. Der Arbeitgeber hat das Betreten und Besichtigen der Arbeitsstätten zu gestatten. Das Grundrecht der Unverletzlichkeit der Wohnung (Artikel 13 des Grundgesetzes) wird insoweit eingeschränkt.

(3) Die Aufsichtsbehörden haben im Rahmen der Jahresberichte nach § 139b Abs. 3 der Gewerbeordnung über ihre Aufsichtstätigkeit gemäß Absatz 1 zu berichten.

§ 53 Mitteilung über Verstöße

Die Aufsichtsbehörde teilt schwerwiegende Verstöße gegen die Vorschriften dieses Gesetzes oder gegen die auf Grund dieses Gesetzes erlassenen Rechtsverordnungen der nach dem Berufsbildungsgesetz oder der Handwerksordnung zuständigen Stelle mit. Die zuständige Agentur für Arbeit erhält eine Durchschrift dieser Mitteilung.

§ 54 Ausnahmebewilligungen

(1) Ausnahmen, die die Aufsichtsbehörde nach diesem Gesetz oder den auf Grund dieses Gesetzes erlassenen Rechtsverordnungen bewilligen kann, sind zu befristen. Die Ausnahmebewilligungen können

1. mit einer Bedingung erlassen werden,
2. mit einer Auflage oder mit einem Vorbehalt der nachträglichen Aufnahme, Änderung oder Ergänzung einer Auflage verbunden werden und
3. jederzeit widerrufen werden.

(2) Ausnahmen können nur für einzelne Beschäftigte, einzelne Betriebe oder einzelne Teile des Betriebs bewilligt werden.

(3) Ist eine Ausnahme für einen Betrieb oder einen Teil des Betriebs bewilligt worden, so hat der Arbeitgeber hierüber an geeigneter Stelle im Betrieb einen Aushang anzubringen.

§ 58 Bußgeld- und Strafvorschriften

(1) Ordnungswidrig handelt, wer als Arbeitgeber vorsätzlich oder fahrlässig

1. entgegen § 5 Abs. 1, auch in Verbindung mit § 2 Abs. 3, ein Kind oder einen Jugendlichen, der der Vollzeitschulpflicht unterliegt, beschäftigt,

2. entgegen § 5 Abs. 3 Satz 1 oder Satz 3, jeweils auch in Verbindung mit § 2 Abs. 3, ein Kind über 13 Jahre oder einen Jugendlichen, der der Vollzeitschulpflicht unterliegt, in anderer als der zugelassenen Weise beschäftigt,

3. (weggefallen)

4. entgegen § 7 Satz 1 Nr. 2, auch in Verbindung mit einer Rechtsverordnung nach § 26 Nr. 1, ein Kind, das der Vollzeitschulpflicht nicht mehr unterliegt, in anderer als der zugelassenen Weise beschäftigt,

5. entgegen § 8 einen Jugendlichen über die zulässige Dauer der Arbeitszeit hinaus beschäftigt,

6. entgegen § 9 Abs. 1 oder 4 in Verbindung mit Absatz 1 eine dort bezeichnete Person an Berufsschultagen oder in Berufsschulwochen nicht freistellt,

7. entgegen § 10 Abs. 1 einen Jugendlichen für die Teilnahme an Prüfungen oder Ausbildungsmaßnahmen oder an dem Arbeitstag, der der schriftlichen Abschlußprüfung unmittelbar vorangeht, nicht freistellt,

8. entgegen § 11 Abs. 1 oder 2 Ruhepausen nicht, nicht mit der vorgeschriebenen Mindestdauer oder nicht in der vorgeschriebenen zeitlichen Lage gewährt,

9. entgegen § 12 einen Jugendlichen über die zulässige Schichtzeit hinaus beschäftigt,

10. entgegen § 13 die Mindestfreizeit nicht gewährt,

11. entgegen § 14 Abs. 1 einen Jugendlichen außerhalb der Zeit von 6 bis 20 Uhr oder entgegen § 14 Abs. 7 Satz 3 vor Ablauf der Mindestfreizeit beschäftigt,

12. entgegen § 15 einen Jugendlichen an mehr als fünf Tagen in der Woche beschäftigt,

13. entgegen § 16 Abs. 1 einen Jugendlichen an Samstagen beschäftigt oder entgegen § 16 Abs. 3 Satz 1 den Jugendlichen nicht freistellt,

14. entgegen § 17 Abs. 1 einen Jugendlichen an Sonntagen beschäftigt oder entgegen § 17 Abs. 2 Satz 2 Halbsatz 2 oder Abs. 3 Satz 1 den Jugendlichen nicht freistellt,

15. entgegen § 18 Abs. 1 einen Jugendlichen am 24. oder 31. Dezember nach 14 Uhr oder an gesetzlichen Feiertagen beschäftigt oder entgegen § 18 Abs. 3 nicht freistellt,

16. entgegen § 19 Abs. 1, auch in Verbindung mit Abs. 2 Satz 1 oder 2, oder entgegen § 19 Abs. 3 Satz 2 oder Abs. 4 Satz 2 Urlaub nicht oder nicht mit der vorgeschriebenen Dauer gewährt,

17. entgegen § 21 Abs. 2 die geleistete Mehrarbeit durch Verkürzung der Arbeitszeit nicht ausgleicht,

18. entgegen § 22 Abs. 1, auch in Verbindung mit einer Rechtsverordnung nach § 26 Nr. 1, einen Jugendlichen mit den dort genannten Arbeiten beschäftigt,

19. entgegen § 23 Abs. 1, auch in Verbindung mit einer Rechtsverordnung nach § 26 Nr. 1, einen Jugendlichen mit Arbeiten mit Lohnanreiz, in einer Arbeitsgruppe mit Erwachsenen, deren Entgelt vom Ergebnis ihrer Arbeit abhängt, oder mit tempoabhängigen Arbeiten beschäftigt,

20. entgegen § 24 Abs. 1, auch in Verbindung mit einer Rechtsverordnung nach § 26 Nr. 1, einen Jugendlichen mit Arbeiten unter Tage beschäftigt,

21. entgegen § 31 Abs. 2 Satz 2 einem Jugendlichen für seine Altersstufe nicht zulässige Getränke oder Tabakwaren gibt,

22. entgegen § 32 Abs. 1 einen Jugendlichen ohne ärztliche Bescheinigung über die Erstuntersuchung beschäftigt,

23. entgegen § 33 Abs. 3 einen Jugendlichen ohne ärztliche Bescheinigung über die erste Nachuntersuchung weiterbeschäftigt,

24. entgegen § 36 einen Jugendlichen ohne Vorlage der erforderlichen ärztlichen Bescheinigungen beschäftigt,

25. entgegen § 40 Abs. 1 einen Jugendlichen mit Arbeiten beschäftigt, durch deren Ausführung der Arzt nach der von ihm erteilten Bescheinigung die Gesundheit oder die Entwicklung des Jugendlichen für gefährdet hält,

26. einer Rechtsverordnung nach

a) § 26 Nr. 2 oder

b) § 28 Abs. 2

zuwiderhandelt, soweit sie für einen bestimmten Tatbestand auf diese Bußgeldvorschrift verweist,

27. einer vollziehbaren Anordnung der Aufsichtsbehörde nach § 6 Abs. 3, § 27 Abs. 1 Satz 2 oder Abs. 2, § 28 Abs. 3 oder § 30 Abs. 2 zuwiderhandelt,

28. einer vollziehbaren Auflage der Aufsichtsbehörde nach § 6 Abs. 1, § 14 Abs. 7, § 27 Abs. 3 oder § 40 Abs. 2, jeweils in Verbindung mit § 54 Abs. 1, zuwiderhandelt,

29. einer vollziehbaren Anordnung oder Auflage der Aufsichtsbehörde auf Grund einer Rechtsverordnung nach § 26 Nr. 2 oder § 28 Abs. 2 zuwiderhandelt, soweit die Rechtsverordnung für einen bestimmten Tatbestand auf die Bußgeldvorschrift verweist.

(2) Ordnungswidrig handelt, wer vorsätzlich oder fahrlässig entgegen § 25 Abs. 1 Satz 1 oder Abs. 2 Satz 1 einen Jugendlichen beschäftigt, beaufsichtigt, anweist oder ausbildet, obwohl ihm dies verboten ist, oder einen anderen, dem dies verboten ist, mit der Beaufsichtigung, Anweisung oder Ausbildung eines Jugendlichen beauftragt.

(3) Absatz 1 Nr. 4, 6 bis 29 und Absatz 2 gelten auch für die Beschäftigung von Kindern (§ 2 Abs. 1) oder Jugendlichen, die der Vollzeitschulpflicht unterliegen (§ 2 Abs. 3), nach § 5 Abs. 2 Absatz 1 Nr. 6 bis 29 und Absatz 2 gelten auch für die Beschäftigung von Kindern, die der Vollzeitschulpflicht nicht mehr unterliegen, nach § 7.

(4) Die Ordnungswidrigkeit kann mit einer Geldbuße bis zu fünfzehntausend Euro geahndet werden.

(5) Wer vorsätzlich eine in Absatz 1, 2 oder 3 bezeichnete Handlung begeht und dadurch ein Kind, einen Jugendlichen oder im Fall des Absatzes 1 Nr. 6 eine Person, die noch nicht 21 Jahre alt ist, in ihrer Gesundheit oder Arbeitskraft gefährdet, wird mit Freiheitsstrafe bis zu einem Jahr oder mit Geldstrafe bestraft. Ebenso wird bestraft, wer eine in Absatz 1, 2 oder 3 bezeichnete Handlung beharrlich wiederholt.

(6) Wer in den Fällen des Absatzes 5 Satz 1 die Gefahr fahrlässig verursacht, wird mit Freiheitsstrafe bis zu sechs Monaten oder mit Geldstrafe bis zu einhundertachtzig Tagessätzen bestraft.

§ 59 Bußgeldvorschriften

(1) Ordnungswidrig handelt, wer als Arbeitgeber vorsätzlich oder fahrlässig

1. entgegen § 6 Abs. 4 Satz 2 ein Kind vor Erhalt des Bewilligungsbescheids beschäftigt,

2. entgegen § 11 Abs. 3 den Aufenthalt in Arbeitsräumen gestattet,

3. entgegen § 29 einen Jugendlichen über Gefahren nicht, nicht richtig oder nicht rechtzeitig unterweist,

4. entgegen § 33 Abs. 2 Satz 1 einen Jugendlichen nicht oder nicht rechtzeitig zur Vorlage einer ärztlichen Bescheinigung auffordert,

5. entgegen § 41 die ärztliche Bescheinigung nicht aufbewahrt, vorlegt, einsendet oder aushändigt,

6. entgegen § 43 Satz 1 einen Jugendlichen für ärztliche Untersuchungen nicht freistellt,

7. entgegen § 47 einen Abdruck des Gesetzes oder die Anschrift der zuständigen Aufsichtsbehörde nicht auslegt oder aushängt,

8. entgegen § 48 Arbeitszeit und Pausen nicht oder nicht in der vorgeschriebenen Weise aushängt,

9. entgegen § 49 ein Verzeichnis nicht oder nicht in der vorgeschriebenen Weise führt,

10. entgegen § 50 Abs. 1 Angaben nicht, nicht richtig oder nicht vollständig macht oder Verzeichnisse oder Unterlagen nicht vorlegt oder einsendet oder entgegen § 50 Abs. 2 Verzeichnisse oder Unterlagen nicht oder nicht vorschriftsmäßig aufbewahrt,

11. entgegen § 51 Abs. 2 Satz 2 das Betreten oder Besichtigen der Arbeitsstätten nicht gestattet,

12. entgegen § 54 Abs. 3 einen Aushang nicht anbringt.

(2) Absatz 1 Nr. 2 bis 6 gilt auch für die Beschäftigung von Kindern (§ 2 Abs. 1 und 3) nach § 5 Abs. 2 Satz 1.

(3) Die Ordnungswidrigkeit kann mit einer Geldbuße bis zu zweitausendfünfhundert Euro geahndet werden.

§ 60 Verwaltungsvorschriften für die Verfolgung und Ahndung von Ordnungswidrigkeiten

Der Bundesminister für Arbeit und Sozialordnung kann mit Zustimmung des Bundesrates allgemeine Verwaltungsvorschriften für die Verfolgung und Ahndung von Ordnungswidrigkeiten nach §§ 58 und 59 durch die Verwaltungsbehörde (§ 35 des Gesetzes über Ordnungswidrigkeiten) und über die Erteilung einer Verwarnung (§§ 56, 58 Abs. 2 des Gesetzes über Ordnungswidrigkeiten) wegen einer Ordnungswidrigkeit nach §§ 58 und 59 erlassen.

II. Sportmedienrecht

[39] Richtlinie 2010/13/EU des Europäischen Parlaments und des Rates zur Koordinierung bestimmter Rechts- und Verwaltungsvorschriften der Mitgliedstaaten über die Bereitstellung audiovisueller Mediendienste (Richtlinie über audiovisuelle Mediendienste)

Kodifizierte Fassung vom 10. März 2010 (ABl. Nr. L 95 S. 1, ber. ABl. 2010 Nr. L 263 S. 15) – Auszug –

Artikel 1

(1) Für die Zwecke dieser Richtlinie bezeichnet der Ausdruck

a) „audiovisueller Mediendienst"

i) eine Dienstleistung im Sinne der Artikel 56 und 57 des Vertrags über die Arbeitsweise der Europäischen Union, für die ein Mediendiensteanbieter die redaktionelle Verantwortung trägt und deren Hauptzweck die Bereitstellung von Sendungen zur Information, Unterhaltung oder Bildung der allgemeinen Öffentlichkeit über elektronische Kommunikationsnetze im Sinne des Artikels 2 Buchstabe a der Richtlinie 2002/21/EG ist. Bei diesen audiovisuellen Mediendiensten handelt es sich entweder um Fernsehprogramme gemäß der Definition unter Buchstabe e des vorliegenden Absatzes oder um audiovisuelle Mediendienste auf Abruf gemäß der Definition unter Buchstabe g des vorliegenden Absatzes,

ii) die audiovisuelle kommerzielle Kommunikation; b) „Sendung" eine Abfolge von bewegten Bildern mit oder ohne Ton, die Einzelbestandteil eines von einem Mediendiensteanbieter erstellten Sendeplans oder Katalogs ist und deren Form und Inhalt mit der Form und dem Inhalt von Fernsehprogrammen vergleichbar sind. Beispiele für Sendungen sind unter anderem Spielfilme, Sportberichte, Fernsehkomödien, Dokumentarfilme, Kindersendungen und Originalfernsehspiele;

c) „redaktionelle Verantwortung" die Ausübung einer wirksamen Kontrolle sowohl hinsichtlich der Zusammenstellung der Sendungen als auch hinsichtlich ihrer Bereitstellung entweder anhand eines chronologischen Sendeplans im Falle von Fernsehsendungen oder mittels eines Katalogs im Falle von audiovisuellen Mediendiensten auf Abruf. Die redaktionelle Verantwortung begründet nicht zwangsläufig eine rechtliche Haftung nach innerstaatlichem Recht für die bereitgestellten Inhalte oder Dienste;

d) „Mediendiensteanbieter" die natürliche oder juristische Person, die die redaktionelle Verantwortung für die Auswahl der audiovisuellen Inhalte des audiovisuellen Mediendienstes trägt und bestimmt, wie diese gestaltet werden;

e) „Fernsehprogramm" (d. h. ein linearer audiovisueller Mediendienst) einen audiovisuellen Mediendienst, der von einem Mediendiensteanbieter für den zeitgleichen Empfang von Sendungen auf der Grundlage eines Sendeplans bereitgestellt wird;

f) „Fernsehveranstalter" einen Mediendiensteanbieter, der Fernsehprogramme bereitstellt;

g) „audiovisueller Mediendienst auf Abruf" (d. h. ein nichtlinearer audiovisueller Mediendienst) einen audiovisuellen Mediendienst, der von einem Mediendiensteanbieter für den Empfang zu dem vom Nutzer gewählten Zeitpunkt und auf dessen individuellen Abruf hin aus einem vom Mediendiensteanbieter festgelegten Programmkatalog bereitgestellt wird;

h) „audiovisuelle kommerzielle Kommunikation" Bilder mit oder ohne Ton, die der unmittelbaren oder mittelbaren Förderung des Absatzes von Waren und Dienstleistungen oder des Erscheinungsbilds natürlicher oder juristischer Personen, die einer wirtschaftlichen Tätigkeit nachgehen, dienen. Diese Bilder sind einer Sendung gegen Entgelt oder eine ähnliche Gegenleistung oder als Eigenwerbung beigefügt oder darin enthalten. Zur audiovisuellen kommerziellen Kommunikation zählen unter anderem Fernsehwerbung, Sponsoring, Teleshopping und Produktplatzierung;

i) „Fernsehwerbung" jede Äußerung bei der Ausübung eines Handels, Gewerbes, Handwerks oder freien Berufs, die im Fernsehen von einem öffentlich-rechtlichen oder privaten Veranstalter oder einer natürlichen Person entweder gegen Entgelt oder eine ähnliche Gegenleistung oder als Eigenwerbung gesendet wird mit dem Ziel, den Absatz von Waren oder die Erbringung von Dienstleistungen, einschließlich unbeweglicher Sachen, Rechte und Verpflichtungen, gegen Entgelt zu fördern;

j) „Schleichwerbung in der audiovisuellen kommerziellen Kommunikation" die Erwähnung oder Darstellung von Waren, Dienstleistungen, dem Namen, der Marke oder den Tätigkeiten eines Herstellers von Waren oder eines Erbringers von Dienstleistungen in Sendungen, wenn sie vom Mediendiensteanbieter absichtlich zu Werbezwecken vorgesehen ist und die Allgemeinheit über ihren eigentlichen Zweck irreführen kann. Eine Erwähnung oder Darstellung gilt insbesondere dann als beabsichtigt, wenn sie gegen Entgelt oder eine ähnliche Gegenleistung erfolgt;

k) „Sponsoring" jeden Beitrag von nicht im Bereich der Bereitstellung von audiovisuellen Mediendiensten oder in der Produktion von audiovisuellen Werken tätigen öffentlichen oder privaten Unternehmen oder natürlichen Personen zur Finanzierung von audiovisuellen Mediendiensten oder Sendungen mit dem Ziel, ihren Namen, ihre Marke, ihr Erscheinungsbild, ihre Tätigkeiten oder ihre Leistungen zu fördern;

l) „Teleshopping" Sendungen direkter Angebote an die Öffentlichkeit für den Absatz von Waren oder die Erbringung von Dienstleistungen, einschließlich unbeweglicher Sachen, Rechte und Verpflichtungen, gegen Entgelt;

m) „Produktplatzierung" jede Form audiovisueller kommerzieller Kommunikation, die darin besteht, gegen Entgelt oder eine ähnliche Gegenleistung ein Produkt, eine Dienstleistung oder die entsprechende Marke einzubeziehen bzw. darauf Bezug zu nehmen, so dass diese innerhalb einer Sendung erscheinen;

n) „europäische Werke"

i) Werke aus den Mitgliedstaaten,

ii) Werke aus europäischen Drittländern, die Vertragsparteien des Europäischen Übereinkommens über grenzüberschreitendes Fernsehen des Europarates sind, sofern diese Werke die Voraussetzungen nach Absatz 3 erfüllen,

iii) Werke, die im Rahmen der zwischen der Union und Drittländern im audiovisuellen Bereich geschlossenen Abkommen in Koproduktion hergestellt werden und die den in den einzelnen Abkommen jeweils festgelegten Voraussetzungen entsprechen.

(2) Die Anwendung des Absatzes 1 Buchstabe n Ziffern ii und iii setzt voraus, dass in dem betreffenden Drittland keine diskriminierenden Maßnahmen gegen Werke aus den Mitgliedstaaten bestehen.

(3) Werke im Sinne von Absatz 1 Buchstabe n Ziffern i und ii sind Werke, die im Wesentlichen in Zusammenarbeit mit in einem oder mehreren der in den genannten Bestimmungen genannten Staaten ansässigen Autoren und Arbeitnehmern geschaffen wurden und eine der drei folgenden Voraussetzungen erfüllen:

i) sie sind von einem oder mehreren in einem bzw. mehreren dieser Staaten ansässigen Hersteller(n) geschaffen worden;

ii) ihre Herstellung wird von einem oder mehreren in einem bzw. mehreren dieser Staaten ansässigen Hersteller(n) überwacht und tatsächlich kontrolliert;

iii) der Beitrag von Koproduzenten aus diesen Staaten zu den Gesamtproduktionskosten beträgt mehr als die Hälfte, und die Koproduktion wird nicht von einem bzw. mehreren außerhalb dieser Staaten niedergelassenen Hersteller(n) kontrolliert.

(4) Werke, die keine europäischen Werke im Sinne des Absatzes 1 Buchstabe n sind, jedoch im Rahmen von bilateralen Koproduktionsabkommen zwischen Mitgliedstaaten und Drittländern hergestellt werden, werden als europäische Werke betrachtet, sofern die Koproduzenten aus der Union einen mehrheitlichen Anteil der Gesamtproduktionskosten tragen und die Herstellung nicht von einem oder mehreren außerhalb des Hoheitsgebiets der Mitgliedstaaten niedergelassenen Hersteller(n) kontrolliert wird.

Artikel 14

(1) Jeder Mitgliedstaat kann im Einklang mit dem Unionsrecht Maßnahmen ergreifen, mit denen sichergestellt werden soll, dass die seiner Rechtshoheit unterworfenen Fernsehveranstalter nicht Ereignisse, denen der betreffende Mitgliedstaat eine erhebliche gesellschaftliche Bedeutung beimisst, auf Ausschließlichkeitsbasis in der Weise übertragen, dass einem bedeutenden Teil der Öffentlichkeit in dem Mitgliedstaat die Möglichkeit vorenthalten wird, das Ereignis im Wege direkter oder zeitversetzter Berichterstattung in einer frei zugänglichen Fernsehsendung zu verfolgen. Falls ein Mitgliedstaat entsprechende Maßnahmen ergreift, so erstellt er dabei eine Liste der nationalen und nichtnationalen Ereignisse, denen er eine erhebliche gesellschaftliche Bedeutung beimisst. Er trägt dafür auf eindeutige und transparente Weise rechtzeitig Sorge. Dabei legt der betreffende Mitgliedstaat auch fest, ob diese Ereignisse im Wege direkter Gesamt- oder Teilberichterstattung oder, sofern im öffentlichen Interesse aus objektiven Gründen erforderlich oder angemessen, im Wege zeitversetzter Gesamt- oder Teilberichterstattung verfügbar sein sollen.

(2) Die Mitgliedstaaten teilen der Kommission unverzüglich alle Maßnahmen mit, die sie gemäß Absatz 1 getroffen haben oder in Zukunft treffen werden. Die Kommission prüft binnen drei Monaten nach der Mitteilung, ob die Maßnahmen mit dem Unionsrecht vereinbar sind, und teilt sie den anderen Mitgliedstaaten mit. Sie holt die Stellungnahme des mit Artikel 29 eingesetzten Kontaktausschusses ein. Sie veröffentlicht die getroffenen Maßnahmen unverzüglich im Amtsblatt der Europäischen Union; mindestens einmal jährlich veröffentlicht sie eine konsolidierte Liste der von den Mitgliedstaaten getroffenen Maßnahmen.

(3) Die Mitgliedstaaten stellen im Rahmen des innerstaatlichen Rechts durch geeignete Maßnahmen sicher, dass die ihrer Rechtshoheit unterworfenen Fernsehveranstalter die von ihnen nach dem 18. Dezember 2007 erworbenen ausschließlichen Rechte nicht in der Weise ausüben, dass einem bedeutenden Teil der Öffentlichkeit in einem anderen Mitgliedstaat die Möglichkeit vorenthalten wird, die von diesem anderen Mitgliedstaat gemäß den Absätzen 1 und 2 bezeichneten Ereignisse als direkte Gesamt- oder Teilberichterstattung oder, sofern im öffentlichen Interesse aus objektiven Gründen erforderlich oder angemessen, als zeitversetzte Gesamt- oder Teilberichterstattung in einer frei zugänglichen Fernsehsendung zu verfolgen, wie dies von dem anderen Mitgliedstaat gemäß Absatz 1 festgelegt worden ist.

[40] Staatsvertrag für Rundfunk und Telemedien (Rundfunkstaatsvertrag – RStV)

In der Fassung des dreizehnten Staatsvertrags zur Änderung rundfunkrechtlicher Staatsverträge (13. RÄStV) vom 30.10. 2009 – Auszug –

§ 1 Anwendungsbereich

(1) Dieser Staatsvertrag gilt für die Veranstaltung und Verbreitung von Rundfunk in Deutschland in einem dualen Rundfunksystem; für Telemedien gelten nur der IV. bis VI. Abschnitt sowie § 20 Absatz 2.

(2) Soweit dieser Staatsvertrag keine anderweitigen Regelungen für die Veranstaltung und Verbreitung von Rundfunk enthält oder solche Regelungen zulässt, sind die für die jeweilige Rundfunkanstalt oder den jeweiligen privaten Veranstalter geltenden landesrechtlichen Vorschriften anzuwenden.

(3) Für Fernsehveranstalter, sofern sie nicht bereits aufgrund der Niederlassung deutscher Rechtshoheit unterliegen, gelten dieser Staatsvertrag und die landesrechtlichen Vorschriften auch, wenn eine in Deutschland gelegene Satelliten-Bodenstation für die Aufwärtsstrecke genutzt wird. Ohne eine Satelliten-Bodenstation für die Aufwärtsstrecke in einem Staat innerhalb des Geltungsbereichs der Richtlinie 89/552/EWG des Rates vom 3. Oktober 1989 zur Koordinierung bestimmter Rechts- und Verwaltungsvorschriften der Mitgliedstaaten über die Ausübung der Fernsehtätigkeit (ABl. L 298 vom 17. Oktober 1989, S. 23), zuletzt geändert durch Richt-linie 2007/65/EG des Europäischen Parlaments und des Rates vom 11. Dezember 2007 zur Änderung der Richtlinie 89/552/EWG des Rates zur Koordinierung bestimmter Rechts- und Verwaltungsvorschriften der Mitgliedstaaten über die Ausübung der Fernsehtätigkeit (ABl. L 332 vom 18. Dezember 2007, S. 27) – Richtlinie 89/552/EWG – ist deutsches Recht auch anwendbar bei der Nutzung einer Deutschland zugewiesenen Satelliten-Übertragungskapazität. Dies gilt nicht für Angebote, die

1. ausschließlich zum Empfang in Drittländern bestimmt sind und

2. nicht unmittelbar oder mittelbar von der Allgemeinheit mit handelsüblichen Verbraucherendgeräten in einem Staat inner-

halb des Geltungsbereichs der Richtlinie 89/552/EWG empfangen werden.

(4) Die Bestimmungen des I. und III. Abschnitts dieses Staatsvertrages gelten für Teleshoppingkanäle nur, sofern dies ausdrücklich bestimmt ist.

§ 2 Begriffsbestimmungen

(1) Rundfunk ist ein linearer Informations- und Kommunikationsdienst; er ist die für die Allgemeinheit und zum zeitgleichen Empfang bestimmte Veranstaltung und Verbreitung von Angeboten in Bewegtbild oder Ton entlang eines Sendeplans unter Benutzung elektromagnetischer Schwingungen. Der Begriff schließt Angebote ein, die verschlüsselt verbreitet werden oder gegen besonderes Entgelt empfangbar sind. Telemedien sind alle elektronischen Informations- und Kommunikationsdienste, soweit sie nicht Telekommunikationsdienste nach § 3 Nr. 24 des Telekommunikationsgesetzes sind, die ganz in der Übertragung von Signalen über Telekommunikationsnetze bestehen oder telekommunikationsgestützte Dienste nach § 3 Nr. 25 des Telekommunikationsgesetzes oder Rundfunk nach Satz 1 und 2 sind.

(2) Im Sinne dieses Staatsvertrages ist

1. Rundfunkprogramm eine nach einem Sendeplan zeitlich geordnete Folge von Inhalten,

2. Sendung ein inhaltlich zusammenhängender, geschlossener, zeitlich begrenzter Teil eines Rundfunkprogramms,

3. Vollprogramm ein Rundfunkprogramm mit vielfältigen Inhalten, in welchem Information, Bildung, Beratung und Unterhaltung einen wesentlichen Teil des Gesamtprogramms bilden,

4. Spartenprogramm ein Rundfunkprogramm mit im Wesentlichen gleichartigen Inhalten,

5. Satellitenfensterprogramm ein zeitlich begrenztes Rundfunkprogramm mit bundesweiter Verbreitung im Rahmen eines weiterreichenden Programms (Hauptprogramm),

6. Regionalfensterprogramm ein zeitlich und räumlich begrenztes Rundfunkprogramm mit im Wesentlichen regionalen Inhalten im Rahmen eines Hauptprogramms,

7. Werbung jede Äußerung bei der Ausübung eines Handels, Gewerbes, Handwerks oder freien Berufs, die im Rundfunk von einem öffentlich-rechtlichen oder einem privaten Veranstalter oder einer natürlichen Person entweder gegen Entgelt oder eine

ähnliche Gegenleistung oder als Eigenwerbung gesendet wird, mit dem Ziel, den Absatz von Waren oder die Erbringung von Dienstleistungen, einschließlich unbeweglicher Sachen, Rechte und Verpflichtungen, gegen Entgelt zu fördern. § 7 Abs. 9 bleibt unberührt,

8. Schleichwerbung die Erwähnung oder Darstellung von Waren, Dienstleistungen, Namen, Marken oder Tätigkeiten eines Herstellers von Waren oder eines Erbringers von Dienstleistungen in Sendungen, wenn sie vom Veranstalter absichtlich zu Werbezwecken vorgesehen ist und mangels Kennzeichnung die Allgemeinheit hinsichtlich des eigentlichen Zweckes dieser Erwähnung oder Darstellung irreführen kann. Eine Erwähnung oder Darstellung gilt insbesondere dann als zu Werbezwecken beabsichtigt, wenn sie gegen Entgelt oder eine ähnliche Gegenleistung erfolgt,

9. Sponsoring jeder Beitrag einer natürlichen oder juristischen Person oder einer Personenvereinigung, die an Rundfunktätigkeiten oder an der Produktion audiovisueller Werke nicht beteiligt ist, zur direkten oder indirekten Finanzierung einer Sendung, um den Namen, die Marke, das Erscheinungsbild der Person oder Personenvereinigung, ihre Tätigkeit oder ihre Leistungen zu fördern,

10. Teleshopping die Sendung direkter Angebote an die Öffentlichkeit für den Absatz von Waren oder die Erbringung von Dienstleistungen, einschließlich unbeweglicher Sachen, Rechte und Verpflichtungen gegen Entgelt in Form von Teleshoppingkanälen, -fenstern und -spots,

11. Produktplatzierung die gekennzeichnete Erwähnung oder Darstellung von Waren, Dienstleistungen, Namen, Marken, Tätigkeiten eines Herstellers von Waren oder eines Erbringers von Dienstleistungen in Sendungen gegen Entgelt oder eine ähnliche Gegenleistung mit dem Ziel der Absatzförderung. Die kostenlose Bereitstellung von Waren oder Dienstleistungen ist Produktplatzierung, sofern die betreffende Ware oder Dienstleistung von bedeutendem Wert ist,

12. Programmbouquet die Bündelung von Programmen und Diensten, die in digitaler Technik unter einem elektronischen Programmführer verbreitet werden,

13. Anbieter einer Plattform, wer auf digitalen Übertragungskapazitäten oder digitalen Datenströmen Rundfunk und ver-

gleichbare Telemedien auch von Dritten mit dem Ziel zusammenfasst, diese Angebote als Gesamtangebot zugänglich zu machen oder wer über die Auswahl für die Zusammenfassung entscheidet, Plattformanbieter ist nicht, wer Rundfunk oder vergleichbare Telemedien ausschließlich vermarktet,

14. Rundfunkveranstalter, wer ein Rundfunkprogramm unter eigener inhaltlicher Verantwortung anbietet,

15. unter Information insbesondere Folgendes zu verstehen: Nachrichten und Zeitgeschehen, politische Information, Wirtschaft, Auslandsberichte, Religiöses, Sport, Regionales, Gesellschaftliches, Service und Zeitgeschichtliches,

16. unter Bildung insbesondere Folgendes zu verstehen: Wissenschaft und Technik, Alltag und Ratgeber, Theologie und Ethik, Tiere und Natur, Gesellschaft, Kinder und Jugend, Erziehung, Geschichte und andere Länder,

17. unter Kultur insbesondere Folgendes zu verstehen: Bühnenstücke, Musik, Fernsehspiele, Fernsehfilme und Hörspiele, bildende Kunst, Architektur, Philosophie und Religion, Literatur und Kino,

18. unter Unterhaltung insbesondere Folgendes zu verstehen: Kabarett und Comedy, Filme, Serien, Shows, Talk-Shows, Spiele, Musik, 18. unter sendungsbezogenen Telemedien zu verstehen: Angebote, die der Aufbereitung von Inhalten aus einer konkreten Sendung einschließlich Hintergrundinformationen dienen soweit auf für die jeweilige Sendung genutzte Materialien und Quellen zurückgegriffen wird und diese Angebote thematisch und inhaltlich die Sendung unterstützend vertiefen und begleiten, ohne jedoch bereits ein eigenständiges neues oder verändertes Angebot nach § 11f Abs. 3 darzustellen,

19. unter sendungsbezogenen Telemedien zu verstehen: Angebote, die der Aufbereitung von Inhalten aus einer konkreten Sendung einschließlich Hintergrundinformationen dienen soweit auf für die jeweilige Sendung genutzte Materialien und Quellen zurückgegriffen wird und diese Angebote thematisch und inhaltlich die Sendung unterstützend vertiefen und begleiten, ohne jedoch bereits ein eigenständiges neues oder verändertes Angebot nach § 11f Abs. 3 darzustellen,

20. ein presseähnliches Angebot nicht nur elektronische Ausgaben von Printmedien, sondern alle journalistisch-redaktionell

gestalteten Angebote, die nach Gestaltung und Inhalt Zeitungen oder Zeitschriften entsprechen.

(3) Kein Rundfunk sind Angebote, die

1. jedenfalls weniger als 500 potenziellen Nutzern zum zeitgleichen Empfang angeboten werden,

2. zur unmittelbaren Wiedergabe aus Speichern von Empfangsgeräten bestimmt sind,

3. ausschließlich persönlichen oder familiären Zwecken dienen,

4. nicht journalistisch-redaktionell gestaltet sind oder

5. aus Sendungen bestehen, die jeweils gegen Einzelentgelt freigeschaltet werden.

§ 4 Übertragung von Großereignissen

(1) Die Ausstrahlung im Fernsehen von Ereignissen von erheblicher gesellschaftlicher Bedeutung (Großereignisse) in der Bundesrepublik Deutschland verschlüsselt und gegen besonderes Entgelt ist nur zulässig, wenn der Fernsehveranstalter selbst oder ein Dritter zu angemessenen Bedingungen ermöglicht, dass das Ereignis zumindest in einem frei empfangbaren und allgemein zugänglichen Fernsehprogramm in der Bundesrepublik Deutschland zeitgleich oder, sofern wegen parallel laufender Einzelereignisse nicht möglich, geringfügig zeitversetzt ausgestrahlt werden kann. Besteht keine Einigkeit über die Angemessenheit der Bedingungen, sollen die Parteien rechtzeitig vor dem Ereignis ein schiedsrichterliches Verfahren nach §§ 1025 ff. der Zivilprozessordnung vereinbaren; kommt die Vereinbarung eines schiedsrichterlichen Verfahrens aus Gründen, die der Fernsehveranstalter oder der Dritte zu vertreten haben, nicht zustande, gilt die Übertragung nach Satz 1als nicht zu angemessenen Bedingungen ermöglicht. Als allgemein zugängliches Fernsehprogramm gilt nur ein Programm, das in mehr als zwei Drittel der Haushalte tatsächlich empfangbar ist.

(2) Großereignisse im Sinne dieser Bestimmung sind:

1. Olympische Sommer- und Winterspiele,

2. bei Fußball-Europa- und Weltmeisterschaften alle Spiele mit deutscher Beteiligung sowie unabhängig von einer deutschen Beteiligung das Eröffnungsspiel, die Halbfinalspiele und das Endspiel,

3. die Halbfinalspiele und das Endspiel um den Vereinspokal des Deutschen Fußball-Bundes

4. Heim- und Auswärtsspiele der deutschen Fußballnationalmannschaft,

5. Endspiele der europäischen Vereinsmeisterschaften im Fußball (Champions League, UEFA-Cup) bei deutscher Beteiligung.

Bei Großereignissen, die aus mehreren Einzelereignissen bestehen, gilt jedes Einzelereignis als Großereignis. Die Aufnahme oder Herausnahme von Ereignissen in diese Bestimmung ist nur durch Staatsvertrag aller Länder zulässig.

(3) Teilt ein Mitgliedstaat der Europäischen Union seine Bestimmungen über die Ausstrahlung von Großereignissen nach Artikel 3a der Richtlinie 89/552/EWG des Rates zur Koordinierung bestimmter Rechts- und Verwaltungsvorschriften der Mitgliedstaaten über die Ausübung der Fernsehtätigkeit in der Fassung der Richtlinie 97/36/EG des Europäischen Parlaments und des Rates der Europäischen Kommission mit und erhebt die Kommission nicht binnen drei Monaten seit der Mitteilung Einwände und werden die Bestimmungen des betreffenden Mitgliedstaates im Amtsblatt der Europäischen Gemeinschaften veröffentlicht, ist die Ausstrahlung von Großereignissen verschlüsselt und gegen Entgelt für diesen Mitgliedstaat nur zulässig, wenn der Fernsehveranstalter nach den im Amtsblatt veröffentlichten Bestimmungen des betreffenden Mitgliedstaates eine Übertragung in einem frei zugänglichen Programm ermöglicht. Satz 1 gilt nicht für die Übertragung von Großereignissen für andere Mitgliedstaaten, an denen Fernsehveranstalter vor dem 30. Juli1997 Rechte zur ausschließlichen verschlüsselten Übertragung gegen Entgelt für diesen Mitgliedstaat erworben haben.

(4) Sind Bestimmungen eines Staates, der das Europäische Übereinkommen über das grenzüberschreitende Fernsehen in der Fassung des Änderungsprotokolls vom 9. September 1998 ratifiziert hat, nach dem Verfahren nach Artikel 9 a Absatz 3 des Übereinkommens veröffentlicht, so gilt diese Regelung für Veranstalter in der Bundesrepublik Deutschland nach Maßgabe des Satzes 4, es sei denn, die Ministerpräsidenten der Länder versagen der Regelung innerhalb einer Frist von sechs Monaten durch einstimmigen Beschluss die Anerkennung. Die Anerkennung kann nur versagt werden, wenn die Bestimmungen des

betreffenden Staates gegen das Grundgesetz oder die Europäische Konvention zum Schutze der Menschenrechte und Grundfreiheiten verstoßen. Die für Veranstalter in der Bundesrepublik Deutschland nach dem vorbezeichneten Verfahren geltenden Bestimmungen sind in den amtlichen Veröffentlichungsblättern der Länder bekannt zu machen. Mit dem Tag der letzten Bekanntmachung in den Veröffentlichungsblättern der Länder ist die Ausstrahlung von Großereignissen verschlüsselt und gegen Entgelt für diesen betreffenden Staat nur zulässig, wenn der Fernsehveranstalter nach den veröffentlichten Bestimmungen des betreffenden Staates eine Übertragung dort in einem frei zugänglichen Programm ermöglicht.

(5) Verstößt ein Veranstalter gegen die Bestimmungen der Absätze 3 und 4, so kann die Zulassung widerrufen werden. Statt des Widerrufs kann die Zulassung mit Nebenbestimmungen versehen werden, soweit dies ausreicht, den Verstoß zu beseitigen.

§ 5 Kurzberichterstattung

(1) Das Recht auf unentgeltliche Kurzberichterstattung über Veranstaltungen und Ereignisse, die öffentlich zugänglich und von allgemeinem Informationsinteresse sind, steht jedem in Europa zugelassenen Fernsehveranstalter zu eigenen Sendezwecken zu. Dieses Recht schließt die Befugnis zum Zugang, zur kurzzeitigen Direktübertragung, zur Aufzeichnung, zu deren Auswertung zu einem einzigen Beitrag und zur Weitergabe unter den Voraussetzungen der Absätze 2 bis 12 ein.

(2) Anderweitige gesetzliche Bestimmungen, insbesondere solche des Urheberrechts und des Persönlichkeitsschutzes, bleiben unberührt.

(3) Auf die Kirchen und auf andere Religionsgemeinschaften sowie deren Einrichtungen mit entsprechender Aufgabenstellung findet Absatz 1 keine Anwendung.

(4) Die unentgeltliche Kurzberichterstattung ist auf eine dem Anlass entsprechende nachrichtenmäßige Kurzberichterstattung beschränkt. Die zulässige Dauer bemisst sich nach der Länge der Zeit, die notwendig ist, um den nachrichtenmäßigen Informationsgehalt der Veranstaltung oder des Ereignisses zu vermitteln. Bei kurzfristig und regelmäßig wiederkehrenden Veranstaltungen vergleichbarer Art beträgt die Obergrenze der

Dauer in der Regel eineinhalb Minuten. Werden Kurzberichte über Veranstaltungen vergleichbarer Art zusammengefasst, muss auch in dieser Zusammenfassung der nachrichtenmäßige Charakter gewahrt bleiben.

(5) Das Recht auf Kurzberichterstattung muss so ausgeübt werden, dass vermeidbare Störungen der Veranstaltung oder des Ereignisses unterbleiben. Der Veranstalter kann die Übertragung oder die Aufzeichnung einschränken oder ausschließen, wenn anzunehmen ist, dass sonst die Durchführung der Veranstaltung in Frage gestellt oder das sittliche Empfinden der Veranstaltungsteilnehmer gröblich verletzt würden. Das Recht auf Kurzberichterstattung ist ausgeschlossen, wenn Gründe der öffentlichen Sicherheit und Ordnung entgegenstehen und diese das öffentliche Interesse an der Information überwiegen. Unberührt bleibt im Übrigen das Recht des Veranstalters, die Übertragung oder die Aufzeichnung der Veranstaltung insgesamt auszuschließen.

(6) Für die Ausübung des Rechts auf Kurzberichterstattung kann der Veranstalter das allgemein vorgesehene Eintrittsgeld verlangen; im übrigen ist ihm Ersatz seiner notwendigen Aufwendungen zu leisten, die durch die Ausübung des Rechts entstehen.

(7) Für die Ausübung des Rechts auf Kurzberichterstattung über berufsmäßig durchgeführte Veranstaltungen kann der Veranstalter ein dem Charakter der Kurzberichterstattung entsprechendes billiges Entgelt verlangen. Wird über die Höhe des Entgelts keine Einigkeit erzielt, soll ein schiedsrichterliches Verfahren nach §§ 1025 ff. der Zivilprozessordnung vereinbart werden. Das Fehlen einer Vereinbarung über die Höhe des Entgelts oder über die Durchführung eines schiedsrichterlichen Verfahrens steht der Ausübung des Rechts auf Kurzberichterstattung nicht entgegen; dasselbe gilt für einen bereits anhängigen Rechtsstreit über die Höhe des Entgelts.

(8) Die Ausübung des Rechts auf Kurzberichterstattung setzt eine Anmeldung des Fernsehveranstalters bis spätestens zehn Tage vor Beginn der Veranstaltung beim Veranstalter voraus. Dieser hat spätestens fünf Tage vor Beginn der Veranstaltung den anmeldenden Fernsehveranstaltern mitzuteilen, ob genügend räumliche und technische Möglichkeiten für eine Übertragung oder Aufzeichnung bestehen. Bei kurzfristigen Veranstaltungen und bei Ereignissen haben die Anmeldungen zum frühestmöglichen Zeitpunkt zu erfolgen.

(9) Reichen die räumlichen und technischen Gegebenheiten für eine Berücksichtigung aller Anmeldungen nicht aus, haben zunächst die Fernsehveranstalter Vorrang, die vertragliche Vereinbarungen mit dem Veranstalter oder dem Träger des Ereignisses geschlossen haben. Darüber hinaus steht dem Veranstalter oder dem Träger des Ereignisses ein Auswahlrecht zu. Dabei sind zunächst solche Fernsehveranstalter zu berücksichtigen, die eine umfassende Versorgung des Landes sicherstellen, in dem die Veranstaltung oder das Ereignis stattfindet.

(10) Fernsehveranstalter, die die Kurzberichterstattung wahrnehmen, sind verpflichtet, das Signal und die Aufzeichnung unmittelbar denjenigen Fernsehveranstaltern gegen Ersatz der angemessenen Aufwendungen zur Verfügung zu stellen, die nicht zugelassen werden konnten.

(11) Trifft der Veranstalter oder der Träger eines Ereignisses eine vertragliche Vereinbarung mit einem Fernsehveranstalter über eine Berichterstattung, hat er dafür Sorge zu tragen, dass mindestens ein anderer Fernsehveranstalter eine Kurzberichterstattung wahrnehmen kann.

(12) Die für die Kurzberichterstattung nicht verwerteten Teile sind spätestens drei Monate nach Beendigung der Veranstaltung oder des Ereignisses zu vernichten; die Vernichtung ist dem betreffenden Veranstalter oder Träger des Ereignisses schriftlich mitzuteilen. Die Frist wird durch die Ausübung berechtigter Interessen Dritter unterbrochen.

[41] Gesetz gegen den unlauteren Wettbewerb (UWG)

In der Fassung der Bekanntmachung vom 3. März 2010 (BGBl. I S.254) - Auszug -

§ 1 Zweck des Gesetzes

Dieses Gesetz dient dem Schutz der Mitbewerber, der Verbraucherinnen und Verbraucher sowie der sonstigen Marktteilnehmer vor unlauteren geschäftlichen Handlungen. Es schützt zugleich das Interesse der Allgemeinheit an einem unverfälschten Wettbewerb.

§ 2 Definitionen

(1) Im Sinne dieses Gesetzes bedeutet

1. „geschäftliche Handlung“ jedes Verhalten einer Person zugunsten des eigenen oder eines fremden Unternehmens vor, bei oder nach einem Geschäftsabschluss, das mit der Förderung des Absatzes oder des Bezugs von Waren oder Dienstleistungen oder mit dem Abschluss oder der Durchführung eines Vertrags über Waren oder Dienstleistungen objektiv zusammenhängt; als Waren gelten auch Grundstücke, als Dienstleistungen auch Rechte und Verpflichtungen;

2. „Marktteilnehmer“ neben Mitbewerbern und Verbrauchern alle Personen, die als Anbieter oder Nachfrager von Waren oder Dienstleistungen tätig sind;

3. „Mitbewerber“ jeder Unternehmer, der mit einem oder mehreren Unternehmern als Anbieter oder Nachfrager von Waren oder Dienstleistungen in einem konkreten Wettbewerbsverhältnis steht;

4. „Nachricht“ jede Information, die zwischen einer endlichen Zahl von Beteiligten über einen öffentlich zugänglichen elektronischen Kommunikationsdienst ausgetauscht oder weitergeleitet wird; dies schließt nicht Informationen ein, die als Teil eines Rundfunkdienstes über ein elektronisches Kommunikationsnetz an die Öffentlichkeit weitergeleitet werden, soweit die Informationen nicht mit dem identifizierbaren Teilnehmer oder Nutzer, der sie erhält, in Verbindung gebracht werden können;

5. „Verhaltenskodex“ Vereinbarungen oder Vorschriften über das Verhalten von Unternehmern, zu welchem diese sich in Bezug auf Wirtschaftszweige oder einzelne geschäftliche Hand-

lungen verpflichtet haben, ohne dass sich solche Verpflichtungen aus Gesetzes- oder Verwaltungsvorschriften ergeben;

6. „Unternehmer" jede natürliche oder juristische Person, die geschäftliche Handlungen im Rahmen ihrer gewerblichen, handwerklichen oder beruflichen Tätigkeit vornimmt, und jede Person, die im Namen oder Auftrag einer solchen Person handelt;

7. „fachliche Sorgfalt" der Standard an Fachkenntnissen und Sorgfalt, von dem billigerweise angenommen werden kann, dass ein Unternehmer ihn in seinem Tätigkeitsbereich gegenüber Verbrauchern nach Treu und Glauben unter Berücksichtigung der Marktgepflogenheiten einhält.

(2) Für den Verbraucherbegriff gilt § 13 des Bürgerlichen Gesetzbuchs entsprechend.

§ 3 Verbot unlauterer geschäftlicher Handlungen

(1) Unlautere geschäftliche Handlungen sind unzulässig, wenn sie geeignet sind, die Interessen von Mitbewerbern, Verbrauchern oder sonstigen Marktteilnehmern spürbar zu beeinträchtigen.

(2) Geschäftliche Handlungen gegenüber Verbrauchern sind jedenfalls dann unzulässig, wenn sie nicht der für den Unternehmer geltenden fachlichen Sorgfalt entsprechen und dazu geeignet sind, die Fähigkeit des Verbrauchers, sich auf Grund von Informationen zu entscheiden, spürbar zu beeinträchtigen und ihn damit zu einer geschäftlichen Entscheidung zu veranlassen, die er andernfalls nicht getroffen hätte. Dabei ist auf den durchschnittlichen Verbraucher oder, wenn sich die geschäftliche Handlung an eine bestimmte Gruppe von Verbrauchern wendet, auf ein durchschnittliches Mitglied dieser Gruppe abzustellen. Auf die Sicht eines durchschnittlichen Mitglieds einer auf Grund von geistigen oder körperlichen Gebrechen, Alter oder Leichtgläubigkeit besonders schutzbedürftigen und eindeutig identifizierbaren Gruppe von Verbrauchern ist abzustellen, wenn für den Unternehmer vorhersehbar ist, dass seine geschäftliche Handlung nur diese Gruppe betrifft.

(3) Die im Anhang dieses Gesetzes aufgeführten geschäftlichen Handlungen gegenüber Verbrauchern sind stets unzulässig.

§ 4 Beispiele unlauterer geschäftlicher Handlungen

Unlauter handelt insbesondere, wer

1. geschäftliche Handlungen vornimmt, die geeignet sind, die Entscheidungsfreiheit der Verbraucher oder sonstiger Marktteilnehmer durch Ausübung von Druck, in menschenverachtender Weise oder durch sonstigen unangemessenen unsachlichen Einfluss zu beeinträchtigen;

2. geschäftliche Handlungen vornimmt, die geeignet sind, geistige oder körperliche Gebrechen, das Alter, die geschäftliche Unerfahrenheit, die Leichtgläubigkeit, die Angst oder die Zwangslage von Verbrauchern auszunutzen;

3. den Werbecharakter von geschäftlichen Handlungen verschleiert;

4. bei Verkaufsförderungsmaßnahmen wie Preisnachlässen, Zugaben oder Geschenken die Bedingungen für ihre Inanspruchnahme nicht klar und eindeutig angibt;

5. bei Preisausschreiben oder Gewinnspielen mit Werbecharakter die Teilnahmebedingungen nicht klar und eindeutig angibt;

6. die Teilnahme von Verbrauchern an einem Preisausschreiben oder Gewinnspiel von dem Erwerb einer Ware oder der Inanspruchnahme einer Dienstleistung abhängig macht, es sei denn, das Preisausschreiben oder Gewinnspiel ist naturgemäß mit der Ware oder der Dienstleistung verbunden;

7. die Kennzeichen, Waren, Dienstleistungen, Tätigkeiten oder persönlichen oder geschäftlichen Verhältnisse eines Mitbewerbers herabsetzt oder verunglimpft;

8. über die Waren, Dienstleistungen oder das Unternehmen eines Mitbewerbers oder über den Unternehmer oder ein Mitglied der Unternehmensleitung Tatsachen behauptet oder verbreitet, die geeignet sind, den Betrieb des Unternehmens oder den Kredit des Unternehmers zu schädigen, sofern die Tatsachen nicht erweislich wahr sind; handelt es sich um vertrauliche Mitteilungen und hat der Mitteilende oder der Empfänger der Mitteilung an ihr ein berechtigtes Interesse, so ist die Handlung nur dann unlauter, wenn die Tatsachen der Wahrheit zuwider behauptet oder verbreitet wurden;

9. Waren oder Dienstleistungen anbietet, die eine Nachahmung der Waren oder Dienstleistungen eines Mitbewerbers sind, wenn er

a) eine vermeidbare Täuschung der Abnehmer über die betriebliche Herkunft herbeiführt,

b) die Wertschätzung der nachgeahmten Ware oder Dienstleistung unangemessen ausnutzt oder beeinträchtigt oder

c) die für die Nachahmung erforderlichen Kenntnisse oder Unterlagen unredlich erlangt hat;

10. Mitbewerber gezielt behindert;

11. einer gesetzlichen Vorschrift zuwiderhandelt, die auch dazu bestimmt ist, im Interesse der Marktteilnehmer das Marktverhalten zu regeln.

§ 5 Irreführende geschäftliche Handlungen

(1) Unlauter handelt, wer eine irreführende geschäftliche Handlung vornimmt. Eine geschäftliche Handlung ist irreführend, wenn sie unwahre Angaben enthält oder sonstige zur Täuschung geeignete Angaben über folgende Umstände enthält:

1. die wesentlichen Merkmale der Ware oder Dienstleistung wie Verfügbarkeit, Art, Ausführung, Vorteile, Risiken, Zusammensetzung, Zubehör, Verfahren oder Zeitpunkt der Herstellung, Lieferung oder Erbringung, Zwecktauglichkeit, Verwendungsmöglichkeit, Menge, Beschaffenheit, Kundendienst und Beschwerdeverfahren, geographische oder betriebliche Herkunft, von der Verwendung zu erwartende Ergebnisse oder die Ergebnisse oder wesentlichen Bestandteile von Tests der Waren oder Dienstleistungen;

2. den Anlass des Verkaufs wie das Vorhandensein eines besonderen Preisvorteils, den Preis oder die Art und Weise, in der er berechnet wird, oder die Bedingungen, unter denen die Ware geliefert oder die Dienstleistung erbracht wird;

3. die Person, Eigenschaften oder Rechte des Unternehmers wie Identität, Vermögen einschließlich der Rechte des geistigen Eigentums, den Umfang von Verpflichtungen, Befähigung, Status, Zulassung, Mitgliedschaften oder Beziehungen, Auszeichnungen oder Ehrungen, Beweggründe für die geschäftliche Handlung oder die Art des Vertriebs;

4. Aussagen oder Symbole, die im Zusammenhang mit direktem oder indirektem Sponsoring stehen oder sich auf eine Zulassung des Unternehmers oder der Waren oder Dienstleistungen beziehen;

5. die Notwendigkeit einer Leistung, eines Ersatzteils, eines Austauschs oder einer Reparatur;

6. die Einhaltung eines Verhaltenskodexes, auf den sich der Unternehmer verbindlich verpflichtet hat, wenn er auf diese Bindung hinweist, oder

7. Rechte des Verbrauchers, insbesondere solche auf Grund von Garantieversprechen oder

Gewährleistungsrechte bei Leistungsstörungen.

(2) Eine geschäftliche Handlung ist auch irreführend, wenn sie im Zusammenhang mit der Vermarktung von Waren oder Dienstleistungen einschließlich vergleichender Werbung eine Verwechslungsgefahr mit einer anderen Ware oder Dienstleistung oder mit der Marke oder einem anderen Kennzeichen eines Mitbewerbers hervorruft.

(3) Angaben im Sinne von Absatz 1 Satz 2 sind auch Angaben im Rahmen vergleichender Werbung sowie bildliche Darstellungen und sonstige Veranstaltungen, die darauf zielen und geeignet sind, solche Angaben zu ersetzen.

(4) Es wird vermutet, dass es irreführend ist, mit der Herabsetzung eines Preises zu werben, sofern der Preis nur für eine unangemessen kurze Zeit gefordert worden ist. Ist streitig, ob und in welchem Zeitraum der Preis gefordert worden ist, so trifft die Beweislast denjenigen, der mit der Preisherabsetzung geworben hat.

§ 5a Irreführung durch Unterlassen

(1) Bei der Beurteilung, ob das Verschweigen einer Tatsache irreführend ist, sind insbesondere deren Bedeutung für die geschäftliche Entscheidung nach der Verkehrsauffassung sowie die Eignung des Verschweigens zur Beeinflussung der Entscheidung zu berücksichtigen.

(2) Unlauter handelt, wer die Entscheidungsfähigkeit von Verbrauchern im Sinne des § 3 Absatz 2 dadurch beeinflusst, dass er eine Information vorenthält, die im konkreten Fall unter Berücksichtigung aller Umstände einschließlich der Beschränkungen des Kommunikationsmittels wesentlich ist.

(3) Werden Waren oder Dienstleistungen unter Hinweis auf deren Merkmale und Preis in einer dem verwendeten Kommunikationsmittel angemessenen Weise so angeboten, dass ein durchschnittlicher Verbraucher das Geschäft abschließen kann, gelten folgende Informationen als wesentlich im Sinne des Absatzes 2, sofern sie sich nicht unmittelbar aus den Umständen ergeben:

1. alle wesentlichen Merkmale der Ware oder Dienstleistung in dem dieser und dem verwendeten Kommunikationsmittel angemessenen Umfang;

2. die Identität und Anschrift des Unternehmers, gegebenenfalls die Identität und Anschrift des Unternehmers, für den er handelt;

3. der Endpreis oder in Fällen, in denen ein solcher Preis auf Grund der Beschaffenheit der Ware oder Dienstleistung nicht im Voraus berechnet werden kann, die Art der Preisberechnung sowie gegebenenfalls alle zusätzlichen Fracht-, Liefer- und Zustellkosten oder in Fällen, in denen diese Kosten nicht im Voraus berechnet werden können, die Tatsache, dass solche zusätzlichen Kosten anfallen können;

4. Zahlungs-, Liefer- und Leistungsbedingungen sowie Verfahren zum Umgang mit Beschwerden, soweit sie von Erfordernissen der fachlichen Sorgfalt abweichen, und

5. das Bestehen eines Rechts zum Rücktritt oder Widerruf.

(4) Als wesentlich im Sinne des Absatzes 2 gelten auch Informationen, die dem Verbraucher auf Grund gemeinschaftsrechtlicher Verordnungen oder nach Rechtsvorschriften zur Umsetzung gemeinschaftsrechtlicher Richtlinien für kommerzielle Kommunikation einschließlich Werbung und Marketing nicht vorenthalten werden dürfen.

§ 6 Vergleichende Werbung

(1) Vergleichende Werbung ist jede Werbung, die unmittelbar oder mittelbar einen Mitbewerber oder die von einem Mitbewerber angebotenen Waren oder Dienstleistungen erkennbar macht.

(2) Unlauter handelt, wer vergleichend wirbt, wenn der Vergleich

1. sich nicht auf Waren oder Dienstleistungen für den gleichen Bedarf oder dieselbe Zweckbestimmung bezieht,

2. nicht objektiv auf eine oder mehrere wesentliche, relevante, nachprüfbare und typische Eigenschaften oder den Preis dieser Waren oder Dienstleistungen bezogen ist,

3. im geschäftlichen Verkehr zu einer Gefahr von Verwechslungen zwischen dem Werbenden und einem Mitbewerber oder zwischen den von diesen angebotenen Waren oder Dienstleistungen oder den von ihnen verwendeten Kennzeichen führt,

4. den Ruf des von einem Mitbewerber verwendeten Kennzeichens in unlauterer Weise ausnutzt oder beeinträchtigt,

5. die Waren, Dienstleistungen, Tätigkeiten oder persönlichen oder geschäftlichen Verhältnisse eines Mitbewerbers herabsetzt oder verunglimpft oder

6. eine Ware oder Dienstleistung als Imitation oder Nachahmung einer unter einem geschützten Kennzeichen vertriebenen Ware oder Dienstleistung darstellt.

§ 8 Beseitigung und Unterlassung

(1) Wer eine nach § 3 oder § 7 unzulässige geschäftliche Handlung vornimmt, kann auf Beseitigung und bei Wiederholungsgefahr auf Unterlassung in Anspruch genommen werden. Der Anspruch auf Unterlassung besteht bereits dann, wenn eine derartige Zuwiderhandlung gegen § 3 oder § 7 droht.

(2) Werden die Zuwiderhandlungen in einem Unternehmen von einem Mitarbeiter oder Beauftragten begangen, so sind der Unterlassungsanspruch und der Beseitigungsanspruch auch gegen den Inhaber des Unternehmens begründet.

(3) Die Ansprüche aus Absatz 1 stehen zu:

1. jedem Mitbewerber;

2. rechtsfähigen Verbänden zur Förderung gewerblicher oder selbständiger beruflicher Interessen, soweit ihnen eine erhebliche Zahl von Unternehmern angehört, die Waren oder Dienstleistungen gleicher oder verwandter Art auf demselben Markt vertreiben, soweit sie insbesondere nach ihrer personellen, sachlichen und finanziellen Ausstattung imstande sind, ihre satzungsmäßigen Aufgaben der Verfolgung gewerblicher oder selbständiger beruflicher Interessen tatsächlich wahrzunehmen und soweit die Zuwiderhandlung die Interessen ihrer Mitglieder berührt;

3. qualifizierten Einrichtungen, die nachweisen, dass sie in die Liste qualifizierter Einrichtungen nach § 4 des Unterlassungsklagengesetzes oder in dem Verzeichnis der Kommission der Europäischen Gemeinschaften nach Artikel 4 der Richtlinie 98/27/EG des Europäischen Parlaments und des Rates vom 19. Mai 1998

über Unterlassungsklagen zum Schutz der Verbraucherinteressen (ABl. EG Nr. L 166 S. 51) eingetragen sind;

4. den Industrie- und Handelskammern oder den Handwerkskammern.

(4) Die Geltendmachung der in Absatz 1 bezeichneten Ansprüche ist unzulässig, wenn sie unter Berücksichtigung der gesamten Umstände missbräuchlich ist, insbesondere wenn sie vorwiegend dazu dient, gegen den Zuwiderhandelnden einen Anspruch auf Ersatz von Aufwendungen oder Kosten der Rechtsverfolgung entstehen zu lassen.

(5) § 13 des Unterlassungsklagengesetzes ist entsprechend anzuwenden; in § 13 Absatz 1 und 3 Satz 2 des Unterlassungsklagengesetzes treten an die Stelle des Anspruchs gemäß § 1 oder § 2 des Unterlassungsklagengesetzes die Unterlassungsansprüche nach dieser Vorschrift. Im Übrigen findet das Unterlassungsklagengesetz keine Anwendung, es sei denn, es liegt ein Fall des § 4a des Unterlassungsklagengesetzes vor.

§ 9 Schadensersatz

Wer vorsätzlich oder fahrlässig eine nach § 3 oder § 7 unzulässige geschäftliche Handlung vornimmt, ist den Mitbewerbern zum Ersatz des daraus entstehenden Schadens verpflichtet. Gegen verantwortliche Personen von periodischen Druckschriften kann der Anspruch auf Schadensersatz nur bei einer vorsätzlichen Zuwiderhandlung geltend gemacht werden.

§ 10 Gewinnabschöpfung

(1) Wer vorsätzlich eine nach § 3 oder § 7 unzulässige geschäftliche Handlung vornimmt und hierdurch zu Lasten einer Vielzahl von Abnehmern einen Gewinn erzielt, kann von den gemäß § 8 Absatz 3 Nummer 2 bis 4 zur Geltendmachung eines Unterlassungsanspruchs Berechtigten auf Herausgabe dieses Gewinns an den Bundeshaushalt in Anspruch genommen werden.

(2) Auf den Gewinn sind die Leistungen anzurechnen, die der Schuldner auf Grund der Zuwiderhandlung an Dritte oder an den Staat erbracht hat. Soweit der Schuldner solche Leistungen erst nach Erfüllung des Anspruchs nach Absatz 1 erbracht hat, erstattet die zuständige Stelle des Bundes dem Schuldner den

abgeführten Gewinn in Höhe der nachgewiesenen Zahlungen zurück.

(3) Beanspruchen mehrere Gläubiger den Gewinn, so gelten die §§ 428 bis 430 des Bürgerlichen Gesetzbuchs entsprechend.

(4) Die Gläubiger haben der zuständigen Stelle des Bundes über die Geltendmachung von Ansprüchen nach Absatz 1 Auskunft zu erteilen. Sie können von der zuständigen Stelle des Bundes Erstattung der für die Geltendmachung des Anspruchs erforderlichen Aufwendungen verlangen, soweit sie vom Schuldner keinen Ausgleich erlangen können. Der Erstattungsanspruch ist auf die Höhe des an den Bundeshaushalt abgeführten Gewinns beschränkt.

(5) Zuständige Stelle im Sinn der Absätze 2 und 4 ist das Bundesamt für Justiz.

§ 11 Verjährung

(1) Die Ansprüche aus den §§ 8, 9 und 12 Absatz 1 Satz 2 verjähren in sechs Monaten.

(2) Die Verjährungsfrist beginnt, wenn

1. der Anspruch entstanden ist und
2. der Gläubiger von den den Anspruch begründenden Umständen und der Person des Schuldners Kenntnis erlangt oder ohne grobe Fahrlässigkeit erlangen müsste.

(3) Schadensersatzansprüche verjähren ohne Rücksicht auf die Kenntnis oder grob fahrlässige Unkenntnis in zehn Jahren von ihrer Entstehung, spätestens in 30 Jahren von der den Schaden auslösenden Handlung an.

(4) Andere Ansprüche verjähren ohne Rücksicht auf die Kenntnis oder grob fahrlässige Unkenntnis in drei Jahren von der Entstehung an.

§ 16 Strafbare Werbung

(1) Wer in der Absicht, den Anschein eines besonders günstigen Angebots hervorzurufen, in öffentlichen Bekanntmachungen oder in Mitteilungen, die für einen größeren Kreis von Personen bestimmt sind, durch unwahre Angaben irreführend wirbt, wird mit Freiheitsstrafe bis zu zwei Jahren oder mit Geldstrafe bestraft.

(2) Wer es im geschäftlichen Verkehr unternimmt, Verbraucher zur Abnahme von Waren, Dienstleistungen oder Rechten durch das Versprechen zu veranlassen, sie würden entweder vom Veranstalter selbst oder von einem Dritten besondere Vorteile erlangen, wenn sie andere zum Abschluss gleichartiger Geschäfte veranlassen, die ihrerseits nach der Art dieser Werbung derartige Vorteile für eine entsprechende Werbung weiterer Abnehmer erlangen sollen, wird mit Freiheitsstrafe bis zu zwei Jahren oder mit Geldstrafe bestraft.

§ 17 Verrat von Geschäfts- und Betriebsgeheimnissen

(1) Wer als eine bei einem Unternehmen beschäftigte Person ein Geschäfts- oder Betriebsgeheimnis, das ihr im Rahmen des Dienstverhältnisses anvertraut worden oder zugänglich geworden ist, während der Geltungsdauer des Dienstverhältnisses unbefugt an jemand zu Zwecken des Wettbewerbs, aus Eigennutz, zugunsten eines Dritten oder in der Absicht, dem Inhaber des Unternehmens Schaden zuzufügen, mitteilt, wird mit Freiheitsstrafe bis zu drei Jahren oder mit Geldstrafe bestraft.

(2) Ebenso wird bestraft, wer zu Zwecken des Wettbewerbs, aus Eigennutz, zugunsten eines Dritten oder in der Absicht, dem Inhaber des Unternehmens Schaden zuzufügen,

1. sich ein Geschäfts- oder Betriebsgeheimnis durch

a) Anwendung technischer Mittel,

b) Herstellung einer verkörperten Wiedergabe des Geheimnisses oder

c) Wegnahme einer Sache, in der das Geheimnis verkörpert ist,

unbefugt verschafft oder sichert oder

2. ein Geschäfts- oder Betriebsgeheimnis, das er durch eine der in Absatz 1 bezeichneten Mitteilungen oder durch eine eigene oder fremde Handlung nach Nummer 1 erlangt oder sich sonst unbefugt verschafft oder gesichert hat, unbefugt verwertet oder jemandem mitteilt.

(3) Der Versuch ist strafbar.

(4) In besonders schweren Fällen ist die Strafe Freiheitsstrafe bis zu fünf Jahren oder Geldstrafe. Ein besonders schwerer Fall liegt in der Regel vor, wenn der Täter

1. gewerbsmäßig handelt,

2. bei der Mitteilung weiß, dass das Geheimnis im Ausland verwertet werden soll, oder

3. eine Verwertung nach Absatz 2 Nummer 2 im Ausland selbst vornimmt.

(5) Die Tat wird nur auf Antrag verfolgt, es sei denn, dass die Strafverfolgungsbehörde wegen des besonderen öffentlichen Interesses an der Strafverfolgung ein Einschreiten von Amts wegen für geboten hält.

(6) § 5 Nummer 7 des Strafgesetzbuches gilt entsprechend.

§ 18 Verwertung von Vorlagen

(1) Wer die ihm im geschäftlichen Verkehr anvertrauten Vorlagen oder Vorschriften technischer Art, insbesondere Zeichnungen, Modelle, Schablonen, Schnitte, Rezepte, zu Zwecken des Wettbewerbs oder aus Eigennutz unbefugt verwertet oder jemandem mitteilt, wird mit Freiheitsstrafe bis zu zwei Jahren oder mit Geldstrafe bestraft.

(2) Der Versuch ist strafbar.

(3) Die Tat wird nur auf Antrag verfolgt, es sei denn, dass die Strafverfolgungsbehörde wegen des besonderen öffentlichen Interesses an der Strafverfolgung ein Einschreiten von Amts wegen für geboten hält.

(4) § 5 Nummer 7 des Strafgesetzbuches gilt entsprechend.

§ 19 Verleiten und Erbieten zum Verrat

(1) Wer zu Zwecken des Wettbewerbs oder aus Eigennutz jemanden zu bestimmen versucht, eine Straftat nach § 17 oder § 18 zu begehen oder zu einer solchen Straftat anzustiften, wird mit Freiheitsstrafe bis zu zwei Jahren oder mit Geldstrafe bestraft.

(2) Ebenso wird bestraft, wer zu Zwecken des Wettbewerbs oder aus Eigennutz sich bereit erklärt oder das Erbieten eines anderen annimmt oder mit einem anderen verabredet, eine Straftat nach § 17 oder § 18 zu begehen oder zu ihr anzustiften.

(3) § 31 des Strafgesetzbuches gilt entsprechend.

(4) Die Tat wird nur auf Antrag verfolgt, es sei denn, dass die Strafverfolgungsbehörde wegen des besonderen öffentlichen Interesses an der Strafverfolgung ein Einschreiten von Amts wegen für geboten hält.

(5) § 5 Nummer 7 des Strafgesetzbuches gilt entsprechend.

§ 20 Bußgeldvorschriften

(1) Ordnungswidrig handelt, wer vorsätzlich oder fahrlässig entgegen § 7 Absatz 1 in Verbindung mit Absatz 2 Nummer 2 gegenüber einem Verbraucher ohne dessen vorherige ausdrückliche Einwilligung mit einem Telefonanruf wirbt.

(2) Die Ordnungswidrigkeit kann mit einer Geldbuße bis zu fünfzigtausend Euro geahndet werden.

(3) Verwaltungsbehörde im Sinne des § 36 Absatz 1 Nummer 1 des Gesetzes über Ordnungswidrigkeiten ist die Bundesnetzagentur für Elektrizität, Gas, Telekommunikation, Post und Eisenbahnen.

Anhang (zu § 3 Absatz 3)[1]

Unzulässige geschäftliche Handlungen im Sinne des § 3 Absatz 3 sind

1. die unwahre Angabe eines Unternehmers, zu den Unterzeichnern eines Verhaltenskodexes zu gehören;

2. die Verwendung von Gütezeichen, Qualitätskennzeichen oder Ähnlichem ohne die erforderliche Genehmigung;

3. die unwahre Angabe, ein Verhaltenskodex sei von einer öffentlichen oder anderen Stelle gebilligt;

4. die unwahre Angabe, ein Unternehmer, eine von ihm vorgenommene geschäftliche Handlung oder eine Ware oder Dienstleistung sei von einer öffentlichen oder privaten Stelle bestätigt, gebilligt oder genehmigt worden, oder die unwahre Angabe, den Bedingungen für die Bestätigung, Billigung oder Genehmigung werde entsprochen;

5. Waren- oder Dienstleistungsangebote im Sinne des § 5a Absatz 3 zu einem bestimmten Preis, wenn der Unternehmer nicht darüber aufklärt, dass er hinreichende Gründe für die Annahme hat, er werde nicht in der Lage sein, diese oder gleichartige Waren oder Dienstleistungen für einen angemessenen Zeitraum in angemessener Menge zum genannten Preis bereitzustellen oder bereitstellen zu lassen (Lockangebote). Ist die Bevorratung kürzer als zwei Tage, obliegt es dem Unternehmer, die Angemessenheit nachzuweisen;

[1] BGBl. I 2010, 262–263

6. Waren- oder Dienstleistungsangebote im Sinne des § 5a Absatz 3 zu einem bestimmten Preis, wenn der Unternehmer sodann in der Absicht, stattdessen eine andere Ware oder Dienstleistung abzusetzen, eine fehlerhafte Ausführung der Ware oder Dienstleistung vorführt oder sich weigert zu zeigen, was er beworben hat, oder sich weigert, Bestellungen dafür anzunehmen oder die beworbene Leistung innerhalb einer vertretbaren Zeit zu erbringen;

7. die unwahre Angabe, bestimmte Waren oder Dienstleistungen seien allgemein oder zu bestimmten Bedingungen nur für einen sehr begrenzten Zeitraum verfügbar, um den Verbraucher zu einer sofortigen geschäftlichen Entscheidung zu veranlassen, ohne dass dieser Zeit und Gelegenheit hat, sich auf Grund von Informationen zu entscheiden;

8. Kundendienstleistungen in einer anderen Sprache als derjenigen, in der die Verhandlungen vor dem Abschluss des Geschäfts geführt worden sind, wenn die ursprünglich verwendete Sprache nicht Amtssprache des Mitgliedstaats ist, in dem der Unternehmer niedergelassen ist; dies gilt nicht, soweit Verbraucher vor dem Abschluss des Geschäfts darüber aufgeklärt werden, dass diese Leistungen in einer anderen als der ursprünglich verwendeten Sprache erbracht werden;

9. die unwahre Angabe oder das Erwecken des unzutreffenden Eindrucks, eine Ware oder Dienstleistung sei verkehrsfähig;

10. die unwahre Angabe oder das Erwecken des unzutreffenden Eindrucks, gesetzlich bestehende Rechte stellten eine Besonderheit des Angebots dar;

11. der vom Unternehmer finanzierte Einsatz redaktioneller Inhalte zu Zwecken der Verkaufsförderung, ohne dass sich dieser Zusammenhang aus dem Inhalt oder aus der Art der optischen oder akustischen Darstellung eindeutig ergibt (als Information getarnte Werbung);

12. unwahre Angaben über Art und Ausmaß einer Gefahr für die persönliche Sicherheit des Verbrauchers oder seiner Familie für den Fall, dass er die angebotene Ware nicht erwirbt oder die angebotene Dienstleistung nicht in Anspruch nimmt;

13. Werbung für eine Ware oder Dienstleistung, die der Ware oder Dienstleistung eines Mitbewerbers ähnlich ist, wenn dies in der Absicht geschieht, über die betriebliche Herkunft der beworbenen Ware oder Dienstleistung zu täuschen;

14. die Einführung, der Betrieb oder die Förderung eines Systems zur Verkaufsförderung, das den Eindruck vermittelt, allein oder hauptsächlich durch die Einführung weiterer Teilnehmer in das System könne eine Vergütung erlangt werden (Schneeball- oder Pyramidensystem);

15. die unwahre Angabe, der Unternehmer werde demnächst sein Geschäft aufgeben oder seine Geschäftsräume verlegen;

16. die Angabe, durch eine bestimmte Ware oder Dienstleistung ließen sich die Gewinnchancen bei einem Glücksspiel erhöhen;

17. die unwahre Angabe oder das Erwecken des unzutreffenden Eindrucks, der Verbraucher habe bereits einen Preis gewonnen oder werde ihn gewinnen oder werde durch eine bestimmte Handlung einen Preis gewinnen oder einen sonstigen Vorteil erlangen, wenn es einen solchen Preis oder Vorteil tatsächlich nicht gibt, oder wenn jedenfalls die Möglichkeit, einen Preis oder sonstigen Vorteil zu erlangen, von der Zahlung eines Geldbetrags oder der Übernahme von Kosten abhängig gemacht wird;

18. die unwahre Angabe, eine Ware oder Dienstleistung könne Krankheiten, Funktionsstörungen oder Missbildungen heilen;

19. eine unwahre Angabe über die Marktbedingungen oder Bezugsquellen, um den Verbraucher dazu zu bewegen, eine Ware oder Dienstleistung zu weniger günstigen Bedingungen als den allgemeinen Marktbedingungen abzunehmen oder in Anspruch zu nehmen;

20. das Angebot eines Wettbewerbs oder Preisausschreibens, wenn weder die in Aussicht gestellten Preise noch ein angemessenes Äquivalent vergeben werden;

21. das Angebot einer Ware oder Dienstleistung als „gratis", „umsonst", „kostenfrei" oder dergleichen, wenn hierfür gleichwohl Kosten zu tragen sind; dies gilt nicht für Kosten, die im Zusammenhang mit dem Eingehen auf das Waren- oder Dienstleistungsangebot oder für die Abholung oder Lieferung der Ware oder die Inanspruchnahme der Dienstleistung unvermeidbar sind;

22. die Übermittlung von Werbematerial unter Beifügung einer Zahlungsaufforderung, wenn damit der unzutreffende Eindruck vermittelt wird, die beworbene Ware oder Dienstleistung sei bereits bestellt;

23. die unwahre Angabe oder das Erwecken des unzutreffenden Eindrucks, der Unternehmer sei Verbraucher oder nicht für Zwecke seines Geschäfts, Handels, Gewerbes oder Berufs tätig;

24. die unwahre Angabe oder das Erwecken des unzutreffenden Eindrucks, es sei im Zusammenhang mit Waren oder Dienstleistungen in einem anderen Mitgliedstaat der Europäischen Union als dem des Warenverkaufs oder der Dienstleistung ein Kundendienst verfügbar;

25. das Erwecken des Eindrucks, der Verbraucher könne bestimmte Räumlichkeiten nicht ohne vorherigen Vertragsabschluss verlassen;

26. bei persönlichem Aufsuchen in der Wohnung die Nichtbeachtung einer Aufforderung des Besuchten, diese zu verlassen oder nicht zu ihr zurückzukehren, es sein denn, der Besuch ist zur rechtmäßigen Durchsetzung einer vertraglichen Verpflichtung gerechtfertigt;

27. Maßnahmen, durch die der Verbraucher von der Durchsetzung seiner vertraglichen Rechte aus einem Versicherungsverhältnis dadurch abgehalten werden soll, dass von ihm bei der Geltendmachung seines Anspruchs die Vorlage von Unterlagen verlangt wird, die zum Nachweis dieses Anspruchs nicht erforderlich sind, oder dass Schreiben zur Geltendmachung eines solchen Anspruchs systematisch nicht beantwortet werden;

28. die in eine Werbung einbezogene unmittelbare Aufforderung an Kinder, selbst die beworbene Ware zu erwerben oder die beworbene Dienstleistung in Anspruch zu nehmen oder ihre Eltern oder andere Erwachsene dazu zu veranlassen;

29. die Aufforderung zur Bezahlung nicht bestellter Waren oder Dienstleistungen oder eine Aufforderung zur Rücksendung oder Aufbewahrung nicht bestellter Sachen, sofern es sich nicht um eine nach den Vorschriften über Vertragsabschlüsse im Fernabsatz zulässige Ersatzlieferung handelt, und

30. die ausdrückliche Angabe, dass der Arbeitsplatz oder Lebensunterhalt des Unternehmers gefährdet sei, wenn der Verbraucher die Ware oder Dienstleistung nicht abnehme.

[42] Gesetz über Urheberrecht und verwandte Schutzrechte (Urheberrechtsgesetz – UrhG)

In der Fassung vom 9. September 1965 (BGBl. I S. 1273), das zuletzt durch Artikel 2 Absatz 53 des Gesetzes vom 22. Dezember 2011 (BGBl. I S. 3044) geändert worden ist. – Auszug –

§ 1 Allgemeines

Die Urheber von Werken der Literatur, Wissenschaft und Kunst genießen für ihre Werke Schutz nach Maßgabe dieses Gesetzes.

§ 2 Geschützte Werke

(1) Zu den geschützten Werken der Literatur, Wissenschaft und Kunst gehören insbesondere:

1. Sprachwerke, wie Schriftwerke, Reden und Computerprogramme;
2. Werke der Musik;
3. pantomimische Werke einschließlich der Werke der Tanzkunst;
4. Werke der bildenden Künste einschließlich der Werke der Baukunst und der angewandten Kunst und Entwürfe solcher Werke;
5. Lichtbildwerke einschließlich der Werke, die ähnlich wie Lichtbildwerke geschaffen werden;
6. Filmwerke einschließlich der Werke, die ähnlich wie Filmwerke geschaffen werden;
7. Darstellungen wissenschaftlicher oder technischer Art, wie Zeichnungen, Pläne, Karten, Skizzen, Tabellen und plastische Darstellungen.

(2) Werke im Sinne dieses Gesetzes sind nur persönliche geistige Schöpfungen.

§ 16 Vervielfältigungsrecht

(1) Das Vervielfältigungsrecht ist das Recht, Vervielfältigungsstücke des Werkes herzustellen, gleichviel ob vorübergehend oder dauerhaft, in welchem Verfahren und in welcher Zahl.

(2) Eine Vervielfältigung ist auch die Übertragung des Werkes auf Vorrichtungen zur wiederholbaren Wiedergabe von Bild- oder Tonfolgen (Bild- oder Tonträger), gleichviel, ob es sich um die Aufnahme einer Wiedergabe des Werkes auf einen Bild- oder Tonträger oder um die Übertragung des Werkes von einem Bild- oder Tonträger auf einen anderen handelt.

§ 17 Verbreitungsrecht

(1) Das Verbreitungsrecht ist das Recht, das Original oder Vervielfältigungsstücke des Werkes der Öffentlichkeit anzubieten oder in Verkehr zu bringen.

(2) Sind das Original oder Vervielfältigungsstücke des Werkes mit Zustimmung des zur Verbreitung Berechtigten im Gebiet der Europäischen Union oder eines anderen Vertragsstaates des Abkommens über den Europäischen Wirtschaftsraum im Wege der Veräußerung in Verkehr gebracht worden, so ist ihre Weiterverbreitung mit Ausnahme der Vermietung zulässig.

(3) Vermietung im Sinne der Vorschriften dieses Gesetzes ist die zeitlich begrenzte, unmittelbar oder mittelbar Erwerbszwecken dienende Gebrauchsüberlassung. Als Vermietung gilt jedoch nicht die Überlassung von Originalen oder Vervielfältigungsstücken

1. von Bauwerken und Werken der angewandten Kunst oder
2. im Rahmen eines Arbeits- oder Dienstverhältnisses zu dem ausschließlichen Zweck, bei der Erfüllung von Verpflichtungen aus dem Arbeits- oder Dienstverhältnis benutzt zu werden.

§ 19 Vortrags-, Aufführungs- und Vorführungsrecht

(1) Das Vortragsrecht ist das Recht, ein Sprachwerk durch persönliche Darbietung öffentlich zu Gehör zu bringen.

(2) Das Aufführungsrecht ist das Recht, ein Werk der Musik durch persönliche Darbietung öffentlich zu Gehör zu bringen oder ein Werk öffentlich bühnenmäßig darzustellen.

(3) Das Vortrags- und das Aufführungsrecht umfassen das Recht, Vorträge und Aufführungen außerhalb des Raumes, in dem die persönliche Darbietung stattfindet, durch Bildschirm, Lautsprecher oder ähnliche technische Einrichtungen öffentlich wahrnehmbar zu machen.

(4) Das Vorführungsrecht ist das Recht, ein Werk der bildenden Künste, ein Lichtbildwerk, ein Filmwerk oder Darstellungen wissenschaftlicher oder technischer Art durch technische Einrichtungen öffentlich wahrnehmbar zu machen. Das Vorführungsrecht umfaßt nicht das Recht, die Funksendung oder öf-

fentliche Zugänglichmachung solcher Werke öffentlich wahrnehmbar zu machen (§ 22).

§ 19a Recht der öffentlichen Zugänglichmachung

Das Recht der öffentlichen Zugänglichmachung ist das Recht, das Werk drahtgebunden oder drahtlos der Öffentlichkeit in einer Weise zugänglich zu machen, dass es Mitgliedern der Öffentlichkeit von Orten und zu Zeiten ihrer Wahl zugänglich ist.

§ 20 Senderecht

Das Senderecht ist das Recht, das Werk durch Funk, wie Ton- und Fernsehrundfunk, Satellitenrundfunk, Kabelfunk oder ähnliche technische Mittel, der Öffentlichkeit zugänglich zu machen.

§ 20a Europäische Satellitensendung

(1) Wird eine Satellitensendung innerhalb des Gebietes eines Mitgliedstaates der Europäischen Union oder Vertragsstaates des Abkommens über den Europäischen Wirtschaftsraum ausgeführt, so gilt sie ausschließlich als in diesem Mitgliedstaat oder Vertragsstaat erfolgt.

(2) Wird eine Satellitensendung im Gebiet eines Staates ausgeführt, der weder Mitgliedstaat der Europäischen Union noch Vertragsstaat des Abkommens über den Europäischen Wirtschaftsraum ist und in dem für das Recht der Satellitensendung das in Kapitel II der Richtlinie 93/83/EWG des Rates vom 27. September 1993 zur Koordinierung bestimmter urheber- und leistungsschutzrechtlicher Vorschriften betreffend Satellitenrundfunk und Kabelweiterverbreitung (ABl. EG Nr. L 248 S. 15) vorgesehene Schutzniveau nicht gewährleistet ist, so gilt sie als in dem Mitgliedstaat oder Vertragsstaat erfolgt,

1. in dem die Erdfunkstation liegt, von der aus die programmtragenden Signale zum Satelliten geleitet werden, oder

2. in dem das Sendeunternehmen seine Niederlassung hat, wenn die Voraussetzung nach Nummer 1 nicht gegeben ist.

Das Senderecht ist im Fall der Nummer 1 gegenüber dem Betreiber der Erdfunkstation, im Fall der Nummer 2 gegenüber dem Sendeunternehmen geltend zu machen.

(3) Satellitensendung im Sinne von Absatz 1 und 2 ist die unter der Kontrolle und Verantwortung des Sendeunternehmens

stattfindende Eingabe der für den öffentlichen Empfang bestimmten programmtragenden Signale in eine ununterbrochene Übertragungskette, die zum Satelliten und zurück zur Erde führt.

§ 20b Kabelweitersendung

(1) Das Recht, ein gesendetes Werk im Rahmen eines zeitgleich, unverändert und vollständig weiterübertragenen Programms durch Kabelsysteme oder Mikrowellensysteme weiterzusenden (Kabelweitersendung), kann nur durch eine Verwertungsgesellschaft geltend gemacht werden. Dies gilt nicht für Rechte, die ein Sendeunternehmen in Bezug auf seine Sendungen geltend macht.

(2) Hat der Urheber das Recht der Kabelweitersendung einem Sendeunternehmen oder einem Tonträgeroder Filmhersteller eingeräumt, so hat das Kabelunternehmen gleichwohl dem Urheber eine angemessene Vergütung für die Kabelweitersendung zu zahlen. Auf den Vergütungsanspruch kann nicht verzichtet werden. Er kann im voraus nur an eine Verwertungsgesellschaft abgetreten und nur durch eine solche geltend gemacht werden. Diese Regelung steht Tarifverträgen, Betriebsvereinbarungen und gemeinsamen Vergütungsregeln von Sendeunternehmen nicht entgegen, soweit dadurch dem Urheber eine angemessene Vergütung für jede Kabelweitersendung eingeräumt wird.

§ 21 Recht der Wiedergabe durch Bild- oder Tonträger

Das Recht der Wiedergabe durch Bild- oder Tonträger ist das Recht, Vorträge oder Aufführungen des Werkes mittels Bild- oder Tonträger öffentlich wahrnehmbar zu machen. § 19 Abs. 3 gilt entsprechend.

§ 22 Recht der Wiedergabe von Funksendungen und von öffentlicher Zugänglichmachung

Das Recht der Wiedergabe von Funksendungen und der Wiedergabe von öffentlicher Zugänglichmachung ist das Recht, Funksendungen und auf öffentlicher Zugänglichmachung beruhende Wiedergaben des Werkes durch Bildschirm, Lautsprecher oder ähnliche technische Einrichtungen öffentlich wahrnehmbar zu machen. § 19 Abs. 3 gilt entsprechend.

§ 23 Bearbeitungen und Umgestaltungen

Bearbeitungen oder andere Umgestaltungen des Werkes dürfen nur mit Einwilligung des Urhebers des bearbeiteten oder umgestalteten Werkes veröffentlicht oder verwertet werden. Handelt es sich um eine Verfilmung des Werkes, um die Ausführung von Plänen und Entwürfen eines Werkes der bildenden Künste, um den Nachbau eines Werkes der Baukunst oder um die Bearbeitung oder Umgestaltung eines Datenbankwerkes, so bedarf bereits das Herstellen der Bearbeitung oder Umgestaltung der Einwilligung des Urhebers.

§ 24 Freie Benutzung

(1) Ein selbständiges Werk, das in freier Benutzung des Werkes eines anderen geschaffen worden ist, darf ohne Zustimmung des Urhebers des benutzten Werkes veröffentlicht und verwertet werden.

(2) Absatz 1 gilt nicht für die Benutzung eines Werkes der Musik, durch welche eine Melodie erkennbar dem Werk entnommen und einem neuen Werk zugrunde gelegt wird.

§ 31 Einräumung von Nutzungsrechten

(1) Der Urheber kann einem anderen das Recht einräumen, das Werk auf einzelne oder alle Nutzungsarten zu nutzen (Nutzungsrecht). Das Nutzungsrecht kann als einfaches oder ausschließliches Recht sowie räumlich, zeitlich oder inhaltlich beschränkt eingeräumt werden.

(2) Das einfache Nutzungsrecht berechtigt den Inhaber, das Werk auf die erlaubte Art zu nutzen, ohne dass eine Nutzung durch andere ausgeschlossen ist.

(3) Das ausschließliche Nutzungsrecht berechtigt den Inhaber, das Werk unter Ausschluss aller anderen Personen auf die ihm erlaubte Art zu nutzen und Nutzungsrechte einzuräumen. Es kann bestimmt werden, dass die Nutzung durch den Urheber vorbehalten bleibt. § 35 bleibt unberührt.

(4) (weggefallen)

(5) Sind bei der Einräumung eines Nutzungsrechts die Nutzungsarten nicht ausdrücklich einzeln bezeichnet, so bestimmt sich nach dem von beiden Partnern zugrunde gelegten Vertragszweck, auf welche Nutzungsarten es sich erstreckt. Entsprechendes gilt für die Frage, ob ein Nutzungsrecht eingeräumt wird, ob es sich um ein einfaches oder ausschließliches Nutzungsrecht handelt, wie weit Nutzungsrecht und Verbotsrecht reichen und welchen Einschränkungen das Nutzungsrecht unterliegt.

§ 31a Verträge über unbekannte Nutzungsarten

(1) Ein Vertrag, durch den der Urheber Rechte für unbekannte Nutzungsarten einräumt oder sich dazu verpflichtet, bedarf der Schriftform. Der Schriftform bedarf es nicht, wenn der Urheber unentgeltlich ein einfaches Nutzungsrecht für jedermann einräumt. Der Urheber kann diese Rechtseinräumung oder die Verpflichtung hierzu widerrufen. Das Widerrufsrecht erlischt nach Ablauf von drei Monaten, nachdem der andere die Mitteilung über die beabsichtigte Aufnahme der neuen Art der Werknutzung an den Urheber unter der ihm zuletzt bekannten Anschrift abgesendet hat.

(2) Das Widerrufsrecht entfällt, wenn sich die Parteien nach Bekanntwerden der neuen Nutzungsart auf eine Vergütung nach § 32c Abs. 1 geeinigt haben. Das Widerrufsrecht entfällt auch, wenn die Parteien die Vergütung nach einer gemeinsamen Vergütungsregel vereinbart haben. Es erlischt mit dem Tod des Urhebers.

(3) Sind mehrere Werke oder Werkbeiträge zu einer Gesamtheit zusammengefasst, die sich in der neuen Nutzungsart in angemessener Weise nur unter Verwendung sämtlicher Werke oder Werkbeiträge verwerten lässt, so kann der Urheber das Widerrufsrecht nicht wider Treu und Glauben ausüben.

(4) Auf die Rechte nach den Absätzen 1 bis 3 kann im Voraus nicht verzichtet werden.

§ 32 Angemessene Vergütung

(1) Der Urheber hat für die Einräumung von Nutzungsrechten und die Erlaubnis zur Werknutzung Anspruch auf die vertraglich vereinbarte Vergütung. Ist die Höhe der Vergütung nicht bestimmt, gilt die angemessene Vergütung als vereinbart. Soweit die vereinbarte Vergütung nicht angemessen ist, kann der Urheber von seinem Vertragspartner die Einwilligung in die Änderung des Vertrages verlangen, durch die dem Urheber die angemessene Vergütung gewährt wird.

(2) Eine nach einer gemeinsamen Vergütungsregel (§ 36) ermittelte Vergütung ist angemessen. Im Übrigen ist die Vergütung angemessen, wenn sie im Zeitpunkt des Vertragsschlusses dem entspricht, was im Geschäftsverkehr nach Art und Umfang der eingeräumten Nutzungsmöglichkeit, insbesondere nach Dauer und Zeitpunkt der Nutzung, unter Berücksichtigung aller Umstände üblicher- und redlicherweise zu leisten ist.

(3) Auf eine Vereinbarung, die zum Nachteil des Urhebers von den Absätzen 1 und 2 abweicht, kann der Vertragspartner sich nicht berufen. Die in Satz 1 bezeichneten Vorschriften finden auch Anwendung, wenn sie durch anderweitige Gestaltungen umgangen werden. Der Urheber kann aber unentgeltlich ein einfaches Nutzungsrecht für jedermann einräumen.

(4) Der Urheber hat keinen Anspruch nach Absatz 1 Satz 3, soweit die Vergütung für die Nutzung seiner Werke tarifvertraglich bestimmt ist.

§ 32a Weitere Beteiligung des Urhebers

(1) Hat der Urheber einem anderen ein Nutzungsrecht zu Bedingungen eingeräumt, die dazu führen, dass die vereinbarte Gegenleistung unter Berücksichtigung der gesamten Beziehungen des Urhebers zu dem anderen in einem auffälligen Missverhältnis zu den Erträgen und Vorteilen aus der Nutzung des Werkes steht, so ist der andere auf Verlangen des Urhebers verpflichtet, in eine Änderung des Vertrages einzuwilligen, durch die dem Urheber eine den Umständen nach weitere angemessene Beteiligung gewährt wird. Ob die Vertragspartner die Höhe der erzielten Erträge oder Vorteile vorhergesehen haben oder hätten vorhersehen können, ist unerheblich.

(2) Hat der andere das Nutzungsrecht übertragen oder weitere Nutzungsrechte eingeräumt und ergibt sich das auffällige Missverhältnis aus den Erträgnissen oder Vorteilen eines Dritten, so haftet dieser dem Urheber unmittelbar nach Maßgabe des Absatzes 1 unter Berücksichtigung der vertraglichen Beziehungen in der Lizenzkette. Die Haftung des anderen entfällt.

(3) Auf die Ansprüche nach den Absätzen 1 und 2 kann im Voraus nicht verzichtet werden. Die Anwartschaft hierauf unterliegt nicht der Zwangsvollstreckung; eine Verfügung über die Anwartschaft ist unwirksam. Der Urheber kann aber unentgeltlich ein einfaches Nutzungsrecht für jedermann einräumen.

(4) Der Urheber hat keinen Anspruch nach Absatz 1, soweit die Vergütung nach einer gemeinsamen Vergütungsregel (§ 36) oder tarifvertraglich bestimmt worden ist und ausdrücklich eine weitere angemessene Beteiligung für den Fall des Absatzes 1 vorsieht.

§ 32b Zwingende Anwendung

Die §§ 32 und 32a finden zwingend Anwendung

1. wenn auf den Nutzungsvertrag mangels einer Rechtswahl deutsches Recht anzuwenden wäre oder

2. soweit Gegenstand des Vertrages maßgebliche Nutzungshandlungen im räumlichen Geltungsbereich dieses Gesetzes sind.

§ 32c Vergütung für später bekannte Nutzungsarten

(1) Der Urheber hat Anspruch auf eine gesonderte angemessene Vergütung, wenn der Vertragspartner eine neue Art der Werknutzung nach § 31a aufnimmt, die im Zeitpunkt des Vertragsschlusses vereinbart, aber noch unbekannt war. § 32 Abs. 2 und 4 gilt entsprechend. Der Vertragspartner hat den Urheber über die Aufnahme der neuen Art der Werknutzung unverzüglich zu unterrichten.

(2) Hat der Vertragspartner das Nutzungsrecht einem Dritten übertragen, haftet der Dritte mit der Aufnahme der neuen Art der Werknutzung für die Vergütung nach Absatz 1. Die Haftung des Vertragspartners entfällt.

(3) Auf die Rechte nach den Absätzen 1 und 2 kann im Voraus nicht verzichtet werden. Der Urheber kann aber unentgeltlich ein einfaches Nutzungsrecht für jedermann einräumen.

§ 33 Weiterwirkung von Nutzungsrechten

Ausschließliche und einfache Nutzungsrechte bleiben gegenüber später eingeräumten Nutzungsrechten wirksam. Gleiches gilt, wenn der Inhaber des Rechts, der das Nutzungsrecht eingeräumt hat, wechselt oder wenn er auf sein Recht verzichtet.

§ 34 Übertragung von Nutzungsrechten

(1) Ein Nutzungsrecht kann nur mit Zustimmung des Urhebers übertragen werden. Der Urheber darf die Zustimmung nicht wider Treu und Glauben verweigern.

(2) Werden mit dem Nutzungsrecht an einem Sammelwerk (§ 4) Nutzungsrechte an den in das Sammelwerk aufgenommenen einzelnen Werken übertragen, so genügt die Zustimmung des Urhebers des Sammelwerkes.

(3) Ein Nutzungsrecht kann ohne Zustimmung des Urhebers übertragen werden, wenn die Übertragung im Rahmen der Gesamtveräußerung eines Unternehmens oder der Veräußerung von Teilen eines Unternehmens geschieht. Der Urheber kann das Nutzungsrecht zurückrufen, wenn ihm die Ausübung des Nutzungsrechts durch

den Erwerber nach Treu und Glauben nicht zuzumuten ist. Satz 2 findet auch dann Anwendung, wenn sich die Beteiligungsverhältnisse am Unternehmen des Inhabers des Nutzungsrechts wesentlich ändern.

(4) Der Erwerber des Nutzungsrechts haftet gesamtschuldnerisch für die Erfüllung der sich aus dem Vertrag mit dem Urheber ergebenden Verpflichtungen des Veräußerers, wenn der Urheber der Übertragung des Nutzungsrechts nicht im Einzelfall ausdrücklich zugestimmt hat.

(5) Der Urheber kann auf das Rückrufsrecht und die Haftung des Erwerbers im Voraus nicht verzichten. Im Übrigen können der Inhaber des Nutzungsrechts und der Urheber Abweichendes vereinbaren.

§ 35 Einräumung weiterer Nutzungsrechte

(1) Der Inhaber eines ausschließlichen Nutzungsrechts kann weitere Nutzungsrechte nur mit Zustimmung des Urhebers einräumen. Der Zustimmung bedarf es nicht, wenn das ausschließliche Nutzungsrecht nur zur Wahrnehmung der Belange des Urhebers eingeräumt ist.

(2) Die Bestimmungen in § 34 Abs. 1 Satz 2, Abs. 2 und Absatz 5 Satz 2 sind entsprechend anzuwenden.

§ 36 Gemeinsame Vergütungsregeln

(1) Zur Bestimmung der Angemessenheit von Vergütungen nach § 32 stellen Vereinigungen von Urhebern mit Vereinigungen von Werknutzern oder einzelnen Werknutzern gemeinsame Vergütungsregeln auf. Die gemeinsamen Vergütungsregeln sollen die Umstände des jeweiligen Regelungsbereichs berücksichtigen, insbesondere die Struktur und Größe der Verwerter. In

Tarifverträgen enthaltene Regelungen gehen gemeinsamen Vergütungsregeln vor.

(2) Vereinigungen nach Absatz 1 müssen repräsentativ, unabhängig und zur Aufstellung gemeinsamer Vergütungsregeln ermächtigt sein.

(3) Ein Verfahren zur Aufstellung gemeinsamer Vergütungsregeln vor der Schlichtungsstelle (§ 36a) findet statt, wenn die Parteien dies vereinbaren. Das Verfahren findet auf schriftliches Verlangen einer Partei statt, wenn

1. die andere Partei nicht binnen drei Monaten, nachdem eine Partei schriftlich die Aufnahme von Verhandlungen verlangt hat, Verhandlungen über gemeinsame Vergütungsregeln beginnt,

2. Verhandlungen über gemeinsame Vergütungsregeln ein Jahr, nachdem schriftlich ihre Aufnahme verlangt worden ist, ohne Ergebnis bleiben oder

3. eine Partei die Verhandlungen endgültig für gescheitert erklärt hat.

(4) Die Schlichtungsstelle hat den Parteien einen begründeten Einigungsvorschlag zu machen, der den Inhalt der gemeinsamen Vergütungsregeln enthält. Er gilt als angenommen, wenn ihm nicht innerhalb von drei Monaten nach Empfang des Vorschlages schriftlich widersprochen wird.

§ 97 Anspruch auf Unterlassung und Schadensersatz

(1) Wer das Urheberrecht oder ein anderes nach diesem Gesetz geschütztes Recht widerrechtlich verletzt, kann von dem Verletzten auf Beseitigung der Beeinträchtigung, bei Wiederholungsgefahr auf Unterlassung in Anspruch genommen werden. Der Anspruch auf Unterlassung besteht auch dann, wenn eine Zuwiderhandlung erstmalig droht.

(2) Wer die Handlung vorsätzlich oder fahrlässig vornimmt, ist dem Verletzten zum Ersatz des daraus entstehenden Schadens verpflichtet. Bei der Bemessung des Schadensersatzes kann auch der Gewinn, den der Verletzer durch die Verletzung des Rechts erzielt hat, berücksichtigt werden. Der Schadensersatzanspruch kann auch auf der Grundlage des Betrages berechnet werden, den der Verletzer als angemessene Vergütung hätte entrichten müssen, wenn er die Erlaubnis zur Nutzung des verletzten Rechts eingeholt hätte. Urheber, Verfasser wissenschaftlicher Ausgaben (§ 70), Lichtbildner (§ 72) und ausübende Künst-

ler (§ 73) können auch wegen des Schadens, der nicht Vermögensschaden ist, eine Entschädigung in Geld verlangen, wenn und soweit dies der Billigkeit entspricht.

§ 97a Abmahnung

(1) Der Verletzte soll den Verletzer vor Einleitung eines gerichtlichen Verfahrens auf Unterlassung abmahnen und ihm Gelegenheit geben, den Streit durch Abgabe einer mit einer angemessenen Vertragsstrafe bewehrten Unterlassungsverpflichtung beizulegen. Soweit die Abmahnung berechtigt ist, kann der Ersatz der erforderlichen Aufwendungen verlangt werden.

(2) Der Ersatz der erforderlichen Aufwendungen für die Inanspruchnahme anwaltlicher Dienstleistungen für die erstmalige Abmahnung beschränkt sich in einfach gelagerten Fällen mit einer nur unerheblichen Rechtsverletzung außerhalb des geschäftlichen Verkehrs auf 100 Euro.

§ 98 Anspruch auf Vernichtung, Rückruf und Überlassung

(1) Wer das Urheberrecht oder ein anderes nach diesem Gesetz geschütztes Recht widerrechtlich verletzt, kann von dem Verletzten auf Vernichtung der im Besitz oder Eigentum des Verletzers befindlichen rechtswidrig hergestellten, verbreiteten oder zur rechtswidrigen Verbreitung bestimmten Vervielfältigungsstücke in Anspruch genommen werden. Satz 1 ist entsprechend auf die im Eigentum des Verletzers stehenden Vorrichtungen anzuwenden, die vorwiegend zur Herstellung dieser Vervielfältigungsstücke gedient haben.

(2) Wer das Urheberrecht oder ein anderes nach diesem Gesetz geschütztes Recht widerrechtlich verletzt, kann von dem Verletzten auf Rückruf von rechtswidrig hergestellten, verbreiteten oder zur rechtswidrigen Verbreitung bestimmten Vervielfältigungsstücken oder auf deren endgültiges Entfernen aus den Vertriebswegen in Anspruch genommen werden.

(3) Statt der in Absatz 1 vorgesehenen Maßnahmen kann der Verletzte verlangen, dass ihm die Vervielfältigungsstücke, die im Eigentum des Verletzers stehen, gegen eine angemessene Vergütung, welche die Herstellungskosten nicht übersteigen darf, überlassen werden.

(4) Die Ansprüche nach den Absätzen 1 bis 3 sind ausgeschlossen, wenn die Maßnahme im Einzelfall unverhältnismäßig

ist. Bei der Prüfung der Verhältnismäßigkeit sind auch die berechtigten Interessen Dritter zu berücksichtigen.

(5) Bauwerke sowie ausscheidbare Teile von Vervielfältigungsstücken und Vorrichtungen, deren Herstellung und Verbreitung nicht rechtswidrig ist, unterliegen nicht den in den Absätzen 1 bis 3 vorgesehenen Maßnahmen.

§ 99 Haftung des Inhabers eines Unternehmens

Ist in einem Unternehmen von einem Arbeitnehmer oder Beauftragten ein nach diesem Gesetz geschütztes Recht widerrechtlich verletzt worden, hat der Verletzte die Ansprüche aus § 97 Abs. 1 und § 98 auch gegen den Inhaber des Unternehmens.

§ 100 Entschädigung

Handelt der Verletzer weder vorsätzlich noch fahrlässig, kann er zur Abwendung der Ansprüche nach den §§ 97 und 98 den Verletzten in Geld entschädigen, wenn ihm durch die Erfüllung der Ansprüche ein unverhältnismäßig großer Schaden entstehen würde und dem Verletzten die Abfindung in Geld zuzumuten ist. Als Entschädigung ist der Betrag zu zahlen, der im Fall einer vertraglichen Einräumung des Rechts als Vergütung angemessen wäre. Mit der Zahlung der Entschädigung gilt die Einwilligung des Verletzten zur Verwertung im üblichen Umfang als erteilt.

§ 101 Anspruch auf Auskunft

(1) Wer in gewerblichem Ausmaß das Urheberrecht oder ein anderes nach diesem Gesetz geschütztes Recht widerrechtlich verletzt, kann von dem Verletzten auf unverzügliche Auskunft über die Herkunft und den Vertriebsweg der rechtsverletzenden Vervielfältigungsstücke oder sonstigen Erzeugnisse in Anspruch genommen werden. Das gewerbliche Ausmaß kann sich sowohl aus der Anzahl der Rechtsverletzungen als auch aus der Schwere der Rechtsverletzung ergeben.

(2) In Fällen offensichtlicher Rechtsverletzung oder in Fällen, in denen der Verletzte gegen den Verletzer Klage erhoben hat, besteht der Anspruch unbeschadet von Absatz 1 auch gegen eine Person, die in gewerblichem Ausmaß

1. rechtsverletzende Vervielfältigungsstücke in ihrem Besitz hatte,

2. rechtsverletzende Dienstleistungen in Anspruch nahm,

3. für rechtsverletzende Tätigkeiten genutzte Dienstleistungen erbrachte oder

4. nach den Angaben einer in Nummer 1, 2 oder Nummer 3 genannten Person an der Herstellung, Erzeugung oder am Vertrieb solcher Vervielfältigungsstücke, sonstigen Erzeugnisse oder Dienstleistungen beteiligt war, es sei denn, die Person wäre nach den §§ 383 bis 385 der Zivilprozessordnung im Prozess gegen den Verletzer zur Zeugnisverweigerung berechtigt. Im Fall der gerichtlichen Geltendmachung des Anspruchs nach Satz 1 kann das Gericht den gegen den Verletzer anhängigen Rechtsstreit auf Antrag bis zur Erledigung des wegen des Auskunftsanspruchs geführten Rechtsstreits aussetzen. Der zur Auskunft Verpflichtete kann von dem Verletzten den Ersatz der für die Auskunftserteilung erforderlichen Aufwendungen verlangen.

(3) Der zur Auskunft Verpflichtete hat Angaben zu machen über

1. Namen und Anschrift der Hersteller, Lieferanten und anderer Vorbesitzer der Vervielfältigungsstücke oder sonstigen Erzeugnisse, der Nutzer der Dienstleistungen sowie der gewerblichen Abnehmer und Verkaufsstellen, für die sie bestimmt waren, und

2. die Menge der hergestellten, ausgelieferten, erhaltenen oder bestellten Vervielfältigungsstücke oder sonstigen Erzeugnisse sowie über die Preise, die für die betreffenden Vervielfältigungsstücke oder sonstigen Erzeugnisse bezahlt wurden.

(4) Die Ansprüche nach den Absätzen 1 und 2 sind ausgeschlossen, wenn die Inanspruchnahme im Einzelfall unverhältnismäßig ist.

(5) Erteilt der zur Auskunft Verpflichtete die Auskunft vorsätzlich oder grob fahrlässig falsch oder unvollständig, so ist er dem Verletzten zum Ersatz des daraus entstehenden Schadens verpflichtet.

(6) Wer eine wahre Auskunft erteilt hat, ohne dazu nach Absatz 1 oder Absatz 2 verpflichtet gewesen zu sein, haftet Dritten gegenüber nur, wenn er wusste, dass er zur Auskunftserteilung nicht verpflichtet war.

(7) In Fällen offensichtlicher Rechtsverletzung kann die Verpflichtung zur Erteilung der Auskunft im Wege der einstweiligen

Verfügung nach den §§ 935 bis 945 der Zivilprozessordnung angeordnet werden.

(8) Die Erkenntnisse dürfen in einem Strafverfahren oder in einem Verfahren nach dem Gesetz über Ordnungswidrigkeiten wegen einer vor der Erteilung der Auskunft begangenen Tat gegen den Verpflichteten oder gegen einen in § 52 Abs. 1 der Strafprozessordnung bezeichneten Angehörigen nur mit Zustimmung des Verpflichteten verwertet werden.

(9) Kann die Auskunft nur unter Verwendung von Verkehrsdaten (§ 3 Nr. 30 des Telekommunikationsgesetzes) erteilt werden, ist für ihre Erteilung eine vorherige richterliche Anordnung über die Zulässigkeit der Verwendung der Verkehrsdaten erforderlich, die von dem Verletzten zu beantragen ist. Für den Erlass dieser Anordnung ist das Landgericht, in dessen Bezirk der zur Auskunft Verpflichtete seinen Wohnsitz, seinen Sitz oder eine Niederlassung hat, ohne Rücksicht auf den Streitwert ausschließlich zuständig. Die Entscheidung trifft die Zivilkammer. Für das Verfahren gelten die Vorschriften des Gesetzes über das Verfahren in Familiensachen und in den Angelegenheiten der freiwilligen Gerichtsbarkeit entsprechend. Die Kosten der richterlichen Anordnung trägt der Verletzte. Gegen die Entscheidung des Landgerichts ist die Beschwerde statthaft. Die Beschwerde ist binnen einer Frist von zwei Wochen einzulegen. Die Vorschriften zum Schutz personenbezogener Daten bleiben im Übrigen unberührt.

(10) Durch Absatz 2 in Verbindung mit Absatz 9 wird das Grundrecht des Fernmeldegeheimnisses (Artikel 10 des Grundgesetzes) eingeschränkt.

§ 101a Anspruch auf Vorlage und Besichtigung

(1) Wer mit hinreichender Wahrscheinlichkeit das Urheberrecht oder ein anderes nach diesem Gesetz geschütztes Recht widerrechtlich verletzt, kann von dem Verletzten auf Vorlage einer Urkunde oder Besichtigung einer Sache in Anspruch genommen werden, die sich in seiner Verfügungsgewalt befindet, wenn dies zur Begründung von dessen Ansprüchen erforderlich ist. Besteht die hinreichende Wahrscheinlichkeit einer in gewerblichem Ausmaß begangenen Rechtsverletzung, erstreckt sich der Anspruch auch auf die Vorlage von Bank-, Finanzoder Handelsunterlagen. Soweit der vermeintliche Verletzer geltend macht, dass es sich um vertrauliche Informationen handelt, trifft das Gericht die erforderlichen Maßnahmen, um den im Einzelfall gebotenen Schutz zu gewährleisten.

(2) Der Anspruch nach Absatz 1 ist ausgeschlossen, wenn die Inanspruchnahme im Einzelfall unverhältnismäßig ist.

(3) Die Verpflichtung zur Vorlage einer Urkunde oder zur Duldung der Besichtigung einer Sache kann im Wege der einstweiligen Verfügung nach den §§ 935 bis 945 der Zivilprozessordnung angeordnet werden. Das Gericht trifft die erforderlichen Maßnahmen, um den Schutz vertraulicher Informationen zu gewährleisten. Dies gilt insbesondere in den Fällen, in denen die einstweilige Verfügung ohne vorherige Anhörung des Gegners erlassen wird.

(4) § 811 des Bürgerlichen Gesetzbuchs sowie § 101 Abs. 8 gelten entsprechend.

(5) Wenn keine Verletzung vorlag oder drohte, kann der vermeintliche Verletzer von demjenigen, der die Vorlage oder Besichtigung nach Absatz 1 begehrt hat, den Ersatz des ihm durch das Begehren entstandenen Schadens verlangen.

§ 101b Sicherung von Schadensersatzansprüchen

(1) Der Verletzte kann den Verletzer bei einer in gewerblichem Ausmaß begangenen Rechtsverletzung in den Fällen des § 97 Abs. 2 auch auf Vorlage von Bank-, Finanz- oder Handelsunterlagen oder einen geeigneten Zugang zu den entsprechenden Unterlagen in Anspruch nehmen, die sich in der Verfügungsgewalt des Verletzers befinden und die für die Durchsetzung des Schadensersatzanspruchs erforderlich sind, wenn ohne die Vorlage die Erfüllung des Schadensersatzanspruchs fraglich ist. Soweit der Verletzer geltend macht, dass es sich um vertrauliche Informationen handelt, trifft das Gericht die erforderlichen Maßnahmen, um den im Einzelfall gebotenen Schutz zu gewährleisten.

(2) Der Anspruch nach Absatz 1 ist ausgeschlossen, wenn die Inanspruchnahme im Einzelfall unverhältnismäßig ist.

(3) Die Verpflichtung zur Vorlage der in Absatz 1 bezeichneten Urkunden kann im Wege der einstweiligen Verfügung nach den §§ 935 bis 945 der Zivilprozessordnung angeordnet werden, wenn der Schadensersatzanspruch offensichtlich besteht. Das Gericht trifft die erforderlichen Maßnahmen, um den Schutz

vertraulicher Informationen zu gewährleisten. Dies gilt insbesondere in den Fällen, in denen die einstweilige Verfügung ohne vorherige Anhörung des Gegners erlassen wird.

(4) § 811 des Bürgerlichen Gesetzbuchs sowie § 101 Abs. 8 gelten entsprechend.

§ 102 Verjährung

Auf die Verjährung der Ansprüche wegen Verletzung des Urheberrechts oder eines anderen nach diesem Gesetz geschützten Rechts finden die Vorschriften des Abschnitts 5 des Buches 1 des Bürgerlichen Gesetzbuchs entsprechende Anwendung. Hat der Verpflichtete durch die Verletzung auf Kosten des Berechtigten etwas erlangt, findet § 852 des Bürgerlichen Gesetzbuchs entsprechende Anwendung. § 102a Ansprüche aus anderen gesetzlichen Vorschriften Ansprüche aus anderen gesetzlichen Vorschriften bleiben unberührt.

§ 103 Bekanntmachung des Urteils

Ist eine Klage auf Grund dieses Gesetzes erhoben worden, so kann der obsiegenden Partei im Urteil die Befugnis zugesprochen werden, das Urteil auf Kosten der unterliegenden Partei öffentlich bekannt zu machen, wenn sie ein berechtigtes Interesse darlegt. Art und Umfang der Bekanntmachung werden im Urteil bestimmt. Die Befugnis erlischt, wenn von ihr nicht innerhalb von drei Monaten nach Eintritt der Rechtskraft des Urteils Gebrauch gemacht wird. Das Urteil darf erst nach Rechtskraft bekannt gemacht werden, wenn nicht das Gericht etwas anderes bestimmt.

§ 104 Rechtsweg

Für alle Rechtsstreitigkeiten, durch die ein Anspruch aus einem der in diesem Gesetz geregelten Rechtsverhältnisse geltend gemacht wird, (Urheberrechtsstreitsachen) ist der ordentliche Rechtsweg gegeben. Für Urheberrechtsstreitsachen aus Arbeits- oder Dienstverhältnissen, die ausschließlich Ansprüche auf Leistung einer vereinbarten Vergütung zum Gegenstand haben, bleiben der Rechtsweg zu den Gerichten für Arbeitssachen und der Verwaltungsrechtsweg unberührt.

§ 105 Gerichte für Urheberrechtsstreitsachen

(1) Die Landesregierungen werden ermächtigt, durch Rechtsverordnung Urheberrechtsstreitsachen, für die das Landgericht in erster Instanz oder in der Berufungsinstanz zuständig ist, für die Bezirke mehrerer Landgerichte einem von ihnen zuzuweisen, wenn dies der Rechtspflege dienlich ist.

(2) Die Landesregierungen werden ferner ermächtigt, durch Rechtsverordnung die zur Zuständigkeit der Amtsgerichte gehörenden Urheberrechtsstreitsachen für die Bezirke mehrerer Amtsgerichte einem von ihnen zuzuweisen, wenn dies der Rechtspflege dienlich ist.

(3) Die Landesregierungen können die Ermächtigungen nach den Absätzen 1 und 2 auf die Landesjustizverwaltungen übertragen.

(4) u. **(5)** (weggefallen)

[43] Gesetz über den Schutz von Marken und sonstigen Kennzeichen (Markengesetz – MarkenG)

In der Fassung vom 25. Oktober 1994 (BGBl. I S. 3082; 1995 I S. 156; 1996 I S. 682), das zuletzt durch Artikel 15 des Gesetzes vom 24. November 2011 (BGBl. I S. 2302) geändert worden ist.
– Auszug –

§ 1 Geschützte Marken und sonstige Kennzeichen

Nach diesem Gesetz werden geschützt:

1. Marken,
2. geschäftliche Bezeichnungen,
3. geographische Herkunftsangaben.

§ 2 Anwendung anderer Vorschriften

Der Schutz von Marken, geschäftlichen Bezeichnungen und geographischen Herkunftsangaben nach diesem Gesetz schließt die Anwendung anderer Vorschriften zum Schutz dieser Kennzeichen nicht aus.

§ 3 Als Marke schutzfähige Zeichen

(1) Als Marke können alle Zeichen, insbesondere Wörter einschließlich Personennamen, Abbildungen, Buchstaben, Zahlen, Hörzeichen, dreidimensionale Gestaltungen einschließlich der Form einer Ware oder ihrer Verpackung sowie sonstige Aufmachungen einschließlich Farben und Farbzusammenstellungen geschützt werden, die geeignet sind, Waren oder Dienstleistungen eines Unternehmens von denjenigen anderer Unternehmen zu unterscheiden.

(2) Dem Schutz als Marke nicht zugänglich sind Zeichen, die ausschließlich aus einer Form bestehen,

1. die durch die Art der Ware selbst bedingt ist,
2. die zur Erreichung einer technischen Wirkung erforderlich ist oder
3. die der Ware einen wesentlichen Wert verleiht.

§ 4 Entstehung des Markenschutzes

Der Markenschutz entsteht

1. durch die Eintragung eines Zeichens als Marke in das vom Patentamt geführte Register,

2. durch die Benutzung eines Zeichens im geschäftlichen Verkehr, soweit das Zeichen innerhalb beteiligter Verkehrskreise als Marke Verkehrsgeltung erworben hat, oder

3. durch die im Sinne des Artikels 6bis der Pariser Verbandsübereinkunft zum Schutz des gewerblichen Eigentums (Pariser Verbandsübereinkunft) notorische Bekanntheit einer Marke.

§ 5 Geschäftliche Bezeichnungen

(1) Als geschäftliche Bezeichnungen werden Unternehmenskennzeichen und Werktitel geschützt.

(2) Unternehmenskennzeichen sind Zeichen, die im geschäftlichen Verkehr als Name, als Firma oder als besondere Bezeichnung eines Geschäftsbetriebs oder eines Unternehmens benutzt werden. Der besonderen Bezeichnung eines Geschäftsbetriebs stehen solche Geschäftsabzeichen und sonstige zur Unterscheidung des Geschäftsbetriebs von anderen Geschäftsbetrieben bestimmte Zeichen gleich, die innerhalb beteiligter Verkehrskreise als Kennzeichen des Geschäftsbetriebs gelten.

(3) Werktitel sind die Namen oder besonderen Bezeichnungen von Druckschriften, Filmwerken, Tonwerken, Bühnenwerken oder sonstigen vergleichbaren Werken.

§ 6 Vorrang und Zeitrang

(1) Ist im Falle des Zusammentreffens von Rechten im Sinne der §§ 4, 5 und 13 nach diesem Gesetz für die Bestimmung des Vorrangs der Rechte ihr Zeitrang maßgeblich, wird der Zeitrang nach den Absätzen 2 und 3 bestimmt.

(2) Für die Bestimmung des Zeitrangs von angemeldeten oder eingetragenen Marken ist der Anmeldetag (§ 33 Abs. 1) oder, falls eine Priorität nach § 34 oder nach § 35 in Anspruch genommen wird, der Prioritätstag maßgeblich.

(3) Für die Bestimmung des Zeitrangs von Rechten im Sinne des § 4 Nr. 2 und 3 und der §§ 5 und 13 ist der Zeitpunkt maßgeblich, zu dem das Recht erworben wurde.

(4) Kommt Rechten nach den Absätzen 2 und 3 derselbe Tag als ihr Zeitrang zu, so sind die Rechte gleichrangig und begründen gegeneinander keine Ansprüche.

§ 7 Inhaberschaft

Inhaber von eingetragenen und angemeldeten Marken können sein:

1. natürliche Personen,
2. juristische Personen oder
3. Personengesellschaften, sofern sie mit der Fähigkeit ausgestattet sind, Rechte zu erwerben und Verbindlichkeiten einzugehen.

§ 8 Absolute Schutzhindernisse

(1) Von der Eintragung sind als Marke schutzfähige Zeichen im Sinne des § 3 ausgeschlossen, die sich nicht graphisch darstellen lassen.

(2) Von der Eintragung ausgeschlossen sind Marken,

1. denen für die Waren oder Dienstleistungen jegliche Unterscheidungskraft fehlt,
2. die ausschließlich aus Zeichen oder Angaben bestehen, die im Verkehr zur Bezeichnung der Art, der Beschaffenheit, der Menge, der Bestimmung, des Wertes, der geographischen Herkunft, der Zeit der Herstellung der Waren oder der Erbringung der Dienstleistungen oder zur Bezeichnung sonstiger Merkmale der Waren oder Dienstleistungen dienen können,
3. die ausschließlich aus Zeichen oder Angaben bestehen, die im allgemeinen Sprachgebrauch oder in den redlichen und ständigen Verkehrsgepflogenheiten zur Bezeichnung der Waren oder Dienstleistungen üblich geworden sind,
4. die geeignet sind, das Publikum insbesondere über die Art, die Beschaffenheit oder die geographische Herkunft der Waren oder Dienstleistungen zu täuschen,
5. die gegen die öffentliche Ordnung oder die gegen die guten Sitten verstoßen,
6. die Staatswappen, Staatsflaggen oder andere staatliche Hoheitszeichen oder Wappen eines inländischen Ortes oder eines inländischen Gemeinde- oder weiteren Kommunalverbandes enthalten,
7. die amtliche Prüf- oder Gewährzeichen enthalten, die nach einer Bekanntmachung des Bundesministeriums der Justiz im Bundesgesetzblatt von der Eintragung als Marke ausgeschlossen sind,

8. die Wappen, Flaggen oder andere Kennzeichen, Siegel oder Bezeichnungen internationaler zwischenstaatlicher Organisationen enthalten, die nach einer Bekanntmachung des Bundesministeriums der Justiz im Bundesgesetzblatt von der Eintragung als Marke ausgeschlossen sind,

9. deren Benutzung ersichtlich nach sonstigen Vorschriften im öffentlichen Interesse untersagt werden kann,

oder

10. die bösgläubig angemeldet worden sind.

(3) Absatz 2 Nr. 1, 2 und 3 findet keine Anwendung, wenn die Marke sich vor dem Zeitpunkt der Entscheidung über die Eintragung infolge ihrer Benutzung für die Waren oder Dienstleistungen, für die sie angemeldet worden ist, in den beteiligten Verkehrskreisen durchgesetzt hat.

(4) Absatz 2 Nr. 6, 7 und 8 ist auch anzuwenden, wenn die Marke die Nachahmung eines dort aufgeführten Zeichens enthält. Absatz 2 Nr. 6, 7 und 8 ist nicht anzuwenden, wenn der Anmelder befugt ist, in der Marke eines der dort aufgeführten Zeichen zu führen, selbst wenn es mit einem anderen der dort aufgeführten Zeichen verwechselt werden kann. Absatz 2 Nr. 7 ist ferner nicht anzuwenden, wenn die Waren oder Dienstleistungen, für die die Marke angemeldet worden ist, mit denen, für die das Prüf- oder Gewährzeichen eingeführt ist, weder identisch noch diesen ähnlich sind. Absatz 2 Nr. 8 ist ferner nicht anzuwenden, wenn die angemeldete Marke nicht geeignet ist, beim Publikum den unzutreffenden Eindruck einer Verbindung mit der internationalen zwischenstaatlichen Organisation hervorzurufen.

§ 14 Ausschließliches Recht des Inhabers einer Marke, Unterlassungsanspruch, Schadensersatzanspruch

(1) Der Erwerb des Markenschutzes nach § 4 gewährt dem Inhaber der Marke ein ausschließliches Recht.

(2) Dritten ist es untersagt, ohne Zustimmung des Inhabers der Marke im geschäftlichen Verkehr

1. ein mit der Marke identisches Zeichen für Waren oder Dienstleistungen zu benutzen, die mit denjenigen identisch sind, für die sie Schutz genießt,

2. ein Zeichen zu benutzen, wenn wegen der Identität oder Ähnlichkeit des Zeichens mit der Marke und der Identität oder

Ähnlichkeit der durch die Marke und das Zeichen erfaßten Waren oder Dienstleistungen für das Publikum die Gefahr von Verwechslungen besteht, einschließlich der Gefahr, daß das Zeichen mit der Marke gedanklich in Verbindung gebracht wird, oder

3. ein mit der Marke identisches Zeichen oder ein ähnliches Zeichen für Waren oder Dienstleistungen zu benutzen, die nicht denen ähnlich sind, für die die Marke Schutz genießt, wenn es sich bei der Marke um eine im Inland bekannte Marke handelt und die Benutzung des Zeichens die Unterscheidungskraft oder die Wertschätzung der bekannten Marke ohne rechtfertigenden Grund in unlauterer Weise ausnutzt oder beeinträchtigt.

(3) Sind die Voraussetzungen des Absatzes 2 erfüllt, so ist es insbesondere untersagt,

1. das Zeichen auf Waren oder ihrer Aufmachung oder Verpackung anzubringen,

2. unter dem Zeichen Waren anzubieten, in den Verkehr zu bringen oder zu den genannten Zwecken zu besitzen,

3. unter dem Zeichen Dienstleistungen anzubieten oder zu erbringen,

4. unter dem Zeichen Waren einzuführen oder auszuführen,

5. das Zeichen in Geschäftspapieren oder in der Werbung zu benutzen.

(4) Dritten ist es ferner untersagt, ohne Zustimmung des Inhabers der Marke im geschäftlichen Verkehr

1. ein mit der Marke identisches Zeichen oder ein ähnliches Zeichen auf Aufmachungen oder Verpackungen oder auf Kennzeichnungsmitteln wie Etiketten, Anhängern, Aufnähern oder dergleichen anzubringen,

2. Aufmachungen, Verpackungen oder Kennzeichnungsmittel, die mit einem mit der Marke identischen Zeichen oder einem ähnlichen Zeichen versehen sind, anzubieten, in den Verkehr zu bringen oder zu den genannten Zwecken zu besitzen oder

3. Aufmachungen, Verpackungen oder Kennzeichnungsmittel, die mit einem mit der Marke identischen Zeichen oder einem ähnlichen Zeichen versehen sind, einzuführen oder auszuführen, wenn die Gefahr besteht, daß die Aufmachungen oder Verpackungen zur Aufmachung oder Verpackung oder die Kennzeichnungsmittel zur Kennzeichnung von Waren oder

Dienstleistungen benutzt werden, hinsichtlich deren Dritten die Benutzung des Zeichens nach den Absätzen 2 und 3 untersagt wäre.

(5) Wer ein Zeichen entgegen den Absätzen 2 bis 4 benutzt, kann von dem Inhaber der Marke bei Wiederholungsgefahr auf Unterlassung in Anspruch genommen werden. Der Anspruch besteht auch dann, wenn eine Zuwiderhandlung erstmalig droht.

(6) Wer die Verletzungshandlung vorsätzlich oder fahrlässig begeht, ist dem Inhaber der Marke zum Ersatz des durch die Verletzungshandlung entstandenen Schadens verpflichtet. Bei der Bemessung des Schadensersatzes kann auch der Gewinn, den der Verletzer durch die Verletzung des Rechts erzielt hat, berücksichtigt werden. Der Schadensersatzanspruch kann auch auf der Grundlage des Betrages berechnet werden, den der Verletzer als angemessene Vergütung hätte entrichten müssen, wenn er die Erlaubnis zur Nutzung der Marke eingeholt hätte.

(7) Wird die Verletzungshandlung in einem geschäftlichen Betrieb von einem Angestellten oder Beauftragten begangen, so kann der Unterlassungsanspruch und, soweit der Angestellte oder Beauftragte vorsätzlich oder fahrlässig gehandelt hat, der Schadensersatzanspruch auch gegen den Inhaber des Betriebs geltend gemacht werden.

§ 15 Ausschließliches Recht des Inhabers einer geschäftlichen Bezeichnung, Unterlassungsanspruch, Schadensersatzanspruch

(1) Der Erwerb des Schutzes einer geschäftlichen Bezeichnung gewährt ihrem Inhaber ein ausschließliches Recht.

(2) Dritten ist es untersagt, die geschäftliche Bezeichnung oder ein ähnliches Zeichen im geschäftlichen Verkehr unbefugt in einer Weise zu benutzen, die geeignet ist, Verwechslungen mit der geschützten Bezeichnung hervorzurufen.

(3) Handelt es sich bei der geschäftlichen Bezeichnung um eine im Inland bekannte geschäftliche Bezeichnung, so ist es Dritten ferner untersagt, die geschäftliche Bezeichnung oder ein ähnliches Zeichen im geschäftlichen Verkehr zu benutzen, wenn keine Gefahr von Verwechslungen im Sinne des Absatzes 2 besteht, soweit die Benutzung des Zeichens die Unterscheidungskraft oder die Wertschätzung der geschäftlichen Bezeichnung

ohne rechtfertigenden Grund in unlauterer Weise ausnutzt oder beeinträchtigt.

(4) Wer eine geschäftliche Bezeichnung oder ein ähnliches Zeichen entgegen Absatz 2 oder Absatz 3 benutzt, kann von dem Inhaber der geschäftlichen Bezeichnung bei Wiederholungsgefahr auf Unterlassung in Anspruch genommen werden. Der Anspruch besteht auch dann, wenn eine Zuwiderhandlung droht.

(5) Wer die Verletzungshandlung vorsätzlich oder fahrlässig begeht, ist dem Inhaber der geschäftlichen Bezeichnung zum Ersatz des daraus entstandenen Schadens verpflichtet. § 14 Abs. 6 Satz 2 und 3 gilt entsprechend.

(6) § 14 Abs. 7 ist entsprechend anzuwenden.

§ 17 Ansprüche gegen Agenten oder Vertreter

(1) Ist eine Marke entgegen § 11 für den Agenten oder Vertreter des Inhabers der Marke ohne dessen Zustimmung angemeldet oder eingetragen worden, so ist der Inhaber der Marke berechtigt, von dem Agenten oder Vertreter die Übertragung des durch die Anmeldung oder Eintragung der Marke begründeten Rechts zu verlangen.

(2) Ist eine Marke entgegen § 11 für einen Agenten oder Vertreter des Inhabers der Marke eingetragen worden, so kann der Inhaber die Benutzung der Marke im Sinne des § 14 durch den Agenten oder Vertreter untersagen, wenn er der Benutzung nicht zugestimmt hat. Handelt der Agent oder Vertreter vorsätzlich oder fahrlässig, so ist er dem Inhaber der Marke zum Ersatz des durch die Verletzungshandlung entstandenen Schadens verpflichtet. § 14 Abs. 7 ist entsprechend anzuwenden.

§ 18 Vernichtungs- und Rückrufansprüche

(1) Der Inhaber einer Marke oder einer geschäftlichen Bezeichnung kann den Verletzer in den Fällen der §§ 14, 15 und 17 auf Vernichtung der im Besitz oder Eigentum des Verletzers befindlichen widerrechtlich gekennzeichneten Waren in Anspruch nehmen. Satz 1 ist entsprechend auf die im Eigentum des Verletzers stehenden Materialien und Geräte anzuwenden, die vorwiegend zur widerrechtlichen Kennzeichnung der Waren gedient haben.

(2) Der Inhaber einer Marke oder einer geschäftlichen Bezeichnung kann den Verletzer in den Fällen der §§ 14, 15 und 17

auf Rückruf von widerrechtlich gekennzeichneten Waren oder auf deren endgültiges Entfernen aus den Vertriebswegen in Anspruch nehmen.

(3) Die Ansprüche nach den Absätzen 1 und 2 sind ausgeschlossen, wenn die Inanspruchnahme im Einzelfall unverhältnismäßig ist. Bei der Prüfung der Verhältnismäßigkeit sind auch die berechtigten Interessen Dritter zu berücksichtigen.

§ 19 Auskunftsanspruch

(1) Der Inhaber einer Marke oder einer geschäftlichen Bezeichnung kann den Verletzer in den Fällen der §§ 14, 15 und 17 auf unverzügliche Auskunft über die Herkunft und den Vertriebsweg von widerrechtlich gekennzeichneten Waren oder Dienstleistungen in Anspruch nehmen.

(2) In Fällen offensichtlicher Rechtsverletzung oder in Fällen, in denen der Inhaber einer Marke oder einer geschäftlichen Bezeichnung gegen den Verletzer Klage erhoben hat, besteht der Anspruch unbeschadet von Absatz 1 auch gegen eine Person, die in gewerblichem Ausmaß

1. rechtsverletzende Ware in ihrem Besitz hatte,

2. rechtsverletzende Dienstleistungen in Anspruch nahm,

3. für rechtsverletzende Tätigkeiten genutzte Dienstleistungen erbrachte oder

4. nach den Angaben einer in Nummer 1, 2 oder Nummer 3 genannten Person an der Herstellung, Erzeugung oder am Vertrieb solcher Waren oder an der Erbringung solcher Dienstleistungen beteiligt war, es sei denn, die Person wäre nach den §§ 383 bis 385 der Zivilprozessordnung im Prozess gegen den Verletzer zur Zeugnisverweigerung berechtigt. Im Fall der gerichtlichen Geltendmachung des Anspruchs nach Satz 1 kann das Gericht den gegen den Verletzer anhängigen Rechtsstreit auf Antrag bis zur Erledigung des wegen des Auskunftsanspruchs geführten Rechtsstreits aussetzen. Der zur Auskunft Verpflichtete kann von dem Verletzten den Ersatz der für die Auskunftserteilung erforderlichen Aufwendungen verlangen.

(3) Der zur Auskunft Verpflichtete hat Angaben zu machen über

1. Namen und Anschrift der Hersteller, Lieferanten und anderer Vorbesitzer der Waren oder Dienstleistungen sowie der

gewerblichen Abnehmer und Verkaufsstellen, für die sie bestimmt waren, und

2. die Menge der hergestellten, ausgelieferten, erhaltenen oder bestellten Waren sowie über die Preise, die für die betreffenden Waren oder Dienstleistungen bezahlt wurden.

(4) Die Ansprüche nach den Absätzen 1 und 2 sind ausgeschlossen, wenn die Inanspruchnahme im Einzelfall unverhältnismäßig ist.

(5) Erteilt der zur Auskunft Verpflichtete die Auskunft vorsätzlich oder grob fahrlässig falsch oder unvollständig, ist er dem Inhaber einer Marke oder einer geschäftlichen Bezeichnung zum Ersatz des daraus entstehenden Schadens verpflichtet.

(6) Wer eine wahre Auskunft erteilt hat, ohne dazu nach Absatz 1 oder Absatz 2 verpflichtet gewesen zu sein, haftet Dritten gegenüber nur, wenn er wusste, dass er zur Auskunftserteilung nicht verpflichtet war.

(7) In Fällen offensichtlicher Rechtsverletzung kann die Verpflichtung zur Erteilung der Auskunft im Wege der einstweiligen Verfügung nach den §§ 935 bis 945 der Zivilprozessordnung angeordnet werden.

(8) Die Erkenntnisse dürfen in einem Strafverfahren oder in einem Verfahren nach dem Gesetz über Ordnungswidrigkeiten wegen einer vor der Erteilung der Auskunft begangenen Tat gegen den Verpflichteten oder gegen einen in § 52 Abs. 1 der Strafprozessordnung bezeichneten Angehörigen nur mit Zustimmung des Verpflichteten verwertet werden.

(9) Kann die Auskunft nur unter Verwendung von Verkehrsdaten (§ 3 Nr. 30 des Telekommunikationsgesetzes) erteilt werden, ist für ihre Erteilung eine vorherige richterliche Anordnung über die Zulässigkeit der Verwendung der Verkehrsdaten erforderlich, die von dem Verletzten zu beantragen ist. Für den Erlass dieser Anordnung ist das Landgericht, in dessen Bezirk der zur Auskunft Verpflichtete seinen Wohnsitz, seinen Sitz oder eine Niederlassung hat, ohne Rücksicht auf den Streitwert ausschließlich zuständig. Die Entscheidung trifft die Zivilkammer. Für das Verfahren gelten die Vorschriften des Gesetzes über das Verfahren in Familiensachen und in den Angelegenheiten der freiwilligen Gerichtsbarkeit entsprechend. Die Kosten der richterlichen Anordnung trägt der Verletzte. Gegen die Entscheidung des Landgerichts ist die Beschwerde statthaft. Die Beschwerde ist binnen einer Frist von zwei Wochen einzulegen. Die Vorschriften zum Schutz personenbezogener Daten bleiben im Übrigen unberührt.

(10) Durch Absatz 2 in Verbindung mit Absatz 9 wird das Grundrecht des Fernmeldegeheimnisses (Artikel 10 des Grundgesetzes) eingeschränkt.

§ 27 Rechtsübergang

(1) Das durch die Eintragung, die Benutzung oder die notorische Bekanntheit einer Marke begründete Recht kann für alle oder für einen Teil der Waren oder Dienstleistungen, für die die Marke Schutz genießt, auf andere übertragen werden oder übergehen.

(2) Gehört die Marke zu einem Geschäftsbetrieb oder zu einem Teil eines Geschäftsbetriebs, so wird das durch die Eintragung, die Benutzung oder die notorische Bekanntheit der Marke begründete Recht im Zweifel von der Übertragung oder dem Übergang des Geschäftsbetriebs oder des Teils des Geschäftsbetriebs, zu dem die Marke gehört, erfaßt.

(3) Der Übergang des durch die Eintragung einer Marke begründeten Rechts wird auf Antrag eines Beteiligten in das Register eingetragen, wenn er dem Patentamt nachgewiesen wird.

(4) Betrifft der Rechtsübergang nur einen Teil der Waren oder Dienstleistungen, für die die Marke eingetragen ist, so sind die Vorschriften über die Teilung der Eintragung mit Ausnahme von § 46 Abs. 2 und 3 Satz 1 und 2 entsprechend anzuwenden.

§ 30 Lizenzen

(1) Das durch die Eintragung, die Benutzung oder die notorische Bekanntheit einer Marke begründete Recht kann für alle oder für einen Teil der Waren oder Dienstleistungen, für die die Marke Schutz genießt, Gegenstand von ausschließlichen oder nicht ausschließlichen Lizenzen für das Gebiet der Bundesrepublik Deutschland insgesamt oder einen Teil dieses Gebiets sein.

(2) Der Inhaber einer Marke kann die Rechte aus der Marke gegen einen Lizenznehmer geltend machen, der hinsichtlich

1. der Dauer der Lizenz,

2. der von der Eintragung erfaßten Form, in der die Marke benutzt werden darf,

3. der Art der Waren oder Dienstleistungen, für die die Lizenz erteilt wurde,

4. des Gebiets, in dem die Marke angebracht werden darf, oder

5. der Qualität der von ihm hergestellten Waren oder der von ihm erbrachten Dienstleistungen gegen eine Bestimmung des Lizenzvertrages verstößt.

(3) Der Lizenznehmer kann Klage wegen Verletzung einer Marke nur mit Zustimmung ihres Inhabers erheben.

(4) Jeder Lizenznehmer kann einer vom Inhaber der Marke erhobenen Verletzungsklage beitreten, um den Ersatz seines Schadens geltend zu machen.

(5) Ein Rechtsübergang nach § 27 oder die Erteilung einer Lizenz nach Absatz 1 berührt nicht die Lizenzen, die Dritten vorher erteilt worden sind.

§ 32 Erfordernisse der Anmeldung

(1) Die Anmeldung zur Eintragung einer Marke in das Register ist beim Patentamt einzureichen. Die Anmeldung kann auch über ein Patentinformationszentrum eingereicht werden, wenn diese Stelle durch Bekanntmachung des Bundesministeriums der Justiz im Bundesgesetzblatt dazu bestimmt ist, Markenanmeldungen entgegenzunehmen.

(2) Die Anmeldung muß enthalten:

1. Angaben, die es erlauben, die Identität des Anmelders festzustellen,

2. eine Wiedergabe der Marke und

3. ein Verzeichnis der Waren oder Dienstleistungen, für die die Eintragung beantragt wird.

(3) Die Anmeldung muß den weiteren Anmeldungserfordernissen entsprechen, die in einer Rechtsverordnung nach § 65 Abs. 1 Nr. 2 bestimmt worden sind.

(4) (weggefallen)

[44] Gesetz betreffend das Urheberrecht an Werken der bildenden Künste und der Photographie (KUG)

In der im Bundesgesetzblatt Teil III, Gliederungsnummer 440-3, veröffentlichten bereinigten Fassung, das zuletzt durch Artikel 3 § 31 des Gesetzes vom 16. Februar 2001 (BGBl. I S. 266) geändert worden ist. – Auszug –

§ 22

Bildnisse dürfen nur mit Einwilligung des Abgebildeten verbreitet oder öffentlich zur Schau gestellt werden. Die Einwilligung gilt im Zweifel als erteilt, wenn der Abgebildete dafür, daß er sich abbilden ließ, eine Entlohnung erhielt. Nach dem Tode des Abgebildeten bedarf es bis zum Ablaufe von 10 Jahren der Einwilligung der Angehörigen des Abgebildeten. Angehörige im Sinne dieses Gesetzes sind der überlebende Ehegatte oder Lebenspartner und die Kinder des Abgebildeten und, wenn weder ein Ehegatte oder Lebenspartner noch Kinder vorhanden sind, die Eltern des Abgebildeten.

§ 23

(1) Ohne die nach § 22 erforderliche Einwilligung dürfen verbreitet und zur Schau gestellt werden:

1. Bildnisse aus dem Bereiche der Zeitgeschichte;
2. Bilder, auf denen die Personen nur als Beiwerk neben einer Landschaft oder sonstigen Örtlichkeit erscheinen;
3. Bilder von Versammlungen, Aufzügen und ähnlichen Vorgängen, an denen die dargestellten Personen teilgenommen haben;
4. Bildnisse, die nicht auf Bestellung angefertigt sind, sofern die Verbreitung oder Schaustellung einem höheren Interesse der Kunst dient.

(2) Die Befugnis erstreckt sich jedoch nicht auf eine Verbreitung und Schaustellung, durch die ein berechtigtes Interesse des Abgebildeten oder, falls dieser verstorben ist, seiner Angehörigen verletzt wird.

§ 24

Für Zwecke der Rechtspflege und der öffentlichen Sicherheit dürfen von den Behörden Bildnisse ohne Einwilligung des Berechtigten sowie des Abgebildeten oder seiner Angehörigen vervielfältigt, verbreitet und öffentlich zur Schau gestellt werden.

§ 33

(1) Mit Freiheitsstrafe bis zu einem Jahr oder mit Geldstrafe wird bestraft, wer entgegen den §§ 22, 23 ein Bildnis verbreitet oder öffentlich zur Schau stellt.

(2) Die Tat wird nur auf Antrag verfolgt.

§ 37

(1) Die widerrechtlich hergestellten, verbreiteten oder vorgeführten Exemplare und die zur widerrechtlichen Vervielfältigung oder Vorführung ausschließlich bestimmten Vorrichtungen, wie Formen, Platten, Steine, unterliegen der Vernichtung. Das gleiche gilt von den widerrechtlich verbreiteten oder öffentlich zur Schau gestellten Bildnissen und den zu deren Vervielfältigung ausschließlich bestimmten Vorrichtungen. Ist nur ein Teil des Werkes widerrechtlich hergestellt, verbreitet oder vorgeführt, so ist auf Vernichtung dieses Teiles und der entsprechenden Vorrichtungen zu erkennen.

(2) Gegenstand der Vernichtung sind alle Exemplare und Vorrichtungen, welche sich im Eigentume der an der Herstellung, der Verbreitung, der Vorführung oder der Schaustellung Beteiligten sowie der Erben dieser Personen befinden.

(3) Auf die Vernichtung ist auch dann zu erkennen, wenn die Herstellung, die Verbreitung, die Vorführung oder die Schaustellung weder vorsätzlich noch fahrlässig erfolgt. Das gleiche gilt, wenn die Herstellung noch nicht vollendet ist.

(4) Die Vernichtung hat zu erfolgen, nachdem dem Eigentümer gegenüber rechtskräftig darauf erkannt ist. Soweit die Exemplare oder die Vorrichtungen in anderer Weise als durch Vernichtung unschädlich gemacht werden können, hat dies zu geschehen, falls der Eigentümer die Kosten übernimmt.

§ 48

(1) Der Anspruch auf Schadensersatz und die Strafverfolgung wegen widerrechtlicher Verbreitung oder Vorführung eines Werkes sowie die Strafverfolgung wegen widerrechtlicher Verbreitung oder Schaustellung eines Bildnisses verjähren in drei Jahren.

(2) Die Verjährung beginnt mit dem Tag, an welchem die widerrechtliche Handlung zuletzt stattgefunden hat.

[45] Gesetz zum Schutz des olympischen Emblems und der olympischen Bezeichnungen (OlympSchG)

Gesetz zum Schutz des olympischen Emblems und der olympischen Bezeichnungen vom 31. März 2004 (BGBl. I S. 479).

§ 1 Gegenstand des Gesetzes

(1) Gegenstand dieses Gesetzes ist der Schutz des olympischen Emblems und der olympischen Bezeichnungen.

(2) Das olympische Emblem ist das Symbol des Internationalen Olympischen Komitees bestehend aus fünf ineinander verschlungenen Ringen nach dem Muster der Anlage 1 (Olympische Ringe).

(3) Die olympischen Bezeichnungen sind die Wörter „Olympiade", „Olympia", „olympisch", alle diese Wörter allein oder in Zusammensetzung sowie die entsprechenden Wörter oder Wortgruppen in einer anderen Sprache.

§ 2 Inhaber des Schutzrechts

Das ausschließliche Recht auf die Verwendung und Verwertung des olympischen Emblems und der olympischen Bezeichnungen steht dem Nationalen Olympischen Komitee für Deutschland und dem Internationalen Olympischen Komitee zu.

§ 3 Rechtsverletzungen

(1) Dritten ist es untersagt, ohne Zustimmung der Inhaber des Schutzrechts im geschäftlichen Verkehr das olympische Emblem

1. zur Kennzeichnung von Waren oder Dienstleistungen,
2. in der Werbung für Waren oder Dienstleistungen,
3. als Firma, Geschäftsbezeichnung oder zur Bezeichnung einer Veranstaltung oder
4. für Vereinsabzeichen oder Vereinsfahnen

zu verwenden. Satz 1 findet entsprechende Anwendung für Embleme, die dem olympischen Emblem ähnlich sind, wenn wegen der Ähnlichkeit die Gefahr von Verwechslungen besteht, einschließlich der Gefahr, dass das Emblem mit den Olympischen Spielen oder der Olympischen Bewegung gedanklich in Verbindung gebracht wird oder dass hierdurch die Wertschätzung der Olympischen Spiele oder der Olympischen Bewegung ohne rechtfertigenden Grund in unlauterer Weise ausgenutzt oder beeinträchtigt wird.

(2) Dritten ist es untersagt, ohne Zustimmung der Inhaber des Schutzrechts im geschäftlichen Verkehr die olympischen Bezeichnungen

1. zur Kennzeichnung von Waren oder Dienstleistungen,
2. in der Werbung für Waren oder Dienstleistungen oder
3. als Firma, Geschäftsbezeichnung oder zur Bezeichnung einer gewerbsmäßigen Veranstaltung

zu verwenden, wenn hierdurch die Gefahr von Verwechslungen besteht, einschließlich der Gefahr, dass die Bezeichnung mit den Olympischen Spielen oder der Olympischen Bewegung gedanklich in Verbindung gebracht wird oder wenn hierdurch die Wertschätzung der Olympischen Spiele oder der Olympischen Bewegung ohne rechtfertigenden Grund in unlauterer Weise ausgenutzt oder beeinträchtigt wird. Satz 1 findet entsprechende Anwendung für Bezeichnungen, die den in § 1 Abs. 3 genannten ähnlich sind.

(3) Die Absätze 1 und 2 gelten nicht für die Kennzeichnung eines nach § 2 des Urheberrechtsgesetzes geschützten Werkes sowie für die Werbung hierfür, wenn das Werk sich mit den Olympischen Spielen oder der Olympischen Bewegung im weitesten Sinne befasst.

§ 4 Benutzung von Namen und beschreibenden Angaben

Die Inhaber des Schutzrechts haben nicht das Recht, einem Dritten zu untersagen, im geschäftlichen Verkehr

1. dessen Namen oder Anschrift zu benutzen oder
2. die olympischen Bezeichnungen oder ähnliche Bezeichnungen als Angabe über Merkmale oder Eigenschaften von Waren, Dienstleistungen oder Personen zu benutzen, sofern die Benutzung nicht unlauter ist.

§ 5 Unterlassungsanspruch; Schadensersatzanspruch

(1) Wer das olympische Emblem oder die olympischen Bezeichnungen entgegen § 3 benutzt, kann von dem Nationalen Olympischen Komitee für Deutschland oder dem Internationalen Olympischen Komitee auf Unterlassung in Anspruch genommen werden.

(2) Wer die Verletzungshandlung vorsätzlich oder fahrlässig begeht, ist dem Nationalen Olympischen Komitee für Deutschland und dem Internationalen Olympischen Komitee zum Ersatz des diesen durch die Verletzungshandlung entstandenen Schadens verpflichtet.

§ 6 Vernichtungsanspruch

Das Nationale Olympische Komitee für Deutschland und das Internationale Olympische Komitee können in Fällen des § 3 verlangen, dass die im Besitz oder Eigentum des Verletzers befindlichen, widerrechtlich gekennzeichneten Gegenstände vernichtet werden, es sei denn, dass der durch die Rechtsverletzung verursachte Zustand der Gegenstände auf andere Weise beseitigt werden kann und die Vernichtung für den Verletzer oder den Eigentümer im Einzelfall unverhältnismäßig ist. Weitergehende Ansprüche auf Beseitigung bleiben unberührt.

§ 7 Verjährung

Auf die Verjährung der in den §§ 5 und 6 genannten Ansprüche finden die Vorschriften des Abschnitts 5 des Ersten Buches Bürgerliches Gesetzbuch entsprechende Anwendung.

§ 8 Fortgeltung bestehender Rechte

Rechte Dritter, die auf Grund gesetzlicher Bestimmungen, auf Grund vertraglicher Vereinbarungen auf dem Gebiet des Vereins-, Marken-, Geschmacksmuster- und Handelsrechts oder auf Grund sonstiger vertraglicher Vereinbarungen mit den Rechtsinhabern am 13. August 2003 bereits bestehen, bleiben unberührt.

§ 9 Sachliche Zuständigkeit

(1) Für alle Klagen, durch die ein Anspruch auf Grund dieses Gesetzes geltend gemacht wird, sind die Landgerichte ausschließlich zuständig.

(2) Die Landesregierungen werden ermächtigt, durch Rechtsverordnung die Streitsachen im Sinne von Absatz 1 insgesamt oder teilweise für die Bezirke mehrerer Landgerichte einem von ihnen zuzuweisen, sofern dies der sachlichen Förderung oder der schnelleren Erledigung der Verfahren dient. Die Landesre-

gierungen können diese Ermächtigung auf die Landesjustizverwaltungen übertragen.

§ 10 Inkrafttreten

§ 9 Abs. 2 tritt am Tag nach der Verkündung in Kraft; im Übrigen tritt dieses Gesetz am ersten Tag des dritten auf die Verkündung folgenden Kalendermonats in Kraft.

Anlage 1

Das olympische Symbol besteht aus fünf ineinander verschlungenen Ringen: blau, gelb, schwarz, grün und rot, die in dieser Reihenfolge von links nach rechts angeordnet sind. Es besteht aus den olympischen Ringen allein, unabhängig davon, ob sie einfarbig oder mehrfarbig dargestellt werden.

[46] Bundesdatenschutzgesetz (BDSG)

In der Fassung vom 25. Oktober 1994 (BGBl. I S. 3082; 1995 I S. 156; 1996 I S. 682), das zuletzt durch Artikel 15 des Gesetzes vom 24. November 2011 (BGBl. I S. 2302) geändert worden ist.
- Auszug -

§ 1 Zweck und Anwendungsbereich des Gesetzes

(1) Zweck dieses Gesetzes ist es, den Einzelnen davor zu schützen, dass er durch den Umgang mit seinen personenbezogenen Daten in seinem Persönlichkeitsrecht beeinträchtigt wird.

(2) Dieses Gesetz gilt für die Erhebung, Verarbeitung und Nutzung personenbezogener Daten durch

1. öffentliche Stellen des Bundes,

2. öffentliche Stellen der Länder, soweit der Datenschutz nicht durch Landesgesetz geregelt ist und soweit sie

a) Bundesrecht ausführen oder

b) als Organe der Rechtspflege tätig werden und es sich nicht um Verwaltungsangelegenheiten handelt,

3. nicht-öffentliche Stellen, soweit sie die Daten unter Einsatz von Datenverarbeitungsanlagen verarbeiten, nutzen oder dafür erheben oder die Daten in oder aus nicht automatisierten Dateien verarbeiten, nutzen oder dafür erheben, es sei denn, die Erhebung, Verarbeitung oder Nutzung der Daten erfolgt ausschließlich für persönliche oder familiäre Tätigkeiten.

(3) Soweit andere Rechtsvorschriften des Bundes auf personenbezogene Daten einschließlich deren Veröffentlichung anzuwenden sind, gehen sie den Vorschriften dieses Gesetzes vor. Die Verpflichtung zur Wahrung gesetzlicher Geheimhaltungspflichten oder von Berufs- oder besonderen Amtsgeheimnissen, die nicht auf gesetzlichen Vorschriften beruhen, bleibt unberührt.

(4) Die Vorschriften dieses Gesetzes gehen denen des Verwaltungsverfahrensgesetzes vor, soweit bei der Ermittlung des Sachverhalts personenbezogene Daten verarbeitet werden.

(5) Dieses Gesetz findet keine Anwendung, sofern eine in einem anderen Mitgliedstaat der Europäischen Union oder in einem anderen Vertragsstaat des Abkommens über den Europäischen Wirtschaftsraum belegene verantwortliche Stelle personenbezogene Daten im Inland erhebt, verarbeitet oder nutzt, es

sei denn, dies erfolgt durch eine Niederlassung im Inland. Dieses Gesetz findet Anwendung, sofern eine verantwortliche Stelle, die nicht in einem Mitgliedstaat der Europäischen Union oder in einem anderen Vertragsstaat des Abkommens über den Europäischen Wirtschaftsraum belegen ist, personenbezogene Daten im Inland erhebt, verarbeitet oder nutzt. Soweit die verantwortliche Stelle nach diesem Gesetz zu nennen ist, sind auch Angaben über im Inland ansässige Vertreter zu machen. Die Sätze 2 und 3 gelten nicht, sofern Datenträger nur zum Zweck des Transits durch das Inland eingesetzt werden. § 38 Abs. 1 Satz 1 bleibt unberührt.

§ 2 Öffentliche und nicht-öffentliche Stellen

(1) Öffentliche Stellen des Bundes sind die Behörden, die Organe der Rechtspflege und andere öffentlich-rechtlich organisierte Einrichtungen des Bundes, der bundesunmittelbaren Körperschaften, Anstalten und Stiftungen des öffentlichen Rechts sowie deren Vereinigungen ungeachtet ihrer Rechtsform. Als öffentliche Stellen gelten die aus dem Sondervermögen Deutsche Bundespost durch Gesetz hervorgegangenen Unternehmen, solange ihnen ein ausschließliches Recht nach dem Postgesetz zusteht.

(2) Öffentliche Stellen der Länder sind die Behörden, die Organe der Rechtspflege und andere öffentlich-rechtlich organisierte Einrichtungen eines Landes, einer Gemeinde, eines Gemeindeverbandes und sonstiger der Aufsicht des Landes unterstehender juristischer Personen des öffentlichen Rechts sowie deren Vereinigungen ungeachtet ihrer Rechtsform.

(3) Vereinigungen des privaten Rechts von öffentlichen Stellen des Bundes und der Länder, die Aufgaben der öffentlichen Verwaltung wahrnehmen, gelten ungeachtet der Beteiligung nicht-öffentlicher Stellen als öffentliche Stellen des Bundes, wenn

1. sie über den Bereich eines Landes hinaus tätig werden oder
2. dem Bund die absolute Mehrheit der Anteile gehört oder die absolute Mehrheit der Stimmen zusteht. Andernfalls gelten sie als öffentliche Stellen der Länder.

(4) Nicht-öffentliche Stellen sind natürliche und juristische Personen, Gesellschaften und andere Personenvereinigungen des privaten Rechts, soweit sie nicht unter die Absätze 1 bis 3 fallen. Nimmt eine nichtöffentliche Stelle hoheitliche Aufgaben der öffentlichen Verwaltung wahr, ist sie insoweit öffentliche Stelle im Sinne dieses Gesetzes.

§ 3 Weitere Begriffsbestimmungen

(1) Personenbezogene Daten sind Einzelangaben über persönliche oder sachliche Verhältnisse einer bestimmten oder bestimmbaren natürlichen Person (Betroffener).

(2) Automatisierte Verarbeitung ist die Erhebung, Verarbeitung oder Nutzung personenbezogener Daten unter Einsatz von Datenverarbeitungsanlagen. Eine nicht automatisierte Datei ist jede nicht automatisierte Sammlung personenbezogener Daten, die gleichartig aufgebaut ist und nach bestimmten Merkmalen zugänglich ist und ausgewertet werden kann.

(3) Erheben ist das Beschaffen von Daten über den Betroffenen.

(4) Verarbeiten ist das Speichern, Verändern, Übermitteln, Sperren und Löschen personenbezogener Daten. Im Einzelnen ist, ungeachtet der dabei angewendeten Verfahren:

1. Speichern das Erfassen, Aufnehmen oder Aufbewahren personenbezogener Daten auf einem Datenträger zum Zweck ihrer weiteren Verarbeitung oder Nutzung,

2. Verändern das inhaltliche Umgestalten gespeicherter personenbezogener Daten,

3. Übermitteln das Bekanntgeben gespeicherter oder durch Datenverarbeitung gewonnener personenbezogener Daten an einen Dritten in der Weise, dass

a) die Daten an den Dritten weitergegeben werden oder

b) der Dritte zur Einsicht oder zum Abruf bereitgehaltene Daten einsieht oder abruft,

4. Sperren das Kennzeichnen gespeicherter personenbezogener Daten, um ihre weitere Verarbeitung oder Nutzung einzuschränken,

5. Löschen das Unkenntlichmachen gespeicherter personenbezogener Daten.

(5) Nutzen ist jede Verwendung personenbezogener Daten, soweit es sich nicht um Verarbeitung handelt.

(6) Anonymisieren ist das Verändern personenbezogener Daten derart, dass die Einzelangaben über persönliche oder sachliche Verhältnisse nicht mehr oder nur mit einem unverhältnis-

mäßig großen Aufwand an Zeit, Kosten und Arbeitskraft einer bestimmten oder bestimmbaren natürlichen Person zugeordnet werden können.

(6a) Pseudonymisieren ist das Ersetzen des Namens und anderer Identifikationsmerkmale durch ein Kennzeichen zu dem Zweck, die Bestimmung des Betroffenen auszuschließen oder wesentlich zu erschweren.

(7) Verantwortliche Stelle ist jede Person oder Stelle, die personenbezogene Daten für sich selbst erhebt, verarbeitet oder nutzt oder dies durch andere im Auftrag vornehmen lässt.

(8) Empfänger ist jede Person oder Stelle, die Daten erhält. Dritter ist jede Person oder Stelle außerhalb der verantwortlichen Stelle. Dritte sind nicht der Betroffene sowie Personen und Stellen, die im Inland, in einem anderen Mitgliedstaat der Europäischen Union oder in einem anderen Vertragsstaat des Abkommens über den Europäischen Wirtschaftsraum personenbezogene Daten im Auftrag erheben, verarbeiten oder nutzen.

(9) Besondere Arten personenbezogener Daten sind Angaben über die rassische und ethnische Herkunft, politische Meinungen, religiöse oder philosophische Überzeugungen, Gewerkschaftszugehörigkeit, Gesundheit oder Sexualleben.

(10) Mobile personenbezogene Speicher- und Verarbeitungsmedien sind Datenträger,

1. die an den Betroffenen ausgegeben werden,

2. auf denen personenbezogene Daten über die Speicherung hinaus durch die ausgebende oder eine andere Stelle automatisiert verarbeitet werden können und

3. bei denen der Betroffene diese Verarbeitung nur durch den Gebrauch des Mediums beeinflussen kann.

(11) Beschäftigte sind:

1. Arbeitnehmerinnen und Arbeitnehmer,

2. zu ihrer Berufsbildung Beschäftigte,

3. Teilnehmerinnen und Teilnehmer an Leistungen zur Teilhabe am Arbeitsleben sowie an Abklärungen der beruflichen Eignung oder Arbeitserprobung (Rehabilitandinnen und Rehabilitanden),

4. in anerkannten Werkstätten für behinderte Menschen Beschäftigte,

5. nach dem Jugendfreiwilligendienstegesetz Beschäftigte,

6. Personen, die wegen ihrer wirtschaftlichen Unselbständigkeit als arbeitnehmerähnliche Personen anzusehen sind; zu diesen gehören auch die in Heimarbeit Beschäftigten und die ihnen Gleichgestellten,

7. Bewerberinnen und Bewerber für ein Beschäftigungsverhältnis sowie Personen, deren Beschäftigungsverhältnis beendet ist,

8. Beamtinnen, Beamte, Richterinnen und Richter des Bundes, Soldatinnen und Soldaten sowie Zivildienstleistende.

§ 3a Datenvermeidung und Datensparsamkeit

Die Erhebung, Verarbeitung und Nutzung personenbezogener Daten und die Auswahl und Gestaltung von Datenverarbeitungssystemen sind an dem Ziel auszurichten, so wenig personenbezogene Daten wie möglich zu erheben, zu verarbeiten oder zu nutzen. Insbesondere sind personenbezogene Daten zu anonymisieren oder zu pseudonymisieren, soweit dies nach dem Verwendungszweck möglich ist und keinen im Verhältnis zu dem angestrebten Schutzzweck unverhältnismäßigen Aufwand erfordert.

§ 4 Zulässigkeit der Datenerhebung, -verarbeitung und -nutzung

(1) Die Erhebung, Verarbeitung und Nutzung personenbezogener Daten sind nur zulässig, soweit dieses Gesetz oder eine andere Rechtsvorschrift dies erlaubt oder anordnet oder der Betroffene eingewilligt hat.

(2) Personenbezogene Daten sind beim Betroffenen zu erheben. Ohne seine Mitwirkung dürfen sie nur erhoben werden, wenn

1. eine Rechtsvorschrift dies vorsieht oder zwingend voraussetzt oder

2. a) die zu erfüllende Verwaltungsaufgabe ihrer Art nach oder der Geschäftszweck eine Erhebung bei anderen Personen oder Stellen erforderlich macht oder

b) die Erhebung beim Betroffenen einen unverhältnismäßigen Aufwand erfordern würde

und keine Anhaltspunkte dafür bestehen, dass überwiegende schutzwürdige Interessen des Betroffenen beeinträchtigt werden.

(3) Werden personenbezogene Daten beim Betroffenen erhoben, so ist er, sofern er nicht bereits auf andere Weise Kenntnis erlangt hat, von der verantwortlichen Stelle über

1. die Identität der verantwortlichen Stelle,

2. die Zweckbestimmungen der Erhebung, Verarbeitung oder Nutzung und

3. die Kategorien von Empfängern nur, soweit der Betroffene nach den Umständen des Einzelfalles nicht mit der Übermittlung an diese rechnen muss, zu unterrichten. Werden personenbezogene Daten beim Betroffenen aufgrund einer Rechtsvorschrift erhoben, die zur Auskunft verpflichtet, oder ist die Erteilung der Auskunft Voraussetzung für die Gewährung von Rechtsvorteilen, so ist der Betroffene hierauf, sonst auf die Freiwilligkeit seiner Angaben hinzuweisen. Soweit nach den Umständen des Einzelfalles erforderlich oder auf Verlangen, ist er über die Rechtsvorschrift und über die Folgen der Verweigerung von Angaben aufzuklären.

§ 4a Einwilligung

(1) Die Einwilligung ist nur wirksam, wenn sie auf der freien Entscheidung des Betroffenen beruht. Er ist auf den vorgesehenen Zweck der Erhebung, Verarbeitung oder Nutzung sowie, soweit nach den Umständen des Einzelfalles erforderlich oder auf Verlangen, auf die Folgen der Verweigerung der Einwilligung hinzuweisen. Die Einwilligung bedarf der Schriftform, soweit nicht wegen besonderer Umstände eine andere Form angemessen ist. Soll die Einwilligung zusammen mit anderen Erklärungen schriftlich erteilt werden, ist sie besonders hervorzuheben.

(2) Im Bereich der wissenschaftlichen Forschung liegt ein besonderer Umstand im Sinne von Absatz 1 Satz 3 auch dann vor, wenn durch die Schriftform der bestimmte Forschungszweck erheblich beeinträchtigt würde. In diesem Fall sind der Hinweis nach Absatz 1 Satz 2 und die Gründe, aus denen sich die erhebliche Beeinträchtigung des bestimmten Forschungszwecks ergibt, schriftlich festzuhalten.

(3) Soweit besondere Arten personenbezogener Daten (§ 3 Abs. 9) erhoben, verarbeitet oder genutzt werden, muss sich die Einwilligung darüber hinaus ausdrücklich auf diese Daten beziehen.

§ 4b Übermittlung personenbezogener Daten ins Ausland sowie an über- oder zwischenstaatliche Stellen

(1) Für die Übermittlung personenbezogener Daten an Stellen

1. in anderen Mitgliedstaaten der Europäischen Union,
2. in anderen Vertragsstaaten des Abkommens über den Europäischen Wirtschaftsraum oder
3. der Organe und Einrichtungen der Europäischen Gemeinschaften

gelten § 15 Abs. 1, § 16 Abs. 1 und §§ 28 bis 30a nach Maßgabe der für diese Übermittlung geltenden Gesetze und Vereinbarungen, soweit die Übermittlung im Rahmen von Tätigkeiten erfolgt, die ganz oder teilweise in den Anwendungsbereich des Rechts der Europäischen Gemeinschaften fallen.

(2) Für die Übermittlung personenbezogener Daten an Stellen nach Absatz 1, die nicht im Rahmen von Tätigkeiten erfolgt, die ganz oder teilweise in den Anwendungsbereich des Rechts der Europäischen Gemeinschaften fallen, sowie an sonstige ausländische oder über- oder zwischenstaatliche Stellen gilt Absatz 1 entsprechend. Die Übermittlung unterbleibt, soweit der Betroffene ein schutzwürdiges Interesse an dem Ausschluss der Übermittlung hat, insbesondere wenn bei den in Satz 1 genannten Stellen ein angemessenes Datenschutzniveau nicht gewährleistet ist. Satz 2 gilt nicht, wenn die Übermittlung zur Erfüllung eigener Aufgaben einer öffentlichen Stelle des Bundes aus zwingenden Gründen der Verteidigung oder der Erfüllung über- oder zwischenstaatlicher Verpflichtungen auf dem Gebiet der Krisenbewältigung oder Konfliktverhinderung oder für humanitäre Maßnahmen erforderlich ist.

(3) Die Angemessenheit des Schutzniveaus wird unter Berücksichtigung aller Umstände beurteilt, die bei einer Datenübermittlung oder einer Kategorie von Datenübermittlungen von Bedeutung sind; insbesondere können die Art der Daten, die Zweckbestimmung, die Dauer der geplanten Verarbeitung, das Herkunfts- und das Endbestimmungsland, die für den betreffenden Empfänger geltenden Rechtsnormen sowie die für ihn geltenden Standesregeln und Sicherheitsmaßnahmen herangezogen werden.

(4) In den Fällen des § 16 Abs. 1 Nr. 2 unterrichtet die übermittelnde Stelle den Betroffenen von der Übermittlung seiner Daten. Dies gilt nicht, wenn damit zu rechnen ist, dass er davon

auf andere Weise Kenntnis erlangt, oder wenn die Unterrichtung die öffentliche Sicherheit gefährden oder sonst dem Wohl des Bundes oder eines Landes Nachteile bereiten würde.

(5) Die Verantwortung für die Zulässigkeit der Übermittlung trägt die übermittelnde Stelle.

(6) Die Stelle, an die die Daten übermittelt werden, ist auf den Zweck hinzuweisen, zu dessen Erfüllung die Daten übermittelt werden.

§ 4c Ausnahmen

(1) Im Rahmen von Tätigkeiten, die ganz oder teilweise in den Anwendungsbereich des Rechts der Europäischen Gemeinschaften fallen, ist eine Übermittlung personenbezogener Daten an andere als die in § 4b Abs. 1 genannten Stellen, auch wenn bei ihnen ein angemessenes Datenschutzniveau nicht gewährleistet ist, zulässig, sofern

1. der Betroffene seine Einwilligung gegeben hat,

2. die Übermittlung für die Erfüllung eines Vertrags zwischen dem Betroffenen und der verantwortlichen Stelle oder zur Durchführung von vorvertraglichen Maßnahmen, die auf Veranlassung des Betroffenen getroffen worden sind, erforderlich ist,

3. die Übermittlung zum Abschluss oder zur Erfüllung eines Vertrags erforderlich ist, der im Interesse des Betroffenen von der verantwortlichen Stelle mit einem Dritten geschlossen wurde oder geschlossen werden soll,

4. die Übermittlung für die Wahrung eines wichtigen öffentlichen Interesses oder zur Geltendmachung, Ausübung oder Verteidigung von Rechtsansprüchen vor Gericht erforderlich ist,

5. die Übermittlung für die Wahrung lebenswichtiger Interessen des Betroffenen erforderlich ist oder

6. die Übermittlung aus einem Register erfolgt, das zur Information der Öffentlichkeit bestimmt ist und entweder der gesamten Öffentlichkeit oder allen Personen, die ein berechtigtes Interesse nachweisen können, zur Einsichtnahme offen steht, soweit die gesetzlichen Voraussetzungen im Einzelfall gegeben sind. Die Stelle, an die die Daten übermittelt werden, ist darauf hinzuweisen, dass die übermittelten Daten nur zu dem Zweck verarbeitet oder genutzt werden dürfen, zu dessen Erfüllung sie übermittelt werden.

(2) Unbeschadet des Absatzes 1 Satz 1 kann die zuständige Aufsichtsbehörde einzelne Übermittlungen oder bestimmte Arten von Übermittlungen personenbezogener Daten an andere als die in § 4b Abs. 1 genannten Stellen genehmigen, wenn die verantwortliche Stelle ausreichende Garantien hinsichtlich des Schutzes des Persönlichkeitsrechts und der Ausübung der damit verbundenen Rechte vorweist; die Garantien können sich insbesondere aus Vertragsklauseln oder verbindlichen Unternehmensregelungen ergeben. Bei den Post- und Telekommunikationsunternehmen ist der Bundesbeauftragte für den Datenschutz und die Informationsfreiheit zuständig. Sofern die Übermittlung durch öffentliche Stellen erfolgen soll, nehmen diese die Prüfung nach Satz 1 vor.

(3) Die Länder teilen dem Bund die nach Absatz 2 Satz 1 ergangenen Entscheidungen mit.

§ 4d Meldepflicht

(1) Verfahren automatisierter Verarbeitungen sind vor ihrer Inbetriebnahme von nicht-öffentlichen verantwortlichen Stellen der zuständigen Aufsichtsbehörde und von öffentlichen verantwortlichen Stellen des Bundes sowie von den Post- und Telekommunikationsunternehmen dem Bundesbeauftragten für den Datenschutz und die Informationsfreiheit nach Maßgabe von § 4e zu melden.

(2) Die Meldepflicht entfällt, wenn die verantwortliche Stelle einen Beauftragten für den Datenschutz bestellt hat.

(3) Die Meldepflicht entfällt ferner, wenn die verantwortliche Stelle personenbezogene Daten für eigene Zwecke erhebt, verarbeitet oder nutzt, hierbei in der Regel höchstens neun Personen ständig mit der Erhebung, Verarbeitung oder Nutzung personenbezogener Daten beschäftigt und entweder eine Einwilligung des Betroffenen vorliegt oder die Erhebung, Verarbeitung oder Nutzung für die Begründung, Durchführung oder Beendigung eines rechtsgeschäftlichen oder rechtsgeschäftsähnlichen Schuldverhältnisses mit dem Betroffenen erforderlich ist.

(4) Die Absätze 2 und 3 gelten nicht, wenn es sich um automatisierte Verarbeitungen handelt, in denen geschäftsmäßig personenbezogene Daten von der jeweiligen Stelle

1. zum Zweck der Übermittlung,
2. zum Zweck der anonymisierten Übermittlung oder

3. für Zwecke der Markt- oder Meinungsforschung gespeichert werden.

(5) Soweit automatisierte Verarbeitungen besondere Risiken für die Rechte und Freiheiten der Betroffenen aufweisen, unterliegen sie der Prüfung vor Beginn der Verarbeitung (Vorabkontrolle). Eine Vorabkontrolle ist insbesondere durchzuführen, wenn

1. besondere Arten personenbezogener Daten (§ 3 Abs. 9) verarbeitet werden oder

2. die Verarbeitung personenbezogener Daten dazu bestimmt ist, die Persönlichkeit des Betroffenen zu bewerten einschließlich seiner Fähigkeiten, seiner Leistung oder seines Verhaltens, es sei denn, dass eine gesetzliche Verpflichtung oder eine Einwilligung des Betroffenen vorliegt oder die Erhebung, Verarbeitung oder Nutzung für die Begründung, Durchführung oder Beendigung eines rechtsgeschäftlichen oder rechtsgeschäftsähnlichen Schuldverhältnisses mit dem Betroffenen erforderlich ist.

(6) Zuständig für die Vorabkontrolle ist der Beauftragte für den Datenschutz. Dieser nimmt die Vorabkontrolle nach Empfang der Übersicht nach § 4g Abs. 2 Satz 1 vor. Er hat sich in Zweifelsfällen an die Aufsichtsbehörde oder bei den Post- und Telekommunikationsunternehmen an den Bundesbeauftragten für den Datenschutz und die Informationsfreiheit zu wenden.

§ 4e Inhalt der Meldepflicht

Sofern Verfahren automatisierter Verarbeitungen meldepflichtig sind, sind folgende Angaben zu machen:

1. Name oder Firma der verantwortlichen Stelle,

2. Inhaber, Vorstände, Geschäftsführer oder sonstige gesetzliche oder nach der Verfassung des Unternehmens berufene Leiter und die mit der Leitung der Datenverarbeitung beauftragten Personen,

3. Anschrift der verantwortlichen Stelle,

4. Zweckbestimmungen der Datenerhebung, -verarbeitung oder -nutzung,

5. eine Beschreibung der betroffenen Personengruppen und der diesbezüglichen Daten oder Datenkategorien,

6. Empfänger oder Kategorien von Empfängern, denen die Daten mitgeteilt werden können,

7. Regelfristen für die Löschung der Daten,

8. eine geplante Datenübermittlung in Drittstaaten,

9. eine allgemeine Beschreibung, die es ermöglicht, vorläufig zu beurteilen, ob die Maßnahmen nach § 9 zur Gewährleistung der Sicherheit der Verarbeitung angemessen sind.

§ 4d Abs. 1 und 4 gilt für die Änderung der nach Satz 1 mitgeteilten Angaben sowie für den Zeitpunkt der Aufnahme und der Beendigung der meldepflichtigen Tätigkeit entsprechend.

§ 6 Rechte des Betroffenen

(1) Die Rechte des Betroffenen auf Auskunft (§§ 19, 34) und auf Berichtigung, Löschung oder Sperrung (§§ 20, 35) können nicht durch Rechtsgeschäft ausgeschlossen oder beschränkt werden.

(2) Sind die Daten des Betroffenen automatisiert in der Weise gespeichert, dass mehrere Stellen speicherungsberechtigt sind, und ist der Betroffene nicht in der Lage festzustellen, welche Stelle die Daten gespeichert hat, so kann er sich an jede dieser Stellen wenden. Diese ist verpflichtet, das Vorbringen des Betroffenen an die Stelle, die die Daten gespeichert hat, weiterzuleiten. Der Betroffene ist über die Weiterleitung und jene Stelle zu unterrichten. Die in § 19 Abs. 3 genannten Stellen, die Behörden der Staatsanwaltschaft und der Polizei sowie öffentliche Stellen der Finanzverwaltung, soweit sie personenbezogene Daten in Erfüllung ihrer gesetzlichen Aufgaben im Anwendungsbereich der Abgabenordnung zur Überwachung und Prüfung speichern, können statt des Betroffenen den Bundesbeauftragten für den Datenschutz und die Informationsfreiheit unterrichten. In diesem Fall richtet sich das weitere Verfahren nach § 19 Abs. 6.

(3) Personenbezogene Daten über die Ausübung eines Rechts des Betroffenen, das sich aus diesem Gesetz oder aus einer anderen Vorschrift über den Datenschutz ergibt, dürfen nur zur Erfüllung der sich aus der Ausübung des Rechts ergebenden Pflichten der verantwortlichen Stelle verwendet werden.

§ 9 Technische und organisatorische Maßnahmen

Öffentliche und nicht-öffentliche Stellen, die selbst oder im Auftrag personenbezogene Daten erheben, verarbeiten oder nutzen, haben die technischen und organisatorischen Maßnahmen zu treffen, die erforderlich sind, um die Ausführung der

Vorschriften dieses Gesetzes, insbesondere die in der Anlage zu diesem Gesetz genannten Anforderungen, zu gewährleisten. Erforderlich sind Maßnahmen nur, wenn ihr Aufwand in einem angemessenen Verhältnis zu dem angestrebten Schutzzweck steht.

§ 10 Einrichtung automatisierter Abrufverfahren

(1) Die Einrichtung eines automatisierten Verfahrens, das die Übermittlung personenbezogener Daten durch Abruf ermöglicht, ist zulässig, soweit dieses Verfahren unter Berücksichtigung der schutzwürdigen Interessen der Betroffenen und der Aufgaben oder Geschäftszwecke der beteiligten Stellen angemessen ist. Die Vorschriften über die Zulässigkeit des einzelnen Abrufs bleiben unberührt.

(2) Die beteiligten Stellen haben zu gewährleisten, dass die Zulässigkeit des Abrufverfahrens kontrolliert werden kann. Hierzu haben sie schriftlich festzulegen:

1. Anlass und Zweck des Abrufverfahrens,
2. Dritte, an die übermittelt wird,
3. Art der zu übermittelnden Daten,
4. nach § 9 erforderliche technische und organisatorische Maßnahmen.

Im öffentlichen Bereich können die erforderlichen Festlegungen auch durch die Fachaufsichtsbehörden getroffen werden.

(3) Über die Einrichtung von Abrufverfahren ist in Fällen, in denen die in § 12 Abs. 1 genannten Stellen beteiligt sind, der Bundesbeauftragte für den Datenschutz und die Informationsfreiheit unter Mitteilung der Festlegungen nach Absatz 2 zu unterrichten. Die Einrichtung von Abrufverfahren, bei denen die in § 6 Abs. 2 und in § 19 Abs. 3 genannten Stellen beteiligt sind, ist nur zulässig, wenn das für die speichernde und die abrufende Stelle jeweils zuständige Bundes- oder Landesministerium zugestimmt hat.

(4) Die Verantwortung für die Zulässigkeit des einzelnen Abrufs trägt der Dritte, an den übermittelt wird. Die speichernde Stelle prüft die Zulässigkeit der Abrufe nur, wenn dazu Anlass besteht. Die speichernde Stelle hat zu gewährleisten, dass die Übermittlung personenbezogener Daten zumindest durch geeignete Stichprobenverfahren festgestellt und überprüft werden kann. Wird ein Gesamtbestand personenbezogener Daten abgerufen oder übermittelt (Stapelverarbeitung), so bezieht sich die Gewährleistung der Feststellung und Überprüfung nur auf die Zulässigkeit des Abrufes oder der Übermittlung des Gesamtbestandes.

(5) Die Absätze 1 bis 4 gelten nicht für den Abruf allgemein zugänglicher Daten. Allgemein zugänglich sind Daten, die jedermann, sei es ohne oder nach vorheriger Anmeldung, Zulassung oder Entrichtung eines Entgelts, nutzen kann.

§ 11 Erhebung, Verarbeitung oder Nutzung personenbezogener Daten im Auftrag

(1) Werden personenbezogene Daten im Auftrag durch andere Stellen erhoben, verarbeitet oder genutzt, ist der Auftraggeber für die Einhaltung der Vorschriften dieses Gesetzes und anderer Vorschriften über den Datenschutz verantwortlich. Die in den §§ 6, 7 und 8 genannten Rechte sind ihm gegenüber geltend zu machen.

(2) Der Auftragnehmer ist unter besonderer Berücksichtigung der Eignung der von ihm getroffenen technischen und organisatorischen Maßnahmen sorgfältig auszuwählen. Der Auftrag ist schriftlich zu erteilen, wobei insbesondere im Einzelnen festzulegen sind:

1. der Gegenstand und die Dauer des Auftrags,
2. der Umfang, die Art und der Zweck der vorgesehenen Erhebung, Verarbeitung oder Nutzung von Daten, die Art der Daten und der Kreis der Betroffenen,
3. die nach § 9 zu treffenden technischen und organisatorischen Maßnahmen,
4. die Berichtigung, Löschung und Sperrung von Daten,
5. die nach Absatz 4 bestehenden Pflichten des Auftragnehmers, insbesondere die von ihm vorzunehmenden Kontrollen,
6. die etwaige Berechtigung zur Begründung von Unterauftragsverhältnissen,
7. die Kontrollrechte des Auftraggebers und die entsprechenden Duldungs- und Mitwirkungspflichten des Auftragnehmers,
8. mitzuteilende Verstöße des Auftragnehmers oder der bei ihm beschäftigten Personen gegen Vorschriften zum Schutz personenbezogener Daten oder gegen die im Auftrag getroffenen Festlegungen,

9. der Umfang der Weisungsbefugnisse, die sich der Auftraggeber gegenüber dem Auftragnehmer vorbehält,

10. die Rückgabe überlassener Datenträger und die Löschung beim Auftragnehmer gespeicherter Daten nach Beendigung des Auftrags.

Er kann bei öffentlichen Stellen auch durch die Fachaufsichtsbehörde erteilt werden. Der Auftraggeber hat sich vor Beginn der Datenverarbeitung und sodann regelmäßig von der Einhaltung der beim Auftragnehmer getroffenen technischen und organisatorischen Maßnahmen zu überzeugen. Das Ergebnis ist zu dokumentieren.

(3) Der Auftragnehmer darf die Daten nur im Rahmen der Weisungen des Auftraggebers erheben, verarbeiten oder nutzen. Ist er der Ansicht, dass eine Weisung des Auftraggebers gegen dieses Gesetz oder andere Vorschriften über den Datenschutz verstößt, hat er den Auftraggeber unverzüglich darauf hinzuweisen.

(4) Für den Auftragnehmer gelten neben den §§ 5, 9, 43 Abs. 1 Nr. 2, 10 und 11, Abs. 2 Nr. 1 bis 3 und Abs. 3 sowie § 44 nur die Vorschriften über die Datenschutzkontrolle oder die Aufsicht, und zwar für

1. a) öffentliche Stellen,

b) nicht-öffentliche Stellen, bei denen der öffentlichen Hand die Mehrheit der Anteile gehört oder die Mehrheit der Stimmen zusteht und der Auftraggeber eine öffentliche Stelle ist, die §§ 18, 24 bis 26 oder die entsprechenden Vorschriften der Datenschutzgesetze der Länder,

2. die übrigen nicht-öffentlichen Stellen, soweit sie personenbezogene Daten im Auftrag als Dienstleistungsunternehmen geschäftsmäßig erheben, verarbeiten oder nutzen, die §§ 4f, 4g und 38.

(5) Die Absätze 1 bis 4 gelten entsprechend, wenn die Prüfung oder Wartung automatisierter Verfahren oder von Datenverarbeitungsanlagen durch andere Stellen im Auftrag vorgenommen wird und dabei ein Zugriff auf personenbezogene Daten nicht ausgeschlossen werden kann.

§ 27 Anwendungsbereich

(1) Die Vorschriften dieses Abschnittes finden Anwendung, soweit personenbezogene Daten unter Einsatz von Datenverarbeitungsanlagen verarbeitet, genutzt oder dafür erhoben werden oder die Daten in oder aus nicht automatisierten Dateien verarbeitet, genutzt oder dafür erhoben werden durch

1. nicht-öffentliche Stellen,

2. a) öffentliche Stellen des Bundes, soweit sie als öffentlich-rechtliche Unternehmen am Wettbewerb teilnehmen,

b) öffentliche Stellen der Länder, soweit sie als öffentlich-rechtliche Unternehmen am Wettbewerb teilnehmen, Bundesrecht ausführen und der Datenschutz nicht durch Landesgesetz geregelt ist. Dies gilt nicht, wenn die Erhebung, Verarbeitung oder Nutzung der Daten ausschließlich für persönliche oder familiäre Tätigkeiten erfolgt. In den Fällen der Nummer 2 Buchstabe a gelten anstelle des § 38 die §§ 18, 21 und 24 bis 26.

(2) Die Vorschriften dieses Abschnittes gelten nicht für die Verarbeitung und Nutzung personenbezogener Daten außerhalb von nicht automatisierten Dateien, soweit es sich nicht um personenbezogene Daten handelt, die offensichtlich aus einer automatisierten Verarbeitung entnommen worden sind.

§ 28 Datenerhebung und -speicherung für eigene Geschäftszwecke

(1) Das Erheben, Speichern, Verändern oder Übermitteln personenbezogener Daten oder ihre Nutzung als Mittel für die Erfüllung eigener Geschäftszwecke ist zulässig

1. wenn es für die Begründung, Durchführung oder Beendigung eines rechtsgeschäftlichen oder rechtsgeschäftsähnlichen Schuldverhältnisses mit dem Betroffenen erforderlich ist,

2. soweit es zur Wahrung berechtigter Interessen der verantwortlichen Stelle erforderlich ist und kein Grund zu der Annahme besteht, dass das schutzwürdige Interesse des Betroffenen an dem Ausschluss der Verarbeitung oder Nutzung überwiegt, oder

3. wenn die Daten allgemein zugänglich sind oder die verantwortliche Stelle sie veröffentlichen dürfte, es sei denn, dass das schutzwürdige Interesse des Betroffenen an dem Ausschluss der Verarbeitung oder Nutzung gegenüber dem berechtigten Interesse der verantwortlichen Stelle offensichtlich überwiegt. Bei der Erhebung personenbezogener Daten sind die Zwecke, für die die Daten verarbeitet oder genutzt werden sollen, konkret festzulegen.

(2) Die Übermittlung oder Nutzung für einen anderen Zweck ist zulässig

1. unter den Voraussetzungen des Absatzes 1 Satz 1 Nummer 2 oder Nummer 3,

2. soweit es erforderlich ist,

a) zur Wahrung berechtigter Interessen eines Dritten oder

b) zur Abwehr von Gefahren für die staatliche oder öffentliche Sicherheit oder zur Verfolgung von Straftaten und kein Grund zu der Annahme besteht, dass der Betroffene ein schutzwürdiges Interesse an dem Ausschluss der Übermittlung oder Nutzung hat, oder

3. wenn es im Interesse einer Forschungseinrichtung zur Durchführung wissenschaftlicher Forschung erforderlich ist, das wissenschaftliche Interesse an der Durchführung des Forschungsvorhabens das Interesse des Betroffenen an dem Ausschluss der Zweckänderung erheblich überwiegt und der Zweck der Forschung auf andere Weise nicht oder nur mit unverhältnismäßigem Aufwand erreicht werden kann.

(3) Die Verarbeitung oder Nutzung personenbezogener Daten für Zwecke des Adresshandels oder der Werbung ist zulässig, soweit der Betroffene eingewilligt hat und im Falle einer nicht schriftlich erteilten Einwilligung die verantwortliche Stelle nach Absatz 3a verfährt. Darüber hinaus ist die Verarbeitung oder Nutzung personenbezogener Daten zulässig, soweit es sich um listenmäßig oder sonst zusammengefasste Daten über Angehörige einer Personengruppe handelt, die sich auf die Zugehörigkeit des Betroffenen zu dieser Personengruppe, seine Berufs-, Branchen- oder Geschäftsbezeichnung, seinen Namen, Titel, akademischen Grad, seine Anschrift und sein Geburtsjahr beschränken, und die Verarbeitung oder Nutzung erforderlich ist

1. für Zwecke der Werbung für eigene Angebote der verantwortlichen Stelle, die diese Daten mit Ausnahme der Angaben zur Gruppenzugehörigkeit beim Betroffenen nach Absatz 1 Satz 1 Nummer 1 oder aus allgemein zugänglichen Adress-, Rufnummern-, Branchen- oder vergleichbaren Verzeichnissen erhoben hat,

2. für Zwecke der Werbung im Hinblick auf die berufliche Tätigkeit des Betroffenen und unter seiner beruflichen Anschrift oder

3. für Zwecke der Werbung für Spenden, die nach § 10b Absatz 1 und § 34g des Einkommensteuergesetzes steuerbegünstigt sind.

Für Zwecke nach Satz 2 Nummer 1 darf die verantwortliche Stelle zu den dort genannten Daten weitere Daten hinzuspeichern. Zusammengefasste personenbezogene Daten nach Satz 2 dürfen auch dann für Zwecke der Werbung übermittelt werden, wenn die Übermittlung nach Maßgabe des § 34 Absatz 1a Satz 1 gespeichert wird; in diesem Fall muss die Stelle, die die Daten erstmalig erhoben hat, aus der Werbung eindeutig hervorgehen.

Unabhängig vom Vorliegen der Voraussetzungen des Satzes 2 dürfen personenbezogene Daten für Zwecke der Werbung für fremde Angebote genutzt werden, wenn für den Betroffenen bei der Ansprache zum Zwecke der Werbung die für die Nutzung der Daten verantwortliche Stelle eindeutig erkennbar ist. Eine Verarbeitung oder Nutzung nach den Sätzen 2 bis 4 ist nur zulässig, soweit schutzwürdige Interessen des Betroffenen nicht entgegenstehen. Nach den Sätzen 1, 2 und 4 übermittelte Daten dürfen nur für den Zweck verarbeitet oder genutzt werden, für den sie übermittelt worden sind.

(3a) Wird die Einwilligung nach § 4a Absatz 1 Satz 3 in anderer Form als der Schriftform erteilt, hat die verantwortliche Stelle dem Betroffenen den Inhalt der Einwilligung schriftlich zu bestätigen, es sei denn, dass die Einwilligung elektronisch erklärt wird und die verantwortliche Stelle sicherstellt, dass die Einwilligung protokolliert wird und der Betroffene deren Inhalt jederzeit abrufen und die Einwilligung jederzeit mit Wirkung für die Zukunft widerrufen kann. Soll die Einwilligung zusammen mit anderen Erklärungen schriftlich erteilt werden, ist sie in drucktechnisch deutlicher Gestaltung besonders hervorzuheben.

(3b) Die verantwortliche Stelle darf den Abschluss eines Vertrags nicht von einer Einwilligung des Betroffenen nach Absatz 3 Satz 1 abhängig machen, wenn dem Betroffenen ein anderer Zugang zu gleichwertigen vertraglichen Leistungen ohne die Einwilligung nicht oder nicht in zumutbarer Weise möglich ist. Eine unter solchen Umständen erteilte Einwilligung ist unwirksam.

(4) Widerspricht der Betroffene bei der verantwortlichen Stelle der Verarbeitung oder Nutzung seiner Daten für Zwecke der Werbung oder der Markt- oder Meinungsforschung, ist eine

Verarbeitung oder Nutzung für diese Zwecke unzulässig. Der Betroffene ist bei der Ansprache zum Zweck der Werbung oder der Markt- oder Meinungsforschung und in den Fällen des Absatzes 1 Satz 1 Nummer 1 auch bei Begründung des rechtsgeschäftlichen oder rechtsgeschäftsähnlichen Schuldverhältnisses über die verantwortliche Stelle sowie über das Widerspruchsrecht nach Satz 1 zu unterrichten; soweit der Ansprechende personenbezogene Daten des Betroffenen nutzt, die bei einer ihm nicht bekannten Stelle gespeichert sind, hat er auch sicherzustellen, dass der Betroffene Kenntnis über die Herkunft der Daten erhalten kann. Widerspricht der Betroffene bei dem Dritten, dem die Daten im Rahmen der Zwecke nach Absatz 3 übermittelt worden sind, der Verarbeitung oder Nutzung für Zwecke der Werbung oder der Markt- oder Meinungsforschung, hat dieser die Daten für diese Zwecke zu sperren.

In den Fällen des Absatzes 1 Satz 1 Nummer 1 darf für den Widerspruch keine strengere Form verlangt werden als für die Begründung des rechtsgeschäftlichen oder rechtsgeschäftsähnlichen Schuldverhältnisses.

(5) Der Dritte, dem die Daten übermittelt worden sind, darf diese nur für den Zweck verarbeiten oder nutzen, zu dessen Erfüllung sie ihm übermittelt werden. Eine Verarbeitung oder Nutzung für andere Zwecke ist nichtöffentlichen Stellen nur unter den Voraussetzungen der Absätze 2 und 3 und öffentlichen Stellen nur unter den Voraussetzungen des § 14 Abs. 2 erlaubt. Die übermittelnde Stelle hat ihn darauf hinzuweisen.

(6) Das Erheben, Verarbeiten und Nutzen von besonderen Arten personenbezogener Daten (§ 3 Abs. 9) für eigene Geschäftszwecke ist zulässig, soweit nicht der Betroffene nach Maßgabe des § 4a Abs. 3 eingewilligt hat, wenn

1. dies zum Schutz lebenswichtiger Interessen des Betroffenen oder eines Dritten erforderlich ist, sofern der Betroffene aus physischen oder rechtlichen Gründen außerstande ist, seine Einwilligung zu geben,

2. es sich um Daten handelt, die der Betroffene offenkundig öffentlich gemacht hat,

3. dies zur Geltendmachung, Ausübung oder Verteidigung rechtlicher Ansprüche erforderlich ist und kein Grund zu der Annahme besteht, dass das schutzwürdige Interesse des Betrof-

fenen an dem Ausschluss der Erhebung, Verarbeitung oder Nutzung überwiegt, oder

4. dies zur Durchführung wissenschaftlicher Forschung erforderlich ist, das wissenschaftliche Interesse an der Durchführung des Forschungsvorhabens das Interesse des Betroffenen an dem Ausschluss der Erhebung, Verarbeitung und Nutzung erheblich überwiegt und der Zweck der Forschung auf andere Weise nicht oder nur mit unverhältnismäßigem Aufwand erreicht werden kann.

(7) Das Erheben von besonderen Arten personenbezogener Daten (§ 3 Abs. 9) ist ferner zulässig, wenn dies zum Zweck der Gesundheitsvorsorge, der medizinischen Diagnostik, der Gesundheitsversorgung oder Behandlung oder für die Verwaltung von Gesundheitsdiensten erforderlich ist und die Verarbeitung dieser Daten durch ärztliches Personal oder durch sonstige Personen erfolgt, die einer entsprechenden Geheimhaltungspflicht unterliegen. Die Verarbeitung und Nutzung von Daten zu den in Satz 1 genannten Zwecken richtet sich nach den für die in Satz 1 genannten Personen geltenden Geheimhaltungspflichten. Werden zu einem in Satz 1 genannten Zweck Daten über die Gesundheit von Personen durch Angehörige eines anderen als in § 203 Abs. 1 und 3 des Strafgesetzbuchs genannten Berufes, dessen Ausübung die Feststellung, Heilung oder Linderung von Krankheiten oder die Herstellung oder den Vertrieb von Hilfsmitteln mit sich bringt, erhoben, verarbeitet oder genutzt, ist dies nur unter den Voraussetzungen zulässig, unter denen ein Arzt selbst hierzu befugt wäre.

(8) Für einen anderen Zweck dürfen die besonderen Arten personenbezogener Daten (§ 3 Abs. 9) nur unter den Voraussetzungen des Absatzes 6 Nr. 1 bis 4 oder des Absatzes 7 Satz 1 übermittelt oder genutzt werden. Eine Übermittlung oder Nutzung ist auch zulässig, wenn dies zur Abwehr von erheblichen Gefahren für die staatliche und öffentliche Sicherheit sowie zur Verfolgung von Straftaten von erheblicher Bedeutung erforderlich ist.

(9) Organisationen, die politisch, philosophisch, religiös oder gewerkschaftlich ausgerichtet sind und keinen Erwerbszweck verfolgen, dürfen besondere Arten personenbezogener Daten (§ 3 Abs. 9) erheben, verarbeiten oder nutzen, soweit dies für die Tätigkeit der Organisation erforderlich ist. Dies gilt nur für personenbezogene Daten ihrer Mitglieder oder von Personen, die im Zusammenhang mit deren Tätigkeitszweck regelmäßig Kontakte mit ihr unterhalten. Die Übermittlung dieser personenbezogenen Daten an Personen oder Stellen außerhalb der Organisation ist nur unter den Voraussetzungen des § 4a Abs. 3 zulässig. Absatz 2 Nummer 2 Buchstabe b gilt entsprechend.

§ 29 Geschäftsmäßige Datenerhebung und -speicherung zum Zweck der Übermittlung

(1) Das geschäftsmäßige Erheben, Speichern, Verändern oder Nutzen personenbezogener Daten zum Zweck der Übermittlung, insbesondere wenn dies der Werbung, der Tätigkeit von Auskunfteien oder dem Adresshandel dient, ist zulässig, wenn

1. kein Grund zu der Annahme besteht, dass der Betroffene ein schutzwürdiges Interesse an dem Ausschluss der Erhebung, Speicherung oder Veränderung hat,

2. die Daten aus allgemein zugänglichen Quellen entnommen werden können oder die verantwortliche Stelle sie veröffentlichen dürfte, es sei denn, dass das schutzwürdige Interesse des Betroffenen an dem Ausschluss der Erhebung, Speicherung oder Veränderung offensichtlich überwiegt, oder

3. die Voraussetzungen des § 28a Abs. 1 oder Abs. 2 erfüllt sind; Daten im Sinne von § 28a Abs. 2 Satz 4 dürfen nicht erhoben oder gespeichert werden. § 28 Absatz 1 Satz 2 und Absatz 3 bis 3b ist anzuwenden.

(2) Die Übermittlung im Rahmen der Zwecke nach Absatz 1 ist zulässig, wenn

1. der Dritte, dem die Daten übermittelt werden, ein berechtigtes Interesse an ihrer Kenntnis glaubhaft dargelegt hat und

2. kein Grund zu der Annahme besteht, dass der Betroffene ein schutzwürdiges Interesse an dem Ausschluss der Übermittlung hat. § 28 Absatz 3 bis 3b gilt entsprechend. Bei der Übermittlung nach Satz 1 Nr. 1 sind die Gründe für das Vorliegen eines berechtigten Interesses und die Art und Weise ihrer glaubhaften Darlegung von der übermittelnden Stelle aufzuzeichnen. Bei der Übermittlung im automatisierten Abrufverfahren obliegt die Aufzeichnungspflicht dem Dritten, dem die Daten übermittelt werden. Die übermittelnde Stelle hat Stichprobenverfahren nach § 10 Abs. 4 Satz 3 durchzuführen und dabei auch das Vor-

liegen eines berechtigten Interesses einzelfallbezogen festzustellen und zu überprüfen.

(3) Die Aufnahme personenbezogener Daten in elektronische oder gedruckte Adress-, Rufnummern-, Branchen- oder vergleichbare Verzeichnisse hat zu unterbleiben, wenn der entgegenstehende Wille des Betroffenen aus dem zugrunde liegenden elektronischen oder gedruckten Verzeichnis oder Register ersichtlich ist. Der Empfänger der Daten hat sicherzustellen, dass Kennzeichnungen aus elektronischen oder gedruckten Verzeichnissen oder Registern bei der Übernahme in Verzeichnisse oder Register übernommen werden.

(4) Für die Verarbeitung oder Nutzung der übermittelten Daten gilt § 28 Abs. 4 und 5.

(5) § 28 Abs. 6 bis 9 gilt entsprechend.

(6) Eine Stelle, die geschäftsmäßig personenbezogene Daten, die zur Bewertung der Kreditwürdigkeit von Verbrauchern genutzt werden dürfen, zum Zweck der Übermittlung erhebt, speichert oder verändert, hat Auskunftsverlangen von Darlehensgebern aus anderen Mitgliedstaaten der Europäischen Union oder anderen Vertragsstaaten des Abkommens über den Europäischen Wirtschaftsraum genauso zu behandeln wie Auskunftsverlangen inländischer Darlehensgeber.

(7) Wer den Abschluss eines Verbraucherdarlehensvertrags oder eines Vertrags über eine entgeltliche Finanzierungshilfe mit einem Verbraucher infolge einer Auskunft einer Stelle im Sinne des Absatzes 6 ablehnt, hat den Verbraucher unverzüglich hierüber sowie über die erhaltene Auskunft zu unterrichten. Die Unterrichtung unterbleibt, soweit hierdurch die öffentliche Sicherheit oder Ordnung gefährdet würde. § 6a bleibt unberührt.

§ 33 Benachrichtigung des Betroffenen

(1) Werden erstmals personenbezogene Daten für eigene Zwecke ohne Kenntnis des Betroffenen gespeichert, ist der Betroffene von der Speicherung, der Art der Daten, der Zweckbestimmung der Erhebung, Verarbeitung oder Nutzung und der Identität der verantwortlichen Stelle zu benachrichtigen. Werden personenbezogene Daten geschäftsmäßig zum Zweck der Übermittlung ohne Kenntnis des Betroffenen gespeichert, ist der Betroffene von der erstmaligen Übermittlung und der Art der übermittelten Daten zu benachrichtigen. Der Betroffene ist in

den Fällen der Sätze 1 und 2 auch über die Kategorien von Empfängern zu unterrichten, soweit er nach den Umständen des Einzelfalles nicht mit der Übermittlung an diese rechnen muss.

(2) Eine Pflicht zur Benachrichtigung besteht nicht, wenn

1. der Betroffene auf andere Weise Kenntnis von der Speicherung oder der Übermittlung erlangt hat,

2. die Daten nur deshalb gespeichert sind, weil sie aufgrund gesetzlicher, satzungsmäßiger oder vertraglicher Aufbewahrungsvorschriften nicht gelöscht werden dürfen oder ausschließlich der Datensicherung oder der Datenschutzkontrolle dienen und eine Benachrichtigung einen unverhältnismäßigen Aufwand erfordern würde,

3. die Daten nach einer Rechtsvorschrift oder ihrem Wesen nach, namentlich wegen des überwiegenden rechtlichen Interesses eines Dritten, geheimgehalten werden müssen,

4. die Speicherung oder Übermittlung durch Gesetz ausdrücklich vorgesehen ist,

5. die Speicherung oder Übermittlung für Zwecke der wissenschaftlichen Forschung erforderlich ist und eine Benachrichtigung einen unverhältnismäßigen Aufwand erfordern würde,

6. die zuständige öffentliche Stelle gegenüber der verantwortlichen Stelle festgestellt hat, dass das Bekanntwerden der Daten die öffentliche Sicherheit oder Ordnung gefährden oder sonst dem Wohle des Bundes oder eines Landes Nachteile bereiten würde,

7. die Daten für eigene Zwecke gespeichert sind und

a) aus allgemein zugänglichen Quellen entnommen sind und eine Benachrichtigung wegen der Vielzahl der betroffenen Fälle unverhältnismäßig ist, oder

b) die Benachrichtigung die Geschäftszwecke der verantwortlichen Stelle erheblich gefährden würde, es sei denn, dass das Interesse an der Benachrichtigung die Gefährdung überwiegt,

8. die Daten geschäftsmäßig zum Zweck der Übermittlung gespeichert sind und

a) aus allgemein zugänglichen Quellen entnommen sind, soweit sie sich auf diejenigen Personen beziehen, die diese Daten veröffentlicht haben, oder

b) es sich um listenmäßig oder sonst zusammengefasste Daten handelt (§ 29 Absatz 2 Satz 2) und eine Benachrichtigung wegen der Vielzahl der betroffenen Fälle unverhältnismäßig ist,

9. aus allgemein zugänglichen Quellen entnommene Daten geschäftsmäßig für Zwecke der Markt- oder Meinungsforschung gespeichert sind und eine Benachrichtigung wegen der Vielzahl der betroffenen Fälle unverhältnismäßig ist.

Die verantwortliche Stelle legt schriftlich fest, unter welchen Voraussetzungen von einer Benachrichtigung nach Satz 1 Nr. 2 bis 7 abgesehen wird.

III. Sportsteuerrecht

[47] Abgabenordnung (AO)

In der Fassung der Bekanntmachung vom 1. Oktober 2002 (BGBl. I S. 3866; 2003 I S. 61), die zuletzt durch Artikel 5 des Gesetzes vom 22. Dezember 2011 (BGBl. I S. 3044) geändert worden ist. – Auszug –

§ 8 Wohnsitz

Einen Wohnsitz hat jemand dort, wo er eine Wohnung unter Umständen innehat, die darauf schließen lassen, dass er die Wohnung beibehalten und benutzen wird.

§ 9 Gewöhnlicher Aufenthalt

Den gewöhnlichen Aufenthalt hat jemand dort, wo er sich unter Umständen aufhält, die erkennen lassen, dass er an diesem Ort oder in diesem Gebiet nicht nur vorübergehend verweilt. Als gewöhnlicher Aufenthalt im Geltungsbereich dieses Gesetzes ist stets und von Beginn an ein zeitlich zusammenhängender Aufenthalt von mehr als sechs Monaten Dauer anzusehen; kurzfristige Unterbrechungen bleiben unberücksichtigt. Satz 2 gilt nicht, wenn der Aufenthalt ausschließlich zu Besuchs-, Erholungs-, Kur- oder ähnlichen privaten Zwecken genommen wird und nicht länger als ein Jahr dauert.

§ 14 Wirtschaftlicher Geschäftsbetrieb

Ein wirtschaftlicher Geschäftsbetrieb ist eine selbständige nachhaltige Tätigkeit, durch die Einnahmen oder andere wirtschaftliche Vorteile erzielt werden und die über den Rahmen einer Vermögensverwaltung hinausgeht. Die Absicht, Gewinn zu erzielen, ist nicht erforderlich. Eine Vermögensverwaltung liegt in der Regel vor, wenn Vermögen genutzt, zum Beispiel Kapitalvermögen verzinslich angelegt oder unbewegliches Vermögen vermietet oder verpachtet wird.

§ 51 Allgemeines

(1) Gewährt das Gesetz eine Steuervergünstigung, weil eine Körperschaft ausschließlich und unmittelbar gemeinnützige, mildtätige oder kirchliche Zwecke (steuerbegünstigte Zwecke)

verfolgt, so gelten die folgenden Vorschriften. Unter Körperschaften sind die Körperschaften, Personenvereinigungen und Vermögensmassen im Sinne des Körperschaftsteuergesetzes zu verstehen. Funktionale Untergliederungen (Abteilungen) von Körperschaften gelten nicht als selbstständige Steuersubjekte.

(2) Werden die steuerbegünstigten Zwecke im Ausland verwirklicht, setzt die Steuervergünstigung voraus, dass natürliche Personen, die ihren Wohnsitz oder ihren gewöhnlichen Aufenthalt im Geltungsbereich dieses Gesetzes haben, gefördert werden oder die Tätigkeit der Körperschaft neben der Verwirklichung der steuerbegünstigten Zwecke auch zum Ansehen der Bundesrepublik Deutschland im Ausland beitragen kann.

(3) Eine Steuervergünstigung setzt zudem voraus, dass die Körperschaft nach ihrer Satzung und bei ihrer tatsächlichen Geschäftsführung keine Bestrebungen im Sinne des § 4 des Bundesverfassungsschutzgesetzes fördert und dem Gedanken der Völkerverständigung nicht zuwiderhandelt. Bei Körperschaften, die im Verfassungsschutzbericht des Bundes oder eines Landes als extremistische Organisation aufgeführt sind, ist widerlegbar davon auszugehen, dass die Voraussetzungen des Satzes 1 nicht erfüllt sind. Die Finanzbehörde teilt Tatsachen, die den Verdacht von Bestrebungen im Sinne des § 4 des Bundesverfassungsschutzgesetzes oder des Zuwiderhandelns gegen den Gedanken der Völkerverständigung begründen, der Verfassungsschutzbehörde mit.

§ 52 Gemeinnützige Zwecke

(1) Eine Körperschaft verfolgt gemeinnützige Zwecke, wenn ihre Tätigkeit darauf gerichtet ist, die Allgemeinheit auf materiellem, geistigem oder sittlichem Gebiet selbstlos zu fördern. Eine Förderung der Allgemeinheit ist nicht gegeben, wenn der Kreis der Personen, dem die Förderung zugute kommt, fest abgeschlossen ist, zum Beispiel Zugehörigkeit zu einer Familie oder zur Belegschaft eines Unternehmens, oder infolge seiner Abgrenzung, insbesondere nach räumlichen oder beruflichen Merkmalen, dauernd nur klein sein kann. Eine Förderung der Allgemeinheit liegt nicht allein deswegen vor, weil eine Körperschaft ihre Mittel einer Körperschaft des öffentlichen Rechts zuführt.

(2) Unter den Voraussetzungen des Absatzes 1 sind als Förderung der Allgemeinheit anzuerkennen:

[...]

21. die Förderung des Sports (Schach gilt als Sport);

Sofern der von der Körperschaft verfolgte Zweck nicht unter Satz 1 fällt, aber die Allgemeinheit auf materiellem, geistigem oder sittlichem Gebiet entsprechend selbstlos gefördert wird, kann dieser Zweck für gemeinnützig erklärt werden. Die obersten Finanzbehörden der Länder haben jeweils eine Finanzbehörde im Sinne des Finanzverwaltungsgesetzes zu bestimmen, die für Entscheidungen nach Satz 2 zuständig ist.

§ 55 Selbstlosigkeit

(1) Eine Förderung oder Unterstützung geschieht selbstlos, wenn dadurch nicht in erster Linie eigenwirtschaftliche Zwecke - zum Beispiel gewerbliche Zwecke oder sonstige Erwerbszwecke - verfolgt werden und wenn die folgenden Voraussetzungen gegeben sind:

1. Mittel der Körperschaft dürfen nur für die satzungsmäßigen Zwecke verwendet werden. Die Mitglieder oder Gesellschafter (Mitglieder im Sinne dieser Vorschriften) dürfen keine Gewinnanteile und in ihrer Eigenschaft als Mitglieder auch keine sonstigen Zuwendungen aus Mitteln der Körperschaft erhalten. Die Körperschaft darf ihre Mittel weder für die unmittelbare noch für die mittelbare Unterstützung oder Förderung politischer Parteien verwenden.

2. Die Mitglieder dürfen bei ihrem Ausscheiden oder bei Auflösung oder Aufhebung der Körperschaft nicht mehr als ihre eingezahlten Kapitalanteile und den gemeinen Wert ihrer geleisteten Sacheinlagen zurückerhalten.

3. Die Körperschaft darf keine Person durch Ausgaben, die dem Zweck der Körperschaft fremd sind, oder durch unverhältnismäßig hohe Vergütungen begünstigen.

4. Bei Auflösung oder Aufhebung der Körperschaft oder bei Wegfall ihres bisherigen Zwecks darf das Vermögen der Körperschaft, soweit es die eingezahlten Kapitalanteile der Mitglieder und den gemeinen Wert der von den Mitgliedern geleisteten Sacheinlagen übersteigt, nur für steuerbegünstigte Zwecke verwendet werden (Grundsatz der Vermögensbindung). Diese Voraussetzung ist auch erfüllt, wenn das Vermögen einer anderen

steuerbegünstigten Körperschaft oder einer Körperschaft des öffentlichen Rechts für steuerbegünstigte Zwecke übertragen werden soll.

5. Die Körperschaft muss ihre Mittel grundsätzlich zeitnah für ihre steuerbegünstigten satzungsmäßigen Zwecke verwenden. Verwendung in diesem Sinne ist auch die Verwendung der Mittel für die Anschaffung oder Herstellung von Vermögensgegenständen, die satzungsmäßigen Zwecken dienen. Eine zeitnahe Mittelverwendung ist gegeben, wenn die Mittel spätestens in dem auf den Zufluss folgenden Kalender- oder Wirtschaftsjahr für die steuerbegünstigten satzungsmäßigen Zwecke verwendet werden.

(2) Bei der Ermittlung des gemeinen Werts (Absatz 1 Nr. 2 und 4) kommt es auf die Verhältnisse zu dem Zeitpunkt an, in dem die Sacheinlagen geleistet worden sind.

(3) Die Vorschriften, die die Mitglieder der Körperschaft betreffen (Absatz 1 Nr. 1, 2 und 4), gelten bei Stiftungen für die Stifter und ihre Erben, bei Betrieben gewerblicher Art von Körperschaften des öffentlichen Rechts für die Körperschaft sinngemäß, jedoch mit der Maßgabe, dass bei Wirtschaftsgütern, die nach § 6 Absatz 1 Nummer 4 Satz 4 des Einkommensteuergesetzes aus einem Betriebsvermögen zum Buchwert entnommen worden sind, an die Stelle des gemeinen Werts der Buchwert der Entnahme tritt.

§ 56 Ausschließlichkeit

Ausschließlichkeit liegt vor, wenn eine Körperschaft nur ihre steuerbegünstigten satzungsmäßigen Zwecke verfolgt.

§ 57 Unmittelbarkeit

(1) Eine Körperschaft verfolgt unmittelbar ihre steuerbegünstigten satzungsmäßigen Zwecke, wenn sie selbst diese Zwecke verwirklicht. Das kann auch durch Hilfspersonen geschehen, wenn nach den Umständen des Falls, insbesondere nach den rechtlichen und tatsächlichen Beziehungen, die zwischen der Körperschaft und der Hilfsperson bestehen, das Wirken der Hilfsperson wie eigenes Wirken der Körperschaft anzusehen ist.

(2) Eine Körperschaft, in der steuerbegünstigte Körperschaften zusammengefasst sind, wird einer Körperschaft, die unmittelbar steuerbegünstigte Zwecke verfolgt, gleichgestellt.

§ 58 Steuerlich unschädliche Betätigungen

Die Steuervergünstigung wird nicht dadurch ausgeschlossen, dass

1. eine Körperschaft Mittel für die Verwirklichung der steuerbegünstigten Zwecke einer anderen Körperschaft oder für die Verwirklichung steuerbegünstigter Zwecke durch eine Körperschaft des öffentlichen Rechts beschafft; die Beschaffung von Mitteln für eine unbeschränkt steuerpflichtige Körperschaft des privaten Rechts setzt voraus, dass diese selbst steuerbegünstigt ist,

2. eine Körperschaft ihre Mittel teilweise einer anderen, ebenfalls steuerbegünstigten Körperschaft oder einer Körperschaft des öffentlichen Rechts zur Verwendung zu steuerbegünstigten Zwecken zuwendet,

3. eine Körperschaft ihre Arbeitskräfte anderen Personen, Unternehmen, Einrichtungen oder einer Körperschaft des öffentlichen Rechts für steuerbegünstigte Zwecke zur Verfügung stellt,

4. eine Körperschaft ihr gehörende Räume einer anderen, ebenfalls steuerbegünstigten Körperschaft oder einer Körperschaft des öffentlichen Rechts zur Nutzung zu steuerbegünstigten Zwecken überlässt,

5. eine Stiftung einen Teil, jedoch höchstens ein Drittel ihres Einkommens dazu verwendet, um in angemessener Weise den Stifter und seine nächsten Angehörigen zu unterhalten, ihre Gräber zu pflegen und ihr Andenken zu ehren,

6. eine Körperschaft ihre Mittel ganz oder teilweise einer Rücklage zuführt, soweit dies erforderlich ist, um ihre steuerbegünstigten satzungsmäßigen Zwecke nachhaltig erfüllen zu können,

7. a) eine Körperschaft höchstens ein Drittel des Überschusses der Einnahmen über die Unkosten aus Vermögensverwaltung und darüber hinaus höchstens 10 Prozent ihrer sonstigen nach § 55 Abs. 1 Nr. 5 zeitnah zu verwendenden Mittel einer freien Rücklage zuführt,

b) eine Körperschaft Mittel zum Erwerb von Gesellschaftsrechten zur Erhaltung der prozentualen Beteiligung an Kapitalgesellschaften ansammelt oder im Jahr des Zuflusses verwendet; diese Beträge sind auf die nach Buchstabe a in demselben Jahr oder künftig zulässigen Rücklagen anzurechnen,

8. eine Körperschaft gesellige Zusammenkünfte veranstaltet, die im Vergleich zu ihrer steuerbegünstigten Tätigkeit von untergeordneter Bedeutung sind,

9. ein Sportverein neben dem unbezahlten auch den bezahlten Sport fördert,

10. eine von einer Gebietskörperschaft errichtete Stiftung zur Erfüllung ihrer steuerbegünstigten Zwecke Zuschüsse an Wirtschaftsunternehmen vergibt,

11. eine Körperschaft folgende Mittel ihrem Vermögen zuführt:

a) Zuwendungen von Todes wegen, wenn der Erblasser keine Verwendung für den laufenden Aufwand der Körperschaft vorgeschrieben hat,

b) Zuwendungen, bei denen der Zuwendende ausdrücklich erklärt, dass sie zur Ausstattung der Körperschaft mit Vermögen oder zur Erhöhung des Vermögens bestimmt sind,

c) Zuwendungen auf Grund eines Spendenaufrufs der Körperschaft, wenn aus dem Spendenaufruf ersichtlich ist, dass Beträge zur Aufstockung des Vermögens erbeten werden,

d) Sachzuwendungen, die ihrer Natur nach zum Vermögen gehören,

12. eine Stiftung im Jahr ihrer Errichtung und in den zwei folgenden Kalenderjahren Überschüsse aus der Vermögensverwaltung und die Gewinne aus wirtschaftlichen Geschäftsbetrieben (§ 14) ganz oder teilweise ihrem Vermögen zuführt.

§ 59 Voraussetzung der Steuervergünstigung

Die Steuervergünstigung wird gewährt, wenn sich aus der Satzung, dem Stiftungsgeschäft oder der sonstigen Verfassung (Satzung im Sinne dieser Vorschriften) ergibt, welchen Zweck die Körperschaft verfolgt, dass dieser Zweck den Anforderungen der §§ 52 bis 55 entspricht und dass er ausschließlich und unmittelbar verfolgt wird; die tatsächliche Geschäftsführung muss diesen Satzungsbestimmungen entsprechen.

§ 60 Anforderungen an die Satzung

(1) Die Satzungszwecke und die Art ihrer Verwirklichung müssen so genau bestimmt sein, dass auf Grund der Satzung geprüft werden kann, ob die satzungsmäßigen Voraussetzungen für Steuervergünstigungen gegeben sind. Die Satzung muss die in der Anlage 1 bezeichneten Festlegungen enthalten.

(2) Die Satzung muss den vorgeschriebenen Erfordernissen bei der Körperschaftsteuer und bei der Gewerbesteuer während des ganzen Veranlagungs- oder Bemessungszeitraums, bei den anderen Steuern im Zeitpunkt der Entstehung der Steuer entsprechen.

§ 61 Satzungsmäßige Vermögensbindung

(1) Eine steuerlich ausreichende Vermögensbindung (§ 55 Abs. 1 Nr. 4) liegt vor, wenn der Zweck, für den das Vermögen bei Auflösung oder Aufhebung der Körperschaft oder bei Wegfall ihres bisherigen Zwecks verwendet werden soll, in der Satzung so genau bestimmt ist, dass auf Grund der Satzung geprüft werden kann, ob der Verwendungszweck steuerbegünstigt ist.

(2) (weggefallen)

(3) Wird die Bestimmung über die Vermögensbindung nachträglich so geändert, dass sie den Anforderungen des § 55 Abs. 1 Nr. 4 nicht mehr entspricht, so gilt sie von Anfang an als steuerlich nicht ausreichend. § 175 Abs. 1 Satz 1 Nr. 2 ist mit der Maßgabe anzuwenden, dass Steuerbescheide erlassen, aufgehoben oder geändert werden können, soweit sie Steuern betreffen, die innerhalb der letzten zehn Kalenderjahre vor der Änderung der Bestimmung über die Vermögensbindung entstanden sind.

§ 63 Anforderungen an die tatsächliche Geschäftsführung

(1) Die tatsächliche Geschäftsführung der Körperschaft muss auf die ausschließliche und unmittelbare Erfüllung der steuerbegünstigten Zwecke gerichtet sein und den Bestimmungen entsprechen, die die Satzung über die Voraussetzungen für Steuervergünstigungen enthält.

(2) Für die tatsächliche Geschäftsführung gilt sinngemäß § 60 Abs. 2, für eine Verletzung der Vorschrift über die Vermögensbindung § 61 Abs. 3.

(3) Die Körperschaft hat den Nachweis, dass ihre tatsächliche Geschäftsführung den Erfordernissen des Absatzes 1 entspricht, durch ordnungsmäßige Aufzeichnungen über ihre Einnahmen und Ausgaben zu führen.

(4) Hat die Körperschaft Mittel angesammelt, ohne dass die Voraussetzungen des § 58 Nr. 6 und 7 vorliegen, kann das Fi-

nanzamt ihr eine Frist für die Verwendung der Mittel setzen. Die tatsächliche Geschäftsführung gilt als ordnungsgemäß im Sinne des Absatzes 1, wenn die Körperschaft die Mittel innerhalb der Frist für steuerbegünstigte Zwecke verwendet.

§ 64 Steuerpflichtige wirtschaftliche Geschäftsbetriebe

(1) Schließt das Gesetz die Steuervergünstigung insoweit aus, als ein wirtschaftlicher Geschäftsbetrieb (§ 14) unterhalten wird, so verliert die Körperschaft die Steuervergünstigung für die dem Geschäftsbetrieb zuzuordnenden Besteuerungsgrundlagen (Einkünfte, Umsätze, Vermögen), soweit der wirtschaftliche Geschäftsbetrieb kein Zweckbetrieb (§§ 65 bis 68) ist.

(2) Unterhält die Körperschaft mehrere wirtschaftliche Geschäftsbetriebe, die keine Zweckbetriebe (§§ 65 bis 68) sind, werden diese als ein wirtschaftlicher Geschäftsbetrieb behandelt.

(3) Übersteigen die Einnahmen einschließlich Umsatzsteuer aus wirtschaftlichen Geschäftsbetrieben, die keine Zweckbetriebe sind, insgesamt nicht 35.000 Euro im Jahr, so unterliegen die diesen Geschäftsbetrieben zuzuordnenden Besteuerungsgrundlagen nicht der Körperschaftsteuer und der Gewerbesteuer.

(4) Die Aufteilung einer Körperschaft in mehrere selbständige Körperschaften zum Zweck der mehrfachen Inanspruchnahme der Steuervergünstigung nach Absatz 3 gilt als Missbrauch von rechtlichen Gestaltungsmöglichkeiten im Sinne des § 42.

(5) Überschüsse aus der Verwertung unentgeltlich erworbenen Altmaterials außerhalb einer ständig dafür vorgehaltenen Verkaufsstelle, die der Körperschaftsteuer und der Gewerbesteuer unterliegen, können in Höhe des branchenüblichen Reingewinns geschätzt werden.

(6) Bei den folgenden steuerpflichtigen wirtschaftlichen Geschäftsbetrieben kann der Besteuerung ein Gewinn von 15 Prozent der Einnahmen zugrunde gelegt werden:

1. Werbung für Unternehmen, die im Zusammenhang mit der steuerbegünstigten Tätigkeit einschließlich Zweckbetrieben stattfindet,
2. Totalisatorbetriebe,
3. Zweite Fraktionierungsstufe der Blutspendedienste.

§ 65 Zweckbetrieb

Ein Zweckbetrieb ist gegeben, wenn

1. der wirtschaftliche Geschäftsbetrieb in seiner Gesamtrichtung dazu dient, die steuerbegünstigten satzungsmäßigen Zwecke der Körperschaft zu verwirklichen,
2. die Zwecke nur durch einen solchen Geschäftsbetrieb erreicht werden können und
3. der wirtschaftliche Geschäftsbetrieb zu nicht begünstigten Betrieben derselben oder ähnlicher Art nicht in größerem Umfang in Wettbewerb tritt, als es bei Erfüllung der steuerbegünstigten Zwecke unvermeidbar ist.

§ 66 Wohlfahrtspflege

(1) Eine Einrichtung der Wohlfahrtspflege ist ein Zweckbetrieb, wenn sie in besonderem Maß den in § 53 genannten Personen dient.

(2) Wohlfahrtspflege ist die planmäßige, zum Wohle der Allgemeinheit und nicht des Erwerbs wegen ausgeübte Sorge für notleidende oder gefährdete Mitmenschen. Die Sorge kann sich auf das gesundheitliche, sittliche, erzieherische oder wirtschaftliche Wohl erstrecken und Vorbeugung oder Abhilfe bezwecken.

(3) Eine Einrichtung der Wohlfahrtspflege dient in besonderem Maße den in § 53 genannten Personen, wenn diesen mindestens zwei Drittel ihrer Leistungen zugute kommen. Für Krankenhäuser gilt § 67.

§ 67a Sportliche Veranstaltungen

(1) Sportliche Veranstaltungen eines Sportvereins sind ein Zweckbetrieb, wenn die Einnahmen einschließlich Umsatzsteuer insgesamt 35.000 Euro im Jahr nicht übersteigen. Der Verkauf von Speisen und Getränken sowie die Werbung gehören nicht zu den sportlichen Veranstaltungen.

(2) Der Sportverein kann dem Finanzamt bis zur Unanfechtbarkeit des Körperschaftsteuerbescheids erklären, dass er auf die Anwendung des Absatzes 1 Satz 1 verzichtet. Die Erklärung bindet den Sportverein für mindestens fünf Veranlagungszeiträume.

(3) Wird auf die Anwendung des Absatzes 1 Satz 1 verzichtet, sind sportliche Veranstaltungen eines Sportvereins ein Zweckbetrieb, wenn

1. kein Sportler des Vereins teilnimmt, der für seine sportliche Betätigung oder für die Benutzung seiner Person, seines Namens, seines Bildes oder seiner sportlichen Betätigung zu Werbezwecken von dem Verein oder einem Dritten über eine Aufwandsentschädigung hinaus Vergütungen oder andere Vorteile erhält und

2. kein anderer Sportler teilnimmt, der für die Teilnahme an der Veranstaltung von dem Verein oder einem Dritten im Zusammenwirken mit dem Verein über eine Aufwandsentschädigung hinaus Vergütungen oder andere Vorteile erhält.

Andere sportliche Veranstaltungen sind ein steuerpflichtiger wirtschaftlicher Geschäftsbetrieb. Dieser schließt die Steuervergünstigung nicht aus, wenn die Vergütungen oder andere Vorteile ausschließlich aus wirtschaftlichen Geschäftsbetrieben, die nicht Zweckbetriebe sind, oder von Dritten geleistet werden.

[48] Einkommensteuergesetz (EStG)

In der Fassung vom 8. Oktober 2009 (BGBl. I S. 3366, 3862), das zuletzt durch Artikel 20 des Gesetzes vom 20. Dezember 2011 (BGBl. I S. 2854) geändert worden ist. – Auszug –

§ 2 Umfang der Besteuerung, Begriffsbestimmungen

(1) Der Einkommensteuer unterliegen

1. Einkünfte aus Land- und Forstwirtschaft,
2. Einkünfte aus Gewerbebetrieb,
3. Einkünfte aus selbständiger Arbeit,
4. Einkünfte aus nichtselbständiger Arbeit,
5. Einkünfte aus Kapitalvermögen,
6. Einkünfte aus Vermietung und Verpachtung,
7. sonstige Einkünfte im Sinne des § 22,

die der Steuerpflichtige während seiner unbeschränkten Einkommensteuerpflicht oder als inländische Einkünfte während seiner beschränkten Einkommensteuerpflicht erzielt. Zu welcher Einkunftsart die Einkünfte im einzelnen Fall gehören, bestimmt sich nach den §§ 13 bis 24.

(2) Einkünfte sind

1. bei Land- und Forstwirtschaft, Gewerbebetrieb und selbständiger Arbeit der Gewinn (§§ 4 bis 7k und 13a),
2. bei den anderen Einkunftsarten der Überschuss der Einnahmen über die Werbungskosten (§§ 8 bis 9a).

Bei Einkünften aus Kapitalvermögen tritt § 20 Absatz 9 vorbehaltlich der Regelung in § 32d Absatz 2 an die Stelle der §§ 9 und 9a.

(3) Die Summe der Einkünfte, vermindert um den Altersentlastungsbetrag, den Entlastungsbetrag für Alleinerziehende und den Abzug nach § 13 Absatz 3, ist der Gesamtbetrag der Einkünfte.

(4) Der Gesamtbetrag der Einkünfte, vermindert um die Sonderausgaben und die außergewöhnlichen Belastungen, ist das Einkommen.

(5) Das Einkommen, vermindert um die Freibeträge nach § 32 Absatz 6 und um die sonstigen vom Einkommen abzuziehenden Beträge, ist das zu versteuernde Einkommen; dieses bildet die Bemessungsgrundlage für die tarifliche Einkommensteuer. Knüpfen andere Gesetze an den Begriff des zu versteuernden

Einkommens an, ist für deren Zweck das Einkommen in allen Fällen des § 32 um die Freibeträge nach § 32 Absatz 6 zu vermindern.

(5a) Knüpfen außersteuerliche Rechtsnormen an die in den vorstehenden Absätzen definierten Begriffe (Einkünfte, Summe der Einkünfte, Gesamtbetrag der Einkünfte, Einkommen, zu versteuerndes Einkommen) an, erhöhen sich für deren Zwecke diese Größen um die nach § 32d Absatz 1 und nach § 43 Absatz 5 zu besteuernden Beträge sowie um die nach § 3 Nummer 40 steuerfreien Beträge und mindern sich um die nach § 3c Absatz 2 nicht abziehbaren Beträge.

(5b) Soweit Rechtsnormen dieses Gesetzes an die in den vorstehenden Absätzen definierten Begriffe (Einkünfte, Summe der Einkünfte, Gesamtbetrag der Einkünfte, Einkommen, zu versteuerndes Einkommen) anknüpfen, sind Kapitalerträge nach § 32d Absatz 1 und § 43 Absatz 5 nicht einzubeziehen. [2]Satz 1 gilt nicht in den Fällen

1. des § 10b Absatz 1, wenn der Steuerpflichtige dies beantragt, sowie
2. des § 32 Absatz 4 Satz 2, des § 32d Absatz 2 und 6, des § 33 Absatz 3 und des § 33a Absatz 1 Satz 5 und Absatz 2 Satz 2.

(6) Die tarifliche Einkommensteuer, vermindert um die anzurechnenden ausländischen Steuern und die Steuerermäßigungen, vermehrt um die Steuer nach § 32d Absatz 3 und 4, die Steuer nach § 34c Absatz 5 und den Zuschlag nach § 3 Absatz 4 Satz 2 des Forstschäden-Ausgleichsgesetzes in der Fassung der Bekanntmachung vom 26. August 1985 (BGBl. I S. 1756), das zuletzt durch Artikel 18 des Gesetzes vom 19. Dezember 2008 (BGBl. I S. 2794) geändert worden ist, in der jeweils geltenden Fassung, ist die festzusetzende Einkommensteuer. Wurde der Gesamtbetrag der Einkünfte in den Fällen des § 10a Absatz 2 um Sonderausgaben nach § 10a Absatz 1 gemindert, ist für die Ermittlung der festzusetzenden Einkommensteuer der Anspruch auf Zulage nach Abschnitt XI der tariflichen Einkommensteuer hinzuzurechnen; bei der Ermittlung der dem Steuerpflichtigen zustehenden Zulage bleibt die Erhöhung der Grundzulage nach § 84 Satz 2 außer Betracht. Wird das Einkommen in den Fällen des § 31 um die Freibeträge nach § 32 Absatz 6 gemindert, ist der Anspruch auf Kindergeld nach Abschnitt X der tariflichen Einkommensteuer hinzuzurechnen.

(7) Die Einkommensteuer ist eine Jahressteuer. [2]Die Grundlagen für ihre Festsetzung sind jeweils für ein Kalenderjahr zu ermitteln. [3]Besteht während eines Kalenderjahres sowohl unbeschränkte als auch beschränkte Einkommensteuerpflicht, so sind die während der beschränkten Einkommensteuerpflicht erzielten inländischen Einkünfte in eine Veranlagung zur unbeschränkten Einkommensteuerpflicht einzubeziehen.

§ 3

Steuerfrei sind

(...)

26. Einnahmen aus nebenberuflichen Tätigkeiten als Übungsleiter, Ausbilder, Erzieher, Betreuer oder vergleichbaren nebenberuflichen Tätigkeiten, aus nebenberuflichen künstlerischen Tätigkeiten oder der nebenberuflichen Pflege alter, kranker oder behinderter Menschen im Dienst oder im Auftrag einer juristischen Person des öffentlichen Rechts, die in einem Mitgliedstaat der Europäischen Union oder in einem Staat belegen ist, auf den das Abkommen über den Europäischen Wirtschaftsraum Anwendung findet, oder einer unter § 5 Absatz 1 Nummer 9 des Körperschaftsteuergesetzes fallenden Einrichtung zur Förderung gemeinnütziger, mildtätiger und kirchlicher Zwecke (§§ 52 bis 54 der Abgabenordnung) bis zur Höhe von insgesamt 2 100 Euro im Jahr. 2Überschreiten die Einnahmen für die in Satz 1 bezeichneten Tätigkeiten den steuerfreien Betrag, dürfen die mit den nebenberuflichen

Tätigkeiten in unmittelbarem wirtschaftlichen Zusammenhang stehenden Ausgaben abweichend von § 3c nur insoweit als Betriebsausgaben oder Werbungskosten abgezogen werden, als sie den Betrag der steuerfreien Einnahmen übersteigen;

26a. Einnahmen aus nebenberuflichen Tätigkeiten im Dienst oder Auftrag einer juristischen Person des öffentlichen Rechts, die in einem Mitgliedstaat der Europäischen Union oder in einem Staat belegen ist, auf den das Abkommen über den Europäischen Wirtschaftsraum Anwendung findet, oder einer unter § 5 Absatz 1 Nummer 9 des Körperschaftsteuergesetzes fallenden Einrichtung zur Förderung gemeinnütziger, mildtätiger und kirchlicher Zwecke (§§ 52 bis 54 der Abgabenordnung) bis zur Höhe von insgesamt 500 Euro im Jahr. Die Steuerbefreiung ist ausgeschlossen, wenn für die Einnahmen aus der Tätigkeit –

ganz oder teilweise – eine Steuerbefreiung nach § 3 Nummer 12, 26 oder 26b gewährt wird. Überschreiten die Einnahmen für die in Satz 1 bezeichneten Tätigkeiten den steuerfreien Betrag, dürfen die mit den nebenberuflichen Tätigkeiten in unmittelbarem wirtschaftlichen Zusammenhang stehenden Ausgaben abweichend von § 3c nur insoweit als Betriebsausgaben oder Werbungskosten abgezogen werden, als sie den Betrag der steuerfreien Einnahmen übersteigen

§ 4 Gewinnbegriff im Allgemeinen

(1) [1]Gewinn ist der Unterschiedsbetrag zwischen dem Betriebsvermögen am Schluss des Wirtschaftsjahres und dem Betriebsvermögen am Schluss des vorangegangenen Wirtschaftsjahres, vermehrt um den Wert der Entnahmen und vermindert um den Wert der Einlagen. [2]Entnahmen sind alle Wirtschaftsgüter (Barentnahmen, Waren, Erzeugnisse, Nutzungen und Leistungen), die der Steuerpflichtige dem Betrieb für sich, für seinen Haushalt oder für andere betriebsfremde Zwecke im Laufe des Wirtschaftsjahres entnommen hat. [3]Einer Entnahme für betriebsfremde Zwecke steht der Ausschluss oder die Beschränkung des Besteuerungsrechts der Bundesrepublik Deutschland hinsichtlich des Gewinns aus der Veräußerung oder der Nutzung eines Wirtschaftsguts gleich. [4]Ein Ausschluss oder eine Beschränkung des Besteuerungsrechts hinsichtlich des Gewinns aus der Veräußerung eines Wirtschaftsguts liegt insbesondere vor, wenn ein bisher einer inländischen Betriebsstätte des Steuerpflichtigen zuzuordnendes Wirtschaftsgut einer ausländischen Betriebsstätte zuzuordnen ist. [5]Satz 3 gilt nicht für Anteile an einer Europäischen Gesellschaft oder Europäischen Genossenschaft in den Fällen

1. einer Sitzverlegung der Europäischen Gesellschaft nach Artikel 8 der Verordnung (EG) Nr. 2157/2001 des Rates vom 8. Oktober 2001 über das Statut der Europäischen Gesellschaft (SE) (ABl. EG Nr. L 294 S. 1), zuletzt geändert durch die Verordnung (EG) Nr. 885/2004 des Rates vom 26. April 2004 (ABl. EU Nr. L 168 S. 1), und
2. einer Sitzverlegung der Europäischen Genossenschaft nach Artikel 7 der Verordnung (EG) Nr. 1435/2003 des Rates vom 22. Juli 2003 über das Statut der Europäischen Genossenschaft (SCE) (ABl. EU Nr. L 207 S. 1).

[6]Ein Wirtschaftsgut wird nicht dadurch entnommen, dass der Steuerpflichtige zur Gewinnermittlung nach § 13a übergeht. [7]Eine Änderung der Nutzung eines Wirtschaftsguts, die bei Gewinnermittlung nach Satz 1 keine Entnahme ist, ist auch bei Gewinnermittlung nach § 13a keine Entnahme. [8]Einlagen sind alle Wirtschaftsgüter (Bareinzahlungen und sonstige Wirtschaftsgüter), die der Steuerpflichtige dem Betrieb im Laufe des Wirtschaftsjahres zugeführt hat; einer Einlage steht die Begründung des Besteuerungsrechts der Bundesrepublik Deutschland hinsichtlich des Gewinns aus der Veräußerung eines Wirtschaftsguts gleich. [9]Bei der Ermittlung des Gewinns sind die Vorschriften über die Betriebsausgaben, über die Bewertung und über die Absetzung für Abnutzung oder Substanzverringerung zu befolgen.

(2) [1]Der Steuerpflichtige darf die Vermögensübersicht (Bilanz) auch nach ihrer Einreichung beim Finanzamt ändern, soweit sie den Grundsätzen ordnungsmäßiger Buchführung unter Befolgung der Vorschriften dieses Gesetzes nicht entspricht; diese Änderung ist nicht zulässig, wenn die Vermögensübersicht (Bilanz) einer Steuerfestsetzung zugrunde liegt, die nicht mehr aufgehoben oder geändert werden kann. [2]Darüber hinaus ist eine Änderung der Vermögensübersicht (Bilanz) nur zulässig, wenn sie in einem engen zeitlichen und sachlichen Zusammenhang mit einer Änderung nach Satz 1 steht und soweit die Auswirkung der Änderung nach Satz 1 auf den Gewinn reicht.

(3) [1]Steuerpflichtige, die nicht auf Grund gesetzlicher Vorschriften verpflichtet sind, Bücher zu führen und regelmäßig Abschlüsse zu machen, und die auch keine Bücher führen und keine Abschlüsse machen, können als Gewinn den Überschuss der Betriebseinnahmen über die Betriebsausgaben ansetzen. [2]Hierbei scheiden Betriebseinnahmen und Betriebsausgaben aus, die im Namen und für Rechnung eines anderen vereinnahmt und verausgabt werden (durchlaufende Posten). [3]Die Vorschriften über die Bewertungsfreiheit für geringwertige Wirtschaftsgüter (§ 6 Absatz 2), die Bildung eines Sammelpostens (§ 6 Absatz 2a) und über die Absetzung für Abnutzung oder Substanzverringerung sind zu befolgen. [4]Die Anschaffungs- oder Herstellungskosten für nicht abnutzbare Wirtschaftsgüter des Anlagevermögens, für Anteile an Kapitalgesellschaften, für Wertpapiere und vergleichbare nicht verbriefte Forderungen und Rechte, für Grund und Boden sowie Gebäude des Umlaufvermögens sind erst im Zeitpunkt des Zuflusses des Veräußerungserlöses oder bei Entnahme im Zeitpunkt der Entnahme als Betriebsausgaben zu berücksichtigen. [5]Die Wirtschaftsgüter des Anlagevermögens und Wirtschaftsgüter des Umlaufvermögens im Sinne des Satzes 4 sind unter Angabe des Tages der Anschaffung oder Herstellung und der Anschaffungs- oder Herstellungskosten oder des an deren Stelle getretenen Werts in besondere, laufend zu führende Verzeichnisse aufzunehmen.

(4) Betriebsausgaben sind die Aufwendungen, die durch den Betrieb veranlasst sind.

(4a) [1]Schuldzinsen sind nach Maßgabe der Sätze 2 bis 4 nicht abziehbar, wenn Überentnahmen getätigt worden sind. [2]Eine Überentnahme ist der Betrag, um den die Entnahmen die Summe des Gewinns und der Einlagen des Wirtschaftsjahres übersteigen. [3]Die nicht abziehbaren Schuldzinsen werden typisiert mit 6 Prozent der Überentnahme des Wirtschaftsjahres zuzüglich der Überentnahmen vorangegangener Wirtschaftsjahre und abzüglich der Beträge, um die in den vorangegangenen Wirtschaftsjahren der Gewinn und die Einlagen die Entnahmen überstiegen haben (Unterentnahmen), ermittelt; bei der Ermittlung der Überentnahme ist vom Gewinn ohne Berücksichtigung der nach Maßgabe dieses Absatzes nicht abziehbaren Schuldzinsen auszugehen. [4]Der sich dabei ergebende Betrag, höchstens jedoch der um 2 050 Euro verminderte Betrag der im Wirtschaftsjahr angefallenen Schuldzinsen, ist dem Gewinn hinzuzurechnen. [5]Der Abzug von Schuldzinsen für Darlehen zur Finanzierung von Anschaffungs- oder Herstellungskosten von Wirtschaftsgütern des Anlagevermögens bleibt unberührt. [6]Die Sätze 1 bis 5 sind bei Gewinnermittlung nach § 4 Absatz 3 sinngemäß anzuwenden; hierzu sind Entnahmen und Einlagen gesondert aufzuzeichnen.

(5) [1]Die folgenden Betriebsausgaben dürfen den Gewinn nicht mindern:

1. Aufwendungen für Geschenke an Personen, die nicht Arbeitnehmer des Steuerpflichtigen sind. [2]Satz 1 gilt nicht, wenn die Anschaffungs- oder Herstellungskosten der dem Empfänger im Wirtschaftsjahr zugewendeten Gegenstände insgesamt 35 Euro nicht übersteigen;

2. Aufwendungen für die Bewirtung von Personen aus geschäftlichem Anlass, soweit sie 70 Prozent der Aufwendungen übersteigen, die nach der allgemeinen Verkehrsauffassung als angemessen anzusehen und deren Höhe und betriebliche Veranlassung nachgewiesen sind. [2]Zum Nachweis der Höhe und der betrieblichen Veranlassung der Aufwendungen hat der Steuerpflichtige schriftlich die folgenden Angaben zu machen: Ort, Tag, Teilnehmer und Anlass der Bewirtung sowie Höhe der Aufwendungen. [3]Hat die Bewirtung in einer Gaststätte stattgefunden, so genügen Angaben zu dem Anlass und den Teilnehmern der Bewirtung; die Rechnung über die Bewirtung ist beizufügen;

3. Aufwendungen für Einrichtungen des Steuerpflichtigen, soweit sie der Bewirtung, Beherbergung oder Unterhaltung von Personen, die nicht Arbeitnehmer des Steuerpflichtigen sind, dienen (Gästehäuser) und sich außerhalb des Orts eines Betriebs des Steuerpflichtigen befinden;

4. Aufwendungen für Jagd oder Fischerei, für Segeljachten oder Motorjachten sowie für ähnliche Zwecke und für die hiermit zusammenhängenden Bewirtungen;

5. Mehraufwendungen für die Verpflegung des Steuerpflichtigen, soweit in den folgenden Sätzen nichts anderes bestimmt ist. [2]Wird der Steuerpflichtige vorübergehend von seiner Wohnung und dem Mittelpunkt seiner dauerhaft angelegten betrieblichen Tätigkeit entfernt betrieblich tätig, ist für jeden Kalendertag, an dem der Steuerpflichtige wegen dieser vorübergehenden Tätigkeit von seiner Wohnung und seinem Tätigkeitsmittelpunkt

a) 24 Stunden abwesend ist, ein Pauschbetrag von 24 Euro,

b) weniger als 24 Stunden, aber mindestens 14 Stunden abwesend ist, ein Pauschbetrag von 12 Euro,

c) weniger als 14 Stunden, aber mindestens 8 Stunden abwesend ist, ein Pauschbetrag von 6 Euro abzuziehen; eine Tätigkeit, die nach 16 Uhr begonnen und vor 8 Uhr des nachfolgenden Kalendertags beendet wird, ohne dass eine Übernachtung stattfindet, ist mit der gesamten Abwesenheitsdauer dem Kalendertag der überwiegenden Abwesenheit zuzurechnen. [3]Wird der Steuerpflichtige bei seiner individuellen betrieblichen Tätigkeit typischerweise nur an ständig wechselnden Tätigkeitsstätten oder auf einem Fahrzeug tätig, gilt Satz 2 entsprechend; dabei ist allein die Dauer der Abwesenheit von der Wohnung maßgebend. [4]Bei einer Tätigkeit im Ausland treten an die Stelle der

Pauschbeträge nach Satz 2 länderweise unterschiedliche Pauschbeträge, die für die Fälle der Buchstaben a, b und c mit 120, 80 und 40 Prozent der höchsten Auslandstagegelder nach dem Bundesreisekostengesetz vom Bundesministerium der Finanzen im Einvernehmen mit den obersten Finanzbehörden der Länder aufgerundet auf volle Euro festgesetzt werden; dabei bestimmt sich der Pauschbetrag nach dem Ort, den der Steuerpflichtige vor 24 Uhr Ortszeit zuletzt erreicht, oder, wenn dieser Ort im Inland liegt nach dem letzten Tätigkeitsort im Ausland. [5]Bei einer längerfristigen vorübergehenden Tätigkeit an derselben Tätigkeitsstätte beschränkt sich der pauschale Abzug nach Satz 2 auf die ersten drei Monate. [6]Die Abzugsbeschränkung nach Satz 1, die Pauschbeträge nach den Sätzen 2 und 4 sowie die Dreimonatsfrist nach Satz 5 gelten auch für den Abzug von Verpflegungsmehraufwendungen bei einer aus betrieblichem Anlass begründeten doppelten Haushaltsführung; dabei ist für jeden Kalendertag innerhalb der Dreimonatsfrist, an dem gleichzeitig eine Tätigkeit im Sinne des Satzes 2 oder 3 ausgeübt wird, nur der jeweils höchste in Betracht kommende Pauschbetrag abzuziehen und die Dauer einer Tätigkeit im Sinne des Satzes 2 an dem Beschäftigungsort, der zur Begründung der doppelten Haushaltsführung geführt hat, auf die Dreimonatsfrist anzurechnen, wenn sie ihr unmittelbar vorausgegangen ist;

6. Aufwendungen für die Wege des Steuerpflichtigen zwischen Wohnung und Betriebsstätte und für Familienheimfahrten, soweit in den folgenden Sätzen nichts anderes bestimmt ist. [2]Zur Abgeltung dieser Aufwendungen ist § 9 Absatz 1 Satz 3 Nummer 4 und 5 Satz 1 bis 6 und Absatz 2 entsprechend anzuwenden. [3]Bei der Nutzung eines Kraftfahrzeugs dürfen die Aufwendungen in Höhe des positiven Unterschiedsbetrags zwischen 0,03 Prozent des inländischen Listenpreises im Sinne des § 6 Absatz 1 Nummer 4 Satz 2 des Kraftfahrzeugs im Zeitpunkt der Erstzulassung je Kalendermonat für jeden Entfernungskilometer und dem sich nach § 9 Absatz 1 Satz 3 Nummer 4 oder Absatz 2 ergebenden Betrag sowie Aufwendungen für Familienheimfahrten in Höhe des positiven Unterschiedsbetrags zwischen 0,002 Prozent des inländischen Listenpreises im Sinne des § 6 Absatz 1 Nummer 4 Satz 2 für jeden Entfernungskilometer und dem sich nach § 9 Absatz 1 Satz 3 Nummer 5 Satz 4 bis 6 oder Absatz 2 ergebenden Betrag den Gewinn nicht mindern; ermittelt der

Steuerpflichtige die private Nutzung des Kraftfahrzeugs nach § 6 Absatz 1 Nummer 4 Satz 1 oder Satz 3, treten an die Stelle des mit 0,03 oder 0,002 Prozent des inländischen Listenpreises ermittelten Betrags für Fahrten zwischen Wohnung und Betriebsstätte und für Familienheimfahrten die auf diese Fahrten entfallenden tatsächlichen Aufwendungen;

6a. (weggefallen)

6b. Aufwendungen für ein häusliches Arbeitszimmer sowie die Kosten der Ausstattung. [2]Dies gilt nicht, wenn für die betriebliche oder berufliche Tätigkeit kein anderer Arbeitsplatz zur Verfügung steht. [3]In diesem Fall wird die Höhe der abziehbaren Aufwendungen auf 1 250 Euro begrenzt; die Beschränkung der Höhe nach gilt nicht, wenn das Arbeitszimmer den Mittelpunkt der gesamten betrieblichen und beruflichen Betätigung bildet;

7. andere als die in den Nummern 1 bis 6 und 6b bezeichneten Aufwendungen, die die Lebensführung des Steuerpflichtigen oder anderer Personen berühren, soweit sie nach allgemeiner Verkehrsauffassung als unangemessen anzusehen sind;

8. von einem Gericht oder einer Behörde im Geltungsbereich dieses Gesetzes oder von Organen der Europäischen Gemeinschaften festgesetzte Geldbußen, Ordnungsgelder und Verwarnungsgelder. [2]Dasselbe gilt für Leistungen zur Erfüllung von Auflagen oder Weisungen, die in einem berufsgerichtlichen Verfahren erteilt werden, soweit die Auflagen oder Weisungen nicht lediglich der Wiedergutmachung des durch die Tat verursachten Schadens dienen. [3]Die Rückzahlung von Ausgaben im Sinne der Sätze 1 und 2 darf den Gewinn nicht erhöhen. [4]Das Abzugsverbot für Geldbußen gilt nicht, soweit der wirtschaftliche Vorteil, der durch den Gesetzesverstoß erlangt wurde, abgeschöpft worden ist, wenn die Steuern vom Einkommen und Ertrag, die auf den wirtschaftlichen Vorteil entfallen, nicht abgezogen worden sind; Satz 3 ist insoweit nicht anzuwenden;

8a. Zinsen auf hinterzogene Steuern nach § 235 der Abgabenordnung;

9. Ausgleichszahlungen, die in den Fällen der §§ 14, 17 und 18 des Körperschaftsteuergesetzes an außenstehende Anteilseigner geleistet werden;

10. die Zuwendung von Vorteilen sowie damit zusammenhängende Aufwendungen, wenn die Zuwendung der Vorteile eine rechtswidrige Handlung darstellt, die den Tatbestand eines

Strafgesetzes oder eines Gesetzes verwirklicht, das die Ahndung mit einer Geldbuße zulässt. [2]Gerichte, Staatsanwaltschaften oder Verwaltungsbehörden haben Tatsachen, die sie dienstlich erfahren und die den Verdacht einer Tat im Sinne des Satzes 1 begründen, der Finanzbehörde für Zwecke des Besteuerungsverfahrens und zur Verfolgung von Steuerstraftaten und Steuerordnungswidrigkeiten mitzuteilen. [3]Die Finanzbehörde teilt Tatsachen, die den Verdacht einer Straftat oder einer Ordnungswidrigkeit im Sinne des Satzes 1 begründen, der Staatsanwaltschaft oder der Verwaltungsbehörde mit. [4]Diese unterrichten die Finanzbehörde von dem Ausgang des Verfahrens und den zugrundeliegenden Tatsachen;

11. Aufwendungen, die mit unmittelbaren oder mittelbaren Zuwendungen von nicht einlagefähigen Vorteilen an natürliche oder juristische Personen oder Personengesellschaften zur Verwendung in Betrieben in tatsächlichem oder wirtschaftlichem Zusammenhang stehen, deren Gewinn nach § 5a Absatz 1 ermittelt wird;

12. Zuschläge nach § 162 Absatz 4 der Abgabenordnung;

13. Jahresbeiträge nach § 12 Absatz 2 des Restrukturierungsfondsgesetzes.

[2]Das Abzugsverbot gilt nicht, soweit die in den Nummern 2 bis 4 bezeichneten Zwecke Gegenstand einer mit Gewinnabsicht ausgeübten Betätigung des Steuerpflichtigen sind. [3]§ 12 Nummer 1 bleibt unberührt.

(5a) (weggefallen)

(5b) Die Gewerbesteuer und die darauf entfallenden Nebenleistungen sind keine Betriebsausgaben.

(6) Aufwendungen zur Förderung staatspolitischer Zwecke (§ 10b Absatz 2) sind keine Betriebsausgaben.

(7) [1]Aufwendungen im Sinne des Absatzes 5 Satz 1 Nummer 1 bis 4, 6b und 7 sind einzeln und getrennt von den sonstigen Betriebsausgaben aufzuzeichnen. [2]Soweit diese Aufwendungen nicht bereits nach Absatz 5 vom Abzug ausgeschlossen sind, dürfen sie bei der Gewinnermittlung nur berücksichtigt werden, wenn sie nach Satz 1 besonders aufgezeichnet sind.

(8) Für Erhaltungsaufwand bei Gebäuden in Sanierungsgebieten und städtebaulichen Entwicklungsbereichen sowie bei Baudenkmalen gelten die §§ 11a und 11b entsprechend.

§ 8 Einnahmen

(1) Einnahmen sind alle Güter, die in Geld oder Geldeswert bestehen und dem Steuerpflichtigen im Rahmen einer der Einkunftsarten des § 2 Absatz 1 Satz 1 Nummer 4 bis 7 zufließen.

(2) [1]Einnahmen, die nicht in Geld bestehen (Wohnung, Kost, Waren, Dienstleistungen und sonstige Sachbezüge), sind mit den um übliche Preisnachlässe geminderten üblichen Endpreisen am Abgabeort anzusetzen. [2]Für die private Nutzung eines betrieblichen Kraftfahrzeugs zu privaten Fahrten gilt § 6 Absatz 1 Nummer 4 Satz 2 entsprechend. [3]Kann das Kraftfahrzeug auch für Fahrten zwischen Wohnung und Arbeitsstätte genutzt werden, erhöht sich der Wert in Satz 2 für jeden Kalendermonat um 0,03 Prozent des Listenpreises im Sinne des § 6 Absatz 1 Nummer 4 Satz 2 für jeden Kilometer der Entfernung zwischen Wohnung und Arbeitsstätte. [4]Der Wert nach den Sätzen 2 und 3 kann mit dem auf die private Nutzung und die Nutzung zu Fahrten zwischen Wohnung und Arbeitsstätte entfallenden Teil der gesamten Kraftfahrzeugaufwendungen angesetzt werden, wenn die durch das Kraftfahrzeug insgesamt entstehenden Aufwendungen durch Belege und das Verhältnis der privaten Fahrten und der Fahrten zwischen Wohnung und Arbeitsstätte zu den übrigen Fahrten durch ein ordnungsgemäßes Fahrtenbuch nachgewiesen werden. [5]Die Nutzung des Kraftfahrzeugs zu einer Familienheimfahrt im Rahmen einer doppelten Haushaltsführung ist mit 0,002 Prozent des Listenpreises im Sinne des § 6 Absatz 1 Nummer 4 Satz 2 für jeden Kilometer der Entfernung zwischen dem Ort des eigenen Hausstands und dem Beschäftigungsort anzusetzen; dies gilt nicht, wenn für diese Fahrt ein Abzug von Werbungskosten nach § 9 Absatz 1 Satz 3 Nummer 5 Satz 3 und 4 in Betracht käme; Satz 4 ist sinngemäß anzuwenden. [6]Bei Arbeitnehmern, für deren Sachbezüge durch Rechtsverordnung nach § 17 Absatz 1 Satz 1 Nummer 4 des Vierten Buches Sozialgesetzbuch Werte bestimmt worden sind, sind diese Werte maßgebend. [7]Die Werte nach Satz 6 sind auch bei Steuerpflichtigen anzusetzen, die nicht der gesetzlichen Rentenversicherungspflicht unterliegen. [8]Die oberste Finanzbehörde eines Landes kann mit Zustimmung des Bundesministeriums der Finanzen für weitere Sachbezüge der Arbeitnehmer Durchschnittswerte festsetzen. [9]Sachbezüge, die nach Satz 1 zu bewerten sind, bleiben außer Ansatz, wenn die sich nach Anrechnung

der vom Steuerpflichtigen gezahlten Entgelte ergebenden Vorteile insgesamt 44 Euro im Kalendermonat nicht übersteigen.

(3) [1]Erhält ein Arbeitnehmer auf Grund seines Dienstverhältnisses Waren oder Dienstleistungen, die vom Arbeitgeber nicht überwiegend für den Bedarf seiner Arbeitnehmer hergestellt, vertrieben oder erbracht werden und deren Bezug nicht nach § 40 pauschal versteuert wird, so gelten als deren Werte abweichend von Absatz 2 die um 4 Prozent geminderten Endpreise, zu denen der Arbeitgeber oder der dem Abgabeort nächstansässige Abnehmer die Waren oder Dienstleistungen fremden Letztverbrauchern im allgemeinen Geschäftsverkehr anbietet. [2]Die sich nach Abzug der vom Arbeitnehmer gezahlten Entgelte ergebenden Vorteile sind steuerfrei, soweit sie aus dem Dienstverhältnis insgesamt 1 080 Euro im Kalenderjahr nicht übersteigen.

§ 10b Steuerbegünstigte Zwecke

(1) [1]Zuwendungen (Spenden und Mitgliedsbeiträge) zur Förderung steuerbegünstigter Zwecke im Sinne der §§ 52 bis 54 der Abgabenordnung können insgesamt bis zu

1. 20 Prozent des Gesamtbetrags der Einkünfte oder
2. 4 Promille der Summe der gesamten Umsätze und der im Kalenderjahr aufgewendeten Löhne und Gehälter

als Sonderausgaben abgezogen werden. [2]Voraussetzung für den Abzug ist, dass diese Zuwendungen

1. an eine juristische Person des öffentlichen Rechts oder an eine öffentliche Dienststelle, die in einem Mitgliedstaat der Europäischen Union oder in einem Staat belegen ist, auf den das Abkommen über den Europäischen Wirtschaftsraum (EWR-Abkommen) Anwendung findet, oder
2. an eine nach § 5 Absatz 1 Nummer 9 des Körperschaftsteuergesetzes steuerbefreite Körperschaft, Personenvereinigung oder Vermögensmasse oder
3. an eine Körperschaft, Personenvereinigung oder Vermögensmasse, die in einem Mitgliedstaat der Europäischen Union oder in einem Staat belegen ist, auf den das Abkommen über den Europäischen Wirtschaftsraum (EWR-Abkommen) Anwendung findet, und die nach § 5 Absatz 1 Nummer 9 des Körperschaftsteuergesetzes in Verbindung mit § 5 Absatz 2 Nummer 2 zweiter Halbsatz des Körperschaftsteuergesetzes steuerbefreit wäre, wenn sie inländische Einkünfte erzielen würde,

geleistet werden. [3]Für nicht im Inland ansässige Zuwendungsempfänger nach Satz 2 ist weitere Voraussetzung, dass durch diese Staaten Amtshilfe und Unterstützung bei der Beitreibung geleistet werden. [4]Amtshilfe ist der Auskunftsaustausch im Sinne oder entsprechend der Richtlinie 77/799/EWG einschließlich der in diesem Zusammenhang anzuwendenden Durchführungsbestimmungen in den für den jeweiligen Veranlagungszeitraum geltenden Fassungen oder eines entsprechenden Nachfolgerechtsaktes. [5]Beitreibung ist die gegenseitige Unterstützung bei der Beitreibung von Forderungen im Sinne oder entsprechend der Richtlinie 2008/55/EG des Rates vom 26. Mai 2008 über die gegenseitige Unterstützung bei der Beitreibung von Forderungen in Bezug auf bestimmte Abgaben, Zölle, Steuern und sonstige Maßnahmen (ABl. L 150 vom 10.6.2008, S. 28) einschließlich der in diesem Zusammenhang anzuwendenden Durchführungsbestimmungen in den für den jeweiligen Veranlagungszeitraum geltenden Fassungen oder eines entsprechenden Nachfolgerechtsaktes. [6]Werden die steuerbegünstigten Zwecke des Zuwendungsempfängers im Sinne von Satz 2 Nummer 1 nur im Ausland verwirklicht, ist für den Sonderausgabenabzug Voraussetzung, dass natürliche Personen, die ihren Wohnsitz oder ihren gewöhnlichen Aufenthalt im Geltungsbereich dieses Gesetzes haben, gefördert werden oder dass die Tätigkeit dieses Zuwendungsempfängers neben der Verwirklichung der steuerbegünstigten Zwecke auch zum Ansehen der Bundesrepublik Deutschland beitragen kann. [7]Abziehbar sind auch Mitgliedsbeiträge an Körperschaften, die Kunst und Kultur gemäß § 52 Absatz 2 Satz 1 Nummer 5 der Abgabenordnung fördern, soweit es sich nicht um Mitgliedsbeiträge nach Satz 8 Nummer 2 handelt, auch wenn den Mitgliedern Vergünstigungen gewährt werden. [8]Nicht abziehbar sind Mitgliedsbeiträge an Körperschaften, die

1. den Sport (§ 52 Absatz 2 Satz 1 Nummer 21 der Abgabenordnung),
2. kulturelle Betätigungen, die in erster Linie der Freizeitgestaltung dienen,
3. die Heimatpflege und Heimatkunde (§ 52 Absatz 2 Satz 1 Nummer 22 der Abgabenordnung) oder
4. Zwecke im Sinne des § 52 Absatz 2 Satz 1 Nummer 23 der Abgabenordnung

fördern. [9]Abziehbare Zuwendungen, die die Höchstbeträge nach Satz 1 überschreiten oder die den um die Beträge nach § 10 Absatz 3 und 4, § 10c und § 10d verminderten Gesamtbetrag der Einkünfte übersteigen, sind im Rahmen der Höchstbeträge in den folgenden Veranlagungszeiträumen als Sonderausgaben abzuziehen. [10]§ 10d Absatz 4 gilt entsprechend.

(1a) [1]Spenden zur Förderung steuerbegünstigter Zwecke im Sinne der §§ 52 bis 54 der Abgabenordnung in den Vermögensstock einer Stiftung, welche die Voraussetzungen des Absatzes 1 Satz 2 bis 6 erfüllt, können auf Antrag des Steuerpflichtigen im Veranlagungszeitraum der Zuwendung und in den folgenden neun Veranlagungszeiträumen bis zu einem Gesamtbetrag von 1 Million Euro zusätzlich zu den Höchstbeträgen nach Absatz 1 Satz 1 abgezogen werden. [2]Der besondere Abzugsbetrag nach Satz 1 bezieht sich auf den gesamten Zehnjahreszeitraum und kann der Höhe nach innerhalb dieses Zeitraums nur einmal in Anspruch genommen werden. [3]§ 10d Absatz 4 gilt entsprechend.

(2) [1]Zuwendungen an politische Parteien im Sinne des § 2 des Parteiengesetzes sind bis zur Höhe von insgesamt 1 650 Euro und im Fall der Zusammenveranlagung von Ehegatten bis zur Höhe von insgesamt 3 300 Euro im Kalenderjahr abzugsfähig. [2]Sie können nur insoweit als Sonderausgaben abgezogen werden, als für sie nicht eine Steuerermäßigung nach § 34g gewährt worden ist.

(3) [1]Als Zuwendung im Sinne dieser Vorschrift gilt auch die Zuwendung von Wirtschaftsgütern mit Ausnahme von Nutzungen und Leistungen. [2]Ist das Wirtschaftsgut unmittelbar vor seiner Zuwendung einem Betriebsvermögen entnommen worden, so darf bei der Ermittlung der Zuwendungshöhe der bei der Entnahme angesetzte Wert nicht überschritten werden. [3]Ansonsten bestimmt sich die Höhe der Zuwendung nach dem gemeinen Wert des zugewendeten Wirtschaftsguts, wenn dessen Veräußerung im Zeitpunkt der Zuwendung keinen Besteuerungstatbestand erfüllen würde. [4]In allen übrigen Fällen dürfen bei der Ermittlung der Zuwendungshöhe die fortgeführten Anschaffungs- oder Herstellungskosten nur überschritten werden, soweit eine Gewinnrealisierung stattgefunden hat. [5]Aufwendungen zugunsten einer Körperschaft, die zum Empfang steuerlich abziehbarer Zuwendungen berechtigt ist, können nur abgezogen werden, wenn ein Anspruch auf die Erstattung der Aufwendungen durch Vertrag oder Satzung eingeräumt und auf die Erstattung verzichtet worden ist. [6]Der Anspruch darf nicht unter der Bedingung des Verzichts eingeräumt worden sein.

(4) [1]Der Steuerpflichtige darf auf die Richtigkeit der Bestätigung über Spenden und Mitgliedsbeiträge vertrauen, es sei denn, dass er die Bestätigung durch unlautere Mittel oder falsche Angaben erwirkt hat oder dass ihm die Unrichtigkeit der Bestätigung bekannt oder infolge grober Fahrlässigkeit nicht bekannt war. [2]Wer vorsätzlich oder grob fahrlässig eine unrichtige Bestätigung ausstellt oder wer veranlasst, dass Zuwendungen nicht zu den in der Bestätigung angegebenen steuerbegünstigten Zwecken verwendet werden, haftet für die entgangene Steuer. [3]Diese ist mit 30 Prozent des zugewendeten Betrags anzusetzen. [4]In den Fällen des Satzes 2 zweite Alternative (Veranlasserhaftung) ist vorrangig der Zuwendungsempfänger in Anspruch zu nehmen; die in diesen Fällen für den Zuwendungsempfänger handelnden natürlichen Personen sind nur in Anspruch zu nehmen, wenn die entgangene Steuer nicht nach § 47 der Abgabenordnung erloschen ist und Vollstreckungsmaßnahmen gegen den Zuwendungsempfänger nicht erfolgreich sind. [5]Die Festsetzungsfrist für Haftungsansprüche nach Satz 2 läuft nicht ab, solange die Festsetzungsfrist für von dem Empfänger der Zuwendung geschuldete Körperschaftsteuer für den Veranlagungszeitraum nicht abgelaufen ist, in dem die unrichtige Bestätigung ausgestellt worden ist oder veranlasst wurde, dass die Zuwendung nicht zu den in der Bestätigung angegebenen steuerbegünstigten Zwecken verwendet worden ist; § 191 Absatz 5 der Abgabenordnung ist nicht anzuwenden.

§ 15 Einkünfte aus Gewerbebetrieb

(1) [1]Einkünfte aus Gewerbebetrieb sind

1. Einkünfte aus gewerblichen Unternehmen. [2]Dazu gehören auch Einkünfte aus gewerblicher Bodenbewirtschaftung, z. B. aus Bergbauunternehmen und aus Betrieben zur Gewinnung von Torf, Steinen und Erden, soweit sie nicht land- oder forstwirtschaftliche Nebenbetriebe sind;

2. die Gewinnanteile der Gesellschafter einer Offenen Handelsgesellschaft, einer Kommanditgesellschaft und einer anderen Gesellschaft, bei der der Gesellschafter als Unternehmer (Mitunternehmer) des Betriebs anzusehen ist, und die Vergü-

tungen, die der Gesellschafter von der Gesellschaft für seine Tätigkeit im Dienst der Gesellschaft oder für die Hingabe von Darlehen oder für die Überlassung von Wirtschaftsgütern bezogen hat. [2]Der mittelbar über eine oder mehrere Personengesellschaften beteiligte Gesellschafter steht dem unmittelbar beteiligten Gesellschafter gleich; er ist als Mitunternehmer des Betriebs der Gesellschaft anzusehen, an der er mittelbar beteiligt ist, wenn er und die Personengesellschaften, die seine Beteiligung vermitteln, jeweils als Mitunternehmer der Betriebe der Personengesellschaften anzusehen sind, an denen sie unmittelbar beteiligt sind;

3. die Gewinnanteile der persönlich haftenden Gesellschafter einer Kommanditgesellschaft auf Aktien, soweit sie nicht auf Anteile am Grundkapital entfallen, und die Vergütungen, die der persönlich haftende Gesellschafter von der Gesellschaft für seine Tätigkeit im Dienst der Gesellschaft oder für die Hingabe von Darlehen oder für die Überlassung von Wirtschaftsgütern bezogen hat.

[2]Satz 1 Nummer 2 und 3 gilt auch für Vergütungen, die als nachträgliche Einkünfte (§ 24 Nummer 2) bezogen werden. [3]§ 13 Absatz 5 gilt entsprechend, sofern das Grundstück im Veranlagungszeitraum 1986 zu einem gewerblichen Betriebsvermögen gehört hat.

(1a) [1]In den Fällen des § 4 Absatz 1 Satz 5 ist der Gewinn aus einer späteren Veräußerung der Anteile ungeachtet der Bestimmungen eines Abkommens zur Vermeidung der Doppelbesteuerung in der gleichen Art und Weise zu besteuern, wie die Veräußerung dieser Anteile an der Europäischen Gesellschaft oder Europäischen Genossenschaft zu besteuern gewesen wäre, wenn keine Sitzverlegung stattgefunden hätte. [2]Dies gilt auch, wenn später die Anteile verdeckt in eine Kapitalgesellschaft eingelegt werden, die Europäische Gesellschaft oder Europäische Genossenschaft aufgelöst wird oder wenn ihr Kapital herabgesetzt und zurückgezahlt wird oder wenn Beträge aus dem steuerlichen Einlagenkonto im Sinne des § 27 des Körperschaftsteuergesetzes ausgeschüttet oder zurückgezahlt werden.

(2) [1]Eine selbständige nachhaltige Betätigung, die mit der Absicht, Gewinn zu erzielen, unternommen wird und sich als Beteiligung am allgemeinen wirtschaftlichen Verkehr darstellt, ist Gewerbebetrieb, wenn die Betätigung weder als Ausübung von

Land- und Forstwirtschaft noch als Ausübung eines freien Berufs noch als eine andere selbständige Arbeit anzusehen ist. [2]Eine durch die Betätigung verursachte Minderung der Steuern vom Einkommen ist kein Gewinn im Sinne des Satzes 1. [3]Ein Gewerbebetrieb liegt, wenn seine Voraussetzungen im Übrigen gegeben sind, auch dann vor, wenn die Gewinnerzielungsabsicht nur ein Nebenzweck ist.

(3) Als Gewerbebetrieb gilt in vollem Umfang die mit Einkünfteerzielungsabsicht unternommene Tätigkeit

1. einer offenen Handelsgesellschaft, einer Kommanditgesellschaft oder einer anderen Personengesellschaft, wenn die Gesellschaft auch eine Tätigkeit im Sinne des Absatzes 1 Nummer 1 ausübt oder gewerbliche Einkünfte im Sinne des Absatzes 1 Satz 1 Nummer 2 bezieht,

2. einer Personengesellschaft, die keine Tätigkeit im Sinne des Absatzes 1 Satz 1 Nummer 1 ausübt und bei der ausschließlich eine oder mehrere Kapitalgesellschaften persönlich haftende Gesellschafter sind und nur diese oder Personen, die nicht Gesellschafter sind, zur Geschäftsführung befugt sind (gewerblich geprägte Personengesellschaft). [2]Ist eine gewerblich geprägte Personengesellschaft als persönlich haftender Gesellschafter an einer anderen Personengesellschaft beteiligt, so steht für die Beurteilung, ob die Tätigkeit dieser Personengesellschaft als Gewerbebetrieb gilt, die gewerblich geprägte Personengesellschaft einer Kapitalgesellschaft gleich.

(4) [1]Verluste aus gewerblicher Tierzucht oder gewerblicher Tierhaltung dürfen weder mit anderen Einkünften aus Gewerbebetrieb noch mit Einkünften aus anderen Einkunftsarten ausgeglichen werden; sie dürfen auch nicht nach § 10d abgezogen werden. [2]Die Verluste mindern jedoch nach Maßgabe des § 10d die Gewinne, die der Steuerpflichtige in dem unmittelbar vorangegangenen und in den folgenden Wirtschaftsjahren aus gewerblicher Tierzucht oder gewerblicher Tierhaltung erzielt hat oder erzielt. [3]Die Sätze 1 und 2 gelten entsprechend für Verluste aus Termingeschäften, durch die der Steuerpflichtige einen Differenzausgleich oder einen durch den Wert einer veränderlichen Bezugsgröße bestimmten Geldbetrag oder Vorteil erlangt. [4]Satz 3 gilt nicht für die Geschäfte, die zum gewöhnlichen Geschäftsbetrieb bei Kreditinstituten, Finanzdienstleistungsinstituten und Finanzunternehmen im Sinne des Gesetzes über das Kreditwesen gehören oder die der Absicherung von Geschäften des gewöhnlichen Geschäftsbetriebs dienen. [5]Satz 4 gilt nicht, wenn es sich um Geschäfte handelt, die der Absicherung von Aktiengeschäften dienen, bei denen der Veräußerungsgewinn nach § 3 Nummer 40 Satz 1 Buchstabe a und b in Verbindung mit § 3c Absatz 2 teilweise steuerfrei ist, oder die nach § 8b Absatz 2 des Körperschaftsteuergesetzes bei der Ermittlung des Einkommens außer Ansatz bleiben. [6]Verluste aus stillen Gesellschaften, Unterbeteiligungen oder sonstigen Innengesellschaften an Kapitalgesellschaften, bei denen der Gesellschafter oder Beteiligte als Mitunternehmer anzusehen ist, dürfen weder mit Einkünften aus Gewerbebetrieb noch aus anderen Einkunftsarten ausgeglichen werden; sie dürfen auch nicht nach § 10d abgezogen werden. [7]Die Verluste mindern jedoch nach Maßgabe des § 10d die Gewinne, die der Gesellschafter oder Beteiligte in dem unmittelbar vorangegangenen Wirtschaftsjahr oder in den folgenden Wirtschaftsjahren aus derselben stillen Gesellschaft, Unterbeteiligung oder sonstigen Innengesellschaft bezieht. [8]Die Sätze 6 und 7 gelten nicht, soweit der Verlust auf eine natürliche Person als unmittelbar oder mittelbar beteiligter Mitunternehmer entfällt.

§ 18 Einkünfte aus selbständiger Arbeit

(1) Einkünfte aus selbständiger Arbeit sind

1. Einkünfte aus freiberuflicher Tätigkeit. [2]Zu der freiberuflichen Tätigkeit gehören die selbständig ausgeübte wissenschaftliche, künstlerische, schriftstellerische, unterrichtende oder erzieherische Tätigkeit, die selbständige Berufstätigkeit der Ärzte, Zahnärzte, Tierärzte, Rechtsanwälte, Notare, Patentanwälte, Vermessungsingenieure, Ingenieure, Architekten, Handelschemiker, Wirtschaftsprüfer, Steuerberater, beratenden Volks- und Betriebswirte, vereidigten Buchprüfer, Steuerbevollmächtigten, Heilpraktiker, Dentisten, Krankengymnasten, Journalisten, Bildberichterstatter, Dolmetscher, Übersetzer, Lotsen und ähnlicher Berufe. [3]Ein Angehöriger eines freien Berufs im Sinne der Sätze 1 und 2 ist auch dann freiberuflich tätig, wenn er sich der Mithilfe fachlich vorgebildeter Arbeitskräfte bedient; Voraussetzung ist, dass er auf Grund eigener Fachkenntnisse leitend und eigenverantwortlich tätig wird. [4]Eine Vertretung im Fall vorübergehender

Verhinderung steht der Annahme einer leitenden und eigenverantwortlichen Tätigkeit nicht entgegen;

2. Einkünfte der Einnehmer einer staatlichen Lotterie, wenn sie nicht Einkünfte aus Gewerbebetrieb sind;

3. Einkünfte aus sonstiger selbständiger Arbeit, z. B. Vergütungen für die Vollstreckung von Testamenten, für Vermögensverwaltung und für die Tätigkeit als Aufsichtsratsmitglied;

4. Einkünfte, die ein Beteiligter an einer vermögensverwaltenden Gesellschaft oder Gemeinschaft, deren Zweck im Erwerb, Halten und in der Veräußerung von Anteilen an Kapitalgesellschaften besteht, als Vergütung für Leistungen zur Förderung des Gesellschafts- oder Gemeinschaftszwecks erzielt, wenn der Anspruch auf die Vergütung unter der Voraussetzung eingeräumt worden ist, dass die Gesellschafter oder Gemeinschafter ihr eingezahltes Kapital vollständig zurückerhalten haben; § 15 Absatz 3 ist nicht anzuwenden.

(2) Einkünfte nach Absatz 1 sind auch dann steuerpflichtig, wenn es sich nur um eine vorübergehende Tätigkeit handelt.

(3) [1]Zu den Einkünften aus selbständiger Arbeit gehört auch der Gewinn, der bei der Veräußerung des Vermögens oder eines selbständigen Teils des Vermögens oder eines Anteils am Vermögen erzielt wird, das der selbständigen Arbeit dient. [2]§ 16 Absatz 1 Satz 1 Nummer 1 und 2 und Absatz 1 Satz 2 sowie Absatz 2 bis 4 gilt entsprechend.

(4) [1]§ 13 Absatz 5 gilt entsprechend, sofern das Grundstück im Veranlagungszeitraum 1986 zu einem der selbständigen Arbeit dienenden Betriebsvermögen gehört hat. [2]§ 15 Absatz 1 Satz 1 Nummer 2, Absatz 1a, Absatz 2 Satz 2 und 3, §§ 15a und 15b sind entsprechend anzuwenden.

[49] Gewerbesteuergesetz (GewStG)

In der Fassung der Bekanntmachung vom 15. Oktober 2002 (BGBl. I S. 4167), die zuletzt durch Artikel 5 des Gesetzes vom 7. Dezember 2011 (BGBl. I S. 2592) geändert worden ist.
– Auszug –

§ 2 Steuergegenstand

(1) Der Gewerbesteuer unterliegt jeder stehende Gewerbebetrieb, soweit er im Inland betrieben wird. [2]Unter Gewerbebetrieb ist ein gewerbliches Unternehmen im Sinne des Einkommensteuergesetzes zu verstehen. [3]Im Inland betrieben wird ein Gewerbebetrieb, soweit für ihn im Inland oder auf einem in einem inländischen Schiffsregister eingetragenen Kauffahrteischiff eine Betriebsstätte unterhalten wird.

(2) [1]Als Gewerbebetrieb gilt stets und in vollem Umfang die Tätigkeit der Kapitalgesellschaften (insbesondere Europäische Gesellschaften, Aktiengesellschaften, Kommanditgesellschaften auf Aktien, Gesellschaften mit beschränkter Haftung), Genossenschaften einschließlich Europäischer Genossenschaften sowie der Versicherungs- und Pensionsfondsvereine auf Gegenseitigkeit. [2]Ist eine Kapitalgesellschaft Organgesellschaft im Sinne der §§ 14, 17 oder 18 des Körperschaftsteuergesetzes, so gilt sie als Betriebsstätte des Organträgers.

(3) Als Gewerbebetrieb gilt auch die Tätigkeit der sonstigen juristischen Personen des privaten Rechts und der nichtrechtsfähigen Vereine, soweit sie einen wirtschaftlichen Geschäftsbetrieb (ausgenommen Land- und Forstwirtschaft) unterhalten.

(4) Vorübergehende Unterbrechungen im Betrieb eines Gewerbes, die durch die Art des Betriebs veranlasst sind, heben die Steuerpflicht für die Zeit bis zur Wiederaufnahme des Betriebs nicht auf.

(5) [1]Geht ein Gewerbebetrieb im Ganzen auf einen anderen Unternehmer über, so gilt der Gewerbebetrieb als durch den bisherigen Unternehmer eingestellt. [2]Der Gewerbebetrieb gilt als durch den anderen Unternehmer neu gegründet, wenn er nicht mit einem bereits bestehenden Gewerbebetrieb vereinigt wird.

(6) Inländische Betriebsstätten von Unternehmen, deren Geschäftsleitung sich in einem ausländischen Staat befindet, mit dem kein Abkommen zur Vermeidung der Doppelbesteuerung besteht, unterliegen nicht der Gewerbesteuer, wenn und soweit

1. die Einkünfte aus diesen Betriebsstätten im Rahmen der beschränkten Einkommensteuerpflicht steuerfrei sind und

2. der ausländische Staat Unternehmen, deren Geschäftsleitung sich im Inland befindet, eine entsprechende Befreiung von den der Gewerbesteuer ähnlichen oder ihr entsprechenden Steuern gewährt, oder in dem ausländischen Staat keine der Gewerbesteuer ähnlichen oder ihr entsprechenden Steuern bestehen.

(7) Zum Inland im Sinne dieses Gesetzes gehört auch

1. der der Bundesrepublik Deutschland zustehende Anteil am Festlandsockel, soweit dort Naturschätze des Meeresgrundes und des Meeresuntergrundes erforscht oder ausgebeutet werden oder dieser der Energieerzeugung unter Nutzung erneuerbarer Energien dient, und

2. der nicht zur Bundesrepublik Deutschland gehörende Teil eines grenzüberschreitenden Gewerbegebiets, das nach den Vorschriften eines Abkommens zur Vermeidung der Doppelbesteuerung als solches bestimmt ist.

§ 3 Befreiungen

Von der Gewerbesteuer sind befreit

1. das Bundeseisenbahnvermögen, die Monopolverwaltungen des Bundes, die staatlichen Lotterieunternehmen, die zugelassenen öffentlichen Spielbanken mit ihren der Spielbankenabgabe unterliegenden Tätigkeiten und der Erdölbevorratungsverband nach § 2 Abs. 1 des Erdölbevorratungsgesetzes in der Fassung der Bekanntmachung vom 8. Dezember 1987 (BGBl. I S. 2509);

2. die Deutsche Bundesbank, die Kreditanstalt für Wiederaufbau, die Landwirtschaftliche Rentenbank, die Bayerische Landesanstalt für Aufbaufinanzierung, die Niedersächsische Gesellschaft für öffentliche Finanzierungen mit beschränkter Haftung, die Bremer Aufbau-Bank GmbH, die Landeskreditbank Baden-Württemberg – Förderbank, die Bayerische Landesbodenkreditanstalt, die Investitionsbank Berlin, die Hamburgische Wohnungsbaukreditanstalt, die NRW.Bank, die Investitions- und Förderbank Niedersachsen, die Saarländische Investitionskreditbank Aktiengesellschaft, die Investitionsbank Schleswig-Hol-

stein, die Investitionsbank des Landes Brandenburg, die Sächsische Aufbaubank - Förderbank -, die Thüringer Aufbaubank, die Investitionsbank Sachsen-Anhalt - Anstalt der Norddeutschen Landesbank - Girozentrale -, die Investitions- und Strukturbank Rheinland-Pfalz, das Landesförderinstitut Mecklenburg-Vorpommern - Geschäftsbereich der Norddeutschen Landesbank Girozentrale -, die Wirtschafts- und Infrastrukturbank Hessen - rechtlich unselbständige Anstalt in der Landesbank Hessen-Thüringen Girozentrale und die Liquiditäts-Konsortialbank Gesellschaft mit beschränkter Haftung;

3. die Bundesanstalt für vereinigungsbedingte Sonderaufgaben;

4. (weggefallen)

5. Hauberg-, Wald-, Forst- und Laubgenossenschaften und ähnliche Realgemeinden. Unterhalten sie einen Gewerbebetrieb, der über den Rahmen eines Nebenbetriebs hinausgeht, so sind sie insoweit steuerpflichtig;

6. Körperschaften, Personenvereinigungen und Vermögensmassen, die nach der Satzung, dem Stiftungsgeschäft oder der sonstigen Verfassung und nach der tatsächlichen Geschäftsführung ausschließlich und unmittelbar gemeinnützigen, mildtätigen oder kirchlichen Zwecken dienen (§§ 51 bis 68 der Abgabenordnung). Wird ein wirtschaftlicher Geschäftsbetrieb - ausgenommen Land- und Forstwirtschaft - unterhalten, ist die Steuerfreiheit insoweit ausgeschlossen;

7. Hochsee- und Küstenfischerei, wenn sie mit weniger als sieben im Jahresdurchschnitt beschäftigten Arbeitnehmern oder mit Schiffen betrieben wird, die eine eigene Triebkraft von weniger als 100 Pferdekräften haben;

8. Erwerbs- und Wirtschaftsgenossenschaften sowie Vereine im Sinne des § 5 Abs. 1 Nr. 14 des Körperschaftsteuergesetzes, soweit sie von der Körperschaftsteuer befreit sind;

9. rechtsfähige Pensions-, Sterbe-, Kranken- und Unterstützungskassen im Sinne des § 5 Abs. 1 Nr. 3 des Körperschaftsteuergesetzes, soweit sie die für eine Befreiung von der Körperschaftsteuer erforderlichen Voraussetzungen erfüllen;

10. Körperschaften oder Personenvereinigungen, deren Hauptzweck die Verwaltung des Vermögens für einen nichtrechtsfähigen Berufsverband im Sinne des § 5 Abs. 1 Nr. 5 des Körperschaftsteuergesetzes ist, wenn ihre Erträge im Wesentli-

chen aus dieser Vermögensverwaltung herrühren und ausschließlich dem Berufsverband zufließen;

11. öffentlich-rechtliche Versicherungs- und Versorgungseinrichtungen von Berufsgruppen, deren Angehörige auf Grund einer durch Gesetz angeordneten oder auf Gesetz beruhenden Verpflichtung Mitglieder dieser Einrichtungen sind, wenn die Satzung der Einrichtung die Zahlung keiner höheren jährlichen Beiträge zulässt als das Zwölffache der Beiträge, die sich bei einer Beitragsbemessungsgrundlage in Höhe der doppelten monatlichen Beitragsbemessungsgrenze in der allgemeinen Rentenversicherung ergeben würden. 2Sind nach der Satzung der Einrichtung nur Pflichtmitgliedschaften sowie freiwillige Mitgliedschaften, die unmittelbar an eine Pflichtmitgliedschaft anschließen, möglich, so steht dies der Steuerbefreiung nicht entgegen, wenn die Satzung die Zahlung keiner höheren jährlichen Beiträge zulässt als das Fünfzehnfache der Beiträge, die sich bei einer Beitragsbemessungsgrundlage in Höhe der doppelten monatlichen Beitragsbemessungsgrenze in der allgemeinen Rentenversicherung ergeben würden;

12. Gesellschaften, bei denen die Gesellschafter als Unternehmer (Mitunternehmer) anzusehen sind, sowie Erwerbs- und Wirtschaftsgenossenschaften, soweit die Gesellschaften und die Erwerbsund Wirtschaftsgenossenschaften eine gemeinschaftliche Tierhaltung im Sinne des § 51a des Bewertungsgesetzes betreiben;

13. private Schulen und andere allgemein bildende oder berufsbildende Einrichtungen, soweit ihre Leistungen nach § 4 Nr. 21 des Umsatzsteuergesetzes von der Umsatzsteuer befreit sind;

14. Erwerbs- und Wirtschaftsgenossenschaften sowie Vereine, deren Tätigkeit sich auf den Betrieb der Land- und Forstwirtschaft beschränkt, wenn die Mitglieder der Genossenschaft oder dem Verein Flächen zur Nutzung oder für die Bewirtschaftung der Flächen erforderliche Gebäude überlassen und

a) bei Genossenschaften das Verhältnis der Summe der Werte der Geschäftsanteile des einzelnen Mitglieds zu der Summe der Werte aller Geschäftsanteile,

b) bei Vereinen das Verhältnis des Werts des Anteils an dem Vereinsvermögen, der im Fall der Auflösung des Vereins an das einzelne Mitglied fallen würde, zu dem Wert des Vereinsvermögens nicht wesentlich von dem Verhältnis abweicht, in dem der Wert der von dem einzelnen Mitglied zur Nutzung überlassenen Flächen und Gebäude zu dem Wert der insgesamt zur Nutzung überlassenen Flächen und Gebäude steht;

15. Erwerbs- und Wirtschaftsgenossenschaften sowie Vereine im Sinne des § 5 Abs. 1 Nr. 10 des Körperschaftsteuergesetzes, soweit sie von der Körperschaftsteuer befreit sind;

16. (weggefallen)

17. die von den zuständigen Landesbehörden begründeten oder anerkannten gemeinnützigen Siedlungsunternehmen im Sinne des Reichssiedlungsgesetzes in der jeweils aktuellen Fassung oder entsprechender Landesgesetze, soweit diese Landesgesetze nicht wesentlich von den Bestimmungen des Reichssiedlungsgesetzes abweichen, und im Sinne der Bodenreformgesetze der Länder, soweit die Unternehmen im ländlichen Raum Siedlungs-, Agrarstrukturverbesserungs- und Landentwicklungsmaßnahmen mit Ausnahme des Wohnungsbaus durchführen. Die Steuerbefreiung ist ausgeschlossen, wenn die Einnahmen des Unternehmens aus den in Satz 1 nicht bezeichneten Tätigkeiten die Einnahmen aus den in Satz 1 bezeichneten Tätigkeiten übersteigen;

18. (weggefallen)

19. der Pensions-Sicherungs-Verein Versicherungsverein auf Gegenseitigkeit, wenn er die für eine Befreiung von der Körperschaftsteuer erforderlichen Voraussetzungen erfüllt;

20. Krankenhäuser, Altenheime, Altenwohnheime, Pflegeheime, Einrichtungen zur vorübergehenden Aufnahme pflegebedürftiger Personen und Einrichtungen zur ambulanten Pflege Kranker und pflegebedürftiger Personen, wenn

a) diese Einrichtungen von juristischen Personen des öffentlichen Rechts betrieben werden oder

b) bei Krankenhäusern im Erhebungszeitraum die in § 67 Abs. 1 oder 2 der Abgabenordnung bezeichneten Voraussetzungen erfüllt worden sind oder

c) bei Altenheimen, Altenwohnheimen und Pflegeheimen im Erhebungszeitraum mindestens 40 Prozent der Leistungen den in § 61 Abs. 1 des Zwölften Buches Sozialgesetzbuch oder den in § 53 Nr. 2 der Abgabenordnung genannten Personen zugute gekommen sind oder

d) bei Einrichtungen zur vorübergehenden Aufnahme pflegebedürftiger Personen und bei Einrichtungen zur ambulanten Pflege kranker und pflegebedürftiger Personen im Erhebungszeitraum die Pflegekosten in mindestens 40 Prozent der Fälle von den gesetzlichen Trägern der Sozialversicherung oder Sozialhilfe ganz oder zum überwiegenden Teil getragen worden sind;

21. Entschädigungs- und Sicherungseinrichtungen im Sinne des § 5 Abs. 1 Nr. 16 des Körperschaftsteuergesetzes, soweit sie von der Körperschaftsteuer befreit sind;

22. Bürgschaftsbanken (Kreditgarantiegemeinschaften), wenn sie von der Körperschaftsteuer befreit sind;

23. Unternehmensbeteiligungsgesellschaften, die nach dem Gesetz über Unternehmensbeteiligungsgesellschaften anerkannt sind. Für Unternehmensbeteiligungsgesellschaften im Sinne des § 25 Abs. 1 des Gesetzes über Unternehmensbeteiligungsesellschaften haben der Widerruf der Anerkennung und der Verzicht auf die Anerkennung Wirkung für die Vergangenheit, wenn nicht Aktien der Unternehmensbeteiligungsgesellschaft öffentlich angeboten worden sind; Entsprechendes gilt, wenn eine solche Gesellschaft nach § 25 Abs. 3 des Gesetzes über Unternehmensbeteiligungsgesellschaften die Anerkennung als Unternehmensbeteiligungsgesellschaft verliert. Für offene Unternehmensbeteiligungsgesellschaften im Sinne des § 1a Abs. 2 Satz 1 des Gesetzes über Unternehmensbeteiligungsgesellschaften haben der Widerruf der Anerkennung und der Verzicht auf die Anerkennung innerhalb der in § 7 Abs. 1 Satz 1 des Gesetzes über Unternehmensbeteiligungsgesellschaften genannten Frist Wirkung für die Vergangenheit. Bescheide über die Anerkennung, die Rücknahme oder den Widerruf der Anerkennung und über die Feststellung, ob Aktien der Unternehmensbeteiligungsgesellschaft im Sinne des § 25 Abs. 1 des Gesetzes über Unternehmensbeteiligungsgesellschaften öffentlich angeboten worden sind, sind Grundlagenbescheide im Sinne der Abgabenordnung; die Bekanntmachung der Aberkennung der Eigenschaft als Unternehmensbeteiligungsgesellschaft nach § 25 Abs. 3 des Gesetzes über Unternehmensbeteiligungsgesellschaften steht einem Grundlagenbescheid gleich;

24. die folgenden Kapitalbeteiligungsgesellschaften für die mittelständische Wirtschaft, soweit sich deren Geschäftsbetrieb

darauf beschränkt, im öffentlichen Interesse mit Eigenmitteln oder mit staatlicher Hilfe Beteiligungen zu erwerben, wenn der von ihnen erzielte Gewinn ausschließlich und unmittelbar für die satzungsmäßigen Zwecke der Beteiligungsfinanzierung verwendet wird: Mittelständische Beteiligungsgesellschaft Baden-Württemberg GmbH, Kapitalbeteiligungsgesellschaft für die mittelständische Wirtschaft Bayerns mbH, MBG Mittelständische Beteiligungsgesellschaft Hessen GmbH, Mittelständische Beteiligungsgesellschaft Niedersachsen (MBG) mbH, Kapitalbeteiligungsgesellschaft für die mittelständische Wirtschaft in Nordrhein-Westfalen mbH, MBG Mittelständische Beteiligungsgesellschaft Rheinland-Pfalz mbH, Wagnisfinanzierungsgesellschaft für Technologieförderung in Rheinland-Pfalz mbH (WFT), Saarländische Kapitalbeteiligungsgesellschaft mbH, Gesellschaft für Wagniskapital Mittelständische Beteiligungsgesellschaft Schleswig-Holstein Gesellschaft mit beschränkter Haftung – MBG, Technologie- Beteiligungs-Gesellschaft mbH der Deutschen Ausgleichsbank, bgb Beteiligungsgesellschaft Berlin mbH für kleine und mittlere Betriebe, Mittelständische Beteiligungsgesellschaft Berlin-Brandenburg mbH, Mittelständische Beteiligungsgesellschaft Mecklenburg-Vorpommern mbH, Mittelständische Beteiligungsgesellschaft Sachsen mbH, Mittelständische Beteiligungsgesellschaft Sachsen-Anhalt mbH, Wagnisbeteiligungsgesellschaft Sachsen-Anhalt mbH, IBG Beteiligungsgesellschaft Sachsen-Anhalt mbH, Mittelständische Beteiligungsgesellschaft Thüringen (MBG) mbH;

25. Wirtschaftsförderungsgesellschaften, wenn sie von der Körperschaftsteuer befreit sind;

26. Gesamthafenbetriebe im Sinne des § 1 des Gesetzes über die Schaffung eines besonderen Arbeitgebers für Hafenarbeiter vom 3. August 1950 (BGBl. I S. 352), soweit sie von der Körperschaftsteuer befreit sind;

27. Zusammenschlüsse im Sinne des § 5 Abs. 1 Nr. 20 des Körperschaftsteuergesetzes, soweit sie von der Körperschaftsteuer befreit sind;

28. die Arbeitsgemeinschaften Medizinischer Dienst der Krankenversicherung im Sinne des § 278 des Fünften Buches Sozialgesetzbuch und der Medizinische Dienst der Spitzenverbände der Krankenkassen im Sinne des § 282 des Fünften Buches

Sozialgesetzbuch, soweit sie von der Körperschaftsteuer befreit sind;

29. gemeinsame Einrichtungen im Sinne des § 5 Abs. 1 Nr. 22 des Körperschaftsteuergesetzes, soweit sie von der Körperschaftsteuer befreit sind;

30. die Auftragsforschung im Sinne des § 5 Abs. 1 Nr. 23 des Körperschaftsteuergesetzes, soweit sie von der Körperschaftsteuer befreit ist.

§ 6 Besteuerungsgrundlage

Besteuerungsgrundlage für die Gewerbesteuer ist der Gewerbeertrag.

§ 7 Gewerbeertrag

[1]Gewerbeertrag ist der nach den Vorschriften des Einkommensteuergesetzes oder des Körperschaftsteuergesetzes zu ermittelnde Gewinn aus dem Gewerbebetrieb, der bei der Ermittlung des Einkommens für den dem Erhebungszeitraum (§ 14) entsprechenden Veranlagungszeitraum zu berücksichtigen ist, vermehrt und vermindert um die in den §§ 8 und 9 bezeichneten Beträge. [2]Zum Gewerbeertrag gehört auch der Gewinn aus der Veräußerung oder Aufgabe

1. des Betriebs oder eines Teilbetriebs einer Mitunternehmerschaft,

2. des Anteils eines Gesellschafters, der als Unternehmer (Mitunternehmer) des Betriebs einer Mitunternehmerschaft anzusehen ist,

3. des Anteils eines persönlich haftenden Gesellschafters einer Kommanditgesellschaft auf Aktien,

soweit er nicht auf eine natürliche Person als unmittelbar beteiligter Mitunternehmer entfällt. [3]Der nach § 5a des Einkommensteuergesetzes ermittelte Gewinn und das nach § 8 Abs. 1 Satz 3 des Körperschaftsteuergesetzes ermittelte Einkommen gelten als Gewerbeertrag nach Satz 1. [4]§ 3 Nr. 40 und § 3c Abs. 2 des Einkommensteuergesetzes sind bei der Ermittlung des Gewerbeertrags einer Mitunternehmerschaft anzuwenden, soweit an der Mitunternehmerschaft natürliche Personen unmittelbar oder mittelbar über eine oder mehrere Personengesellschaften beteiligt sind; im Übrigen ist § 8b des Körperschaftsteuergesetzes anzuwenden. [5]Bei der Ermittlung des Gewerbeertrags einer

Kapitalgesellschaft, auf die § 8 Abs. 7 Satz 1 Nr. 2 des Körperschaftsteuergesetzes anzuwenden ist, ist § 8 Abs. 9 Satz 1 bis 3 des Körperschaftsteuergesetzes entsprechend anzuwenden; ein sich danach bei der jeweiligen Sparte im Sinne des § 8 Abs. 9 Satz 1 des Körperschaftsteuergesetzes ergebender negativer Gewerbeertrag darf nicht mit einem positiven Gewerbeertrag aus einer anderen Sparte im Sinne des § 8 Abs. 9 Satz 1 des Körperschaftsteuergesetzes ausgeglichen werden. [6]§ 50d Abs. 10 des Einkommensteuergesetzes ist bei der Ermittlung des Gewerbeertrags entsprechend anzuwenden.

§ 11 Steuermesszahl und Steuermessbetrag

(1) Bei der Berechnung der Gewerbesteuer ist von einem Steuermessbetrag auszugehen. Dieser ist durch Anwendung eines Prozentsatzes (Steuermesszahl) auf den Gewerbeertrag zu ermitteln. Der Gewerbeertrag ist auf volle 100 Euro nach unten abzurunden und

1. bei natürlichen Personen sowie bei Personengesellschaften um einen Freibetrag in Höhe von 24 500 Euro,

2. bei Unternehmen im Sinne des § 2 Abs. 3 und des § 3 Nr. 5, 6, 8, 9, 15, 17, 21, 26, 27, 28 und 29 sowie bei Unternehmen von juristischen Personen des öffentlichen Rechts um einen Freibetrag in Höhe von 5 000 Euro, höchstens jedoch in Höhe des abgerundeten Gewerbeertrags, zu kürzen.

(2) Die Steuermesszahl für den Gewerbeertrag beträgt 3,5 Prozent.

(3) Die Steuermesszahl ermäßigt sich auf 56 Prozent bei Hausgewerbetreibenden und ihnen nach § 1 Abs. 2 Buchstabe b und d des Heimarbeitsgesetzes in der im Bundesgesetzblatt Teil III, Gliederungsnummer 804-1, veröffentlichten bereinigten Fassung, zuletzt geändert durch Artikel 4 des Gesetzes vom 13. Juli 1988 (BGBl. I S. 1034), gleichgestellten Personen. 2Das Gleiche gilt für die nach § 1 Abs. 2 Buchstabe c des Heimarbeitsgesetzes gleichgestellten Personen, deren Entgelte (§ 10 Abs. 1 des Umsatzsteuergesetzes) aus der Tätigkeit unmittelbar für den Absatzmarkt im Erhebungszeitraum 25 000 Euro nicht übersteigen.

[50] Umsatzsteuergesetz (UStG)

In der Fassung der Bekanntmachung vom 21. Februar 2005 (BGBl. I S. 386), die zuletzt durch Artikel 23 des Gesetzes vom 7. Dezember 2011 (BGBl. I S. 2592) geändert worden ist. – Auszug –

§ 1 Steuerbare Umsätze

(1) Der Umsatzsteuer unterliegen die folgenden Umsätze:

1. die Lieferungen und sonstigen Leistungen, die ein Unternehmer im Inland gegen Entgelt im Rahmen seines Unternehmens ausführt. Die Steuerbarkeit entfällt nicht, wenn der Umsatz auf Grund gesetzlicher oder behördlicher Anordnung ausgeführt wird oder nach gesetzlicher Vorschrift als ausgeführt gilt;
2. (weggefallen)
3. (weggefallen)
4. die Einfuhr von Gegenständen im Inland oder in den österreichischen Gebieten Jungholz und Mittelberg (Einfuhrumsatzsteuer);
5. der innergemeinschaftliche Erwerb im Inland gegen Entgelt.

(1a) Die Umsätze im Rahmen einer Geschäftsveräußerung an einen anderen Unternehmer für dessen Unternehmen unterliegen nicht der Umsatzsteuer. Eine Geschäftsveräußerung liegt vor, wenn ein Unternehmen oder ein in der Gliederung eines Unternehmens gesondert geführter Betrieb im Ganzen entgeltlich oder unentgeltlich übereignet oder in eine Gesellschaft eingebracht wird. Der erwerbende Unternehmer tritt an die Stelle des Veräußerers.

(2) Inland im Sinne dieses Gesetzes ist das Gebiet der Bundesrepublik Deutschland mit Ausnahme des Gebiets von Büsingen, der Insel Helgoland, der Freizonen des Kontrolltyps I nach § 1 Abs. 1 Satz 1 des Zollverwaltungsgesetzes (Freihäfen), der Gewässer und Watten zwischen der Hoheitsgrenze und der jeweiligen Strandlinie sowie der deutschen Schiffe und der deutschen Luftfahrzeuge in Gebieten, die zu keinem Zollgebiet gehören. Ausland im Sinne dieses Gesetzes ist das Gebiet, das danach nicht Inland ist. Wird ein Umsatz im Inland ausgeführt, so kommt es für die Besteuerung nicht darauf an, ob der Unternehmer deutscher Staatsangehöriger ist, seinen Wohnsitz oder

Sitz im Inland hat, im Inland eine Betriebsstätte unterhält, die Rechnung erteilt oder die Zahlung empfängt.

(2a) Das Gemeinschaftsgebiet im Sinne dieses Gesetzes umfasst das Inland im Sinne des Absatzes 2 Satz 1 und die Gebiete der übrigen Mitgliedstaaten der Europäischen Gemeinschaft, die nach dem Gemeinschaftsrecht als Inland dieser Mitgliedstaaten gelten (übriges Gemeinschaftsgebiet). Das Fürstentum Monaco gilt als Gebiet der Französischen Republik; die Insel Man gilt als Gebiet des Vereinigten Königreichs Großbritannien und Nordirland. Drittlandsgebiet im Sinne dieses Gesetzes ist das Gebiet, das nicht Gemeinschaftsgebiet ist.

[...]

§ 2 Unternehmer, Unternehmen

(1) Unternehmer ist, wer eine gewerbliche oder berufliche Tätigkeit selbständig ausübt. Das Unternehmen umfasst die gesamte gewerbliche oder berufliche Tätigkeit des Unternehmers. Gewerblich oder beruflich ist jede nachhaltige Tätigkeit zur Erzielung von Einnahmen, auch wenn die Absicht, Gewinn zu erzielen, fehlt oder eine Personenvereinigung nur gegenüber ihren Mitgliedern tätig wird.

(2) Die gewerbliche oder berufliche Tätigkeit wird nicht selbständig ausgeübt,

1. soweit natürliche Personen, einzeln oder zusammengeschlossen, einem Unternehmen so eingegliedert sind, dass sie den Weisungen des Unternehmers zu folgen verpflichtet sind,

2. wenn eine juristische Person nach dem Gesamtbild der tatsächlichen Verhältnisse finanziell, wirtschaftlich und organisatorisch in das Unternehmen des Organträgers eingegliedert ist (Organschaft). Die Wirkungen der Organschaft sind auf Innenleistungen zwischen den im Inland gelegenen Unternehmensteilen beschränkt. Diese Unternehmensteile sind als ein Unternehmen zu behandeln. Hat der Organträger seine Geschäftsleitung im Ausland, gilt der wirtschaftlich bedeutendste Unternehmensteil im Inland als der Unternehmer.

(3) Die juristischen Personen des öffentlichen Rechts sind nur im Rahmen ihrer Betriebe gewerblicher Art (§ 1 Abs. 1 Nr. 6, § 4 des Körperschaftsteuergesetzes) und ihrer land- oder forstwirtschaftlichen Betriebe gewerblich oder beruflich tätig. [...]

§ 4 Steuerbefreiungen bei Lieferungen und sonstigen Leistungen

Von den unter § 1 Abs. 1 Nr. 1 fallenden Umsätzen sind steuerfrei:

[...]

12. a) die Vermietung und die Verpachtung von Grundstücken, von Berechtigungen, für die die Vorschriften des bürgerlichen Rechts über Grundstücke gelten, und von staatlichen Hoheitsrechten, die Nutzungen von Grund und Boden betreffen,

b) die Überlassung von Grundstücken und Grundstücksteilen zur Nutzung auf Grund eines auf Übertragung des Eigentums gerichteten Vertrags oder Vorvertrags,

c) die Bestellung, die Übertragung und die Überlassung der Ausübung von dinglichen Nutzungsrechten an Grundstücken.

Nicht befreit sind die Vermietung von Wohn- und Schlafräumen, die ein Unternehmer zur kurzfristigen Beherbergung von Fremden bereithält, die Vermietung von Plätzen für das Abstellen von Fahrzeugen, die kurzfristige Vermietung auf Campingplätzen und die Vermietung und die Verpachtung von Maschinen und sonstigen Vorrichtungen aller Art, die zu einer Betriebsanlage gehören (Betriebsvorrichtungen), auch wenn sie wesentliche Bestandteile eines Grundstücks sind;

[...]

22. a) die Vorträge, Kurse und anderen Veranstaltungen wissenschaftlicher oder belehrender Art, die von juristischen Personen des öffentlichen Rechts, von Verwaltungs- und Wirtschaftsakademien, von Volkshochschulen oder von Einrichtungen, die gemeinnützigen Zwecken oder dem Zweck eines Berufsverbandes dienen, durchgeführt werden, wenn die Einnahmen überwiegend zur Deckung der Kosten verwendet werden,

b) andere kulturelle und sportliche Veranstaltungen, die von den in Buchstabe a genannten Unternehmern durchgeführt werden, soweit das Entgelt in Teilnehmergebühren besteht;

[...]

25. Leistungen der Jugendhilfe nach § 2 Abs. 2 des Achten Buches Sozialgesetzbuch und die Inobhutnahme nach § 42 des Achten Buches Sozialgesetzbuch, wenn diese Leistungen von Trägern der öffentlichen Jugendhilfe oder anderen Einrichtungen mit sozialem Charakter erbracht werden. Andere Einrichtungen mit sozialem Charakter im Sinne dieser Vorschrift sind

a) von der zuständigen Jugendbehörde anerkannte Träger der freien Jugendhilfe, die Kirchen und Religionsgemeinschaften des öffentlichen Rechts sowie die amtlich anerkannten Verbände der freien Wohlfahrtspflege,

b) Einrichtungen, soweit sie

aa) für ihre Leistungen eine im Achten Buch Sozialgesetzbuch geforderte Erlaubnis besitzen oder nach § 44 oder § 45 Abs. 1 Nr. 1 und 2 des Achten Buches Sozialgesetzbuch einer Erlaubnis nicht bedürfen,

bb) Leistungen erbringen, die im vorangegangenen Kalenderjahr ganz oder zum überwiegenden Teil durch Träger der öffentlichen Jugendhilfe oder Einrichtungen nach Buchstabe a vergütet wurden oder

cc) Leistungen der Kindertagespflege erbringen, für die sie nach § 24 Abs. 5 des Achten Buches Sozialgesetzbuch vermittelt werden können.

Steuerfrei sind auch

a) die Durchführung von kulturellen und sportlichen Veranstaltungen, wenn die Darbietungen von den von der Jugendhilfe begünstigten Personen selbst erbracht oder die Einnahmen überwiegend zur Deckung der Kosten verwendet werden und diese Leistungen in engem Zusammenhang mit den in Satz 1 bezeichneten Leistungen stehen,

b) die Beherbergung, Beköstigung und die üblichen Naturalleistungen, die diese Einrichtungen den Empfängern der Jugendhilfeleistungen und Mitarbeitern in der Jugendhilfe sowie den bei den Leistungen nach Satz 1 tätigen Personen als Vergütung für die geleisteten Dienste gewähren;

26. die ehrenamtliche Tätigkeit,

a) wenn sie für juristische Personen des öffentlichen Rechts ausgeübt wird oder

b) wenn das Entgelt für diese Tätigkeit nur in Auslagenersatz und einer angemessenen Entschädigung für Zeitversäumnis besteht;

[...]

§ 9 Verzicht auf Steuerbefreiungen

(1) Der Unternehmer kann einen Umsatz, der nach § 4 Nr. 8 Buchstabe a bis g, Nr. 9 Buchstabe a, Nr. 12, 13 oder 19 steuerfrei ist, als steuerpflichtig behandeln, wenn der Umsatz an einen anderen Unternehmer für dessen Unternehmen ausgeführt wird.

(2) Der Verzicht auf Steuerbefreiung nach Absatz 1 ist bei der Bestellung und Übertragung von Erbbaurechten (§ 4 Nr. 9 Buchstabe a), bei der Vermietung oder Verpachtung von Grundstücken (§ 4 Nr. 12 Satz 1 Buchstabe a) und bei den in § 4 Nr. 12 Satz 1 Buchstabe b und c bezeichneten Umsätzen nur zulässig, soweit der Leistungsempfänger das Grundstück ausschließlich für Umsätze verwendet oder zu verwenden beabsichtigt, die den Vorsteuerabzug nicht ausschließen. Der Unternehmer hat die Voraussetzungen nachzuweisen.

(3) Der Verzicht auf Steuerbefreiung nach Absatz 1 ist bei Lieferungen von Grundstücken (§ 4 Nr. 9 Buchstabe

a) im Zwangsversteigerungsverfahren durch den Vollstreckungsschuldner an den Ersteher bis zur Aufforderung zur Abgabe von Geboten im Versteigerungstermin zulässig. Bei anderen Umsätzen im Sinne von § 4 Nummer 9 Buchstabe a kann der Verzicht auf Steuerbefreiung nach Absatz 1 nur in dem gemäß § 311b Absatz 1 des Bürgerlichen Gesetzbuchs notariell zu beurkundenden Vertrag erklärt werden.

§ 12 Steuersätze

(1) Die Steuer beträgt für jeden steuerpflichtigen Umsatz 19 Prozent der Bemessungsgrundlage (§§ 10, 11, 25 Abs. 3 und § 25a Abs. 3 und 4).

(2) Die Steuer ermäßigt sich auf sieben Prozent für die folgenden Umsätze:

1. die Lieferungen, die Einfuhr und den innergemeinschaftlichen Erwerb der in der Anlage 2 bezeichneten Gegenstände;

2. die Vermietung der in der Anlage 2 bezeichneten Gegenstände;

[...]

7. a) die Eintrittsberechtigung für Theater, Konzerte und Museen, sowie die den Theatervorführungen und Konzerten vergleichbaren Darbietungen ausübender Künstler

b) die Überlassung von Filmen zur Auswertung und Vorführung sowie die Filmvorführungen, soweit die Filme nach § 6 Abs. 3 Nr. 1 bis 5 des Gesetzes zum Schutze der Jugend in der Öffentlichkeit oder nach § 14 Abs. 2 Nr. 1 bis 5 des Jugendschutzgesetzes vom 23. Juli 2002 (BGBl. I S. 2730, 2003 I S. 476) in der jeweils geltenden Fassung gekennzeichnet sind oder vor dem 1. Januar 1970 erstaufgeführt wurden,

c) die Einräumung, Übertragung und Wahrnehmung von Rechten, die sich aus dem Urheberrechtsgesetz ergeben,

d) die Zirkusvorführungen, die Leistungen aus der Tätigkeit als Schausteller sowie die unmittelbar mit dem Betrieb der zoologischen Gärten verbundenen Umsätze;

8. a) die Leistungen der Körperschaften, die ausschließlich und unmittelbar gemeinnützige, mildtätige oder kirchliche Zwecke verfolgen (§§ 51 bis 68 der Abgabenordnung). Das gilt nicht für Leistungen, die im Rahmen eines wirtschaftlichen Geschäftsbetriebs ausgeführt werden. Für Leistungen, die im Rahmen eines Zweckbetriebs ausgeführt werden, gilt Satz 1 nur, wenn der Zweckbetrieb nicht in erster Linie der Erzielung zusätzlicher Einnahmen durch die Ausführung von Umsätzen dient, die in unmittelbarem Wettbewerb mit dem allgemeinen Steuersatz unterliegenden Leistungen anderer Unternehmer ausgeführt werden, oder wenn die Körperschaft mit diesen Leistungen ihrer in den §§ 66 bis 68 der Abgabenordnung bezeichneten Zweckbetriebe ihre steuerbegünstigten satzungsgemäßen Zwecke selbst verwirklicht,

b) die Leistungen der nichtrechtsfähigen Personenvereinigungen und Gemeinschaften der in Buchstabe a Satz 1 bezeichneten Körperschaften, wenn diese Leistungen, falls die Körperschaften sie anteilig selbst ausführten, insgesamt nach Buchstabe a ermäßigt besteuert würden;

[...]

§ 14 Ausstellung von Rechnungen

(1) Rechnung ist jedes Dokument, mit dem über eine Lieferung oder sonstige Leistung abgerechnet wird, gleichgültig, wie dieses Dokument im Geschäftsverkehr bezeichnet wird. Rechnungen sind auf Papier oder vorbehaltlich der Zustimmung des Empfängers auf elektronischem Weg zu übermitteln.

(2) Führt der Unternehmer eine Lieferung oder eine sonstige Leistung nach § 1 Abs. 1 Nr. 1 aus, gilt Folgendes:

1. führt der Unternehmer eine steuerpflichtige Werklieferung (§ 3 Abs. 4 Satz 1) oder sonstige Leistung im Zusammenhang mit einem Grundstück aus, ist er verpflichtet, innerhalb von sechs

Monaten nach Ausführung der Leistung eine Rechnung auszustellen;

2. führt der Unternehmer eine andere als die in Nummer 1 genannte Leistung aus, ist er berechtigt, eine Rechnung auszustellen. Soweit er einen Umsatz an einen anderen Unternehmer für dessen Unternehmen oder an eine juristische Person, die nicht Unternehmer ist, ausführt, ist er verpflichtet, innerhalb von sechs Monaten nach Ausführung der Leistung eine Rechnung auszustellen. Eine Verpflichtung zur Ausstellung einer Rechnung besteht nicht, wenn der Umsatz nach § 4 Nr. 8 bis 28 steuerfrei ist. § 14a bleibt unberührt.

Unbeschadet der Verpflichtungen nach Satz 1 Nr. 1 und 2 Satz 2 kann eine Rechnung von einem in Satz 1 Nr. 2 bezeichneten Leistungsempfänger für eine Lieferung oder sonstige Leistung des Unternehmers ausgestellt werden, sofern dies vorher vereinbart wurde (Gutschrift). Die Gutschrift verliert die Wirkung einer Rechnung, sobald der Empfänger der Gutschrift dem ihm übermittelten Dokument widerspricht. Eine Rechnung kann im Namen und für Rechnung des Unternehmers oder eines in Satz 1 Nr. 2 bezeichneten Leistungsempfängers von einem Dritten ausgestellt werden.

(3) Bei einer auf elektronischem Weg übermittelten Rechnung müssen die Echtheit der Herkunft und die Unversehrtheit des Inhalts gewährleistet sein durch

1. eine qualifizierte elektronische Signatur oder eine qualifizierte elektronische Signatur mit Anbieter-Akkreditierung nach dem Signaturgesetz vom 16. Mai 2001 (BGBl. I S. 876), das durch Artikel 2 des Gesetzes vom 16. Mai 2001 (BGBl. I S. 876) geändert worden ist, in der jeweils geltenden Fassung, oder

2. elektronischen Datenaustausch (EDI) nach Artikel 2 der Empfehlung 94/820/EG der Kommission vom 19. Oktober 1994 über die rechtlichen Aspekte des elektronischen Datenaustauschs (ABl. EG Nr. L 338 S. 98), wenn in der Vereinbarung über diesen Datenaustausch der Einsatz von Verfahren vorgesehen ist, die die Echtheit der Herkunft und die Unversehrtheit der Daten gewährleisten.

(4) Eine Rechnung muss folgende Angaben enthalten:

1. den vollständigen Namen und die vollständige Anschrift des leistenden Unternehmers und des Leistungsempfängers,

2. die dem leistenden Unternehmer vom Finanzamt erteilte Steuernummer oder die ihm vom Bundeszentralamt für Steuern erteilte Umsatzsteuer-Identifikationsnummer,

3. das Ausstellungsdatum,

4. eine fortlaufende Nummer mit einer oder mehreren Zahlenreihen, die zur Identifizierung der Rechnung vom Rechnungsaussteller einmalig vergeben wird (Rechnungsnummer),

5. die Menge und die Art (handelsübliche Bezeichnung) der gelieferten Gegenstände oder den Umfang und die Art der sonstigen Leistung,

6. den Zeitpunkt der Lieferung oder sonstigen Leistung; in den Fällen des Absatzes 5 Satz 1 den Zeitpunkt der Vereinnahmung des Entgelts oder eines Teils des Entgelts, sofern der Zeitpunkt der Vereinnahmung feststeht und nicht mit dem Ausstellungsdatum der Rechnung übereinstimmt,

7. das nach Steuersätzen und einzelnen Steuerbefreiungen aufgeschlüsselte Entgelt für die Lieferung oder sonstige Leistung (§ 10) sowie jede im Voraus vereinbarte Minderung des Entgelts, sofern sie nicht bereits im Entgelt berücksichtigt ist,

8. den anzuwendenden Steuersatz sowie den auf das Entgelt entfallenden Steuerbetrag oder im Fall einer Steuerbefreiung einen Hinweis darauf, dass für die Lieferung oder sonstige Leistung eine Steuerbefreiung gilt und

9. in den Fällen des § 14b Abs. 1 Satz 5 einen Hinweis auf die Aufbewahrungspflicht des Leistungsempfängers.

In den Fällen des § 10 Abs. 5 sind die Nummern 7 und 8 mit der Maßgabe anzuwenden, dass die Bemessungsgrundlage für die Leistung (§ 10 Abs. 4) und der darauf entfallende Steuerbetrag anzugeben sind. Unternehmer, die § 24 Abs. 1 bis 3 anwenden, sind jedoch auch in diesen Fällen nur zur Angabe des Entgelts und des darauf entfallenden Steuerbetrags berechtigt.

(5) Vereinnahmt der Unternehmer das Entgelt oder einen Teil des Entgelts für eine noch nicht ausgeführte Lieferung oder sonstige Leistung, gelten die Absätze 1 bis 4 sinngemäß. Wird eine Endrechnung erteilt, sind in ihr die vor Ausführung der Lieferung oder sonstigen Leistung vereinnahmten Teilentgelte und die auf sie entfallenden Steuerbeträge abzusetzen, wenn über die Teilentgelte Rechnungen im Sinne der Absätze 1 bis 4 ausgestellt worden sind.

(6) Das Bundesministerium der Finanzen kann mit Zustimmung des Bundesrates zur Vereinfachung des Besteuerungsverfahrens durch Rechtsverordnung bestimmen, in welchen Fällen und unter welchen Voraussetzungen

1. Dokumente als Rechnungen anerkannt werden können,
2. die nach Absatz 4 erforderlichen Angaben in mehreren Dokumenten enthalten sein können,
3. Rechnungen bestimmte Angaben nach Absatz 4 nicht enthalten müssen,
4. eine Verpflichtung des Unternehmers zur Ausstellung von Rechnungen mit gesondertem Steuerausweis (Absatz 4) entfällt oder
5. Rechnungen berichtigt werden können.

§ 15 Vorsteuerabzug

(1) Der Unternehmer kann die folgenden Vorsteuerbeträge abziehen:

1. die gesetzlich geschuldete Steuer für Lieferungen und sonstige Leistungen, die von einem anderen Unternehmer für sein Unternehmen ausgeführt worden sind. Die Ausübung des Vorsteuerabzugs setzt voraus, dass der Unternehmer eine nach den §§ 14, 14a ausgestellte Rechnung besitzt. Soweit der gesondert ausgewiesene Steuerbetrag auf eine Zahlung vor Ausführung dieser Umsätze entfällt, ist er bereits abziehbar, wenn die Rechnung vorliegt und die Zahlung geleistet worden ist;
2. die entrichtete Einfuhrumsatzsteuer für Gegenstände, die für sein Unternehmen nach § 1 Abs. 1 Nr. 4 eingeführt worden sind;
3. die Steuer für den innergemeinschaftlichen Erwerb von Gegenständen für sein Unternehmen;
4. die Steuer für Leistungen im Sinne des § 13b Absatz 1 und 2, die für sein Unternehmen ausgeführt worden sind. Soweit die Steuer auf eine Zahlung vor Ausführung dieser Leistungen entfällt, ist sie abziehbar, wenn die Zahlung geleistet worden ist;
5. die nach § 13a Abs. 1 Nr. 6 geschuldete Steuer für Umsätze, die für sein Unternehmen ausgeführt worden sind.

Nicht als für das Unternehmen ausgeführt gilt die Lieferung, die Einfuhr oder der innergemeinschaftliche Erwerb eines Gegenstands, den der Unternehmer zu weniger als 10 Prozent für sein Unternehmen nutzt.

(1a) Nicht abziehbar sind Vorsteuerbeträge, die auf Aufwendungen, für die das Abzugsverbot des § 4 Abs. 5 Satz 1 Nr. 1 bis 4, 7 oder des § 12 Nr. 1 des Einkommensteuergesetzes gilt, entfallen. Dies gilt nicht für Bewirtungsaufwendungen, soweit § 4 Abs. 5 Satz 1 Nr. 2 des Einkommensteuergesetzes einen Abzug angemessener und nachgewiesener Aufwendungen ausschließt.

(1b) (weggefallen)

(2) Vom Vorsteuerabzug ausgeschlossen ist die Steuer für die Lieferungen, die Einfuhr und den innergemeinschaftlichen Erwerb von Gegenständen sowie für die sonstigen Leistungen, die der Unternehmer zur Ausführung folgender Umsätze verwendet:

1. steuerfreie Umsätze;

2. Umsätze im Ausland, die steuerfrei wären, wenn sie im Inland ausgeführt würden.

Gegenstände oder sonstige Leistungen, die der Unternehmer zur Ausführung einer Einfuhr oder eines innergemeinschaftlichen Erwerbs verwendet, sind den Umsätzen zuzurechnen, für die der eingeführte oder innergemeinschaftlich erworbene Gegenstand verwendet wird.

(3) Der Ausschluss vom Vorsteuerabzug nach Absatz 2 tritt nicht ein, wenn die Umsätze

1. in den Fällen des Absatzes 2 Nr. 1

a) nach § 4 Nr. 1 bis 7, § 25 Abs. 2 oder nach den in § 26 Abs. 5 bezeichneten Vorschriften steuerfrei sind oder

b) nach § 4 Nr. 8 Buchstabe a bis g oder Nr. 10 Buchstabe a steuerfrei sind und sich unmittelbar auf Gegenstände beziehen, die in das Drittlandsgebiet ausgeführt werden;

2. in den Fällen des Absatzes 2 Satz 1 Nr. 2

a) nach § 4 Nr. 1 bis 7, § 25 Abs. 2 oder nach den in § 26 Abs. 5 bezeichneten Vorschriften steuerfrei wären oder

b) nach § 4 Nr. 8 Buchstabe a bis g oder Nr. 10 Buchstabe a steuerfrei wären und der Leistungsempfänger im Drittlandsgebiet ansässig ist.

(4) Verwendet der Unternehmer einen für sein Unternehmen gelieferten, eingeführten oder innergemeinschaftlich erworbenen Gegenstand oder eine von ihm in Anspruch genommene sonstige Leistung nur zum Teil zur Ausführung von Umsätzen, die den Vorsteuerabzug ausschließen, so ist der Teil der jeweiligen Vorsteuerbeträge nicht abziehbar, der den zum Ausschluss vom Vorsteuerabzug führenden Umsätzen wirtschaftlich zuzurechnen ist. Der Unternehmer kann die nicht abziehbaren Teilbeträge im Wege einer sachgerechten Schätzung ermitteln. Eine Ermittlung des nicht abziehbaren Teils der Vorsteuerbeträge nach dem Verhältnis der Umsätze, die den Vorsteuerabzug ausschließen, zu den Umsätzen, die zum Vorsteuerabzug berechtigen, ist nur zulässig, wenn keine andere wirtschaftliche Zurechnung möglich ist.

[...]

(5) Das Bundesministerium der Finanzen kann mit Zustimmung des Bundesrates durch Rechtsverordnung nähere Bestimmungen darüber treffen,

1. in welchen Fällen und unter welchen Voraussetzungen zur Vereinfachung des Besteuerungsverfahrens für den Vorsteuerabzug auf eine Rechnung im Sinne des § 14 oder auf einzelne Angaben in der Rechnung verzichtet werden kann,
2. unter welchen Voraussetzungen, für welchen Besteuerungszeitraum und in welchem Umfang zur Vereinfachung oder zur Vermeidung von Härten in den Fällen, in denen ein anderer als der Leistungsempfänger ein Entgelt gewährt (§ 10 Abs. 1 Satz 3), der andere den Vorsteuerabzug in Anspruch nehmen kann, und
3. wann in Fällen von geringer steuerlicher Bedeutung zur Vereinfachung oder zur Vermeidung von Härten bei der Aufteilung der Vorsteuerbeträge (Absatz 4) Umsätze, die den Vorsteuerabzug ausschließen, unberücksichtigt bleiben können oder von der Zurechnung von Vorsteuerbeträgen zu diesen Umsätzen abgesehen werden kann.

§ 18 Besteuerungsverfahren

(1) Der Unternehmer hat bis zum 10. Tag nach Ablauf jedes Voranmeldungszeitraums eine Voranmeldung nach amtlich vorgeschriebenem Datensatz durch Datenfernübertragung nach Maßgabe der Steuerdaten-Übermittlungsverordnung zu übermitteln, in der er die Steuer für den Voranmeldungszeitraum (Vorauszahlung) selbst zu berechnen hat. Auf Antrag kann das Finanzamt zur Vermeidung von unbilligen Härten auf eine elektronische Übermittlung verzichten; in diesem Fall hat der Unternehmer eine Voranmeldung nach amtlich vorgeschriebenem Vordruck abzugeben. § 16 Abs. 1 und 2 und § 17 sind entsprechend anzuwenden. Die Vorauszahlung ist am 10. Tag nach Ablauf des Voranmeldungszeitraums fällig.

(2) Voranmeldungszeitraum ist das Kalendervierteljahr. Beträgt die Steuer für das vorangegangene Kalenderjahr mehr als 7 500 Euro, ist der Kalendermonat Voranmeldungszeitraum. Beträgt die Steuer für das vorangegangene Kalenderjahr nicht mehr als 1 000 Euro, kann das Finanzamt den Unternehmer von der Verpflichtung zur Abgabe der Voranmeldungen und Entrichtung der Vorauszahlungen befreien. Nimmt der Unternehmer seine berufliche oder gewerbliche Tätigkeit auf, ist im laufenden und folgenden Kalenderjahr Voranmeldungszeitraum der Kalendermonat.

(2a) Der Unternehmer kann an Stelle des Kalendervierteljahres den Kalendermonat als Voranmeldungszeitraum wählen, wenn sich für das vorangegangene Kalenderjahr ein Überschuss zu seinen Gunsten von mehr als 7 500 Euro ergibt. In diesem Fall hat der Unternehmer bis zum 10. Februar des laufenden Kalenderjahres eine Voranmeldung für den ersten Kalendermonat abzugeben. Die Ausübung des Wahlrechts bindet den Unternehmer für dieses Kalenderjahr.

(3) Der Unternehmer hat für das Kalenderjahr oder für den kürzeren Besteuerungszeitraum eine Steuererklärung nach amtlich vorgeschriebenem Vordruck abzugeben, in der er die zu entrichtende Steuer oder den Überschuss, der sich zu seinen Gunsten ergibt, nach § 16 Abs. 1 bis 4 und § 17 selbst zu berechnen hat (Steueranmeldung). In den Fällen des § 16 Abs. 3 und 4 ist die Steueranmeldung binnen einem Monat nach Ablauf des kürzeren Besteuerungszeitraums abzugeben. Die Steueranmeldung muss vom Unternehmer eigenhändig unterschrieben sein.

(4) Berechnet der Unternehmer die zu entrichtende Steuer oder den Überschuss in der Steueranmeldung für das Kalenderjahr abweichend von der Summe der Vorauszahlungen, so ist der Unterschiedsbetrag zugunsten des Finanzamts einen Monat nach dem Eingang der Steueranmeldung fällig. Setzt das Finanzamt die zu entrichtende Steuer oder den Überschuss abweichend von der Steueranmeldung für das Kalenderjahr fest, so ist der Unterschiedsbetrag zugunsten des Finanzamts einen Monat nach der Bekanntgabe des Steuerbescheids fällig. Die Fälligkeit rückständiger Vorauszahlungen (Absatz 1) bleibt von den Sätzen 1 und 2 unberührt.

(4a) Voranmeldungen (Absätze 1 und 2) und eine Steuererklärung (Absätze 3 und 4) haben auch die Unternehmer und juristischen Personen abzugeben, die ausschließlich Steuer für Umsätze nach § 1 Abs. 1 Nr. 5, § 13b Absatz 5 oder § 25b Abs. 2 zu entrichten haben, sowie Fahrzeuglieferer (§ 2a). Voranmeldungen sind nur für die Voranmeldungszeiträume abzugeben, in denen die Steuer für diese Umsätze zu erklären ist. Die Anwendung des Absatzes 2a ist ausgeschlossen.

(4b) Für Personen, die keine Unternehmer sind und Steuerbeträge nach § 6a Abs. 4 Satz 2 oder nach § 14c Abs. 2 schulden, gilt Absatz 4a entsprechend.

[...]

(9) Zur Vereinfachung des Besteuerungsverfahrens kann das Bundesministerium der Finanzen mit Zustimmung des Bundesrates durch Rechtsverordnung die Vergütung der Vorsteuerbeträge (§ 15) an im Ausland ansässige Unternehmer, abweichend von § 16 und von den Absätzen 1 bis 4, in einem besonderen Verfahren regeln. Dabei kann auch angeordnet werden,

1. dass die Vergütung nur erfolgt, wenn sie eine bestimmte Mindesthöhe erreicht,
2. innerhalb welcher Frist der Vergütungsantrag zu stellen ist,
3. in welchen Fällen der Unternehmer den Antrag eigenhändig zu unterschreiben hat,
4. wie und in welchem Umfang Vorsteuerbeträge durch Vorlage von Rechnungen und Einfuhrbelegen nachzuweisen sind,
5. dass der Bescheid über die Vergütung der Vorsteuerbeträge elektronisch erteilt wird,
6. wie und in welchem Umfang der zu vergütende Betrag zu verzinsen ist.

Einem Unternehmer, der im Gemeinschaftsgebiet ansässig ist und Umsätze ausführt, die zum Teil den Vorsteuerabzug ausschließen, wird die Vorsteuer höchstens in der Höhe vergütet, in der er in dem Mitgliedstaat, in dem er ansässig ist, bei Anwendung eines Pro-rata-Satzes zum Vorsteuerabzug berechtigt wäre. Einem Unternehmer, der nicht im Gemeinschaftsgebiet ansässig ist, wird die Vorsteuer nur vergütet, wenn in dem Land, in dem der Unternehmer seinen Sitz hat, keine Umsatzsteuer oder ähnliche Steuer erhoben oder im Fall der Erhebung im Inland ansässigen Unternehmern vergütet wird. Von der Vergütung ausgeschlossen sind bei Unternehmern, die nicht im Gemeinschaftsgebiet ansässig sind, die Vorsteuerbeträge, die auf den Bezug von Kraftstoffen entfallen. Die Sätze 4 und 5 gelten nicht für Unternehmer, die nicht im Gemeinschaftsgebiet ansässig sind, soweit sie im Besteuerungszeitraum (§ 16 Abs. 1 Satz 2) als Steuerschuldner ausschließlich elektronische Leistungen nach § 3a Abs. 5 im Gemeinschaftsgebiet erbracht und für diese Umsätze von § 18 Abs. 4c Gebrauch gemacht haben oder diese Umsätze in einem anderen Mitgliedstaat erklärt sowie die darauf entfallende Steuer entrichtet haben; Voraussetzung ist, dass die Vorsteuerbeträge im Zusammenhang mit elektronischen Leistungen nach § 3a Abs. 5 stehen.

[...]

§ 19 Besteuerung der Kleinunternehmer

(1) Die für Umsätze im Sinne des § 1 Abs. 1 Nr. 1 geschuldete Umsatzsteuer wird von Unternehmern, die im Inland oder in den in § 1 Abs. 3 bezeichneten Gebieten ansässig sind, nicht erhoben, wenn der in Satz 2 bezeichnete Umsatz zuzüglich der darauf entfallenden Steuer im vorangegangenen Kalenderjahr 17 500 Euro nicht überstiegen hat und im laufenden Kalenderjahr 50 000 Euro voraussichtlich nicht übersteigen wird. Umsatz im Sinne des Satzes 1 ist der nach vereinnahmten Entgelten bemessene Gesamtumsatz, gekürzt um die darin enthaltenen Umsätze von Wirtschaftsgütern des Anlagevermögens. Satz 1 gilt nicht für die nach § 13a Abs. 1 Nr. 6, § 13b Absatz 5, § 14c Abs. 2 und § 25b Abs. 2 geschuldete Steuer. In den Fällen des Satzes 1 finden die Vorschriften über die Steuerbefreiung innergemeinschaftlicher Lieferungen (§ 4 Nr. 1 Buchstabe b, § 6a), über den Verzicht auf Steuerbefreiungen (§ 9), über den gesonderten Ausweis der Steuer in einer Rechnung (§ 14 Abs. 4), über die Angabe der Umsatzsteuer-Identifikationsnummern in einer Rechnung (§ 14a Abs. 1, 3 und 7) und über den Vorsteuerabzug (§ 15) keine Anwendung.

(2) Der Unternehmer kann dem Finanzamt bis zur Unanfechtbarkeit der Steuerfestsetzung (§ 18 Abs. 3 und 4) erklären, dass er auf die Anwendung des Absatzes 1 verzichtet. Nach Eintritt der Unanfechtbarkeit der Steuerfestsetzung bindet die Erklärung den Unternehmer mindestens für fünf Kalenderjahre. Sie kann nur mit Wirkung von Beginn eines Kalenderjahres an widerrufen werden. Der Widerruf ist spätestens bis zur Unanfechtbarkeit der Steuerfestsetzung des Kalenderjahres, für das er gelten soll, zu erklären.

(3) Gesamtumsatz ist die Summe der vom Unternehmer ausgeführten steuerbaren Umsätze im Sinne des § 1 Abs. 1 Nr. 1 abzüglich folgender Umsätze:

1. der Umsätze, die nach § 4 Nr. 8 Buchstabe i, Nr. 9 Buchstabe b und Nr. 11 bis 28 steuerfrei sind;

2. der Umsätze, die nach § 4 Nr. 8 Buchstabe a bis h, Nr. 9 Buchstabe a und Nr. 10 steuerfrei sind, wenn sie Hilfsumsätze sind.

Soweit der Unternehmer die Steuer nach vereinnahmten Entgelten berechnet (§ 13 Abs. 1 Nr. 1 Buchstabe a Satz 4 oder § 20), ist auch der Gesamtumsatz nach diesen Entgelten zu berechnen. Hat der Unternehmer seine gewerbliche oder berufliche Tätigkeit nur in einem Teil des Kalenderjahres ausgeübt, so ist der tatsächliche Gesamtumsatz in einen Jahresgesamtumsatz umzurechnen. Angefangene Kalendermonate sind bei der Umrechnung als volle Kalendermonate zu behandeln, es sei denn, dass die Umrechnung nach Tagen zu einem niedrigeren Jahresgesamtumsatz führt.

(4) Absatz 1 gilt nicht für die innergemeinschaftlichen Lieferungen neuer Fahrzeuge. § 15 Abs. 4a ist entsprechend anzuwenden.

Teil 2. Selbstverwaltungsrecht des Sports (internes Sportrecht)

A. Internationales Sportverbandsrecht

[51] Olympische Charta[1]

in der Fassung vom 7. Juli 2007[2]

übersetzt von Prof. Dr. Christoph Vedder, Lehrstuhl für Öffentliches Recht, Europarecht und Völkerrecht sowie Sportrecht, Juristische Fakultät der Universität Augsburg und Prof. Dr. Manfred Lämmer, Leiter des Instituts für Sportgeschichte der Deutschen Sporthochschule Köln

Einführung in die Olympische Charta

Die Olympische Charta (OCh) kodifiziert die Grundlegenden Prinzipien des Olympismus sowie die Regeln und Durchführungsbestimmungen, die vom Internationalen Olympischen Ko-

[1] Die Olympische Charta wird vom Internationalen Olympischen Komitee in französischer und englischer Sprache als einzig authentische Sprachen beschlossen und veröffentlicht. Im Falle von Divergenzen gilt gemäß Regel 24 Absatz 3 die französische Fassung. Die hier vorgelegte deutsche Übersetzung kann somit für sich keine rechtliche Verbindlichkeit beanspruchen. Sie dient dem Verständnis und der Verbreitung der olympischen Regeln; die NOKs sind gemäß Regel 28 Absatz 2.2 und insbesondere gemäß Abs. 4 und Abs. 7 und der Athletenerklärung gemäß Abs. 6 der Durchführungsbestimmung zu Regel 45 verpflichtet, die Olympische Charta den Athleten zur Kenntnis zu bringen. Die Übersetzung ist bewußt nicht eine Neuschöpfung der Olympischen Charta in deutscher Rechtssprache, sondern eine möglichst textnahe Übertragung der olympischen Regeln und Durchführungsbestimmungen. Diese weisen aufgrund ihrer mittlerweile über 100jährigen Entstehungsgeschichte trotz rechtlicher Bearbeitung und Systematisierung sprachliche und andere Brüche auf. Die Übersetzung bemüht sich darum, die Vorlage nicht in bestimmtem Sinne zu interpretieren. Eine Übersetzung von Rechtstexten kann allerdings auch nicht völlig mechanistisch und neutral sein. Für die Übersetzung tragen allein die Übersetzer die Verantwortung. Die Groß- bzw. Kleinschreibung olympischer Begriffe folgt der in der deutschen Sprache üblich gewordenen.

[2] Die abgedruckte Version ist die aktuellste deutsche Fassung. Die aktuellste offizielle Fassung datiert vom 8. Juli 2011 in englischer und französischer Sprache. Die Änderungen, die sich seit der Übersetzung in der hier abgedruckten Version ergeben haben, finden sich jeweils unter Hinweis auf die aktuelle offizielle Fassung vom 8. Juli 2011 in den Fußnoten.

mitee (IOC) erlassen wurden. Sie regelt die Organisation, das Handeln und das Funktionieren der Olympischen Bewegung, und legt die Bedingungen für die Feier der Olympischen Spiele fest. Im wesentlichen hat die Charta drei Grundfunktionen:

a) Als grundlegendes Dokument mit Verfassungscharakter legt die Olympische Charta die Grundlegenden Prinzipien und unabdingbaren Werte des Olympismus fest und ruft diese in Erinnerung.

b) Die Olympische Charta dient weiter als Satzung für das Internationale Olympische Komitee.

c) Daneben legt die Olympische Charta die wichtigsten gegenseitigen Rechte und Pflichten der drei Säulen der Olympischen Bewegung fest: des Internationalen Olympischen Komitees, der Internationalen Verbände und der Nationalen Olympischen Komitees sowie der Organisationskomitees für die Olympischen Spiele, die alle die Olympische Charta zu achten haben.

Hinweis

Der Gebrauch des männlichen Geschlechts in Bezug auf jede natürliche Person in der Olympischen Charta (zum Beispiel Bezeichnungen wie Präsident, Vizepräsident, Vorsitzender, Mitglied, Führer, Funktionär, Chef de mission, Teilnehmer, Wettbewerber, Athlet, Kampfrichter, Schiedsrichter, Jurymitglied, Attaché, Kandidat oder Personal sowie Pronomen wie er, sie oder ihnen) soll, soweit keine ausdrückliche gegenteilige Bestimmung vorhanden ist, so verstanden werden, daß er das weibliche Geschlecht mit einschließt.

Soweit nicht ausdrücklich und schriftlich anders geregelt, ist für die Zwecke der Olympischen Charta ein Jahr ein Kalenderjahr, das am 1. Januar beginnt und am 31. Dezember endet.

Präambel

Der neuzeitliche Olympismus geht auf Pierre de Coubertin zurück, auf dessen Initiative im Juni 1894 der Congrès International Athlétique von Paris abgehalten wurde. Das Internationale Olympische Komitee (IOC) konstituierte sich am 23. Juni 1894. Die ersten Olympischen Spiele (Spiele der Olympiade) der Neuzeit wurden 1896 in Athen in Griechenland gefeiert. 1914 wurde die olympische Fahne, die von Pierre de Coubertin dem Pariser Kongreß vorgestellt worden war, angenommen. Sie zeigt die fünf ineinander verflochtenen Ringe, die die Einheit der fünf Kontinente und das Zusammenkommen von Athleten aus aller Welt anläßlich der Olympischen Spiele symbolisieren. Die ersten Olympischen Winterspiele wurden 1924 in Chamonix in Frankreich veranstaltet.

Grundlegende Prinzipien des Olympismus

1. Der Olympismus ist eine Lebensphilosophie, die in ausgewogener Ganzheit die Eigenschaften von Körper, Wille und Geist miteinander vereint und überhöht. Durch die Verbindung des Sports mit Kultur und Bildung zielt der Olympismus darauf ab, eine Lebensart zu schaffen, die auf der Freude an Leistung, auf dem erzieherischen Wert des guten Beispiels sowie auf der Achtung universell gültiger fundamentaler ethischer Prinzipien aufbaut.

2. Ziel des Olympismus ist es, den Sport in den Dienst der harmonischen Entwicklung des Menschen zu stellen, um eine friedliche Gesellschaft zu fördern, die der Wahrung der Menschenwürde verpflichtet ist.

3. Die Olympische Bewegung ist unter der obersten Autorität des IOC das gemeinschaftliche, organisierte, weltweite und permanente Wirken aller Individuen und Organisationen, die sich von den Werten des Olympismus leiten lassen. Sie umfaßt alle fünf Kontinente. Sie erreicht ihren Höhepunkt in der Zusammenführung der Athleten der Welt zu einem großen Fest des Sports, den Olympischen Spielen. Ihr Symbol sind die fünf ineinander verflochtenen Ringe.

4. Die Ausübung von Sport ist ein Menschenrecht. Jeder Mensch muß die Möglichkeit zur Ausübung von Sport ohne Diskriminierung jeglicher Art und im olympischen Geist haben. Dieses erfordert gegenseitiges Verstehen im Geist von Freundschaft, Solidarität und Fairplay.[3] Die Organisation, die Verwal-

---

[3] An dieser Stelle enthält die aktuelle offizielle Fassung vom 8. Juli 2011 folgende Ergänzung:

5. Recognising that sport occurs within the framework of society, sports organisations within the Olympic Movement shall have the rights and obligations of autonomy, which include freely establishing and controlling the rules of sport, determining the structure and governance of their organisations, enjoying the right of elections free from any outside

tung und die Leitung des Sports müssen in den Händen unabhängiger Sportverbände liegen.

5. Jede Form von Diskriminierung eines Landes oder einer Person aufgrund von Rasse, Religion, Politik, Geschlecht oder aus sonstigen Gründen ist mit der Zugehörigkeit zur Olympischen Bewegung unvereinbar.

6. Die Zugehörigkeit zur Olympischen Bewegung setzt die Einhaltung der Olympischen Charta und die Anerkennung durch das IOC voraus.

Kapitel 1. Die Olympische Bewegung und ihr Handeln

Regel 1 Zusammensetzung und allgemeine Organisation der Olympischen Bewegung

1. Unter der obersten Autorität des Internationalen Olympischen Komitees umfaßt die Olympische Bewegung Organisationen, Athleten und andere Personen, die sich bereit erklären, sich von der Olympischen Charta leiten zu lassen. Das Ziel der Olympischen Bewegung ist es, zur Schaffung einer friedlichen und besseren Welt beizutragen, indem die Jugend durch Sport, der im Einklang mit dem Olympismus und dessen Werten ausgeübt wird, erzogen wird.

2. Die drei Säulen der Olympischen Bewegung sind das Internationale Olympische Komitee (IOC), die Internationalen Sportverbände (IFs), sowie die Nationalen Olympischen Komitees (NOKs). Jede Person oder Organisation, die in irgendeiner Eigenschaft der Olympischen Bewegung angehört, unterliegt den Bestimmungen der Olympischen Charta und hat die Entscheidungen des IOC zu befolgen.

3. Zusätzlich zu den drei Säulen umfaßt die Olympische Bewegung auch die Organisationskomitees für die Olympischen Spiele (OKs), die nationalen Verbände, Vereine und Personen, die den IFs und den NOKs angehören, insbesondere die Athleten, deren Interessen ein grundlegendes Element des Handelns der Olympischen Bewegung sind, sowie Kampfrichter, Schiedsrichter, Trainer und andere Offizielle des Sports sowie

---

influence and the responsibility for ensuring that principles of good governance be applied.

technische Offizielle. Sie schließt auch andere Organisationen und Einrichtungen ein, die vom IOC anerkannt sind.[4]

Regel 2 Aufgabe und Rolle des IOC*

Die Aufgabe des IOC ist es, den Olympismus in aller Welt zu fördern und die Olympische Bewegung anzuführen. Die Rolle des IOC besteht darin:

1. sowohl die Förderung der Ethik im Sport als auch die Erziehung der Jugend durch Sport zu stärken und zu unterstützen und seine Bemühungen darauf zu richten, daß sich im Sport der Geist des Fairplay durchsetzt und Gewalt geächtet wird;

2. die Organisation, Entwicklung und Koordinierung des Sports und sportlicher Wettkämpfe zu stärken und zu unterstützen;

3. die regelmäßige Feier der Olympischen Spiele sicherzustellen;

4. mit den zuständigen öffentlichen oder privaten Organisationen und Behörden zusammenzuarbeiten, um den Sport in den Dienst der Menschheit zu stellen und dadurch den Frieden zu fördern;

5. Maßnahmen zu ergreifen, um die Einheit der Olympischen Bewegung zu stärken und deren Unabhängigkeit zu wahren;

6. gegen jede Form der Diskriminierung vorzugehen, die die Olympische Bewegung beeinträchtigt;

7. die Förderung von Frauen im Sport auf allen Ebenen und in allen Strukturen zu stärken und zu unterstützen, um das Prinzip der Gleichheit von Mann und Frau durchzusetzen;

8. den Kampf gegen das Doping im Sport anzuführen;

9. Maßnahmen zum Schutz der Gesundheit der Athleten zu stärken und zu unterstützen;

10. gegen jeden politischen oder kommerziellen Mißbrauch des Sports und der Athleten vorzugehen;

---

[4] An dieser Stelle enthält die aktuelle offizielle Fassung vom 8. Juli 2011 folgende Ergänzung:

4. Any person or organisation belonging in any capacity whatsoever to the Olympic Movement is bound by the provisions of the Olympic Charter and shall abide by the decisions of the IOC.

11. die Bemühungen von Sportorganisationen und staatlichen Behörden, für die soziale und berufliche Zukunft der Athleten zu sorgen, zu stärken und zu unterstützen;

12. die Entwicklung des Sports für Alle zu stärken und zu unterstützen;

13. einen verantwortungsvollen Umgang mit Umweltbelangen zu stärken und zu unterstützen, die nachhaltige Entwicklung im Zusammenhang mit dem Sport zu fördern und sicherzustellen, daß die Olympischen Spiele diesen Grundsätzen entsprechend veranstaltet werden;

14. für eine positive bleibende Wirkung der Olympischen Spiele in den Gastgeberstädten und Gastgeberländern zu sorgen;

15. Initiativen, die Sport mit Kultur und Erziehung verbinden, zu stärken und zu unterstützen;

16. die Aktivitäten der Internationalen Olympischen Akademie (IOA) und anderer Institutionen, die sich der olympischen Erziehung verschrieben haben, zu stärken und zu unterstützen.

Durchführungsbestimmung zu Regel 2

1. Die IOC-Exekutivkommission kann unter den Bedingungen, die sie für angemessen hält, die Schirmherrschaft des IOC über internationale, mehrere Sportarten umfassende Wettkämpfe auf regionaler, kontinentaler oder weltweiter Ebene übernehmen, sofern diese in Übereinstimmung mit der Olympischen Charta stattfinden, unter der Kontrolle eines NOKs oder einer vom IOC anerkannten Vereinigung stehen und die Unterstützung der betroffenen IFs sowie die Beachtung von deren technischen Regeln gewährleistet ist.

2. Die IOC-Exekutivkommission kann die Schirmherrschaft des IOC über andere Veranstaltungen übernehmen, sofern diese in Einklang mit dem Ziel der Olympischen Bewegung stehen.

Regel 3 Anerkennung durch das IOC

1. Bedingung für die Zugehörigkeit zur Olympischen Bewegung ist die Anerkennung durch das IOC.

2. Das IOC kann nationale Sportorganisationen als NOK anerkennen, deren Tätigkeit mit den Aufgaben und der Rolle des IOC verbunden ist. Das IOC kann auch Vereinigungen von NOKs auf kontinentaler oder weltweiter Ebene anerkennen. Die NOKs und

Vereinigungen von NOKs sollen, soweit möglich, Rechtspersönlichkeit haben. Sie müssen die Olympische Charta befolgen. Ihre Statuten bedürfen der Genehmigung des IOC.

3. Das IOC kann IFs und Vereinigungen von IFs anerkennen.

4. Die Anerkennung von Vereinigungen von IFs oder NOKs beeinträchtigt in keiner Weise das Recht der einzelnen IFs und der einzelnen NOKs, direkt mit dem IOC in Verbindung zu treten, und umgekehrt.

5. Das IOC kann mit dem Sport in Verbindung stehende, international tätige Nicht-Regierungs-Organisationen anerkennen, deren Statuten und Aktivitäten mit der Olympischen Charta in Einklang stehen.[5]

6. Die Anerkennung durch das IOC kann vorläufig oder endgültig sein. Über die vorläufige Anerkennung oder über deren Entziehung entscheidet die IOC-Exekutivkommission für einen bestimmten oder unbestimmten Zeitraum. Die IOC-Exekutivkommission kann die Bedingungen festlegen, unter denen die vorläufige Mitgliedschaft erlischt. Über die endgültige Anerkennung oder deren Entziehung entscheidet die Session. Die Einzelheiten des Anerkennungsverfahrens werden von der IOC-Exekutivkommission festgelegt.

Regel 4 Der Olympische Kongreß

Der Olympische Kongreß versammelt in zeitlichen Abständen, die vom IOC festgelegt werden, die Vertreter der Säulen der Olympischen Bewegung. Er wird vom Präsidenten des IOC einberufen; er hat beratende Funktion.

Durchführungsbestimmung zu Regel 4

1. Der Olympische Kongreß wird auf Beschluß der Session vom Präsidenten einberufen und vom IOC an einem Ort und zu einer Zeit abgehalten, die von der Session festgelegt werden. Der Präsident hat den Vorsitz und bestimmt das Verfahren.

2. Der Olympische Kongreß setzt sich aus den Mitgliedern, dem Ehrenpräsidenten, den Ehrenmitgliedern und Mitgliedern

[5] An dieser Stelle enthält die aktuelle offizielle Fassung vom 8. Juli 2011 folgende Ergänzung: 6. In each case, the consequences of recognition are determined by the IOC Executive Board.

ehrenhalber des IOC sowie den Delegierten der IFs und der NOKs zusammen; teilnehmen können auch Vertreter von vom IOC anerkannten Organisationen. Darüber hinaus nehmen am Olympischen Kongreß die Athleten und Persönlichkeiten teil, die persönlich oder als Vertreter einer Organisation eingeladen werden.

3. Die IOC-Exekutivkommission bestimmt nach Beratung mit den IFs und den NOKs die Tagesordnung des Olympischen Kongresses.

Regel 5 Olympische Solidarität

Die Olympische Solidarität hat zum Ziel, Unterstützung für NOKs, insbesondere für die, die sie am dringendsten benötigen, zu leisten. Die Unterstützung erfolgt in Form von Programmen, die durch das IOC und die jeweiligen NOKs gemeinsam und, wenn nötig, mit technischer Unterstützung der IFs erarbeitet werden.

Durchführungsbestimmung zu Regel 5

Die von der Olympischen Solidarität aufgestellten Programme sollen dazu beitragen,

1. die Grundlegenden Prinzipien des Olympismus zu fördern;

2. die NOKs bei der Vorbereitung ihrer Athleten und Mannschaften für die Teilnahme an den Olympischen Spielen zu unterstützen;

3. das sportliche Fachwissen von Athleten und Trainern zu entwickeln;

4. das fachliche Niveau der Athleten und Trainer in Zusammenarbeit mit den NOKs und den IFs, auch durch Stipendien, zu verbessern;

5. Sportfunktionäre auszubilden;

6. mit Organisationen und Einrichtungen zusammenzuarbeiten, die solche Ziele verfolgen, insbesondere durch olympische Erziehung und die Verbreitung des Sports;

7. wo erforderlich, einfache, zweckmäßige und wirtschaftliche Sportstätten in Zusammenarbeit mit nationalen oder internationalen Institutionen zu errichten;

8. die Organisation von Wettkämpfen auf nationaler, regionaler und kontinentaler Ebene unter der Leitung oder der Schirmherrschaft der NOKs zu unterstützen sowie die NOKs bei der

Organisation, der Vorbereitung und der Teilnahme ihrer Delegationen bei regionalen und kontinentalen Wettkämpfen zu unterstützen;

9. gemeinsame bilaterale oder multilaterale Kooperationsprogramme unter den NOKs zu fördern;

10. Regierungen und internationale Organisationen dazu aufzufordern, Sport in die offizielle Entwicklungshilfe aufzunehmen. Die Programme werden von der Kommission für die Olympische Solidarität durchgeführt.

Regel 6 Olympische Spiele

1. Die Olympischen Spiele sind Wettkämpfe zwischen Athleten in Einzel- oder Mannschaftswettbewerben, nicht zwischen Ländern. Sie bringen die Athleten zusammen, die von ihren NOKs ausgewählt und deren Meldungen vom IOC bestätigt wurden. Sie kämpfen unter der technischen Leitung der betreffenden IFs.

2. Die Olympischen Spiele bestehen aus den Spielen der Olympiade und den Olympischen Winterspielen. Nur solche Sportarten, die auf Schnee oder Eis ausgeübt werden, gelten als Wintersportarten.

3. Die letzte Entscheidung in allen die Olympischen Spiele betreffenden Fragen liegt beim IOC. [6]

4. Ungeachtet der anwendbaren Regeln und Fristen für alle Schieds- und Berufungsverfahren und vorbehaltlich anderweitiger Regelungen des World Anti-Doping Code, kann eine Entscheidung des IOC bezüglich einer Auflage der Olympischen Spiele, einschließlich aber nicht beschränkt auf Wettkämpfe und deren Folgen wie Ranglisten und Ergebnisse, nach Ablauf einer Frist von drei Jahren vom Tag der Schlußzeremonie dieser Spiele an von niemandem mehr angefochten werden.[7]

---

[6] Diese Bestimmung ist in der aktuellen offiziellen Fassung vom 8. Juli 2011 nicht mehr enthalten.

[7] Diese Bestimmung ist in der aktuellen offiziellen Fassung vom 8. Juli 2011 nicht mehr enthalten.

Durchführungsbestimmung zu Regel 6

1. Eine Olympiade ist ein Zeitraum von vier aufeinanderfolgenden Kalenderjahren, der am 1. Januar des ersten Jahres beginnt und am 31. Dezember des vierten Jahres endet.

2. Die Olympiaden werden von den ersten Spielen der Olympiade, die 1896 in Athen gefeiert wurden, an fortlaufend gezählt. Die XXIX. Olympiade wird am 1. Januar 2008 beginnen.

3. Die Olympischen Winterspiele werden in der Reihenfolge gezählt, in der sie abgehalten werden.

Regel 7 Rechte an den Olympischen Spielen und olympische Eigentumsrechte[8]

1. Die Olympischen Spiele sind das ausschließliche Eigentum des IOC, das alle mit ihnen zusammenhängenden Rechte und Daten, insbesondere und ohne Einschränkung alle Rechte hinsichtlich ihrer Durchführung, Verwertung, Übertragung, Aufnahme, Darstellung, Wiedergabe, des Zugangs und der Verbreitung in jeder Form und durch jedes Mittel und jede Technologie, gleich ob sie heute schon existieren oder künftig entwickelt werden, innehat. Das IOC bestimmt die Bedingungen für den Zugang zu und für jede Nutzung der Daten bezüglich der Olympischen Spiele und der Wettkämpfe und sportlichen Leistungen bei den Olympischen Spielen.[9]

2. Das olympische Symbol, die olympische Fahne, der olympische Wahlspruch, die olympische Hymne, die olympischen Begriffe (einschließlich aber nicht allein „Olympische Spiele“

---

[8] An dieser Stelle enthält die aktuelle offizielle Fassung vom 8. Juli 2011 folgende Ergänzung:

1. As leader of the Olympic Movement, the IOC is responsible for enhancing the values of the Olympic Movement and for providing material support in the efforts to organize and disseminate the Olympic Games, and supporting the IFs, NOCs and athletes in their preparations for the Olympic Games. The IOC is the owner of all rights in and to the Olympic Games and Olympic properties described in this Rule, which rights have the potential to generate revenues for such purposes. It is in the best interests of the Olympic Movement and its constituents which benefit from such revenues that all such rights and Olympic properties be afforded the greatest possible protection by all concerned and that the use thereof be approved by the IOC.

[9] Dieser Satz wird in der aktuellen offiziellen Fassung vom 8. Juli 2011 als eigener Absatz 3 der Regel 7 geführt.

und „Spiele der Olympiade"), olympische Bezeichnungen, olympische Embleme, das olympische Feuer und die olympische Fackel, wie in den Regeln 8 bis 14 definiert, werden gemeinsam oder einzeln als „olympische Eigentumsrechte" bezeichnet. Alle olympischen Eigentumsrechte sowie alle Nutzungsrechte daran stehen im ausschließlichen Eigentum des IOC, einschließlich aber nicht beschränkt auf jede Nutzung in Gewinnerzielungsabsicht oder zu kommerziellen oder Werbezwecken. Das IOC kann für alle oder einen Teil seiner Rechte unter von der IOC-Exekutivkommission festgelegten Bedingungen Lizenzen erteilen.[10]

Regel 8 Das olympische Symbol

Das olympische Symbol besteht aus fünf ineinander verflochtenen Ringen gleicher Größe (die olympischen Ringe), allein verwendet, in einer oder in fünf verschiedenen Farben, die von links nach rechts Blau, Gelb, Schwarz, Grün und Rot sind. Die Ringe greifen von links nach rechts ineinander; gemäß der folgenden graphischen Darstellung sind der blaue, der schwarze und der rote Ring oben, der gelbe und der grüne Ring unten angeordnet. Das olympische Symbol drückt das Wirken der Olympischen Bewegung aus und steht für die Einheit der fünf Kontinente und das Treffen von Athleten aus aller Welt bei den Olympischen Spielen.

[10] Dieser Satz wird in der aktuellen offiziellen Fassung vom 8. Juli 2011 als Absatz 4 der Regel 7 geführt.

Regel 9 Die olympische Fahne
Die olympische Fahne hat einen weißen Grund ohne Umrandung. In ihrer Mitte befindet sich das olympische Symbol in seinen fünf Farben.

Regel 10 Der olympische Wahlspruch *
Der olympische Wahlspruch „Citius. Altius. Fortius" bringt das Streben der Olympischen Bewegung zum Ausdruck.

Regel 11 Olympische Embleme*
Ein olympisches Emblem ist eine einheitliche Gestaltung, die die olympischen Ringe mit einem anderen charakteristischen Bestandteil vereint.

Regel 12 Die olympische Hymne*
Die olympische Hymne ist das von Spiros Samaras komponierte musikalische Werk mit dem Titel „Olympische Hymne".

Regel 13 Das olympische Feuer, olympische Fackeln*
1. Das olympische Feuer ist das Feuer, das in Olympia unter der Autorität des IOC entzündet wird.

2. Eine olympische Fackel ist eine tragbare Fackel oder eine Nachbildung, die vom IOC genehmigt wird und die dazu bestimmt ist, die olympische Flamme brennen zu lassen.

Regel 14 Olympische Bezeichnungen*
Eine olympische Bezeichnung ist jede visuelle oder hörbare Darstellung, die in irgendeiner Form mit den Olympischen Spielen, der Olympischen Bewegung oder einer ihrer Säulen in Zusammenhang steht.

Durchführungsbestimmung zu Regeln 7 bis 14

1. Rechtlicher Schutz

1.1. Das IOC kann alle geeigneten Maßnahmen ergreifen, um die Rechte an den Olympischen Spielen und die olympischen Eigentumsrechte auf nationaler und internationaler Ebene für sich schützen zu lassen.

1.2. Jedes NOK ist dem IOC gegenüber für die Einhaltung der Regeln 7 bis14 und der Durchführungsbestimmung zu den Regeln 7 bis 14 in seinem Land verantwortlich. Es ergreift Maßnahmen, um jede Nutzung olympischer Eigentumsrechte, die im Widerspruch zu diesen Regeln oder ihren Durchführungsbestimmungen steht, zu untersagen. Es hat sich darüber hinaus zu bemühen, den Schutz der olympischen Eigentumsrechte des IOC zugunsten des IOC zu erwirken.

1.3. Wenn ein nationales Gesetz oder eine Eintragung als Marke oder ein anderes rechtliches Instrument einem NOK rechtlichen Schutz für das olympische Symbol oder die anderen olympischen Eigentumsrechte gewährt, darf das NOK die sich daraus ergebenden Rechte nur in Übereinstimmung mit der Olympischen Charta und gemäß den Weisungen des IOC wahrnehmen.

1.4. Ein NOK kann sich jederzeit an das IOC wenden, um dessen Unterstützung bei der Erlangung des Schutzes der olympischen Eigentumsrechte und bei der Beilegung von Streitigkeiten, die diesbezüglich mit Dritten entstehen, zu ersuchen.[11]

2. Nutzung olympischer Eigentumsrechte durch das IOC oder durch Dritte mit Genehmigung oder mit Lizenzierung durch das IOC

2.1. Das IOC kann eines oder mehrere olympische Embleme schaffen, die es nach seinem Ermessen verwenden kann.

2.2. Das olympische Symbol, die olympischen Embleme und jedes andere olympische Eigentumsrecht des IOC können vom IOC oder durch eine von ihm autorisierte Person im Land eines NOK verwendet werden, sofern folgende Bedingungen erfüllt werden:

[11] An dieser Stelle enthält die aktuelle offizielle Fassung vom 8. Juli 2011 folgende Ergänzung: 1.5 The IOC may at any time call upon an NOC for its assistance in obtaining legal protection for any Olympic property and for the settlement of any differences which may arise with third parties in such matters.

2.2.1. bei allen Sponsoren- und Ausrüsterverträgen und bei allen Vermarktungsunternehmungen außer den unten in Absatz 2.2.2. genannten darf die Nutzung den Interessen des betroffenen NOK keinen ernsthaften Schaden zufügen; die Entscheidung des IOC erfolgt im Benehmen mit dem NOK, das einen Teil des Nettoertrages aus der Nutzung erhält;

2.2.2. bei allen Lizenzverträgen erhält das NOK die Hälfte aller Nettoeinkünfte einer solchen Nutzung nach Abzug aller Steuern und Auslagen, die damit zusammenhängen. Das NOK wird über eine solche Nutzung im Voraus unterrichtet.

2.3. Das IOC kann nach seinem alleinigen Ermessen den Rundfunk- und Fernsehanstalten, die die Olympischen Spiele übertragen, gestatten, das olympische Symbol, die olympischen Embleme des IOC und die anderen olympischen Eigentumsrechte des IOC und der OKs zu verwenden, um für die Übertragung der Olympischen Spiele zu werben. Die Vorschriften der Absätze 2.2.1. und 2.2.2. dieser Durchführungsbestimmung finden für solche Genehmigungen keine Anwendung.

3. Nutzung des olympischen Symbols, der olympischen Fahne, des olympischen Wahlspruchs und der olympischen Hymne

3.1. Vorbehaltlich Absatz 2.2. dieser Durchführungsbestimmung kann das IOC das olympische Symbol, die olympische Fahne, den olympischen Wahlspruch und die olympische Hymne nach seinem Ermessen verwenden.

3.2. Die NOKs können das olympische Symbol, die olympische Fahne, den olympischen Wahlspruch und die olympische Hymne nur im Rahmen nicht gewinnorientierter Tätigkeiten verwenden, soweit diese Verwendung zur Entwicklung der Olympischen Bewegung beiträgt, deren Ansehen nicht schädigt und sofern die NOKs die vorherige Zustimmung der IOC-Exekutivkommission erhalten haben.

4. Schaffung und Nutzung eines olympischen Emblems durch ein NOK oder ein OK

4.1. Ein olympisches Emblem kann mit der Zustimmung des IOC von einem NOK oder von einem OK geschaffen werden.

4.2. Das IOC kann die Gestaltung eines olympischen Emblems genehmigen, wenn sich das Emblem nach seiner Auffassung von anderen olympischen Emblemen unterscheidet.

4.3. Die Fläche, die das in ein olympisches Emblem einbezogene olympische Symbol einnimmt, darf ein Drittel der Gesamtfläche des Emblems nicht überschreiten. Das in ein olympisches Emblem einbezogene olympische Symbol muß vollständig erscheinen und darf nicht verändert werden.

4.4. Das olympische Emblem eines NOK muß zusätzlich zu den obengenannten den folgenden Anforderungen genügen:

4.4.1. Das Emblem muß so gestaltet sein, daß es eine eindeutige Verbindung zum Land des betreffenden NOK erkennen läßt.

4.4.2. Der charakteristische Bestandteil des Emblems darf sich nicht allein auf den Namen des Landes des NOK oder dessen Abkürzung beschränken.

4.4.3. Der charakteristische Bestandteil des Emblems darf sich weder auf die Olympischen Spiele noch auf ein bestimmtes Datum oder Ereignis beziehen, das seine zeitliche Dauer begrenzen würde.

4.4.4. Der charakteristische Bestandteil des Emblems darf keine Wahlsprüche, Bezeichnungen oder andere typische Begriffe enthalten, die den Eindruck universeller oder internationaler Geltung vermitteln.

4.5. Das olympische Emblem eines OK muß zusätzlich zu den oben in den Absätzen 4.1., 4.2. und 4.3. enthaltenen Bestimmungen den folgenden Anforderungen genügen:

4.5.1. Das Emblem muß so gestaltet sein, daß es eine eindeutige Verbindung mit den Olympischen Spielen, die von dem betreffenden OK organisiert werden, erkennen läßt.

4.5.2. Der charakteristische Bestandteil des Emblems darf sich nicht allein auf den Namen des Landes des betreffenden OK oder dessen Abkürzung beschränken.

4.5.3. Der charakteristische Bestandteil des Emblems darf keine Wahlsprüche, Bezeichnungen oder andere typischen Begriffe enthalten, die den Eindruck universeller oder internationaler Geltung vermitteln.

4.6. Alle olympischen Embleme, die vor Inkrafttreten der vorstehenden Bestimmungen vom IOC genehmigt worden sind, behalten ihre Gültigkeit.

4.7. Wann und wo immer dies möglich ist, muß das olympische Emblem eines NOK einer Eintragung, d.h. rechtlichem Schutz, in dessen Land zugänglich sein. Das NOK muß die Eintragung binnen sechs Monaten nach Genehmigung eines solchen Emblems durch das IOC vornehmen lassen und dem IOC Nachweis über diese Eintragung erbringen. Die Genehmigung olympischer Embleme durch das IOC kann zurückgenommen werden, wenn die betroffenen NOKs nicht alle gebotenen Maßnahmen ergreifen, ihr olympisches Emblem zu schützen, und das IOC von einem solchen Schutz in Kenntnis setzen. In gleicher Weise müssen die OKs ihre olympischen Embleme in Einklang mit den Weisungen des IOC schützen lassen. Der Schutz, der zugunsten der NOKs oder der OKs erlangt wird, kann nicht gegenüber dem IOC geltend gemacht werden.

4.8. Die Verwendung eines olympischen Emblems zu Zwecken der Werbung, zu kommerziellen oder Nicht-Erwerbs-Zwecken jeglicher Art kann nur unter den Bedingungen erfolgen, die unten in den Absätzen 4.9. und 4.10. niedergelegt sind.

4.9. Jedes NOK oder OK, das sein olympisches Emblem direkt oder durch Dritte zu Zwecken der Werbung, zu kommerziellen oder Nicht-Erwerbs-Zwecken jeglicher Art nutzen möchte, hat diese Durchführungsbestimmung zu beachten und deren Beachtung durch Dritte sicherzustellen.

4.10. Alle Verträge oder Vereinbarungen einschließlich derer, die von einem OK geschlossen werden, sind von dem betreffenden NOK zu unterzeichnen oder zu genehmigen und unterliegen den folgenden Grundsätzen:

4.10.1. Die Verwendung des olympischen Emblems eines NOK ist nur in dem Land dieses NOK zulässig; ein solches Emblem kann, ebenso wie alle anderen Symbole, Embleme, Marken und Bezeichnungen eines NOK, die sich auf den Olympismus beziehen, in dem Land eines anderen NOK nicht ohne dessen vorherige schriftliche Zustimmung zu Zwecken der Werbung, zu kommerziellen oder Nicht-Erwerbs-Zwecken jeglicher Art verwendet werden.

4.10.2. Ebenso können das olympische Emblem eines OK und andere Symbole, Embleme, Marken oder Bezeichnungen eines OK, die sich auf den Olympismus beziehen, in dem Land eines NOK nicht ohne dessen vorherige schriftliche Zustimmung zu Zwecken der Werbung, zu kommerziellen oder Nicht-Erwerbs-Zwecken jeglicher Art verwendet werden.

4.10.3. Die Geltungsdauer der durch ein OK geschlossenen Verträge darf in keinem Fall den 31. Dezember des Jahres der betreffenden Olympischen Spiele überschreiten.

4.10.4. Die Verwendung eines olympischen Emblems muß zur Entwicklung der Olympischen Bewegung beitragen und darf deren Ansehen nicht schädigen; jede Verbindung zwischen einem olympischen Emblem und Produkten oder Dienstleistungen ist untersagt, wenn diese mit den Grundlegenden Prinzipien des Olympismus oder der Rolle des IOC, wie sie in der Olympischen Charta niedergelegt sind, unvereinbar ist.

4.10.5. Auf Anforderung des IOC stellt jedes NOK oder OK diesem eine Kopie jedes Vertrages, dessen Vertragspartner es ist, zur Verfügung.

5. Philatelie In Zusammenarbeit mit den NOKs der betreffenden Länder fördert das IOC die Verwendung des olympischen Symbols auf Postwertzeichen, die von den zuständigen nationalen Behörden in Verbindung mit dem IOC unter den vom IOC festgelegten Bedingungen ausgegeben werden.

6. Musikalische Werke Das OK und das NOK der Gastgeberstadt und des Gastgeberlandes stellen sicher, daß das Verfahren für die Anerkennung des IOC als Inhaber des Urheberrechts an jedem musikalischen Werk, das speziell im Zusammenhang mit den Olympischen Spielen in Auftrag gegeben wird, zur Zufriedenheit des IOC verläuft.

Kapitel 2. Das Internationale Olympische Komitee (IOC)

Regel 15 Rechtsstatus

1. Das IOC ist eine internationale nichtstaatliche, nicht gewinnorientierte Organisation unbegrenzter Dauer in Form einer Vereinigung mit Rechtspersönlichkeit, die vom Schweizer Bundesrat gemäß einer am 1. November 2000 geschlossenen Vereinbarung anerkannt worden ist.

2. Es hat seinen Sitz in Lausanne (Schweiz), der Olympischen Hauptstadt.

3. Ziel des IOC ist es, die Aufgabe, die Rolle und die Verantwortlichkeiten zu erfüllen, die ihm durch die Olympische Charta übertragen werden.

4. Die Beschlüsse des IOC sind endgültig. Streitigkeiten über ihre Durchführung oder Auslegung können allein durch die IOC-Exekutivkommission und, in gewissen Fällen, durch

Schiedsverfahren vor dem Court of Arbitration for Sport (CAS) entschieden werden.[12]

5. Um seine Aufgabe zu erfüllen und seine Rolle wahrzunehmen, kann das IOC andere juristische Personen wie Stiftungen oder Unternehmen gründen, erwerben oder anderweitig kontrollieren.[13]

Regel 16 Mitglieder*

1. Zusammensetzung des IOC – Wählbarkeit, Rekrutierung, Wahl, Aufnahme und Status der IOC-Mitglieder

1.1. Die Mitglieder des IOC sind natürliche Personen. Die Gesamtzahl der IOC-Mitglieder darf vorbehaltlich der Durchführungsbestimmung 16 die Zahl 115 nicht überschreiten. Das IOC setzt sich zusammen aus:

1.1.1. einer Mehrheit von Mitgliedern, deren Mitgliedschaft nicht mit einer bestimmten Funktion oder einem bestimmten Amt, wie in Durchführungsbestimmung 16.2.2.5. definiert, verbunden ist; ihre Gesamtzahl darf die Zahl 70 nicht übersteigen; gemäß und vorbehaltlich der Durchführungsbestimmung zu Regel 16 darf nicht mehr als ein solches Mitglied Staatsangehöriger desselben Landes sein.

1.1.2. aktiven Athleten, wie in Durchführungsbestimmung 16.2.2.2. definiert, deren Gesamtzahl die Zahl 15 nicht übersteigen darf;

1.1.3. Präsidenten oder Personen, die in IFs, in einer Vereinigung von IFs oder anderen vom IOC anerkannten Organisationen eine geschäftsführende oder leitende Position bekleiden, deren Gesamtzahl die Zahl 15 nicht übersteigen darf;

1.1.4. Präsidenten oder Personen, die in NOKs oder weltweiten oder kontinentalen Vereinigungen von NOKs eine geschäftsführende oder leitende Position bekleiden, deren Gesamtzahl die Zahl 15 nicht übersteigen darf; innerhalb des IOC darf nicht mehr als eines dieser Mitglieder Staatsangehöriger desselben Landes sein.

---

[12] Diese Bestimmung ist in der aktuellen offiziellen Fassung vom 8.Juli 2011 nicht mehr enthalten.

[13] Dieser Satz wird in der aktuellen offiziellen Fassung vom 8. Juli 2011 als Absatz 4 der Regel 15 geführt.

1.2. Das IOC rekrutiert und wählt seine Mitglieder aus den wählbaren Persönlichkeiten, die es gemäß Durchführungsbestimmung zu Regel 16 für qualifiziert hält.

1.3. Das IOC nimmt seine neuen Mitglieder im Rahmen einer Zeremonie auf, in deren Verlauf sie erklären, ihre Pflichten zu erfüllen, indem sie den folgenden Eid leisten:

„Der Ehre teilhaftig geworden, Mitglied des Internationalen Olympischen Komitees zu werden, und im Bewusstsein der Verantwortung, die mir diese Stellung auferlegt, verpflichte ich mich, der Olympischen Bewegung mit all meinen Kräften zu dienen, alle Bestimmungen der Olympischen Charta und die Beschlüsse des Internationalen Olympischen Komitees, die ich für meine Person als endgültig und verbindlich erachte, zu befolgen und ihre Befolgung sicherzustellen, den Verhaltenskodex zu achten, mich nicht von politischen oder geschäftlichen Einflüssen und von rassischen oder religiösen Erwägungen leiten zu lassen, alle anderen Formen von Diskriminierung zu bekämpfen und die Interessen des Internationalen Olympischen Komitees und der Olympischen Bewegung unter allen Umständen zu befördern."

1.4. Die Mitglieder des IOC vertreten das IOC und befördern die Interessen des IOC und der Olympischen Bewegung in ihren Ländern und in den Organisationen der Olympischen Bewegung, in denen sie eine Position innehaben.

1.5. Die Mitglieder des IOC nehmen von Regierungen, Organisationen oder Dritten keinen Auftrag oder Weisungen entgegen, die dazu geeignet sind, sie in der Freiheit ihres Handelns oder ihrer Stimmabgabe zu beeinträchtigen.

1.6. Die Mitglieder des IOC haften nicht persönlich für Schulden oder Verpflichtungen des IOC.

1.7. Vorbehaltlich der Regel 16.3. wird jedes IOC-Mitglied für eine Amtszeit von acht Jahren gewählt und kann für eine oder mehrere aufeinanderfolgende Amtsperioden von acht Jahren wiedergewählt werden. Das Verfahren der Wiederwahl wird von der IOC-Exekutivkommission festgelegt.

2. Pflichten Jedes Mitglied des IOC hat die folgenden Pflichten:

2.1. die Olympische Charta, den Verhaltenskodex und andere Regelungen des IOC zu befolgen;

2.2. an den Sessionen teilzunehmen;

2.3. sich an der Arbeit der Kommissionen des IOC, in die das Mitglied berufen wurde, zu beteiligen;

2.4. zur Entwicklung und Förderung der Olympischen Bewegung beizutragen;

2.5. in seinem Land und innerhalb der Organisation der Olympischen Bewegung, in dem es eine Position innehat, die Durchführung der Programme des IOC zu überwachen;

2.6. dem Präsidenten auf dessen Bitte über die Entwicklung und die Förderung der Olympischen Bewegung und deren Bedürfnisse in seinem Lande und in der Organisation der Olympischen Bewegung, in der es eine Position innehat, zu berichten;

2.7. den Präsidenten unverzüglich über alle Ereignisse in seinem Land oder innerhalb der Organisation der Olympischen Bewegung, in der es eine Position bekleidet, zu unterrichten, die die Anwendung der Olympischen Charta zu behindern oder auf eine andere Weise die Olympische Bewegung nachteilig zu beeinflussen geeignet sind;

2.8. andere Aufgaben wahrzunehmen, die ihm vom Präsidenten übertragen werden.

3. Beendigung der Mitgliedschaft Die Mitgliedschaft eines IOC-Mitgliedes endet in den folgenden Fällen:

3.1. Rücktritt Ein IOC-Mitglied kann zu jedem Zeitpunkt seine Mitgliedschaft beenden, indem es dem IOC-Präsidenten schriftlich seinen Rücktritt erklärt. Bevor die IOC-Exekutivkommission den Rücktritt annimmt, kann sie verlangen, das zurücktretende Mitglied zu hören.

3.2. Nicht-Wiederwahl

Ein IOC-Mitglied verliert seine Mitgliedschaft ohne weitere Formalitäten, wenn es nicht gemäß Regel 16.1.7., Durchführungsbestimmung 16.2.6. und gegebenenfalls Durchführungsbestimmung 16.2.7. wiedergewählt wird.

3.3. Altersgrenze

Vorbehaltlich der Durchführungsbestimmung 16.2.7.1. verliert ein IOC-Mitglied seine Mitgliedschaft am Ende desjenigen Kalenderjahres, in dem es das Alter von 70 Jahren erreicht.

3.4. Nichtteilnahme an Sessionen oder fehlende aktive Teilnahme an der Arbeit des IOC

Ein IOC-Mitglied verliert ohne weitere Erklärung seinerseits seine Mitgliedschaft, falls es, ausgenommen im Falle höherer Gewalt, über einen Zeitraum von zwei aufeinanderfolgenden

Jahren nicht an IOC-Sessionen teilnimmt oder sich nicht aktiv an der Arbeit des IOC beteiligt. In diesen Fällen wird der Verlust der Mitgliedschaft auf Vorschlag der IOC-Exekutivkommission durch Entscheidung der Session festgestellt.

3.5. Verlegung des Wohnsitzes oder des Lebensmittelpunktes

Ein IOC-Mitglied gemäß Regel 16.1.1.1. verliert seine Mitgliedschaft, wenn es seinen Wohnsitz oder seinen Lebensmittelpunkt in ein anderes Land als das Land zur Zeit seiner Wahl verlegt. In diesem Fall wird der Verlust der Mitgliedschaft auf Vorschlag der IOC-Exekutivkommission durch Entscheidung der Session festgestellt.

3.6. Mitglieder, die als aktive Athleten gewählt sind

Ein IOC-Mitglied gemäß Regel 16.1.1.2. verliert seine Mitgliedschaft, sobald es nicht mehr Mitglied der IOC-Athletenkommission ist.

3.7. Präsidenten und Personen, die in NOKs oder weltweiten oder kontinentalen Vereinigungen von NOKs, in IFs oder Vereinigungen von IFs oder in einer anderen vom IOC anerkannten Organisation eine geschäftsführende oder leitende Position innehaben. Ein IOC-Mitglied gemäß Regel 16.1.1.3. oder Regel 16.1.1.4. verliert seine Mitgliedschaft, sobald es aus der Funktion ausscheidet, die es zur Zeit seiner Wahl ausgeübt hat.

3.8. Ausschluß

3.8.1. Ein IOC-Mitglied kann durch Beschluß der Session ausgeschlossen werden, wenn das Mitglied seinen Eid verletzt hat oder wenn die Session zu der Auffassung gelangt, daß das Mitglied fahrlässig oder vorsätzlich die Interessen des IOC gefährdet hat oder es ein Verhalten gezeigt hat, das des IOC unwürdig ist.

3.8.2. Der Beschluß, ein IOC-Mitglied auszuschließen, wird von der Session mit einer Mehrheit von zwei Dritteln der abgegebenen Stimmen auf Vorschlag der IOC-Exekutivkommission getroffen. Das betroffene Mitglied hat das Recht, gehört zu werden; dieses Recht umfaßt das Recht, über die erhobenen Anschuldigungen unterrichtet zu werden, und das Recht, persönlich zu erscheinen oder eine Verteidigungsschrift zu unterbreiten.

3.8.3. Bis die Session über einen Ausschlussvorschlag entscheidet, kann die IOC-Exekutivkommission das betroffene Mitglied vorübergehend suspendieren und es von den Rechten,

Vorrechten und Funktionen, die sich aus der Mitgliedschaft ergeben, vollständig oder teilweise entbinden.

3.8.4. Ein Mitglied, das vom IOC ausgeschlossen wurde, kann nicht Mitglied eines NOK, einer Vereinigung von NOKs oder eines OK sein.

4. Ehrenpräsident - Ehrenmitglieder - Mitglieder ehrenhalber

4.1. Auf Vorschlag der IOC-Exekutivkommission kann die Session ein IOC-Mitglied, das als Präsident des IOC außerordentliche Dienste geleistet hat, zum Ehrenpräsidenten wählen. Der Ehrenpräsident hat das Recht, seinen Rat zu geben.

4.2. Ein IOC-Mitglied, das nach mindestens zehn Jahren im Dienste des IOC ausscheidet und diesem außerordentliche Dienste erwiesen hat, kann auf Vorschlag der IOC-Exekutivkommission von der Session zum Ehrenmitglied des IOC gewählt werden.

4.3. Auf Vorschlag der IOC-Exekutivkommission kann die Session herausragende Persönlichkeiten von außerhalb des IOC, die dem IOC besonders außerordentliche Dienste geleistet haben, zu Mitgliedern ehrenhalber wählen.

4.4. Der Ehrenpräsident, Ehrenmitglieder und Mitglieder ehrenhalber werden auf Lebenszeit gewählt. Sie haben kein Stimmrecht und sie sind nicht für ein Amt innerhalb des IOC wählbar. Die Bestimmungen der Regeln 16.1.1. bis 1.5., 16.1.7., 16.2., 16.3. und die Durchführungsbestimmung 16.1. und 16.2. finden auf sie keine Anwendung. Ihr Status kann durch Beschluß der Session entzogen werden.

Durchführungsbestimmung zu Regel 16

1. Wählbarkeit

Jede natürliche Person über 18 Jahren ist für die IOC-Mitgliedschaft wählbar, sofern

1.1. ihre Kandidatur gemäß Absatz 2.1. unterbereitet wurde;

1.2. die betreffende Person die in Absatz 2.2. festgelegten Bedingungen erfüllt;

1.3. ihre Kandidatur von der Nominierungs-Kommission geprüft und darüber Bericht erstattet wurde;

1.4. ihre Wahl der Session von der IOC-Exekutivkommission vorgeschlagen wurde.

2. Verfahren für die Wahl von IOC-Mitgliedern

2.1. Unterbreitung von Kandidaturen für die Wahl zum IOC-Mitglied

Die folgenden Personen und Organisationen sind berechtigt, eine oder mehrere Kandidaturen für die Wahl zum IOC-Mitglied zu unterbreiten: die IOC-Mitglieder, die IFs, die Vereinigungen von IFs, die NOKs, die weltweiten oder kontinentalen Vereinigungen von NOKs und die anderen vom IOC anerkannten Organisationen.

2.2. Zulassung von Kandidaten

Um zugelassen zu werden, müssen alle Kandidaturen dem Präsidenten schriftlich unterbereitet werden und die folgenden Voraussetzungen erfüllen:

2.2.1. Jede Person oder Organisation, die eine Kandidatur für die Wahl zum IOC-Mitglied unterbreitet, muß für jede Kandidatur eindeutig erklären, ob der Kandidat als aktiver Athlet gemäß Absatz 2.2.2. vorgeschlagen wird oder ob die Kandidatur mit einer Funktion verbunden ist, die der Kandidat in einer der Organisationen ausübt, die in den Absätzen

2.2.3. oder 2.2.4. genannt sind, oder ob sich die Kandidatur auf eine unabhängige Persönlichkeit gemäß Absatz 2.2.5. bezieht.

2.2.2. Wenn ein Kandidat als aktiver Athlet im Sinne der Regel 16.1.1.2. vorgeschlagen wird, muß dieser Kandidat spätestens während derjenigen Spiele der Olympiade oder der Olympischen Winterspiele in die IOC-Athletenkommission gewählt oder ernannt worden sein, die auf die Olympischen Spiele folgen, an denen der Kandidat zuletzt teilgenommen hat.

2.2.3. Wenn die Kandidatur mit einer Funktion in einer IF oder einer Vereinigung von IFs oder in einer Organisation, die vom IOC gemäß Regel 3.5. anerkannt ist, verbunden ist, muß der Kandidat dort das Amt des Präsidenten bekleiden oder eine Person sein, die dort eine geschäftsführende oder leitende Position innehat.

2.2.4. Wenn die Kandidatur mit einer Funktion in einem NOK oder einer weltweiten oder kontinentalen Vereinigung von NOKs verbunden ist, muß der Kandidat dort das Amt des Präsidenten bekleiden oder eine Person sein, die dort eine geschäftsführende oder leitende Position innehat.

2.2.5. Jeder andere Vorschlag für eine Kandidatur muß sich auf eine unabhängige Persönlichkeit beziehen, die Staatsbürger eines Staates ist, in dem sie ihren Wohnsitz oder Lebensmittelpunkt hat und in dem ein NOK besteht.

2.3. Nominierungs-Kommission[14]

2.3.1. Die Nominierungs-Kommission besteht aus sieben Mitgliedern, von denen drei durch die IOC-Ethik-Kommission, drei durch die Session und eines durch die IOC-Athleten-Kommission ausgewählt werden. Die Mitglieder der Nominierungs-Kommission werden für vier Jahre gewählt; sie können wiedergewählt werden.

2.3.2. Aufgabe der Nominierungs-Kommission ist es, jede Kandidatur gemäß Absatz 2.4.2. zu prüfen und einen schriftlichen Bericht an das IOC erstellen.

2.3.3. Die Nominierungs-Kommission wählt ihren Vorsitzenden.

2.4. Prüfung der Kandidaturen durch die Nominierungs-Kommission

2.4.1. Nach Eingang einer Kandidatur leitet der Präsident diese an den Vorsitzenden der Nominierungs-Kommission weiter. Außer im Falle besonderer Umstände muß jede beim Vorsitzenden der Nominierungs-Kommission spätestens sechs Monate vor dem Tag der Eröffnung der nächsten Session eingegangene Kandidatur so behandelt werden, daß die IOC-Exekutivkommission der betreffenden Session einen Vorschlag unterbreiten kann.[15]

2.4.2. Die Nominierungs-Kommission zieht alle nützlichen Informationen über den Kandidaten bei, insbesondere über

---

[14] An dieser Stelle wird in der aktuellen offiziellen Fassung vom 8. Juli 2011 als Durchführungsbestimmung zu Regel 16 unter 2.3 The IOC Nominations Commission ausgeführt: 2.3.1 The IOC Nominations Commission is charged with examining each candidature for election to IOC membership in accordance with BLR 16.2.4 and BLR 21.3.

2.3.2 The IOC Nominations Commission must include at least one representative of the IOC Ethics Commission and one representative of the IOC Athletes' Commission.

[15] An dieser Stelle enthält die aktuelle offizielle Fassung vom 8. Juli 2011 folgende Formulierung (der hier abgedruckte 2.4.1 der Durchführungsbestimmung zu Regel 15 ist insoweit nicht mehr verbindlich: 2.4.1 The task of the IOC Nominations Commission is to examine all candidatures for election to IOC membership and, for each candidature, to provide a written report to the IOC Executive Board within the deadline set to that effect by the IOC President.

seine berufliche und wirtschaftliche Situation sowie über seine Karriere und sportlichen Aktivitäten; die Kommission kann den Kandidaten auffordern, Empfehlungen von Persönlichkeiten beizubringen, aus denen sie Informationen entnehmen kann; die Kommission kann den Kandidaten zu einem Vorstellungsgespräch einladen.

2.4.3. Die Kommission prüft die Wählbarkeit, Herkunft und Zulässigkeit aller Kandidaturen und gegebenenfalls den Status des Kandidaten als aktiver Athlet oder die Funktion, mit der die Kandidatur verbunden ist.

2.4.4. Die Nominierungs-Kommission erstattet der IOC-Exekutivkommission einen schriftlichen Bericht über die Wählbarkeit, die Herkunft und die Zulässigkeit jeder Kandidatur, in dem sie die Gründe für ihre Auffassung darlegt, daß ein Kandidat die erforderlichen Voraussetzungen für eine Wahl zum IOC-Mitglied besitzt oder nicht.[16]

2.5. Verfahren vor der IOC-Exekutivkommission

2.5.1. Die IOC-Exekutivkommission ist allein zuständig, der Session eine Kandidatur vorzuschlagen. Wenn sie beschließt, eine Kandidatur vorzuschlagen, unterbereitet die IOC-Exekutivkommission der Session spätestens einen Monat vor deren Eröffnung einen schriftlichen Vorschlag, dem der Bericht der Nominierungs-Kommission beigefügt ist. Die IOC-Exekutivkommission kann einen Kandidaten anhören. Sie kann mehrere Kandidaturen für die Wahl eines einzigen Mitglieds vorschlagen.

2.5.2. Das Verfahren für die Überprüfung von Kandidaturen als aktiver Athlet gemäß den Absätzen

2.2.1. und 2.2.2. kann beschleunigt und auf die Einhaltung der in den Absätzen 2.4.1. und 2.5.1. bestimmten Fristen verzichtet werden, soweit es erforderlich ist, um die sofortige Wahl von neu in die IOC-Athletenkommission gewählten Athleten zu IOC-Mitgliedern zu ermöglichen.

2.6. Verfahren vor der IOC-Session

2.6.1. Die IOC-Session ist allein zuständig, IOC-Mitglieder zu wählen.

[16] Diese Bestimmung ist in der aktuellen offiziellen Fassung vom 8.Juli 2011 nicht mehr enthalten.

2.6.2. Der Vorsitzende der Nominierungs-Kommission hat das Recht, der Session die Auffassung der Kommission zu übermitteln.

2.6.3. Jede von der Exekutivkommission vorgeschlagene Kandidatur für die Wahl zum IOC-Mitglied wird der Session zur Abstimmung unterbreitet; die Abstimmung ist geheim; die Entscheidung fällt mit der Mehrheit der abgegebenen Stimmen.

2.7. Übergangsvorschriften

Die bestehenden Rechte von IOC-Mitgliedern, deren Wahl vor dem Tag des Abschlusses der 110. Session (11. Dezember 1999) wirksam geworden ist, bleiben mit folgender Maßgabe erhalten:

2.7.1. IOC-Mitglieder, deren Wahl vor dem Tag des Abschlusses der 110. Session (11. Dezember 1999) wirksam geworden ist, müssen am Ende des Kalenderjahres ausscheiden, in dessen Verlauf sie das Alter von 80 Jahren erreichen, sofern sie nicht vor 1966 gewählt worden sind. Wenn ein Mitglied diese Altersgrenze während seiner Amtsperiode als IOC-Präsident, Vizepräsident oder Mitglied der IOC-Exekutivkommission erreicht, wird das Ausscheiden am Ende der darauf folgenden Session wirksam.

2.7.2. Ungeachtet Absatz 2.7.1. bedürfen IOC-Mitglieder, deren Wahl vor dem Tag des Abschlusses der 110. Session (11. Dezember 1999) wirksam geworden ist und die nicht durch die Altersgrenze gemäß Absatz 2.7.1. betroffen sind, der Wiederwahl durch die Session unter den in Absatz 2.6 festgelegten Bedingungen: ein Drittel im Jahr 2007, ein Drittel im Jahr 2008 und ein Drittel im Jahr 2009. Die Verteilung wurde während der 111. Session durch Losverfahren festgelegt.[17]

2.7.3. Die Begrenzung auf ein Mitglied pro Land, wie in Regel 16.1.1.1. letzter Satz festgelegt, findet auf IOC-Mitglieder, deren Wahl vor dem Abschluss der 110. Session (11. Dezember 1999) wirksam geworden ist, keine Anwendung.

2.7.4. Bis zum 31. Dezember 2007 wird die Gesamtzahl der IOC-Mitglieder die Zahl 130 nicht übersteigen.[18]

---

[17] Diese Bestimmung ist in der aktuellen offiziellen Fassung vom 8. Juli 2011 nicht mehr enthalten.

[18] Diese Bestimmung ist in der aktuellen offiziellen Fassung vom 8. Juli 2011 nicht mehr enthalten.

3. Mitgliederverzeichnis

Die IOC-Exekutivkommission führt ein aktuelles Verzeichnis aller IOC-Mitglieder, des Ehrenpräsidenten, der Ehrenmitglieder und der Mitglieder ehrenhalber. Das Verzeichnis nennt den Ursprung der Kandidatur jedes Mitglieds und gibt an, ob die Kandidatur des Mitglieds als aktiver Athlet vorgeschlagen wurde, mit einer anderen Funktion verbunden war oder als unabhängige Persönlichkeit vorgeschlagen wurde.

4. Ehrenpräsident – Ehrenmitglieder – Mitglieder ehrenhalber

4.1. Der Ehrenpräsident wird eingeladen, an den Olympischen Spielen, den Olympischen Kongressen, den Sessionen und den Sitzungen der IOC-Exekutivkommission teilzunehmen, wo ihm an der Seite des IOC-Präsidenten ein Platz reserviert wird. Er hat das Recht, seinen Rat zu geben.

4.2. Die Ehrenmitglieder werden eingeladen, an den Olympischen Spielen, den Olympischen Kongressen und den Sessionen teilzunehmen, wo ein Platz für jeden von ihnen reserviert wird. Sie geben auf Bitten des Präsidenten ihren Rat.

4.3. Die Mitglieder ehrenhalber werden eingeladen, an den Olympischen Spielen und an den Olympischen Kongressen teilzunehmen, wo für jeden von ihnen ein Platz reserviert wird. Der Präsident kann sie darüber hinaus einladen, an anderen Zusammenkünften oder Veranstaltungen des IOC teilzunehmen.

Regel 17 Organisation

Die Befugnisse des IOC werden durch seine Organe ausgeübt:

1. die Session,

2. die IOC-Exekutivkommission,

3. den Präsidenten.

Regel 18 Die Session*

1. Die Session ist die Vollversammlung der Mitglieder des IOC. Sie ist das höchste Organ des IOC. Ihre Entscheidungen sind endgültig. Eine ordentliche Session findet einmal im Jahr statt. Außerordentliche Sessionen können durch den Präsidenten oder auf schriftliches Verlangen von mindestens einem Drittel der Mitglieder einberufen werden.

2. Die Session hat die folgenden Zuständigkeiten:

2.1. die Olympische Charta zu verabschieden oder zu ändern;

2.2. die Mitglieder des IOC, den Ehrenpräsidenten, die Ehrenmitglieder und die Mitglieder ehrenhalber zu wählen;

2.3. den Präsidenten, die Vizepräsidenten und die anderen Mitglieder der IOC-Exekutivkommission zu wählen;

2.4. die Gastgeberstadt für die Olympischen Spiele zu wählen;

2.5. die Stadt zu bestimmen, in der eine ordentliche Session abgehalten wird, während der Präsident die Befugnis hat, die Stadt zu bestimmen, in der eine außerordentliche Session abgehalten wird;

2.6. den Jahresbericht und die Jahresbilanz des IOC zu billigen;

2.7. die Wirtschaftsprüfer des IOC zu ernennen;

2.8. über die Gewährung und die Entziehung der endgültigen Anerkennung von NOKs, Vereinigungen von NOKs, IFs, Vereinigungen von IFs und anderen Organisationen durch das IOC zu entscheiden;

2.9. Mitglieder des IOC auszuschließen und den Status des Ehrenpräsidenten, der Ehrenmitglieder und der Mitglieder ehrenhalber zu entziehen;

2.10. alle anderen Angelegenheiten, die ihr durch Gesetz oder durch die Olympische Charta übertragen sind, zu entscheiden und zu beschließen.

3. Das für eine Session erforderliche Quorum beträgt die Hälfte der Zahl der Mitglieder des IOC plus eins. Die Beschlüsse der Session werden mit der Mehrheit der abgegebenen Stimmen gefaßt; für eine Änderung der Grundlegenden Prinzipien des Olympismus oder der Regeln der Olympischen Charta oder wenn das an anderer Stelle der Olympischen Charta vorgesehen ist, ist jedoch eine Mehrheit von zwei Dritteln der abgegebenen Stimmen erforderlich.

4. Jedes Mitglied hat eine Stimme. Enthaltungen und leere oder ungültige Stimmzettel werden bei der Berechnung der erforderlichen Mehrheit nicht berücksichtigt. Stimmabgabe durch Stellvertretung ist nicht erlaubt. Die Abstimmung erfolgt geheim, wenn es die Olympische Charta vorsieht oder wenn der Sitzungspräsident auf Antrag mindestens eines Viertels der anwesenden Mitglieder so entscheidet. Bei Stimmengleichheit entscheidet der Sitzungspräsident.

5. Die Bestimmungen der Regeln 18.3 und 18.4 sind auf Wahlen von Personen oder Gastgeberstädten anwendbar. Wenn es jedoch nur zwei Kandidaten gibt oder nur zwei Kandidaten verbleiben, wird der Kandidat, der die größere Stimmenzahl auf sich vereint, als gewählt erklärt.

6. Die Session kann Zuständigkeiten an die IOC-Exekutivkommission übertragen.

Durchführungsbestimmung zu Regel 18

1. Die IOC-Exekutivkommission ist für die Durchführung und die Vorbereitung aller Sessionen, einschließlich aller diesbezüglichen finanziellen Fragen, verantwortlich.

2. Der Termin einer ordentlichen Session wird allen IOC-Mitgliedern mindestens sechs Monate vor der Eröffnung der Session mitgeteilt. Die Session wird, wenn es sich um eine ordentliche Session handelt, mindestens dreißig Tage, bei außerordentlichen Sessionen mindestens zehn Tage vor deren Zusammentritt, durch Anordnung des Präsidenten formell einberufen, begleitet von einer Tagesordnung, aus der die Angelegenheiten hervorgehen, die bei dieser Sitzung behandelt werden.

3. Der Präsident oder in dessen Abwesenheit oder Verhinderung der dienstälteste anwesende Vizepräsident oder bei dessen Abwesenheit oder Verhinderung das dienstälteste anwesende Mitglied der IOC-Exekutivkommission hat den Vorsitz der Session.

4. Jede Entscheidung der Session, einschließlich Entscheidungen über Änderungen der Olympischen Charta, tritt sofort in Kraft, soweit die Session nicht anders entscheidet. Eine Angelegenheit, die nicht auf der Tagesordnung einer Session steht, kann behandelt werden, wenn ein Drittel der Mitglieder es beantragt oder wenn der Sitzungsvorsitzende es anordnet.

5. Ein IOC-Mitglied kann in den folgenden Fällen nicht an der Abstimmung teilnehmen:

5.1. wenn die Abstimmung die Wahl einer Gastgeberstadt für die Olympischen Spiele betrifft, bei der eine Stadt des Landes, dessen Staatsbürger es ist, Kandidatin ist;

5.2. wenn die Abstimmung die Wahl des Tagungsorts für eine Session, einen Olympischen Kongreß oder eine andere Tagung oder ein anderes Ereignis betrifft, für die eine Stadt oder eine öffentliche Einrichtung des Landes, dessen Staatsbürger es ist, Kandidatin ist;

5.3. wenn die Abstimmung die Wahl eines Kandidaten zum IOC-Mitglied betrifft, der Staatsbürger desselben Landes wie das Mitglied ist;

5.4. wenn die Abstimmung die Wahl eines Kandidaten, der Staatsbürger desselben Staates wie das Mitglied ist, in ein Amt in der IOC-Exekutivkommission oder in ein anderes Amt betrifft;

5.5. wenn die Abstimmung eine Angelegenheit betrifft, die das Land oder das NOK des Landes berührt, dessen Staatsangehöriger es ist. Im Zweifelsfall entscheidet der Vorsitzende, ob das betreffende Mitglied an der Abstimmung teilnehmen kann.

6. Der Präsident legt die Regeln für alle Wahlen mit Ausnahme der Wahl zum Präsidenten, deren Regelung von der IOC-Exekutivkommission festgelegt wird, fest.

7. Alle die Sessionen und die Abstimmungen betreffenden Verfahrensfragen, die nicht von der Olympischen Charta geregelt sind, werden vom Präsidenten bestimmt.

8. Im Dringlichkeitsfall kann vom Präsidenten oder von der IOC-Exekutivkommission eine Entscheidung zur Abstimmung im schriftlichen Verfahren, einschließlich Telefax oder E-Mail, durch die IOC-Mitglieder unterbreitet werden.

9. Über alle Sitzungen und andere Verhandlungen der Session werden unter der Verantwortung des Präsidenten Protokolle angefertigt.

Regel 19 Die IOC-Exekutivkommission*

1. Zusammensetzung

Die IOC-Exekutivkommission besteht aus dem Präsidenten, vier Vizepräsidenten und zehn weiteren Mitgliedern. Die Auswahl dieser Mitglieder muß der Zusammensetzung der Session entsprechen. Die Session achtet bei jeder Wahl darauf, daß das oben genannte Prinzip eingehalten wird.

2. Wahl, Amtszeit, Verlängerung, Vakanzen

2.1. Alle Mitglieder der IOC-Exekutivkommission werden von der Session in geheimer Abstimmung mit der Mehrheit der abgegebenen Stimmen gewählt.

2.2. Die Amtszeit der Vizepräsidenten und der zehn weiteren Mitglieder der IOC-Exekutivkommission beträgt vier Jahre. Ein Mitglied kann ungeachtet der Position, in die es gewählt wurde, höchstens zwei aufeinander folgende Amtszeiten lang der IOC-Exekutivkommission angehören.

2.3. Wenn ein Mitglied zwei aufeinander folgende Amtszeiten gemäß Regel 19.2.2. vollendet hat, kann es nach einer Zwischenzeit von mindestens zwei Jahren wieder in die IOCExekutivkommission gewählt werden. Diese Regel gilt nicht für die Wahl in das Amt des Präsidenten, für die keine Wartefrist vorgesehen ist.

2.4. Im Fall der Vakanz einer Position außer der des Präsidenten wählt die folgende Session ein Mitglied für eine Amtszeit von vier Jahren in diese Position.

2.5. Alle Mitglieder der IOC-Exekutivkommission beginnen ihre Amtszeit oder die zweite Amtszeit am Ende der Session, die sie gewählt hat. Ihre Amtszeit endet mit dem Ende der ordentlichen Session des Jahres, in dessen Verlauf die Amtszeit endet.

2.6. Für die Zwecke dieser Regel bedeutet ein Jahr den Zeitraum zwischen zwei aufeinander folgenden ordentlichen Sessionen.

3. Zuständigkeiten, Verantwortlichkeiten und Aufgaben

Die IOC-Exekutivkommission trägt die allgemeine und letzte Verantwortung für die Verwaltung des IOC und für die Führung seiner Geschäfte. Insbesondere hat sie folgende Aufgaben:

3.1. sie wacht über die Einhaltung der Olympischen Charta;

3.2. sie genehmigt alle internen Organisationsvorschriften;

3.3. sie erstellt einen Jahresbericht, der die Jahresbilanz enthält, und unterbreitet ihn zusammen mit dem Bericht des Wirtschaftsprüfers der Session;

3.4. sie legt der Session über jeden Vorschlag zur Änderung einer Regel oder einer Durchführungsbestimmung einen Bericht vor;

3.5. sie unterbreitet der Session die Namen der Personen, deren Wahl in das IOC sie empfiehlt;

3.6. sie regelt und überwacht das Verfahren der Zulassung und der Auswahl der Kandidaturen für die Ausrichtung der Olympischen Spiele;

3.7. sie stellt die Tagesordnung der Sessionen auf;

3.8. auf Vorschlag des Präsidenten ernennt - oder entläßt - sie den Generaldirektor. Der Präsident entscheidet über dessen Bezüge und kann Sanktionen verhängen;

3.9. sie sorgt gemäß dem Gesetz für die sichere Aufbewahrung aller Protokolle, Berichte und anderer Aufzeichnungen des IOC, einschließlich der Protokolle aller Sessionen und Tagungen der

IOC-Exekutivkommission und der anderen Kommissionen oder Arbeitsgruppen;

3.10. sie trifft alle Entscheidungen und erlässt die Bestimmungen des IOC, die rechtlich bindend sind, in der ihr am geeignetsten erscheinenden Form, wie zum Beispiel Regelwerke, Vorschriften, Normen, Richtlinien, Anleitungen, Handbücher, Anweisungen, Bedingungen und andere Entscheidungen, insbesondere aber nicht allein alle Bestimmungen, die zur ordnungsgemäßen Anwendung der Olympischen Charta und für die Durchführung der Olympischen Spiele erforderlich sind;

3.11. sie organisiert in regelmäßigen Abständen, mindestens alle zwei Jahre, Zusammenkünfte mit den IFs und den NOKs. Bei diesen Zusammenkünften hat der Präsident des IOC, der auch das Verfahren festlegt und die Tagesordnung nach Konsultation mit den betroffenen Organen erstellt, den Vorsitz;

3.12. sie schafft und verleiht die Ehren-Auszeichnungen des IOC;

3.13. sie übt alle Befugnisse aus und nimmt alle Aufgaben wahr, die nicht durch Gesetz oder durch die Olympische Charta der Session oder dem Präsidenten übertragen sind.

4. Delegation von Befugnissen

Die IOC-Exekutivkommission kann Befugnisse auf eines oder mehrere ihrer Mitglieder, auf IOC-Kommissionen, auf Angehörige der IOC-Verwaltung, auf andere Institutionen oder auf Dritte übertragen.

Durchführungsbestimmung zu Regel 19

1. Der Präsident ist für die Durchführung und Vorbereitung aller Sitzungen der IOC-Exekutivkommission verantwortlich. Dazu kann er alle oder einen Teil seiner Befugnisse auf den Generaldirektor delegieren.

2. Die IOC-Exekutivkommission tritt zusammen, wenn sie vom Präsidenten oder auf Verlangen der Mehrheit ihrer Mitglieder mindestens zehn Tage vor ihrem Zusammentritt einberufen wird. Die Einberufung hat die während der Tagung zu behandelnden Fragen anzugeben.

3. Der Präsident oder in dessen Abwesenheit oder Verhinderung der dienstälteste anwesende Vizepräsident oder bei dessen Abwesenheit oder Verhinderung das dienstälteste anwesende

Mitglied der IOC-Exekutivkommission hat den Vorsitz der Tagungen der IOC-Exekutivkommission.

4. Das für eine Tagung der IOC-Exekutivkommission erforderliche Quorum beträgt acht.

5. Beschlüsse der IOC-Exekutivkommission werden mit der Mehrheit der abgegebenen Stimmen gefaßt.

6. Jedes Mitglied hat eine Stimme. Enthaltungen und leere oder ungültige Stimmzettel werden bei der Berechnung der erforderlichen Mehrheit nicht berücksichtigt. Stimmabgabe durch Stellvertretung ist nicht erlaubt. Die Abstimmung erfolgt geheim, wenn die Olympische Charta es vorsieht, wenn der Tagungspräsident so entscheidet oder wenn mindestens ein Viertel der anwesenden Mitglieder es verlangt. Bei Stimmengleichheit entscheidet der Tagungspräsident.

7. Ein Mitglied der IOC-Exekutivkommission hat sich in den in Durchführungsbestimmung 18.5. aufgezählten Fällen der Stimme zu enthalten. Im Zweifelsfall entscheidet der Tagungspräsident über die Teilnahme des betroffenen Mitglieds an einer Abstimmung.

8. Alle Verfahrensfragen bezüglich der Tagungen der IOC-Exekutivkommission, die nicht von der Olympischen Charta geregelt sind, werden vom Präsidenten festgelegt.

9. Die IOC-Exekutivkommission kann Tagungen in Form von Telefon- oder Videokonferenzen abhalten.

10. Im Dringlichkeitsfall kann eine Entscheidung oder ein Beschluß vom Präsidenten den Mitgliedern der IOC-Exekutivkommission zur Abstimmung im schriftlichen Verfahren einschließlich Telefax oder Email unterbreitet werden.

11. Protokolle aller Tagungen und anderer Verhandlungen werden unter der Verantwortung des Präsidenten erstellt.

Regel 20 Der Präsident*

1. Die Session wählt aus dem Kreis ihrer Mitglieder in geheimer Wahl einen Präsidenten für eine Amtsperiode von acht Jahren, die einmal um vier Jahre verlängert werden kann.

2. Der Präsident vertritt das IOC und leitet dessen gesamte Aktivitäten.

3. Der Präsident kann handeln oder Entscheidungen im Namen des IOC treffen, wenn die Umstände die Session oder die IOC-Exekutivkommission hindern zu handeln. Eine solche Maßnahme oder Entscheidung ist dem zuständigen Organ unverzüglich zur Bestätigung zu unterbreiten.

4. Wenn der Präsident nicht in der Lage ist, die Aufgaben seines Amtes wahrzunehmen, vertritt ihn der dienstälteste Vizepräsident, bis der Präsident seine Dienstfähigkeit zurückerlangt hat oder, wenn es sich um dauernde Dienstunfähigkeit handelt, bis ein neuer Präsident bei der nächsten Session gewählt ist. Der neue Präsident wird für eine Amtsperiode von acht Jahren mit der Möglichkeit einer Wiederwahl für vier Jahre gewählt.

Durchführungsbestimmung zu Regel 20

1. Kandidaturen für die Wahl zum Präsidenten werden drei Monate vor dem Tag der Eröffnung der Session erklärt, in deren Verlauf die Wahl stattfinden soll. Diese Frist kann jedoch durch Entscheidung der IOC-Exekutivkommission geändert werden, wenn die Umstände nach deren Auffassung eine solche Änderung rechtfertigen.

2. Mit Ausnahme des in Regel 20.3. geregelten Falles wird der Präsident von der Session gewählt, die im zweiten Jahr der Olympiade zusammentritt.[19]

Regel 21 IOC-Kommissionen*

Um die Session, die IOC-Exekutivkommission oder den Präsidenten zu beraten, können Kommissionen des IOC eingesetzt werden. Der Präsident setzt dauernde oder andere institutionalisierte oder ad hoc-Kommissionen und Arbeitsgruppen ein, wenn immer es notwendig erscheint. Vorbehaltlich ausdrücklicher anderer Bestimmungen in der Olympischen Charta oder in speziellen Regelungen, die von der IOC-Exekutivkommission festgelegt werden, bestimmt der Präsident deren Aufgabenbereich, ernennt deren Mitglieder und entscheidet über deren Auflösung, sobald er zu der Auffassung gelangt, daß sie ihre Aufgaben erfüllt haben. Keine Kommissions- oder Arbeitsgruppensitzung kann ohne die vorherige Zustimmung des Präsidenten stattfinden, wenn es in der Olympischen Charta oder in speziellen Regelungen, die von der IOC-Exekutivkommission festgelegt werden, nicht anders vorgesehen ist. Der Präsident ist kraft

[19] Diese Bestimmung ist in der aktuellen offiziellen Fassung vom 8.Juli 2011 nicht mehr enthalten.

Amtes Mitglied aller Kommissionen und Arbeitsgruppen und hat den protokollarischen Vorsitz, wenn er bei einer ihrer Sitzungen anwesend ist.

Durchführungsbestimmung zu Regel 21

1. Die Athleten-Kommission

Eine Athleten-Kommission des IOC wird eingesetzt, deren Mehrheit von Athleten gestellt wird, die von den Athleten gewählt werden, die an den Olympischen Spielen teilnehmen. Die Wahl erfolgt während der Spiele der Olympiade und der Olympischen Winterspiele nach Regeln, die von der IOC-Exekutivkommission nach Konsultation mit der Athleten-Kommission erlassen und spätestens ein Jahr vor den Olympischen Spielen, in deren Verlauf die Wahlen stattfinden, den IFs und den NOKs übermittelt werden. Alle Bestimmungen und Verfahrensregeln der IOC-Athleten-Kommission werden nach Konsultation der IOC-Athleten-Kommission von der IOC-Exekutivkommission festgelegt.

2. Die Ethik-Kommission des IOC

Die Ethik-Kommission des IOC wird gemäß Regel 22 und Durchführungsbestimmung zu Regel 22 eingesetzt.

3. Die Nominierungs-Kommission des IOC

Um die Kandidaturen für die Wahl zum Mitglied des IOC zu prüfen, wird eine Nominierungs-Kommission des IOC gemäß Durchführungsbestimmung 16.2.3. eingesetzt. Alle Bestimmungen und Verfahrensregeln der Nominierungs-Kommission des IOC werden nach Konsultation der Nominierungs-Kommission des IOC von der IOC-Exekutivkommission festgelegt.

4. Die Kommission für die Olympische Solidarität

Die Kommission für die Olympische Solidarität wird eingesetzt, um die Aufgaben zu erfüllen, die ihr in Regel 5 und der Durchführungsbestimmung zu Regel 5 übertragen sind.

5. Die Kommissionen zur Bewertung von Bewerberstädten

Um die Kandidaturen der Städte zu prüfen, die sich darum bewerben, die Spiele der Olympiade und die Olympischen Winterspiele auszurichten, setzt der Präsident zwei Kommissionen zur Bewertung von Bewerberstädten gemäß Durchführungsbestimmung 34.2.2. ein.

6. Die Kommissionen zur Koordinierung der Olympischen Spiele

Um zur Verbesserung der Organisation der Olympischen Spiele und der Zusammenarbeit zwischen dem IOC, den OKs, den IFs und den NOKs beizutragen, setzt der Präsident Koordinierungs-Kommissionen gemäß Regel 38 und Durchführungsbestimmung zu Regel 38 ein.

7. Die Medizinische Kommission des IOC

7.1. Der Präsident setzt eine Medizinische Kommission ein, deren Wirkungsbereich die folgenden Aufgaben enthält:

7.1.1. den World Anti-Doping Code und alle anderen Anti-Doping-Bestimmungen des IOC, insbesondere anläßlich der Olympischen Spiele, anzuwenden;

7.1.2. Richtlinien für die medizinische Versorgung und die Gesundheit der Athleten zu erarbeiten.

7.2. Die Mitglieder der Medizinischen Kommission dürfen keinerlei medizinische Aufgabe im Rahmen der Delegation eines NOK bei den Olympischen Spielen ausüben, noch dürfen sie an Beratungen der Mitglieder ihrer jeweiligen nationalen Delegationen über einen Verstoß gegen den World Anti-Doping Code teilnehmen.

8. Verfahren

Den Vorsitz jeder Kommission des IOC hat ein IOC-Mitglied. Die Kommissionen können Sitzungen in Form von Telefon- oder Videokonferenzen abhalten.

Regel 22 Ethik-Kommission des IOC*

Die Ethik-Kommission des IOC hat den Auftrag, auf der Grundlage der Werte und Grundsätze, die in der Olympischen Charta niedergelegt sind, einen Rahmen ethischer Grundsätze einschließlich eines Verhaltenskodex, der integraler Bestandteil der Olympischen Charta ist, festzulegen und zu aktualisieren. Darüberhinaus untersucht sie Beschwerden, die wegen Nichtbeachtung dieser ethischen Prinzipien einschließlich von Verstößen gegen den Verhaltenskodex erhoben werden, und schlägt erforderlichenfalls der IOC-Exekutivkommission Sanktionen vor.

Durchführungsbestimmung zu Regel 22

1. Die Zusammensetzung und Organisation der Ethik-Kommission des IOC werden in deren Satzung geregelt.

2. Jede Änderung des Verhaltenskodex, der Satzung der Ethik-Kommission des IOC und jeder anderen Regelung und Durchführungsbestimmung, die aus der Ethik-Kommission hervorgeht, werden der IOC-Exekutivkommission zur Genehmigung unterbreitet.

Regel 23 Maßnahmen und Sanktionen[20]

Die Maßnahmen und Sanktionen, die im Fall einer Verletzung der Olympischen Charta, des World Anti-Doping Code oder einer anderen Vorschrift von der Session, der IOC-Exekutivkommission oder der Disziplinar-Kommission gemäß Absatz 2.4. verhängt werden können, sind die folgenden:

1. Im Rahmen der Olympischen Bewegung

1.1. gegenüber Mitgliedern, dem Ehrenpräsidenten, Ehrenmitgliedern und Mitgliedern ehrenhalber des IOC:

a) ein Verweis, ausgesprochen durch die IOC-Exekutivkommission;

b) die Suspendierung für einen bestimmten Zeitraum, ausgesprochen durch die IOC-Exekutivkommission. Die Suspendierung kann sich ganz oder teilweise auf die Rechte, Vorrechte und Funktionen erstrecken, die mit der Mitgliedschaft der betroffenen Person verbunden sind.

Die oben erwähnten Sanktionen können miteinander verbunden werden. Sie können Mitgliedern des IOC, dem Ehrenpräsidenten, Ehrenmitgliedern und Mitgliedern ehrenhalber, die durch ihr Verhalten die Interessen des IOC beeinträchtigen auch unabhängig von einer bestimmten Verletzung der Olympischen Charta oder einer anderen Bestimmung, auferlegt werden

1.2. gegenüber den IFs:

a) Streichung aus dem Programm der Olympischen Spiele

- einer Sportart (Session);
- einer Disziplin (IOC-Exekutivkommission);
- eines Wettbewerbs (IOC-Exekutivkommission);

b) Entzug der vorläufigen Anerkennung (IOC-Exekutivkommission);

c) Entzug der endgültigen Anerkennung (Session).

1.3. gegenüber den Vereinigungen der IFs:

---

[20] Diese Bestimmung (Regel 23 Maßnahmen und Sanktionen) ist in der aktuellen offiziellen Fassung vom 8.Juli 2011 nicht mehr enthalten.

a) Entzug der vorläufigen Anerkennung (IOC-Exekutivkommission);

b) Entzug der endgültigen Anerkennung (Session).

1.4. gegenüber den NOKs:

a) Suspendierung (IOC-Exekutivkommission); in diesem Fall entscheidet die IOC-Exekutivkommission über die Folgen für das betreffende NOK und dessen Athleten von Fall zu Fall;

b) Entzug der vorläufigen Anerkennung (IOC-Exekutivkommission);

c) Entzug der endgültigen Anerkennung (Session); in diesem Fall verliert das NOK alle Rechte, die es nach der Olympischen Charta hat;

d) Entzug des Rechts, eine Session oder einen Olympischen Kongreß zu organisieren (Session).

1.5. gegenüber den Vereinigungen von NOKs:

a) Entzug der vorläufigen Anerkennung (IOC-Exekutivkommission);

b) Entzug der endgültigen Anerkennung (Session).

1.6. gegenüber einer Gastgeberstadt, einem OK und einem NOK: Entzug des Rechtes, die Olympischen Spiele auszurichten (Session).

1.7. gegenüber einer Bewerber- oder Kandidatenstadt und einem NOK: Entzug des Rechtes, eine Bewerber- oder eine Kandidatenstadt für die Ausrichtung der Olympischen Spiele zu sein (IOC-Exekutivkommission).

1.8. gegenüber anderen anerkannten Vereinigungen und Organisationen:

a) Entzug der vorläufigen Anerkennung (IOC-Exekutivkommission);

b) Entzug der endgültigen Anerkennung (Session).

2. Im Rahmen der Olympischen Spiele im Falle einer Verletzung der Olympischen Charta, des World Anti-Doping Code oder jeder anderen Entscheidung oder anwendbaren Regelung, die vom IOC oder einer IF oder einem NOK erlassen wurde, einschließlich aber nicht allein des IOC-Verhaltenskodex, oder anzuwendender staatlicher Gesetze oder Regelungen, oder im Fall jeder Form von Fehlverhalten:

2.1. gegenüber Einzelteilnehmern und Mannschaften:

Nichtzulassung zu oder Ausschluß von den Olympischen Spielen auf Zeit oder auf Dauer, Disqualifizierung oder Entzug der Akkreditierung; im Falle des Ausschlusses oder der Disqualifizierung sind die Medaillen und Urkunden, die unter Verstoß gegen die Olympische Charta erlangt worden sind, dem IOC zurückzugeben. Nach dem Ermessen der IOC-Exekutivkommission kann darüber hinaus ein Einzelwettkämpfer oder eine Mannschaft eine Platzierung verlieren, die bei anderen Wettbewerben derjenigen Olympischen Spiele erreicht wurde, in deren Verlauf der Einzelteilwettkämpfer oder die Mannschaft disqualifiziert oder ausgeschlossen wurde; in diesem Fall sind die gewonnenen Medaillen und Urkunden dem IOC zurückzugeben (IOC-Exekutivkommission);

2.2. gegenüber Offiziellen, Leitern und anderen Mitgliedern der Delegationen sowie gegenüber Schiedsrichtern und Jurymitgliedern: Nichtzulassung zu oder Ausschluß von den Olympischen Spielen auf Zeit oder auf Dauer (IOC-Exekutivkommission);

2.3. gegenüber allen anderen akkreditierten Personen: Entzug der Akkreditierung (IOC-Exekutivkommission);

2.4. die IOC-Exekutivkommission kann ihre Befugnisse einer Disziplinar-Kommission übertragen.

3. Vor Verhängung einer Maßnahme oder Sanktion kann das zuständige Organ des IOC eine Verwarnung aussprechen.

4. Alle Sanktionen und Maßnahmen lassen andere Rechte des IOC und jeder anderen Organisation, einschließlich aber nicht allein der IFs und der NOKs, unberührt.

Durchführungsbestimmung zu Regel 23

1. Jede Ermittlung von Tatsachen, die zu einer Maßnahme oder Sanktion führen können, wird unter der Verantwortung der IOC-Exekutivkommission geführt, die dazu ihre Befugnisse ganz oder teilweise delegieren kann.

2. Während der gesamten Dauer einer Ermittlung kann die IOC-Exekutivkommission der betroffenen Person oder Organisation ihre Rechte, Vorrechte und Funktionen, die mit der Mitgliedschaft oder dem Status der Person oder Organisation verbunden sind, ganz oder teilweise entziehen.

3. Jede Einzelperson, jede Mannschaft oder jede andere natürliche oder juristische Person hat das Recht, von dem Organ des IOC gehört zu werden, das zuständig ist, ihr gegenüber eine Maßnahme oder eine Sanktion zu verhängen. Das rechtliche

Gehör im Sinne dieser Vorschrift schließt das Recht ein, über die erhobenen Anschuldigungen informiert zu werden, und das Recht, persönlich zu erscheinen oder eine schriftliche Verteidigung zu unterbreiten.

4. Jede von der Session, von der IOC-Exekutivkommission oder von der in Regel 23.2.4. genannten Disziplinar-Kommission verhängte Maßnahme oder Sanktion ist der betroffenen Partei schriftlich mitzuteilen.

5. Wenn das zuständige Organ nichts anderes bestimmt, werden alle Maßnahmen oder Sanktionen sofort wirksam.

Regel 24 Sprachen[21]

1. Die Amtssprachen des IOC sind Französisch und Englisch.

2. Bei allen Sessionen wird eine Simultanübersetzung in Französisch, Englisch, Deutsch, Spanisch, Russisch und Arabisch bereitgestellt.

3. Bei Abweichungen zwischen dem französischen und dem englischen Text der Olympischen Charta und aller anderen Dokumente des IOC ist der französische Text maßgeblich, sofern nicht ausdrücklich schriftlich anders bestimmt.

Regel 25 Einnahmen des IOC

1. Das IOC kann Schenkungen und Vermächtnisse annehmen und sich um alle anderen Einnahmen bemühen, die es ihm erlauben, seine Aufgaben wahrzunehmen. Es erzielt Einkünfte aus der Verwertung seiner Rechte, einschließlich aber nicht allein der Fernsehrechte, Sponsorship, Lizenzen, olympische Eigentumsrechte sowie aus der Feier der Olympischen Spiele.

2. Um die Entwicklung der Olympischen Bewegung zu fördern, kann das IOC einen Teil seiner Einkünfte den IFs, den NOKs, einschließlich der Olympischen Solidarität und den OKs zukommen lassen.

[21] Wegen des Wegfalls der Regel 23 in der aktuellen offiziellen Fassung vom 8.Juli 2011 verschiebt sich die Nummerierung entsprechend um eine Ziffer nach vorn, d.h. Regel 24 Sprachen ist in der aktuellen offiziellen Fassung 23 Languages.

Kapitel 3. Die Internationalen Verbände (IFs)

Regel 26 Anerkennung von IFs

Zur Entwicklung und Förderung der Olympischen Bewegung kann das IOC internationale nichtstaatliche Organisationen, die eine oder mehrere Sportarten auf weltweiter Ebene verwalten und die Organisationen umfassen, die diese Sportarten auf nationaler Ebene verwalten, als IFs anerkennen. Die Statuten, Gepflogenheiten und Aktivitäten der IFs innerhalb der Olympischen Bewegung müssen in Übereinstimmung mit der Olympischen Charta, einschließlich der Annahme und Umsetzung des World Anti-Doping Code, stehen. Unbeschadet des Vorstehenden, bewahrt jede IF ihre Unabhängigkeit und Autonomie in der Verwaltung ihrer Sportart.

Regel 27 Aufgabe und Rolle der IFs innerhalb der Olympischen Bewegung

1. Die Aufgabe und die Rolle der IFs innerhalb der Olympischen Bewegung bestehen darin,

1.1. im olympischen Geist die Regeln für die Ausübung ihrer jeweiligen Sportarten aufzustellen, durchzusetzen und über deren Anwendung zu wachen;

1.2. die Entwicklung ihrer Sportarten auf der ganzen Welt sicherzustellen;

1.3. zur Verwirklichung der in der Olympischen Charta festgelegten Ziele beizutragen, insbesondere durch die Verbreitung des Olympismus und der olympischen Erziehung;

1.4. ihre Stellungnahme zu den Kandidaturen für die Ausrichtung der Olympischen Spiele, insbesondere soweit die technischen Gesichtspunkte der Austragungsorte ihrer jeweiligen Sportart betroffen sind, abzugeben;

1.5. ihre Zulassungskriterien für die Wettkämpfe der Olympischen Spiele in Übereinstimmung mit der Olympischen Charta festzulegen und dem IOC zur Genehmigung zu unterbreiten;

1.6. bei Olympischen Spielen und bei Spielen unter der Schirmherrschaft des IOC die Verantwortung für die technische Kontrolle und Leitung ihrer Sportarten zu übernehmen;

1.7. bei der praktischen Durchführung der Programme der Olympischen Solidarität technische Unterstützung zu leisten.

2. Darüber hinaus haben die IFs das Recht,

2.1. an das IOC zu richtende Vorschläge hinsichtlich der Olympischen Charta und der Olympischen Bewegung zu erarbeiten;

2.2. bei der Vorbereitung der Olympischen Kongresse mitzuwirken;

2.3. sich auf Bitte des IOC an der Arbeit der Kommissionen des IOC zu beteiligen.

Kapitel 4. Die Nationalen Olympischen Komitees (NOKs)

Regel 28 Aufgabe und Rolle der NOKs*

1. Die Aufgabe der NOKs ist es, die Olympische Bewegung in ihren jeweiligen Ländern in Übereinstimmung mit der Olympischen Charta zu entwickeln, zu fördern und zu schützen.

2. Die Rolle der NOKs ist es,

2.1. die Grundlegenden Prinzipien und Werte des Olympismus in ihren Ländern, insbesondere in den Bereichen Sport und Bildung, durch die Unterstützung von olympischen Bildungsprogrammen auf allen Ebenen in Schulen, in Einrichtungen der Sport- und Leibeserziehung und an Universitäten, sowie durch die Anregung der Schaffung von Einrichtungen, die der olympischen Erziehung gewidmet sind, wie zum Beispiel Nationale Olympische Akademien, olympische Museen und andere, einschließlich kulturelle, Programme mit Bezug zur Olympischen Bewegung zu fördern;

2.2. die Einhaltung der Olympischen Charta in ihren Ländern sicherzustellen;

2.3. die Entwicklung sowohl des Hochleistungssports als auch des Breitensports zu unterstützen;

2.4. bei der Ausbildung von Sportfunktionären durch die Veranstaltung von Lehrgängen zu helfen und dafür zu sorgen, daß diese Lehrgänge zur Verbreitung der Grundlegenden Prinzipien des Olympismus beitragen;

2.5. jeder Form von Diskriminierung und von Gewalt im Sport entgegenzuwirken;

2.6. den World Anti-Doping Code anzunehmen und umzusetzen.

3. Die NOKs haben die alleinige Zuständigkeit, ihre Länder bei Olympischen Spielen und bei mehrere Sportarten umfassenden regionalen, kontinentalen und weltweiten Wettkämpfen unter der Schirmherrschaft des IOC zu vertreten. Darüber hinaus ist jedes NOK verpflichtet, an den Spielen der Olympiade durch die Entsendung von Athleten teilzunehmen.

4. Die NOKs haben die alleinige Zuständigkeit, die Stadt, die sich darum bewirbt, die Olympischen Spiele in ihrem Land auszurichten, zu auszuwählen und zu bestimmen.

5. Um ihre Aufgabe zu erfüllen, können die NOKs mit Regierungsstellen zusammenarbeiten, mit denen sie harmonische Beziehungen unterhalten sollen. Jedoch dürfen sie sich nicht an Aktivitäten beteiligen, die im Widerspruch zur Olympischen Charta stehen würden. Die NOKs können auch mit nichtstaatlichen Institutionen zusammenarbeiten.

6. Die NOKs haben ihre Autonomie zu wahren und sich jedem Druck, einschließlich aber nicht allein politischer, rechtlicher, religiöser oder wirtschaftlicher Art, der sie an der Einhaltung der Olympischen Charta hindern könnte, zu widerstehen.

7. Die NOKs haben das Recht,

7.1. sich „Nationale Olympische Komitees" (NOKs) zu nennen, sich als solche zu kennzeichnen oder zu bezeichnen, wobei die Bezeichnung oder Kennzeichnung in ihrem Namen enthalten sein oder auf sie Bezug genommen werden muß;

7.2. Wettkämpfer, Offizielle und andere Mannschaftsangehörige zu Olympischen Spielen in Übereinstimmung mit der Olympischen Charta zu entsenden;

7.3. sich die Hilfe der Olympischen Solidarität zuteil werden zu lassen;

7.4. bestimmte olympische Eigentumsrechte mit Genehmigung des IOC und in Übereinstimmung mit Regeln 7 bis 14 und der Durchführungsbestimmung zu den Regeln 7 bis 14 zu nutzen;

7.5. an Aktivitäten unter der Leitung oder der Schirmherrschaft des IOC, einschließlich regionaler Spiele, teilzunehmen;

7.6. vom IOC anerkannten Vereinigungen von NOKs anzugehören;

7.7. Vorschläge an das IOC hinsichtlich der Olympischen Charta und der Olympischen Bewegung, einschließlich der Ausrichtung der Olympischen Spiele, zu erarbeiten;

7.8. ihre Stellungnahme zu den Kandidaturen für die Ausrichtung der Olympischen Spiele abzugeben;

7.9. auf Bitte des IOC an der Arbeit der Kommissionen des IOC teilzunehmen;

7.10. bei der Vorbereitung der Olympischen Kongresse mitzuwirken;

7.11. andere Befugnisse auszuüben, die ihnen durch die Olympische Charta oder vom IOC eingeräumt werden.

8. Das IOC unterstützt die NOKs bei der Wahrnehmung ihrer Aufgabe durch seine verschiedenen Abteilungen und durch die Olympische Solidarität.

9. Neben den Maßnahmen und Sanktionen, die für den Fall einer Verletzung der Olympischen Charta vorgesehen sind, kann die IOC-Exekutivkommission die zum Schutz der Olympischen Bewegung im Land eines NOK angemessenen Beschlüsse fassen, einschließlich der Suspendierung oder des Entzuges der Anerkennung eines NOK, wenn die Verfassung, die Gesetze oder andere Vorschriften, die in dem Land gelten, oder Maßnahmen von Regierungsseite oder anderer Institutionen die Tätigkeit des NOK oder die Bildung und Verlautbarung des Willens des NOK behindern. Bevor eine solche Entscheidung getroffen wird, gewährt die IOC-Exekutivkommission dem NOK Gelegenheit zur Anhörung.

Regel 29 Zusammensetzung der NOKs*

1. Die NOKs müssen, gleichgültig wie sie im übrigen zusammengesetzt sind, als Mitglieder haben:

1.1. alle IOC-Mitglieder in ihrem Land, sofern vorhanden. Diese Mitglieder haben in den Vollversammlungen des NOK Stimmrecht. Darüber hinaus sind die IOC-Mitglieder in ihrem Land gemäß Regel 16.1.1.1. von Amts wegen Mitglieder des Exekutivorgans des NOK und haben dort Stimmrecht;

1.2. alle nationalen Verbände, die Mitglieder der IFs sind, die für eine Sportart verantwortlich sind, die zum Programm der Olympischen Spiele gehört, oder deren Vertreter;

1.3. aktive Athleten oder ehemalige Athleten, die an Olympischen Spielen teilgenommen haben; letztere müssen von dieser Position spätestens am Ende der dritten Olympiade, die auf die letzten Olympischen Spiele folgt, an denen sie teilgenommen haben, zurücktreten.

2. Die NOKs können als Mitglieder haben:

2.1. nationale Verbände, die Mitglieder von durch das IOC anerkannten IFs sind, deren Sportarten nicht zum Programm der Olympischen Spiele gehören;

2.2. mehrere Sportarten umfassende Vereinigungen und andere sportorientierte Organisationen oder deren Vertreter sowie Persönlichkeiten, die die Staatsangehörigkeit des Landes haben und die geeignet sind, die Wirksamkeit des NOK zu stärken oder die der Sache des Sports und des Olympismus herausragende Dienste geleistet haben.

3. Die Stimmenmehrheit eines NOK und seines Exekutivorgans hat bei den Stimmen zu liegen, die von den nationalen Verbänden im Sinne von Absatz 1.2. oder deren Vertretern abgegeben werden. Bei Fragen, die die Olympischen Spiele betreffen, zählen nur die Stimmen dieser Verbände und der Mitglieder des Exekutivorgans des NOK. Vorbehaltlich der Zustimmung durch die IOC-Exekutivkommission kann ein NOK in seine Stimmenmehrheit und in die bei Fragen, die die Olympischen Spiele betreffen, zu berücksichtigenden Stimmen die Stimmen miteinbeziehen, die von den IOC-Mitgliedern in seinem Lande gemäß Absatz 1.1. und von den aktiven oder ehemaligen Athleten in seinem Lande gemäß Absatz 1.3. abgegeben werden.

4. Regierungen oder andere staatliche Stellen stellen keine Mitglieder eines NOK. Jedoch kann ein NOK nach seinem Ermessen entscheiden, Vertreter dieser Stellen als Mitglieder zu wählen.

5. Die territoriale Zuständigkeit eines NOK deckt sich mit den Grenzen des Landes, in dem es gegründet wurde und seinen Sitz hat.

Durchführungsbestimmung zu Regeln 28 und 29

1. Verfahren zur Anerkennung der NOKs

1.1. Eine nationale Sportorganisation, die sich um die Anerkennung als ein NOK bewirbt, muß einen Antrag beim IOC einreichen, aus dem hervorgeht, daß der Bewerber alle Bedingungen erfüllt, die von der Olympischen Charta, insbesondere Regel 29 und Durchführungsbestimmung zu Regeln 28 und 29, vorgeschrieben sind.

1.2. Es ist nachzuweisen, daß die nationalen Verbände, die Mitglieder des NOK sind, entsprechende sportliche Aktivitäten tatsächlich und dauerhaft in ihrem Lande und auf internationaler Ebene durchführen, insbesondere indem sie Wettkämpfe ausrichten und an ihnen teilnehmen und indem sie Trainingsprogramme für Athleten durchführen. Ein NOK kann nur eine nationale Vereinigung für jede Sportart, für die eine IF verantwortlich ist, anerkennen. Diese nationalen Verbände oder die von ihnen ausgewählten Vertreter müssen die Stimmenmehrheit im NOK und seinem Exekutivorgan haben. Mindestens fünf nationale Verbände innerhalb eines NOK müssen einer IF angehören, die für die Sportart verantwortlich ist, die Teil des Programms der Olympischen Spiele ist.

1.3. Voraussetzung für die Anerkennung ist die Genehmigung der Statuten eines Bewerbers durch die IOC-Exekutivkommission. Gleiches gilt für jede spätere Änderung oder Ergänzung der Statuten. Die Statuten müssen zu jeder Zeit in Übereinstimmung mit der Olympischen Charta stehen und ausdrücklich auf diese verweisen. Im Falle eines Zweifels hinsichtlich der Bedeutung oder der Auslegung der Statuten eines NOK oder im Falle eines Widerspruchs zwischen den Statuten und der Olympischen Charta geht letztere vor.

1.4. Jedes NOK hat gemäß seiner Statuten mindestens einmal im Jahr eine Vollversammlung seiner Mitglieder abzuhalten. Insbesondere sind die Vorlage von Jahresberichten und geprüften Bilanzen und gegebenenfalls die Wahl der Leitenden und der Mitglieder des Exekutivorgans auf die Tagesordnung der Vollversammlungen zu setzen.

1.5. Die Leitenden und die Mitglieder des Exekutivorgans eines NOK werden gemäß den Statuten des NOK für eine Amtszeit von nicht länger als vier Jahren gewählt; sie können wiedergewählt werden.

1.6. Die Mitglieder eines NOK mit Ausnahme derer, die hauptberuflich in der Sportverwaltung tätig sind, dürfen keinerlei Entschädigung oder Vergütung für ihre Tätigkeit oder die Ausübung ihrer Funktionen entgegennehmen. Reise- und Aufenthaltskosten sowie andere gerechtfertigte Ausgaben, die bei der Ausübung ihrer Funktionen anfallen, können erstattet werden.

1.7. Der Entzug oder Verlust der Anerkennung eines NOK hat den Verlust aller Rechte zur Folge, die diesem durch die Olympische Charta übertragen sind.

2. Die Aufgaben der NOKs

Die NOKs nehmen die folgenden Aufgaben wahr:

2.1. Sie haben ihre Delegationen zu Olympischen Spielen und zu regionalen, kontinentalen oder weltweiten, mehrere Sportarten umfassenden Wettkämpfen, die unter der Schirmherrschaft des IOC stehen, aufzustellen, zu organisieren und zu leiten. Sie entscheiden über die Meldung von Athleten, die durch die jeweiligen nationalen Verbände vorgeschlagen werden. Diese Auswahl hat sich nicht allein auf die sportlichen Leistungen eines Athleten, sondern auch auf seine Eignung zu gründen, den jugendlichen Sportlern seines Landes als Vorbild zu dienen. Die NOKs haben sich zu vergewissern, daß die von den nationalen Verbänden vorgeschlagenen Meldungen in jeder Hinsicht den Vorschriften der Olympischen Charta entsprechen.

2.2. Sie sorgen für Ausrüstung, Transport und Unterbringung der Mitglieder ihrer Delegationen. Für diese schließen sie angemessene Versicherungen ab, die die Risiken des Todesfalls, der Invalidität, der Krankheit und der Arzt- und Arzneimittelkosten sowie die Haftpflicht gegenüber Dritten abdecken. Sie sind für das Verhalten der Mitglieder ihrer Delegationen verantwortlich.

2.3. Sie haben die alleinige und ausschließliche Zuständigkeit, die von den Mitgliedern ihrer Delegationen anläßlich der Olympischen Spiele und aller damit verbundenen sportlichen Wettkämpfe und Zeremonien zu tragende Kleidung und Uniformen und die zu benutzende Ausrüstung vorzuschreiben und zu bestimmen. Diese ausschließliche Zuständigkeit erstreckt sich nicht auf spezielle Ausrüstung, die von den Athleten ihrer Delegationen während der Wettkämpfe benutzt werden. Im Sinne dieser Vorschrift ist spezielle Ausrüstung die Ausrüstung, hinsichtlich derer das NOK anerkannt hat, daß sie wegen ihrer besonderen technischen Merkmale einen substantiellen Einfluß auf die Leistung des Athleten hat. Jede Werbung hinsichtlich dieser speziellen Ausrüstung unterliegt der Genehmigung durch das betreffende NOK, sofern ein ausdrücklicher oder stillschweigender Bezug zu den Olympischen Spielen gegeben ist.[22]

3. Empfehlungen

Den NOKs wird empfohlen,

[22] An dieser Stelle enthält die aktuelle offizielle Fassung vom 8. Juli 2011 folgende Ergänzung: 2.4 They assist the IOC in respect to the protection of Olympic properties in their respective territories.

3.1. regelmäßig - möglichst jedes Jahr - einen Olympischen Tag oder eine Olympische Woche zurFörderung der Olympischen Bewegung zu veranstalten;

3.2. in ihr Wirken die Förderung der Kultur und der Künste in den Bereichen Sport und Olympismus miteinzubeziehen;

3.3. sich an den Programmen der Olympischen Solidarität zu beteiligen;

3.4. Finanzierungsquellen in einer Weise zu erschließen, die mit den Grundlegenden Prinzipien des Olympismus vereinbar ist.

Regel 30 Die nationalen Verbände

Um von einem NOK anerkannt und als Mitglied aufgenommen zu werden, muß ein nationaler Verband entsprechende sportliche Aktivitäten tatsächlich und auf Dauer durchführen, Mitglied einer vom IOC anerkannten IF sein und der Olympischen Charta und den Regeln seiner IF unterliegen und diese in jeder Hinsicht befolgen.

Regel 31 Land und Name eines NOK

1. Der Ausdruck „Land“ bezeichnet in der Olympischen Charta einen unabhängigen, von der internationalen Gemeinschaft anerkannten Staat.

2. Der Name eines NOK muß dem territorialen Umfang und der Tradition seines Landes entsprechen und bedarf der Genehmigung durch die IOC-Exekutivkommission.

Regel 32 Fahne, Emblem und Hymne eines NOK

Die Fahne, das Emblem und die Hymne, die ein NOK zur Verwendung in Verbindung mit seinen Tätigkeiten einschließlich der Olympischen Spiele bestimmt, bedürfen der Genehmigung durch die IOC-Exekutivkommission.

Kapitel 5. Die Olympischen Spiele

I. Feier, Organisation und Durchführung der Olympischen Spiele

Regel 33 Feier der Olympischen Spiele*

1. Die Spiele der Olympiade werden im Laufe des ersten Jahres, die Olympischen Winterspiele im dritten Jahr einer Olympiade gefeiert.

2. Mit der Ehre und der Verantwortung, Gastgeber der Olympischen Spiele zu sein, wird vom IOC eine Stadt betraut, die als Gastgeberstadt für die Olympischen Spiele gewählt wird.

3. Die Termine für die Olympischen Spiele werden von der IOC-Exekutivkommission festgelegt.

4. Die Nicht-Veranstaltung der Olympischen Spiele im Laufe des Jahres, in dem sie stattzufinden haben, zieht unbeschadet aller anderen Rechte des IOC die Aufhebung der Rechte der Gastgeberstadt nach sich.

5. Jeglicher finanzieller Überschuss, der von einer Gastgeberstadt, einem OK oder dem NOK des Landes der Gastgeberstadt aus der Veranstaltung der Olympischen Spiele erwirtschaftet wird, wird für die Entwicklung der Olympischen Bewegung und des Sports verwendet.

Durchführungsbestimmung zu Regel 33

Die Dauer der Wettkämpfe der Olympischen Spiele darf 16 Tage nicht überschreiten.

Regel 34 Wahl der Gastgeberstadt*

1. Die Wahl der Gastgeberstadt ist das Vorrecht der Session.

2. Die IOC-Exekutivkommission legt das Verfahren fest, das zu befolgen ist, bis die Wahl durch die Session stattfindet. Vorbehaltlich außerordentlicher Umstände findet die Wahl sieben Jahre vor der Veranstaltung der Olympischen Spiele statt.

3. Die Zentralregierung des Landes jeder Bewerberstadt muß dem IOC ein rechtlich verbindliches Dokument unterbereiten, durch das die Regierung sich verpflichtet und garantiert, daß das Land und dessen staatliche Stellen die Olympische Charta befolgen und respektieren werden.

4. Die Wahl der Gastgeberstadt findet in einem Land statt, das keine Bewerberstadt für die Ausrichtung der betreffenden Olympischen Spiele stellt.

Durchführungsbestimmung zu Regel 34

1. Bewerbung um die Ausrichtung Olympischer Spiele - Bewerberstädte

1.1. Um zulässig zu sein, muß eine Bewerbung einer Stadt um die Ausrichtung Olympischer Spiele durch das NOK des Landes bestätigt werden; in diesem Fall gilt die Stadt als Bewerberstadt.

1.2. Jede Bewerbung um die Ausrichtung Olympischer Spiele muß dem IOC von den zuständigen öffentlichen Stellen der Bewerberstadt zusammen mit der Zustimmung des NOKs des Landes unterbereitet werden. Diese Stellen und das NOK müssen garantieren, daß die Olympischen Spiele zur Zufriedenheit des IOC und unter den von ihm festgesetzten Bedingungen organisiert werden.

1.3. Sollten mehrere Städte desselben Landes mögliche Bewerber um die Ausrichtung derselben Olympischen Spiele sein, kann sich entsprechend der Entscheidung des NOK des betreffenden Landes nur eine Stadt bewerben.

1.4. Vom Tage der Einreichung einer Bewerbung um die Ausrichtung Olympischer Spiele beim IOC an überwacht das NOK des Landes der Bewerberstadt die Handlungen und das Verhalten der Bewerberstadt bezüglich ihrer Bewerbung und gegebenenfalls bezüglich ihrer Kandidatur für die Ausrichtung der Olympischen Spiele und ist dafür mitverantwortlich.

1.5. Jede Bewerberstadt hat die Pflicht, die Olympische Charta und jede andere Regelung und Vorgabe, die von der IOC-Exekutivkommission erlassen wird, sowie alle technischen Vorschriften, die von den IFs für deren jeweilige Sportart erlassen werden, zu befolgen.

1.6. Alle Bewerberstädte werden ein Verfahren zur Annahme der Kandidaturen befolgen, das unter der Aufsicht der IOC-Exekutivkommission durchgeführt wird, die auch den Ablauf dieses Verfahrens festlegt. Die IOC-Exekutivkommission bestimmt die Städte, die als Kandidatenstädte angenommen werden.

2. Kandidatenstädte - Bewertung

2.1. Kandidatenstädte sind diejenigen Bewerberstädte, die geeignet sind für eine Entscheidung der IOC-Exekutivkommission, sie der Session zur Wahl zu unterbreiten.

2.2. Der Präsident ernennt für jede Auflage der Olympischen Spiele eine Kommission zur Bewertung der Kandidatenstädte. Diesen Kommissionen gehören jeweils Mitglieder des IOC, Vertreter der IFs, der NOKs, der Athletenkommission und des Internationalen Paralympischen Komitees (IPC) an. Staatsangehörige von Ländern, die eine Kandidatenstadt stellen, können nicht Mitglieder der Bewertungskommission sein. Die Bewertungskommission kann sich von Fachleuten unterstützen lassen.

2.3. Jede Bewertungskommission prüft die Kandidaturen aller Kandidatenstädte, nimmt die Austragungsorte in Augenschein und unterbreitet spätestens einen Monat vor dem Tag der Eröffnung der Session des IOC, die die Gastgeberstadt für die Olympischen Spiele wählt, allen IOC-Mitgliedern einen schriftlichen Bericht über alle Kandidaturen.

2.4. Jede Kandidatenstadt hat die von der IOC-Exekutivkommission gewünschten finanziellen Garantien beizubringen, die auch entscheidet, ob diese Garantien von der Stadt selbst oder einer anderen zuständigen lokalen, regionalen oder nationalen Stelle oder von Dritten zu geben sind.

3. Wahl der Gastgeberstadt - Unterzeichnung des Gastgeberstadt-Vertrages

3.1. Nach der Vorlage des Berichts der Bewertungskommission erstellt die IOC-Exekutivkommission die endgültige Liste der Kandidatenstädte, die der Session zur Abstimmung über die Wahl unterbereitet werden.

3.2. Die Wahl der Gastgeberstadt findet statt, nachdem die Session über den Bericht der Bewertungskommission beraten hat.

3.3. Das IOC schließt mit der Gastgeberstadt und mit dem NOK des Landes einen schriftlichen Vertrag. Dieser Vertrag, allgemein als Gastgeberstadt-Vertrag bezeichnet, wird durch alle Parteien unmittelbar nach der Wahl der Gastgeberstadt unterzeichnet.

Regel 35 Schauplatz, Wettkampfstätten und Austragungsorte der Olympischen Spiele*

1. Alle Sportwettkämpfe müssen in der Gastgeberstadt der Olympischen Spiele stattfinden, es sei denn, die IOC-Exekutivkommission genehmigt die Ausrichtung bestimmter Wettbewerbe in anderen Städten, an anderen Wettkampfstätten oder Austragungsorten im selben Land. Die Eröffnungs- und die Schlußfeiern müssen in der Gastgeberstadt selbst veranstaltet werden. Der Schauplatz, die Wettkampfstätten und die Austragungsorte für jeden Sportwettkampf oder jedes andere Ereignis müssen von der IOC-Exekutivkommission genehmigt werden.

2. Bei Olympischen Winterspielen kann das IOC, wenn es aus geographischen oder topographischen Gründen unmöglich ist, bestimmte Wettbewerbe oder Disziplinen einer Sportart im Land der Gastgeberstadt zu organisieren, deren Durchführung ausnahmsweise in einem angrenzenden Land genehmigen.

Durchführungsbestimmung zu Regel 35

1. Das Ersuchen, einen Wettkampf oder eine Disziplin oder einen anderen Sportwettkampf in einer anderen Stadt oder an einem anderen Ort als der Gastgeberstadt selbst auszurichten, ist dem IOC spätestens vor dem Besuch der Kommission für die Bewertung der Bewerberstädte schriftlich zu unterbreiten.

2. Die Ausrichtung, der Ablauf und die Medienberichterstattung der Olympischen Spiele dürfen in keiner Weise von einem anderen Ereignis beeinträchtigt werden, das in der Gastgeberstadt oder in ihrer Umgebung oder an anderen Wettkampfstätten oder Austragungsorten stattfindet.

Regel 36 Organisationskomitee*

Mit der Ausrichtung der Olympischen Spiele werden vom IOC das NOK des Landes der Gastgeberstadt und die Gastgeberstadt selbst betraut. Das NOK ist für die Errichtung eines Organisationskomitees (OK) zu diesem Zweck verantwortlich, das vom Zeitpunkt seiner Konstituierung direkt der IOC-Exekutivkommission untersteht.

Durchführungsbestimmung zu Regel 36

1. Das OK muß in seinem Land mit Rechtspersönlichkeit ausgestattet sein.

2. Das Exekutivorgan des OK muß umfassen:

- das oder die Mitglieder des IOC gemäß Regel 16.1.1.1. in dem Land;
- den Präsidenten und den Generalsekretär des NOK;
- mindestens ein Mitglied, das die Gastgeberstadt vertritt und von dieser benannt wird.

Dem Exekutivorgan des OK können auch Vertreter staatlicher Stellen und andere führende Persönlichkeiten angehören.

3. Von seiner Errichtung bis zum Abschluß seiner Liquidation ist das OK verpflichtet, alle seine Tätigkeiten in Übereinstimmung mit der Olympischen Charta, mit dem zwischen dem IOC, dem NOK und der Gastgeberstadt geschlossenen Vertrag sowie mit allen anderen Regelungen oder Weisungen der IOC-Exekutivkommission wahrzunehmen.

Regel 37 Haftung – Entzug der Ausrichtung der Olympischen Spiele

1. Das NOK, das OK und die Gastgeberstadt haften gesamtschuldnerisch für alle Verpflichtungen, die sie einzeln oder gemeinsam hinsichtlich der Ausrichtung und Durchführung der Olympischen Spiele eingegangen sind, mit Ausnahme der finanziellen Haftung für Ausrichtung und Durchführung dieser Spiele, die vollständig die Gastgeberstadt und das OK gesamtschuldnerisch trifft, unbeschadet der Haftung Dritter, insbesondere der Haftung, die sich aus den gemäß Durchführungsbestimmung zu Regel 34 gegebenen Garantien ergeben kann. Das IOC übernimmt keinerlei finanzielle Haftung hinsichtlich Ausrichtung und Durchführung der Olympischen Spiele.

2. Für den Fall der Nichteinhaltung der Olympischen Charta oder anderer Bestimmungen und Weisungen des IOC oder einer Verletzung der Pflichten, die vom NOK, vom OK oder der Gastgeberstadt vertraglich übernommen wurden, ist das IOC berechtigt, der Gastgeberstadt, dem OK und dem NOK jederzeit und mit sofortiger Wirkung die Ausrichtung der Olympischen Spiele unbeschadet des Ersatzes des dem IOC dadurch entstandenen Schadens zu entziehen. In diesem Fall haben das NOK, das OK, die Gastgeberstadt, das Gastgeberland und dessen Regierungs- oder andere Stellen oder andere Parteien auf städtischer, lokaler, staatlicher, Provinz- oder anderer regionaler oder nationaler

Ebene keinerlei Anspruch auf irgendeine Form von Schadenersatz gegen das IOC.

Regel 38 Koordinierungskommission für die Olympischen Spiele – Verbindung zwischen den NOKs und dem OK*

1. Koordinierungskommission für die Olympischen Spiele

Um die Durchführung der Olympischen Spiele und die Zusammenarbeit zwischen dem IOC, dem OK, den IFs und den NOKs zu verbessern, setzt der IOC-Präsident eine Koordinierungskommission für die Olympischen Spiele (Koordinierungskommission) zu dem Zweck ein, die Arbeitsbeziehungen zwischen den Beteiligten zu steuern und zu vertiefen. Die Koordinierungskommission umfaßt Vertreter des IOC, der IFs, der NOKs und der Athleten.

2. Verbindung zwischen dem NOK und dem OK – Chefs de Mission Während der Olympischen Spiele unterstehen die Wettkämpfer, Offiziellen und die anderen Mannschaftsangehörigen jedes NOK der Verantwortung eines vom NOK benannten Chef de Mission, dessen Aufgabe, zusätzlich zu anderen Funktionen, die ihm durch sein NOK übertragen werden, es ist, Verbindung mit dem IOC, den IFs und dem OK zu halten.

Durchführungsbestimmung zu Regel 38

1. Aufgabe der Koordinierungskommission

Aufgabe der Koordinierungskommission ist es,

1.1. die Fortschritte des OK zu überwachen;

1.2. alle wesentlichen Aspekte der Organisation der Olympischen Spiele zu beobachten und zu prüfen;

1.3. das OK zu unterstützen;

1.4. den Aufbau der Verbindung zwischen dem OK auf der einen Seite und dem IOC, den IFs und den NOKs auf der anderen Seite zu unterstützen;

1.5. die Beilegung von Streitigkeiten, die zwischen den Beteiligten entstehen können, zu unterstützen;

1.6. sicherzustellen, daß alle IFs und NOKs entweder durch das OK oder durch das IOC auf Initiative der Koordinierungskommission über die Fortschritte der Organisation der Olympischen Spiele unterrichtet werden;

1.7. sicherzustellen, daß die IOC-Exekutivkommission über die Auffassungen des OK, der IFs und NOKs zu den die Olympischen Spiele betreffenden wichtigen Fragen unterrichtet wird;

1.8. nach Konsultation der IOC-Exekutivkommission und des OK die Bereiche zu prüfen, in denen eine fruchtbare Zusammenarbeit zwischen den NOKs hergestellt werden kann, insbesondere hinsichtlich Lufttransport, Fracht, Anmietung von Unterbringungsmöglichkeiten für zusätzliche Offizielle und das Verfahren der Zuteilung von Eintrittskarten an die IFs, die NOKs und an beauftragte Reisebüros;

1.9. dem OK folgendes vorzuschlagen und vorbehaltlich der Zustimmung der IOCExekutivkommission festzulegen:

1.9.1. die Vorkehrungen an den Trainings- und Wettkampfanlagen sowie für die Unterbringung und die Anlagen im Olympischen Dorf;

1.9.2. die Kosten für Teilnahme, Unterbringung und damit verbundene Dienstleistungen, die vom OK zu stellen sind;

1.9.3. die Vorkehrungen für den Transport und die Unterbringung der Teilnehmer und der Offiziellen sowie andere Fragen, die nach ihrer Auffassung das Wohlbefinden der Wettkämpfer und der Offiziellen und ihre Fähigkeit, die während der Olympischen Spiele notwendigen Funktionen auszuüben, betreffen;

1.10. die Wettkampf-, Trainings- und anderen Anlagen in Augenschein zu nehmen und darüber bezüglich jeder Angelegenheit, die sie nicht lösen kann, der IOC-Exekutivkommission zu berichten;

1.11. sicherzustellen, daß das OK in angemessener Weise den Auffassungen der IFs und der Chefs de Mission nachkommt;

1.12. vorbehaltlich der Zustimmung der IOC-Exekutivkommission spezielle Arbeitsgruppen einzusetzen, die sich mit bestimmten Bereichen der Organisation der Olympischen Spiele befassen und der IOC-Exekutivkommission berichten und Verbesserungen empfehlen, die von der Koordinierungskommission umzusetzen sind;

1.13. nach den Olympischen Spielen eine Organisationsanalyse zu erstellen und darüber der IOC-Exekutivkommission zu berichten;

1.14. weitere Zuständigkeiten, die ihr von der IOC-Exekutivkommission übertragen werden, wahrzunehmen und Weisungen der IOC-Exekutivkommission auszuführen;

1.15. im Falle einer Angelegenheit, zu deren Lösung die Koordinierungskommission sich außerstande sieht, oder wenn eine Partei sich weigert, entsprechend der in dieser Angelegenheit getroffenen Entscheidung zu handeln, wird die Kommission die Angelegenheit und alle diesbezüglichen Umstände unverzüglich der IOC-Exekutivkommission berichten, die die endgültige Entscheidung trifft;

1.16. während der Olympischen Spiele fallen die Aufgaben der Koordinierungskommission auf die IOC-Exekutivkommission zurück. Der Vorsitzende der Koordinierungskommission nimmt an den täglichen Koordinierungssitzungen mit dem OK teil.

2. Chefs de Mission

Während der Dauer der Olympischen Spiele wohnt der Chef de Mission im Olympischen Dorf und hat Zugang zu allen medizinischen Einrichtungen sowie zu allen Trainings- und Wettkampfanlagen und ebenso zu den Medienzentren und den Hotels der olympischen Familie.

3. Attachés

Jedes NOK kann einen Attaché ernennen, um die Zusammenarbeit mit dem OK zu erleichtern. Der Attaché fungiert als Verbindungsperson zwischen dem OK und seinem NOK, um zur Lösung praktischer Probleme wie Reise und Unterbringung beizutragen. Während der Dauer der Olympischen Spiele ist der Attaché als Mitglied der Delegation seines NOKs zu akkreditieren.

Regel 39 Olympisches Dorf*

Um alle Wettkämpfer, Offiziellen und die anderen Angehörigen der Mannschaften an einem Ort zu vereinen, stellt das OK ein Olympisches Dorf für einen Zeitraum, der von der IOC-Exekutivkommission festgelegt wird, zur Verfügung.

Durchführungsbestimmung zu Regel 39

1. Das Olympische Dorf muß allen Vorgaben entsprechen, die von der IOC-Exekutivkommission festgelegt werden.

2. Die Kontingente für die Offiziellen und andere Mannschaftsangehörigen, die im Olympischen Dorf untergebracht werden, werden von der IOC-Exekutivkommission festgelegt.

3. Sollte das IOC dem OK gestatten, Wettkämpfe an einem anderen Ort als der Gastgeberstadt auszutragen, kann das OK dazu verpflichtet werden, angemessene Unterbringung, Dienstleistungen und Einrichtungen nach den Vorgaben, die von der IOC-Exekutivkommission festgelegt werden, zur Verfügung zu stellen.

4. Das OK trägt alle Kosten für Unterkunft und Verpflegung der Wettkämpfer, Offiziellen und der anderen Mannschaftsangehörigen im Olympischen Dorf und an den anderen Unterbringungsorten, wie oben festgelegt, sowie die Kosten für die Beförderung am Ort.

Regel 40 Kulturprogramm*

Das OK organisiert ein Programm kultureller Veranstaltungen, das mindestens den gesamten Zeitraum abdecken muß, während dessen das Olympische Dorf geöffnet ist. Das Programm ist der IOC-Exekutivkommission zur vorherigen Genehmigung vorzulegen.

II. Die Teilnahme an Olympischen Spielen

Regel 41 Zulassungsregel*

Um zur Teilnahme an den Olympischen Spielen zugelassen zu werden, muß ein Wettkämpfer, Trainer, Coach oder anderer Offizieller der Mannschaft die Olympische Charta und die Regeln der betreffenden IF, wie sie vom IOC genehmigt worden sind, einhalten, und der Wettkämpfer, Coach, Trainer oder anderer Offizielle der Mannschaft muß von seinem NOK gemeldet werden. Die oben aufgeführten Personen müssen vor allem:

- den Geist des Fairplay und der Gewaltlosigkeit achten und sich entsprechend verhalten und
- den World Anti-Doping Code beachten und ihn in jeder Hinsicht einhalten.

Durchführungsbestimmung zu Regel 41

1. Jede IF legt für ihre Sportart eigene Zulassungskriterien in Übereinstimmung mit der Olympischen Charta fest. Diese Kriterien sind der IOC-Exekutivkommission zur Genehmigung vorzulegen.

2. Die Anwendung der Zulassungskriterien obliegt in ihren jeweiligen Verantwortungsbereichen den IFs, den diesen angehörenden nationalen Verbänden und den NOKs.

3. Vorbehaltlich der Genehmigung durch die IOC-Exekutivkommission darf kein Wettkämpfer, Coach, Trainer oder anderer Offizieller der Mannschaft, die an Olympischen Spielen teilnehmen, gestatten, daß seine Person, sein Name, sein Bild oder seine sportlichen Leistungen während der Olympischen Spiele zu Werbezwecken genutzt werden.

4. Die Meldung für oder die Teilnahme eines Wettkämpfers an Olympischen Spielen darf von keiner finanziellen Gegenleistung abhängig gemacht werden.

Regel 42 Staatsangehörigkeit der Wettkämpfer*

1. Jeder Wettkämpfer bei Olympischen Spielen muß Staatsangehöriger des Landes des NOK sein, das ihn meldet.

2. Alle Streitigkeiten über die Bestimmung des Landes, für das ein Wettkämpfer bei Olympischen Spielen starten kann, werden durch die IOC-Exekutivkommission entschieden.

Durchführungsbestimmung zu Regel 42

1. Ein Wettkämpfer, der gleichzeitig Staatsangehöriger zweier oder mehrerer Länder ist, kann nach seiner Wahl für eines von diesen starten. Wenn er jedoch bereits bei Olympischen Spielen, bei kontinentalen oder regionalen Spielen oder bei regionalen oder Weltmeisterschaften, die durch die zuständige IF anerkannt sind, für ein Land gestartet ist, kann er für ein anderes Land nur dann starten, wenn er die in Absatz 2 festgelegten Bedingungen erfüllt, die für Personen gelten, die die Staatsangehörigkeit gewechselt oder eine neue Staatsangehörigkeit erworben haben.

2. Ein Wettkämpfer, der bei Olympischen Spielen, bei kontinentalen oder regionalen Spielen oder bei regionalen oder Weltmeisterschaften, die von der zuständigen IF anerkannt sind, für ein Land gestartet ist und der die Staatsangehörigkeit gewechselt oder eine neue Staatsangehörigkeit erworben hat, kann an Olympischen Spielen für seinen neuen Staat teilnehmen, sofern mindestens drei Jahre vergangen sind, seit der Wettkämpfer für seinen früheren Staat zum letzten Mal gestartet ist. Diese Frist kann mit Zustimmung der betroffenen NOKs und der betroffenen IFs durch die IOC-Exekutivkommission unter Berücksichtigung der Umstände des Einzelfalls verkürzt oder ganz aufgehoben werden.

3. Wenn ein assoziiertes Land, eine überseeische Provinz oder ein überseeisches Departement, ein Land oder eine Kolonie die Unabhängigkeit erlangt oder wenn ein Land aufgrund einer Grenzveränderung in ein anderes eingegliedert wird oder wenn sich ein Land mit einem anderen vereinigt oder wenn ein neues NOK durch das IOC anerkannt wird, kann ein Wettkämpfer weiter für das Land starten, dem er angehört oder angehörte. Er kann sich aber auch, wenn er dies vorzieht, entscheiden, für sein Land zu starten oder durch sein neues NOK, wenn ein solches existiert, für die Olympischen Spiele gemeldet zu werden. Diese besondere Wahl darf nur einmal getroffen werden.

4. Im übrigen kann die IOC-Exekutivkommission in allen Fällen, in denen ein Wettkämpfer zur Teilnahme an den Olympischen Spielen entweder als Vertreter eines anderen Landes als des seinigen oder als jemand, der die Wahl des Landes hat, das zu vertreten er gedenkt, zugelassen wäre, alle individuellen oder generellen Entscheidungen in Bezug auf die Fragen treffen, die aus Nationalität, Staatsangehörigkeit, Wohnort oder Wohnsitz des Wettkämpfers einschließlich der Dauer der Wartefrist resultieren.

Regel 43 Altersgrenze

Für die Wettkämpfer bei Olympischen Spielen gibt es keine Altersgrenze außer denen, die in den von der IOC-Exekutivkommission genehmigten Wettkampfregeln der IFs enthalten sind.

Regel 44 World Anti-Doping Code

Der World Anti-Doping Code ist für die gesamte Olympische Bewegung verbindlich.

Regel 45 Einladungen und Meldungen*

1. Die Einladungen, an den Olympischen Spielen teilzunehmen, werden vom IOC ein Jahr vor der Eröffnungszeremonie an alle NOKs verschickt.

2. Nur durch das IOC anerkannte NOKs können Wettkämpfer zu Olympischen Spielen melden. Jede Meldung unterliegt der Zustimmung durch das IOC, das nach seinem Ermessen jederzeit und ohne Begründung eine Meldung zurückweisen kann. Niemand hat ein wie immer geartetes Recht darauf, an den Olympischen Spielen teilzunehmen.[23]

3. Ein NOK meldet Wettkämpfer auf der Grundlage von Meldeempfehlungen, die durch nationale Verbände ausgesprochenen werden. Wenn das NOK diesen zustimmt, übermittelt es die Meldungen dem OK. Das OK hat deren Empfang zu bestätigen. Die NOKs haben die Gültigkeit der von den nationalen Verbänden vorgeschlagenen Meldungen zu prüfen und sich zu vergewissern, daß niemand aus rassischen, religiösen, politischen Gründen oder wegen anderer Formen von Diskriminierung nicht berücksichtigt worden ist.

4. Die NOKs dürfen zu Olympischen Spielen nur Wettkämpfer entsenden, die für internationale Spitzenwettkämpfe hinreichend vorbereitet sind. Ein nationaler Verband kann über seine IF die IOC-Exekutivkommission anrufen, um eine Entscheidung des NOK in einer Meldeangelegenheit überprüfen zu lassen. Die Entscheidung der IOC-Exekutivkommission ist endgültig.

Durchführungsbestimmung zu Regel 45

1. Die IOC-Exekutivkommission bestimmt die Zahl der Teilnehmer an den Olympischen Spielen.

2. Die Verfahren und die Fristen für die Meldung der Wettkämpfer zu den sportlichen Wettkämpfen bei den Olympischen Spielen und deren Zulassung werden von der IOC-Exekutivkommission festgelegt.

3. Alle Meldungen sind in ein spezielles, vom IOC genehmigtes Formular in Druckbuchstaben einzutragen und in einer vom OK festgelegten Anzahl von Exemplaren zu versenden.

4. Die Teilnahme an Olympischen Spielen setzt für jeden Wettkämpfer voraus, daß er alle Vorschriften, die in der Olympischen Charta enthalten sind, und die Regeln der für seine Sport-

---

[23] Die abgedruckte Absatz 2 der Regel 45 ist in der aktuellen offiziellen Fassung vom 8.Juli 2011 in zwei Absätze aufgeteilt und lautet wie folgt: 2. Only NOCs recognised by the IOC may submit entries for competitors in the Olympic Games.

3. Any entry is subject to acceptance by the IOC, which may at its discretion, at any time, refuse any entry, without indication of grounds. Nobody is entitled as of right to participate in the Olympic Games.

art verantwortlichen IF einhält. Der Wettkämpfer muß durch diese IF ordnungsgemäß qualifiziert sein. Das NOK, das einen Wettkämpfer meldet, stellt in eigener Verantwortlichkeit sicher, daß der Wettkämpfer die Olympische Charta und den World Anti-Doping Code vollständig kennt und befolgt.

5. Für den Fall, daß es in einem Land, in dem es ein anerkanntes NOK gibt, für eine bestimmte Sportart keinen nationalen Verband gibt, kann, mit Genehmigung der IOC-Exekutivkommission und der IF, die für diese Sportart verantwortlich ist, das NOK in dieser Sportart Wettkämpfer zu Olympischen Spielen allein melden.

6. Jeder Teilnehmer an den Olympischen Spielen, gleich in welcher Funktion, muß die folgende Erklärung unterzeichnen:

„In Kenntnis dessen, daß ich als Teilnehmer bei den Olympischen Spielen an einem außergewöhnlichen Ereignis bleibender internationaler und historischer Bedeutung teilnehme, und im Bewußtsein der Zulassung meiner Teilnahme erkläre ich mich damit einverstanden, während der Olympischen Spiele unter den Bedingungen und zu den Zwecken, die gegenwärtig oder künftig durch das Internationale Olympische Komitee (IOC) im Blick auf die Förderung der Olympischen Spiele und der Olympischen Bewegung festgelegt werden, gefilmt, vom Fernsehen übertragen, fotografiert, identifiziert oder in anderer Weise aufgezeichnet zu werden. Weiter erkläre ich mich damit einverstanden, die gegenwärtig in Kraft befindliche Olympische Charta, insbesondere die Vorschriften der Olympischen Charta über die Zulassung zu Olympischen Spielen (einschließlich Regel 41 und ihrer Durchführungsbestimmung), über die Massenmedien (Regel 49) und über die auf der Kleidung und der Ausrüstung, die bei den Olympischen Spielen getragen oder benutzt wird, zugelassene Herstellerbezeichnung (Durchführungsbestimmung zu Regel 51) zu befolgen. Ich erkläre mich weiter damit einverstanden, daß jede Streitigkeit, die anläßlich oder in Zusammenhang mit meiner Teilnahme an den Olympischen Spielen entsteht, gemäß dem Regelwerk für Schiedsgerichtsbarkeit in Sportsachen dem Schiedsgerichtshof für Sportsachen unterbreitet wird (Regel 59).[24]

---

[24] Anmerkung d. Übers.: die englische Fassung lautet: „submitted exclusively"; vgl. Regel 59.

Ich erkläre mich weiter damit einverstanden, den World Anti-Doping Code und den IOC-Verhaltenskodex zu befolgen. Alle entsprechenden anwendbaren Regeln und Vorschriften sind mir durch mein Nationales Olympisches Komitee und/oder meinen nationalen Sportverband oder meinen Internationalen Verband zur Kenntnis gebracht worden."[25]

7. Das zuständige NOK hat die in Absatz 6 genannte Erklärung ebenfalls zu unterzeichnen, um zu bestätigen und zu garantieren, daß alle einschlägigen Regeln dem Wettkämpfer zur Kenntnis gebracht wurden und daß das NOK durch den zuständigen nationalen Sportverband mit Zustimmung der betreffenden IF ermächtigt wurde, das Meldeformular in dessen Namen zu unterzeichnen.

8. Eine Meldung ist ungültig, wenn obige Vorschriften nicht eingehalten werden.

9. Wenn eine ordnungsgemäß gemeldete Delegation oder Mannschaft oder ein ordnungsgemäß gemeldeter individueller Teilnehmer zurückgezogen wird, stellt dies, wenn es ohne Zustimmung der IOC-Exekutivkommission erfolgt, einen Verstoß gegen die Olympische Charta dar, der Gegenstand einer Untersuchung sein wird und zu Maßnahmen oder Sanktionen führen kann.

10. Die Zahl der Meldungen wird für jede Sportart zwei Jahre vor den betreffenden Olympischen Spielen von der IOC-Exekutivkommission nach Konsultation mit den betreffenden IFs festgelegt.

11. Die Zahl der Meldungen für die Einzelwettbewerbe darf die für die Weltmeisterschaften vorgesehene nicht überschreiten und darf keinesfalls die Zahl von drei pro Land überschreiten. Für bestimmte Wintersportarten kann die IOC-Exekutivkommission Ausnahmen zulassen.

12. Für Mannschaftssportarten darf vorbehaltlich anderslautender Entscheidung der IOC-Exekutivkommission die Zahl der Mannschaften zwölf für jedes Geschlecht nicht überschreiten und nicht weniger als acht betragen.

13. Um eine gerechte Aufteilung der Zahl der Ersatzleute in bestimmten Einzel- und Mannschaftssportarten zu erreichen,

---

[25] Der Inhalt der Unterzeichnung ist nicht mehr Bestandteil der aktuellen offiziellen Fassung vom 8.Juli 2011.

und angesichts der Tatsache, daß in bestimmten Sportarten pro Wettkampf und Land nur eine einzige Meldung ohne Ersatzmann erlaubt ist, kann die IOC-Exekutivkommission nach Konsultation der betroffenen IFs die Zahl der Ersatzleute erhöhen oder verringern.

14. Vorbehaltlich einer anderslautenden von der IOC-Exekutivkommission beschlossenen und in den Gastgeberstadt-Vertrag aufgenommenen Entscheidung ist die Zahl der an den Spielen der Olympiade teilnehmenden Athleten auf zehntausendfünfhundert (10 500) und die Zahl der Offiziellen auf fünftausend (5000) begrenzt.

III. Programm der Olympischen Spiele

Regel 46 Programm der Olympischen Spiele*

1. Das Programm der Olympischen Spiele (auch bezeichnet als „das Programm“) ist das vom IOC gemäß dieser Regel und ihrer Durchführungsbestimmung für jede Auflage der Olympischen Spiele aufgestellte Programm aller Wettkämpfe der Olympischen Spiele.

2. Das Programm besteht aus Sportarten, Disziplinen und Wettkämpfen. Die Sportarten sind diejenigen, die durch die in Durchführungsbestimmung 46.1. und 46.2. genannten IFs verwaltet werden. Eine Disziplin ist ein Teil einer Sportart, der einen oder mehrere Wettkämpfe umfaßt. Ein Wettkampf ist ein Wettbewerb in einer Sportart oder einer ihrer Disziplinen, der mit einer Rangliste endet und zur Vergabe von Medaillen und Urkunden führt.

3. Die Wahl der Sportarten für das Programm und die Bestimmung der Kriterien und Bedingungen für die Aufnahme einer Sportart in das Programm fallen in die Zuständigkeit der Session. Nur Sportarten, die den World Anti-Doping Code angenommen haben und diesen anwenden, können in das Programm aufgenommen werden und in ihm verbleiben.

4. Die Entscheidung über die Aufnahme einer Disziplin oder eines Wettkampfes in das Programm fällt in die Zuständigkeit der IOC-Exekutivkommission.

Durchführungsbestimmung zu Regel 46

1. Allgemeine für die Spiele der Olympiade und die Olympischen Winterspiele geltenden Bestimmungen

1.1. Nach jeder Auflage der Olympischen Spiele überprüft das IOC das Programm. Bei Gelegenheit dieser Überprüfung können die Kriterien für die Aufnahme von Sportarten, Disziplinen und Wettkämpfen überprüft und die Aufnahme oder der Ausschluß von Sportarten, Disziplinen oder Wettkämpfen durch die zuständigen Organe des IOC beschlossen werden.

1.2. Bevor die Session die Aufstellung des Programms für eine Auflage der Olympischen Spiele beschließt, haben die IFs, die die Sportarten, die zur Aufnahme in das Programm vorgeschlagen werden, verwalten, dem IOC ihre Teilnahme an dieser Auflage der Olympischen Spiele zu bestätigen.

1.3. Die Aufnahme einer Sportart in das Programm einer Auflage der Olympischen Spiele wird spätestens auf der Session beschlossen, die die Gastgeberstadt für diese Auflage der Olympischen Spiele wählt.

1.4. Die Aufnahme von Disziplinen und Wettbewerben in das Programm einer Auflage der Olympischen Spiele wird von der IOC-Exekutivkommission spätestens drei Jahre vor der Eröffnung der Olympischen Spiele beschlossen.

1.5. Von den in Durchführungsbestimmungen 46.1.3. und 1.4. festgelegten Fristen kann abgewichen werden, um mit Zustimmung der betroffenen IF, des OK und des zuständigen Organs des IOC Änderungen im Programm zu erlauben.

1.6. Vor einem Beschluß über die Aufnahme einer Sportart in das Programm soll die Session spezifische Kriterien oder Bedingungen für die Aufnahme festlegen.

1.7. Die Session kann jederzeit eine Sportart aus dem Programm ausschließen, wenn die betreffende IF, die diese Sportart verwaltet, die Olympische Charta oder den World Anti-Doping Code nicht einhält. Darüber hinaus können die in Regel 23 vorgesehenen Maßnahmen getroffen und Sanktionen verhängt werden.

1.8. Eine Änderung der Durchführungsbestimmungen 46.2. 1.2. und 3.1.2. zur Verringerung der Zahl der dort aufgeführten IFs kann nur aus wichtigem Grund, insbesondere wenn die betreffende IF die Olympische Charta oder den World Anti-Doping

Code nicht einhält, vorgeschlagen und von der Session beschlossen werden.

1.9. Jede von einer gemäß Durchführungsbestimmungen 46.1.1.7. oder 1.1.8. vorgeschlagenen und der Session unterbreiteten Entscheidung betroffene IF hat das Recht, gehört zu werden, bevor eine solche Entscheidung getroffen wird.

2. Für die Spiele der Olympiade geltende Vorschriften

2.1. Aufnahme von Sportarten in das Programm

2.1.1. Die in das Programm aufgenommenen Sportarten bestehen aus einem Kern von Hauptsportarten (im folgenden „der Kern") und Zusatzsportarten.

2.1.2. Der Kern umfaßt mindestens 25 Sportarten, die von der Session auf Vorschlag der IOC-Exekutivkommission aus den Sportarten ausgewählt werden, die von den folgenden IFs verwaltet werden:*

- Internationaler Leichtathletikverband (IAAF)
- Internationaler Ruderverband (FISA)
- Internationaler Badmintonverband (IBF)
- Internationaler Baseballverband (IBAF)
- Basketball-Weltverband (FIBA)
- Internationaler Boxverband (AIBA)
- Internationaler Kanuverband (ICF)
- Internationale Radsportunion (UCI)
- Internationale Reiterliche Vereinigung (FEI)
- Internationaler Fechtverband (FIE)
- Internationaler Fußballverband (FIFA)
- Internationaler Turnerbund (FIG)
- Internationaler Gewichtheberverband (IWF)
- Internationaler Handballverband (IHF)
- Internationaler Hockeyverband (FIH)
- Internationaler Judoverband (IJF)
- Internationaler Ringerverband (FILA)
- Internationaler Schwimmverband (FINA)
- Internationale Union für Modernen Fünfkampf (UIPM)
- Internationaler Softballverband (ISF)
- Taekwondo-Weltverband (WTF)
- Internationale Tennis-Vereinigung (ITF)
- Internationaler Tischtennisverband (ITTF);
- Internationale Schützenunion (ISSF)
- Internationaler Verband für Bogenschießen (FITA)

- Internationale Triathlon-Union (ITU)
- Internationaler Segelverband (ISAF)
- Internationaler Volleyballverband (FIVB).

2.1.3. Auf Vorschlag der IOC-Exekutivkommission kann die Session eine oder mehrere Zusatzsportarten aus den Sportarten, die in Durchführungsbestimmung 46.2.1.2. aufgeführt sind und nicht durch Beschluß der Session in den Kern aufgenommen worden wären, und aus den Sportarten auswählen, die von durch das IOC anerkannten IFs verwaltet werden.

2.1.4. Die Gesamtzahl der von der Session für das Programm ausgewählten Zusatzsportarten muß so bemessen sein, daß die Gesamtzahl der in das Programm aufgenommenen Sportarten einschließlich des Kerns die Zahl 28 nicht übersteigt.

2.2. Anzuwendendes Verfahren

2.2.1. Die IOC-Exekutivkommission schlägt der Session die Aufnahme von mindestens 25 Sportarten in das Programm vor, die den Kern bilden. Die Session stimmt en bloc über die Aufnahme in den Kern ab und beschließt mit der Mehrheit der abgegebenen Stimmen. Wenn diese Mehrheit nicht erreicht wird, finden nach Festlegung durch den Präsidenten weitere Abstimmungsgänge statt. Die Sportarten, die in diesen Abstimmungsgängen in das Programm aufgenommen worden sind, bilden die Kernsportarten.

2.2.2. Sobald der Kern gemäß Durchführungsbestimmung 46.2.2.1. festgelegt ist, soll die IOC-Exekutivkommission der Session die Aufnahme einer oder mehrerer Zusatzsportarten gemäß Durchführungsbestimmung 46.2.1.3. in das Programm vorschlagen. Die Session kann über die Aufnahme von Zusatzsportarten en bloc oder in Einzelabstimmung abstimmen und beschließt mit der Mehrheit der abgegebenen Stimmen.

3. Für die Olympischen Winterspiele anwendbare Vorschriften

3.1. Aufnahme von Sportarten in das Programm

3.1.1. Die in das Programm aufgenommenen Sportarten bilden den Kern.

3.1.2. Der Kern umfaßt die Sportarten, die von den folgenden IFs verwaltet werden:

- Internationale Biathlon-Union (IBU)
- Internationaler Bob- und Schlittensportverband (FIBT)
- Welt-Curling-Verband (WCF)

- Internationaler Eishockeyverband (IIHF)
- Internationaler Verband für Rennschlittensport (FIL)
- Internationale Eislaufunion (ISU)
- Internationaler Skiverband (FIS).

3.1.3. Anzuwendendes Verfahren

Die Session stimmt über die Aufnahme der Kernsportarten en bloc ab und beschließt mit der Mehrheit der abgegebenen Stimmen. Wenn diese Mehrheit nicht erreicht wird, finden nach Festlegung durch den Präsidenten weitere Abstimmungsgänge statt. Die Sportarten, die in diesen Abstimmungsgängen aufgenommen werden, bilden die Kernsportarten.

3.1.4. Sollte erwogen werden, Zusatzsportarten in das Programm aufzunehmen, ist das Verfahren, das für die Spiele der Olympiade anzuwenden ist, entsprechend anzuwenden.

Regel 47 Technische Verantwortung der IFs bei den Olympischen Spielen*

1. Jede IF ist für die technische Überwachung und Leitung ihrer Sportart bei den Olympischen Spielen verantwortlich; alle Elemente der Wettkämpfe, einschließlich des Zeitplans, der Wettkampfstätten, der Trainingsorte und aller Ausrüstungen müssen deren Regeln entsprechen. Bezüglich aller dieser technischen Vorkehrungen muß das OK die betreffenden IFs konsultieren. Der Ablauf aller Wettkämpfe in jeder Sportart liegt in der unmittelbaren Verantwortung der betreffenden IF.

2. Das OK stellt sicher, daß die verschiedenen in das olympische Programm aufgenommenen Sportarten angemessen behandelt und einbezogen werden.

3. Die endgültige Entscheidung über Tag und Uhrzeit der Wettbewerbe liegt bei der IOC-Exekutivkommission.[26]

Durchführungsbestimmung zu Regel 47

1. Technische Vorkehrungen bei den Olympischen Spielen

---

[26] An dieser Stelle wird in der aktuellen offiziellen Fassung vom 8. Juli 2011 ausgeführt:

4. After consultation with each IF, the IOC Executive Board determines the number and selection of competitors for doping tests and all other anti-doping measures during the period of the Olympic Games.

Die IFs haben hinsichtlich der technischen Vorkehrungen bei den Olympischen Spielen die folgenden Rechte und Pflichten:

1.1. Sie erlassen die technischen Vorschriften für ihre Sportarten, Disziplinen und Wettbewerbe einschließlich aber nicht allein die Bewertungsmaßstäbe, die technischen Festlegungen bezüglich der Ausrüstungen, Einrichtungen und Anlagen, die Regeln über die technischen Bewegungsabläufe, Übungen oder Spiele, die Regeln über die technische Disqualifikation und die Regeln über die Bewertung und die Zeitnahme.

1.2. Sie stellen die Ergebnisse und die Endklassements der olympischen Wettbewerbe fest. Diese Ergebnisse werden den IFs vom OK auf dessen Kosten unverzüglich nach jedem Wettkampf in elektronischer Form gemäß den Richtlinien, die vom IOC aufgestellt werden, zur Verfügung gestellt. Die betroffene IF hat dann das Recht, die Ergebnisse der Wettkämpfe ihrer Sportart auf ihrer offiziellen Website zu veröffentlichen.

1.3. Sie haben unter der Autorität des IOC die technische Oberhoheit über die Wettkampf- und Trainingsstätten ihrer jeweiligen Sportarten während der Wettkämpfe und des Trainings bei Olympischen Spielen inne.

1.4. Sie wählen im Rahmen der durch die IOC-Exekutivkommission auf Vorschlag der betreffenden IF festgelegten Gesamtzahl die Kampfrichter, Schiedsrichter und anderen technischen Offiziellen aus dem Gastland und dem Ausland aus. Die Kosten für Unterbringung, Transport und Uniformen der Kampfrichter, Schiedsrichter und der anderen technischen Offiziellen, die aus anderen Ländern als dem Gastgeberland kommen, gehen zu Lasten des OK. Die technischen Offiziellen müssen mindestens drei Tage vor dem ersten Wettkampf in ihrer Sportart und mindestens bis einen Tag nach dem letzten Wettkampf am Wettkampfort anwesend sein.

1.5. Sie ernennen während der Planung und Fertigstellung der Anlagen für ihren Sport zwei Technische Delegierte, um sicherzustellen, daß ihre Regeln eingehalten werden, und um alle technischen Elemente der Wettkämpfe, einschließlich der Meldungen, der Anforderungen an die Austragungsorte, des Zeitplans für die Wettkämpfe, der vorolympischen Wettkämpfe sowie der Bedingungen hinsichtlich der Unterbringung, Verpflegung und des Transports der technische Offiziellen und der Kampfrichter zu überwachen und zu bestätigen.

1.5.1. Die beiden Technischen Delegierten jeder IF müssen spätestens fünf Tage vor Beginn des ersten Wettbewerbs ihrer Sportart am Wettkampfort anwesend sein, um alle notwendigen Maßnahmen hinsichtlich der Meldungen zu treffen.

1.5.2. Die angemessenen Kosten für diese Delegierten während dieses Zeitraums und bis zum Ende der Olympischen Spiele (Flugreise in der Business Class, wenn die Flugstrecke 2500 km übersteigt, oder in der Economy Class, wenn die Flugstrecke 2500 km nicht übersteigt, Unterkunft und Verpflegung) werden durch das OK getragen.

1.5.3. Wenn in außergewöhnlichen Fällen aus technischen Gründen die Anwesenheit von Delegierten oder die Organisation zusätzlicher Besuche notwendig ist, werden nach vorheriger Information des IOC vom OK angemessene Vorkehrungen getroffen. Im Falle von Meinungsverschiedenheiten entscheidet die IOC-Exekutivkommission.

1.6. Sie stellen sicher, daß alle Wettkämpfer die Bestimmungen der Regeln 51 und 53 einhalten.

1.7. Sie sorgen vor den Olympischen Spielen (Ausscheidungswettbewerbe) und während der Olympischen Spiele unter der Autorität des IOC und der NOKs für die Einhaltung der Regeln des IOC über die Zulassung der Teilnehmer.

1.8. In Zusammenarbeit mit dem IOC stellen sie ihre technischen Anforderungen an die Bewerberstädte auf und überarbeiten sie.

2. Technische Bestimmungen, die der Annahme durch die IFs und das OK bedürfen, bevor sie der IOC-Exekutivkommission zur Genehmigung vorgelegt werden:

2.1. täglicher Zeitplan für das Programm einer Sportart bei den Olympischen Spielen;

2.2. Streckenführungen für Wettbewerbe, die sich außerhalb der olympischen Wettkampfstätten abspielen (zum Beispiel: Segeln, Marathonlauf, Gehen, Straßenradrennen und Military);

2.3. Bedarf an Trainingseinrichtungen vor und während der Olympischen Spiele;

2.4. technische Ausrüstung an den Wettkampfstätten, soweit diese in den technischen Regelwerken der IFs nicht definiert oder genannt wird;

2.5. technische Einrichtungen zur Ermittlung der Ergebnisse;

2.6. während der Olympischen Spiele notwendige Uniformen der Offiziellen der IFs (wie zum Beispiel Kampfrichter und Schiedsrichter);

3. Vorschläge der IFs, für die die Zustimmung der IOC-Exekutivkommission erforderlich ist:

3.1. Aufstellung des Programms der Olympischen Spiele in ihren jeweiligen Sportarten, wobei sie gemäß den vom IOC festgelegten Regeln, Kriterien und Bedingungen Wettbewerbe aufnehmen oder ausschließen können;

3.2. Festlegung der Zahl der Teilnehmer pro Wettbewerb und pro Land und der Zahl der teilnehmenden Mannschaften bei den Olympischen Spielen;

3.3. Festlegung des Systems der Qualifikationswettbewerbe drei Jahre vor den Olympischen Spielen;[27]

3.4. Festlegung des Systems der Gruppeneinteilung und der Auswahl der Athleten für die Qualifikationswettbewerbe (oder der Mannschaften in den Ausscheidungsgruppen) für die Olympischen Spiele;

3.5. Festlegung der Zahl der Ersatzleute in den Einzel- oder Mannschaftssportarten und -wettbewerben;

3.6. Festlegung der Zahl und Auswahl der Wettkämpfer für die Doping-Kontrollen;[28]

3.7. Entsendung von mehr als zwei Technischen Delegierten, um die Vorbereitung für die Olympischen Spiele zu überwachen, oder die Durchführung zusätzlicher Besichtigungen, die nicht durch die Olympische Charta vorgesehen sind;

3.8. Herstellung aller visuellen oder audiovisuellen Aufzeichnungen der olympischen Wettbewerbe auf jeglichen Trägermedien durch die IFs; jedoch ist jede kommerzielle Nutzung dieser Aufzeichnungen untersagt;

4. Weitere Bestimmungen bezüglich der technischen Vorkehrungen

4.1. Spätestens drei Jahre vor der Eröffnung der Olympischen Spiele haben die IFs das OK, das IOC und die NOKs über die

---

[27] Die Bestimmung wurde in der aktuellen offiziellen Fassung vom 8.Juli 2011 wie folgt geändert: 3.3 Establishment, not later than two years before the Olympic Games, of the qualification system

[28] Diese Bestimmung ist in der aktuellen offiziellen Fassung vom 8. Juli 2011 nicht mehr enthalten.

Eigenschaften der erforderlichen technischen Einrichtungen und der Sportausrüstungen zu informieren, die gebraucht werden, um die Sportstätten während der Olympischen Spiele auszurüsten. Die betreffende oder die betreffenden IFs können vorbehaltlich von Richtlinien, die die IOC-Exekutivkommission aufstellt, verlangen, daß diese Sportausrüstungen von einem bestimmten Unternehmen oder von bestimmten Unternehmen geliefert werden.

4.2. Die erforderlichen technischen Offiziellen (Kampfrichter, Schiedsrichter, Zeitnehmer, Inspektoren) und eine Jury für Einsprüche werden für jede Sportart von der zuständigen IF im Rahmen der Gesamtzahl benannt, die auf Empfehlung der zuständigen IF durch die IOC-Exekutivkommission festgelegt worden ist. Sie nehmen ihre Aufgaben gemäß den Weisungen dieser IF in Verbindung mit dem OK wahr.

4.3. Kein Offizieller, der an einer Entscheidung beteiligt war, kann Mitglied der Jury sein, die den Streit zu entscheiden hat, der sich aus der Entscheidung ergeben hat.

4.4. Die Entscheidungen der Juries sind der IOC-Exekutivkommission schnellstmöglich mitzuteilen.

4.5. Die Juries entscheiden alle technischen Fragen, die ihre jeweilige Sportart betreffen, und ihre Entscheidungen, einschließlich aller damit verbundenen Sanktionen, sind endgültig, unbeschadet weiterer Maßnahmen und Sanktionen, die durch die IOC-Exekutivkommission oder durch die Session des IOC beschlossen werden können.

4.6. Für die Unterbringung aller durch die IFs benannten technischen Offiziellen hat das OK vom Olympischen Dorf getrennte Unterkünfte zur Verfügung zu stellen. Die technischen Offiziellen und die Jury-Mitglieder dürfen nicht im Olympischen Dorf untergebracht werden. Sie gehören nicht zu den Delegationen der NOKs und sind allein ihren IFs verantwortlich.

5. Räumlichkeiten und Einrichtungen der IFs

5.1. Bei den Olympischen Spielen hat das OK auf seine Kosten den IFs, die für die zum Programm dieser Spiele gehörenden Sportarten verantwortlich sind, die Räume und Einrichtungen zur Verfügung zu stellen, die zur Wahrnehmung ihrer technischen Aufgaben erforderlich sind.

5.2. Vorbehaltlich der Zustimmung der IOC-Exekutivkommission hat das OK den oben erwähnten IFs auf deren Anforderung und auf deren Kosten die administrativen und technischen Einrichtungen sowie Unterbringungsmöglichkeiten, falls vorhanden, zur Verfügung zu stellen, die es ihnen erlauben, in der Gastgeberstadt der Olympischen Spiele ihre Tagungen abzuhalten.

6. Von den IFs durchgeführte Qualifikationswettbewerbe

6.1. Für bestimmte Sportarten können die IFs Qualifikationswettbewerbe durchführen oder in anderer Weise eine Obergrenze der Teilnahme an Olympischen Spielen, insbesondere für Mannschaften in den Mannschaftssportarten, festlegen.

6.2. Die Regeln über diese Begrenzungen und über die Qualifikationswettbewerbe unterliegen den Vorschriften der Olympischen Charta, soweit die IOC-Exekutivkommission dies bestimmt. Der Qualifikationsmodus ist der IOC-Exekutivkommission zur Genehmigung vorzulegen. Die NOKs werden durch das IOC über alle Fragen hinsichtlich der von den IFs organisierten Qualifikationswettbewerbe informiert.

6.3. Die Regeln 49, 56 und 57 gelten nicht für die Qualifikationswettbewerbe.

7. Durch das OK veranstaltete vorolympische Wettbewerbe

7.1. Um die für die Olympischen Spiele vorgesehenen Anlagen, insbesondere im Blick auf die fachlichen Aspekte der Wettkampfstätten und der Technik, zu erproben, kann das OK nach Konsultation der IFs gemäß einer der IOC-Exekutivkommission zur Genehmigung vorgelegten Formel vorolympische Wettbewerbe durchführen.

7.2. Die vorolympischen Wettbewerbe haben unter der technischen Aufsicht der zuständigen IF stattzufinden.

7.3. Die vorolympischen Wettbewerbe unterliegen den Vorschriften der Olympischen Charta, soweit die IOC-Exekutivkommission dies bestimmt.

Regel 48 Jugendlager

Mit Genehmigung der IOC-Exekutivkommission kann das OK aus Anlaß der Olympischen Spiele in eigener Verantwortung ein internationales Jugendlager durchführen.

Regel 49 Berichterstattung über die Olympischen Spiele*

1. Das IOC ergreift alle notwenigen Maßnahmen, um für die Olympischen Spiele eine möglichst vollständige Berichterstattung durch die verschiedenen Medien und das größtmögliche Publikum weltweit sicherzustellen.

2. Alle Entscheidungen hinsichtlich der Berichterstattung über die Olympischen Spiele durch die Medien fallen in die Zuständigkeit der IOC-Exekutivkommission.

Durchführungsbestimmung zu Regel 49

1. Eines der Ziele der Olympischen Bewegung ist die Verbreitung und Förderung der Prinzipien und Werte des Olympismus durch den Inhalt der Berichterstattung über die Olympischen Spiele.

2. Die IOC-Exekutivkommission legt alle Bestimmungen und technischen Vorgaben hinsichtlich der Berichterstattung über die Olympischen Spiele in einem „IOC Media Guide" fest, der integraler Bestandteil des Gastgeberstadt-Vertrages ist. Der Inhalt des IOC Media Guide und alle anderen Weisungen der IOC-Exekutivkommission sind verbindlich für alle Personen, die an der Berichterstattung über die Olympischen Spiele beteiligt sind.

3. Nur die Personen, die als Medienvertreter akkreditiert sind, können als Journalisten, Reporter oder in einer anderen mit den Medien verbundenen Funktion tätig werden. Unter keinen Umständen können Athleten, Trainer, Offizielle, Presse-Attachés oder andere akkreditierte Teilnehmer während der Olympischen Spiele als Journalist oder in einer anderen mit den Medien verbundenen Funktion tätig werden.

Regel 50 Veröffentlichungen im Zusammenhang mit den Olympischen Spielen*

Alle vom IOC gewünschten Publikationen im Zusammenhang mit den Olympischen Spielen werden auf Kosten des OK im vom IOC gewünschten Format hergestellt und verbreitet.

Durchführungsbestimmung zu Regel 50

1. Das OK ist für die Vorbereitung, Herstellung, Herausgabe und Verbreitung der folgenden Publikationen und Dokumente insbesondere an das IOC, an die IFs und alle NOKs verantwortlich:

1.1. für jede Sportart eine erläuternde Broschüre, die das Gesamtprogramm und die technischen Vorkehrungen enthält;

1.2. eine medizinische Broschüre gemäß den Weisungen des IOC; und

1.3. einen vollständigen Bericht über die Feier und Organisation der Olympischen Spiele gemäß den Weisungen des IOC.

2. Hinsichtlich aller Dokumente und Publikationen im Zusammenhang mit den Olympischen Spielen leistet das OK den Weisungen der IOC-Exekutivkommission Folge. Grundsätzlich wird der Inhalt aller Dokumente und Publikationen dem IOC zur vorherigen Genehmigung unterbereitet.

Regel 51 Werbung, Demonstrationen und Propaganda*

1. Die IOC-Exekutivkommission legt die Grundsätze und Bedingungen fest, nach denen jegliche Form von Reklame oder andere Werbung gestattet werden kann.

2. Keinerlei Reklame oder andere Werbung in oder über den Stadien, Austragungsorten oder anderen Wettkampfstätten, die als Teil der olympischen Stätten anzusehen sind, ist erlaubt.

Gewerbliche Einrichtungen und Werbezeichen sind weder in den Stadien, an den Austragungsorten noch in anderen Sportanlagen erlaubt.

3. Jede Demonstration oder politische, religiöse oder rassische Propaganda ist an den olympischen Stätten, Austragungsorten oder in anderen olympischen Bereichen untersagt.

Durchführungsbestimmung zu Regel 51

1. Auf der Person, auf Kleidung, Zubehör oder – allgemeiner – auf jedwedem Kleidungsstück oder Ausrüstungsgegenstand, die von Athleten oder anderen Teilnehmern an den Olympischen Spielen getragen oder benutzt werden, darf keinerlei Form von Werbung oder gewerblicher oder anderer Propaganda erscheinen mit Ausnahme – wie in Absatz 8 definiert – der Angabe des Herstellers des betreffenden Artikels oder Ausrüstungsgegenstandes, sofern diese Herstellerbezeichnung nicht auf eine ostentative Weise zu Werbezwecken angebracht ist.

1.1. Die Herstellerbezeichnung darf nur einmal pro Kleidungsstück oder Ausrüstungsgegenstand erscheinen.

1.2. Ausrüstung: jede Herstellerangabe, die 10% der Gesamtoberfläche der Ausrüstung, die während des Wettkampfs sichtbar ist, übersteigt, gilt als ostentativ angebracht; keinesfalls darf die Herstellerangabe 60 cm^2 übersteigen.

1.3. Kopfbedeckungen (z.B. Hüte, Helme, Sonnenbrillen, Schutzbrillen) und Handschuhe: jede Herstellerangabe, die 6 cm^2 übersteigt, gilt als ostentativ angebracht.

1.4. Kleidung (z.B. T-Shirts, Hosen, Sportpullover, Sporthosen): jede Herstellerangabe, die 20 cm^2 übersteigt, gilt als ostentativ angebracht.

1.5. Schuhe: das normale, unterscheidungskräftige Zeichen des Herstellers ist zugelassen. Der Name und/oder das Logo des Herstellers darf ebenfalls erscheinen, auf einer Fläche, die 6 cm^2 nicht übersteigt, und zwar als Teil des unterscheidungskräftigen Zeichens oder unabhängig von diesem.

1.6. Falls durch einen Internationalen Sportverband besondere Vorschriften erlassen werden, können Ausnahmen von den oben genannten Regeln durch die IOC-Exekutivkommission zugelassen werden. Jeder Verstoß gegen die Vorschriften dieser Klausel kann die Disqualifikation und den Entzug der Akkreditierung der betroffenen Person nach sich ziehen. Die diesbezüglichen Entscheidungen der IOC-Exekutivkommission sind endgültig. Die von den Wettkämpfern getragenen Startnummern dürfen keinerlei Werbung enthalten und müssen das olympische Emblem des OK tragen.

2. Alle Verträge des OK, die ein wie immer geartetes Element von Werbung enthalten, einschließlich des Rechts oder der Lizenz, das Emblem oder das Maskottchen der Olympischen Spiele zu verwenden, müssen, um gültig zu sein, in Übereinstimmung mit der Olympischen Charta stehen und die Weisungen der IOC-Exekutivkommission beachten. Das gleiche gilt für die Verträge hinsichtlich der Zeitnahmegeräte und der Anzeigetafeln und hinsichtlich der Einspielung von Kennungssignalen in die Fernsehprogramme. Verstöße gegen diese Regelung fallen in die Kompetenz der IOC-Exekutivkommission.

3. Jedes für die Olympischen Spiele geschaffene Maskottchen gilt als ein olympisches Emblem, dessen Gestaltung durch das OK der IOC-Exekutivkommission zur Genehmigung vorzulegen ist. Dieses Maskottchen darf zu gewerblichen Zwecken im Land eines NOK nur mit vorheriger schriftlicher Genehmigung dieses NOK genutzt werden.

4. Das OK hat auf nationaler und auf internationaler Ebene den Schutz des Eigentums am Emblem und am Maskottchen der Olympischen Spiele zugunsten des IOC sicherzustellen. Dessen ungeachtet können das OK und nach dessen Auflösung das NOK des Gastgeberlandes das Emblem und das Maskottchen sowie andere Marken, Zeichen, Abzeichen, Plakate, Gegenstände und Dokumente, die mit den Olympischen Spielen in Beziehung stehen, während der Vorbereitung und des Ablaufs der Olympischen Spiele und während eines Zeitraums, der spätestens am Ende des Kalenderjahres endet, in dessen Verlauf diese Olympischen Spiele stattgefunden haben, verwenden. Nach Ablauf dieses Zeitraums gehören alle Rechte an diesen Emblemen, Maskottchen und anderen Marken, Zeichen, Abzeichen, Plakaten, Gegenständen und Dokumenten vollständig dem IOC. Gegebenenfalls und soweit das erforderlich ist, handeln das OK und/oder das NOK insoweit in treuhänderischer Eigenschaft zum ausschließlichen Vorteil des IOC.

5. Die Vorschriften dieser Durchführungsbestimmung gelten entsprechend auch für alle Verträge, die von dem Organisationskomitee für eine Session oder für einen Olympischen Kongreß geschlossen werden.

6. Die Uniformen der Wettkämpfer und aller Personen, die eine offizielle Funktion haben, können die Fahne oder das olympische Emblem ihres NOK oder, mit Genehmigung des OK, das olympische Emblem des OK tragen. Die Offiziellen der IFs können die Uniform und das Emblem ihrer Verbände tragen.

7. Auf allen Geräten, Einrichtungen und anderen technischen Apparaten, die von den Athleten oder den anderen Teilnehmern an den Olympischen Spielen weder getragen noch benutzt werden, einschließlich der Geräte für die Zeitnahme und der Anzeigetafeln, darf die Herstellerangabe keinesfalls ein Zehntel der Höhe des betreffenden Geräts, der Einrichtung oder des Apparats überschreiten und nicht mehr als 10 cm hoch sein.

8. Der Begriff „Herstellerangabe" bedeutet die Angabe des Namens, der Bezeichnung, der Marke, des Logo oder jedes anderen unterscheidungskräftigen Zeichens des Herstellers des Artikels und darf auf jedem Artikel nur einmal erscheinen.

9. Das OK, alle Teilnehmer und alle anderen Personen, die bei den Olympischen Spielen akkreditiert sind, und alle anderen betroffenen Personen oder Parteien haben die Handbücher, Empfehlungen, Richtlinien, und alle anderen Weisungen der IOC-Exekutivkommission hinsichtlich aller Fragen, die in den Anwendungsbereich von Regel 51 fallen, zu befolgen.

IV. Protokoll

Regel 52 Protokoll

1. Während der gesamten Dauer der Olympischen Spiele ist die IOC-Exekutivkommission allein zuständig, das für alle Wettkampfstätten und Orte, die unter der Verantwortlichkeit des OK stehen, geltende Protokoll festzulegen.

2. Während der Olympischen Spiele gebührt bei allen olympischen Zeremonien und Veranstaltungen den Mitgliedern, dem Ehrenpräsidenten, den Ehrenmitgliedern und Mitgliedern ehrenhalber des IOC nach dem Anciennitätsprinzip der Vorrang, wobei der Präsident, der Ehrenpräsident und die Vizepräsidenten Vortritt haben, gefolgt von den Mitgliedern des OK, den Präsidenten der IFs und den Präsidenten der NOKs.

3. Das OK, die IFs, die NOKs und alle anderen bei den Olympischen Spielen in irgendeiner Funktion akkreditierten Personen haben den IOC Protocol Guide und alle anderen Weisungen der IOC-Exekutivkommission hinsichtlich aller Fragen, die in den Anwendungsbereich dieser Regel fallen, einzuhalten.

Regel 53 Olympische Ausweis- und Akkreditierungskarte – die damit verbundenen Rechte

1. Die olympische Ausweis- und Akkreditierungskarte ist ein Dokument, das die Identität seines Inhabers beweist und das seinem Inhaber das Recht zur Teilnahme an den Olympischen Spielen gibt. In Verbindung mit dem Reisepaß oder einem anderen offiziellen Reisedokument des Inhabers verleiht die olympische Ausweis- und Akkreditierungskarte die Berechtigung, in das Land der Gastgeberstadt der Olympischen Spiele einzureisen. Sie berechtigt den Inhaber, sich dort für die Dauer der Olympischen Spiele und für einen Zeitraum von nicht mehr als einem Monat vor und einem Monat nach den Olympischen Spielen aufzuhalten und dort seine olympischen Funktionen wahrzunehmen.

2. Die olympische Ausweis- und Akkreditierungskarte wird unter der Autorität des IOC an die zu akkreditierenden Personen ausgegeben. Sie gewährt in dem jeweils erforderlichen und auf ihr vermerkten Umfang Zugang zu den Wettkampfstätten, Austragungsorten und Veranstaltungen unter der Verantwortlichkeit des OK. Die IOC-Exekutivkommission legt fest, welche Personen ein Anrecht auf solche Karten haben und unter welchen Bedingungen deren Aushändigung erfolgt. Das OK, die IFs, die NOKs und alle anderen betroffenen Personen oder Parteien haben die Handbücher, Empfehlungen, Richtlinien und alle anderen Weisungen der IOC-Exekutivkommission hinsichtlich aller Fragen, die in den Anwendungsbereich dieser Regel fallen, zu befolgen.

Regel 54 Verwendung der olympischen Fahne

1. Während der gesamten Dauer der Olympischen Spiele hat eine olympische Fahne, die größeren Ausmaßes ist alas alle anderen Fahnen, an einem Fahnenmast an einer gut sichtbaren Stelle des Hauptstadions und an allen anderen Austragungsorten, die unter der Verantwortung des OK stehen, zu wehen. Diese Fahnen werden während der Eröffnungszeremonie gehisst und während der Schlußzeremonie der Olympischen Spiele eingeholt.

2. Eine größere Zahl von olympischen Fahnen wird im Olympischen Dorf, an allen Wettkampf- und Trainingsorten, in der Gastgeberstadt und an allen Wettkampfstätten, Austragungsorten und Örtlichkeiten, die der Verantwortung des OK unterstehen, gehisst.

Regel 55 Verwendung des olympischen Feuers

1. Das OK ist dafür verantwortlich, daß das olympische Feuer in das Olympiastadion gebracht wird.

Alle Vorkehrungen für einen Staffellauf und jede andere Verwendung des olympischen Feuers werden in strenger Einhaltung des IOC Protocol Guide getroffen.

2. Nach der Schlußzeremonie der Olympischen Spiele darf weder in einer Gastgeberstadt noch anderswo ein olympisches Feuer, eine olympische Fackel, Feuerschale oder ein anderes Behältnis, das in irgendeiner Form für das Brennen des olympischen Feuers bestimmt ist, ohne die Zustimmung des IOC verwendet werden.

Regel 56 Eröffnungs- und Schlußfeiern

1. Die Eröffnungs- und Schlußfeiern sind in strenger Einhaltung des IOC Protocol Guide abzuhalten.

2. Der Inhalt und die Details aller Abläufe, Zeitpläne und Programme aller Zeremonien sind dem IOC zur vorherigen Genehmigung vorzulegen.

3. Das Staatsoberhaupt des gastgebenden Landes erklärt die Olympischen Spiele mit einem der folgenden Sätze für eröffnet:

- bei der Eröffnung der Spiele der Olympiade:

„Ich erkläre die Spiele von ... (Name der Gastgeberstadt) zur Feier der ... (Zahl der Olympiade) Olympiade moderner Zeitrechnung für eröffnet."

- bei der Eröffnung der Olympischen Winterspiele:

„Ich erkläre die ... (Zahl der Olympischen Winterspiele) Olympischen Winterspiele von ...(Name der Gastgeberstadt) für eröffnet."

Während der gesamten Dauer der Olympischen Spiele, einschließlich aller Zeremonien, dürfen keinerlei Reden von Vertretern einer Regierung oder einer staatlichen Stelle oder von anderen Politikern an einem Ort gehalten werden, der der Verantwortlichkeit des OK untersteht. Während der Eröffnungs- und der Schlußfeiern haben allein der Präsident des IOC und der Präsident des OK das Recht, kurze Ansprachen zu halten.

Regel 57 **Siegerehrungen, Medaillen- und Urkundenübergaben**

Die Siegerehrungen, Medaillen- und Urkundenübergaben haben in strenger Einhaltung des IOC Protocol Guide abzulaufen. Die Gestaltung der Medaillen und Urkunden wird dem IOC zur vorherigen Genehmigung unterbreitet.

Regel 58 **Ehrentafel**

Weder das IOC noch das OK nehmen eine Gesamtwertung nach Ländern vor. Eine Ehrentafel, die die Namen aller Medaillen- und Urkundengewinner jedes Wettbewerbs trägt, wird vom OK aufgestellt, und die Namen aller Medaillengewinner werden auf Dauer und an exponierter Stelle im Hauptstadion sichtbar angebracht.

V. Schiedsgerichtsbarkeit[29]

Regel 59 Streitigkeiten - Schiedsgerichtsbarkeit

Alle Streitigkeiten, die anläßlich oder im Zusammenhang mit den Olympischen Spielen entstehen, sind ausschließlich dem Schiedsgerichtshof für Sportsachen gemäß dem Regelwerk für die Schiedsgerichtsbarkeit in Sportsachen zu unterbreiten.[30]

---

[29] Diese Bestimmung ist in der aktuellen offiziellen Version vom 8.Juli 2011 nicht enthalten. Dafür gibt es folgende Regel 58: IOC - Authory of Last Resort: The authority of last resort on any question concerning the Olympic Games rests with the IOC.

[30] In der aktuellen offiziellen Version der IOC Charta vom 8.Juli 2011 finden sich im Anschluss die folgenden Bestimmungen: 59 Measures and Sanctions: In the case of any violation of the Olympic Charter, the World Anti-Doping Code, or any other regulation, as the case may be, the measures or sanctions which may be taken by the Session, the IOC Executive Board or the disciplinary commission referred to under 2.4 below are:

1. In the context of the Olympic Movement:

1.1 with regard to IOC members, the Honorary President, honorary members and honour members:

a) a reprimand, pronounced by the IOC Executive Board;

b) suspension, for a specific period, pronounced by the IOC Executive Board. The suspension may be extended to all or part of the rights, prerogatives and functions deriving from the membership of the person concerned. The above-mentioned sanctions may be combined. They may be imposed on IOC members, the Honorary President, honorary members or honour members who, by their conduct, jeopardise the interests of the IOC, also regardless of any specific violation of the Olympic Charter or any other regulation.

1.2 with regard to IFs:

a) withdrawal from the programme of the Olympic Games of:

- a sport (Session),
- a discipline (IOC Executive Board),
- an event (IOC Executive Board);

b) withdrawal of provisional recognition (IOC Executive Board);

c) withdrawal of full recognition (Session).

1.3 with regard to associations of IFs:

a) withdrawal of provisional recognition (IOC Executive Board);

b) withdrawal of full recognition (Session).

1.4 with regard to NOCs:

a) suspension (IOC Executive Board); in such event, the IOC Executive Board determines in each case the consequences for the NOC concerned and its athletes;

---

b) withdrawal of provisional recognition (IOC Executive Board);

c) withdrawal of full recognition (Session); in such a case, the NOC forfeits all rights conferred upon it in accordance with the Olympic Charter;

d) withdrawal of the right to organise a Session or an Olympic Congress (Session).

1.5 with regard to associations of NOCs:

a) withdrawal of provisional recognition (IOC Executive Board);

b) withdrawal of full recognition (Session).

1.6 with regard to a host city, an OCOG and an NOC:

withdrawal of the right to organise the Olympic Games (Session).

1.7 with regard to applicant or candidate cities and an NOC:

withdrawal of the right to be an applicant or a candidate city to host the Olympic Games. (IOC Executive Board).

1.8 with regard to other recognised associations and organisations:

a) withdrawal of provisional recognition (IOC Executive Board);

b) withdrawal of full recognition (Session).

2. In the context of the Olympic Games, in the case of any violation of the Olympic Charter, of the World Anti-Doping Code, or of any other decision or applicable regulation issued by the IOC or any IF or NOC, including but not limited to the IOC Code of Ethics, or of any applicable public law or regulation, or in case of any form of misbehaviour:

2.1 with regard to individual competitors and teams: temporary or permanent ineligibility or exclusion from the Olympic Games, disqualification or withdrawal of accreditation; in the case of disqualification or exclusion, the medals and diplomas obtained in relation to the relevant infringement of the Olympic Charter shall be returned to the IOC. In addition, at the discretion of the IOC Executive Board, a competitor or a team may lose the benefit of any ranking obtained in relation to other events at the Olympic Games at which he or it was disqualified or excluded; in such case the medals and diplomas won by him or it shall be returned to the IOC (Executive Board);

2.2 with regard to officials, managers and other members of any delegation as well as referees and members of the jury: temporary or permanent ineligibility or exclusion from the Olympic Games (IOC Executive Board);

2.3 with regard to all other accredited persons: withdrawal of accreditation (IOC Executive Board);

2.4 the IOC Executive Board may delegate its power to a disciplinary commission.

3. Before applying any measure or sanction, the competent IOC body may issue a warning.

4. All sanctions and measures are taken without prejudice to any other rights of the IOC and of any other body, including but not limited to NOCs and IFs.

Bye-law to Rule 59

1. Any inquiry relating to facts that may lead to any measure or sanction is conducted under the authority of the IOC Executive Board, which may delegate all or part of its authority to that effect.

2. Throughout any inquiry, the IOC Executive Board may provisionally withdraw from any concerned person or organisation all or part of the rights, prerogatives and functions deriving from such person's or organisation's membership or status.

3. Any individual, team or any other individual or legal entity has the right to be heard by the IOC body competent to apply a measure or sanction to such individual, team or legal entity. The right to be heard in the sense of this provision includes the right to be acquainted with the charges and the right to appear personally or to submit a defence in writing.

4. Any measure or sanction decided by the Session, the IOC Executive Board or the disciplinary commission referred to in Rule 59.2.4 shall be communicated in writing to the party concerned.

5. All measures or sanctions shall be effective forthwith unless the competent body decides otherwise.

60 Challenging IOC Decisions

Notwithstanding the applicable rules and deadlines for all arbitration and appeal procedures, and subject to any other provision of the World Anti-Doping Code, no decision taken by the IOC concerning an edition of the Olympic Games, including but not limited to competitions and their consequences such as rankings or results, can be challenged by anyone after a period of three years from the day of the Closing Ceremony of such Games.

61 Dispute Resolution

1. The decisions of the IOC are final. Any dispute relating to their application or interpretation may be resolved solely by the IOC Executive Board and, in certain cases, by arbitration before the Court of Arbitration for Sport (CAS).

2. Any dispute arising on the occasion of, or in connection with, the Olympic Games shall be submitted exclusively to the Court of Arbitration for Sport (CAS), in accordance with the Code of Sports-Related Arbitration.

[52] FIFA-Statuten mit Durchführungsbestimmungen[31]

In der Fassung vom 10.06.2010.

Definitionen

Die nachfolgenden Begriffe haben folgende Bedeutung:

1 FIFA: „Fédération Internationale de Football Association".

2 Verband: ein von der FIFA anerkannter Fussballverband. Er ist Mitglied der FIFA, es sei denn, es ergibt sich aus dem Text eine andere Bedeutung.

3 Liga: eine einem Verband untergeordnete Organisation.

4 Die britischen Verbände: die vier Verbände des Vereinigten Königreiches: The Football Association, The Scottish Football Association, The Football Association of Wales und The Irish Football Association (Nordirland).

5 IFAB: „International Football Association Board".

6 Konföderation: Zusammenschluss der von der FIFA anerkannten und einem gleichen Kontinent (oder einer vergleichbaren geografischen Region) angehörenden Verbände.

7 Kongress: oberstes und gesetzgebendes Organ der FIFA.

8 Exekutivkomitee: ausführendes Organ der FIFA.

9 Mitglied: ein Verband, der vom Kongress in die FIFA aufgenommen wurde.

10 Offizielle: alle Vorstandsmitglieder, Kommissionsmitglieder, Schiedsrichter und Schiedsrichterassistenten, Trainer, Betreuer sowie die technischen, medizinischen und administrativen Verantwortlichen der FIFA, einer Konföderation, eines Verbands, einer Liga oder eines Klubs.

11 Spieler: ein von einem Verband lizenzierter Fussballspieler.

---

[31] Daneben sind weitere FIFA-Ordnungen und -reglements von großer Bedeutung für den Weltfußball. Zu nennen sind: die Spielregeln (→ http://de.fifa.com/mm/document/affederation/generic/81/42/36/_2011_12_de.pdf), das Reglement für die Weltmeisterschaft (für die WM 2014; → http://de.fifa.com/mm/document/tournament/competition/01/47/38/17/regulationsfwcbrazil2014_de.pdf), das Reglement bezüglich Status und Transfer von Spielern (→ http://de.fifa.com/mm/document/ affederation/administration/01/27/64/30/regulationsstatusandtransfer2010_d.pdf) und das Spielervermittlerreglement (→ http://de.fifa.com/mm/ document/affederation/administration/51/55/18/playersagents_de 32512 .pdf).

12 Association Football: das durch die FIFA kontrollierte und gemäss den Spielregeln durchgeführte Spiel.

13 Offizieller Wettbewerb: ein von der FIFA oder einer Konföderation organisierter Wettbewerb für Verbandsmannschaften.

NB: Beziehen sich die Begriffe auf natürliche Personen, sind Mann und Frau gleichgestellt. Begriffe in Einzahl schliessen die Mehrzahl mit ein und umgekehrt.

I. Allgemeine Bestimmungen

1 Name und Sitz

1. Die FIFA ist ein im Handelsregister eingetragener Verein im Sinne der Art. 60 ff. des Schweizerischen Zivilgesetzbuches (ZGB).

2. Der Sitz der FIFA befindet sich in Zürich, Schweiz. Er kann nur durch einen Kongressbeschluss verlegt werden.

2 Zweck

Der Zweck der FIFA ist:

a) den Fussball fortlaufend zu verbessern und weltweit zu verbreiten, wobei der völkerverbindende, erzieherische, kulturelle und humanitäre Stellenwert des Fussballs berücksichtigt werden soll, und zwar im Einzelnen durch die Förderung des Fussballs durch Jugend- und Entwicklungsprogramme;

b) das Organisieren eigener internationaler Wettbewerbe;

c) das Festlegen von Regeln und Bestimmungen sowie die Sicherstellung ihrer Durchsetzung;

d) die Kontrolle des Association Football in all seinen Formen, indem alle notwendigen Massnahmen ergriffen werden, die die Verletzung der Statuten, Reglemente und Entscheide der FIFA sowie der Spielregeln verhindern;

e) zu verhindern, dass Methoden oder Praktiken vorkommen, die die Integrität der Spiele oder Wettbewerbe gefährden oder zu Missbräuchen des Association Football führen könnten.

3 Nicht-Diskriminierung und Kampf gegen den Rassismus

Jegliche Diskriminierung eines Landes, einer Einzelperson oder von Personengruppen aufgrund von ethnischer Herkunft, Geschlecht, Sprache, Religion, Politik oder aus einem anderen

Grund ist unter Androhung der Suspension und des Ausschlusses verboten.

4 Förderung freundschaftlicher Beziehungen

1. Die FIFA fördert freundschaftliche Beziehungen:

a) zwischen Mitgliedern, Konföderationen, Klubs, Offiziellen und Spielern. Alle am Fussball beteiligten Personen und Organisationen sind zur Einhaltung der Statuten, Reglemente und der Grundsätze des Fairplay zu verpflichten;

b) in der Gesellschaft zu humanitären Zwecken.

2. Die FIFA stellt zur Lösung jeglicher Streitigkeiten, die zwischen den Mitgliedern, Konföderationen, Klubs, Offi ziellen und Spielern entstehen können, die dafür notwendigen institutionellen Mittel zur Verfügung.

5 Spieler

Das Exekutivkomitee regelt den Status von Spielern und die Einzelheiten in Bezug auf deren Transfer in einem speziellen Reglement.

6 Spielregeln

1. Jedes Mitglied der FIFA hat Association Football nach den Spielregeln des IFAB zu spielen. Einzig der IFAB ist befugt, Spielregeln aufzustellen und zu ändern.

2. Der IFAB besteht aus acht Mitgliedern. Vier dieser Mitglieder werden von der FIFA und vier von den britischen Verbänden bezeichnet.

3. Die Aufgabe und die Zuständigkeit des IFAB sind in einem Sonderreglement festgehalten.

4. Jedes Mitglied der FIFA hat Futsal nach den vom FIFA-Exekutivkomitee herausgegebenen Futsal-Spielregeln zu spielen.

7 Verhalten von Organen und Offiziellen

1. Die Organe und die Offiziellen halten sich bei ihren Tätigkeiten an die Statuten, Reglemente, Entscheide und das Ethikreglement der FIFA.

2. Nach Konsultation mit der betreffenden Konföderation können Exekutivorgane der Mitgliedsverbände unter ausserordentlichen Umständen durch das Exekutivkomitee ihrer Funktion enthoben und für eine begrenzte Zeit durch ein Normalisierungskomitee ersetzt werden.

8 Offizielle Sprachen

1. Englisch, Spanisch, Französisch und Deutsch sind die offiziellen Sprachen der FIFA. Englisch ist die offizielle Sprache für Protokolle, den Schriftwechsel und Bekanntmachungen.

2. Die Mitglieder sind für die Übersetzung in ihre Landessprache verantwortlich.

3. Englisch, Spanisch, Französisch, Deutsch, Russisch, Arabisch und Portugiesisch sind die offiziellen Sprachen des Kongresses. Die Übersetzung in diese Sprachen erfolgt durch qualifizierte Dolmetscher. Die Delegierten können in ihrer Muttersprache sprechen, wenn die Übersetzung durch einen qualifizierten Dolmetscher in eine der offiziellen Kongresssprachen erfolgt.

4. Die Statuten, Ausführungsbestimmungen zu den Statuten, Geschäftsordnung des Kongresses, Entscheide und Bekanntmachungen der FIFA werden in den vier offiziellen Sprachen abgefasst. Unterscheiden sie sich im Wortlaut, ist der englische Text massgebend.

II. Mitgliedschaft

9 Aufnahme, Suspension und Ausschluss

Der Kongress entscheidet über die Aufnahme, Suspension und den Ausschluss von Mitgliedern.

10 Aufnahme

1. Mitglieder der FIFA können Verbände werden, die in ihrem Land für die Organisation und Kontrolle des Fussballs verantwortlich sind. In diesem Zusammenhang bezieht sich der Begriff „Land“ auf einen von der internationalen Staatengemeinschaft anerkannten, unabhängigen Staat. In jedem Land wird nur ein Verband anerkannt. Ausnahmeregelungen gemäss Abs. 5 und 6 bleiben vorbehalten.

2. Eine Mitgliedschaft ist nur möglich, wenn der Verband vorher während mindestens zweier Jahre provisorisches Mitglied seiner Konföderation gewesen ist.

3. Ein Verband, der Mitglied der FIFA werden will, hat beim FIFA-Generalsekretariat ein schriftliches Aufnahmegesuch einzureichen.

4. Dem Aufnahmegesuch sind die rechtsgültigen Statuten des Verbands beizulegen, die zwingend folgende Bestimmungen enthalten müssen:

a) jederzeit die Statuten, Reglemente und Entscheide der FIFA und seiner Konföderation zu befolgen;

b) die gültigen Spielregeln einzuhalten;

c) die Zuständigkeit des in den Statuten genannten Court of Arbitration for Sport (CAS) anzuerkennen.

5. Jeder der vier britischen Verbände wird als Einzelmitglied der FIFA anerkannt.

6. Ein Fussballverband eines Gebiets, das die Unabhängigkeit noch nicht erlangt hat, darf mit Bewilligung des Verbands des Landes, dem das Gebiet zugehört, um einen Beitritt zur FIFA ersuchen.

7. Die Ausführungsbestimmungen regeln die Einzelheiten über das Aufnahmeverfahren.

8. Dieser Artikel berührt den Status der heutigen Mitglieder nicht.

11 Antrag und Behandlung des Aufnahmegesuchs

1. Das Exekutivkomitee beantragt beim Kongress die Aufnahme oder Nicht-Aufnahme des Verbands. Der um Aufnahme ersuchende Verband kann seinen Antrag im Kongress begründen.

2. Das neue Mitglied erlangt seine Mitgliedschaftsrechte und -pflichten unverzüglich nach erfolgter Aufnahme. Seine Delegierten sind ab sofort stimm- und wahlberechtigt.

12 Rechte der Mitglieder

1. Die Mitglieder haben folgende Rechte:

a) Teilnahme am Kongress;

b) Vorschläge zu den Punkten auf der Tagesordnung des Kongresses zu formulieren;

c) Kandidaten für das Amt des FIFA-Präsidenten vorzuschlagen;

d) Teilnahme an den durch die FIFA organisierten Wettbewerben;

e) Teilnahme an den Unterstützungs- und Entwicklungsprogrammen der FIFA;

f) alle anderen Rechte auszuüben, die aus diesen Statuten und anderen Reglementen hervorgehen.

2. Die Ausübung dieser Rechte steht unter Vorbehalt anderer Bestimmungen dieser Statuten und der anwendbaren Reglemente.

13 Pflichten der Mitglieder

1. Die Mitglieder haben folgende Pflichten:

a) jederzeitige Einhaltung der Statuten, Reglemente, Weisungen und Entscheide der Organe der FIFA sowie der Entscheide des Court of Arbitration for Sport (CAS) bei Berufungen in Übereinstimmung mit Art. 62 Abs. 1 der FIFA-Statuten;

b) Teilnahme an den durch die FIFA organisierten Wettbewerben;

c) Bezahlung des Mitgliederbeitrags;

d) Durchsetzung der Statuten, Reglemente, Weisungen und Entscheide der Organe der FIFA gegenüber den eigenen Mitgliedern;

e) Schaffung einer dem Mitglied direkt unterstellten Schiedsrichterkommission;

f) Einhaltung der Spielregeln;

g) seine Belange eigenständig zu bestimmen und sicherzustellen, dass die eigenen Mitgliedsbelange ohne Einfl ussnahme Dritter bestimmt werden;

h) alle anderen Pfl ichten zu erfüllen, die aus den Statuten und anderen Reglementen hervorgehen.

2. Die Verletzung der vorgenannten Pfl ichten durch ein Mitglied führt zu Sanktionen gemäss diesen Statuten.

3 Die Verletzung von Abs. 1 lit. g kann auch dann zu Sanktionen führen, wenn eine Einflussnahme Dritter ohne ein Verschulden des Mitglieds erfolgt.

14 Suspension

1. Für die Suspension eines Mitglieds ist der Kongress zuständig. Ein Mitglied, das die Mitgliedschaftspflichten wiederholt und schwer verletzt, kann jedoch vom Exekutivkomitee mit sofortiger Wirkung suspendiert werden. Die Suspension gilt bis zum nächsten Kongress, sofern diese in der Zwischenzeit vom Exekutivkomitee nicht aufgehoben wird.

2. Eine Suspension muss beim nächsten Kongress durch eine Dreiviertelmehrheit der abgegebenen Stimmen bestätigt werden. Wird sie nicht bestätigt, so gilt die Suspension als aufgehoben.

3. Mit einer Suspension verliert das Mitglied seine Mitgliedschaftsrechte. Die Mitglieder dürfen mit suspendierten Mitgliedern auf sportlicher Ebene keine Kontakte pflegen. Die Disziplinarkommission kann weitere Massnahmen verhängen.

4. Mitglieder, die innerhalb von vier aufeinanderfolgenden Jahren nicht an mindestens zwei FIFA-Wettbewerben teilnehmen, verlieren ihr Stimmrecht beim Kongress und erlangen es erst wieder, wenn sie ihren diesbezüglichen Verpflichtungen nachgekommen sind.

15 Ausschluss

1. Der Kongress kann ein Mitglied ausschliessen:

a) bei Nichteinhaltung seiner finanziellen Verpflichtungen gegenüber der FIFA oder

b) bei schweren Verstössen gegen die Statuten, Reglemente, Weisungen, Entscheide und das Ethikreglement der FIFA oder

c) bei Verlust der Eigenschaft als repräsentativer Fussballverband in seinem Land.

2. Für einen Ausschluss ist die Anwesenheit der absoluten Mehrheit der stimmberechtigten Mitglieder beim Kongress notwendig, und der Antrag auf Ausschluss muss mit einer Dreiviertelmehrheit der abgegebenen Stimmen angenommen werden.

16 Austritt

1. Jedes Mitglied kann auf das Ende eines Kalenderjahres aus der FIFA austreten. Die Austrittserklärung muss spätestens sechs Monate vor Ende des Kalenderjahres beim Generalsekretariat eintreffen und hat mit eingeschriebenem Brief zu erfolgen.

2. Der Austritt wird rechtskräftig, wenn das austretende Mitglied seine finanziellen Verpflichtungen gegenüber der FIFA und deren Mitgliedern erfüllt hat.

17 Unabhängigkeit der Mitglieder und ihrer Organe

1. Jedes Mitglied muss seine Belange eigenständig und ohne Einflussnahme Dritter bestimmen.

2. Die Organe eines Mitglieds dürfen nur mittels Wahlen oder durch Ernennungen innerhalb des Verbands bestimmt werden. Zu diesem Zweck müssen die Statuten der Mitglieder ein Verfahren vorsehen, das dem bestimmten Gremium bei der Wahl oder Ernennung völlige Unabhängigkeit garantiert.

3. Die Organe eines Mitglieds, deren Wahl oder Ernennung nicht unter Beachtung der Vorschrift in Abs. 2 durchgeführt wurde, werden von der FIFA nicht anerkannt. Dies gilt auch, wenn diese Organe nur interimistisch gewählt oder ernannt wurden.

4. Beschlüsse von Instanzen, die nicht gemäss den Bestimmungen von Abs. 2 gewählt oder ernannt wurden, werden von der FIFA nicht anerkannt.

18 Status der Ligen und von anderen Vereinigungen von Klubs

1. Ligen oder andere Vereinigungen von Klubs, die einem Mitglied der FIFA angeschlossen sind, sind diesem untergeordnet und müssen von diesem anerkannt werden. Die Statuten des Mitglieds legen die Zuständigkeiten sowie die Rechte und Pflichten dieser Vereinigungen fest. Statuten und Reglemente solcher Vereinigungen sind durch das Mitglied zu genehmigen.

2. Jedes Mitglied stellt sicher, dass die ihm angeschlossenen Klubs alle Entscheide im Zusammenhang mit ihrer Mitgliedschaft unabhängig von externen Instanzen treffen können. Dies gilt ohne Rücksicht auf die vom Klub gewählte Rechtsform. Das Mitglied hat auf jeden Fall sicherzustellen, dass weder natürliche noch juristische Personen (Holding und Tochtergesellschaften eingeschlossen) die Kontrolle über mehr als einen Klub ausüben können, sofern die Integrität der Spiele oder Wettbewerbe gefährdet sein könnte.

19 Ehrenpräsident, Ehrenvizepräsident und Ehrenmitglied

1. Der Kongress kann den Titel eines Ehrenpräsidenten, eines Ehrenvizepräsidenten oder eines Ehrenmitglieds ehemaligen Mitgliedern des FIFA-Exekutivkomitees verleihen, die sich um den Fussball besonders verdient gemacht haben.

2. Der Vorschlag zur Ernennung steht dem Exekutivkomitee zu.

3. Die Träger des Titels eines Ehrenpräsidenten, eines Ehrenvizepräsidenten oder eines Ehrenmitglieds können am Kongress teilnehmen. Sie können das Wort ergreifen, haben jedoch kein Stimmrecht.

20 Konföderationen

1. Die Mitglieder der FIFA, die dem gleichen Kontinent angehören, haben sich zu folgenden, von der FIFA anerkannten Konföderationen zusammengeschlossen:

a) Confederación Sudamericana de Fútbol - CONMEBOL

b) Asian Football Confederation - AFC

c) Union des associations européennes de football - UEFA

d) Confédération Africaine de Football - CAF

e) Confederation of North, Central American and Caribbean Association Football - CONCACAF

f) Oceania Football Confederation - OFC

2. In Ausnahmefällen kann die FIFA einer Konföderation gestatten, einen Verband als Mitglied aufzunehmen, der geografisch einem anderen Kontinent, aber nicht dessen Konföderation angehört. Die Stellungnahme der geografisch zuständigen Konföderation ist erforderlich.

3. Jede Konföderation hat folgende Rechte und Pflichten:

a) die Statuten, Reglemente und Entscheide der FIFA zu befolgen und deren Befolgung durchzusetzen;

b) mit der FIFA auf allen Gebieten eng zusammenzuarbeiten, die mit dem Erreichen des Zwecks gemäss Art. 2 und mit der Ausrichtung von internationalen Wettbewerben zusammenhängen;

c) in Übereinstimmung mit dem internationalen Spielkalender eigene Interklub- Wettbewerbe zu organisieren;

d) in Übereinstimmung mit dem internationalen Spielkalender eigene internationale Wettbewerbe auszurichten, insbesondere für die Jugend bestimmte;

e) dafür zu sorgen, dass es ohne ihr Einverständnis und die Einwilligung der FIFA nicht zur Bildung von internationalen Ligen oder anderen ähnlichen Zusammenschlüssen von Klubs oder Ligen kommt;

f) Verbänden (Nichtmitgliedern) auf Antrag der FIFA den Status eines provisorischen Mitglieds zu gewähren. Dieser Status gibt diesen Verbänden das Recht, an den Wettbewerben und Tagungen dieser Konföderation teilzunehmen. Die weiteren Rechte und Pflichten der provisorisch aufgenommenen Verbände richten sich nach den Statuten und Reglementen dieser Konföderationen. Provisorische Mitglieder können nicht an Endrunden von FIFAWettbewerben teilnehmen;

g) in Übereinstimmung mit diesen Statuten die ihnen im Exekutivkomitee zustehenden Mitglieder zu ernennen;

h) den Kontakt und die Zusammenarbeit mit der FIFA im Rahmen von konsultativen Treffen aktiv und konstruktiv zum Wohle des Fussballs zu vertiefen und alle Probleme im Zusammenhang mit den Interessen der Konföderation sowie der FIFA zu behandeln und zu lösen;

i) sicherzustellen, dass die von der Konföderation für die Organe der FIFA bezeichneten oder in das Exekutivkomitee gewählten Vertreter ihre Tätigkeit in diesen Gremien im Geiste gegenseitiger Achtung, Solidarität, Anerkennung und Fairplay ausüben;

j) Kommissionen einzusetzen, die mit den entsprechenden Kommissionen der FIFA eine enge Zusammenarbeit pflegen;

k) unter besonderen Umständen mit Zustimmung der FIFA einem Verband einer anderen Konföderation (oder Klubs, die diesem Verband angehören) die Teilnahme an einem von ihr ausgerichteten Wettbewerb zu erlauben;

l) in enger Abstimmung mit der FIFA alle Massnahmen zu treffen, die für die Entwicklung des Fussballs auf dem betreffenden Kontinent notwendig erscheinen, wie Entwicklungsprogramme, Organisation von Kursen, Konferenzen usw.;

m) die für die Erfüllung ihrer Aufgaben notwendigen Organe zu bestellen;

n) die für die Erfüllung ihrer Aufgaben notwendigen Mittel beizubringen.

4. Das Exekutivkomitee kann den Konföderationen weitere Aufgaben oder Kompetenzen übertragen. Die FIFA kann mit den einzelnen Konföderationen entsprechende Vereinbarungen abschliessen.

5. Die Statuten und Reglemente der Konföderationen sind der FIFA zur Genehmigung zu unterbreiten.

V. Organisation

21 Organe

1. Der Kongress ist das oberste und gesetzgebende Organ.

2. Das Exekutivkomitee ist das ausführende Organ.

3. Das Generalsekretariat ist das administrative Organ.

4. Die Ständigen sowie die Ad-hoc-Kommissionen beraten und unterstützen das Exekutivkomitee bei der Erfüllung seiner Aufgaben. Ihre wichtigsten Aufgaben sind in diesen Statuten festgeschrieben, die Zusammensetzung, die Funktionsweise und weitere Aufgaben in speziellen Reglementen festgehalten.

A. Kongress

22 Kongress

1. Ein Kongress kann ein Ordentlicher oder Ausserordentlicher Kongress sein.

2. Der Ordentliche Kongress findet jedes Jahr statt. Das Exekutivkomitee legt Ort und Datum fest. Die Mitglieder werden spätestens drei Monate im Voraus schriftlich darüber informiert. Die formelle Einberufung erfolgt schriftlich und mindestens einen Monat vor dem Datum des Kongresses. Diese Einberufung enthält die Tagesordnung, den Bericht des Präsidenten, die Jahresrechnungen sowie den Bericht der Buchprüfungsstelle.

3. Ein Ausserordentlicher Kongress kann jederzeit durch das Exekutivkomitee einberufen werden.

4. Das Exekutivkomitee muss einen Ausserordentlichen Kongress einberufen, wenn ein Fünftel der Mitglieder dies durch ein schriftliches Gesuch verlangt. Das Gesuch muss die zu behandelnden Geschäfte nennen. Ein Ausserordentlicher Kongress hat innerhalb von drei Monaten nach Erhalt des Gesuchs stattzufinden.

5. Ort, Datum und Tagesordnung sind den Mitgliedern spätestens zwei Monate vor dem Datum des Ausserordentlichen Kongresses mitzuteilen. Die Tagesordnung eines Ausserordentlichen Kongresses kann nicht abgeändert werden.

23 Stimmrecht, Delegierte, Beobachter

1. Jedes Mitglied hat im Kongress eine Stimme. Stimmberechtigt sind nur anwesende Mitglieder. Das Mitglied wird durch Delegierte vertreten. Eine Stellvertretung oder eine briefliche Stimmabgabe ist nicht gestattet.

2. Die Delegierten müssen dem Mitgliedsverband angehören, den sie vertreten, und vom zuständigen Organ dieses Verbands bestimmt worden sein.

3. Vertreter der Konföderationen können als Beobachter am Kongress teilnehmen.

4. Während der Dauer ihres Mandats können Mitglieder des Exekutivkomitees nicht zu Delegierten ihres Verbands bestimmt werden.

5. Der Präsident führt die Kongressverhandlungen gemäss der Geschäftsordnung des Kongresses.

24 Kandidaten für das Amt des FIFA-Präsidenten

1. Kandidaten für das Amt des FIFA-Präsidenten können nur von den Mitgliedern vorgeschlagen werden. Die Mitglieder müssen dem FIFA-Generalsekretariat den Namen des Kandidaten für das Amt des FIFA-Präsidenten spätestens zwei Monate vor Beginn des Kongresses schriftlich mitteilen.

2. Das Generalsekretariat informiert die Mitglieder spätestens einen Monat vor Beginn des Kongresses über die Namen der vorgeschlagenen Kandidaten.

25 Tagesordnung des Ordentlichen Kongresses

1. Der Generalsekretär erstellt die Tagesordnung auf der Grundlage der Vorschläge des Exekutivkomitees und der Mitglieder. Vorschläge, die ein Mitglied dem Kongress unterbreiten will, sind beim Generalsekretariat spätestens zwei Monate vor dem Datum des Kongresses schriftlich und kurz begründet einzureichen.

2. Die Tagesordnung des Kongresses enthält zwingend folgende Geschäfte:

a) Feststellung der statutengemässen Einberufung und Zusammensetzung des Kongresses;

b) Genehmigung der Tagesordnung;

c) Ansprache des Präsidenten;

d) Bestimmung von fünf Mitgliedern zur Prüfung des Protokolls;

e) Bestimmung der Stimmenzähler;

f) Suspension oder Ausschluss eines Mitglieds (sofern notwendig);

g) Genehmigung des Protokolls des vorangegangenen Kongresses;

h) Tätigkeitsbericht (berichtet über die Tätigkeiten seit dem letzten Kongress);

i) Vorlage der konsolidierten und revidierten Bilanz und der Erfolgsrechnung;

j) Genehmigung der Jahresrechnungen;

k) Genehmigung des Budgets;

l) Aufnahme von Verbänden (sofern notwendig);

m) Abstimmung über die Vorschläge auf Änderung der Statuten, Ausführungsbestimmungen zu den Statuten und Geschäftsordnung des Kongresses (sofern notwendig);

n) Behandlung von Vorschlägen der Mitglieder und des Exekutivkomitees, sofern diese gemäss Abs. 1 fristgerecht eingereicht wurden (sofern notwendig);

o) Bezeichnung der Buchprüfungsstelle (sofern notwendig);

p) Wahl des Präsidenten und Einsetzung der Vizepräsidenten und Mitglieder des Exekutivkomitees (sofern notwendig).

3. Die Tagesordnung eines Ordentlichen Kongresses kann abgeändert werden, wenn drei Viertel der am Kongress anwesenden und stimmberechtigten Mitglieder einem entsprechenden Antrag zustimmen.

26 Änderung der Statuten, Ausführungsbestimmungen zu den Statuten und Geschäftsordnung des Kongresses

1. Der Kongress ist für die Änderung der Statuten, der Ausführungsbestimmungen zu den Statuten und der Geschäftsordnung des Kongresses zuständig.

2. Vorschläge auf Änderung der Statuten müssen durch die Mitglieder oder durch das Exekutivkomitee beim Generalsekretariat schriftlich und kurz begründet eingereicht werden. Ein durch ein Mitglied eingereichter Vorschlag ist gültig, wenn er durch mindestens zwei weitere Mitglieder schriftlich unterstützt wird.

3. Für eine gültige Abstimmung über die Änderung der Statuten muss die absolute Mehrheit (Hälfte der Mitglieder plus ein Mitglied) der stimmberechtigten Mitglieder beim Kongress anwesend sein.

4. Ein Vorschlag auf Änderung der Statuten ist angenommen, wenn drei Viertel der stimmberechtigten und anwesenden Mitglieder zustimmen.

5. Vorschläge auf Änderung der Ausführungsbestimmungen zu den Statuten und der Geschäftsordnung des Kongresses müssen durch ein Mitglied oder durch das Exekutivkomitee schriftlich und kurz begründet beim Generalsekretariat eingereicht werden.

6. Ein Vorschlag auf Änderung der Ausführungsbestimmungen zu den Statuten und der Geschäftsordnung des Kongresses ist angenommen, wenn die einfache Mehrheit der stimmberechtigten und anwesenden Mitglieder zustimmt.

27 Wahlen, übrige Beschlüsse, erforderliche Mehrheiten

1. Bei Wahlen wird geheim abgestimmt.

2. Alle anderen Beschlüsse werden, sofern eine Abstimmung notwendig ist, durch Handerheben oder unter Zuhilfenahme elektronischer Zählmittel gefasst. Kann durch Handerheben keine sichere Mehrheit für die Annahme eines Antrags festgestellt werden, muss die Abstimmung durch Namensaufruf erfolgen. Die Mitglieder werden dem englischen Alphabet entsprechend zur Stimmabgabe aufgerufen.

3. Für die Wahl des Präsidenten sind im ersten Wahlgang zwei Drittel der abgegebenenund gültigen Stimmen erforderlich. Im zweiten und gegebenenfalls in weiteren Wahlgängen genügt die absolute Mehrheit der abgegebenen Stimmen. Bewerben sich mehr als zwei Kandidaten, so scheidet ab dem zweiten Wahlgang jeweils derjenige aus, der die kleinste Anzahl Stimmen auf sich vereinigen konnte, bis nur noch zwei Anwärter zur Wahl stehen.

4. Sofern die Statuten nichts anderes festlegen, gilt für Abstimmungen die einfache Mehrheit. Massgebend zur Bestimmung der einfachen Mehrheit sind die abgegebenen und gültigen Stimmen. Stimmenthaltungen werden zur Berechnung der Mehrheiten nicht berücksichtigt.

28 Protokoll

1. Der Generalsekretär ist für die Führung des Protokolls des Kongresses verantwortlich.

2. Das Protokoll des Kongresses wird durch die dafür gewählten Mitglieder geprüft.

29 Inkrafttreten der Beschlüsse

Kongressbeschlüsse treten für die Mitglieder 60 Tage nach Abschluss desKongresses in Kraft, es sei denn, der Kongress legt einen anderen Zeitpunkt des Inkrafttretens fest.

B. Exekutivkomitee

30 Zusammensetzung, Wahl des Präsidenten, Vizepräsidenten und Mitglieder

1. Das Exekutivkomitee umfasst 24 Mitglieder: 1 Präsident, gewählt durch den Kongress

8 Vizepräsidenten und 15 Mitglieder, ernannt durch die Konföderationen und Verbände

2. Der Präsident wird durch den Kongress gewählt. Die Wahl findet jeweils in dem auf die Weltmeisterschaft folgenden Jahr statt. Die Amtsdauer des Präsidenten beträgt vier Jahre; sie beginnt nach dem Abschluss des Kongresses, in dem der Präsident gewählt worden ist. Eine Wiederwahl ist möglich.

3. Die Mitglieder des Exekutivkomitees werden durch die einzelnen Konföderationen ernannt. Davon ausgenommen ist der Vizepräsident der vier britischen Verbände, der durch diese Verbände gewählt wird. Sämtliche Konföderationen und die vier britischen Verbände müssen einmalig beschliessen, wann sie ihre Mitglieder für das FIFA-Exekutivkomitee ernennen bzw. wählen. Dieser Entscheid muss durch den nächsten Kongress der Konföderationen und von den britischen Verbänden innerhalb eines Jahres nach Inkrafttreten dieser Statuten gefällt werden. Die Konföderationen dürfen bei der jeweiligen Ernennung nur die Hälfte ihrer Mitglieder ernennen bzw. wieder ernennen (bei ungerader Zahl die Hälfte der zu ernennenden Mitglieder plus oder minus eins), wobei dies in einem Turnus von jeweils zwei Jahren stattzufinden hat. Die Amtsdauer der Mitglieder des Exekutivkomitees beträgt vier Jahre und beginnt nach der Einsetzung durch den Kongress. Ändert eine Konföderation oder die vier britischen Verbände das Ernennungs- bzw. Wahljahr in ihren Statuten, verlängert sich die Amtsdauer des Vizepräsidenten und der ernannten Mitglieder des Exekutivkomitees einmalig um ein Jahr. Ein eingesetztes Mitglied des Exekutivkomitees kann nur durch den FIFAKongress aus dem Amt entfernt werden. Den Konföderationen stehen folgende Sitze zu:

a) CONMEBOL Vizepräsident (1) Mitglieder (2)
b) AFC Vizepräsident (1) Mitglieder (3)
c) UEFA Vizepräsidenten (2) Mitglieder (5)
d) CAF Vizepräsident (1) Mitglieder (3)
e) CONCACAF Vizepräsident (1) Mitglieder (2)
f) OFC Vizepräsident (1) Mitglieder (-)
g) Britische Vizepräsident (1) Mitglieder (-)

4. Im Exekutivkomitee können nicht gleichzeitig mehrere Mitglieder desselben Verbands vertreten sein.

5. Die Amtsdauer der Vizepräsidenten und Mitglieder beträgt vier Jahre. Eine Wiederwahl ist möglich.

6. Übt der Präsident sein Amt endgültig nicht mehr aus oder ist er an der Ausübung verhindert, so wird er bis zum nächsten Kongress durch den amtsältesten Vizepräsidenten vertreten. Dieser Kongress wählt gegebenenfalls einen neuen Präsidenten.

7. Mitglieder des Exekutivkomitees, die ihr Amt nicht mehr ausüben, werden von den Konföderationen oder Verbänden, die sie ernannt haben, für den Rest der Amtsdauer unverzüglich ersetzt.

31 Befugnisse des Exekutivkomitees

1. Das Exekutivkomitee entscheidet in allen Fällen, die nicht in den Zuständigkeitsbereich des Kongresses fallen oder die nach Gesetz oder Statuten nicht anderen Organen vorbehalten sind.

2. Das Exekutivkomitee tritt mindestens zweimal pro Jahr zusammen.

3. Das Exekutivkomitee wird vom Präsidenten einberufen. Auf Antrag von mindestens 13 Mitgliedern des Exekutivkomitees hat der Präsident eine Sitzung einzuberufen.

4. Das Exekutivkomitee ernennt die Vorsitzenden, Vizevorsitzenden sowie die Mitglieder der Ständigen Kommissionen.

5. Das Exekutivkomitee ernennt die Vorsitzenden, Vizevorsitzenden sowie die Mitglieder der Rechtsorgane.

6. Der Präsident erstellt die Tagesordnung. Jedes Mitglied des Exekutivkomitees hat das Recht, Tagesordnungspunkte vorzuschlagen.

7. Das Exekutivkomitee kann bei Bedarf jederzeit die Schaffung von Ad-hoc-Kommissionen beschliessen.

8. Das Exekutivkomitee ernennt die Delegierten der FIFA für den IFAB.

9. Das Exekutivkomitee erstellt die Organisationsreglemente der Ständigen Kommissionen und Ad-hoc-Kommissionen.

10. Das Exekutivkomitee ernennt und entlässt auf Vorschlag des Präsidenten den Generalsekretär. Der Generalsekretär nimmt von Amtes wegen an allen Sitzungen der Kommissionen teil.

11. Das Exekutivkomitee bestimmt den Ort und die Daten der Endrunden der FIFA-Wettbewerbe sowie die Anzahl der teilnehmenden Mannschaften aus den verschiedenen Konföderationen.

12. Das Exekutivkomitee genehmigt das interne Organisationsreglement der FIFA.

C. Präsident

32 Präsident

1. Der Präsident vertritt rechtlich die FIFA.

2. Er ist im Besonderen verantwortlich für:

a) die Umsetzung der Entscheide des Kongresses und des Exekutivkomitees durch das Generalsekretariat;

b) die Kontrolle der Arbeiten des Generalsekretariats;

c) die Beziehungen zwischen der FIFA und den Konföderationen, Mitgliedern, politischen Instanzen und internationalen Organisationen.

3. Der Präsident hat allein das Recht, die Ein- oder Absetzung des Generalsekretärs vorzuschlagen.

4. Der Präsident führt den Vorsitz beim Kongress, bei allen Sitzungen des Exekutiv- und Dringlichkeitskomitees und der Kommissionen, deren Vorsitzender er ist.

5. Der Präsident stimmt im Exekutivkomitee mit. Bei Stimmengleichheit gibt seine Stimme den Ausschlag.

6. Bei Abwesenheit oder Verhinderung des Präsidenten übernimmt der amtsälteste verfügbare Vizepräsident seine Aufgaben.

7. Die weiteren Kompetenzen des Präsidenten sind im internen Organisationsreglement der FIFA festgehalten.

D. Dringlichkeitskomitee

33 Dringlichkeitskomitee

1. Das Dringlichkeitskomitee behandelt alle Geschäfte, die einer unverzüglichen Erledigung zwischen zwei Sitzungen des Exekutivkomitees bedürfen. Das Komitee besteht aus dem FIFA-Präsidenten und je einem Vertreter der Konföderationen. Die Vertreter werden vom Exekutivkomitee für vier Jahre bestimmt und müssen diesem angehören.

2. Die Sitzungen des Dringlichkeitskomitees werden durch den Präsidenten einberufen. Sollte eine Einberufung innerhalb nützlicher Frist nicht möglich sein, so können Beschlüsse mit anderen Kommunikationsmitteln gefasst werden. Die Beschlüsse sind sofort rechtskräftig. Der Präsident informiert das Exekutivkomitee unverzüglich über die vom Dringlichkeitskomitee getroffenen Entscheide.

3. Die durch das Dringlichkeitskomitee getroffenen Entscheide sind bei der nächsten Sitzung des Exekutivkomitees zu bestätigen.

4. Kann der Präsident an einer Sitzung nicht teilnehmen, wird er durch den amtsältesten verfügbaren Vizepräsidenten vertreten.

5. Ist ein Mitglied verhindert oder befangen, ist der Präsident berechtigt, einen Ersatzmann aus dem Exekutivkomitee zu bezeichnen. Der Ersatzmann muss derselben Konföderation angehören wie das verhinderte oder befangene Mitglied.

E. Ständige Kommissionen

34 Ständige Kommissionen

1. Die Ständigen Kommissionen sind:

a) die Finanzkommission

b) die Interne Audit-Kommission

c) die Organisationskommission für die FIFA Fussball-Weltmeisterschaft™

d) die Organisationskommission für den FIFA Konföderationen-Pokal

e) die Organisationskommission für die Olympischen Fussballturniere

f) die Organisationskommission für die FIFA U-20-Weltmeisterschaft

g) die Organisationskommission für die FIFA U-17-Weltmeisterschaft

h) die Kommission für Frauenfussball und die FIFA Frauen-Weltmeisterschaft

i) die Organisationskommission für die FIFA U-20- und U-17-Frauen-Weltmeisterschaft

j) die Kommission für Futsal und Beach-Soccer

k) die Kommission für Klubfussball

l) die Schiedsrichterkommission

m) die Kommission für Technik und Entwicklung

n) die Medizinische Kommission

o) die Kommission für den Status von Spielern

p) die Kommission für rechtliche Angelegenheiten

q) die Kommission für Fairplay und soziale Verantwortung

r) die Medienkommission

s) die Kommission der Verbände

t) die Fussballkommission

u) die Strategiekommission

v) der Marketing- und Fernsehausschuss

2. Die Vorsitzenden und die Vizevorsitzenden der Ständigen Kommissionen müssen Mitglieder des Exekutivkomitees sein, mit Ausnahme des Vorsitzenden und Vizevorsitzenden der Internen Audit-Kommission, die nicht Mitglieder des Exekutivkomitees sein dürfen.

3. Die Mitglieder der Ständigen Kommissionen werden vom Exekutivkomitee auf Vorschlag der Mitglieder, des FIFA-Präsidenten oder der Konföderationen ernannt. Die Vorsitzenden, Vizevorsitzenden und Mitglieder der Ständigen Kommissionen werden für eine Amtsdauer von vier Jahren ernannt. Eine erneute Ernennung wie eine jederzeitige Abberufung sind möglich.

4. Die Zusammensetzung, die spezifischen Aufgaben und Kompetenzen der einzelnen Kommissionen sind in den entsprechenden Organisationsreglementen festgehalten.

5. Der Vorsitzende vertritt die Kommission und führt die Geschäfte gemäss dem entsprechenden Organisationsreglement.

6. Jede Kommission kann zur Erledigung dringender Aufgaben bei Bedarf ein „Bureau" und/oder einen „Ausschuss" einsetzen.

7. Jede Kommission kann dem Exekutivkomitee Änderungen ihres Reglements vorschlagen.

35 Finanzkommission

Die Finanzkommission überwacht die finanzielle Führung und berät das Exekutivkomitee in finanziellen Fragen und der Vermögensverwaltung. Weiter analysiert sie das vom Generalsekretär erstellte Budget sowie die Jahresrechnungen und unterbreitet diese dem Exekutivkomitee zur Genehmigung.

36 Interne Audit-Kommission

Die Interne Audit-Kommission gewährleistet die Vollständigkeit und Verlässlichkeit der finanziellen Rechnungslegung und überprüft im Auftrag des Exekutivkomitees die Berichte der externen Buchprüfer.

37 Organisationskommission für die FIFA Fussball-Weltmeisterschaft™

Die Organisationskommission für die FIFA Fussball-Weltmeisterschaft™ organisiert nach den Bestimmungen des für diesen Wettbewerb geltenden Reglements, dem Pflichtenheft und dem Veranstaltungsvertrag die FIFA Fussball-Weltmeisterschaft™.

38 Organisationskommission für den FIFA Konföderationen-Pokal

Die Organisationskommission für den FIFA Konföderationen-Pokal organisiert nach den Bestimmungen des für diesen Wettbewerb geltenden Reglements, dem Pflichtenheft und dem Veranstaltungsvertrag den FIFA Konföderationen-Pokal.

39 Organisationskommission für die Olympischen Fussballturniere

Die Organisationskommission für die Olympischen Fussballturniere organisiert nach den Bestimmungen des für diesen Wettbewerb geltenden Reglements und gemäss der Olympischen Charta die Olympischen Fussballturniere.

40 Organisationskommission für die FIFA U-20-Weltmeisterschaft

Die Organisationskommission für die FIFA U-20-Weltmeisterschaft organisiert nach den Bestimmungen des für diesen Wettbewerb geltenden Reglements, dem Pflichtenheft und dem Veranstaltungsvertrag die FIFA U-20-Weltmeisterschaft.

41 Organisationskommission für die FIFA U-17-Weltmeisterschaft

Die Organisationskommission für die FIFA U-17-Weltmeisterschaft organisiert nach den Bestimmungen des für diesen Wettbewerb geltenden Reglements, dem Pflichtenheft und dem Veranstaltungsvertrag die FIFA U-17-Weltmeisterschaft.

42 Kommission für Frauenfussball und die FIFA Frauen-Weltmeisterschaft™

Die Kommission für Frauenfussball und die FIFA Frauen-Weltmeisterschaft™ organisiert nach den Bestimmungen des für diesen Wettbewerb geltenden Reglements, dem Pflichtenheft und dem Veranstaltungsvertrag die FIFA Frauen- Weltmeisterschaft™ und behandelt im Allgemeinen alle im Zusammenhang mit dem Frauenfussball stehenden Fragen.

43 Organisationskommission für die FIFA U-20- und U-17-Frauen-Weltmeisterschaft

Die Organisationskommission für die FIFA U-20- und U-17-Frauen-Weltmeisterschaft organisiert nach den Bestimmungen der für diese Wettbewerbe geltenden Reglemente, den Pflichtenheften und den Veranstaltungsverträgen die FIFA U-20- und die U-17-Frauen-Weltmeisterschaft.

44 Kommission für Futsal und Beach-Soccer

Die Kommission für Futsal und Beach-Soccer organisiert nach den Bestimmungen der für diese Wettbewerbe geltenden Reglemente, den Pflichtenheften und den Veranstaltungsverträgen die FIFA Futsal-Weltmeisterschaft und die FIFA Beach-Soccer-Weltmeisterschaft, verfasst die Spielregeln für Futsal und Beach-Soccer und behandelt im Allgemeinen alle im Zusammenhang mit Futsal und Beach-Soccer stehenden Fragen.

45 Kommission für Klubfussball

Die Kommission für Klubfussball organisiert nach den Bestimmungen des für diesen Wettbewerb geltenden Reglements, dem Pflichtenheft und dem Veranstaltungsvertrag die FIFA Klub-Weltmeisterschaft und erörtert alle im Zusammenhang mit dem Klubfussball stehenden Fragen.

46 Schiedsrichterkommission

Die Schiedsrichterkommission beschäftigt sich mit der Anwendung und Auslegung von Spielregeln und kann dem Exekutivkomitee Vorschläge für die Änderung der Spielregeln unterbreiten. Sie bezeichnet für die Spiele der FIFA-Wettbewerbe die Schiedsrichter und die Schiedsrichterassistenten.

47 Kommission für Technik und Entwicklung

Die Kommission für Technik und Entwicklung beschäftigt sich mit der Analyse der grundlegenden Aspekte der Ausbildung und der technischen Weiterentwicklung des Fussballs.

48 Medizinische Kommission

Die Medizinische Kommission beschäftigt sich mit allen medizinischen Aspekten des Fussballs.

49 Kommission für den Status von Spielern

1. Die Kommission für den Status von Spielern erstellt und überwacht die Einhaltung des Reglements bezüglich Status und Transfer von Spielern und legt den Status der Spieler für die verschiedenen FIFA-Wettbewerbe fest. Ihre Rechtsprechungskompetenz ist im Reglement bezüglich Status und Transfer von Spielern festgehalten.

2. Diese Kommission ist gemäss dem Reglement bezüglich Status und Transfer von Spielern und der Verfahrensordnung für die Kommission für den Status von SpIelern und für die Kammer zur Beilegung von Streitigkeiten weiter für die Arbeit dieser Kammer verantwortlich.

50 Kommission für rechtliche Angelegenheiten
Die Kommission für rechtliche Angelegenheiten beschäftigt sich mit der Analyse der grundlegenden rechtlichen Probleme im Fussball und der Entwicklung der Statuten und Reglemente der FIFA, der Konföderationen und Mitglieder.

51 Kommission für Fairplay und soziale Verantwortung
Die Kommission für Fairplay und soziale Verantwortung befasst sich weltweit mit allen Fragen des Fairplay in und um den Fussball, überwacht die Einhaltung des Fairplay und unterstützt und überwacht das soziale Verhalten aller Teilnehmer am Fussball.

52 Medienkommission
Die Medienkommission beschäftigt sich mit den Arbeitsbedingungen der Medien bei Veranstaltungen der FIFA und pfl egt die Zusammenarbeit mit internationalen Medienorganisationen.

53 Kommission der Verbände
Die Kommission der Verbände beschäftigt sich mit der Beziehung der FIFA zu den Mitgliedern und erarbeitet Vorschläge für eine optimale Zusammenarbeit. Weiter verfolgt die Kommission die Entwicklung der Statuten und Reglemente der FIFA, der Konföderationen und Mitglieder.

54 Fussballkommission
Die Fussballkommission beschäftigt sich mit Fragen des Fussballs, insbesondere mit seiner Struktur und der Beziehung zwischen Klubs, Ligen, Mitgliedern, Konföderationen und der FIFA.

55 Strategiekommission

Die Strategiekommission beschäftigt sich mit den globalen Strategien für den Fussball und seiner politischen, wirtschaftlichen und gesellschaftlichen Stellung.

56 Marketing- und Fernsehausschuss

Der Marketing- und Fernsehausschuss berät das Exekutivkomitee bei der Ausarbeitung und Umsetzung der Verträge zwischen der FIFA und den Marketing- und Fernsehpartnern und analysiert die ausgearbeiteten Marketing- und Fernsehstrategien.

VI. Rechtsorgane und Disziplinarmassnahmen

57 Rechtsorgane

1. Die Rechtsorgane der FIFA sind:
a) die Disziplinarkommission
b) die Berufungskommission
c) die Ethikkommission

2. Zuständigkeit und Verfahren dieser Organe sind im FIFA-Disziplinarreglement sowie im FIFA-Ethikreglement festgehalten.

3. Die Rechtsprechungskompetenz von bestimmten Kommissionen bleibt vorbehalten.

58 Disziplinarkommission

1. Die Disziplinarkommission setzt sich aus einem Vorsitzenden, einem Vizevorsitzenden und der als notwendig erachteten Anzahl von Mitgliedern zusammen. Der Vorsitzende und der Vizevorsitzende müssen über eine juristische Ausbildung verfügen.

2. Die Kommission handelt nach dem FIFA-Disziplinarreglement. Sie entscheidet in Anwesenheit von mindestens drei Mitgliedern. In besonderen Fällen kann der Vorsitzende alleine entscheiden.

3. Die Disziplinarkommission kann gegen Mitglieder, Klubs, Offizielle, Spieler, Spielvermittler und Spielervermittler die in den Statuten und dem FIFA-Disziplinarreglement festgehaltenen Sanktionen aussprechen.

4. Vorbehalten bleibt die disziplinarische Kompetenz des Kongresses und des Exekutivkomitees in Bezug auf die Suspension und den Ausschluss von Mitgliedern.

59 Disziplinarmassnahmen

Die Disziplinarmassnahmen sind im Besonderen:

1. Gegen natürliche und juristische Personen:

a) Ermahnung

b) Verweis

c) Geldstrafe

d) Rückgabe von Preisen

2. Gegen natürliche Personen:

a) Verwarnung

b) Feldverweis

c) Spielsperre

d) Verbot, Umkleideräume zu betreten und/oder auf der Ersatzbank Platz zu nehmen

e) Stadionverbot

f) Verbot jeglicher im Zusammenhang mit dem Fussball stehender Tätigkeit

3. Gegen juristische Personen:

a) Transfersperre

b) Austragung eines Spiels unter Ausschluss der Öffentlichkeit

c) Austragung eines Spiels auf neutralem Platz

d) Sperre eines Stadions

e) Annullierung eines Spielergebnisses

f) Ausschluss

g) Forfait-Niederlage

h) Abzug von Punkten

i) Zwangsabstieg in eine tiefere Spielklasse

4. Das Exekutivkomitee erlässt das FIFA-Disziplinarreglement.

60 Berufungskommission

1. Die Berufungskommission setzt sich aus einem Vorsitzenden, einem Vizevorsitzenden und der als notwendig erachteten Anzahl Mitglieder zusammen. Der Vorsitzende und der Vizevorsitzende müssen über eine juristische Ausbildung verfügen.

2. Die Kommission handelt nach dem FIFA-Disziplinarreglement. Sie entscheidet in Anwesenheit von mindestens drei Mitgliedern. In besonderen Fällen kann der Vorsitzende alleine entscheiden.

3. Die Berufungskommission ist für die Behandlung von Berufungen gegen Entscheide der Disziplinarkommission zuständig, die die Reglemente der FIFA nicht als endgültig bezeichnen.

4. Die Entscheide der Berufungskommission sind endgültig und für alle betroffenen Parteien verbindlich. Vorbehalten bleibt die Berufung beim Court of Arbitration for Sport (CAS).

61 Ethikkommission

1. Die Ethikkommission setzt sich aus einem Vorsitzenden, einem Vizevorsitzenden und der als notwendig erachteten Anzahl von Mitgliedern zusammen.

2. Die Ethikkommission handelt nach dem Ethikreglement der FIFA, das vom FIFA-Exekutivkomitee erlassen wird.

VII. Schiedsgerichtsbarkeit

62 Court of Arbitration for Sport (CAS)

1. Die FIFA anerkennt das CAS (Court of Arbitration for Sport) mit Sitz in Lausanne (Schweiz) als unabhängiges Schiedsgericht bei Streitigkeiten zwischen der FIFA, den Mitgliedern, den Konföderationen, Ligen, Klubs, Spielern, Offiziellen und lizenzierten Spiel- und Spielervermittlern.

2. Für das Schiedsgerichtsverfahren gelten die Bestimmungen des Reglements für das Schiedsverfahren des CAS. Das CAS soll in erster Linie die verschiedenen Reglemente der FIFA sowie ergänzend das Schweizer Recht anwenden.

63 Zuständigkeit des CAS

1. Berufungen gegen letztinstanzliche Entscheide der FIFA, insbesondere der Rechtsorgane, sowie auch gegen Entscheide der Konföderationen, der Mitglieder oder der Ligen, müssen innerhalb von 21 Tagen nach Bekanntgabe des anzufechtenden Entscheids beim CAS eingereicht werden.

2. Das CAS kann nur angerufen werden, wenn alle anderen internen Instanzen ausgeschöpft wurden.

3. Das CAS behandelt keine Berufungen im Zusammenhang mit:

a) Verstössen gegen die Spielregeln;

b) Sperren bis vier Spiele oder bis drei Monate (Dopingentscheide ausgenommen);

c) Entscheide, gegen die eine Berufung an ein unabhängiges und ordnungsgemäss einberufenes Schiedsgericht, das nach den Regeln eines Verbands oder einer Konföderation anerkannt ist, möglich ist.

4. Die Berufung hat keine aufschiebende Wirkung. Das zuständige Entscheidungsorgan der FIFA oder ersatzweise das CAS können der Berufung aber aufschiebende Wirkung zukommen lassen.

5. Gegen verbandsintern endgültige Entscheide in Dopingangelegenheiten der Konföderationen, der Mitglieder oder der Ligen gemäss Abs. 1 und 2 steht der FIFA ein Berufungsrecht beim CAS zu.

6. Gegen verbandsintern endgültige Entscheide in Dopingangelegenheiten der FIFA, der Konföderationen, der Mitglieder oder der Ligen gemäss Abs. 1 und 2 steht der Welt-Anti-Doping-Agentur (WADA) ein Berufungsrecht beim CAS zu.

7. Verbandsintern endgültige Entscheide in Dopingangelegenheiten der Konföderationen, der Mitglieder oder der Ligen werden der FIFA und der WADA von der entscheidenden Instanz umgehend zugestellt. Die Berufungsfrist für die FIFA oder die WADA beginnt mit Zugang des verbandsintern endgültigen Entscheids in einer der offiziellen FIFA-Sprachen bei der FIFA bzw. der WADA.

64 Verpflichtung

1. Die Konföderationen, Mitglieder und Ligen verpflichten sich, das CAS als unabhängige richterliche Instanz anzuerkennen und dafür zu sorgen, dass sich ihre Mitglieder sowie die ihnen angeschlossenen Spieler und Offiziellen den Entscheiden des CAS fügen. Dasselbe gilt für lizenzierte Spiel- und Spielervermittler.

2. Der ordentliche Rechtsweg ist ausgeschlossen, mit Ausnahme der in den FIFA-Reglementen ausdrücklich vorbehaltenen Fälle.

3. Die Verbände sind verpflichtet, in ihre Statuten oder Reglemente eine Bestimmung aufzunehmen, wonach es bei Streitigkeiten innerhalb des Verbands oder bei Streitigkeiten, die die

Ligen, Mitglieder der Ligen, Klubs, Mitglieder der Klubs, Spieler, Offizielle und weitere Verbandsangehörige betreffen, verboten ist, an staatliche Gerichte zu gelangen, soweit die FIFA-Reglemente oder zwingende Gesetzesvorschriften die Anrufung staatlicher Gerichte nicht ausdrücklich vorsehen oder vorschreiben. Anstelle staatlicher Gerichte ist eine Schiedsgerichtsbarkeit vorzusehen. Die genannten Streitigkeiten sind einem unabhängigen und ordnungsgemäss einberufenen Schiedsgericht, das nach den Regeln eines Verbands oder einer Konföderation anerkannt ist, oder dem CAS vorzulegen. Die Verbände sind zudem verpflichtet, dafür zu sorgen, dass diese Regelung innerhalb des Verbands, sofern nötig durch Überbindungsverpflichtung, vorgesehen ist. Sie haben die Betroffenen bei Nichteinhaltung der Verpflichtung zu sanktionieren und vorzusehen, dass Berufungen gegen solche Sanktionen unter Ausschliessung staatlicher Gerichtsbarkeit ebenfalls grundsätzlich und in gleicher Weise der Schiedsgerichtsbarkeit unterstellt sind.

VIII. Anerkennung von FIFA-Entscheiden

65 Grundsatz

1. Die Konföderationen, Mitglieder und Ligen verpflichten sich, Entscheide der zuständigen FIFA-Instanzen, gegen die gemäss den vorliegenden Statuten nicht Berufung eingelegt werden kann, als endgültig anzuerkennen.

2. Sie verpflichten sich, alle Vorkehrungen zu treffen, damit ihre Mitglieder sowie die ihnen angeschlossenen Spieler und Offi ziellen diese Entscheide anerkennen.

3. Dasselbe gilt für lizenzierte Spiel- und Spielervermittler.

66 Sanktionen

Verletzungen der vorstehenden Vorschriften werden in Übereinstimmung mit dem FIFA-Disziplinarreglement geahndet.

IX. Generalsekretariat

67 Generalsekretariat

Das Generalsekretariat erledigt unter der Leitung des Generalsekretärs alle administrativen Geschäfte der FIFA.

68 Generalsekretär

1. Der Generalsekretär ist der Geschäftsführer des Generalsekretariats.

2. Seine Anstellung erfolgt aufgrund eines dem Privatrecht unterliegenden Vertrags.

3. Er ist verantwortlich für:

a) die Ausführung der Beschlüsse des Kongresses und des Exekutivkomitees gemäss den Vorgaben des Präsidenten;

b) die Verwaltung und getreue Buchführung der FIFA;

c) die Erstellung der Protokolle der Sitzungen des Kongresses, des Exekutivkomitees, des Dringlichkeitskomitees, der Ständigen sowie der Ad-hoc-Kommissionen;

d) die Korrespondenz der FIFA;

e) die Beziehungen zu den Konföderationen, Mitgliedern und Kommissionen;

f) die Organisation des Generalsekretariats;

g) die Anstellung und Entlassung des Personals des Generalsekretariats.

h) die Unterzeichnung von Entscheidungen im Auftrag der FIFA-Kommissionen, soweit in den entsprechenden Reglementen keine anderweitige Regelung vorgesehen ist.

4. Die leitenden Angestellten (Direktoren) des Generalsekretariats werden vom Präsidenten auf Vorschlag des Generalsekretärs ernannt.

X. Finanzen

69 Geschäftsperiode

1. Die Geschäftsperiode der FIFA beträgt vier Jahre und beginnt an jedem 1. Januar, der auf die Endrunde der FIFA Fussball-Weltmeisterschaft™ folgt.

2. Die Einnahmen und Ausgaben der FIFA sind, über die Geschäftsperiode gerechnet, ausgeglichen zu gestalten. Mit der

Bildung von Reserven ist die zukünftige Erfüllung der wichtigsten Aufgaben zu garantieren.

3. Der Generalsekretär ist für die Erstellung von jährlichen konsolidierten Jahresrechnungen der FIFA mit ihren Tochtergesellschaften auf den 31. Dezember verantwortlich.

70 Buchprüfungsstelle

Die Buchprüfungsstelle prüft die von der Finanzkommission genehmigte Rechnung und erstellt einen Bericht, der dem Kongress vorgelegt wird. Die Buchprüfungsstelle wird für vier Jahre bezeichnet. Das Mandat kann erneuert werden.

71 Jahresbeitrag

1. Der Jahresbeitrag wird jeweils am 1. Januar jedes Jahres zur Zahlung fällig. Neu aufgenommene Mitglieder haben den Mitgliederbeitrag 30 Tage nach Ende des Kongresses zu bezahlen, der sie aufgenommen hat.

2. Die Höhe des Jahresbeitrags wird alle vier Jahre auf Vorschlag des Exekutivkomitees durch den Kongress festgesetzt. Der Jahresbeitrag ist für alle Mitglieder gleich und beträgt höchstens USD 1000.

72 Verrechnung

Die FIFA kann ihre Forderungen mit den Guthaben von Mitgliedern verrechnen.

73 Abgaben

1. Die Mitglieder schulden der FIFA von allen Länderspielen zwischen zwei A-Verbandsmannschaften eine Abgabe. Unter den Begriff Länderspiele fallen auch die Spiele, die im Rahmen der Olympischen Fussballturniere ausgetragen werden. Die Abgabe wird gemäss den Bestimmungen in den Ausführungsbestimmungen zu diesen Statuten auf der Grundlage der Bruttoeinnahmen berechnet und ist vom Mitglied zu bezahlen, in dessen Land die Partie gespielt wird.

2. Die Konföderationen können unabhängig von der FIFA eine Abgabe verlangen. Einzelheiten regeln die Statuten oder Reglemente der Konföderationen.

XI. Rechte an Wettbewerben und Veranstaltungen

74 Rechte

1. Die FIFA, ihre Mitglieder und die Konföderationen sind ohne inhaltliche, zeitliche, örtliche und rechtliche Einschränkung originäre Eigentümer aller Rechte, die an den Wettbewerben und sonstigen Veranstaltungen, die in ihren Zuständigkeitsbereich fallen, entstehen können. Zu diesen Rechten gehören insbesondere Vermögensrechte aller Art, audiovisuelle und hörfunktechnische Aufnahme-, Wiedergabe- und Ausstrahlungsrechte, multimediale Rechte, Marketing- und Promotionsrechte und Immaterialgüterrechte wie Kennzeichen- und Urheberrechte.

2. Das Exekutivkomitee entscheidet über die Art und Weise der Verwertung und über den Umfang der Nutzung dieser Rechte und erlässt zu diesem Zweck spezielle Bestimmungen. Das Exekutivkomitee entscheidet, ob es diese Rechte alleine, zusammen mit Dritten oder durch Dritte verwerten lassen will.

75 Bewilligung

1. Die FIFA, ihre Mitglieder und die Konföderationen sind für Fussballspiele und Veranstaltungen, die in ihren Zuständigkeitsbereich fallen, ausschliesslich zuständig, die Verbreitung mittels Bild- und Ton- und anderer Datenträger zu bewilligen, und dies ohne inhaltliche, zeitliche, örtliche, technische und rechtliche Beschränkungen der Verbreitung.

2. Das Exekutivkomitee erlässt hierzu ein spezielles Reglement.

XII. Wettbewerbe

A. Endrunden von FIFA-Wettbewerben

76 Austragungsort

1. Der Austragungsort der Endrunden der durch die FIFA organisierten Wettbewerbe wird durch das Exekutivkomitee bestimmt. Die Turniere dürfen in der Regel nicht zweimal nacheinander auf dem gleichen Kontinent stattfinden. Das Exekutivkomitee erlässt diesbezüglich Richtlinien.

2. Das Reglement der FIFA Fussball-Weltmeisterschaft™ legt einen Betrag der Bruttogesamteinnahmen fest, der für Entwicklungszwecke einzusetzen ist.

B. Internationale Spiele und Wettbewerbe

77 Internationaler Spielkalender

Das Exekutivkomitee legt nach Rücksprache mit den Konföderationen einen internationalen Spielkalender fest, der für die Konföderationen, Mitglieder und Ligen verbindlich ist.

78 Internationale Spiele und Wettbewerbe

1. Das Exekutivkomitee ist für den Erlass von Bestimmungen für die Organisation internationaler Spiele und Wettbewerbe zwischen Verbandsmannschaften und zwischen Ligen und/oder Klubmannschaften zuständig. Solche Spiele oder Wettbewerbe können nicht ohne vorangehende Zustimmung der FIFA stattfinden.

2. Das Exekutivkomitee kann weitere technische Bestimmungen erlassen.

79 Kontakte

1. Für Spiele oder sportliche Kontakte der Mitglieder mit Verbänden, die nicht Mitglieder der FIFA oder provisorische Mitglieder der Konföderationen sind, oder deren Klubs ist die Zustimmung der FIFA notwendig.

2. Spiele gegen Mannschaften, deren Spieler nicht einem Klub oder einer einem Mitglied angeschlossenen Liga angehören, sind nicht erlaubt.

3. Die Mitglieder und deren Klubs dürfen nur im Gebiet eines anderen Mitglieds spielen, falls dessen Bewilligung vorliegt.

80 Bewilligung

Verbände, Ligen oder Klubs, die einem Mitglied angeschlossen sind, können sich nur unter aussergewöhnlichen Umständen einem anderen Mitglied anschliessen oder an seinen Wettbewerben auf seinem Gebiet teilnehmen. In jedem Fall haben das bisherige und das zukünftige Mitglied sowie die FIFA dazu die Genehmigung zu erteilen.

XIII. Schlussbestimmungen

81 Unvorhergesehene Fälle und höhere Gewalt

Das Exekutivkomitee entscheidet endgültig über alle in diesen Statuten nicht vorgesehenen Fälle und im Falle höherer Gewalt.

82 Auflösung

Im Falle einer Auflösung der FIFA ist das Vermögen dem obersten Gericht des Landes, in dem sich der Sitz befindet, zu übergeben. Dieses verwaltet das Vermögen bis zur Neugründung der FIFA als „bonus pater familiae".

83 Inkrafttreten

Die vorliegenden Statuten wurden vom Kongress am 10. Juni 2010 in Johannesburg angenommen und treten am 10. August 2010 in Kraft.

Ausführungsbestimmungen zu den Statuten

1 Aufnahmegesuch

1. Die FIFA prüft das eingegangene Aufnahmegesuch auf Vollständigkeit und leitet es an die zuständige Konföderation weiter.

2. Die Konföderation entscheidet nach ihren Statuten über eine vorläufige Aufnahme des Verbands und beobachtet während mindestens zweier Jahre dessen Funktionsweise.

3. Sie erstellt zuhanden der FIFA einen ausführlichen Schlussbericht, der über die Funktionsweise des Verbands Auskunft gibt.

4. Das Exekutivkomitee regelt die Einzelheiten des Aufnahmeverfahrens in einem speziellen Reglement.

2 Konföderationen

1. Das Exekutivkomitee entscheidet aufgrund des Schlussberichts der Konföderationen, ob der Verband die Voraussetzungen für die Aufnahme in die FIFA erfüllt.

2. Sind die Voraussetzungen für eine Aufnahme erfüllt, hat der nächste Kongress über eine Aufnahme oder Nicht-Aufnahme des Verbands zu entscheiden.

3 Internationale Spiele

1. Die FIFA anerkennt als internationale Spiele alle Begegnungen, die zwischen zwei Mitgliedern der FIFA ausgetragen werden und die zum betreffenden Spiel mit einer Verbandsmannschaft antreten.

2. Ein A-Länderspiel ist eine Begegnung zwischen zwei Mitgliedern der FIFA, die zu diesem Spiel mit ihrer ersten Verbandsmannschaft antreten.

3. Die in den Spielen für die Verbandsmannschaften verwendeten Namen müssen diejenigen sein, die die Länder oder Gebiete der Mitglieder politisch und geografisch bezeichnen und in denen sie ausschliesslich ihre Kontrolle und Rechtsprechung ausüben.

4. Gestattet ein Mitglied einer seiner Ligen, eine Mannschaft auszuwählen, die den Namen des betreffenden Landes trägt, wird das Spiel im Sinne des vorstehenden Abs. 1 als Länderspiel betrachtet.

4 Interklub- und Interligen-Spiele

1. Ein Interklub-Spiel ist die Begegnung zwischen zwei Klubs, die verschiedenen Mitgliedern angehören können. Eine solche Partie wird jedoch nicht als Länderspiel anerkannt.

2. Ein Interligen-Spiel ist die Begegnung zwischen Mannschaften zweier Ligen, die verschiedenen Mitgliedern angehören können. Eine solche Partie wird jedoch nicht als Länderspiel anerkannt. Vorbehalten bleibt der in Art. 3 Abs. 4 vorgesehene Fall.

5 Meldung

1. Die organisierenden Mitglieder sind verpflichtet, dem Generalsekretariat der FIFA sämtliche A-Verbandsmannschaftsspiele, einschliesslich der Freundschaftsspiele sowie der Begegnungen, die im Rahmen eines Turniers oder anderer Veranstaltungen mit Fussballspielen ausgetragen werden, innerhalb von 14 Tagen nach ihrer Vereinbarung zu melden. Eine solche Meldung hat in jedem Fall spätestens 48 Stunden vor dem vorgesehenen Austragungsdatum des Spiels zu erfolgen.

2. Für Spiele, die nach Ablauf dieser Frist gemeldet werden, ist der FIFA eine Geldstrafe von USD 700 zu entrichten. Spiele, die überhaupt nicht gemeldet wurden, werden mit einer Geldstrafe von USD 1500 geahndet. Diese Strafen sind innerhalb von zehn Tagen nach Erhalt des Entscheids der FIFA zahlbar.

6 Bericht

1. Innerhalb von 14 Tagen nach Austragung eines A-Länderspiels muss der Generalsekretär des Mitglieds, auf dessen Gebiet das Spiel stattgefunden hat, dem Generalsekretariat der FIFA auf dem entsprechenden Formular das Ergebnis des Spiels, die Namen und Vornamen des Schiedsrichters und der Schiedsrichterassistenten sowie die Namen, Vornamen und den Status der Spieler und Ersatzleute der beiden Mannschaften mitteilen. Dieses Formular muss vollständig ausgefüllt und unterzeichnet werden.

2. Wird das erwähnte Formular verspätet eingereicht, ist der FIFA eine Geldstrafe von USD 100 zu entrichten. Wird das Formular überhaupt nicht zurückgeschickt, beträgt die Geldstrafe USD 700. Diese Geldstrafen sind innerhalb von zehn Tagen nach Erhalt des Entscheids der FIFA zahlbar. Im Wiederholungsfalle kann das Exekutivkomitee diesen Betrag erhöhen.

7 Registrierung

1. Alle A-Länderspiele werden zusammen mit den Resultaten in eine von der FIFA geführte offizielle Liste eingetragen.

2. Spiele zwischen zwei Mitgliedern werden nicht in diese offizielle Liste eingetragen, wenn ein Mitglied dies spätestens 48 Stunden vor Austragung der Partie der FIFA und dem anderen Mitglied mitteilt. Die Abgabe, die der FIFA aufgrund der Statuten für A-Länderspiele zusteht, ist jedoch auch in diesem Fall zu entrichten.

8 Genehmigung

1. Ohne die ausdrückliche Genehmigung der betroffenen Mitglieder darf kein Interklub- oder Interligen-Spiel zwischen Mannschaften von verschiedenen Mitgliedern ausgetragen werden. Die Mitglieder müssen in ihren eigenen Reglementen die Frist bezeichnen, innerhalb der die Klubs die vorgeschriebene Genehmigung einzuholen haben, und entsprechende Sanktionen für Vergehen gegen diese Bestimmungen vorsehen.

2. Ein Mitglied muss die betroffenen Mitglieder über alle Spiele informieren, von denen er Kenntnis erhalten hat und von denen er weiss, dass sie in den Zuständigkeitsbereich der anderen Mitglieder fallen und für die die Genehmigung nicht eingeholt oder nicht erteilt worden ist.

3. Gemischte Mannschaften, bestehend aus Spielern, die nicht demselben Klub oder Verband angehören, dürfen nur mit der Erlaubnis der betroffenen Mitglieder und der Konföderation, auf deren Gebiet das Spiel stattfindet, gegen Klubs, Verbandsmannschaften oder ähnliche Mannschaften antreten. Gehören die Spieler Klubs oder Mitgliedern verschiedener Konföderationen an, ist eine Genehmigung der FIFA notwendig.

9 Genehmigung

1. Jedes Turnier, an dem mehr als zwei Regional- oder Verbandsmannschaften (Klub- oder Auswahlmannschaften) teilnehmen, die verschiedenen Mitgliedern angehören, muss von der Konföderation, auf deren Gebiet das Turnier gespielt werden soll, bewilligt werden. Wenn eine oder mehrere der teilnehmenden Mannschaften einer anderen Konföderation angehören, ist die Genehmigung der FIFA notwendig.

2. Die nötigen Bewilligungsgesuche müssen vom Mitglied, auf dessen Gebiet das Turnier stattfinden soll, mindestens zwei Monate vor dem gewünschten Austragungsdatum eingereicht werden.

3. Zusammen mit dem Bewilligungsgesuch ist eine Liste der Mannschaften, deren Teilnahme am Turnier vorgesehen ist, sowie das von der Turnierleitung erstellte Reglement einzureichen.

4. Wenn ein Turnier auf dem Gebiet eines Mitglieds ausgetragen wird, ohne dass dieses ein entsprechendes Gesuch gestellt hat, werden gegen das fehlbare Mitglied Sanktionen gemäss den Disziplinarbestimmungen der zuständigen Konföderation sowie gegebenenfalls der FIFA ausgesprochen.

10 Abgaben

1. Die FIFA hat Anrecht auf eine Abgabe von zwei Prozent auf allen Spielen, die zwischen zwei A-Verbandsmannschaften ausgetragen werden (gemäss Statuten). Dazu gehören auch die Spiele, die im Rahmen von Turnieren oder Veranstaltungen stattfinden, bei denen Fussball eine Disziplin ist. Jugendturniere sind von dieser Bestimmung ausgenommen.

2. Diese Abgabe wird aufgrund der Bruttoeinnahmen des Spiels berechnet (Einnahmen aus dem Verkauf von Eintrittskarten, den Werberechten, den Rechten für Rundfunk- und Fernsehübertragung, den Film- und Videorechten usw.).

3. Von den Bruttoeinnahmen dürfen einzig die tatsächlich entrichteten Staats- und Gemeindesteuern (nicht aber die Spesen für Geldwechsel und Überweisung) sowie gegebenenfalls Kosten für die Miete des Stadions in Abzug gebracht werden. Der Gesamtbetrag der Abzüge darf jedoch 30 Prozent der Bruttoeinnahmen nicht überschreiten.

4. Für Mitglieder einer Konföderation gelten die Bestimmungen des ersten Absatzes dieses Artikels, vorbehaltlich folgender Vorschriften:

a) Für Spiele zwischen Verbandsmannschaften zweier Mitglieder der gleichen Konföderation, die ihre Begegnung auf dem Gebiet ihrer Konföderation austragen, ist der FIFA nur eine Abgabe von einem Prozent zu entrichten; das andere Prozent geht direkt an die betroffene Konföderation.

b) Für Spiele zwischen zwei Verbandsmannschaften, die verschiedenen Konföderationen angehören und die ihre Begegnung auf dem Gebiet einer der beteiligten Konföderationen austragen, ist die Abgabe von zwei Prozent an die FIFA zu entrichten. Die FIFA wird den Konföderationen davon je ein halbes Prozent weiterleiten.

11 Abrechnung

1. Für jedes abgabepflichtige Spiel muss das Mitglied, auf dessen Gebiet das Spiel ausgetragen wurde, eine ausführliche Abrechnung erstellen.

2. Diese Abrechnung gibt Aufschluss über die die Gesamteinnahmen betreffenden Posten sowie über die Steuern und Kosten, die in Abzug gebracht wurden.

3. Sowohl die Abrechnung als auch der aufgrund der Bestimmungen zu entrichtende Abgabebetrag sind innerhalb von 60 Tagen vom Austragungsdatum des Spiels an gerechnet an die FIFA zu überweisen.

4. Die Nichtbefolgung dieser Vorschriften zieht die Verhängung einer in den FIFA-Statuten aufgeführten Sanktion nach sich.

12 Mindestbetrag

Ungeachtet des finanziellen Ergebnisses des Spiels müssen mindestens USD 400 an die FIFA überwiesen werden.

13 Spielvermittler

1. Für die Organisation von Spielen dürfen Spielvermittler hinzugezogen werden.

2. Für die Organisation von Spielen zwischen Mannschaften, die derselben Konföderation angehören, müssen die beauftragten Spielvermittler von der betreffenden Konföderation offiziell anerkannt (lizenziert) sein. Die Konföderationen erlassen entsprechende Bestimmungen.

3. Für die Organisation von Spielen zwischen Mannschaften von verschiedenen Konföderationen müssen die beauftragten Spielvermittler Inhaber einer FIFALizenz sein. Das Exekutivkomitee erlässt entsprechende Bestimmungen.

4. Damit die FIFA die Einhaltung der Verpflichtungen zwischen Spielvermittlern und den mit ihnen vertraglich gebundenen Mannschaften gewährleisten kann, müssen folgende Voraussetzungen erfüllt sein:

a) Am Spiel oder Turnier, das einen Rechtsstreit zur Folge hat, nehmen Mannschaften aus verschiedenen Konföderationen teil.

b) Der Spielvermittler, der in diesen Rechtsstreit verwickelt ist, besitzt eine FIFA-Lizenz.

14 Spielervermittler

Die Spieler dürfen bei Transfers Vermittler beiziehen. Die Tätigkeit als Spielervermittler setzt den Besitz einer Lizenz voraus. Das Exekutivkomitee erlässt entsprechende Bestimmungen.

15 Grundsatz

1. Jede Person, die die dauerhafte Staatsbürgerschaft eines Landes besitzt, die nicht an den Wohnsitz geknüpft ist, ist als Spieler für die Verbandsmannschaft des betreffenden Landes spielberechtigt.

2. Ein Spieler, der von einem Verband in einem Länderspiel im Rahmen eines offiziellen Wettbewerbs irgendeiner Kategorie und irgendeiner Fussballart eingesetzt wurde (Voll- oder Teileinsatz), kann unter Vorbehalt der Ausnahmeregelungen gemäss nachfolgendem Art. 18 nicht mehr in einem Länderspiel für eine Verbandsmannschaft eines anderen Verbands eingesetzt werden.

16 Staatsbürgerschaften, die Spieler berechtigen für mehr als einen Verband zu spielen

1. Ein Spieler, der gemäss Art. 15 aufgrund seiner Staatsbürgerschaft für mehr als einen Verband spielberechtigt ist, darf nur dann in einem Länderspiel einer Verbandsmannschaft einer dieser Verbände eingesetzt werden, wenn er zusätzlich zum Besitz der entsprechenden Staatsbürgerschaft mindestens eine der folgenden Bedingungen erfüllt.

a) Der Spieler wurde auf dem Gebiet des betreffenden Verbands geboren;

b) die leibliche Mutter oder der leibliche Vater des Spielers wurde auf dem Gebiet des betreffenden Verbands geboren;

c) die Grossmutter oder der Grossvater des Spielers wurde auf dem Gebiet des betreffenden Verbands geboren;

d) der Spieler war während mindestens zweier Jahre ununterbrochen auf dem Gebiet des betreffenden Verbands wohnhaft.

2. Ungeachtet von Abs. 1 dieses Artikels können Verbände, deren Mitglieder die gleiche Staatsbürgerschaft aufweisen, eine Vereinbarung treffen, wonach lit. d dieses Artikels entweder ganz gestrichen oder insofern abgeändert wird, als eine längere Zeitspanne festgelegt wird. Eine solche Vereinbarung muss dem FIFA-Exekutivkomitee vorgelegt und von diesem genehmigt werden.

17 Annahme einer neuen Staatsbürgerschaft

Ein Spieler, der gestützt auf Art. 15 Abs. 1 eine neue Staatsbürgerschaft annimmt und gemäss Art. 15 Abs. 2 noch nicht international Fussball gespielt hat, ist für die neue Verbandsmannschaft nur spielberechtigt, wenn er eine der folgenden Voraussetzungen erfüllt:

a) Der Spieler wurde auf dem Gebiet des betreffenden Verbands geboren;

b) die leibliche Mutter oder der leibliche Vater des Spielers wurde auf dem Gebiet des betreffenden Verbands geboren;

c) die Grossmutter oder der Grossvater des Spielers wurde auf dem Gebiet des betreffenden Verbands geboren;

d) der Spieler war nach seinem 18. Geburtstag während mindestens fünf Jahren ununterbrochen auf dem Gebiet des betreffenden Verbands wohnhaft.

18 Wechsel des Verbands

1. Besitzt ein Spieler mehrere Staatsbürgerschaften, erhält ein Spieler eine andere Staatsbürgerschaft oder ist er aufgrund seiner Staatsbürgerschaft für mehrere Verbände spielberechtigt, so steht diesem unter den nachfolgenden Voraussetzungen das einmalige Recht zu, die Spielberechtigung für Länderspiele eines anderen Verbands, dessen Staatsbürgerschaft er besitzt, zu erlangen.

a) Das Wechselrecht kann nur beansprucht werden, wenn der Spieler von seinem heutigen Verband noch in keinem A-Länderspiel eines offiziellen Wettbewerbs eingesetzt wurde (Voll- oder Teileinsatz) und er zum Zeitpunkt des ersten Voll- oder Teileinsatzes in einem Länderspiel in einem offiziellen Wettbewerb seines bisherigen Verbands bereits im Besitz der Staatsbürgerschaft des Verbands war, für dessen Verbandsmannschaft er die Spielberechtigung erlangen will.

b) Ein Spieler, der den Verband wechselt, darf für seinen neuen Verband nicht in einem Wettbewerb eingesetzt werden, in dem er bereits für seinen ehemaligen Verband gespielt hat.

2. Ein Spieler, der die Staatsbürgerschaft des Landes, für dessen Verband er in einem Länderspiel gemäss Art. 15 Abs. 2 eingesetzt wurde, durch Beschluss einer zuständigen staatlichen Behörde definitiv und ohne oder gegen seinen Willen verliert, hat das Recht, die Spielberechtigung für Länderspiele eines anderen Verbands, dessen Staatsbürgerschaft er besitzt oder erhalten hat, zu erlangen.

3. Ein Spieler, der ein Wechselrecht gemäss Art. 1 oder 2 dieses Artikels besitzt, hat über das FIFA-Generalsekretariat ein schriftliches und begründetes Gesuch einzureichen. Die Kommission für den Status von Spielern entscheidet über das eingereichte Gesuch. Das Verfahren richtet sich nach der Verfahrensordnung für die Kommission für den Status von Spielern und für die Kammer zur Beilegung von Streitigkeiten. Nach der Einreichung des Gesuchs ist der Spieler bis zur Verfahrenserledigung für keine Verbandsmannschaft spielberechtigt.

19 Grundsatz von Auf- und Abstieg

1. Die Berechtigung zur Teilnahme eines Klubs an einer nationalen Meisterschaft hat primär aufgrund rein sportlicher Resultate zu erfolgen. Die sportliche Qualifikation für eine bestimmte nationale Meisterschaft wird regelmässig durch Verbleib, Aufstieg oder Abstieg am Ende einer Spielzeit erreicht.

2. Neben der sportlichen Qualifikation kann die Teilnahme eines Klubs an einer nationalen Meisterschaft von der Erfüllung weiterer Kriterien im Rahmen eines Lizenzierungsverfahrens abhängig gemacht werden. Dabei haben sportliche, infrastrukturelle, administrative, rechtliche und finanzielle Kriterien im Vordergrund zu stehen. Lizenzierungsentscheide müssen innerhalb des Mitglieds von einer Rechtsmittelinstanz überprüft werden können.

3. Massnahmen, die darauf ausgerichtet sind, eine sportliche Qualifikation und/oder eine Lizenzerteilung für eine nationale Meisterschaft durch Änderung in der Rechtsform oder Veränderung in der gesellschaftsrechtlichen Struktur zulasten der Integrität des sportlichen Wettbewerbs zu begünstigen, sind zu untersagen. Dabei kann es sich z. B. um Sitzwechsel, Namensänderung oder Änderung von Beteiligungsverhältnissen, allenfalls im Zusammenspiel zwischen zwei Klubs, handeln. Untersagungsentscheide müssen innerhalb des Mitglieds von einer Rechtsmittelinstanz überprüft werden können.

4. Die Mitglieder entscheiden nationale Angelegenheiten, die nicht an die Ligen delegiert werden dürfen. Die Konföderationen entscheiden Angelegenheiten, die in ihrem Gebiet mehr als ein Mitglied betreffen. Die FIFA entscheidet internationale Angelegenheiten, die mehr als eine Konföderation betreffen.

20 Änderungen der Spielregeln

1. Die FIFA teilt den Mitgliedern innerhalb eines Monats nach der ordentlichen Jahresversammlung des IFAB die neu erlassenen Änderungen und Beschlüsse bezüglich der Spielregeln mit.

2. Die Mitglieder setzen diese Änderungen und Beschlüsse spätestens ab dem der Sitzung des IFAB folgenden 1. Juli in Kraft. Ausnahmeregelungen sind nur für Mitglieder möglich, deren Spielzeit zu diesem Zeitpunkt noch nicht abgeschlossen ist.

3. Die Mitglieder können die durch den IFAB verfügten Änderungen und Beschlüsse unmittelbar nach deren Erlass anwenden.

21 Auswahl

1. Jeder Schiedsrichter und Schiedsrichterassistent, der ein internationales Spiel leitet, muss einem neutralen Mitglied angehören; es sei denn, die betreffenden Mitglieder einigen sich vor dem Spiel auf eine andere Lösung.

2. Der für ein internationales Spiel ausgewählte Schiedsrichter und die Schiedsrichterassistenten müssen auf der offiziellen FIFA-Liste der internationalen Schiedsrichter und Schiedsrichterassistenten aufgeführt sein.

22 Bericht

1. Die Schiedsrichter aller internationalen A-Spiele haben der FIFA und dem Mitglied, auf dessen Gebiet das Spiel ausgetragen wurde, innerhalb von höchstens 48 Stunden nach Ende des betreffenden Spiels einen Bericht zu schicken.

2. Dieser Bericht ist auf dem offiziellen Formular zu verfassen, das das Mitglied, auf dessen Gebiet das Spiel ausgetragen wurde, dem Schiedsrichter aushändigen muss.

3. Der Bericht muss insbesondere alle ergriffenen Disziplinarmassnahmen sowie deren Begründung enthalten.

23 Entschädigung

1. Die Schiedsrichter und Schiedsrichterassistenten von internationalen Spielen haben Anrecht auf:

a) eine Tagesentschädigung;

b) die Rückerstattung ihrer Reisekosten.

Das Spesenreglement der FIFA legt die Beträge, Reiseklassen und Anzahl der Entschädigungstage für die Schiedsrichter und Schiedsrichterassistenten fest.

2. Das Mitglied, das das Spiel organisiert, hat den Schiedsrichtern und Schiedsrichterassistenten die ihnen zustehenden Beträge am Spieltag und in einer leicht konvertierbaren Währung auszuzahlen.

3. Die Hotel- und Aufenthaltskosten der Schiedsrichter und Schiedsrichterassistenten von internationalen Spielen gehen zulasten des ausrichtenden Mitglieds.

24 Zweck

1. Die FIFA garantiert, dass die Ziele der FIFA allein unter Einsatz angemessener materieller und personeller Ressourcen erreicht und sichergestellt werden, entweder mit eigenen Mitteln oder durch Delegation an die Mitglieder oder Konföderationen oder in Zusammenarbeit mit den Konföderationen auf Basis der FIFA-Statuten.

2. Mit Bezug auf Art. 2 lit. e der FIFA-Statuten ergreift die FIFA insbesondere, aber nicht abschliessend alle Massnahmen gegen irreguläre Wettaktivitäten, Doping und Rassismus. Diese Tätigkeiten sind verboten und können sanktioniert werden.

25 Inkrafttreten

Die vorliegenden Ausführungsbestimmungen zu den Statuten wurden vom Kongress am 3. Juni 2009 in Nassau angenommen und treten am 2. August in Kraft.

[53] Verfassung der Internationalen Biathlon Union (IBU)[32]

In der Fassung vom 4.11.2010.

Artikel 1 Allgemeine Bestimungen

1.1 Internationale Biathlon Union

Die Internationale Biathlon Union (IBU) ist die weltweite Vereinigung der Nationen, die im Biathlonsport aktiv sind sowie anderer Organisationen mit einem Interesse am Biathlonsport und an ähnlichen Sportarten, wie Rollerbiathlon, Crossbiathlon und Mountainbike-Biathlon (Sommerbiathlon). Durch freundschaftliche und engagierte Zusammenarbeit all der im Biathlonsport aktiven Organisationen, Athleten und Sportoffiziellen soll die IBU zur Schaffung einer friedlichen Welt beitragen. Gemäß den Prinzipien der Vereinten Nationen dürfen innerhalb der IBU kein Land oder keine Person aufgrund von Rasse, Religion, Geschlecht oder politischer Zugehörigkeit diskriminiert werden.

1.2 Definition von Biathlon

Biathlon ist eine Sportart, die sich aus Skilanglauf und Schießen und anderen Bewegungsformen und Schießen zusammensetzt. Zugehörige Formen sind Rollskilaufen und Schießen (= Rollerbiathlon), Crosslauf und Schießen (= Crossbiathlon), Mountainbikefahren und Schießen sowie Schneeschuhgehen und Schießen (= Schneeschuhbiathlon). Die IBU Veranstaltungs- und Wettkampfregeln enthalten weitere detaillierte Informationen zu den verschiedenen Formen, die zum Biathlonsport gehören.

1.3 Ziele

Die Ziele der IBU sind:

a. den Biathlonsport fortwährend zu verbessern und ihn angesichts seiner vereinenden, bildenden, kulturellen und huma-

[32] Neben der Verfassung sind vor allem zu beachten:
- die IBU-Veranstaltungs- und Wettkampfregeln (→ http://www.biathlonworld.com/media/files/downloads/Handbook2010_d_cap3.pdf)
- die IBU-Disziplinarregeln (→ http://www.biathlonworld.com/media/files/downloads/Handbook2010_d_cap2.pdf)
- und die IBU-Anti-Doping-Regeln (→ http://www.biathlonworld.com/media/files/downloads/Handbook2010_d_cap5.pdf).

nitären Werte weltweit zu fördern, insbesondere durch Jugend- und Entwicklungsprogramme;

b. ihre eigenen internationalen Wettkämpfe zu organisieren;

c. Bestimmungen und Vorschriften festzulegen und deren Durchsetzung sicherzustellen;

d. Doping im Biathlon zu verhindern;

e. alle Methoden und Praktiken, die die Integrität von Biathlonwettkämpfen gefährden könnten, zu verhindern.

Die IBU vertritt den internationalen Biathlonsport in internationalen Sportorganisationen und gegenüber Vertretern der Medien, Wirtschaft, Industrie und Sponsoren. Vor Abschluss oder Verlängerung eines Langzeitvertrages bezüglich der Nutzung von IBU-Rechten berät sich der Vorstand mit den nationalen Verbänden, die für die weitere Entwicklung des Biathlonsports am wichtigsten und/oder davon am stärksten betroffen sind.

1.4 Rechte für internationale Veranstaltungen

Die IBU hat alle Rechte in Bezug auf Weltmeisterschaften, Jugend-/Junioren-weltmeisterschaften, Biathlon-Weltcupveranstaltungen, Kontinentalmeisterschaften, Kontinentalcups, IBU-Cups, Regionalcups und Grand Prix-Veranstaltungen. Alle anderen internationalen Biathlonveranstaltungen oder -wettkämpfe, an denen Athleten von mehr als zwei Mitgliedsverbänden der IBU teilnehmen sollen, müssen im Voraus von der IBU und dem entsprechenden Mitgliedsverband genehmigt werden.

1.5 IBU-Lizenzen

Im Winterbiathlon ist eine IBU-A-Lizenz vor der Bewerbung um die Ausrichtung von Weltmeisterschaften und Weltcups erforderlich. Eine IBUB- Lizenz ist erforderlich, um Jugend- und Juniorenweltmeisterschaften, Kontinentalmeisterschaften und den IBU-Cup auszurichten. Im Sommerbiathlon ist für die Veranstaltung der SB-WM, SB-OEM und der SB-Rollercups eine B-Lizenz erforderlich.

1.6 Gemeinnützige Organisation

Die IBU hat keine Gewinnerzielungsabsicht. Die IBU handelt als gemeinnützige Organisation und wird auf ehrenamtlicher Basis geführt. Niemand darf von Ausgaben, die dem Zweck der Union fremd sind, oder von unverhältnismäßig hoher Vergütung profitieren. Die IBU dient ausschließlich und unmittelbar den gemeinnützigen Zwecken ihrer Mitgliedsverbände. Alle Finanzmittel der Union dürfen ausschließlich für verfassungsgemäße Zwecke verwendet werden.

1.7 Offizielle Sprache

Die offiziellen Kongresssprachen sind Englisch, Deutsch und Russisch. Alle anderen Gremien der IBU legen ihre eigene Arbeitssprache fest. Die englische Fassung der IBU-Verfassung, der IBU-Regeln und der Dokumente und Entscheidungen der IBU-Gremien ist die maßgebliche.

1.8 Einhaltung der IOC-Charta

Die IBU hat auf Grundlage dieser vom Kongress angenommenen Verfassung zu arbeiten und bemüht sich um eine enge Zusammenarbeit mit dem IOC. Diese Verfassung darf der Charta oder dem aktuellen Regelwerk des Internationalen Olympischen Komitees nicht widersprechen.

1.9 Geschäftsjahr

Das Geschäftsjahr der IBU beginnt am 1. Mai und endet am 30. April.

1.10 Geschäftsstelle

Die Geschäftsstelle der IBU befindet sich in Salzburg/AUT.

Artikel 2 Mitgliedschaft

Die IBU besteht aus provisorischen, ordentlichen, außerordentlichen und Ehrenmitgliedern.

Die provisorische, ordentliche und außerordentliche Mitgliedschaft erstreckt sich indirekt auf alle Verbände/Organisationen, die den Mitgliedsverbänden/-organisationen angeschlossen sind, sowie auf Personen, die Mitglieder dieser Mitgliedsverbände/-organisationen sind.

2.1 Antragsverfahren

Eine Mitgliedschaft wird nur gestattet, wenn ein nationaler Verband die Sporthoheit für Biathlon in seinem Land hat und vom Nationalen Olympischen Komitee oder, wenn es ein solches Komitee nicht gibt, von der nationalen Sportautorität anerkannt wird. Alle nationalen Verbände, die ein Mitglied der IBU werden möchten, müssen dies schriftlich bei der Geschäftsstelle der IBU beantragen. Dem Antrag auf Mitgliedschaft sind die rechtsgültigen Satzungen des nationalen Verbands beizufügen, die die folgenden verbindlichen Bestimmungen enthalten müssen:

a. Befolgung des Zwecks und der Ziele der IBU und ihrer Verfassung;

b. Befolgung der Regeln, Bestimmungen und Entscheidungen der IBU;

c. jährliche Veranstaltung von Biathlonwettkämpfen entweder im Winter- oder im Sommerbiathlon;

d. Anerkennung des Internationalen Sportgerichtshofs (CAS).

Der Vorstand verleiht dem Antragsteller den Status eines provisorischen Mitglieds, nachdem er überprüft hat, ob die Voraussetzungen erfüllt sind. Dieser Status besteht für mindestens zwei Jahre.

2.2 Provisorische Mitglieder

2.2.1 Rechte provisorischer Mitglieder

Provisorische Mitglieder haben folgende Rechte:

a. an Kongresssitzungen teilzunehmen;

b. in allen Angelegenheiten, die den Mitgliedsverband betreffen, angehört zu werden und Einspruch einzulegen;

c. mit ihren Athleten bei IBU-Wettkämpfen und bei von der IBU genehmigten Wettkämpfen anzutreten.

2.2.2 Pflichten provisorischer Mitglieder

Provisorische Mitglieder verpflichten sich:

a. die Ziele der IBU zu fördern;

b. die Verfassung und Regeln der IBU, ebenso wie die vom Kongress und Vorstand gefassten Beschlüsse einzuhalten;

c. den jährlichen Mitgliedsbeitrag, der die Hälfte des jährlichen Mitgliedsbeitrags eines ordentlichen Mitglieds beträgt, bis zum 30. Juni, in Kongressjahren jedoch spätestens 90 Tage vor dem Kongress, zu entrichten;

d. der IBU-Geschäftsstelle jährlich über die nationalen Biathlonaktivitäten bis zum 30. Juni, in Kongressjahren jedoch spätestens 90 Tage vor dem Kongress, zu berichten, wenn sie nicht an IBU-Wettkämpfen teilgenommen haben;

e. alle Anforderungen in Verbindung mit ihrer Teilnahme an IBU-Veranstaltungen zu erfüllen;

f. bestmöglich sicherzustellen, dass in dem jeweiligen Land nur solche Biathlonveranstaltungen oder -wettkämpfe ausgerichtet werden, die auf nationaler Ebene vom entsprechenden Mitgliedsverband und auf internationaler Ebene von der IBU im Voraus genehmigt wurden. Verstöße eines Mitglieds gegen oben genannte Pflichten können zu den Sanktionen führen, die in diesen Satzungen vorgesehen sind.

2.3 Ordentliche Mitglieder

Auf Empfehlung des Vorstands nimmt der Kongress nationale Verbände, die sich in der Entwicklung des Biathlonsports als aktiv erwiesen haben, nach Ablauf ihrer provisorischen Mitgliedschaft als ordentliche Mitglieder auf. Um als ein aktiver Mitgliedsverband erachtet zu werden, muss ein Mitgliedsverband jedes Jahr nationale Wettkämpfe ausrichten oder an offiziellen IBU-Wettkämpfen teilnehmen. Ordentliche Mitglieder werden im Folgenden auch als Mitgliedsverbände bezeichnet.

2.3.1 Rechte ordentlicher Mitglieder

Ordentliche Mitglieder haben das Recht:

a. an Kongresssitzungen teilzunehmen;

b. in allen Angelegenheiten, die den Mitgliedsverband betreffen, angehört zu werden und Einspruch einzulegen;

c. mit ihren Athleten bei IBU-Wettkämpfen und bei von der IBU genehmigten Wettkämpfen anzutreten;

d. Anträge an den Vorstand und an den Kongress zu stellen;

e. Vertreter für ein Amt in der IBU zu nominieren;

f. ihr Stimmrecht auszuüben;

g. an IBU-Programmen teilzunehmen;

h. internationale Biathlonwettkämpfe, die von der IBU genehmigt wurden, auszurichten;

i. alle von der IBU unterzeichneten Verträge und alle Verträge, die die Interessen des Mitgliedsverbands betreffen oder aus denen eine Verpflichtung für sie entsteht, einzusehen.

2.3.2 Pflichten ordentlicher Mitglieder

Die Mitgliedsverbände verpflichten sich:

a. die Ziele der IBU zu fördern;

b. die Verfassung und Regeln der IBU ebenso wie die vom Kongress und Vorstand gefassten Beschlüsse einzuhalten;

c. den jährlichen Mitgliedsbeitrag bis zum 30. Juni, in Kongressjahren jedoch spätestens 90 Tage vor dem Kongress, zu entrichten;

d. jährlich über die nationalen Biathlonaktivitäten bis zum 30. Juni, in Kongressjahren jedoch spätestens 90 Tage vor dem Kongress, zu berichten, wenn sie nicht an IBU-Wettkämpfen teilgenommen haben;

e. alle Anforderungen in Verbindung mit ihrer Teilnahme an IBU-Veranstaltungen zu erfüllen;

f. bestmöglich sicherzustellen, dass in dem jeweiligen Land nur solche Biathlonveranstaltungen oder -wettkämpfe ausgerichtet werden, die auf nationaler Ebene vom entsprechenden Mitgliedsverband und auf internationaler Ebene von der IBU im Voraus genehmigt wurden. Wird gegen oben genannte Pflichten verstoßen, kann der Vorstand solche Mitgliedsverbände auf einen provisorischen Status zurückstufen oder die Mitgliedsverbände dem IBU-Kongress zum Ausschluss aus der IBU vorschlagen.

2.4 Außerordentliche Mitglieder

Internationale Organisationen, die ein Interesse am Biathlonsport oder einer Sportart, die dem Biathlon ähnlich ist, haben, können, sofern Sie den Zweck und die Ziele der IBU anerkennen, außerordentliche Mitglieder werden, indem sie einen Antrag in Schriftform stellen.

2.5 Ehrenmitglieder

Die Ehrenmitgliedschaft kann vom Kongress an Personen verliehen werden, die außergewöhnliche Dienste für die IBU erbracht haben. Diese Personen müssen vom Vorstand oder von den nationalen Verbänden über den Vorstand vorgeschlagen werden. Einzelheiten zur Ehrenmitgliedschaft sind in den Regeln für Ehrungen festgelegt.

2.6 Nationalität der Athleten

Der Zuständigkeitsbereich der Mitgliedsverbände beschränkt sich auf das Gebiet des Landes, das sie vertreten. Der jeweilige Mitgliedsverband darf ausschließlich mit Athleten antreten, die Staatsbürger des entsprechenden Landes sind. Athleten, die gleichzeitig zwei oder mehrere Staatsbürgerschaften haben, können nach eigener Wahl eines dieser Länder vertreten. Athleten, die ein Land bei den Olympischen Spielen, kontinentalen oder regionalen Spielen, den Weltmeisterschaften oder kontinentalen Meisterschaften, die unter die Autorität der IBU fallen, vertreten und die ihre Staatsbürgerschaft geändert oder eine neue Staatsbürgerschaft angenommen haben, dürfen für ihr neues Land frühestens zwei Jahre nach dem letzten Zeitpunkt, zu dem sie ihr vorheriges Land vertreten haben, an IBU-Wettkämpfen teilnehmen. Dieser Zeitraum kann vom IBU-Vorstand unter Zustimmung der betroffenen IBU Mitgliedsverbände verkürzt oder sogar aufgehoben werden, wobei die Umstände jedes einzelnen Falls in Betracht gezogen werden. Staatenlose Personen können für einen Mitgliedsverband, der ihnen vom IBU-Vorstand zugewiesen wird, antreten, die Genehmigung durch den IBU-Vorstand und die Zustimmung dieses Mitgliedsverbands vorausgesetzt.

Artikel 3 Beendigung der Mitgliedschaft

3.1 Beendigung

Jede Art von Mitgliedschaft wird beendet durch:

a. Austritt aus der Union

b. Ausschluss aus der Union

c. nach Auflösung der Internationalen Biathlon Union.

3.2 Ausschluss

Der Kongress schließt ein Mitglied bei fortdauerndem schwerem Verstoß gegen die Verfassung der IBU aus, insbesondere bei Handlungen gegen die in Artikel 1 niedergelegten Ziele und Prinzipien der IBU.

3.3 Austritt

Ein Mitglied kann mit Wirkung zum Ende eines Geschäftsjahres aus der IBU austreten. Die Austrittserklärung muss bei der Geschäftsstelle der IBU spätestens sechs Monate vor Ende des Geschäftsjahres eingehen.

Artikel 4 Verbandsorgane

4.1 Organe der IBU

Die IBU besitzt folgende Organe:

a. der Kongress ist das höchste und das Legislativorgan;

b. der Vorstand ist das Exekutivorgan;

c. das Anti-Doping-Anhörungsgremium ist das Judikativorgan für Anti-Doping-Angelegenheiten;

d. das Schiedsgericht ist das Judikativorgan für alle anderen Angelegenheiten.

4.2 Gleichstellung der Geschlechter

Die IBU ist bestrebt, in allen Verbandsorganen und IBU-Komitees Männer und Frauen vertreten zu haben.

Artikel 5 Zusammensetzung, Aufgaben und Zuständigkeiten der Verbandsorgane

Die Gremien und Offiziellen der IBU müssen die Satzungen, Bestimmungen, Beschlüsse und den Ethikkodex befolgen. Der Vorstand soll den Ethikkodex erstellen.

5.1 Der Kongress

Der Kongress ist das höchste Verbandsorgan. Er besteht aus Vertretern der ordentlichen Mitglieder, nicht stimmberechtigten Vertretern der provisorischen und außerordentlichen Mitglieder, dem nicht stimmberechtigten Vorstand und den nicht stimmberechtigten Vorsitzenden der IBU-Komitees sowie den Rechnungsprüfern.

5.1.1 Tagesordnung des Kongresses

Der Generalsekretär erstellt die Tagesordnung auf Grundlage der Vorschläge des Vorstands und der Mitgliedsverbände. Jeder Vorschlag, den ein Mitgliedsverband beim Kongress einreichen möchte, muss mit einer kurzen Erläuterung, schriftlich an die Geschäftsstelle der IBU bis spätestens 90 Tage vor dem Kongress gesendet werden.

5.1.2 Obligatorische Tagesordnungspunkte

Die Kongress-Tagesordnung muss folgende obligatorischen Punkte beinhalten:

- eine Ansprache des Präsidenten,
- Anwesenheitsfeststellung,
- Annahme der Tagesordnung,
- Ernennung von Stimmenzählern und des Wahlausschusses,
- Bestätigung des Protokolls des letzten Kongresses,
- Zulassung von Mitgliedschaften,
- Suspendierung oder Ausschluss eines Mitgliedsverbands (falls zutreffend),
- Bericht des Vorstands über die Tätigkeiten seit dem letzten Kongress,
- Bericht der unabhängigen und unparteiischen Rechnungsprüfer über die Vorkommnisse seit dem letzten Kongress,
- Genehmigung der Handlungen und Beschlüsse des Vorstands,
- Genehmigung der Bilanzen und des Haushalts,
- Entlastung des Vorstands,
- Wahl des Vorstands in Jahren mit Olympischen Winterspielen,

– Wahl von zwei unparteiischen und unabhängigen Rechnungsprüfern in Jahren mit Olympischen Winterspielen,

– Wahl des Technischen Komitees in Jahren mit Olympischen Winterspielen,

– Bestätigung der Änderungen der IBU-Verfassung (gemäß unten stehendem Artikel 5.2.2) und aller anderen IBU-Regeln, die vom Vorstand unter dessen Zuständigkeit festgelegt wurden, um das Verfahren zu beschleunigen,

– Abstimmung über Änderungsvorschläge zur Verfassung, zu den Disziplinarregeln, Veranstaltungs- und Wettkampfregeln und ihren Anhängen, zu den Anti-Doping-Regeln und zu weiteren Regeln, soweit sie nicht in die Zuständigkeit des Vorstands fallen,

– Ernennung der Ausrichter für die Weltmeisterschaften der Männer und Frauen,

– Ernennung des Ausrichters des nächsten Kongresses,

– Ernennung von Ehrenmitgliedern (falls zutreffend),

– Bestätigung der Enthebung von einer IBU-Funktion (falls zutreffend),

– Entlassung und Ersetzung von Mitgliedern des Vorstands bei nicht zufrieden stellender Leistung (falls notwendig, eine 2/3-Mehrheit ist hierfür erforderlich),

– Auflösung der Union (falls zutreffend).

5.1.3 Inkrafttreten

Vom Kongress gefasste Beschlüsse treten für alle Mitgliedsverbände 60 Tage nach Ende des Kongresses in Kraft, sofern der Kongress kein anderes Datum für das Inkrafttreten eines Beschlusses festlegt.

5.2 Der Vorstand

Der Vorstand setzt sich wie folgt zusammen: ein Präsident; ein Erster Vizepräsident (Stellvertreter des Präsidenten); ein Vizepräsident für Finanzen; ein Vizepräsident für Sport; ein Vizepräsident für Marketing; ein Vizepräsident für Information; ein Vizepräsident für Entwicklung; ein Vizepräsident für medizinische Belange; ein Vizepräsident für spezielle Projekte und der Generalsekretär als nicht stimmberechtigtes Mitglied.

5.2.1 Zwischen den Kongresssitzungen trägt der Vorstand die Verantwortung für die IBU. Der Vorstand handelt auf Grundlage und in Übereinstimmung mit dieser Verfassung und den vom Kongress gefassten Beschlüssen.

5.2.2 Die Aufgaben der Vorstandsmitglieder sind in den Regeln für den Vorstand festgelegt. Verträge müssen vom Präsidenten und dem Vizepräsidenten für Finanzen unterzeichnet werden, um in Kraft zu treten. Der Vorstand hat die Geschäfte der Internationalen Biathlon Union zu führen. In dringlichen Fällen ist der Vorstand berechtigt, IBU-Regelungen, vorbehaltlich der Genehmigung durch den nächsten Kongress, zu ändern. Verfassungsänderungen durch den Vorstand sind nur zulässig, wenn sie von den Gesetzen oder Behörden von Österreich verlangt werden. Der Vorstand ist berechtigt, die Hilfe von Komitees, Koordinatoren und Sachverständigen in Anspruch zu nehmen und kann für deren Tätigkeiten Regeln aufstellen. Der Vorstand ist für die Vergabe von IBU-Lizenzen zuständig.

Artikel 6 Durchführung von Kongresssitzungen

6.1 Einberufung

6.1.1 Der Vorstand muss alle zwei Jahre (in Jahren mit gerader Jahreszahl) zwischen Juni und September einen ordentlichen Kongress einberufen. Er kann auch außerordentliche Kongresse einberufen, wenn dies nach seinem Ermessen notwendig erscheint. Ein außerordentlicher Kongress ist einzuberufen, wenn mehr als zwei (2) Vorstandsmitglieder zurückgetreten sind oder wenn ein begründeter Antrag auf Einberufung von einem Zehntel (1/10) der Mitgliedsverbände gestellt wird oder ein solcher Beschluss von der einfachen Mehrheit des Vorstands gefasst wird. Ein außerordentlicher Kongress muss innerhalb von 6 Wochen nach Eingang des Antrags abgehalten werden.

6.1.2 Ort und Zeit des außerordentlichen Kongresses werden vom Vorstand bestimmt.

6.1.3 Der Kongress wird vom Generalsekretär vorbereitet.

6.2 Versand der Einladungen

Einladungen zur Teilnahme am Kongress müssen den Mitgliedern vom Generalsekretär der IBU 120 Tage vor Beginn des Kongresses zugesendet werden. Der Einladung muss ein Anmeldeformular beiliegen. Jeder stimmberechtigte Mitgliedsverband darf mit maximal drei Personen am Kongress teilnehmen.

6.3 Anmeldung

Die Mitgliedsverbände müssen die Geschäftsstelle der Internationalen Biathlon Union mindestens 90 Tage vor Beginn eines ordentlichen Kongresses und 30 Tage vor Beginn eines außerordentlichen Kongresses durch das Anmeldeformular über ihre Teilnahme am Kongress informieren.

6.4 Anträge

Anträge können von ordentlichen Mitgliedern und vom Vorstand gestellt werden. Die Vorsitzenden der Komitees können nur über den Vorstand Anträge stellen. Anträge von ordentlichen Mitgliedern müssen vom jeweiligen Präsidenten oder Generalsekretär unterzeichnet sein. Anträge ordentlicher Mitglieder müssen schriftlich und spätestens 90 Tage vor einem ordentlichen Kongress bei der Geschäftsstelle der Internationalen Biathlon Union eingehen. Die Geschäftsstelle sendet alle ordnungsgemäß gestellten Anträge zusammen mit der endgültigen Tagesordnung den Mitgliedsverbänden, den außerordentlichen Mitgliedern, dem Vorstand und den Vorsitzenden der Komitees zu. Über verspätete Anträge oder solche, die während des Kongresses gestellt werden, kann nur diskutiert und entschieden werden, wenn mehr als 50% der am Kongress teilnehmenden stimmberechtigten Mitglieder dafür stimmen, diese Anträge zuzulassen. Anträge auf Änderung der Verfassung oder auf Änderung des Unionszwecks ebenso wie Anträge, die auf die Auflösung oder eine Fusion der Union hinzielen, können nur dann behandelt werden, wenn sie in der endgültigen Tagesordnung, die den Mitgliedern zugestellt wurde, enthalten sind. Anträge für einen außerordentlichen Kongress müssen spätestens 35 Tage vor Kongressbeginn bei der Geschäftsstelle der IBU eingereicht werden, die wiederum alle eigegangenen Anträge in gleicher Weise wie für ordentliche Kongresse zustellt.

6.5 Bekanntgabe der Tagesordnung

Die Geschäftsstelle der IBU muss die Tagesordnung den Mitgliedern so zeitig zustellen, dass zwischen dem Tag, an dem die Tagesordnung verschickt wird, und dem Beginn eines ordentlichen Kongresses ein Zeitraum von 30 Tagen und, im Fall eines außerordentlichen Kongresses, ein Zeitraum von 14 Tagen liegt.

6.6 Vorsitz und allgemeine Öffentlichkeit

Den Vorsitz des Kongresses führt der Präsident oder, in seiner Abwesenheit, der Erste Vizepräsident. Der Kongress wird unter Ausschluss der Öffentlichkeit abgehalten. Der Präsident kann die Öffentlichkeit zu Teilen des Kongresses zulassen.

6.7 Bekanntgabe der Stimmenanzahl

Der Generalsekretär gibt zu Beginn des Kongresses die Anzahl der Stimmberechtigten bekannt, basierend auf der Anwesenheitsfeststellung der Mitgliedsverbände, die auch ihre Mitgliedsbeitragspflichten erfüllt haben.

6.8 Stimmabgabe auf dem IBU-Kongress

Ordentliche Mitglieder haben eine Stimme. Die Mitglieder des Vorstands und die Vorsitzenden der Komitees sind nicht stimmberechtigt. Das Stimmrecht der ordentlichen Mitglieder wird durch deren legitimierte Vertreter ausgeübt. Es ist verboten, das Stimmrecht anderen zu übertragen(Stimmübertragung). Vorstandsmitglieder und Vorsitzende der Komitees können während ihrer Amtszeit das Stimmrecht eines ordentlichen Mitglieds nicht wahrnehmen.

6.9 Wahlen, Bestätigungen, Amtsausübung

Es können nur solche Personen in den Vorstand, das Technische Komitee oder als Rechnungsprüfer gewählt werden, die von einem Mitgliedsverband oder einem anderen stimmberechtigten Mitglied schriftlich bis 90 Tage vor Kongressbeginn der IBU-Geschäftsstelle vorgeschlagen werden. Erfolgt der Vorschlag von einem anderen stimmberechtigten Mitglied, als dem eigenen nationalen Verband, so muss der nationale Verband, dem die nominierte Person angehört, schriftlich zustimmen. Nominierte Kandidaten müssen mündlich, fernmündlich oder schriftlich ihre Kandidatur bestätigen.

Die persönliche Anwesenheit des Kandidaten zum Kongress ist wünschenswert, aber nicht verpflichtend. Alle Gremien werden für einen Zeitraum von vier Jahren gewählt. Die Gewählten bleiben bis zu den nächsten Wahlen im Amt. Ausscheidende Offizielle sind verpflichtet, für Übergabeverfahren und eine Einweisung ihres Nachfolgers für einen Zeitraum von 20 Tagen nach den Neuwahlen zur Verfügung zu stehen. Gewählte Vorstandsmitglieder und Mitglieder des Technischen Komitees der IBU können von ihrem nationalen Verband aus zwingenden Gründen und nach vorheriger Beratung mit dem IBU-Vorstand, oder vom Kongress vor Ende ihrer Amtszeit abberufen werden. Sind Mitglieder eines Verbandsorgans bei drei Sitzungen zwischen den Kongressen ohne wichtigen Grund abwesend oder treten zurück oder werden abberufen, bevor ihre Amtszeit endet, oder sind dauerhaft nicht in der Lage, ihr Amt auszuüben, muss der Vorstand alle nationalen Verbände um Nominierungen bitten und das vakante Amt bis zum nächsten Kongress mit einem der nominierten Kandidaten provisorisch besetzen. Auf dem nächsten Kongress müssen neue Nominierungen und/oder Wahlen stattfinden.

6.10 Wahlausschuss

Der Wahlausschuss besteht aus einem Vorsitzenden und zwei weiteren Mitgliedern, die vom Kongress zu Beginn des Kongresses gewählt werden. Der Wahlausschuss hat die Aufgabe, die Wahlen durchzuführen.

6.11 Beschlussfähigkeit

Ein ordnungsgemäß einberufener Kongress ist, unabhängig von der Anzahl der anwesenden Stimmberechtigten, beschlussfähig.

6.12 Beschlussfassung

Beschlüsse werden mit einfacher Mehrheit gefasst. Die Beschlüsse zu Vorstandswahlen und die Abstimmung über die Ausrichter von Weltmeisterschaften, sind gemäß den IBU-Regeln für Wahlen zu fassen. Bei Stimmengleichheit gilt der Antrag als abgelehnt. Das Verfahren im Fall von Stimmengleichheit bei Wahlen ist in den IBU-Wahlregeln festgelegt. Für alle Wahlen und Abstimmungen werden nur zustimmende und ablehnende Stimmen gezählt. Eine geheime Wahl findet nur statt, wenn ein stimmberechtigtes Mitglied dies beantragt. Änderungen der Verfassung, einzelne Abweichungen von der Verfassung in Fällen von Dringlichkeit, Änderungen des Zwecks der Union und Anträge, die die Auflösung oder Fusion der Union zum Ziel haben, müssen mit einer 2/3-Mehrheit der am Kongress teilnehmenden Wähler angenommen werden.

6.13 Protokoll

Auf jedem Kongress fertigt der Protokollführer (der Generalsekretär oder eine andere vom Vorstand dazu bestimmte Person) ein Protokoll an, in dem – neben den Beschlüssen –:

- die Bestätigung der verfassungskonformen Einberufung des Kongresses;
- die Anzahl der stimmberechtigten Mitglieder;
- die Anzahl der anwesenden stimmberechtigten Mitglieder;
- die Ergebnisse der Wahlen und Abstimmungen mit ihren entsprechenden Stimmenzahlen enthalten sein müssen.

Dem Protokoll muss eine Anwesenheitsliste beigefügt werden. Das Protokoll ist vom Vorsitzenden des Kongresses und vom

Protokollführer zu unterzeichnen. Es ist innerhalb von vier Wochen nach dem Kongress allen Mitgliedern zuzustellen. Das Protokoll gilt als genehmigt, wenn nicht innerhalb von vier Wochen nach Versand des Protokolls schriftlich Einspruch von einem Mitglied erhoben wird. Der Vorstand befasst sich auf seiner nächsten Sitzung mit allen Einsprüchen gegen das Protokoll.

Artikel 7 Durchführung von Vorstandssitzungen

7.1 Einberufung

Die Sitzung wird vom Präsidenten oder vom Ersten Vizepräsidenten als seinem Stellvertreter einberufen. Der Präsident oder der Erste Vizepräsident als sein Stellvertreter muss eine Sitzung innerhalb von zwei Wochen einberufen, wenn dies von mindestens zwei Vorstandsmitgliedern verlangt wird. Der Präsident oder der Erste Vizepräsident als sein Stellvertreter legt Ort und Zeit der Sitzung fest.

7.2 Durchführung

Der Präsident oder der Erste Vizepräsident hat den Vorsitz der Sitzung. Die Sitzungen werden unter Ausschluss der Öffentlichkeit abgehalten. Der Vorsitzende kann zulassen, dass weitere Personen bei der Sitzung anwesend sind, doch dürfen diese nur eine beratende Funktion haben. Alle Vertreter von ordentlichen Mitgliedern der IBU und alle Personen, die in der IBU ein Amt innehaben, haben das Recht, ihre Anliegen auf der nächsten Vorstandssitzung vorzutragen.

7.3 Beschlussfassung

Der Vorstand ist beschlussfähig, wenn mindestens 50% seiner stimmberechtigten Mitglieder anwesend sind. Alle Beschlüsse können durch einfache Mehrheit gefasst werden. Beschlüsse in Bezug auf die Entwicklung des weltweiten Biathlonsports und die finanzielle Aufwendungen erfordern, können nur mit einer Zweidrittelmehrheit gefasst werden. Bei Stimmengleichheit entscheidet die Stimme des Vorsitzenden. Es gibt keine Stimmübertragung. Beschlüsse können auch in Schriftform, per Telefax, elektronischer Mail oder Telefon gefasst werden, wenn kein Vorstandsmitglied diesem Verfahren widerspricht.

7.4 Protokoll

Es muss ein Sitzungsprotokoll angefertigt werden, das die Namen aller Anwesenden und alle gefassten Beschlüsse beinhaltet. Es muss vom Protokollführer unterzeichnet und den Vorstandsmitgliedern innerhalb von 2 Wochen nach der Sitzung zugestellt werden. Erhebt kein Vorstandsmitglied innerhalb von 2 Wochen nach Versand Einspruch gegen das Protokoll, gilt das Protokoll als genehmigt. Erheben ein oder mehrere Mitglieder Einspruch, befasst sich der Vorstand auf seiner nächsten Sitzung damit. Das Protokoll kann bis dahin nicht angenommen werden. Für Beschlüsse, die in Schriftform oder per Telefon gefasst wurden, ist umgehend ein Kurzbericht anzufertigen, in dem die Zustimmung zu diesem Verfahren, die gefassten Beschlüsse und die Namen der beteiligten Personen festgehalten werden. Solche Kurzberichte sind umgehend allen Vorstandsmitgliedern zuzustellen. Nach Annahme durch den Vorstand sind die Protokolle der Vorstandssitzungen den Vorsitzenden der Komitees und den Mitgliedsverbänden zuzustellen.

Artikel 8 Pflichten der Vorstandsmitglieder

8.1 Der Präsident

Der Präsident leitet die IBU; er ist verantwortlich für die Arbeit des Vorstands. Er vertritt die IBU in der Öffentlichkeit, gegenüber Dritten und internationalen Organisationen. Er muss seine Zustimmung geben, bevor der Vorstand und/oder die Komitees Verpflichtungen/Verträge eingehen oder Aufgaben übernehmen. Er führt bei den Kongress- und Vorstandssitzungen den Vorsitz. Er überwacht die Tätigkeiten der IBU und die Erfüllung der übertragenen Aufgaben. Der Präsident kann zur Erfüllung seiner Aufgaben die Hilfe von Sachverständigen in Anspruch nehmen. Er ist berechtigt, in den Komitees, die dem Kongress unterstehen, Untersuchungen durchführen zu lassen. Er ist verpflichtet, dem Kongress 30 Tage vor Kongressbeginn einen schriftlichen Bericht vorzulegen. Kann der Präsident sein Amt nicht ausüben, handelt der Erste Vizepräsident als sein Stellvertreter.

8.2 Der Erste Vizepräsident

Der Erste Vizepräsident ist verantwortlich, als Stellvertreter des Präsidenten zu handeln.

8.3 Der Vizepräsident für Finanzen

Der Vizepräsident für Finanzen ist für die finanziellen Angelegenheiten der IBU sowie für die Erstellung und Umsetzung des Haushaltsplans der IBU zuständig; er tritt in der Öffentlichkeit als finanzieller Vertreter der IBU auf, erstattet dem Vorstand und dem Kongress zur Finanzlage Bericht und unterzeichnet gemeinsam mit dem Präsidenten alle Verträge der IBU.

8.4 Der Generalsekretär

Der Generalsekretär wird vom Präsidenten vorgeschlagen und vom Vorstand ernannt. Er ist ein nicht stimmberechtigtes Mitglied des Vorstandes. Er führt die Tagesgeschäfte der IBU auf Grundlage der vom Vorstand und Kongress gefassten Beschlüsse und leitet die Geschäftsstelle der IBU.

Artikel 9 Komitees

9.1 Technisches Komitee

Innerhalb der Internationalen Biathlon Union ist das Technische Komitee vom Kongress zu wählen.

9.2 Weitere Komitees

Mit Ausnahme des Technischen Komitees, dessen Mitglieder gemäß der Verfassung zu wählen sind, steht es dem Vorstand frei, nach Bedarf weitere Komitees einzurichten, deren Größe festzulegen und deren Mitglieder aus von deren nationalen Verbänden eingebrachten bzw. bestätigten Vorschlägen auszuwählen. Die Vorsitzenden der Komitees werden vom Vorstand ernannt. Alle von den Komitees gefassten Beschlüsse haben empfehlenden Charakter und bedürfen zu ihrer Wirksamkeit der Bestätigung durch den Vorstand oder Kongress.

Artikel 10 IBU-Schiedsgericht

10.1 Zusammensetzung

Das IBU-Schiedsgericht, als eine unabhängige Institution, besteht aus drei Schiedsrichtern, von denen zumindest der Vorsitzende die Befähigung zum Richteramt oder eine vergleichbare juristische Qualifikation haben muss.

10.2 Zuständigkeiten

Das Schiedsgericht ist verantwortlich für:

a. Schlichtung von Streitigkeiten zwischen der IBU und ihren Mitgliedern und zwischen einzelnen Mitgliedern der IBU;

b. Entscheidung über Einsprüche von Mitgliedern gegen ihren Ausschluss durch den Kongress;

c. Entscheidung über Einsprüche gegen Strafen oder Disziplinarmaßnahmen, die vom Vorstand oder Kongress verhängt wurden;

d. Entscheidung über Streitigkeiten, die aus IBU-Verträgen oder Vereinbarungen oder aus Erklärungen innerhalb der IBU entstehen.

10.3 Verfahren

Die Ernennung der Schiedsrichter und das Schiedsgerichtsverfahren sind in den IBU-Disziplinarregeln festgelegt.

10.4 Anwendbarkeit

Diese Regeln gelten auch für Verfahren nach Artikel 10.2. a. und d., wobei der Antragsteller die Position des Beschwerdeführers und der IBU-Vorstand oder Kongress die Position des Beklagten einnehmen. Im Fall eines Verfahrens nach Artikel 10.2. b. sind die genannten Bestimmungen so anzuwenden, dass der Kongress der IBU die Position des IBU-Vorstands einnimmt.

Artikel 11 IBU-Anti-Doping-Anhörungsgremium

11.1 Zuständigkeit

Wenn nach Abschluss des Vorgangs zur Verarbeitung der Ergebnisse, wie in Artikel 7 der IBU-Anti-Doping-Regeln (ADR) beschrieben, eine IBU-Kontrolle und/oder eine Kontrolle bei einer internationalen Veranstaltung einen möglichen Verstoß gegen die IBU-Anti-Doping-Regeln aufdeckt, wird der Fall dem Anti-Doping-Anhörungsgremium der IBU zur Entscheidung übertragen. Es gelten die Verfahrensregeln unter Art. 7 der ADR.

11.2 Berufung

Gegen Entscheidungen des Anti-Doping-Anhörungsgremiums der IBU kann direkt zum CAS Berufung eingelegt werden.

Artikel 12 Haftung

Die IBU haftet für die Mitglieder des Vorstands, der Komitees, des Schiedsgerichts, der Wettkampfjurys, der Berufungsjurys sowie für die technischen Delegierten und internationalen Kampfrichter für alle Handlungen, die die betreffenden Personen in gutem Glauben und auf solche Weise für die IBU erbracht haben, dass es guten Grund zu der Annahme gibt, dass diese Personen zum Nutzen der IBU und nicht gegen diese gehandelt haben.

Artikel 13 Interessenkonflikte

Gewählte Mitglieder von IBU-Gremien dürfen nicht auf Grundlage eines Arbeitsvertrages oder als Funktionäre in der

IBU-Geschäftsstelle eingestellt werden, solange sie nicht von ihrer gewählten Funktion zurücktreten. Solche Personen haben jedoch Anspruch auf eine angemessene Entschädigung für Verdienstausfälle, wenn ihre persönliche Arbeit im Auftrag oder zu Gunsten der IBU eine solche Entschädigung rechtfertigt.

Artikel 14 Rechnungsprüfung

Jedes Jahr beauftragt der Vorstand einen zertifizierten Rechnungsprüfer oder eine Wirtschaftsprüfungsgesellschaft mit der Durchführung der Rechnungsprüfung. Dieses Unternehmen prüft die Finanzen oder Kassenbücher der Internationalen Biathlon Union, die Verwaltung der Finanzen der Internationalen Biathlon Union, die Richtigkeit und Vollständigkeit der Belege und ihre Übereinstimmung mit der Buchhaltung und die Jahresbilanz. Sie fertigen ihren Rechnungsprüfungsbericht in der Landessprache an und legen ihn dem Vorstand vor. Der Vorstand muss die Rechnungsprüfungsberichte und die Protokolle aller Sitzungen der IBU-Gremien den vom Kongress gewählten Rechnungsprüfern übergeben. Diese Rechnungsprüfer führen ihre Prüfung jährlich durch und überprüfen, ob die Beschlüsse des Kongresses ausgeführt wurden. Sie erstellen einen Bericht über die Rechnungsprüfung in englischer Sprache und legen diesen Bericht der IBU-Geschäftsstelle 60 Tage vor dem Kongress vor. Der Vorstand ist verpflichtet, den Rechnungsprüfungsbericht gemeinsam mit der Tagesordnung für den Kongress den Mitgliedsverbänden zuzustellen.

Artikel 15 Regeln

Der Vorstand ist berechtigt, die folgenden spezifischen Regeln zu formulieren:

- die notwendigen Änderungen der IBU-Verfassung gemäß Art. 5.2.2;
- die Veranstaltungs- und Wettkampfregeln und ihre Anhänge;
- die Disziplinarregeln;
- die Anti-Doping-Regeln;
- die Regeln für das Technische Komitee;
- die Regeln für Ehrungen;
- die Wahlregeln;
- die Regeln für Fahne und Hymne

und legt diese dem Kongress zur Entscheidung vor, mit Ausnahme der notwendigen Anpassungen hinsichtlich:
- des Layouts von Wettkampfanlagen;
- der Organisation einer Veranstaltung;
- der Übereinstimmung mit dem WADA-CODE.

Artikel 16 Sanktionen und Disziplinarmaßnahmen
Strafen und Disziplinarmaßahmen können entsprechend den IBU-Disziplinarregeln, die Bestandteil der Verfassung sind, verhängt werden. Weitere Bestimmungen sind in den Disziplinarregeln festgelegt.

Artikel 17 Verwendung des Kapitals und Vermögens im Fall der Auflösung der IBU
Im Fall einer Auflösung der Union muss der Kongress eine Entscheidung über die Verwendung des Vermögens der Union treffen und zwei Liquidatoren (Rechtsanwälte/Wirtschaftsprüfer) einsetzen, um den Auflösungsbeschluss umzusetzen. Im Fall der Auflösung oder Beendigung der Union oder wenn ihr aktueller Zweck nicht mehr gegeben ist, darf das Eigentum der Union, soweit es die eingezahlten Kapitalanteile der Mitglieder und den gemeinen Wert der von den Mitgliedern geleisteten Sacheinlagen übersteigt, ausschließlich für gemeinnützige, wohltätige oder kirchliche Zwecke, wie in der BAO (Bundesabgabenordnung Österreich) definiert, verwendet werden.

Artikel 18 Rundfunk-, TV/Internet-Übertragungsrechte
Alle Rechte und Vereinbarungen in Bezug auf die Fernsehübertragung (einschließlich Übertragung im Internet) der IBU-Weltmeisterschaften für Männer und Frauen sowie der IBU-Weltcupveranstaltungen sind ausschließlich der IBU vorbehalten und werden ausschließlich von ihr getroffen. Es steht dem Vorstand frei, Sondervereinbarungen mit Mitgliedsverbänden zu treffen.

Artikel 19 Inkrafttreten
Diese Verfassung trat am 2. Juli 1993 in Kraft. Sie wurde vom Kongress der Jahre 1994, 1996, 1998, 2000, 2004, 2006, 2008 und

2010 geändert. Die zuletzt geänderte Fassung trat am 4. November 2010 in Kraft.

B. Nationales Sportverbandsrecht

[54] Satzung des Deutschen Olympischen Sportbundes (DOSB)[1]

Beschlossen von der Gründungsversammlung des DOSB am 20.05.2006 in Frankfurt/M., geändert von der Mitgliederversammlung des DOSB am 09.12.2006 in Weimar, geändert von der Mitgliederversammlung des DOSB am 03.12.2011 in Berlin

Präambel

(1) Deutscher Sportbund und Nationales Olympisches Komitee für Deutschland vereinen sich in dem gemeinsamen Willen zum Deutschen Olympischen Sportbund (DOSB), den organisierten Sport in der Bundesrepublik Deutschland unter einer Dachorganisation als Ausdruck individueller Lebensgestaltung und als Quelle sozialer Beziehungen zu stärken und ihn hinsichtlich seiner kulturellen, gesellschaftlichen sowie politischen Bedeutung weiter zu entwickeln.

(2) Als Zusammenschluss von Spitzenverbänden, Landessportbünden, Verbänden mit besonderen Aufgaben sowie Persönlichen Mitgliedern, erkennt der DOSB die organisatorische, finanzielle und fachliche Selbständigkeit seiner Mitgliedsorganisationen an und fördert deren solidarisches Zusammenwirken. Der DOSB sieht sich dem Leitbild der Einheit in der Vielfalt verpflichtet. Seine Mitglieder leisten durch Sport einen unver-zichtbaren Beitrag zum Wohlergehen der Menschen in der Bundesrepublik Deutschland. Die Bedeutung des Sports für den Einzelnen wie für die Gesellschaft erfordert dabei die Solidarität der deutschen Sportbewegung nach innen und außen.

---

[1] Neben der Satzung sind u.a. zu beachten:
- die Geschäftsordnung des DOSB (→ http://www.dosb.de/fileadmin/sharepoint/DOSB-Dokumente%20%7B96E58B18-5B8A-4AA1-98BB-199E8E1DC07C%7D/Allgemeine-Geschaeftsordnung.pdf)
- die DOSB-Aufnahmeordnung (→http://www.dosb.de/fileadmin/sharepoint/DOSB-Dokumente%20%7B96E58B18-5B8A-4AA1-98BB-199E8E1DC07C%7D/Aufnahmeordnung.pdf)
- und die Jugendordnung des DOSB (→ http://www.dosb.de/fileadmin/sharepoint/DOSB-Dokumente%20%7B96E58B18-5B8A-4AA1-98BB-199E8E1DC07C%7D/Jugendordnung-dsj.pdf).

(3) Der DOSB ist Teil der olympischen Bewegung. Darum ist es sein erklärter Wille, die olympische Bewegung zu entwickeln, zu fördern und zu schützen, die Bestimmungen der Olympischen Charta des Internationalen Olympischen Komitees (IOC) zu beachten und die Entscheidungen und Beschlüsse des IOC anzuerkennen. Der DOSB tritt ausdrücklich für einen humanen, manipulations- und dopingfreien Sport ein und erkennt die internationalen und nationalen Anti-Doping-Bestimmungen, insbesondere den World-Anti-Doping-Code und den NADA-Code an.

(4) Die Sportlerinnen und Sportler stehen auf allen Ebenen der Strukturen und Aufgaben des DOSB im Mittelpunkt. Dies erfordert Autonomie des deutschen Sports, die Funktionsfähigkeit seiner Organe, die Optimierung seiner Zentralaufgaben im Leistungssport, insbesondere bei der Eliteförderung, sowie die Schaffung der Voraussetzungen für eine systematische Sportentwicklung im Sinne des Sports für Alle in den Verbänden und Vereinen.

(5) Die Basis des gesamten Sports liegt in der Arbeit der Vereine, seiner Übungsleiter/-innen und Trainer/innen vom Breitensport bis zum Leistungssport. Diese durch Interessenvertretung bei der Schaffung der gesetzlichen Rahmenbedingungen zu unterstützen und zu fördern ist eine wesentliche Aufgabe des DOSB.

(6) Der DOSB bekennt sich zu einem humanistisch geprägten Menschenbild, er dient der Wahrung und Förderung der ethischen Werte im Sport und fördert das bürgerschaftliche Engagement. Er vertritt den Grundsatz religiöser und weltanschaulicher Toleranz sowie parteipolitischer Neutralität. Er tritt rassistischen, verfassungs- und fremdenfeindlichen Bestrebungen sowie jeder Form von Gewalt entschieden entgegen. Er pflegt die Verbindungen zu den großen gesellschaftlichen Gruppen, Kirchen, Glaubensgemeinschaften und politischen Parteien.

(7) In Anerkennung der Deklaration des IOC von Paris 1994, die der Umwelt den Rang einer dritten Säule der olympischen Bewegung beimisst, setzt sich der DOSB für die Belange des Umwelt- und Naturschutzes ein.

(8) Der DOSB fördert die kulturelle Vielfalt des Sports auf nationaler und internationaler Ebene und macht sie möglichst vielen Menschen zugänglich. Durch internationale Zusammenarbeit tritt der DOSB für Frieden und Völkerverständigung ein.

(9) Der DOSB fördert die tatsächliche Durchsetzung der Gleichstellung von Frauen und Männern. Er wirkt mit gezielter Frauenförderung auf die Beseitigung bestehender Nachteile hin und verpflichtet sich, bei allen Maßnahmen und auf allen Ebenen die Strategie des Gender Mainstreamings anzuwenden, um Chancengleichheit im Sport zu sichern.

Allgemeine Bestimmungen

§ 1 Name, Sitz, Rechtsform

(1) Der Name des Vereins lautet „Deutscher Olympischer Sportbund" (DOSB).

(2) Der DOSB ist ein eingetragener Verein und hat seinen Sitz in Frankfurt am Main.

(3) Er ist in das Vereinsregister am Sitz des DOSB eingetragen.

§ 2 Zweck und Zuständigkeit

(1) Dem DOSB obliegt es, im Rahmen seiner Aufgaben, den deutschen Sport in allen seinen Erscheinungsformen zu fördern, zu koordinieren und ihn in überverbandlichen und überfachlichen Angelegenheiten gegenüber Gesellschaft, Staat sowie anderen zentralen Sport- und sonstigen Institutionen im In- und Ausland zu vertreten.

(2) Dem DOSB obliegen alle Zuständigkeiten, Rechte und Pflichten eines Nationalen Olympischen Komitees, wie sie ihm durch das IOC und die Olympische Charta übertragen sind, so insbesondere die ausschließliche Zuständigkeit, die Teilnahme der Bundesrepublik Deutschland an den Olympischen Spielen sicherzustellen sowie die Städte zu bestimmen, die sich um die Ausrichtung der Olympischen Spiele bewerben dürfen.

(3) Dem DOSB obliegt die Betreuung seiner Mitglieder nach Maßgabe dieser Satzung und seiner Ordnungen.

§ 3 Aufgaben

(1) Der DOSB hat in Zusammenarbeit mit den Mitgliedsorganisationen im Rahmen seiner Zwecke insbesondere die folgenden Aufgaben:

Allgemeines:

- die Förderung einer ganzheitlichen Persönlichkeitsentwicklung im Sport,

- die Förderung des Kinder- und Jugendsports, insbesondere die Gewinnung junger Menschen für den Sport,

- die Förderung von Maßnahmen gegen sexualisierte Gewalt im Sport,

- die Förderung von Sport, Spiel und Bewegung im Elementarbereich sowie in Schule und Hochschule,

- die Förderung von Bildung im und durch Sport,

- die Unterstützung seiner Mitglieder in ihren Aufgaben unter Beachtung ihrer Eigenständigkeit,

- die Kooperation mit den für Sport zuständigen Institutionen des Staates, der Europäischen Union, den Partnern im internationalen Raum, der Wirtschaft und anderer gesellschaftlicher Gruppierungen,

- die Förderung der olympischen Grundprinzipien und der olympischen Erziehung durch entsprechende Einrichtungen,

- die Pflege internationaler Zusammenarbeit auf dem überverbandlichen und überfachlichen Gebiet des Sports,

- die Förderung der Sportwissenschaft und Sportmedizin und ihren Einrichtungen,

- die Beschaffung der zu seiner Aufgabenwahrnehmung notwendigen Mittel und deren solidarische Verteilung,

- die Förderung des Sports von Menschen mit Behinderung,

- die Förderung einer nachhaltigen und bedarfsgerechten Entwicklung von Sport-stätten und Sporträumen,

- die Unterstützung des Schutzes von Umwelt, Natur und Landschaft sowie der Einsatz für ein umweltgerechtes Sporttreiben,

- die Förderung der gleichberechtigten Teilnahme von Männern und Frauen in allen Organen und Gremien,

- die Förderung und Festigung eines umfassenden Sportverständnisses in der Gesellschaft und im öffentlichen Bewusstsein.

- die Förderung einer guten Verbandsführung im Sport („Good Governance“).

Im Leistungssport:

- die Erarbeitung, Festlegung und Durchführung der sportartübergreifenden Konzepte zur Förderung des Leistungssports und die Schaffung der damit verbundenen Strukturen,

– der Abschluss zentraler Rahmenvereinbarungen mit öffentlichen und privaten Institutionen,

– die Umsetzung der Leistungssport-Förderung in Vereinbarungen mit seinen Mitgliedsorganisationen,

– die Vorbereitung, Nominierung, Entsendung und Abwicklung der Teilnahme deutscher Mannschaften an Olympischen Spielen in enger Kooperation mit den olympischen Spitzenverbänden,

– die Unterstützung bei der Vorbereitung und Organisation der World-Games in Kooperation mit den Spitzenverbänden,

– die Sicherung einer effizienten Begleitung des Leistungssports durch die Sportwissenschaft und Sportmedizin,

– die Sicherstellung einer hochwertigen Traineraus- und -fortbildung,

– die sportartübergreifende Mithilfe in der Betreuung der Athleten/innen während und nach Ende ihrer aktiven Laufbahn,

– die Unterstützung von Strukturen und Maßnahmen zur Verhinderung von Wettbetrug und jeder Form von Manipulation im Sport.

Im Breitensport:

– die Impulssetzungen zu notwendigen Veränderungen der Sportpraxis,

– die Beratung der Mitgliedsorganisationen in der Vereinsentwicklung,

– die Mitwirkung an der Weiterentwicklung des internationalen Breitensports,

– die Sicherung einer effizienten Partnerschaft zwischen Breitensport und Sportwissenschaft,

– die Verleihung und Fortentwicklung des Deutschen Sportabzeichens,

– die Stärkung der Integrationsfunktion des Sports in allen gesellschaftlichen Bereichen,

– die Darstellung der individuellen und gemeinschaftlichen Sportausübung unter den Aspekten der Gesundheit und der sozialen Lebensqualität,

– die Erarbeitung von sportartübergreifenden Konzeptionen, Programmen, Modellen und Aktivitäten im Breitensport, einschließlich der damit verbundenen Rahmenbedingungen, in Zusammenarbeit mit den Mitgliedsorganisationen.

(2) Die Deutsche Sportjugend (dsj) ist die Jugendorganisation des DOSB. Sie nimmt im Rahmen ihrer Jugendordnung Aufgaben der Kinder- und Jugendhilfe im Sinne des SGB VIII und des Kinder- und Jugendplanes des Bundes wahr. Sie führt und verwaltet sich selbständig im Rahmen der Satzung des DOSB und entscheidet über die ihr zufließenden Mittel in eigener Zuständigkeit.

§ 4 Gemeinnützigkeit

(1) Der DOSB verfolgt ausschließlich und unmittelbar gemeinnützige Zwecke im Sinne der Abgabenordnung (Abschnitt „Steuerbegünstigte Zwecke"). Er ist selbstlos tätig und verfolgt nicht in erster Linie eigenwirtschaftliche Zwecke. Die Mitglieder erhalten in dieser Eigenschaft keine Zuwendungen aus den Mitteln des Vereins. Mittel des DOSB dürfen nur für satzungsmäßige Zwecke verwendet werden.

(2) Die Organe und Gremien des DOSB arbeiten ehrenamtlich, soweit sich nicht aus dieser Satzung ausdrücklich etwas anderes ergibt. Reisekosten und dienstliche Ausgaben werden erstattet. Die Finanzordnung kann für besonders zeitintensive Aufgabenwahrnehmung die Gewährung einer besonderen Aufwandsentschädigung festlegen und die Einzelheiten regeln. Das Präsidium bestimmt die Höhe der erstattungsfähigen Ausgaben.

(3) Keine Person darf durch Ausgaben, die dem Zweck des DOSB fremd sind, oder durch unverhältnismäßig hohe Vergütungen begünstigt werden.

§ 5 Geschäftsjahr

(1) Geschäftsjahr ist das Kalenderjahr.

Mitgliedschaft

§ 6 Mitglieder

(1) Dem DOSB gehören an:

a) als Mitgliedsorganisationen
- die olympischen Spitzenverbände,
- die Landessportbünde,
- die nichtolympischen Spitzenverbände,
- die Verbände mit besonderen Aufgaben und

- Sportverbände ohne internationale Anbindung
b) als natürliche Personen
- die deutschen IOC-Mitglieder und
- die Persönlichen Mitglieder

(2) Über die Aufnahme neuer Mitglieder nach Absatz 1a entscheidet auf Vorschlag des Präsidiums die Mitgliederversammlung. Aufnahmeanträge sind mit allen erforderlichen Unterlagen schriftlich an das Präsidium zu richten. Das Nähere regelt die Aufnahmeordnung. Sie ist Bestandteil dieser Satzung und kann insbesondere die sportlichen und organisatorischen Voraussetzungen bestimmen, unter denen Spitzenverbände, Verbände mit besonderen Aufgaben und Sportverbände ohne internationale Anbindung als neue Mitglieder aufgenommen werden können.

(3) Persönliche Mitglieder sind:
- bis zu 10 aktive oder ehemalige Athleten/innen, die an Olympischen Spielen teilgenommen haben, davon 5 auf Vorschlag der Athletenkommission. Sie scheiden spätestens mit Ablauf der dritten Olympiade nach den Olympischen Spielen, an denen sie zuletzt teilgenommen haben, aus,
- bis zu 5 weitere Persönlichkeiten aus dem olympischen Bereich.

Die Persönlichen Mitglieder werden von der Mitgliederversammlung für vier Jahre gewählt. Wiederwahl ist möglich.

§ 7 Ehrenpräsidentschaft/Ehrenmitgliedschaft

(1) Der DOSB kann auf Beschluss der Mitgliederversammlung besonders verdiente Persönlichkeiten des Sports zum/zur Ehrenpräsidenten/in oder zum Ehrenmitglied ernennen.

(2) Ehrenpräsidenten/innen und Ehrenmitglieder sind zu den Mitgliederversammlungen mit beratender Stimme einzuladen. Dies gilt auch für die Ehrenpräsidenten/innen und Ehrenmitglieder der Gründungsorganisationen des DOSB.

§ 8 Dauer der Mitgliedschaft

(1) Die Mitgliedsorganisationen können unter Wahrung einer Frist von drei Monaten schriftlich gegenüber dem Präsidium zum Ende eines Geschäftsjahres ihren Austritt erklären. Die Mitgliedschaft endet ferner bei einem Ausschluss aus dem DOSB, der nur aus wichtigem Grund durch die Mitgliederversammlung mit einer Mehrheit von ¾ der abgegebenen Stimmen beschlossen werden kann.

(2) Die Mitgliedschaft eines Spitzenverbandes mit dem Status „olympisch" ergibt sich aus den Bestimmungen der Olympischen Charta.

(3) Die Mitgliedschaft der Persönlichen Mitglieder endet durch Ablauf ihrer Wahlperiode, durch Rücktritt oder Tod.

§ 9 Rechte und Pflichten der Mitglieder

(1) Die Mitglieder haben das Recht,

- im Rahmen der Aufgaben des DOSB von diesem ideelle und finanzielle Unterstützung für ihre Arbeit zu beanspruchen und
- dessen Einrichtungen und Serviceangebote zu nutzen.

(2) Die Mitglieder haben die Pflicht,

- die Satzung des DOSB zu beachten und dessen Zweck (§ 2) zu fördern,
- den DOSB bei seiner Aufgabenerfüllung (§ 3) zu unterstützen.

Organe

§ 10 Übersicht

Organe des DOSB sind:

- Mitgliederversammlung
- Präsidium

Mitgliederversammlung

§ 11 Zusammensetzung, Antragsberechtigung

(1) Die Mitgliederversammlung ist das oberste Beschlussorgan des DOSB. Ihr gehören die

- Delegierten der Mitgliedsorganisationen,
- deutschen IOC-Mitglieder
- Persönlichen Mitglieder sowie
- Mitglieder des Präsidiums

mit Stimmrecht sowie die

- Mitglieder der Präsidialausschüsse,
- Mitglieder des Vorstands der Deutschen Sportjugend,

- Ehrenpräsidenten/innen und Ehrenmitglieder sowie
- Mitglieder der Athletenkommission

mit beratender Stimme an.

(2) Mitgliedsorganisationen sollen in angemessenem Umfang weibliche Delegierte in die Mitgliederversammlung entsenden.

(3) Die Anzahl der je Mitgliedsorganisation entsendungsberechtigten Delegierten bemisst sich nach ihren Stimmen gemäß § 14. Werden diese Entsendungsrechte zahlenmäßig nicht voll in Anspruch genommen, können die entsandten Delegierten maximal je 5 Stimmen ihrer Organisation vertreten. Eine Übertragung von Stimmen auf Delegierte anderer Mitgliedsorganisationen ist nicht zulässig.

(4) Alle Mitglieder gemäß § 6 Absatz 1, das Präsidium, die Vollversammlung der Deutschen Sportjugend sowie die in § 22 aufgeführten Gremien des DOSB mit Aus-nahme der Beiräte sind berechtigt, Anträge an die Mitgliederversammlung zu stellen.

§ 12 Aufgaben

Die Mitgliederversammlung hat insbesondere folgende Aufgaben:

- Entscheidungen in grundsätzlichen, die Sportorganisation oder die Sportpolitik betreffenden Angelegenheiten,
- die Entgegennahme des Berichts des Präsidiums, des Berichts über den Stand der Umsetzung der Gleichstellung sowie weiterer Berichte,
- die Genehmigung der Jahresrechnung und die Entlastung des Präsidiums,
- die Änderung der Satzung, der Finanzordnung sowie anderer Ordnungen, soweit diese der Mitgliederversammlung vorbehalten sind,
- die Bestätigung der Jugendordnung,
- den Beschluss über die Aufnahme neuer Mitglieder bzw. den Ausschluss eines Mitglieds,
- die Wahl des/der Präsidenten/Präsidentin und der Vizepräsidenten/innen,
- die Wahl der Persönlichen Mitglieder,
- ggf. die Wahl der Rechnungsprüfer/innen gemäß § 29,
- die Wahl von Ehrenpräsidenten und Ehrenmitgliedern gemäß § 7,

– die Wahl der Mitglieder der Präsidialausschüsse,

– die Festlegung der Mitgliedsbeiträge,

– die Bestätigung des/der dsj-Vorsitzenden und des/der Athletenvertreters/Athletenvertreterin,

– die Verabschiedung des Wirtschaftsplans,

– die Bestellung des/der Corporate Governance Beauftragten gemäß § 32.

§ 13 Einberufung und Durchführung der Mitgliederversammlung

(1) Die Mitgliederversammlung findet jährlich statt. Den Termin und Ort legt das Präsidium fest. Auf Antrag von 1/4 der Mitglieder oder aufgrund eines Beschlusses des Präsidiums ist eine außerordentliche Mitgliederversammlung einzuberufen.

(2) Der/die Präsident/in bzw. im Verhinderungsfall der/die dienstälteste Vizepräsident/in berufen die Mitgliederversammlung mit einer Frist von mindestens acht Wochen unter Angabe der vorgeschlagenen Tagesordnung schriftlich ein. Die Einberufung kann auch per E-Mail erfolgen.

(3) Die Mitgliederversammlung ist bei ordnungsgemäßer Einberufung ohne Rücksicht auf die Zahl der vertretenen Stimmen beschlussfähig.

(4) Die Mitglieder können schriftlich begründete Anträge zur Änderung/Ergänzung der Tagesordnung bis spätestens fünf Wochen vor dem Versammlungstermin einreichen. Diese Anträge sind den Mitgliedern mindestens drei Wochen vor dem Versammlungstermin mitzuteilen.

Dringlichkeitsanträge können nur behandelt werden, wenn sie schriftlich eingebracht werden und die Mitgliederversammlung mit einer Mehrheit von 2/3 der abgegebenen Stimmen der Behandlung zustimmt.

(5) Über die Beschlüsse der Versammlung ist ein Protokoll anzufertigen, das von dem/der Versammlungsleiter/in und von dem/der Protokollführer/in zu unterzeichnen und den Mitgliedern zuzuleiten ist.

§ 14 Stimmrechte

(1) Das Stimmrecht der olympischen Spitzenverbände, der nichtolympischen Spitzenverbände sowie der Landessportbünde bestimmt sich nach der Zahl der Mitglieder des vertretenen Verbandes. Die Delegierten haben bei einer Verbandsstärke von

bis 100.000 Mitglieder 1 Stimme,
bis 250.000 Mitglieder 2 Stimmen,
bis 500.000 Mitglieder 3 Stimmen,
bis 750.000 Mitglieder 4 Stimmen und
bis 1.000.000 Mitglieder 5 Stimmen.

Jede weitere angefangene Million Mitglieder gewährt eine weitere Stimme.

(2) Die Hälfte der olympischen Spitzenverbände mit den meisten Mitgliedern erhalten jeweils fünf zusätzliche Stimmen, die übrigen olympischen Spitzenverbände erhalten drei zusätzliche Stimmen.

Die Hälfte der Landessportbünde mit den meisten Mitgliedern erhalten jeweils sechs zusätzliche Stimmen, die übrigen Landessportbünde erhalten vier zusätzliche Stimmen.

Gehört einer Mitgliedergruppe eine ungerade Zahl von Verbänden an, wird die höhere Anzahl von Zusatzstimmen einem Verband mehr zugeteilt.

(3) Grundlage für die Bestandserhebung der Mitgliederzahl der Verbände ist ein einheitliches EDV-gestütztes Verfahren. Bis zur Einführung dieses Verfahrens wird der Bestand gemäß der jeweils letzten Bestandserhebung des DOSB zugrunde gelegt. Bei neu aufgenommenen Mitgliedsorganisationen ist die Anzahl der bei der Aufnahme gemeldeten Mitglieder zugrunde zu legen.

(4) Die weiteren Mitglieder gemäß § 6 Absatz 1 sowie die Mitglieder des Präsidiums haben je eine Stimme; eine Kumulation von Stimmen ist hier nicht möglich.

(5) Entsprechend den Anforderungen der Olympischen Charta müssen die olympischen Spitzenverbände in der Mitgliederversammlung die Mehrheit der Stimmen besitzen. Wird diese Stimmenmehrheit verfehlt, erhalten die olympischen Spitzenverbände in der Reihenfolge ihrer Mitgliederstärke so viele weitere Stimmen, bis die Mehrheit erreicht ist. Die Landessportbünde verfügen über eine Stimmenzahl, die über 1/3 liegt. Wird dieser Stimmenanteil verfehlt, erhalten die Landessportbünde in der Reihenfolge ihrer Mitgliederstärke so viele weitere Stimmen, bis der Anteil von 1/3 überschritten wird. Verändert sich deshalb künftig die Stimmenzahl – aus welchem Grund auch immer –, ist das Stimmrecht bei Bedarf unverzüglich entsprechend anzupassen. Bis zur Anpassung des Stimmenverhältnisses gilt das letzte Stimmenverhältnis fort, das den Voraussetzungen des Satzes 1 entsprach.

§ 15 Angelegenheiten in Verbindung mit den Olympischen Spielen

(1) Werden Angelegenheiten in Verbindung mit Olympischen Spielen verhandelt, haben nur die Delegierten Stimmrechte, die olympische Spitzenverbände vertreten und deren Sportart dem olympischen Programm angehört, sowie die Mitglieder des Präsidiums, die Persönlichen Mitglieder gem. § 6 (3) erster Spiegelstrich und die deutschen IOC-Mitglieder.

(2) Angelegenheiten in Verbindung mit den Olympischen Spielen im Sinne der jeweils gültigen Olympischen Charta sind:

- Nominierungsgrundsätze für die Olympischen Spiele,
- unmittelbare Vorbereitung und Entsendung der Olympiamannschaften zu den Olympischen Spielen,
- Einkleidung der Olympiamannschaft,
- Olympische Jugendlager,
- Verwendung der Mittel aus dem Entsendungshaushalt,
- Kandidatenbestätigung zur IOC-/EOC-Athletenkommission,
- Vertretung in Gremien von IOC, ANOC und EOC.

(3) Bei Abstimmungen über Angelegenheiten in Verbindung mit den Olympischen Spielen hat jeder olympische Spitzenverband abweichend von § 14 unabhängig von seiner Größe drei Stimmen, die Persönlichen Mitglieder gem. § 6 (3) erster Spiegelstrich und die IOC-Mitglieder haben je eine Stimme.

Präsidium

§ 16 Zusammensetzung

(1) Das Präsidium besteht aus

- Präsident/in,
- Vizepräsident/in Leistungssport,
- Vizepräsident/in Breitensport/Sportentwicklung,
- Vizepräsident/in Wirtschaft und Finanzen,
- Vizepräsident/in Bildung und Olympische Erziehung,
- Vizepräsident/in Frauen und Gleichstellung,
- Vorsitzende/r der dsj,

- Athletenvertreter/in,

- Deutsche IOC-Miglieder nach Artikel 16.1.1.1 und 16.1.1.2 der Olympischen Charta (ex officio),

- Generaldirektor/in (ex officio).

(2) Die Präsidiumsmitglieder - ausgenommen die Mitglieder zu den Spiegelstrichen 7 bis 10 - werden von der Mitgliederversammlung für die Dauer von vier Jahren gewählt, bleiben aber auch darüber hinaus bis zu einer erfolgten Neuwahl im Amt. Der/die Vorsitzende der dsj und der/die Athletenvertreter/in werden von ihren jeweiligen Vollversammlungen gewählt, bedürfen jedoch der Bestätigung durch die Mitgliederversammlung.

Die deutschen IOC-Mitglieder gehören dem Präsidium für die Dauer ihrer IOC-Mitgliedschaft, der/die Generaldirektor/in für die Dauer seiner/ihrer Amtszeit an.

(3) Zu Präsidiumsmitgliedern können Persönlichkeiten, die ein ehrenamtliches Wahlamt ausüben, nur gewählt werden, wenn sie zum Zeitpunkt der Wahl noch nicht das 70. Lebensjahr vollendet haben.

§ 17 Vertretung

Vorstand im Sinne des § 26 BGB ist der/die Präsident/in in Verbindung mit einem/einer Vizepräsidenten/in oder dem/der Generaldirektor/in. Im Falle der Verhinderung tritt an die Stelle des/der Präsidenten/in der/die Vizepräsident/in Wirtschaft und Finanzen oder der/die Generaldirektor/in. Die Verhinderung braucht im Einzelfall nicht nachgewiesen zu werden.

§ 18 Aufgaben

(1) Aufgaben des Präsidiums sind insbesondere

- die Vertretung des DOSB nach außen,

- die strategische Leitung des DOSB nach Maßgabe der Satzung und der Beschlüsse der Mitgliederversammlung,

- die Entscheidung in allen Angelegenheiten, soweit sie die Satzung nicht der Mitgliederversammlung oder einem anderen Gremium zuweist,

- die Berufung von Beiräten und deren Mitgliedern,

- die Berufung des Direktoriums, die Erteilung von Richtlinien an das Direktorium sowie die Überwachung seiner Tätigkeit,

- die Genehmigung der Wirtschafts- und Finanzplanung sowie der Jahresrechnung zur Vorlage an die Mitgliederversammlung,

- die Genehmigung des Geschäftsverteilungsplanes des Direktoriums,

- die Vorbereitung der Mitgliederversammlung.

(2) Der/die Präsident/in nimmt die Funktion des/der NOK-Präsidenten/in wahr.

(3) Das Präsidium nimmt seine Aufgaben mit beratender Unterstützung durch die Präsidialausschüsse und das Direktorium wahr. Es kann weitere Ausschüsse berufen.

§ 19 Sitzungen

(1) Sitzungen des Präsidiums werden von dem/der Präsidenten/in oder bei dessen/deren Verhinderung von dem/der dienstältesten Vizepräsidenten/in einberufen. Die Einberufung erfolgt mit einer Frist von mindestens zwei Wochen schriftlich oder per E-Mail.

(2) Die Einladung hat Ort, Termin und Tagesordnung zu bestimmen. Den Sitzungsteilnehmern/innen sind etwaige Sitzungsunterlagen rechtzeitig zuzustellen.

(3) Das Präsidium ist beschlussfähig, wenn mehr als die Hälfte seiner Mitglieder anwesend ist.

(4) Über die Teilnahme von Gästen entscheidet der/die Präsident/in.

(5) Über die Sitzung ist ein Protokoll zu fertigen, das von dem/der Sitzungsleiter/in und von dem/der Protokollführer/in zu unterzeichnen ist.

Direktorium

§ 20 Zusammensetzung, Einrichtung

(1) Das Direktorium besteht aus dem/der Generaldirektor/in und einem/einer oder mehreren Direktoren/innen. Die Mitglieder des Direktoriums sind hauptberuflich tätig. Sie bilden mit den zugehörigen Mitarbeitern/innen die Geschäftsstelle des DOSB.

(2) Die Mitglieder des Direktoriums werden vom Präsidium berufen und abberufen.

(3) Das Präsidium erlässt eine Geschäftsordnung für das Direktorium. Dieses gibt sich und den Mitarbeiter/innen der Geschäftsstelle einen Geschäftsverteilungsplan, der vom Präsidium zu genehmigen ist.

§ 21 Aufgaben

(1) Das Direktorium führt die Geschäfte und berichtet hierüber laufend gegenüber dem Präsidium.

(2) Die Leitung der Geschäftsstelle obliegt dem/der Generaldirektor/in. Er/sie ist Vorgesetzte/r der Mitarbeiter/innen der Geschäftsstelle.

Weitere Gremien

§ 22 Allgemeine Regelungen

(1) Weitere Gremien des DOSB sind:
Präsidialausschüsse
Beiräte
Konferenz der Spitzenverbände
Konferenz der Landessportbünde
Konferenz der Verbände mit besonderen Aufgaben
Frauen-Vollversammlung
Vollversammlung der Athleten/innen

(2) Die Amtszeit der gewählten Mitglieder der Gremien ist an die Amtszeit des Präsidiums geknüpft.

(3) Die Präsidiumsmitglieder haben das Recht, an allen Gremiensitzungen teilzunehmen.

Präsidialausschüsse

§ 23 Art der Ausschüsse, Zusammensetzung

(1) Beim Präsidium werden der Präsidialausschuss „Leistungssport" und der Präsidialausschuss „Breitensport/Sportentwicklung" gebildet.

(2) Dem Präsidialausschuss Leistungssport gehören an:

- 4 Vertreter/innen aus dem Bereich der olympischen Spitzenverbände,

- 1 Vertreter/in aus dem Bereich der nichtolympischen Spitzenverbände,
- 2 Vertreter/in aus dem Bereich der Landessportbünde,
- 1 Athletenvertreter/in sowie
- der/die Vizepräsident/in Leistungssport.

Den Vorsitz hat der/die Vizepräsident/in Leistungssport.

(3) Dem Präsidialausschuss Breitensport/Sportentwicklung gehören an:
- 3 Vertreter/innen der Landessportbünde,
- 3 Vertreter/innen der olympischen Spitzenverbände,
- 1 Vertreter/in der nichtolympischen Spitzenverbände,
- 1 Vertreter/in der Verbände mit besonderen Aufgaben sowie
- der/die Vizepräsident/in Breitensport/Sportentwicklung.

Den Vorsitz hat der/die Vizepräsident/in Breitensport/Sportentwicklung.

§ 24 Aufgaben und Befugnisse der Präsidialausschüsse

(1) Die Präsidialausschüsse Leistungssport bzw. Breitensport/Sportentwicklung beraten das Präsidium im Rahmen ihrer jeweiligen Zuständigkeiten gemäß § 3
- auf dem Gebiet von Konzeptionen und grundlegenden Stellungnahmen zu sportpolitischen und -fachlichen Fragen sowie
- bei der Entwicklung strategischer Leitlinien.

(2) Die Präsidialausschüsse Leistungssport bzw. Breitensport/Sportentwicklung können bei abweichenden Ansichten in Fragen aus ihrem Zuständigkeitsbereich von grundlegender Bedeutung eine Entscheidung des Präsidiums diesem erneut zur Prüfung und Beratung vorlegen.

(3) Hat das Präsidium den Sachverhalt zu einer Frage, die gemäß Absatz 2 an das Präsidium zurückverwiesen wurde, erneut beraten, ist seine anschließende Entscheidung verbindlich.

Beiräte

§ 25 Zusammensetzung und Aufgaben der Beiräte

(1) Zur Beratung des Direktoriums werden die Beiräte „Leistungssportentwicklung“, „Sportentwicklung“, „Bildung und Olympische Erziehung“ und „Wirtschaft“ sowie die „Athleten-

kommission" eingerichtet. Das Präsidium kann weitere Beiräte berufen.

(2) Die Vollversammlung der Athleten/innen wählt die Mitglieder der Athletenkommission; die Mitglieder der übrigen Beiräte beruft das Präsidium. Die Amtszeit der Beiratsmitglieder ist an die Amtszeit des Präsidiums geknüpft.

(3) Die Beiräte beraten das Direktorium fachbezogen und berichten diesem gegenüber laufend über ihre Tätigkeiten sowie deren Ergebnisse.

Konferenzen, Frauen-Vollversammlung

§ 26 Zusammensetzung und Aufgaben der Konferenzen, Frauen-Vollversammlung

(1) Die Konferenz der Spitzenverbände, die Konferenz der Landessportbünde und die Konferenz der Verbände mit besonderen Aufgaben treten bei Bedarf zusammen.

(2) Die Frauen-Vollversammlung setzt sich aus den Vertretern/innen der Mitgliedsorganisationen des DOSB zusammen.

(3) Die Konferenzen und die Frauen-Vollversammlung beraten über Angelegenheiten aus ihren jeweiligen Zuständigkeitsbereichen. Ihre Beschlüsse haben empfehlenden Charakter für die Organe des DOSB.

(4) Die Konferenzen und die Frauen-Vollversammlung geben sich eigene Geschäftsordnungen.

Stimmenverhältnisse

§ 27 Abstimmungen und Wahlen

(1) Beschlüsse der Organe und Gremien werden mit einfacher Stimmenmehrheit gefasst. Stimmengleichheit bedeutet Ablehnung.

(2) Beschlüsse des Präsidiums sowie der Gremien können auch auf elektronischem Wege, insbesondere per Telefax oder per E-Mail sowie im Rahmen einer Telefon- oder Videokonferenz herbeigeführt werden, wenn kein Präsidiums- bzw. Gremienmitglied diesem Verfahren widerspricht; auch bei diesen Beschlüssen genügt die einfache Stimmenmehrheit.

(3) Beschlüsse über Satzungsänderungen, die Aufnahme neuer Mitgliedsorganisationen sowie den Ausschluss von Mitgliedsorganisationen bedürfen einer 3/4-Mehrheit der abgegebenen Stimmen.

(4) Beschlüsse über die Festlegung der Mitgliedsbeiträge bedürfen einer 2/3-Mehrheit der abgegebenen Stimmen.

(5) Wahlen sind grundsätzlich schriftlich und geheim vorzunehmen. Wird für ein Amt nur eine Person vorgeschlagen und ist diese bereit, das Amt zu übernehmen, kann die Wahl durch offene Abstimmung mit Handzeichen erfolgen, wenn nicht geheime Wahl beantragt wird.

(6) Abwesende können gewählt werden, wenn sie ihre Bereitschaft, das Amt anzunehmen, schriftlich erklärt haben.

(7) Steht für ein Wahlamt nur eine Person zur Wahl, so ist sie gewählt, wenn sie die Mehrheit der abgegebenen Stimmen erhält. Stehen mehrere Personen zur Wahl, ist diejenige gewählt, die mehr als die Hälfte der abgegebenen Stimmen erhalten hat. Wird diese Stimmenzahl von keiner Person erreicht, findet zwischen den beiden Personen, die im ersten Wahlgang die meisten Stimmen erhalten haben, eine Stichwahl statt, bei der die einfache Stimmenmehrheit entscheidet. Bei Stimmengleichheit ist nach einer Pause die Wahl zu wiederholen. Ergibt sich erneut Stimmengleichheit, so entscheidet das Los.

(8) Bei der Wahl der Ausschüsse sind diejenigen Personen gewählt, die die Mehrheit der abgegebenen Stimmen auf sich vereinigen.

(9) Nachwahlen und Nachberufungen gelten für alle Organe und Gremien jeweils für die laufende Wahlperiode.

Rechnungslegung

§ 28 Jahresrechnung

(1) Das Direktorium legt dem Präsidium die Jahresrechnung nebst allen zugehörigen Berichten für das abgelaufene Geschäftsjahr innerhalb der ersten vier Monate des neuen Geschäftsjahres zur Prüfung vor. Das Präsidium leitet die Jahresrechnung zur Genehmigung an die Mitgliederversammlung weiter.

(2) Die Jahresrechnung wird nach den Vorschriften des HGB erstellt.

(3) Das Präsidium reicht die Jahresrechnung, wenn sie sein Einverständnis gefunden hat, unverzüglich zur Rechnungsprüfung (§ 29) weiter.

§ 29 Rechnungsprüfung

(1) Die Jahresrechnung bzw. der Jahresabschluss ist durch eine anerkannte Wirtschaftsprüfungsgesellschaft zu prüfen und zu testieren. Den Prüfungsauftrag erteilt das Präsidium.

(2) Die satzungsgemäße Verwendung der Mittel prüfen gesonderte Rechnungsprüfer/innen, wenn die Mitgliederversammlung dies beschließt. Die Mittelverwendung ist von dem/der bestellten Wirtschaftsprüfer/in mit zu prüfen, wenn die Mitgliederversammlung keine gesonderten Rechnungsprüfer/innen hierfür bestellt hat.

§ 30 Wirtschaftsführung

(1) Die Wirtschaftsführung des DOSB und die Tätigkeiten seiner Organe und Einrichtungen werden in einer Finanzordnung geregelt. Sie wird auf Vorschlag des Präsidiums von der Mitgliederversammlung beschlossen.

(2) Das Direktorium legt den Wirtschaftsplan jährlich dem Präsidium zur Genehmigung und Weiterleitung an die Mitgliederversammlung spätestens bis zum 31. Oktober des laufenden Jahres vor. Mit der Verabschiedung durch die Mitgliederversammlung wird der Wirtschaftsplan verbindlich.

(3) Der Wirtschaftsplan ist die Grundlage für die Arbeit des Präsidiums, des Direktoriums und der übrigen Ausschüsse und Beiräte des DOSB. Das Nähere regelt die Finanzordnung, die auch Bestimmungen darüber enthalten kann, welche Abweichungen vom Wirtschaftsplan der erneuten Genehmigung durch das Präsidium bedürfen.

§ 31 Finanzierung

(1) Der DOSB finanziert seine Arbeit durch Mitgliedsbeiträge, öffentliche und private Zuwendungen, Vermarktungserlöse und sonstige Einnahmen.

(2) Die Mitglieder zahlen einen Jahresbeitrag, dessen Höhe von der Mitgliederversammlung festgesetzt wird. Näheres regelt

die Finanzordnung. Der Jahresbeitrag ist jeweils bis zum 30. Juni des betreffenden Jahres fällig. Solange die Zahlungen rückständig sind, ruht das Recht des betroffenen Mitglieds, Delegierte zu entsenden und das Stimmrecht in der Mitgliederversammlung auszuüben.

(3) Die Erträge aus der Vermarktung der olympischen Symbole und Bezeichnungen sollen grundsätzlich Maßnahmen mit olympischem Bezug vorbehalten bleiben.

§ 32 Verbandsführung

(1) Der DOSB beachtet die Grundsätze einer guten Verbandsführung (Good Governance). Der/die von der Mitgliederversammlung berufene Corporate Governance Beauftragte berät das Präsidium und das Direktorium. Er/Sie erstattet der Mitgliederversammlung Bericht über seine/ihre Tätigkeit. Das Nähere regeln die von der Mitgliederversammlung beschlossenen Richtlinien der Verbandsführung.

Schlussbestimmungen

§ 33 Schiedsgerichtsbarkeit

(1) Streitfragen zwischen dem DOSB und seinen Mitgliedern werden unter Ausschluss des ordentlichen Rechtsweges durch ein Schiedsgericht entschieden. Das gilt auch für Streitigkeiten um die Gültigkeit dieser Satzung, für Streitigkeiten unter den Mitgliedern des DOSB, die sich aus dem Mitgliedschaftsverhältnis oder aus der Tätigkeit eines Organs oder einer sonstigen Einrichtung des DOSB ergeben, sowie beim Streit über die Aufnahme neuer Mitglieder oder den Ausschluss von Mitgliedern.

(2) Das Schiedsgericht darf jedoch nur angerufen werden, wenn ein Versuch der Beauftragten des Präsidiums erfolglos geblieben ist, den Streitfall zu schlichten.

(3) Das Schiedsgericht besteht aus drei Schiedspersonen. Sie müssen die Befähigung zum Richteramt haben. Als Schiedsperson kann nicht benannt werden, wer in einem Dienst- oder Arbeitsverhältnis zum DOSB steht.

(4) Das Schiedsgericht ist kein Organ des DOSB. Die Mitglieder des Schiedsgerichts sind unabhängig und an Weisungen nicht gebunden.

(5) Streitigkeiten mit einem/einer Athleten/in, der/die zu Olympischen Spielen nominiert ist, oder mit einem olympischen Spitzenverband oder dem IOC, die während der Olympischen Spiele entstehen oder sich aus Veranstaltungen der Olympischen Spiele oder ihrer Vorbereitung oder Abwicklung ergeben oder diese betreffen, unterliegen jedoch abweichend zu den Absätzen 1 bis 4 ausschließlich der Schiedsgerichtsbarkeit des „Court of Arbitration for Sport" (CAS).

§ 34 Schiedsverfahren

(1) Wer das Schiedsgericht gemäß § 32 Absatz 1 anrufen will (Kläger), hat dies der anderen Partei (Beklagter) durch eingeschriebenen Brief mitzuteilen. Darin ist der streitige Sachverhalt anzugeben und eine Schiedsperson zu benennen. Auch eine Mehrheit von Klägern kann nur eine Schiedsperson benennen.

(2) Die beklagte Partei hat binnen 10 Tagen nach Erhalt der Mitteilung ihrerseits eine Schiedsperson zu benennen. Nach Ablauf der Frist kann die klagende Partei verlangen, dass der andere Schiedsrichter durch den/die Präsidenten/in des Oberlandesgerichts im Bezirk der klagenden Partei benannt wird. Auch für eine Mehrheit von Beklagten kann nur eine Schiedsperson benannt werden.

(3) Beim Wegfall einer Schiedsperson lebt das Benennungsrecht entsprechend den Absätzen 1 und 2 wieder auf.

(4) Beide Schiedspersonen haben binnen 10 Tagen nach der Benennung einen/eine Vorsitzenden/Vorsitzende zu bestimmen. Sie können diese Frist jedoch einvernehmlich in angemessenem Umfang verlängern. Nach Ablauf der Frist gemäß den Sätzen 1 und 2 kann jede Partei verlangen, dass der/die Vorsitzende des Schiedsgerichts durch den/die Präsidenten/in des Oberlandesgerichts Frankfurt am Main benannt wird.

(5) Das Schiedsgericht ist an die Satzung und die Ordnungen des DOSB und die Vorschriften des materiellen Rechts der Bundesrepublik Deutschland gebunden. Für das Verfahren gelten im Übrigen die allgemeinen Vorschriften der Zivilprozessordnung. Für alle Maßnahmen, die unbeschadet dieser Schiedsvereinbarung die Einschaltung der ordentlichen Gerichte erfordern, ist im Rahmen des gesetzlich Zulässigen das Landgericht Frankfurt am Main ausschließlich zuständig.

§ 35 Geltung von Ausschlüssen von Mitgliedsorganisationen

(1) Ausschlüsse, die Mitgliedsorganisationen oder die ihnen angeschlossenen Organisationen gegen ihre Einzelmitglieder wegen schwerer Verfehlungen angeordnet haben, werden von den Mitgliedsorganisation des DOSB anerkannt und übernommen, wenn die ausschließende Mitgliedsorganisation ein entsprechendes Ersuchen stellt.

Die Aufnahme eines aus der Mitgliedsorganisation ausgeschlossenen Einzelmitglieds in eine andere Mitgliedsorganisation kann nur mit Zustimmung der ausschließenden Mitgliedsorganisation erfolgen.

(2) Will eine Mitgliedsorganisation aus besonderen Gründen dem Ersuchen auf Ausschluss nicht entsprechen oder wünscht sie trotz der Verweigerung zur Aufnahme, das aus einer Mitgliedsorganisation ausgeschlossene Einzelmitglied doch aufzunehmen, so kann sie zur Entscheidung das Schiedsgericht anrufen.

Gegen die Entscheidung des Schiedsgerichts kann binnen einer Woche nach Bekanntgabe Beschwerde eingelegt werden, über die das Präsidium endgültig entscheidet.

§ 36 Auflösung des Vereins

Über die Auflösung des DOSB entscheidet die Mitgliederversammlung mit einer Mehrheit von 3/4 der abgegebenen Stimmen. Eine Abstimmung kann jedoch nur erfolgen, wenn der Antrag auf Auflösung in der Einladung begründet worden war.

§ 37 Vermögensverwendung bei Beendigung des Vereins

Das Vermögen zum Zeitpunkt der Auflösung oder bei Wegfall des bisherigen Vereinszwecks ist einer gemeinnützigen Nachfolgeorganisation oder Nachfolgeorganisationen des DOSB zu übertragen, die es nur im Rahmen der Zwecke (§ 2) und der Aufgaben (§ 3) dieser Satzung verwenden darf.

[55] Satzung des Deutschen Fußball-Bundes (DFB)[2]

In der Fassung vom 22.10.2010.

Präambel

Am 28. Januar 1900 haben 86 Fußballvereine in Deutschland den Deutschen Fußball-Bund gegründet. Am 21. November 1990 ist der Nordostdeutsche Fußballverband (NOFV) dem DFB beigetreten. Im Zuge einer Neuordnung des lizenzierten Fußballs wurde am 18. Dezember 2000 ein Ligaverband gegründet, der künftig gemeinsam mit den Landes- und Regionalverbänden als Mitglied dem DFB angehört.

Der DFB vertritt die Interessen seiner Mitgliedsverbände im In- und Ausland. Wichtigste Aufgabe des DFB ist die Ausübung des Fußballsports in Meisterschaftsspielen und Wettbewerben der Spielklassen der Regional- und Landesverbände und der Lizenzligen. Er trägt die Gesamtverantwortung für die Einheit des deutschen Fußballs. Der DFB handelt in sozialer und gesellschaftspolitischer Verantwortung und fühlt sich in hohem Maße dem Gedanken des Fair Play verbunden. Seiner besonderen Förderung unterliegt auch der Freizeit- und Breitensport. Der DFB setzt sich für die Belange des Umwelt- und Naturschutzes ein. Zur Erfüllung und Durchführung seiner Aufgaben gibt sich der Deutsche Fußball-Bund folgende Satzung:

---

[2] Neben der Satzung sind zu beachten:
- die Spielordnung (→ http://www.dfb.de/uploads/media/05_Spielordnung_01.pdf),
- die Rechts- und Verfahrensordnung (→ http://www.dfb.de/uploads/media/07_Rechts-Verfahrensordnung_01.pdf),
- die Schiedsrichterordnung (→ http://www.dfb.de/uploads/media/10_Schiedsrichterordnung_01.pdf=),
- die Finanzordnung (→ http://www.dfb.de/uploads/media/11_Finanzordnung_01.pdf),
- und die Jugendordnung (→ http://www.dfb.de/uploads/media/08_Jugendordnung.pdf).

I. Allgemeine Bestimmungen

§ 1 Name, Rechtsform und Sitz

Der Deutsche Fußball-Bund (DFB) ist die Vereinigung der Landesverbände, Regionalverbände und des Ligaverbandes, in denen Fußballsport betrieben wird. Der Deutsche Fußball-Bund ist der Nachfolger des im Jahre 1900 gegründeten Deutschen Fußball-Bundes mit dem damaligen Sitz in Berlin. Der Deutsche Fußball-Bund ist ein eingetragener Verein und hat seinen Sitz in Frankfurt (Main).

§ 2 Allgemeine Grundsätze

Der Deutsche Fußball-Bund ist parteipolitisch und religiös neutral. Er tritt rassistischen, verfassungs- und fremdenfeindlichen Bestrebungen und anderen diskriminierenden oder menschenverachtenden Verhaltensweisen entschieden entgegen. Jedes Amt im DFB ist Frauen und Männern zugänglich. Satzung und Ordnungen des DFB gelten in ihrer sprachlichen Fassung für Frauen und Männer gleichermaßen.

§ 3 Mitgliedschaften

1. Der DFB ist Mitglied der FIFA mit Sitz in Zürich. Aufgrund dieser Mitgliedschaft ist der DFB den Bestimmungen dieses Verbandes unterworfen und zur Umsetzung der Entscheidungen seiner Organe verpflichtet. Insbesondere nachgenannte Vorschriften der FIFA sind für den DFB, seine Mitglieder, Spieler und Offiziellen sowie die Vereine und Kapitalgesellschaften seiner Mitgliedsverbände verbindlich: Statuten, Reglement betreffend Status und Transfers von Fußballspielern, Reglemente für die internationalen Wettbewerbe und Spielregeln.

Innerhalb des DFB-Gebiets dürfen Pflichtspiele zwischen Verbandsmannschaften, die verschiedenen Nationalverbänden der FIFA angehören und Turniere im Sinne von Artikel 9 der Ausführungsbestimmungen zu den FIFA-Statuten zwischen Ligen- oder Vereinsmannschaften, die verschiedenen Konföderationen der FIFA angehören, nur mit Genehmigung der FIFA stattfinden. Dies gilt nicht für Freundschaftsspiele. Bei Spielen der A-Nationalmannschaft sind im Übrigen die Artikel 5 und 6 der Ausführungsbestimmungen zu den FIFA-Statuten zu beachten.

2. Der DFB ist Mitglied der UEFA mit Sitz in Nyon (Schweiz). Aufgrund dieser Mitgliedschaft ist der DFB den Bestimmungen dieses Verbandes unterworfen und zur Umsetzung der Entscheidungen seiner Organe verpflichtet. Nachgenannte Vorschriften der UEFA sind für den DFB, seine Mitglieder sowie die Vereine und Kapitalgesellschaften seiner Mitgliedsverbände verbindlich: Statuten, Grundsätze einer Zusammenarbeit zwischen den UEFA-Mitgliedsverbänden und ihren Vereinen, Rechtspflegeordung, Reglement der Dopingkontrollen für UEFA-Wettbewerbsspiele und die Reglemente für die europäischen Wettbewerbsspiele und die dazugehörigen Regelungen. Insbesondere anerkennen der DFB, seine Mitglieder, Spieler und Offiziellen die UEFA-Statuten. Auf Artikel 59 bis 63 der UEFA-Statuten wird verwiesen.

3. Über weitere Mitgliedschaften bei anderen Organisationen entscheidet das Präsidium. Die Rechte des DFB und seiner Mitgliedsverbände aus dieser Satzung dürfen dadurch nicht berührt werden.

§ 4 Zweck und Aufgabe

Zweck und Aufgabe des DFB ist es insbesondere,

1. den Spielbetrieb nachhaltig zu führen und zu organisieren. Im Vordergrund steht dabei,

a) den Fußballsport und seine Entwicklung, vor allem in seinem Jugendbereich, zu fördern und durch fußballspezifische sowie überfachliche Qualifizierung zu sichern,

b) den deutschen Fußballsport im In- und Ausland zu vertreten und alle damit im Zusammenhang stehenden Fragen zum gemeinsamen Wohl aller Mitglieder in sportlichem Geiste zu regeln,

c) die Infrastruktur seiner gemeinnützigen Mitgliedsverbände sowie Bildungsmaßnahmen für ihre Mitglieder direkt oder indirekt zu fördern,

d) dafür zu sorgen, dass die Fußballspiele innerhalb des DFB-Gebiets nach den internationalen Fußballregeln ausgetragen werden und die internationalen Fußballregeln verbindlich auszulegen,

e) Auswahlmannschaften zu bilden, zu unterhalten und Länderspiele der Auswahlmannschaften sowie die zu ihrer Vorbereitung erforderlichen Spiele und Lehrgänge durchzuführen,

f) mit seinen Auswahlmannschaften an internationalen Wettbewerben teilzunehmen und internationale Spiele zu bestreiten,

Bis 30. Juni 2012 gilt folgender Wortlaut:

g) die Bundesliga und die 2. Bundesliga, die Frauen-Bundesliga und die 2. Frauen-Bundesliga, die 3. Liga, die Regionalliga, die Junioren-Bundesligen (A- und B-Junioren) sowie die B-Juniorinnen-Bundesliga als seine Vereinseinrichtung zu organisieren,

h) in Wettbewerben der Lizenzligen, der Frauen-Bundesligen, der 3. Liga, der Regionalliga, der Junioren-Bundesligen (A- und B-Junioren), der B-Juniorinnen-Bundesliga und der Spielklassen der Mitgliedsverbände die Deutschen Fußballmeister, die Auf- und Absteiger, die Teilnehmer an den internationalen Wettbewerben sowie in überregionalen Pokal-

Wettbewerben deren Sieger zu ermitteln oder ermitteln zu lassen und die hierzu notwendigen Regelungen zu treffen,

Ab 1. Juli 2012 gilt folgender Wortlaut:

g) die Bundesliga und die 2. Bundesliga, die Frauen-Bundesliga und die 2. Frauen-Bundesliga, die 3. Liga, die Deutsche Amateurmeisterschaft und die Junioren-Bundesligen (A- und B-Junioren) sowie die B-Juniorinnen-Bundesliga als seine Vereinseinrichtung zu organisieren,

h) in Wettbewerben der Lizenzligen, der Frauen-Bundesligen, der 3. Liga, der Aufstiegsrunde zur 3. Liga, der Deutschen Amateurmeisterschaft, der Junioren-Bundesligen (A- und B-Junioren), der B-Juniorinnen-Bundesliga und der Spielklassen der Mitgliedsverbände die Deutschen Fußballmeister, die Auf- und Absteiger, die Teilnehmer an den internationalen Wettbewerben sowie in überregionalen Pokal-Wettbewerben deren Sieger zu ermitteln oder ermitteln zu lassen und die hierzu notwendigen Regelungen zu treffen,

i) die Zulassung von Trainern, Übungsleitern und Schiedsrichtern sowie ihre Aus-, Fort- und Weiterbildung und die von ehren- und hauptamtlichen Vereins- und Verbandsmitarbeitern zu regeln und zu fördern,

j) die Integrität des sportlichen Wettbewerbs zu gewährleisten und hierzu alle notwendigen wettbewerbssichernden Maßnahmen zu treffen,

k) das Dopingverbot zu beachten und durchzusetzen, um Spieler vor Gesundheitsschäden zu bewahren und Fairness im sportlichen Wettbewerb und Glaubwürdigkeit im Fußballsport zu erhalten. Der DFB stellt sicher, dass zu diesem Zweck Dopingkontrollen durchgeführt werden,

l) den Freizeit- und Breitensport zu fördern.

2. Werte im und durch den Fußballsport zu vermitteln, unter besonderer Berücksichtigung

a) der Förderung der Leistungsbereitschaft und des fairen Verhaltens (Fair Play) von Spielern, Trainern, Betreuern und sonstigen Vereinsmitarbeitern,

b) der Pflege von Toleranz und Respekt auf und abseits des Platzes,

c) der Verwirklichung der Gleichberechtigung von Mann und Frau,

d) der Förderung von Integration und Vielfalt und der Verhinderung und Beseitigung von Benachteiligung aus Gründen der Rasse oder wegen der ethnischen Herkunft, des Geschlechts, der Religion oder Weltanschauung, einer Behinderung, des Alters oder der sexuellen Identität,

e) der Förderung von institutionellen und personellen Maßnahmen, die der Entstehung von Gewalt vorbeugen bzw. dieser entgegenwirken,

f) der Pflege und Förderung des Ehrenamts.

3. Gesellschaftspolitische Aspekte mit den Möglichkeiten des Fußballs angemessen zu unterstützen, vor allem durch

a) die Förderung des Fußballs im Schulfach Sport und anderer Formen der Kinder- und Jugendsozialarbeit den respektvollen Umgang miteinander zu erlernen und zu pflegen,

b) den Schutz der Umwelt auch in Verantwortung für künftige Generationen,

c) die Förderung des Behindertensports, insbesondere des Behindertenfußballs,

d) die Förderung gesunder Ernährung und ausreichender Bewegung als gesundheitliche Prävention,

e) die Unterstützung einer wirksamen Suchtprävention,

f) die Förderung von Kunst und Kultur im Zusammenhang mit dem Fußballsport und durch die Aufarbeitung der gesellschaftspolitischen Dimension des Fußballs in der (Sport-) Geschichte,

g) die Unterstützung und Integration sozialer Randgruppen, insbesondere der Resozialisierung von Strafgefangenen.

4. Karitative und humanitäre Maßnahmen zu fördern, insbesondere

a) in Anerkennung der gesellschaftspolitischen Bedeutung des Fußballsports

soziale Aktivitäten durchzuführen, gerade auch zur Hilfeleistung für bedürftige Personen und zur Wahrnehmung humanitärer Aufgaben,

b) die Völkerverständigung zu fördern, insbesondere durch Unterstützung von Jugendarbeit im internationalen Bereich, Auslandsentwicklungshilfe und konkrete Lebenshilfe für Bedürftige im Ausland, Betreuung ausländischer Besucher in Deutschland,

c) in sozialen Notlagen Bedürftigen im Sinne des § 53 Nrn. 1. und 2. AO zu helfen.

5. die Errichtung, Unterhaltung und Wiederherstellung von Einrichtungen, die den vorgenannten Aufgaben dienen, zu unterstützen.

§ 5 Gemeinnützigkeit

Der DFB verfolgt ausschließlich, unmittelbar und selbstlos gemeinnützige Zwecke im Sinne des 3. Abschnitts „steuerbegünstigte Zwecke" der Abgabenordnung in ihrer jeweils gültigen Fassung. Er verfolgt nicht in erster Linie eigenwirtschaftliche Zwecke. Die Mittel des DFB dürfen nur für die satzungsgemäßen Zwecke verwendet werden. Die Mitglieder erhalten keine Gewinnanteile oder sonstige Zuwendungen aus den Mitteln des DFB. Es darf keine Person durch Ausgaben, die dem Zweck des DFB fremd sind oder durch unverhältnismäßig hohe Vergütungen begünstigt werden. Der DFB erfüllt seine Aufgaben selbst oder durch Hilfspersonen im Sinne des § 57 Absatz 1, Satz 2 AO, sofern er nicht im Wege der Mittelbeschaffung gemäß § 58 Nr. 1. AO tätig wird.

Bei Auflösung oder Aufhebung des DFB oder bei Wegfall seines bisherigen Zwecks darf das Vermögen nur für einen in der Satzung festzulegenden steuerbegünstigten Zweck verwendet werden.

§ 6 Zuständigkeiten und Rechtsgrundlagen

1. Der DFB regelt seinen eigenen Geschäftsbereich durch Ordnungen und Entscheidungen seiner Organe. Er erlässt zu diesem Zweck insbesondere

a) eine Spiel-, eine Schiedsrichter- und eine Jugendordnung,

b) eine Finanzordnung,

c) eine Ausbildungsordnung,

d) eine Rechts- und Verfahrensordnung,

e) eine Ehrungsordnung,

f) eine Geschäftsordnung für den Bundestag und den Vorstand,

Bis 30. Juni 2012 gilt folgender Wortlaut:

g) ein Regionalliga-Statut,

h) ein DFB-Statut für die 3. Liga und die Regionalliga.

Ab 1. Juli 2012 gilt folgender Wortlaut:

g) ein DFB-Statut für die 3. Liga.

2. Der Regelung durch den DFB unterliegen ferner

a) die Förderung, Entwicklung und der Schutz des Amateur-, Jugend- und Frauenfußballsports,

b) die den Lizenzfußball betreffenden Angelegenheiten durch allgemeinverbindliche, zur Sicherung der wirtschaftlichen Grundlagen und für einen ordnungsgemäßen Spielbetrieb erforderliche Vorschriften und Sanktionen, unter Beachtung der nachfolgenden §§ 16 bis 16d und 18 dieser Satzung,

c) die Durchführung von Dopingkontrollen auf der Grundlage der Reglemente von WADA, NADA, FIFA und UEFA sowie den Anti-Doping- Richtlinien des DFB.

3. Der DFB kann die Ausübung seiner Rechte ganz oder teilweise auf einen Mitgliedsverband oder auf mehrere Verbände übertragen.

4. Dem DFB kann durch Bundestagsbeschluss mit 2/3-Mehrheit die Regelung weiterer Sachgebiete des Fußballsports (auch Sachgebietsteile) übertragen werden. Die Regelung im Einzelnen erfolgt anschließend mit einfacher Mehrheit; für größere Sachgebiete soll die Regelung durch Ordnungen erfolgen.

5. Die im Rahmen der Nummern 1. bis 4. erlassenen Ordnungen, Statuten und Entscheidungen der DFB-Organe sind in diesem Zuständigkeitsbereich für die Mitgliedsverbände, die ihnen angehörenden Kapitalgesellschaften und Vereine und die Mitglieder der Vereine verbindlich. Die Mitgliedsverbände gewährleisten insoweit ihre Verbindlichkeit durch Einhaltung ihrer Pflichten insbesondere gemäß §§ 14, 16 und 16b.

6. Präsidium, Vorstand und Ausschüsse, letztere mit Zustimmung des Präsidiums, können die Zentralverwaltung bevollmächtigen, eigenständig und eigenverantwortlich Aufgaben ihres jeweiligen Zuständigkeitsbereichs wahrzunehmen. Die Beschlüsse sind in den nächstfolgenden Offiziellen Mitteilungen zu veröffentlichen.

II. Mitgliedschaft

§ 7 Mitglieder

1. Die Mitglieder des DFB gliedern sich in
a) ordentliche Mitglieder und
b) Ehrenmitglieder und Ehrenpräsidenten.

2. Ordentliche Mitglieder sind
a) die Landes- und Regionalverbände
b) der Ligaverband.

Folgende Verbände gehören dem DFB als ordentliche Mitglieder an:

I. der Norddeutsche Fußball-Verband als Regionalverband und die in ihm zusammengeschlossenen Landesverbände:
a) Bremer Fußball-Verband
b) Hamburger Fußball-Verband
c) Niedersächsischer Fußballverband
d) Schleswig-Holsteinischer Fußballverband

II. der Nordostdeutsche Fußballverband als Regionalverband und die in ihm zusammengeschlossenen Landesverbände:
a) Berliner Fußball-Verband
b) Fußball-Landesverband Brandenburg
c) Landesfußballverband Mecklenburg-Vorpommern
d) Fußballverband Sachsen-Anhalt
e) Sächsischer Fußball-Verband
f) Thüringer Fußball-Verband

III. der Süddeutsche Fußball-Verband als Regionalverband und die in ihm zusammengeschlossenen Landesverbände:
a) Badischer Fußballverband
b) Bayerischer Fußball-Verband
c) Hessischer Fußball-Verband

d) Südbadischer Fußballverband
e) Württembergischer Fußballverband
IV. der Südwestdeutsche Fußball-Verband als Regionalverband und die in ihm zusammengeschlossenen Landesverbände:
a) Fußballverband Rheinland
b) Saarländischer Fußballverband
c) Südwestdeutscher Fußballverband
V. der Westdeutsche Fußball- und Leichtathletikverband als Regionalverband und die in ihm zusammengeschlossenen Landesverbände:
a) Fußball-Verband Mittelrhein
b) Fußballverband Niederrhein
c) Fußball- und Leichtathletik-Verband Westfalen
VI. Der Ligaverband

§ 8 Erwerb der Mitgliedschaft

1. Die Aufnahme von ordentlichen Mitgliedern erfolgt durch Bundestagsbeschluss. Das Präsidium kann eine vorläufige Aufnahme genehmigen.

2. Aus Bereichen von Mitgliedsverbänden dürfen keine weiteren Verbände aufgenommen werden.

3. Erlischt die Mitgliedschaft eines Mitgliedsverbandes, so kann ein neuer Verband für das betreffende Gebiet an seiner Stelle aufgenommen oder die Verwaltung dieses Gebiets von einem bestehenden Verband übernommen werden. Nr. 1. gilt entsprechend.

§ 9 Erlöschen der Mitgliedschaft

1. Die Mitgliedschaft im DFB erlischt:
a) durch Auflösung eines Mitgliedsverbandes,
b) durch Austritt,
c) durch Ausschluss.

2. Der Austritt eines ordentlichen Mitgliedes muss sechs Monate vor Ablauf des Geschäftsjahres des DFB durch Einschreibebrief dem DFB mitgeteilt werden. Der Austritt aus dem DFB darf nur dann ausgesprochen werden, wenn auf einem vorhergehenden Verbandstag dieser mit der für Satzungsänderungen dieses Mitgliedsverbandes vorgesehenen Mehrheit beschlossen worden ist. Mit dem Erlöschen der Mitgliedschaft gehen alle durch diese Satzung und vertragliche Vereinbarungen erworbenen Rechte und Befugnisse auf den DFB über.

§ 10 Ausschluss

Der Ausschluss eines Mitglieds erfolgt durch den Bundestag, und zwar nur in den nachfolgend bezeichneten Fällen:

1. wenn die in § 14 und § 16b vorgesehenen Pflichten der Mitglieder gröblich verletzt und die Verletzungen trotz durch das Präsidium erfolgter Abmahnung fortgesetzt werden,

2. wenn das Mitglied seinen dem DFB oder einem anderen Mitglied gegenüber eingegangenen Verpflichtungen trotz Fristsetzung durch das Präsidium unter Androhung des Ausschlusses nicht nachkommt,

3. wenn das Mitglied in grober Weise gegen die Grundsätze der geschriebenen und ungeschriebenen Sportgesetze verstößt. Ein solcher Verstoß liegt in jedem Fall vor, wenn ein Mitglied nachhaltig den DFB bindende Bestimmungen von FIFA oder UEFA verletzt. Ein Ausschluss durch andere satzungsgemäß vorgesehene Organe des DFB bleibt unberührt.

§ 11 Ehrenpräsidenten, Ehrenvizepräsidenten und Ehrenmitglieder

1. Auf Antrag des Präsidiums können vom Bundestag Personen, die sich um den Fußballsport besonders verdient gemacht haben, zu Ehrenpräsidenten, Ehrenvizepräsidenten und Ehrenmitgliedern ernannt werden. Ehrenpräsidenten gehören dem Präsidium, Ehrenvizepräsidenten dem Vorstand und Ehrenmitglieder dem Bundestag jeweils mit beratender Stimme an. Die vor dem 1. Januar 2007 hinsichtlich der Ehrenpräsidentschaft erworbenen Rechte bleiben hiervon unberührt.

2. Die Verleihung von Auszeichnungen und Erinnerungszeichen an Personen und Vereine, die sich um den Fußballsport Verdienste erworben haben, wird in einer Ehrungsordnung geregelt.

III. Rechte und Pflichten der Mitglieder

§ 12 Rechte der Mitglieder

1. Die Mitgliedsverbände regeln innerhalb ihrer Bereiche alle mit der Pflege des Fußballsports zusammenhängenden Fragen selbstständig, soweit nicht diese Fragen der Entscheidung durch den DFB vorbehalten sind.

2. Die Mitgliedsverbände sind berechtigt, durch ihre Vertreter an den Sitzungen des Vorstands und des Bundestages teilzunehmen, bei der Fassung der Beschlüsse mitzuwirken und ihr satzungsgemäßes Stimmrecht auszuüben sowie Anträge zur Beschlussfassung einzubringen.

3. Die Mitgliedsverbände sind berechtigt, alle Einrichtungen und Anlagen des DFB in dem in der Satzung und den Ordnungen bestimmten Umfang zu nutzen.

§ 13 Gebietsschutz

Die Zugehörigkeit von Vereinen und Gebieten zu einem Mitgliedsverband ist besonders geschützt und darf nur in begründeten Ausnahmefällen angetastet werden. Wenn es sich um überregionale Grenzstreitigkeiten handelt, entscheidet hierüber der Vorstand des DFB endgültig.

§ 14 Pflichten der Mitglieder

Die Mitgliedsverbände sind verpflichtet,

1. a) den Nachweis ihrer Gemeinnützigkeit zu erbringen; dies gilt nicht für den Ligaverband,

b) die Satzung und die für sie verbindlichen Ordnungen, Entscheidungen und Beschlüsse des DFB zu befolgen,

c) dafür zu sorgen, dass sie selbst und ihre Mitglieder und deren Einzelmitglieder sowie die Organe und Mitarbeiter der Kapitalgesellschaften die für Mitgliedsverbände geltenden Verpflichtungen sinngemäß in ihre Satzungen übernehmen und sich der Satzung, den Ordnungen und Entscheidungen des DFB unterwerfen,

d) ihre eigene und die ihnen von ihren Mitgliedern überlassene Vereinsstrafgewalt dem DFB zur Ausübung durch seine Rechtsorgane im Rahmen seiner Zuständigkeit zu übertragen; lit c) gilt entsprechend,

e) dafür zu sorgen, dass sie selbst und ihre Mitglieder und deren Einzelmitglieder sowie die Organe und Mitarbeiter der Kapitalgesellschaften den Court of Arbitration for Sport (CAS) mit Sitz in Lausanne (Schweiz) als unabhängige richterliche Instanz in internationalen Streitigkeiten anerkennen und sich den Entscheidungen des CAS unterwerfen, soweit

zwingendes nationales oder internationales Recht nicht entgegensteht oder die FIFA- oder UEFA-Reglemente Ausnahmen zulassen,

f) dafür zu sorgen, dass ihre Mitglieder und deren Einzelmitglieder sowie die Organe und Mitarbeiter der Kapitalgesellschaften sämtliche Streitigkeiten, die aus der Mitgliedschaft mit diesem Mitgliedsverband oder mit anderen Vereinen oder Kapitalgesellschaften erwachsen, nicht vor ein ordentliches Gericht bringen, sondern den zuständigen Verbands-Organen

des Mitgliedsverbandes, des DFB, der UEFA oder der FIFA zur Entscheidung vorlegen, soweit zwingendes nationales oder internationales Recht nicht entgegensteht oder die FIFA- oder UEFA-Reglemente Ausnahmen zulassen. Nach Ausschöpfung des verbandsinternen Rechtsweges ist anstelle der ordentlichen Gerichtsbarkeit eine Schiedsgerichtsbarkeit im Sinne der §§ 1025 ff ZPO vorzusehen, soweit zwingendes nationales oder internationales Recht nicht entgegensteht,

g) die Entscheidungen der Organe der FIFA und UEFA in ihre Satzungen und Ordnungen aufzunehmen, sofern diese Verbände dies vorschreiben und die nach § 34 Absatz 4, 5. Spiegelstrich, umzusetzenden Entscheidungen zu vollziehen.

2. die Entscheidungen der DFB-Organe durchzuführen,

3. die beauftragten Vertreter des DFB-Präsidiums und -Vorstandes an ihren Verbandstagen teilnehmen zu lassen und ihnen auf Verlangen das Wort zu erteilen,

4. Streitigkeiten, die aus der Mitgliedschaft beim DFB mit diesem oder überregional zwischen ihnen oder dem Ligaverband erwachsen, den zuständigen Organen des DFB zur Entscheidung zu unterbreiten,

5. nach Ausschöpfung des DFB-Instanzenzuges unter Vermeidung des ordentlichen Rechtsweges ein Schiedsgericht anzurufen,

6. die eigenen Beschwerden und solche ihrer Mitglieder gegen ausländische Verbände und Vereine dem DFB vorzulegen,

7. Schriftverkehr mit der FIFA, der UEFA und deren Mitgliedsverbänden in grundsätzlichen Fragen über den DFB zu führen.

8. Mitgliedsverbände des DFB sowie deren Mitglieder können sich nur unter außergewöhnlichen Umständen einem anderen der FIFA angehörenden Nationalverband anschließen oder an Wettbewerben auf dessen Gebiet teilnehmen. In jedem Fall haben der DFB, der bisherige Mitgliedsverband sowie die FIFA dazu ihre Genehmigung zu erteilen.

§ 15 Namen der Mitglieder

1. Die Vereine sind als Mitglieder der Mitgliedsverbände die Träger des Fußballsports.

Die Vereinsnamen haben dieser Bedeutung zu entsprechen.

2. Änderungen, Ergänzungen oder Neugebungen von Vereinsnamen und Vereinszeichen zum Zwecke der Werbung sind unzulässig.

3. Für die Betriebssportgemeinschaften und Betriebssportgruppen sind die von den Landesverbänden mit den Betriebssportverbänden geschlossenen Verträge, für die Freizeitsportvereine die Aufnahmebestimmungen der Landesverbände maßgebend.

4. Verstöße dagegen führen zum Ausschluss des Vereins aus dem Mitgliedsverband.

Bis 30. Juni 2012 gilt folgender Wortlaut:

5. Die Bestimmungen der Nummern 1., 2. und 4. gelten für die Tochtergesellschaften der Lizenzligen, der 3. Liga und der Regionalliga entsprechend. Der Name der Tochtergesellschaft muss den Namen des Muttervereins enthalten.

Ab 1. Juli 2012 gilt folgender Wortlaut:

5. Die Bestimmungen der Nummern 1., 2. und 4. gelten für die Tochtergesellschaften der Lizenzligen und der 3. Liga entsprechend. Der Name der Tochtergesellschaft muss den Namen des Muttervereins enthalten.

IV. Besondere Rechte und Pflichten des Ligaverbandes und seiner Mitglieder

§ 16 Allgemeine Bestimmungen

Der Ligaverband ist der Zusammenschluss der lizenzierten Vereine und Kapitalgesellschaften der Bundesliga und der 2. Bundesliga. Die besonderen Rechte und Pflichten des Ligaverbandes und seiner Mitglieder sind in den nachfolgenden Bestimmungen (§§ 16a bis 16d) geregelt. Der Ligaverband regelt seinen eigenen Geschäftsbereich durch Satzung, Statut und Ordnungen sowie Entscheidungen seiner Organe unter Beachtung der DFB-Satzung und der den DFB bindenden Statuten und Reglemente der FIFA und UEFA.

§ 16a Besondere Rechte

Der Ligaverband nimmt unter Beachtung von § 6 Nr. 2b) die nachstehenden im Einzelnen aufgeführten Rechte, Aufgaben und Befugnisse eigenverantwortlich wahr:

1. Er ermittelt in Wettbewerben der Lizenzligen des DFB den Deutschen Fußballmeister des DFB und die Teilnehmer an den europäischen Wettbewerben aus den Lizenzligen, indem er die sich aus § 4 g) und h) ergebende, ihm zur Nutzung überlassene Vereinseinrichtung des DFB betreibt. Für die Sportrechtsprechung und das Schiedsrichterwesen bedient er sich der Organe und Einrichtungen des DFB nach dessen Regelungen.

2. Er ist berechtigt, die sich aus Nr. 1. ergebenden Vermarktungsrechte exklusiv im eigenen Namen zu verwerten. Dies gilt auch für das Ligalogo.

3. Er erteilt die Lizenzen an Vereine und Kapitalgesellschaften für die Teilnahme am Wettbewerb der Lizenzligen in eigener Verantwortung nach sportlichen, technischen, organisatorischen und wirtschaftlichen Kriterien. Er regelt auch die Lizenzerteilung an die Spieler. In diesem Zusammenhang erlässt er ein eigenes Statut.

4. Er hat ein Vorschlagsrecht für die Vertretung des DFB in den Ausschüssen und Kommissionen der UEFA und der FIFA. Der DFB ist an die entsprechenden Vorschläge gebunden, wenn ausschließlich oder überwiegend Belange des Lizenzfußballs berührt sind.

5. Die Erstellung des Rahmenterminkalenders (§ 48 Nr. 1.) erfolgt im Einvernehmen mit dem DFB.

6. Er ist bei der Besetzung der Schiedsrichter-Kommission und der Rechtsprechungsorgane zu beteiligen. Entsprechendes gilt für die Besetzung der Kommission für Prävention und Sicherheit und der Anti- Doping-Kommission.

7. Er entsendet Vertreter in die Organe und in die weiteren Ausschüsse des DFB nach Maßgabe des VII. Abschnitts dieser Satzung. Die Ausgestaltung dieser Rechte wird in entsprechenden Ordnungen oder vertraglich geregelt.

§ 16b Besondere Pflichten

Der Ligaverband hat in seiner Satzung und seinen Ordnungen sowie beim Handeln seiner Organe sicherzustellen, dass die nachstehenden Pflichten von ihm, seinen Mitgliedern, deren Einzelmitgliedern, deren Organen und Mitarbeitern beachtet werden:

1. Die Fußballspiele in den Lizenzligen sind nach den internationalen Fußballregeln auszutragen unter Berücksichtigung der verbindlichen Auslegung durch den DFB.

2. Der Ligaverband hat zu gewährleisten, dass zwischen der Bundesliga und der 2. Bundesliga sowie zwischen der 2. Bundesliga und der obersten Amateurspielklasse ein ausreichender Auf- und Abstieg stattfindet.

3. Er hat auf Anforderung des DFB Spieler abzustellen zur Bildung der deutschen Fußball-Nationalmannschaft und weiterer Auswahlmannschaften unter der Verantwortung des Deutschen Fußball-Bundes.

4. Er ist verpflichtet, sich an der Entwicklung, Betreuung und Förderung des gesamten Fußballsports in der Bundesrepublik Deutschland, insbesondere der Jugendtalentförderung, zu beteiligen und durch Abgaben aus dem Lizenzspielbetrieb nach Maßgabe des Grundlagenvertrages einen wesentlichen Beitrag zur Finanzierung des Deutschen Fußball-Bundes zu leisten.

5. Er verpflichtet seine Mitglieder, am Pokalwettbewerb des Deutschen Fußball-Bundes teilzunehmen.

6. Er ist verpflichtet, das Dopingverbot zu beachten und entsprechend den vom DFB erlassenen Bestimmungen durchzusetzen.

7. Er ist verpflichtet, das Gebot der Integrität des sportlichen Wettbewerbs zu beachten und entsprechend den vom DFB erlassenen Bestimmungen durchzusetzen.

8. Er stellt sicher, dass die vom DFB ausgestellte Fußball-Lehrer-Lizenz Voraussetzung für eine Tätigkeit in den Lizenzligen ist und in diesem Zusammenhang auch internationale Abkommen über Trainerlizenzen anerkannt werden.

9. Er gewährt dem Präsidenten des DFB oder einem von ihm beauftragten Vertreter das Recht, an den Sitzungen der Organe, der Ausschüsse oder Kommissionen des Ligaverbandes teilzunehmen.

10. Neben der Wahrnehmung eigener sozialer und gesellschaftlicher Verantwortung verpflichten sich der Ligaverband und seine Mitglieder, besondere Aktivitäten des DFB, die aus dessen sozialer und gesellschaftspolitischer Verantwortung heraus dem Gesamtfußball dienen, ideell und materiell zu fördern. Dies gilt in besonderer Weise für die Unterstützung des Jugendfußballs, des Amateurfußballs, des Freizeit- und Breitensports und für die Förderung des Ehrenamts.

11. Er gewährleistet, weitere Verpflichtungen einzuhalten, darunter insbesondere auch die vom DFB verabschiedeten allgemeinverbindlichen Bestimmungen sowie die FIFA- und UEFA-Vorschriften. Die Ausgestaltung dieser Verpflichtungen wird in den entsprechenden Ordnungen oder vertraglich geregelt.

§ 16c Mitgliedschaft im Ligaverband[3]

1. Vereine der Lizenzligen bzw. Kapitalgesellschaften mit den in sie ausgegliederten Lizenzspielerabteilungen bzw. weiteren wirtschaftlichen Geschäftsbetrieben erwerben die Mitgliedschaft im Ligaverband mit Erteilung der Lizenz durch den Ligaverband.

2. Eine Kapitalgesellschaft kann nur eine Lizenz für die Lizenzligen und damit die Mitgliedschaft im Ligaverband erwerben, wenn ein Verein mehrheitlich an ihr beteiligt ist, der über eine eigene Fußballabteilung verfügt und der im Zeitpunkt, in

---

[3]Das Ligastatut beinhaltet u.a.:
- die Lizenzierungsordnung (→ http://www.bundesliga.de/media/native/dfl/ligastatut/lizenzierungsordnung_lo_05-12-22_stand_.pdf),
- und die Lizenzordnung Spieler (→ http://www.bundesliga.de/media/native/dfl/ligastatut/neue_lo/lizenzordnung_spieler_los.pdf).

dem sie sich erstmals für eine Lizenz bewirbt, sportlich für die Teilnahme an einer Lizenzliga qualifiziert ist.

Der Verein („Mutterverein") ist an der Gesellschaft mehrheitlich beteiligt („Tochtergesellschaft"), wenn er über 50% der Stimmenanteile zuzüglich mindestens eines weiteren Stimmenanteils in der Versammlung der Anteilseigner verfügt. Bei der Kommanditgesellschaft auf Aktien muss der Mutterverein oder eine von ihm zu 100% beherrschte Tochter die Stellung des Komplementärs haben. In diesem Fall genügt ein Stimmenanteil des Muttervereins von weniger als 50%, wenn auf andere Weise sichergestellt ist, dass er eine vergleichbare Stellung hat, wie ein an der Tochtergesellschaft mehrheitlich beteiligter Gesellschafter. Dies setzt insbesondere voraus, dass dem Komplementär die kraft Gesetzes eingeräumte Vertretungs- und Geschäftsführungsbefugnis uneingeschränkt zusteht.

Bis 30. Juni 2012 gilt folgender Wortlaut:

Lizenzvereine und Tochtergesellschaften dürfen weder unmittelbar noch mittelbar an anderen Tochtergesellschaften der Lizenzligen, der 3. Liga oder der Regionalliga beteiligt sein; dies gilt für die Mitglieder von Organen der Tochtergesellschaften bzw. der Lizenzvereine mit Ausnahme des jeweiligen Muttervereins entsprechend. Als mittelbare Beteiligung der Tochtergesellschaft gilt auch die Beteiligung ihres Muttervereins an anderen Tochtergesellschaften.

Ab 1. Juli 2012 gilt folgender Wortlaut:

Lizenzvereine und Tochtergesellschaften dürfen weder unmittelbar noch mittelbar an anderen Tochtergesellschaften der Lizenzligen, der 3. Liga oder der regionalen Ligen der 4. Spielklassenebene beteiligt sein; dies gilt für die Mitglieder von Organen der Tochtergesellschaften bzw. der Lizenzvereine mit Ausnahme des jeweiligen Muttervereins entsprechend. Als mittelbare Beteiligung der Tochtergesellschaft gilt auch die Beteiligung ihres Muttervereins an anderen Tochtergesellschaften. Lizenzvereine und Tochtergesellschaften (Lizenznehmer), die Aufgaben der Vermarktung auf eine andere Gesellschaft (Vermarktungsgesellschaft) übertragen, müssen an dieser Vermarktungsgesellschaft dann mehrheitlich beteiligt sein, wenn diese selbst Verträge über die Vermarktung des Lizenznehmers im eigenen Namen oder im Namen des Lizenznehmers schließt. Dies gilt nicht, wenn sich aus der vertraglichen Vereinbarung zwischen dem Lizenznehmer und der Vermarktungsgesellschaft ergibt, dass der Lizenznehmer den jeweiligen Vertragsabschlüssen im Bereich der Werbung, des Sponsorings, der Fernseh-, Hörfunk- und Online-Rechte sowie der Überlassung von Nutzungsrechten vorab zustimmen muss. Bei Tochtergesellschaften der Lizenzligen genügt auch eine mehrheitliche Beteiligung des Muttervereins an der Vermarktungsgesellschaft. Über Ausnahmen vom Erfordernis einer mehrheitlichen Beteiligung des Muttervereins nur in Fällen, in denen ein Wirtschaftsunternehmen seit mehr als 20 Jahren vor dem 1.1.1999 den Fußballsport des Muttervereins ununterbrochen und erheblich gefördert hat, entscheidet das Präsidium des DFB auf Antrag des Ligaverbandes.

Dies setzt voraus, dass das Wirtschaftsunternehmen in Zukunft den Amateurfußballsport in bisherigem Ausmaß weiter fördert sowie die Anteile an der Tochtergesellschaft nicht weiterveräußert bzw. nur an den Mutterverein kostenlos rückübereignet. Im Falle einer Weiterveräußerung entgegen dem satzungsrechtlichen Verbot bzw. der Weigerung zur kostenlosen Rückübereignung hat dies Lizenzentzug für die Tochtergesellschaft zur Folge.

Mutterverein und Tochtergesellschaft können nicht gleichzeitig eine Lizenz besitzen.

§ 16d Schlichtung

Der DFB und der Ligaverband verpflichten sich, Meinungsverschiedenheiten, die sich aus der Auslegung, Ausgestaltung und Anwendung der in dieser Satzung genannten und im Grundlagenvertrag geregelten Rechte und Pflichten ergeben können, im Geiste sportlicher Partnerschaft und Fairness und unter Berücksichtigung der Gesamtverantwortung für den Fußball zu regeln. In diesen Fällen ist vor Anrufung des Schiedsgerichts gemäß § 17 das nachstehende Vermittlungsverfahren durchzuführen:

1. Das Vermittlungsverfahren kann vom DFB und vom Ligaverband beantragt werden.

2. Dem Vermittlungsverfahren können nur Fragen zur Entscheidung vorgelegt werden, die die sich aus dieser Satzung oder dem Grundlagenvertrag ergebenden Rechte und Pflichten des Ligaverbandes betreffen. Der das Vermittlungsverfahren einleitende Verband muss geltend machen, dass eine vom anderen Verband getroffene Entscheidung seine Rechte nach dieser Satzung oder dem Grundlagenvertrag verletzt.

3. Die Entscheidung trifft ein Vermittlungsausschuss, dem der Präsident des DFB vorsitzt.

Dem Ausschuss gehören weiterhin an: zwei Vertreter des DFB-Präsidiums aus dem Bereich der Landes- und Regionalverbände, zwei Vertreter des Präsidiums des Ligaverbandes, darunter der Ligapräsident. Ergibt sich im Vermittlungsausschuss Stimmengleichheit, entscheidet die Stimme des DFB-Präsidenten. Der Vermittlungsausschuss gibt sich eine Geschäftsordnung.

V. Schiedsgerichtsbarkeit

§ 17 Schiedsgericht

1. Streitigkeiten zwischen dem DFB und seinen Mitgliedsverbänden und Streitigkeiten der Mitgliedsverbände untereinander, die sich aus dem Mitgliedschaftsverhältnis ergeben, werden nach Ausschöpfung des verbandsinternen Instanzenzuges unter Ausschluss des ordentlichen Rechtsweges durch ein Schiedsgericht entschieden.

2. Das Schiedsgericht besteht aus drei Schiedsrichtern, von denen mindestens der Vorsitzende die Befähigung zum Richteramt haben muss.

3. Jede Partei ernennt einen Schiedsrichter. Die Partei, die das Schiedsgericht anrufen will, hat dies der anderen Partei unter kurzer Angabe des Sachverhalts durch eingeschriebenen Brief mitzuteilen und gleichzeitig einen Schiedsrichter zu benennen. Die andere Partei hat spätestens zehn Tage nach Erhalt der Mitteilung ihrerseits einen Schiedsrichter zu benennen.

Erfolgt diese Benennung nicht, hat die anrufende Partei eine Nachfrist von weiteren sieben Tagen zu setzen, nach deren Ablauf sie die Benennung des zweiten Schiedsrichters durch den Präsidenten des für den Sitz des Beklagten zuständigen Oberlandesgerichts beantragen kann.

4. Die beiden Schiedsrichter haben sich binnen zehn Tagen nach der Benennung des zweiten Schiedsrichters auf einen Vorsitzenden zu einigen. Kommt die Einigung innerhalb dieser Frist nicht zustande, und einigen sich die beiden Schiedsrichter auch nicht innerhalb einer Nachfrist von fünf Tagen auf einen Vorsitzenden, so wird er auf Antrag einer Partei von dem

Präsidenten des für den Sitz des Klägers zuständigen Oberlandesgerichts ernannt.

5. Bei Wegfall oder Verhinderung eines Schiedsrichters wird der Nachfolger ebenso ausgewählt wie der Vorgänger.

6. Die Schiedsrichter sind bei ihrer Entscheidung an die Satzung und Ordnungen des DFB und seiner Mitgliedsverbände sowie die Vorschriften des materiellen Rechts gebunden. Soweit in den Satzungen und in den Ordnungen zulässigermaßen nichts anderes bestimmt ist, gelten für das Schiedsverfahren die allgemeinen Vorschriften der Zivilprozessordnung.

§ 17a Ständiges Schiedsgericht, Court of Arbitration for Sport (CAS)

Der DFB verpflichtet sich, in den ihm unterstellten Spielklassen nach Ausschöpfung des verbandsinternen Rechtswegs anstelle der ordentlichen Gerichtsbarkeit eine Schiedsgerichtsbarkeit im Sinne der §§ 1025 ff ZPO vorzusehen, soweit zwingendes nationales oder internationales Recht nicht entgegensteht.

Der DFB anerkennt den Court of Arbitration for Sport (CAS) mit Sitz in Lausanne (Schweiz) als unabhängige richterliche Instanz in internationalen Streitigkeiten und unterwirft sich den Entscheidungen des CAS, soweit zwingendes nationales oder internationales Recht nicht entgegensteht oder die FIFA- oder UEFA-Reglemente Ausnahmen zulassen. Der DFB anerkennt weiter, dass der FIFA und der Welt-Anti-Doping-Agentur (WADA) gegen verbandsintern endgültige Entscheidungen in Dopingangelegenheiten, die der FIFA und der WADA umgehend vorzulegen sind, ein Berufungsrecht beim CAS zusteht.

VI. Finanzen

§ 18 Finanzierung

Der DFB bestreitet seine Ausgaben insbesondere aus Erträgen der Länderspiele, durch Beiträge aus Mitgliedschaft und aus den in § 42 der DFB-Spielordnung aufgeführten Bundesspielen sowie sonstigen Beiträgen und durch sonstige Einnahmen. Die Beiträge werden vom Vorstand festgelegt. Soweit diese Einnahmen zum Bestreiten der Ausgaben nicht ausreichen, können Umlagen von den Mitgliedern erhoben werden (siehe § 24 Nr. 2. e) der DFB-Satzung). Über die wirtschaftlichen und finanziellen Beziehungen zwischen DFB und Ligaverband werden vertragliche Regelungen getroffen.

VII. Organe, Revisionsstelle und Ausschüsse des DFB

§ 19 Allgemeines

1. Die Organe des DFB sind:
a) der Bundestag
b) der Vorstand
c) das Präsidium
2. Die Rechtsorgane des DFB sind:
a) das Bundesgericht
b) das Sportgericht
3. Der DFB bildet eine Revisionsstelle.
4. Ausschüsse des DFB sind:
a) der Spielausschuss
b) der Jugendausschuss
c) der Kontrollausschuss
d) der Ausschuss für Frauen- und Mädchenfußball
e) der Ausschuss für Freizeit- und Breitensport
5. In die Organe, Rechtsorgane, Revisionsstelle und Ausschüsse des DFB können nur Personen gewählt oder berufen werden, die Mitglieder von Vereinen der Mitgliedsverbände sind und weder in Mitgliedsverbänden noch deren Vereinen eine hauptamtliche berufliche Tätigkeit ausüben, soweit die Satzung nicht Ausnahmen zulässt. Satz 1 gilt nicht für den Ligaverband.

6. Jedes stimmberechtigte Mitglied eines Organs verfügt, soweit die Satzung nicht etwas anderes bestimmt, nur über eine Stimme, auch wenn er diesem Organ in mehreren Funktionen angehört.

7. Die Amtsdauer der Mitglieder des Präsidiums, des Vorstands, der Rechtsorgane, der Revisoren und der Ausschüsse beträgt drei Jahre. Sie bleiben jedoch in jedem Fall bis zur nachfolgenden satzungsgemäßen Wahl im Amt. Erfolgt diese Wahl vor Ablauf der drei Jahre, so endet das Amt vorzeitig mit der Neuwahl. Wiederwahl ist zulässig.

8. Die Wahl, Neuwahl, Bestätigung oder Berufung für ein Amt im Präsidium, im Vorstand, in den Rechtsorganen, in der Revisionsstelle oder in den Ausschüssen ist nur bis zur Vollendung des siebzigsten Lebensjahres möglich.

§ 20 Einberufung des Bundestages

1. Der DFB hält in jedem dritten Kalenderjahr eine als Bundestag bezeichnete Versammlung ab.

2. Der Bundestag wird von dem Präsidenten oder einem der Vizepräsidenten nach den Bestimmungen der Geschäftsordnung geleitet.

3. Die Einberufung erfolgt schriftlich durch das Präsidium unter Einhaltung einer Einberufungsfrist von sechs Wochen und unter gleichzeitiger Bekanntgabe der Tagesordnung.

§ 21 Zusammensetzung des Bundestages

1. Der Bundestag setzt sich zusammen aus:

a) den Delegierten der Landesverbände

b) den Delegierten der Regionalverbände

c) den Delegierten des Ligaverbandes

d) den Mitgliedern des Präsidiums

e) den Mitgliedern des Vorstandes

f) den Ehrenmitgliedern

g) den Mitgliedern der Rechtsorgane, der Revisionsstelle und Ausschüsse

2. Stimmberechtigt sind:

a) die Landesverbände

im Norddeutschen FV mit insgesamt 22 Stimmen

im Nordostdeutschen FV mit insgesamt 20 Stimmen

im Süddeutschen FV mit insgesamt 49 Stimmen

im FRV Südwest mit insgesamt 12 Stimmen

im Westdeutschen FLV mit insgesamt 27 Stimmen

b) die Regionalverbände mit je 2 Stimmen

c) der Ligaverband mit 74 Stimmen

d) die stimmberechtigten Präsidiums- und Vorstandsmitglieder mit je 1 Stimme.

3. Die Stimmenzahl der Landesverbände wird von den Regionalverbänden im Rahmen der Stimmenzahl der Nr. 2. festgesetzt.

4. Ehrenmitglieder, die Mitglieder der Rechtsorgane, der Revisionsstelle und Ausschüsse (Nr. 1. g), die nicht über Nr. 2. stimmberechtigt sind, nehmen am Bundestag mit beratender Stimme teil.

5. Niemand darf abstimmen, wenn die Beschlussfassung ihn selbst unmittelbar betrifft.

6. Das Stimmrecht der Delegierten eines Mitgliedsverbandes entfällt, wenn über seinen Ausschluss (§ 10) abgestimmt wird.

§ 22 Delegierte des Bundestages

1. Die Mitgliedsverbände sind berechtigt, für jede ihnen zustehende Stimme einen Delegierten zum Bundestag zu entsenden.

2. Den Mitgliedsverbänden ist es gestattet, einem Delegierten ihres Verbandes bis zu drei Stimmen zur einheitlichen Stimmabgabe zu übertragen.

§ 23 Kosten

Die Kosten des Bundestages tragen:

1. Der DFB

a) für das Präsidium und den Vorstand

b) für die Mitglieder der Rechtsorgane, der Revisionsstelle und der Ausschüsse sowie für die Ehrenmitglieder.

2. Die Mitgliedsverbände für ihre Delegierten.

§ 24 Aufgaben des Bundestages

1. Dem Bundestag steht die Beschlussfassung in allen Bundesangelegenheiten zu, soweit sie nicht satzungsgemäß anderen Organen des DFB übertragen ist.

2. Seiner Beschlussfassung unterliegen insbesondere:

a) die Wahl des Präsidiums und des Vorstandes sowie die Bestätigung von Präsidiums- und Vorstandsmitgliedern aufgrund besonderer Vorschriften,

b) die Wahl der Vorsitzenden, der stellvertretenden Vorsitzenden und der anderen Mitglieder der Rechtsorgane, soweit sie nicht vom Präsidium zu berufen sind,

c) die Wahl der Mitglieder der Revisionsstelle,

d) die Entlastung des Präsidiums, des Vorstandes und der Ausschüsse,

e) die Genehmigung des Haushaltsplans für die nächsten drei Kalenderjahre und etwaiger Umlagen,

f) die Satzung, Ordnungen und deren Änderungen,

g) die Erledigung von Anträgen,

h) der Erlass von Amnestien,

i) die Bestimmung des Bekanntmachungsorgans,

j) die Aufnahme und der Ausschluss von Mitgliedsverbänden,

k) die Ernennung von Ehrenpräsidenten und Ehrenmitgliedern,

l) die Auflösung des DFB und die Verwendung seines Vermögens.

3. Beschlüsse des Bundestages werden in ein Protokoll aufgenommen, das vom Präsidenten oder einem der Vizepräsidenten und dem Protokollführer unterzeichnet wird.

§ 25 Tagesordnung

Die Tagesordnung des Bundestages muss folgende Punkte enthalten:

1. Feststellung der Stimmberechtigten und Bestimmung der Wahlprüfungskommission,

2. Bestätigung des Protokolls über die Sitzung des letzten Bundestages,

3. Rechenschaftsbericht des Präsidiums,

4. Berichte der Rechtsorgane und Ausschüsse,

5. Bericht der Revisoren,

6. Genehmigung der Haushaltspläne für die nächsten drei Kalenderjahre,

7. Entlastung des Präsidiums und des Vorstandes,

8. Neuwahl des Präsidiums und des Vorstandes, der Rechtsorgane und der Revisoren,

9. Anträge auf Satzungsänderungen,

10. andere Anträge,

11. Bestimmung des Tagungsortes für den folgenden ordentlichen Bundestag,

12. Anfragen und Mitteilungen.

§ 26 Abstimmungsregelungen und Wahlen

1. Zur wirksamen Beschlussfassung genügt einfache Mehrheit der gültig abgegebenen Stimmen. Stimmenthaltungen werden nicht mitgezählt.

2. Satzungsänderungen sowie Ordnungsänderungen, die die Interessen des Ligaverbandes betreffen, und die Festsetzung von Umlagen gemäß §§ 18 Abs. 2 und 24 Nr. 2. e) bedürfen einer Zweidrittelmehrheit der abgegebenen Stimmen.

3. Bestehen Zweifel darüber, ob ein Antrag nach Ziffer 2 einer qualifizierten Mehrheit bedarf, so entscheidet hierüber das Bundesgericht sofort.

4. Bei der Beschlussfassung über Angelegenheiten, für die eine qualifizierte Mehrheit erforderlich ist, gelten ungültige Stimmzettel als abgegebene Stimmen.

5. Bei der Beschlussfassung gemäß § 24 Nr. **2.** l) dürfen Präsidiums- und Vorstandsmitglieder nicht mitstimmen.

6. Die Wahlen auf dem Bundestag sind grundsätzlich geheim. Liegt nur ein Vorschlag vor, so kann die Wahl durch Zuruf oder offene Abstimmung erfolgen.

Bei mehreren Vorschlägen ist derjenige Vorgeschlagene gewählt, der die absolute Mehrheit der abgegebenen Stimmen auf sich vereinigt.

7. Hat im ersten Wahlgang keiner der Vorgeschlagenen die absolute Mehrheit erlangt, so erfolgt in einem zweiten Wahlgang eine Stichwahl zwischen denjenigen beiden Vorgeschlagenen, die im ersten Wahlgang die meisten Stimmen erhalten haben.

8. Haben mehrere Vorgeschlagene gleich viele Stimmen und mehr als die übrigen Vorgeschlagenen erhalten, so erfolgt die Stichwahl zwischen ihnen. Haben mehrere Vorgeschlagene gleich viele Stimmen, aber weniger Stimmen als nur ein anderer Vorgeschlagener erhalten, so nehmen außer demjenigen, der die meisten Stimmen erhalten hat, auch sie an der Stichwahl teil.

9. Bei einer Stichwahl entscheidet die einfache Mehrheit. Bei Stimmengleichheit wird die Wahl wiederholt.

10. Mitglieder der Rechtsorgane und Ausschüsse, die nicht den Vorsitz führen, können jeweils in einem schriftlichen Wahlgang gewählt werden. In diesem Fall darf jeder Wahlberechtigte höchstens so viele Namen auf den Stimmzettel schreiben, wie Anwärter zu wählen sind. Stimmzettel, die mehr Namen enthalten, sind ungültig. Gewählt sind iejenigen, die die meisten der gültig abgegebenen Stimmen erhalten haben.

§ 27 Anträge

Anträge zum Bundestag können nur von den Organen des DFB, seinen Ausschüssen und den ordentlichen Mitgliedern eingebracht werden. Sie sind spätestens acht Wochen vor dem Bundestag bei der DFB-Zentralverwaltung einzureichen und den Mitgliedern nach dieser Frist sofort bekannt zu geben. Später eingehende Anträge dürfen, soweit sie nicht Abänderungs- oder Ergänzungsanträge zu vorliegenden Anträgen sind, nur als Dringlichkeitsanträge behandelt werden. Anträge auf Satzungsänderung dürfen nicht als Dringlichkeitsanträge behandelt werden.

§ 28 Beschlussfähigkeit des Bundestages

1. Ein satzungsgemäß einberufener Bundestag ist und bleibt beschlussfähig, wenn bei der Feststellung der Stimmberechtigten mindestens die Hälfte der Gesamtstimmen vertreten ist.

2. Wird ein bei der Feststellung der Stimmberechtigten beschlussunfähiger Bundestag auch nicht innerhalb einer Frist von drei Stunden beschlussfähig, so kann er innerhalb der nächsten drei Stunden mit mündlicher Ladung an Ort und Stelle für einen Zeitpunkt des nächsten Tages mit einer Ladungsfrist von mindestens acht Stunden erneut einberufen werden. Findet diese Einberufung nicht statt, so ist ein zweiter Bundestag innerhalb einer Woche und bis zu einem Zeitpunkt von höchstens sechs Wochen erneut einzuberufen. Diese Bundestage sind ohne Rücksicht auf die Zahl der anwesenden und vertretenen Gesamtstimmen beschlussfähig.

§ 29 Außerordentlicher Bundestag

1. Das Präsidium kann aus wichtigem Grund einen außerordentlichen Bundestag einberufen. Zur Einberufung ist das Präsidium auch ohne wichtigen Grund verpflichtet, wenn der Vorstand, der Ligaverband oder mindestens zwei Regional- oder sechs Landesverbände Anträge auf Einberufung eines außerordentlichen Bundestages in gleicher Sache stellen.

2. Tagesordnungspunkte eines außerordentlichen Bundestages können nur solche sein, die zu seiner Einberufung geführt haben. Andere Tagesordnungspunkte können auf einem außerordentlichen Bundestag nur behandelt werden, wenn sie die Qualifikation eines Dringlichkeitsantrags besitzen.

3. Ein ordnungsgemäß beantragter außerordentlicher Bundestag muss spätestens neun Wochen nach Einreichung der Anträge stattfinden. Für die Berechnung dieser Frist ist der Tag maßgebend, an dem durch Eingang bei der DFB-Zentralverwaltung die Zahl der zur Einberufung eines außerordentlichen Bundestages erforderlichen Antragsteller erreicht ist. Die Tagesordnung mit Anträgen ist den Mitgliedern mit einer Ladungsfrist von mindestens zwei Wochen mitzuteilen.

§ 30 Zulassung der Öffentlichkeit

Die Bundestage sind grundsätzlich öffentlich. Die Öffentlichkeit kann jedoch durch Mehrheitsbeschluss des Bundestages ausgeschlossen werden.

Vorstand

§ 31 Zusammensetzung, Wahl

1. Der Vorstand besteht aus:

a) den Mitgliedern des Präsidiums,

b) den Präsidenten der Landes- und Regionalverbände,

c) zwölf Vertretern des Ligaverbandes.

2. Die Mitglieder nach Nr. 1.b) gehören während ihrer Amtszeit als Präsidenten der Landes- und Regionalverbände dem Vorstand jeweils nach Bestätigung durch den Bundestag an; § 19 Nr. 8. findet keine Anwendung. Erfolgt keine Bestätigung durch den Bundestag, kann der betreffende Mitgliedsverband einen Vertreter benennen, der seinerseits vom Bundestag zu bestätigen ist. Dieser muss dem Präsidium des Mitgliedsverbandes angehören. Die Mitglieder nach 1.c) werden auf Vorschlag des Ligaverbandes vom Bundestag bestätigt.

3. Die Ehrenvizepräsidenten, der Vorsitzende des Jugendausschusses, die Vorsitzenden der Rechtsorgane, der Vorsitzende der Revisionsstelle, die Direktoren und der Bundestrainer/ Teamchef nehmen an den Sitzungen des Vorstandes mit beratender Stimme teil. Die Vorsitzenden der übrigen Ausschüsse, der/die Integrationsbeauftragte und die weiteren Beauftragten gemäß § 34 Absatz 8 können bei Bedarf hinzugezogen werden.

4. Soweit ein Vorschlagsrecht besteht, kann der berechtigte Mitgliedsverband dieses erneut ausüben, falls die dem Wahl-

oder Bestätigungsvorgang zugrunde liegende Funktion im Mitgliedsverband beendet ist; § 34 Absatz 10 findet Anwendung. Mit der Ausübung des erneuten Vorschlagsrechts endet das Amt des bisherigen Inhabers im Vorstand. § 34 Absatz 10 gilt für die Bestätigung der Neubesetzung eines auf der Präsidentschaft in einem Landes- oder Regionalverband beruhenden Vorstandsamtes entsprechend. Im Übrigen gilt Nr. 2. Absatz 1. Mit der Bestätigung eines Nachfolgers endet das Amt des Vertreters.

§ 32 Aufgaben, Zusammensetzung, Zusammentreten, Beschlussfähigkeit

1. Der Vorstand behandelt die Berichte der Ausschüsse und der Revisoren. Er berät die Mitglieder des Präsidiums bei der Erfüllung ihrer Aufgaben.

2. Der Vorstand kann Bestimmungen der Ordnungen und andere nicht satzungsändernde Beschlüsse des Bundestages bei Dringlichkeit vorbehaltlich der Genehmigung durch den nächsten Bundestag einstweilen in und außer Kraft setzen, Beschlüsse des letzten Bundestages und eines nach diesem abgehaltenen außerordentlichen Bundestages jedoch nur mit einer Mehrheit von dreiviertel der Stimmen.

3. Der Vorstand ist berechtigt, Präsidiums-, Vorstands- und Ausschussmitglieder bei grober Pflichtverletzung oder bei Unwürdigkeit mit sofortiger Wirkung ihrer Tätigkeit im DFB durch schriftlich begründete Entscheidung bis zum nächsten ordentlichen Bundestag zu entheben. Der Betroffene ist vorher zu hören. Er hat das Recht der Beschwerde beim Bundesgericht innerhalb einer Woche nach Zustellung der Entscheidung. Hat die Beschwerde Erfolg, befindet sich der Beschwerdeführer wieder im Amt.

4. Mitglieder der Rechtsorgane und der Revisionsstelle können bei grober Pflichtverletzung auf Antrag des Vorstandes vom Sportgericht ihrer Tätigkeit enthoben werden. Nr. 3. gilt entsprechend.

5. Der Vorstand tritt bei Bedarf, jedoch mindestens zweimal jährlich, zusammen. Die Einberufung erfolgt schriftlich durch das Präsidium. Die Sitzung wird vom Präsidenten oder einem Vizepräsidenten geleitet. Der Vorstand ist beschlussfähig, wenn mindestens die Hälfte seiner stimmberechtigten Mitglieder anwesend ist. Beschlüsse des Vorstandes können, wenn nicht mehr als zehn seiner Mitglieder widersprechen, auch im schriftlichen Umlaufverfahren gefasst werden. Er beschließt mit einfacher Stimmenmehrheit.

6. Die Stimmrechte im Vorstand verteilen sich wie folgt:

- die stimmberechtigten Mitglieder des Präsidiums je 1 Stimme
- Landesverbände mit über 600.000 Mitglieder je 3 Stimmen
- Landesverbände mit über 200.000 Mitglieder je 2 Stimmen
- Landesverbände bis 200.000 Mitglieder je 1 Stimme
- die Regionalverbände je 1 Stimme
- die zwölf Vertreter des Ligaverbandes je 2 Stimmen

Maßgeblich für die Stimmenzahl der Landesverbände ist die aktuelle vor dem Tag des Ablaufs der Antragsfrist des letzten ordentlichen Bundestages veröffentlichte Mitgliederstatistik. Entfallen auf ein Mitglied des Vorstands aufgrund verschiedener Ämter mehrere Stimmrechte, so können diese nebeneinander ausgeübt werden. Präsidiumsmitglieder können allerdings nicht gleichzeitig ihre Stimme als Präsidiumsmitglied und ihre Stimmen als Vertreter eines oder mehrerer Mitgliedsverbände abgeben.

7. Der Vorstand wird zur Vorbereitung seiner Beschlüsse, insbesondere solcher nach Nr. 2., durch eine Konferenz der Regionalverbands- und Landesverbandsvorsitzenden beraten. Die Einberufung zu diesen gemeinsamen Sitzungen erfolgt bei Bedarf durch den Präsidenten, mindestens jedoch einmal jährlich.

8. In den Fällen der Nummern 2. und 5. gelten § 26 Nrn. 2., 3. und 4. Sowie § 27 Absatz 1 entsprechend mit der Maßgabe, dass anstelle des Bundesgerichts der Vermittlungsausschuss gemäß § 16d zur Entscheidung berufen ist und dass Anträge spätestens zwei Wochen vor der Vorstandssitzung einzureichen sind.

Präsidium

§ 33 Zusammensetzung, Wahl, Rechtsstellung

Das Präsidium besteht aus:

a) dem Präsidenten und dem Schatzmeister, die nicht Vorsitzende eines Mitgliedsverbandes oder eines Vereins sein dürfen,

b) dem Ligapräsidenten und dem Präsidiumsmitglied für Amateurfußball sowie Angelegenheiten der Landes- und Regionalverbände (Vizepräsident Amateure) als gleichberechtigten 1. Vizepräsidenten,

c) neun weiteren Vizepräsidenten, und zwar dem Vorsitzenden der Geschäftsführung der DFL Deutsche Fußball Liga GmbH, zwei Vizepräsidenten des Ligaverbandes und je einem Vizepräsidenten für Frauen- und Mädchenfußball für Rechts- und Satzungsfragen für Jugendfußball für Prävention, Integration, Freizeit- und Breitensport für Qualifizierung für Nachhaltigkeit, sozial- und gesellschaftspolitische Aufgaben

d) dem Generalsekretär

e) den Ehrenpräsidenten (§ 11)

Die vom Ligaverband entsandten Vizepräsidenten sind vom Bundestag zu bestätigen.

Die übrigen Mitglieder des Präsidiums werden vom Bundestag gewählt; jeder Regionalverband soll durch einen, der Süddeutsche Fußball-Verband durch zwei Vizepräsidenten vertreten sein. Das Nähere bestimmt die Geschäftsordnung. Der Generalsekretär wird vom Präsidium berufen und vom Bundestag bestätigt. Das Präsidium kann einen Vertreter der Nationalmannschaft und die sportliche Leitung des Jugend- und Talentförderbereichs des DFB in das Präsidium berufen. Die Mitglieder des Präsidiums sind mit Ausnahme des Generalsekretärs, des Vertreters der Nationalmannschaft und der sportlichen Leitung des Jugend- und Talentförderbereichs des DFB grundsätzlich ehrenamtlich tätig. Sie haben Anspruch auf Ersatz ihrer Auslagen, Einkommens- und Verdienstausfall sowie Gewährung einer angemessenen Aufwandsentschädigung. Die Entscheidung trifft das Präsidium nach Anhörung der Revisionsstelle.

§ 34 Aufgaben, Zusammentreten, Beschlussfähigkeit

Dem Präsidium obliegt die Vertretung des DFB. Vertreter im Sinne des BGB sind der Präsident, die gleichberechtigten 1. Vizepräsidenten, der Schatzmeister und der Generalsekretär und zwar jeweils zwei dieser Mitglieder gemeinsam.

Das Präsidium ist zuständig zur Erledigung der laufenden Geschäfte. Es nimmt alle Aufgaben wahr, die nach dieser Satzung oder den Ordnungen nicht anderen Organen des DFB zugewiesen sind.

Zu diesen Aufgaben gehören insbesondere:

- Der Erlass von Richtlinien und anderen ergänzenden Regelungen unterhalb der DFB-Ordnungen,

- die Festlegung der Austragungsorte für die Länderspiele und Pokalendspiele,

- die Benennung der Schiedsrichter und Assistenten gegenüber der FIFA auf Vorschlag der Schiedsrichter-Kommission,

- die Genehmigung des Einsatzes von nicht der FIFA gemeldeten Schiedsrichtern und Assistenten im Ausland,

- die Umsetzung der Entscheidungen der Organe der FIFA und der UEFA (§ 3 Nrn. 1. und 2.) durch eigenen Vollzug oder Vollzug durch den zuständigen Mitgliedsverband.

Der Präsident ist oberster Repräsentant des DFB. Ihm obliegt die Gesamtverantwortung und die Richtlinienkompetenz. Er ist insbesondere auch zuständig für die Belange der Nationalmannschaft und den Leistungssport. Die Mitglieder des Präsidiums verwalten ihre Ressorts selbstständig und eigenverantwortlich im Rahmen der Richtlinienkompetenz des Präsidenten.

Das Präsidium gibt sich einen Geschäftsverteilungsplan unter Beachtung der in § 33 Abs.1 festgelegten Ressortverteilung, in dem auch die Vertretung des Präsidenten geregelt wird.

Das Präsidium unterrichtet den Vorstand über seine Tätigkeit.

Das Präsidium hat das Recht, Lehrstäbe, Arbeitskreise, Kommissionen und besondere Beauftragte zur Regelung bestimmter Sachgebiete zu berufen. Es entscheidet über die Aufgaben dieser Gremien und deren Zusammensetzung einschließlich der Berufung und Abberufung einzelner Mitglieder. Entsprechendes gilt für besondere Beauftragte.

Es ist befugt, die Beschlüsse der Ausschüsse außer Kraft zu setzen und in der Sache neu zu entscheiden. Dies gilt nicht für die Entscheidungen der von Weisungen des DFB unabhängigen Rechtsorgane. Das Präsidium ist befugt, Mitglieder des Präsidiums und des Vorstands, der Rechtsorgane, der Revisionsstelle und Ausschüsse, die während der Wahlperiode ausscheiden, zu ersetzen, in den Fällen des § 32 Nr. 3. und 4. Jedoch erst nach Rechtskraft der Entscheidung.

Das Präsidium kann die von ihm berufenen Mitglieder der Organe und Ausschüsse abberufen und ersetzen. Das Präsidium ist beschlussfähig, wenn mindestens die Hälfte seiner Mitglieder anwesend ist. Beschlüsse des Präsidiums können auch im schriftlichen Umlaufverfahren gefasst werden, wenn nicht mehr als zwei seiner Mitglieder widersprechen.

Das Präsidium beschließt grundsätzlich mit einfacher Mehrheit.

§ 35 Eilentscheidung, Begnadigung

Der Präsident, der Schatzmeister, der Generalsekretär und der fachlich jeweils zuständige Vizepräsident sind gemeinsam befugt, zwischen den Sitzungen des Präsidiums über unaufschiebbare Angelegenheiten endgültige Beschlüsse zu fassen und diese zu vollziehen. Das Präsidium ist darüber in Kenntnis zu setzen.

Das Recht der Begnadigung steht nur dem Präsidenten oder einem von ihm benannten Vizepräsidenten zu. Gnadengesuche sind nur bei Bestrafungen durch DFB-Instanzen zulässig. Vor der Entscheidung müssen der Vorsitzende der zuletzt tätig gewesenen Rechtsinstanz und der Vorsitzende des Kontrollausschusses bzw. ihre Vertreter gehört werden. Ein Gnadenerweis im Fall von Mindeststrafen entfällt.

§ 36 Schatzmeister

1. Der Schatzmeister ist der verantwortliche Leiter für das Finanzwesen. Er verwaltet das Vermögen des DFB.

2. Der Schatzmeister ist in der Ausübung seines Amtes an die Bestimmungen der Finanzordnung, an die Beschlüsse des Bundestages, des Vorstandes und des Präsidiums gebunden.

§ 37 Zentralverwaltung, Geschäftsjahr

1. Das Präsidium bedient sich zur Durchführung seiner Aufgaben der vom DFB unterhaltenen Zentralverwaltung. Die Leitung obliegt dem Generalsekretär, im Falle seiner Verhinderung dem ständigen Vertreter.

2. Der Generalsekretär ist für die Erfüllung aller Aufgaben der Zentralverwaltung, insbesondere auch für die Anstellung, Führung und Entlassung des Personals im Rahmen des vom Präsidium genehmigten Stellenplans verantwortlich. Für die Personalangelegenheiten der Direktoren, des Teamchefs, der DFB-Sportlehrer und -Trainer ist das Präsidium zuständig.

3. Das Geschäftsjahr läuft vom 1.1. bis 31.12. eines Jahres.

§ 38 Rechtsorgane

Bis 30. Juni 2012 gilt folgender Wortlaut:

1. Rechtsorgane sind das Bundesgericht und das Sportgericht; sie nehmen ihre Aufgaben nach den Bestimmungen der DFB-Satzung, der Ordnungen des DFB (§ 6), insbesondere nach dem Ligastatut, dem DFB-Statut für die 3. Liga und die Regionalliga, den Anti-Doping-Richtlinien, den Durchführungsbestimmungen zur DFB-Spielordnung, den allgemeinverbindlichen Vorschriften über die Beschaffenheit und Ausgestaltung der Spielkleidung und den vom DFB geschlossenen Verträgen wahr.

Ab 1. Juli 2012 gilt folgender Wortlaut:

1. Rechtsorgane sind das Bundesgericht und das Sportgericht; sie nehmen ihre Aufgaben nach den Bestimmungen der DFB-Satzung, der Ordnungen des DFB (§ 6), insbesondere nach dem Ligastatut, dem DFB-Statut für die 3. Liga, den Anti-Doping-Richtlinien, den Durchführungsbestimmungen zur DFB-Spielordnung, den allgemeinverbindlichen Vorschriften über die Beschaffenheit und Ausgestaltung der Spielkleidung und den vom DFB geschlossenen Verträgen wahr.

2. Mitglieder des Bundesgerichts und des Sportgerichts dürfen anderen Organen, Ausschüssen und der Schiedsrichter-Kommission nur angehören, soweit dies in der Satzung des DFB vorgesehen ist. Die Vorsitzenden und stellvertretenden Vorsitzenden sowie die DFB-Beisitzer für das Bundesgericht müssen die Befähigung zum Richteramt besitzen. Die übrigen Beisitzer sollen diese Befähigung haben.

3. Die Vorsitzenden stellen für ihre Zuständigkeitsbereiche Geschäftsverteilungspläne auf.

§ 39 Sportgericht

1. Das Sportgericht besteht aus einem Vorsitzenden, einem stellvertretenden Vorsitzenden und 29 Beisitzern.

2. Der Vorsitzende und der stellvertretende Vorsitzende werden vom Bundestag gewählt.

Sechs Beisitzer werden vom Bundestag im Benehmen mit den Regional- und Landesverbänden gewählt (DFB-Beisitzer). Fünf Beisitzer werden vom Bundestag auf Vorschlag des Ligaverbandes gewählt (Ligaverbands-Beisitzer). Darunter können auch Lizenzspieler sein.

Bis 30. Juni 2012 gilt folgender Wortlaut:

Drei Beisitzer werden vom Präsidium im Benehmen mit dem DFB-Spielausschuss berufen (Beisitzer für die 3. Liga und Regionalliga).

Ab 1. Juli 2012 gilt folgender Wortlaut:

Drei Beisitzer werden vom Präsidium im Benehmen mit dem DFB-Spielausschuss berufen (Beisitzer für die 3. Liga).

Drei Beisitzer werden vom Präsidium im Benehmen mit dem DFB-Ausschuss für Frauen- und Mädchenfußball berufen (Frauen- und Mädchenfußball-Beisitzer).

Drei Beisitzer werden vom Präsidium im Benehmen mit der Schiedsrichter-Kommission berufen (Schiedsrichter-Beisitzer).

Fünf Beisitzer werden auf Vorschlag der Regionalverbände vom Bundesjugendtag gewählt und vom Präsidium berufen (Jugend-Beisitzer).

Vier Beisitzer werden vom Bund Deutscher Fußball-Lehrer dem Präsidium zur Berufung vorgeschlagen (Fußball-Lehrer-Beisitzer). Diese müssen im Besitz der Fußball-Lehrer-Lizenz sein.

3. Das Sportgericht entscheidet in Fällen der mündlichen Verhandlung in einer Besetzung mit einem Vorsitzenden, einem DFB-Beisitzer und einem Ligaverbands-Beisitzer, vorbehaltlich der Regelung in Nr. 4. Bis 30. Juni 2012 gilt folgender Wortlaut:

4. In Verfahren im Zusammenhang mit Spielen von Mannschaften der 3. Liga und der Regionalliga wirkt anstelle des Ligaverbands-Beisitzers ein Beisitzer für die 3. Liga und Regionalliga mit. Ebenfalls wirkt anstelle des Ligaverbands-Beisitzers ein Beisitzer für die 3. Liga und Regionalliga mit, wenn in Verfahren nach § 17 der Rechts- und Verfahrensordnung des DFB (Einspruch gegen die Spielwertung) und § 18 der Rechts- und Verfahrensordnung des DFB (Verfahren bei Nichtaustragung eines Bundesspiels), die im Zusammenhang mit Spielen um den DFB-Vereinspokal der Herren stehen, eine Mannschaft der 3. Liga und eine Regionalliga-Mannschaft oder eine Mannschaft der 3. Liga oder der Regionalliga und eine unterhalb der Regionalliga spielende Mannschaft oder zwei unterhalb der Regionalliga spielende Mannschaften beteiligt sind.

In Verfahren im Zusammenhang mit Spielen von Frauen-Mannschaften wirkt anstelle des Ligaverbands-Beisitzers ein Frauenfußball-Beisitzer mit. In Verfahren gegen Schiedsrichter im Zusammenhang mit vom DFB und vom Ligaverband veranstalteten Bundesspielen wirkt anstelle des Ligaverbands-Beisitzers ein Schiedsrichter-Beisitzer mit.

In Verfahren nach § 17 der DFB-Jugendordnung wirkt anstelle des Ligaverbands-Beisitzers ein Jugendbeisitzer mit.

In Verfahren gegen Fußball-Lehrer und lizenzierte Trainer wirkt anstelle des Ligaverbands-Beisitzers ein Fußball-Lehrer-Beisitzer mit. Ausnahmsweise wirkt in Verfahren gegen Trainer der Lizenzligen ein Ligaverbands-Beisitzer und ein Fußball-Lehrer-Beisitzer mit.

Ab 1. Juli 2012 gilt folgender Wortlaut:

4. In Verfahren im Zusammenhang mit Spielen von Mannschaften der 3. Liga wirkt anstelle des Ligaverbands-Beisitzers ein Beisitzer für die 3. Liga mit. Ebenfalls wirkt anstelle des Ligaverbands-Beisitzers ein Beisitzer für die 3. Liga mit, wenn in Verfahren nach § 17 der Rechts- und Verfahrensordnung des DFB (Einspruch gegen die Spielwertung) und § 18 der Rechts- und Verfahrensordnung des DFB (Verfahren bei Nichtaustragung eines Bundesspiels), die im Zusammenhang mit Spielen um den DFB-Vereinspokal der Herren stehen, eine Mannschaft der 3. Liga und eine unterhalb der 3. Liga spielende Mannschaft oder zwei unterhalb der 3. Liga spielende Mannschaften beteiligt sind.

In Verfahren im Zusammenhang mit Spielen von Frauen- und Juniorinnen-Mannschaften wirkt anstelle des Ligaverbands-Beisitzers ein Frauen- und Mädchenfußball-Beisitzer mit.

In Verfahren gegen Schiedsrichter im Zusammenhang mit vom DFB und vom Ligaverband veranstalteten Bundesspielen wirkt anstelle des Ligaverbands- Beisitzers ein Schiedsrichter-Beisitzer mit.

In Verfahren nach § 17 der DFB-Jugendordnung wirkt anstelle des Ligaverbands- Beisitzers ein Jugendbeisitzer mit. Nr. 4., Abs. 2 bleibt unberührt.

In Verfahren gegen Fußball-Lehrer und lizenzierte Trainer wirkt anstelle des Ligaverbands-Beisitzers ein Fußball-Lehrer-Beisitzer mit. Ausnahmsweise wirken in Verfahren gegen Trainer der Lizenzligen ein Ligaverbands- Beisitzer und ein Fußball-Lehrer-Beisitzer mit.

5. Das Sportgericht entscheidet durch den Einzelrichter in allen Fällen ohne mündliche Verhandlung. Die Einzelrichtertätigkeit wird vom Vorsitzenden, im Falle seiner Verhinderung durch seinen Stellvertreter oder einen vom Vorsitzenden benannten Beisitzer ausgeübt. Das Nähere regelt die Rechtsund Verfahrensordnung des DFB.

§ 40 Bundesgericht

1. Das Bundesgericht besteht aus einem Vorsitzenden, einem stellvertretenden Vorsitzenden und 28 Beisitzern.

2. Der Vorsitzende und der stellvertretende Vorsitzende werden vom Bundestag gewählt.

Für die Wahl und die Berufung der für die Verfahren jeweils vorgesehenen Beisitzer gilt § 39 Nr. 2. entsprechend.

3. Das Bundesgericht entscheidet in einer Besetzung mit einem Vorsitzenden, einem DFB-Beisitzer und einem Ligaverbands-Beisitzer, vorbehaltlich der Regelung in § 39 Nr. 4.

4. Für die Zusammensetzung des Bundesgerichts gilt § 39 Nr. 4. entsprechend.

5. Das Bundesgericht entscheidet in Fällen besonderer Bedeutung mit einem Vorsitzenden, zwei DFB-Beisitzern und zwei Ligaverbands-Beisitzern. § 39 Nr. 4. gilt für eventuell zu ersetzende Beisitzer entsprechend.

§ 41 Zuständigkeit der Rechtsorgane

1. Die Rechtsorgane des DFB bestrafen Verstöße gegen das DFB-Recht und entscheiden über Streitigkeiten nach dem DFB-Recht, soweit die Entscheidung nicht ausdrücklich einem anderen DFB-Organ vorbehalten ist.

2. Für die Entscheidung über einen Streit der Mitgliedsverbände innerhalb eines Regionalverbandes ist der jeweils betroffene Regionalverband zuständig.

§ 42 Zuständigkeit Sportgericht

1. Das Sportgericht entscheidet als erste Instanz, soweit nicht die erstinstanzliche Zuständigkeit des Bundesgerichts begründet ist.

2. Dem Sportgericht obliegt insbesondere:

a) die Rechtsprechung über Verstöße von Vereinen und Tochtergesellschaften des Ligaverbandes und Spielern gegen die Vorschriften des Ligastatuts und der anderen Rechtsvorschriften des DFB und des Ligaverbandes,

b) die Rechtsprechung bei sportlichen Vergehen in und im Zusammenhang mit Bundesspielen,

c) die Entscheidung über Einsprüche gegen die Wertung von Bundesspielen,

d) die Rechtsprechung in Verfahren gegen Fußball-Lehrer und lizenzierte Trainer gemäß den Bestimmungen der Ausbildungsordnung und der anderen Rechtsvorschriften des DFB,

e) die Rechtsprechung in Verfahren gegen Schiedsrichter gemäß den Bestimmungen der Schiedsrichterordnung und der anderen Rechtsvorschriften des DFB,

f) die Rechtsprechung gemäß den besonderen Bestimmungen in der Satzung und den Ordnungen des DFB. Ordnung im Sinne der Vorschriften des DFB ist auch das Statut des Ligaverbandes gemäß § 16a Abs. 1 Nr. 3.

g) die Rechtsprechung in Fällen eines diskriminierenden und/ oder menschenverachtenden Verhaltens gemäß § 50 Nr. 3. Abs. 3.

§ 43 Zuständigkeit Bundesgericht

Das Bundesgericht ist zuständig zur Entscheidung

1. als Rechtsmittelinstanz

a) gegen Entscheidungen des Sportgerichts,

b) gegen Entscheidungen der obersten Rechtsorgane der Mitgliedsverbände, soweit eine Entscheidung für nachprüfbar erklärt worden ist und die Verletzung von DFB-Recht behauptet wird,

2. in Fällen des § 50 Nr. 3., Abs. 1 und in Fällen eines diskriminierenden und/oder menschenverachtenden Verhaltens gemäß § 50 Nr. 3., Abs. 2.,

3. gemäß den besonderen Bestimmungen in der Satzung und den Ordnungen des DFB,

4. in erster und letzter Instanz

a) über einen Sachverhalt, der ihm erst in einem vor dem Bundesgericht anhängigen Verfahren bekannt geworden ist und mit diesem Verfahren im Zusammenhang steht. In diesem Falle kann das Verfahren an das sonst zuständige Rechtsorgan abgegeben werden,

b) über die Rechtmäßigkeit der Entscheidung eines Verwaltungsorgans des DFB,

c) über die Zuständigkeit eines DFB-Organs in Zweifelsfällen.

§ 44 Strafgewalt des Verbandes und Strafarten

Bis 30. Juni 2012 gilt folgender Wortlaut:

1. Alle Formen des unsportlichen Verhaltens sowie unter Strafe gestellte Verstöße

gegen die Satzung und Ordnungen des DFB und das Ligastatut werden verfolgt. Das Nähere regeln die Rechts- und Verfahrensordnung des DFB, die DFB-Spielordnung, das DFB-Statut für die 3. Liga und die Regionalliga, die DFB-Schiedsrichterordnung, die DFB-Jugendordnung, die Ausbildungsordnung des DFB, die Durchführungsbestimmungen zur DFB-Spielordnung, die Anti-Doping-Richtlinien des DFB und die ergänzenden Regelungen unterhalb der DFB-Ordnungen, insbesondere die allgemeinverbindlichen Vorschriften über die Beschaffenheit und Ausgestaltung der Spielkleidung und die Richtlinien zur Verbesserung der Sicherheit bei Bundesspielen.

Ab 1. Juli 2012 gilt folgender Wortlaut:

1. Alle Formen des unsportlichen Verhaltens sowie unter Strafe gestellte Verstöße gegen die Satzung und Ordnungen des DFB und das Ligastatut werden verfolgt. Das Nähere regeln die Rechts- und Verfahrensordnung des DFB, die DFB-Spielordnung, das DFB-Statut für die 3. Liga, die DFB-Schiedsrichterordnung, die DFB-Jugendordnung, die Ausbildungsordnung des DFB, die Durchführungsbestimmungen zur DFB-Spielordnung, die Anti-Doping-Richtlinien des DFB und die ergänzenden Regelungen unterhalb der DFB-Ordnungen, insbesondere die allgemeinverbindlichen Vorschriften über die Beschaffenheit und Ausgestaltung der Spielkleidung und die Richtlinien zur Verbesserung der Sicherheit bei Bundesspielen. Bei einem Feldverweis ist der Spieler bis zur Entscheidung durch das zuständige Rechtsorgan vorläufig gesperrt. Zur Aufrechterhaltung der sportlichen Disziplin oder eines geordneten Rechtswesens kann durch den Vorsitzenden des zuständigen Rechtsorgans bei Verstößen gegen die Satzung und Ordnungen des DFB eine vorläufige Maßnahme ausgesprochen werden.

2. Als Strafen sind zulässig:

a) Verwarnung,

b) Verweis,

c) Geldstrafe gegen Spieler bis zu € 100.000,00,
im Übrigen bis zu € 250.000,00,

d) Verhängung eines Platzverbots für einzelne Personen,

e) Verbot auf Zeit - längstens drei Jahre - oder Dauer, ein Amt im DFB, seinen Mitgliedsverbänden, deren Vereinen und Kapitalgesellschaften zu bekleiden,

f) Sperre für Pflichtspieltage, auf Zeit - längstens drei Jahre - oder auf Dauer,

g) Ausschluss auf Zeit - längstens drei Jahre - oder auf Dauer,

h) Ausschluss von der Nutzung der Einrichtungen des DFB einschließlich Lizenzentzug,

i) Verbot - bis zu fünf Spiele - sich während eines oder mehrerer Spiele im Innenraum des Stadions oder der Sportstätte aufzuhalten,

j) Entzug der Zulassung für Trainer auf Zeit - längstens drei Jahre - oder auf Dauer,

k) Platzsperre oder Spielaustragung unter Ausschluss der Öffentlichkeit,

l) Aberkennung von Punkten,

m) Versetzung in eine tiefere Spielklasse.

3. Die Strafen können auch nebeneinander verhängt werden. Außerdem sind erzieherische Maßnahmen zulässig (z. B. Auflagen und Bußen).

§ 45 Revisionsstelle. Zusammensetzung, Wahl, Befähigung

Die Revisionsstelle besteht aus dem Vorsitzenden, der vom Bundestag gewählt wird, dem stellvertretenden Vorsitzenden, der auf Vorschlag des Ligaverbandes vom Bundestag bestätigt wird und zwei weiteren Mitgliedern, die vom Bundestag auf Vorschlag der Regional- und Landesverbände gewählt werden. Die Mitglieder der Revisionsstelle (Revisoren) dürfen anderen Organen, Rechtsorganen und Ausschüssen des DFB nur angehören, soweit dies in der Satzung des DFB vorgesehen ist. Die Mitgliedschaft im Vorstand als Präsident eines Landes- oder Regionalverbandes oder als Vertreter des Ligaverbandes ist zulässig.

Die Wahlzeit beträgt drei Jahre. § 31 Nr. 4. gilt entsprechend. Die Revisoren können zweimal wiedergewählt werden, sollen allerdings nicht gleichzeitig aus ihrem Amt ausscheiden. Die Mitglieder der Revisionsstelle müssen ausreichend sachkundig in der Behandlung und Beurteilung wirtschaftlicher und haushaltsrechtlicher Vorgänge sein. Sie sollten zur Ausübung steuer- und wirtschaftsberatender Berufe oder zum Richteramt befähigt sein. Eine langjährige Erfahrung in herausgehobenen Funktionen vergleichbarer Tätigkeitsfelder steht dieser Befähigung gleich.

§ 46 Aufgaben

Die Revisoren prüfen den Kassenbestand und die rechnerische Richtigkeit der Kassenunterlagen. Bei bedeutsamen Investitionen und Projekten, die erhebliche Finanzmittel erfordern, sind die Revisoren anzuhören. Dies gilt auch für Verträge, die erhebliche wirtschaftliche Bedeutung haben und zu einer längerfristigen Bindung führen.

Die Revisoren beraten das Präsidium bei der Beschlussfassung über die Angemessenheit der Erstattung von Auslagen. Die Revisionsstelle prüft die Ordnungsmäßigkeit der wirtschaftlichen Verhältnisse des DFB, indem sie zu diesem Zweck einen unabhängigen und externen Wirtschaftsprüfer zur Erlangung eines Testats, das dem Bestätigungsvermerk im Sinne des Handelsgesetzbuches entspricht, beauftragt. Die Revisoren berichten dem Präsidium auf der Grundlage des Jahresprüfberichts des Wirtschaftsprüfers. Der Prüfung nach den Absätzen 2 und 4 unterliegen auch alle sonstigen wirtschaftlichen Betätigungen des DFB, soweit er mehrheitlich beteiligt ist. Dem Vorsitzenden der Revisionsstelle ist Gelegenheit zum Vortrag im Präsidium zu geben. Die Berichtspflicht nach Abs. 4 bleibt unberührt. Näheres regelt die Finanzordnung.

§ 47 Ausschüsse. Aufgaben und Zusammensetzung:

Die Ausschüsse erledigen die ihnen zugewiesenen Aufgaben eigenverantwortlich nach dieser Satzung und den Ordnungen sowie nach den Vorgaben des Präsidiums. Jeder Ausschuss besteht grundsätzlich aus einem Vorsitzenden und bis zu sechs Mitgliedern. Die Vorsitzenden werden vom Bundestag gewählt. Der Vorsitzende des Jugendausschusses wird vom Bundesjugendtag gewählt und vom Bundestag bestätigt. Die Mitglieder der Ausschüsse werden vom Präsidium im Benehmen mit den Regional- und Landesverbänden sowie den jeweiligen Ausschussvorsitzenden berufen. Die Berufung erfolgt nach Sachkompetenz für die dem Ausschuss übertragenen Aufgaben. Die Mitglieder des Kontrollausschusses müssen die Befähigung zum Richteramt oder für den gehobenen oder höheren Polizeidienst haben.

Die Mitglieder des Jugendausschusses, die Vertreter der Regionalverbände in der Kommission Schulfußball sowie die für den Mädchenfußball zuständigen Mitglieder des Ausschusses für Frauen- und Mädchenfußball werden vom Bundesjugendtag gewählt und vom Präsidium bestätigt. Der Ligaverband ist berechtigt, für jeden Ausschuss bis zu zwei weitere Mitglieder vorzuschlagen, die vom Präsidium berufen werden; die zusätzlichen

Vertreter des Jugendausschusses werden auf Vorschlag des Ligaverbandes vom Bundesjugendtag gewählt und vom Präsidium bestätigt. Zur Berufung in den Kontrollausschuss dürfen seitens des Ligaverbandes nur Personen vorgeschlagen werden, die nicht in Organen des Ligaverbandes, einem seiner Mitgliedsvereine oder Kapitalgesellschaften oder als Leitende Angestellte tätig sind. Den Ausschüssen gehört weiterhin ein vom Generalsekretär berufener Vertreter der Zentralverwaltung mit Stimmrecht an. Die Mitglieder des Präsidiums können an den Sitzungen der Ausschüsse mit beratender Stimme teilnehmen.

1. Dem Spielausschuss gehört eine für Frauenfußball zuständige Vertreterin des Ausschusses für Frauen- und Mädchenfußball als zusätzliches Mitglied an.

2. In den Kontrollausschuss kann das Präsidium bei Bedarf ein weiteres Mitglied berufen.

3. Dem Jugendausschuss gehört zusätzlich die für den Mädchenfußball zuständige Beauftragte des Ausschusses für Frauen- und Mädchenfußball an.

4. Der Ausschuss für Frauen- und Mädchenfußball soll grundsätzlich aus Frauen bestehen. Er besteht aus einer Vorsitzenden und bis zu sechs Mitgliedern für den Frauenfußball sowie bis zu sechs Mitgliedern für den Mädchenfußball. Ihm gehören als weitere ordentliche Mitglieder zwei Vertreter/ innen der Frauen-Bundesligavereine sowie je ein(e) Vertreter(in) der Vereine der 2. Frauen-Bundesliga Nord und Süd an; diese werden von der Versammlung der Frauen-Bundesligavereine bzw. jeweils von der Versammlung der Vereine der 2. Frauen-Bundesliga Nord und Süd gewählt und durch das Präsidium bestätigt.

5. Dem Ausschuss für Freizeit- und Breitensport gehören als weitere Mitglieder eine Vertreterin des Ausschusses für Frauen- und Mädchenfußball und ein Vertreter des Jugendausschusses an.

§ 48 Spielausschuss

1. Zusammensetzung:

Dem Spielausschuss gehören der Vorsitzende, sechs Vertreter der Regionalverbände des DFB, drei Vertreter der Vereine und Kapitalgesellschaften der 3. Liga und je ein Vertreter der Vereine und Kapitalgesellschaften jeder Staffel der dreigeteilten Regionalliga sowie zwei Vertreter des Ligaverbandes (§ 47 Abs. 5) an. Die Vertreter der Vereine und Kapitalgesellschaften der 3. Liga und der Regionalliga können dort auch eine hauptamtliche berufliche Tätigkeit ausüben. Sie werden von den Versammlungen der Vereine und Kapitalgesellschaften der 3. Liga und der Regionalliga gewählt und vom DFB-Präsidium bestätigt.

An den Sitzungen des Spielausschusses sollen je ein Vertreter der Kommission für Prävention und Sicherheit und der Schiedsrichter-Kommission sowie die Geschäftsführer der drei Verbände, die im Auftrag des DFB die Durchführung des Spielbetriebs in den drei Staffeln der Regionalliga regeln, mit beratender Stimme teilnehmen.

2. Aufgaben:

a) Wahrnehmung der Aufgaben aus der DFB-Spielordnung, den Durchführungsbestimmungen zur DFB-Spielordnung und dem DFB-Statut für die 3. Liga und die dreigeteilte Regionalliga, soweit sie nicht anderen Gremien zugeordnet sind. Weitere Aufgaben können durch die Statuten des Ligaverbandes begründet werden;

b) Erstellung des Entwurfs des verbindlichen Rahmenterminkalenders (§ 16a Absatz 1 Nr. 5.) für das DFB-Präsidium unter Mitbestimmung des Ligaverbandes sowie unter Beachtung des von der FIFA festgelegten internationalen Spielkalenders;

c) Festlegung des deutschen Textes der international verbindlichen Spielregeln und deren Auslegung in Zusammenarbeit mit der Schiedsrichter-Kommission;

d) Überwachung der Einhaltung der DFB-Spielordnung in den DFB-Mitgliedsverbänden und Beratung des DFB und seiner Mitgliedsverbände bei spieltechnischen Fragen des Lizenz- und Amateurfußballs;

e) Förderung und Entwicklung der 3. Liga, der dreigeteilten Regionalliga und des DFB-Vereinspokals;

f) Spielleitung der 3. Liga, der dreigeteilten Regionalliga und des DFB-Vereinspokals;

g) Beschwerdeinstanz gegen Entscheidungen des Spielleiters und des Schiedsrichter-Ansetzers;

h) Erteilung und Entziehung der Zulassung zur 3. Liga und zur dreigeteilten Regionalliga sowie Überprüfung und Überwachung nach Durchführung des vorgeschriebenen Verfahrens;

i) Festlegung von Beiträgen und Spielabgaben in der 3. Liga und der dreigeteilten c Regionalliga;

j) Einberufung und Leitung der Versammlungen der Vereine und Kapitalgesellschaften

der 3. Liga und der dreigeteilten Regionalliga, mindestens zweimal jährlich.

3. Der Spielausschuss und der Ausschuss für Freizeit- und Breitensport koordinieren ihre fachlichen Aufgaben. Einmal jährlich soll eine gemeinsame Sitzung stattfinden.

§ 49 Jugendausschuss

1. Dem Jugendausschuss obliegt die Jugendarbeit im DFB, insbesondere auch die Talentförderung, sowie Fragen der Aus- und Fortbildung im Jugendbereich, auf der Grundlage der DFB-Jugendordnung. Er hat für die Durchführung der Vorschriften der Jugendordnung zu sorgen und deren Einhaltung zu überwachen. Er erledigt seine Aufgaben im Rahmen der Bestimmungen der Satzung, insbesondere unter Beachtung des § 47 Absatz 1, und der Ordnungen selbst und bestimmt über die Verwendung der für seine Jugendarbeit bereitgestellten Mittel.

2. Zur Erledigung seiner Aufgaben ist ihm eine Kommission Schulfußball beigeordnet.

3. Richtungsweisend für die Arbeit des Jugendausschusses ist der Bundesjugendtag des DFB nach den Bestimmungen der Jugendordnung. Für die Einberufung eines außerordentlichen Bundesjugendtages gilt § 29 entsprechend.

4. Der Beratung der Jugendausschüsse des DFB und der Mitgliedsverbände zur Förderung und Koordinierung ihrer Jugendarbeit dient der Jugendbeirat. Näheres bestimmt die Jugendordnung.

5. Bundesjugendtag und Jugendbeirat werden vom Vorsitzenden des Jugendausschusses einberufen und geleitet.

§ 50 Kontrollausschuss

Bis 30. Juni 2012 gilt folgender Wortlaut:

1. Der Kontrollausschuss ist dazu berufen, die Einhaltung der Satzung und Ordnungen des DFB, der Anti-Doping-Richtlinien, der Durchführungsbestimmungen zur DFB-Spielordnung und der allgemeinverbindlichen Vorschriften über die Beschaffenheit und Ausgestaltung der Spielkleidung, insbesondere der Vorschriften des Ligaverbandes, des DFB-Statuts für die 3. Liga und die Regionalliga und der Ausbildungsordnung, zu überwachen und bei Verstößen nach Durchführung einer Voruntersuchung Anklage bei den zuständigen Rechtsorganen des DFB und der Mitgliedsverbände zu erheben.

Ab 1. Juli 2012 gilt folgender Wortlaut:

1. Der Kontrollausschuss ist dazu berufen, die Einhaltung der Satzung und Ordnungen des DFB, der Anti-Doping-Richtlinien, der Durchführungsbestimmungen zur DFB-Spielordnung und der allgemeinverbindlichen Vorschriften über die Beschaffenheit und Ausgestaltung der Spielkleidung, insbesondere der Vorschriften des Ligaverbandes, des DFB-Statuts für die 3. Liga und der Ausbildungsordnung, zu überwachen und bei Verstößen nach Durchführung einer Voruntersuchung Anklage bei den zuständigen Rechtsorganen des DFB und der Mitgliedsverbände zu erheben. Er kann Unsportlichkeiten verfolgen, die im Zusammenhang mit den Bundesspielen begangen werden. Der Kontrollausschuss ist berechtigt, im Rahmen seiner Zuständigkeit gegen die Entscheidungen der Rechtsorgane Rechtsmittel einzulegen.

2. Dem Kontrollausschuss obliegt die Durchführung der ihm durch das Ligastatut und die Ausbildungsordnung zugewiesenen besonderen Aufgaben.

3. Der DFB-Kontrollausschuss ist berechtigt, gegen abschließende Entscheidungen der Rechtsorgane der Mitgliedsverbände des DFB einschließlich Verfahrenseinstellungen innerhalb von zwei Wochen nach Rechtskraft der Entscheidung im Mitgliedsverband das DFB-Bundesgericht anzurufen, wenn diese gegen allgemeinverbindliche Normen des DFB verstößt oder in der ausgesprochenen Rechtsfolge erheblich von der Spruchpraxis der Rechtsorgane des DFB abweicht. Sofern die Entscheidung diskriminierendes und/oder menschenverachtendes Verhalten zum Verfahrensgegenstand hatte, sind die Mitgliedsverbände des DFB verpflichtet, diesen innerhalb einer Woche nach Ergehen der Entscheidung durch deren Überlassung zu unterrichten.

Die Revision kann in diesem Fall vom DFB-Kontrollausschuss bis maximal vier Wochen nach Vorlage der Entscheidung beim DFB-Bundesgericht eingelegt werden. Erklärt ein Mitgliedsverband auf Nachfrage des DFB-Kontrollausschusses schriftlich, dass er in Fällen eines möglichen diskriminierenden und/oder menschenverachtenden Verhaltens kein Verfahren einleitet, kann der Kontrollausschuss nach Durchführung einer Voruntersuchung Anklage beim DFB-Sportgericht erheben.

§ 51 gestrichen.

§ 52 gestrichen.

§ 53 Ausschuss für Frauen- und Mädchenfußball

Der Ausschuss für Frauen- und Mädchenfußball hat folgende Aufgaben zu erfüllen:

1. Die Förderung und Pflege des Frauen- und Mädchenfußballs, insbesondere Erarbeitung von Vorschlägen zu grundsätzlichen Fragen des Spiel- und Lehrgangsbetriebs und der Talentförderung.

2. Leitung der Bundesspiele der Frauen und Juniorinnen und Erarbeitung des Entwurfs für den verbindlichen Rahmenterminkalender der Frauen und Juniorinnen für das Präsidium. Weitere Zuständigkeiten können durch die DFB-Spielordnung, die DFB-Jugendordnung und die Durchführungsbestimmungen zur DFB-Spielordnung begründet werden.

3. Vertretung des Frauenfußballs im Spielausschuss sowie Vertretung des Mädchenfußballs im Jugendausschuss und in der Kommission Schulfußball. Vertretung des Frauen- und Mädchenfußballs im Ausschuss Freizeit und Breitensport und in der Kommission Ehrenamt.

4. Vertretung des DFB in den in Frage kommenden Gremien.

§ 54 Ausschuss für Freizeit- und Breitensport

Der Ausschuss hat im Zusammenwirken mit dem Spielausschuss und dem Ausschuss für Frauen- und Mädchenfußball die Aufgabe, die Entwicklung des Freizeit- und Breitensports in den Regional- und Landesverbänden und ihren Mitgliedsvereinen in allen Altersklassen zu unterstützen und zu fördern. Dies gilt insbesondere für die nachfolgenden Bereiche:

1. Freizeitfußball

1.1 Freizeitfußball als Wettkampfsport nach den offiziellen FIFA- und DFB-Regeln (z. B. Freizeitliga der Hobbymannschaften oder Altherren-Sonderrunden)

1.2 Freizeitfußball als Wettkampfsport nach frei gestalteten Wettkampfregeln (z.B. Street-Soccer, Fußballabzeichen, Familienfußball-Wettkämpfe, Ü 40-/Ü 50-Turniere usw.)

2. Allgemeiner wettkampffreier Freizeit- und Breitensport im Fußballverein auch für Frauen

2.1 Sportartbezogener Freizeit- und Breitensport (z. B. Gymnastikgruppen, Laufgruppen usw.)

2.2 Sportartübergreifender Freizeit- und Breitensport (z.B. Fitnesstraining, Konditionstraining, Krafttrainingsgruppen usw.)

2.3 Gesundheitsorientierter Sport (z. B. Wirbelsäulengymnastik, Herz/Kreislauftraining usw.)

3. Außersportliche Angebote

§ 55 Schiedsrichter-Kommission

1. Die Schiedsrichter-Kommission hat insbesondere folgende Aufgaben zu erfüllen:

a) Das Schiedsrichterwesen im DFB nach den Bestimmungen der DFB-Schiedsrichterordnung einheitlich auszurichten,

b) die einheitliche Ausbildung der Schiedsrichter und die Nachwuchsarbeit in den Mitgliedsverbänden zu fördern,

c) Schiedsrichter zu Bundesspielen anzusetzen,

d) Lehrgänge für die zur Leitung von Bundesspielen berufenen Schiedsrichter und ein qualifiziertes Beobachtungs- und Coachingsystem durchzuführen,

e) über die Aufnahme von Schiedsrichtern in die DFB-Schiedsrichterliste und gegebenenfalls über deren Ausscheiden zu befinden, wobei die DFB-Schiedsrichterliste der Lizenzligen der Zustimmung des Präsidiums bedarf,

f) dem Präsidium alljährlich eine Liste der für die Leitung internationaler Spiele geeigneten Schiedsrichter des DFB vorzulegen,

g) den Spielausschuss bei der Festlegung des deutschen Textes der international verbindlichen Spielregeln und deren Auslegung zu beraten,

h) Maßnahmen gegen Schiedsrichter zu ergreifen, die wegen der Leitung von Spielen erforderlich werden, mit der sie der DFB beauftragt hat, wobei in Fällen sportpolitischer Bedeutung die Einwilligung des Präsidiums einzuholen ist,

i) in regelmäßigen Abständen mit den zuständigen Organen des Ligaverbandes gemeinsam interessierende Fragen des Schiedsrichterwesens zu erörtern,

j) dem Bundestag über den Stand und die Fortentwicklung des Schiedsrichterwesens zu berichten. Der Schiedsrichter-Kommission können durch die DFB-Schiedsrichterordnung und das Präsidium weitere Aufgaben und Zuständigkeiten übertragen werden.

2. Zusammensetzung

Der oberste Repräsentant des Schiedsrichterwesens ist der Vorsitzende der Schiedsrichter-Kommission. Er leitet die Kommission im Rahmen dieser Satzung und der Ordnungen des DFB, insbesondere der Schiedsrichterordnung, und vertritt das Schiedsrichterwesen nach innen und außen. Der Vorsitzende wird vom DFB-Präsidium für drei Jahre berufen. Sein Persönlicher Status wird auf vertraglicher Grundlage entsprechend § 33 Absatz 5, Satz 2 der DFB-Satzung geregelt.

Der Schiedsrichter-Kommission gehören weiterhin an:

- zwei Vertreter der DFB-Zentralverwaltung,
- je ein Vertreter des Norddeutschen Fußball-Verbandes, des Nordostdeutschen Fußballverbandes, des Fußball-Regional-Verbandes Südwest, des Westdeutschen Fußball- und Leichtathletikverbandes sowie zwei Vertreter des Süddeutschen Fußball-Verbandes,
- zwei Vertreter der DFL Deutsche Fußball Liga GmbH,
- ein Koordinator für die Basisarbeit und Regelumsetzung,
- ein Ansetzer für die Schiedsrichter-Beobachter und -Coaches in der Bundesliga und 2. Bundesliga,
- eine Ansetzerin für die DFB-Frauen-Wettbewerbe.

Die Vertreter der Regionalverbände werden auf Vorschlag des jeweiligen Regionalverbandes, die Vertreter der DFL auf Vorschlag der DFL, die Vertreter

der DFB-Zentralverwaltung durch den Generalsekretär und die übrigen Mitglieder auf Vorschlag des Vorsitzenden der Schiedsrichter-Kommission vom DFB-Präsidium berufen.

3. Der Vorsitzende der Schiedsrichter-Kommission berichtet mindestens zweimal jährlich schriftlich und mündlich dem Präsidium, insbesondere über Veränderungen auf der DFB-

Schiedsrichterliste, das Beobachtungs- und Ansetzungsverfahren sowie die Qualifizierung und die Nachwuchsförderung. § 34 Absatz 6 bleibt unberührt.

4. Die Schiedsrichter-Kommission gibt sich eine Geschäftsordnung und beschließt über die Geschäftsverteilung innerhalb der Kommission. Die Geschäftsordnung und Geschäftsverteilung bedürfen der Zustimmung des DFB-Präsidiums.

5. Für die Schiedsrichter auf der DFB-Schiedsrichterliste wird eine Persönlichkeit ihres Vertrauens durch das DFB-Präsidium als Schiedsrichter-Vertrauensmann berufen, an die sie sich auch unter Wahrung ihrer persönlichen Anonymität wenden können. Der Schiedsrichter-Vertrauensmann arbeitet eng mit dem Vorsitzenden der Schiedsrichter-Kommission und dem DFB-Präsidium zusammen.

6. Das Nähere regelt die DFB-Schiedsrichterordnung.

§ 55a gestrichen.

§ 56 Haftungsausschluss

Aus Entscheidungen der DFB-Organe, der Rechtsorgane des DFB und der Ausschüsse des DFB können keine Ersatzansprüche hergeleitet werden.

§ 57 gestrichen.

§ 58 gestrichen.

VIII. Datenverarbeitung und Datenschutz

§ 59

1. Zur Erfüllung und im Rahmen des Verbandszwecks gemäß § 4, insbesondere der Organisation und Durchführung des Spielbetriebs sowie anderer Bereiche des Fußballsports, erfasst der DFB die hierfür erforderlichen Daten einschließlich personenbezogener Daten von Mitgliedern der seinen Mitgliedsverbänden angehörenden Vereine. Der DFB kann diese Daten in zentrale Informationssysteme des deutschen Fußballs einstellen. Ein solches Informationssystem kann vom DFB selbst, von anderen

Mitgliedsverbänden, gemeinsam mit diesen oder von einem beauftragten Dritten betrieben werden.

2. Die Datenerfassung dient im Rahmen der vorgenannten Verbandszwecke vornehmlich

- der Verbesserung und Vereinfachung der organisatorischen und spieltechnischen Abläufe im DFB sowie im Verhältnis zu seinen Mitgliedsverbänden,
- der Schaffung direkter Kommunikationswege zwischen DFB, Mitgliedsverbänden, Vereinen und deren Mitgliedern und
- der Erhöhung der Datenqualität für Auswertungen und Statistiken.

3. Von den zur Erfüllung der Verbandszwecke gespeicherten Daten können Name, Titel, akademische Grade, Anschrift, Geburtsjahr, Berufs-, Branchen- oder Geschäftsbezeichnungen und eine Angabe über die Zugehörigkeit zu einer Gruppe, der die Person angehört, insbesondere über die Vereinszugehörigkeit, unter Beachtung der datenschutzrechtlichen Bestimmungen zu Werbezwecken im Interesse des Fußballs, insbesondere des DFB, seiner Mitgliedsverbände, der ihnen angehörenden Vereine und deren Mitglieder, genutzt werden, soweit die Betroffenen der Nutzung nicht widersprechen.

4. Um die Aktualität der gemäß Absatz 1 erfassten Daten zu gewährleisten, sind die Mitgliedsverbände und deren Vereine verpflichtet, Veränderungen umgehend dem DFB bzw. ihrem Mitgliedsverband oder einem vom DFB mit der Datenverarbeitung beauftragten Dritten mitzuteilen.

5. Der DFB und von ihm mit der Datenverarbeitung beauftragte Dritte sind bei der Erhebung, Verarbeitung und Nutzung der Daten an die Bestimmungen des Bundesdatenschutzgesetzes gebunden. Sie stellen insbesondere sicher, dass die personenbezogenen Daten durch geeignete technische und organisatorische Maßnahmen vor der unbefugten Kenntnisnahme Dritter geschützt werden und ausschließlich die zuständigen Stellen Zugriff auf diese Daten haben. Dies gilt entsprechend, wenn der DFB ein Informationssystem gemeinsam mit anderen Mitgliedsverbänden nutzt und betreibt (Absatz 1, Unterabsatz 2). Zugriffsrechte dürfen nur erteilt werden, soweit dies zur Erfüllung der Verbandszwecke notwendig oder aus anderen Gründen (insbesondere Absatz 3) datenschutzrechtlich zulässig ist. Der DFB und von ihm mit der Datenverarbeitung beauftragte Dritte achten darauf, dass bei der Datenverarbeitung schutzwürdige Belange der betroffenen Mitglieder berücksichtigt werden.

IX. Auflösung und Inkrafttreten

§ 60 Auflösung

1. Die Auflösung des DFB (§ 24 Nr. 2. l) darf nur aufgrund ordnungsgemäß bekannt gegebener Tagesordnung mit Dreiviertelmehrheit der abgegebenen Stimmen beschlossen werden. Diese Bestimmung kann nicht mit Hilfe des § 26 Nr. 2. geändert werden.

2. Ein Antrag auf Auflösung kann nicht als Dringlichkeitsantrag oder als Änderungs- oder Ergänzungsantrag zu einem anderen Antrag gestellt werden.

3. Bei Auflösung oder Aufhebung des DFB oder bei Wegfall der steuerbegünstigten Satzungszwecke muss das Vermögen einer juristischen Person des öffentlichen Rechts oder einer anderen steuerbegünstigten Körperschaft zufließen, die es ausschließlich und unmittelbar zur Förderung des Sports zu verwenden hat.

§ 61 Inkrafttreten

Die Neufassung dieser Satzung wurde vom außerordentlichen Bundestag in Mainz am 30. September 2000 beschlossen und ist mit Eintragung in das Vereinsregister zum nächsten ordentlichen Bundestag 2001 in Kraft getreten. Änderungen und Ergänzungen werden in den Offiziellen Mitteilungen des DFB veröffentlicht und mit der Eintragung in das Vereinsregister wirksam. Die derzeit gültige Fassung berücksichtigt die Beschlüsse des ordentlichen DFB-Bundestages vom 22. Oktober 2010.

[56] Satzung des Deutschen Turner-Bundes[4] – Verband für Turnen und Gymnastik – Leistungssport, Freizeit- und Gesundheitssport

In der Fassung vom 05.02.2011.

§ 1 Ziele und Aufgaben

1.1 Der Deutsche Turner-Bund e.V., Verband für Turnen und Gymnastik, – nachstehend DTB genannt –, pflegt das von Friedrich Ludwig Jahn begründete deutsche Turnen. Er ist der Verband für die von ihm national und international vertretenen Sportarten und Turnspiele sowie für das vielseitige Allgemeine Turnen als Freizeit- und Gesundheitssport. Er pflegt darüber hinaus musische und kulturelle Aktivitäten.

1.2 Der DTB betreut die folgenden Sportarten:

Gerätturnen, Gymnastik und Rhythmische Sportgymnastik, Trampolinturnen, Aerobic, Orientierungslauf, Rhönradturnen, Rope Skipping, Faustball, Prellball, Korbball, Ringtennis, Korfball, Indiaca, Schlagball, Schleuderballspiel, Völkerball.

Die Betreuung der Sportarten erfolgt ganzheitlich in ihren jeweiligen Ausprägungen als Spitzen-, Leistungs- und Breitensport sowie als Freizeit- und Gesundheitssport. Darüber hinaus betreut der DTB die besonderen turnerischen Fachgebiete Wandern, Musik und Spielmannswesen sowie Mehrkämpfe und Gruppenwettkämpfe.

1.3 Der DTB betreut das Vielseitige Turnen und die Gymnastik, insbesondere in den fitness- und gesundheitsorientierten Ausprägungen sowie in den darstellerischen Möglichkeiten entsprechend den unterschiedlichen Bedürfnissen der verschiedenen Ziel- und Altersgruppen. In diesem Zusammenhang fördert der DTB Entwicklungen in Turnen und Sport, Gymnastik und

---

[4] Daneben sind vor allem zu beachten;
- Die Rechts- und Verfahrensordnung (→ http://www.dtb-online.de/portal/fileadmin/user_upload/dtb.redaktion/Internet-PDFs/Verband/Strulktur_Fakten/Verbandsdokumente/Satzungen_Ordnungen/Rechts_und_Verfahrensordnung DTB_2012.pdf)
- und die Rahmenordnung des DTB (→ http://www.dtb-online.de/portal/fileadmin/user_upload/dtb.redaktion/Internet-PDFs/Verband/Strulktur_Fakten/Verbandsdokumente/Satzungen_Ordnungen/Rahmenordnung_DTB_2012_mit_Anlagen.pdf).

Bewegungskunst im Sinne von neuen Bewegungs-, Spiel- und Ausdrucksformen mit hohem Freizeit-, Gesundheits-, Bildungs- und Sozialwert.

1.4 Träger der Angebote in den DTB-Sportarten und im Allgemeinen Turnen sind die Vereine im DTB. Sie bieten vielfältige Möglichkeiten zu sportlicher Betätigung, zu sinnvoller Freizeitgestaltung und gesundheitsbewusstem Verhalten sowie zum Erleben von Gemeinschaft und sozialer Verantwortung. Daher erbringen die Vereine über das Bewegungsangebot im Spiel-, Übungs-, Trainings- und Wettkampfbetrieb hinaus sozialwirksame und gesellschaftspolitische Leistungen.

1.5 Der DTB und seine Landesturnverbände sehen es als ihre vorrangige Aufgabe an, Turnen und Gymnastik zu fördern und die Vereine bei der Erfüllung ihrer Ziele und Aufgaben zu unterstützen. Der DTB ist Dienstleister für seine Landesturnverbände. Er unterstützt und fördert deren Arbeit.

Zu den Aufgaben des DTB gehören insbesondere die Aus- und Fortbildung sowie die Planung und Organisation eines umfangreichen Veranstaltungs- und Wettkampfprogramms. Höhepunkte sind die Deutschen Turnfeste. Grundlage für die Durchführung des gesamten Veranstaltungs- und Wettkampfprogramms ist die Turnordnung.

1.6 Der DTB setzt sich für eine Verbesserung der Lebensqualität, für sinnvolle Freizeitgestaltung, für die Förderung der Gesundheit ein und erfüllt pädagogische und soziale Aufgaben.

Der DTB übernimmt Verantwortung für die Umwelt. Er fördert die Belange des Umweltschutzes und der Umweltvorsorge im Sport. Er beachtet bei seinen Entscheidungen die Umweltverträglichkeit und setzt sich aktiv für ein umweltgerechtes Sporttreiben ein.

1.7 Der DTB stellt sich diese Ziele und Aufgaben in Anerkennung der Menschenrechte, der parteipolitischen Neutralität, religiöser und weltanschaulicher Toleranz sowie unter Berücksichtigung der Vielfalt an Lebensformen und Kulturen. Dabei bekennt sich der DTB zum freiheitlichen Staat demokratischer Ordnung im Sinne des Grundgesetzes der Bundesrepublik Deutschland.

1.8 Der DTB fördert das Leistungsstreben seiner Spitzensportlerinnen und Spitzensportler. Er widmet sich besonders der Ausbildung talentierter Athletinnen und Athleten sowie der Bildung von Nationalmannschaften zur Teilnahme an Olympischen Spielen, den World Games sowie Welt- und Europameisterschaften.

1.9 Der DTB bekennt sich zu den Prinzipien eines humanen Leistungssports. Er verurteilt und bekämpft Doping in jeglicher Form.

§ 2 Rechtlicher Status

2.1 Der DTB ist ein eingetragener Verein. Er hat seinen Sitz in Frankfurt am Main und ist

dort in das Vereinsregister (Nr. 4876) eingetragen.

Die Turnbewegung gliedert sich in:

- den DTB als Spitzenverband,
- die Landesturnverbände,
- die Turnbezirke,
- die Turngaue, Turnkreise bzw. Kreisturnverbände,
- die Mitgliedsvereine.

2.2 Der DTB ist Mitglied im Deutschen Olympischen Sportbund (DOSB) und in den internationalen Sportorganisationen der von ihm vertretenen Sportarten. Er kann Mitglied in weiteren Organisationen sein, wenn es zur Erfüllung der Aufgaben des DTB erforderlich ist.

Der DTB übt die jeweilige Mitgliedschaft im gemeinsamen Interesse seiner Landesturnverbände aus.

2.3 Der DTB verfolgt ausschließlich und unmittelbar gemeinnützige Zwecke im Sinne des Abschnitts „Steuerbegünstigte Zwecke" der Abgabenordnung. Zweck des DTB ist es, Turnen, Sport und kulturelle Aktivitäten zu fördern und die dafür erforderlichen gemeinsamen Maßnahmen zu koordinieren. Insbesondere geschieht dies durch die in § 1 definierten Ziele und Aufgaben. Der DTB ist selbstlos tätig. Er verfolgt nicht in erster Linie eigenwirtschaftliche Zwecke. Mittel des DTB dürfen nur für die satzungsgemäßen Zwecke verwendet werden. Die Mitglieder erhalten keine Zuwendungen aus Mitteln des DTB. Es darf keine Person durch Ausgaben, die dem Zweck des DTB fremd sind, oder durch unverhältnismäßig hohe Vergütungen begünstigt werden.

§ 3 Mitgliedschaft

3.1 Der DTB hat ordentliche Mitglieder, außerordentliche Mitglieder und Ehrenmitglieder.

Ordentliche Mitglieder sind die Landesturnverbände. Der Akademische Turnbund und der Bayerische Turnspiel-Verband gelten als Landesturnverband. Für jedes Bundesland kann in der Regel ein Landesturnverband Mitglied sein. In historisch bedingten Ausnahmefällen können für ein Bundesland auch mehrere Landesturnverbände Mitglieder sein. Verbände, die sich aus einem Landesturnverband abspalten, dürfen nicht aufgenommen werden.

Weitere Verbände können außerordentliches Mitglied werden, wenn sie sich im Sinne des DTB betätigen. Sie sind Landesturnverbänden nicht gleichgestellt.

3.2 Mit der Mitgliedschaft wird die Verbindlichkeit der Satzung des DTB und dessen Ordnungen vom Mitglied anerkannt. Die Satzungen der Mitglieder dürfen zu dieser Satzung nicht im Widerspruch stehen.

3.3 Die in den Mitgliedern erfassten Vereinsmitglieder gelten als Angehörige des DTB.

3.4 Über die Aufnahme von Mitgliedern entscheidet der Hauptausschuss. Anträge auf Aufnahme von Mitgliedern sind schriftlich an das Präsidium des DTB zu richten, das sie durch Rundschreiben den Landesturnverbänden bekannt gibt. Landesturnverbände können innerhalb einer Frist von zwei Monaten nach Bekanntmachung schriftlich mit Begründung Widerspruch beim Präsidium des DTB gegen die Aufnahme in den DTB einreichen. Danach entscheidet der Hauptausschuss des DTB über den Aufnahmeantrag.

3.5 Die Mitgliedschaft endet durch Austritt, Ausschluss oder Auflösung des Mitgliedes. Der Austritt kann nur unter Einhaltung einer Frist von einem Jahr jeweils zum 31.12. eines Kalenderjahres (Tag des Wirksamwerdens eines Austritts) schriftlich erklärt werden. Für die Einhaltung der Frist ist der Zugang maßgebend.

3.6 Persönlichkeiten, die sich um die Förderung des DTB oder dessen Zwecke besondere Verdienste erworben haben, können auf Antrag des Verbandsrates durch Beschluss des Deutschen Turntages zu Ehrenmitgliedern ernannt werden. Die Ehrenmitglieder haben Sitz und Stimme im Deutschen Turntag.

3.7 Der Hauptausschuss kann gegenüber Landesturnverbänden und Amtsträgerinnen bzw. Amtsträgern im DTB folgende verbandsinterne Sanktionen verhängen:

a) Verwarnung,

b) Geldbuße bis zu einer Höhe von 20.000 €,

c) zeitlich befristeter Entzug der Mitgliedsrechte,

d) zeitlich befristeter Entzug des Stimmrechts,

e) Ausschluss aus dem DTB,

wenn ein Mitglied oder eine Amtsträgerin bzw. ein Amtsträger schuldhaft gegen die Satzung des DTB, dessen Ordnungen oder die Beschlüsse seiner Organe – im Jugendbereich auch Beschlüsse der Organe der Deutschen Turnerjugend, nachfolgend DTJ genannt, – verstößt oder die Beiträge und Umlagen trotz Mahnung nicht fristgerecht entrichtet (§ 5.2 „Erlass durch den Hauptausschuss oder Stundung durch den Finanz- und Verwaltungsrat" bleibt unberührt). Dem betroffenen Mitglied oder der Amtsträgerin bzw. dem Amtsträger ist vor Beschlussfassung über die Sanktion rechtliches Gehör zu gewähren. Bei der Beschlussfassung über die Sanktion hat das betroffene Mitglied oder die betroffene Amtsträgerin bzw. der betroffene Amtsträger im Hauptausschuss kein Stimmrecht. In Eilfällen ist das Präsidium berechtigt, vorläufige Maßnahmen zu verhängen. Die Zustimmung des Hauptausschusses ist unverzüglich einzuholen. Gegen eine verhängte Sanktion ist Widerspruch zum Bundesschiedsgericht möglich. Weitere Festlegungen zu Sanktionen sind in der Rechts- und Verfahrensordnung des DTB geregelt.

3.8 Zur Wahrnehmung und zur Erfüllung seines Verbandszweckes ist der DTB berechtigt, die personenbezogenen Daten seiner Vereins-Angehörigen zentral zu erfassen, zu speichern und zu verarbeiten sowie die Daten seinen angeschlossenen Gesellschaften zur Erfüllung der satzungsgemäßen Aufgaben bereitzustellen. Dazu gehört auch die Verwaltung eines Mitgliedsausweises. Näheres regelt die Datenschutzordnung des DTB.

§ 4 Rechte und Pflichten der Landesturnverbände

4.1 Die Landesturnverbände des DTB sind für sich, ihre Turnbezirke, Turngaue, -kreise bzw. Kreisturnverbände sowie ihre Mitgliedsvereine berechtigt,

a) die Wahrnehmung ihrer turnerischen Interessen durch den DTB zu verlangen und die dem DTB zur Verfügung stehenden Einrichtungen im Rahmen der gegebenen Möglichkeiten nach den hierfür erlassenen Ordnungen zu nutzen;

b) die Beratung des DTB in allen mit dem Turnen zusammenhängenden Fragen in Anspruch zu nehmen;

c) an den vom DTB durchgeführten Veranstaltungen und Wettkämpfen nach den Ausschreibungen unter Beachtung der Turnordnung und den danach getroffenen Festlegungen des Ausrichters teilzunehmen;

d) an den vom DTB durchgeführten Aus- und Fortbildungsmaßnahmen entsprechend dem Ausbildungsplan des DTB und den dazu erlassenen Ausschreibungen teilzunehmen.

4.2 Die Landesturnverbände sind verpflichtet,

a) die Beiträge und Umlagen fristgemäß zu entrichten;

b) Präsidiumsmitglieder des DTB sowie Beauftragte des Präsidiums an ihren Mitgliederversammlungen teilnehmen zu lassen;

c) dem Präsidium des DTB Maßnahmen zur Kenntnis zu geben, die auf die Auflösung des Landesturnverbandes hinzielen.

Die Landesturnverbände des DTB sind für sich, ihre Turnbezirke, Turngaue, -kreise bzw. Kreisturnverbände sowie ihre Mitgliedsvereine verpflichtet:

d) an der Erfüllung der Aufgaben des DTB aktiv mitzuwirken und dessen Ansehen zu mehren;

e) die Satzung und die Ordnungen des DTB sowie die von den Organen des DTB gefassten Beschlüsse und die getroffenen Vereinbarungen, im Jugendbereich auch Beschlüsse der Organe der DTJ, zu befolgen;

f) Maßnahmen zu unterlassen, die für das Ansehen des DTB schädlich sind oder dem Verbandszweck zuwiderlaufen;

g) den Auflagen und Ersuchen des DTB rechtzeitig nachzukommen;

h) bei Streitfällen jeglicher Art mit anderen Landesturnverbänden und dem DTB den sich aus der Satzung und den Ordnungen ergebenden Verfahrensweg einzuhalten und sich den Entscheidungen des Bundesschiedsgerichtes zu unterwerfen und diese zu erfüllen.

4.3 Die in § 4.2 unter d–h aufgeführten Pflichten gelten auch für die Amtsträgerinnen bzw. Amtsträger und Mitarbeiterinnen bzw. Mitarbeiter in Organen und Gremien des DTB.

§ 5 Beiträge, Umlagen

5.1 Zur Erfüllung der Aufgaben des DTB werden Beiträge erhoben; außerdem können Umlagen erhoben werden. Über die Höhe und Fälligkeit der Beiträge und Umlagen entscheidet der Deutsche Turntag.

5.2 Beiträge:

Beiträge sind regelmäßig von den Landesturnverbänden zu leistende Geldbeträge. Die Beitragshöhe kann nach sachlichen Kriterien gestaffelt werden. Der Hauptausschuss kann über den vollständigen oder teilweisen Erlass von Beiträgen entscheiden. Der Finanz- und Verwaltungsrat kann über Stundungen entscheiden. Der Verbandsrat ist über Stundungen unverzüglich zu informieren. Eine Aufrechnung von Beitragsschulden ist nur mit unstrittigen oder rechtskräftig festgestellten Forderungen gegen den DTB gestattet.

Solange fällige Beitragsverpflichtungen gemäß dem Beschluss des Deutschen Turntages nicht vollständig erfüllt sind, ruht das Recht des betroffenen Landesturnverbandes, sein Stimmrecht in den Organen des DTB auszuüben. Einzelheiten zum Erlass und zur Stundung von Beitragszahlungen sowie zum Ruhen des Stimmrechtes werden in der Finanz- und Wirtschaftsordnung geregelt.

5.3 Umlagen

Umlagen sind einmalige, von den Landesturnverbänden zu leistende Geldbeträge, die maximal bis zu 10% eines Jahresbeitrages des betreffenden Landesturnverbandes möglich sind. Über Zahlung und Höhe der Umlage entscheidet der Deutsche Turntag mit Zweidrittel-Mehrheit.

§ 6 Deutsche Turnerjugend (DTJ)

6.1 Die DTJ ist die Jugendorganisation des DTB.

6.2 Die Kinder und Jugendlichen der Landesturnverbände und ihre gewählten Vertreterinnen bzw. Vertreter bilden die DTJ.

6.3 Die DTJ gibt sich eine Jugendordnung, die nicht im Widerspruch zur Satzung des DTB stehen darf. Die Jugendordnung regelt die Zusammensetzung der Gremien und deren Aufgaben und Zuständigkeiten.

6.4 Sie führt und verwaltet sich selbst im Rahmen der Satzung des DTB; sie entscheidet über die ihr zu fließenden Mittel.

6.5 Die in der Jugendordnung genannten Gremien entscheiden eigenständig für den Altersbereich bis 18 Jahre im Verbandsbereich Allgemeines Turnen sowie für die Gruppenwettbewerbe der DTJ. Bei diesen Entscheidungen ist die DTJ in die Gesamtverantwortung des DTB eingebunden. Im Konfliktfall gilt § 6.6.

6.6 Der Vorstand der DTJ kann gegen Beschlüsse von DTB-Gremien, die die DTJ betreffen,

Einspruch beim Präsidium erheben. Ein Einspruch führt zur Aussetzung des Beschlusses. Ist keine gemeinsame Beschlussfindung möglich, entscheidet der Hauptausschuss endgültig.

§ 7 Organisation

7.1 Organe des DTB sind

- der Deutsche Turntag,
- der Hauptausschuss,
- der Verbandsrat,
- das Präsidium,
- der Finanz- und Verwaltungsrat,
- die Bereichsvorstände,
- die Bundestagungen,
- der Bundesfrauenausschuss,
- die Technischen Komitees,
- die Lenkungsstäbe.

Zur Erledigung von Sonderaufgaben können das Präsidium, der Verbandsrat und die Bereichsvorstände Kommissionen, Ausschüsse und Arbeitsgruppen (nachfolgend als Gremien bezeichnet) einsetzen und deren Mitglieder berufen. Der DTB hat als besondere Einrichtung das Bundesschiedsgericht. Die Mitglieder der Organe und Gremien arbeiten grundsätzlich ehrenamtlich.

7.2 Eine Geschäftsordnung für alle Organe und Gremien regelt u. a. deren Zusammensetzung – soweit nicht in der Satzung festgelegt – und die Anzahl ihrer Mitglieder. Sitzungen von Organen und Gremien des DTB sind nicht öffentlich. Der Deutsche Turntag tagt öffentlich, soweit er nicht anders beschließt.

7.3 Einladungsfristen:

Das Präsidium gibt Tagungsort und -zeit des Deutschen Turntages und des Hauptausschusses mindestens zwölf Wochen, des Verbandsrates sechs Wochen und die Tagesordnung jeweils mindestens vier Wochen vor Beginn der Tagung durch schriftliche Mitteilung an die jeweiligen Mitglieder bekannt.

7.4 Leitung:

Der Deutsche Turntag und der Hauptausschuss werden von der Präsidentin bzw. dem Präsidenten oder einer Vizepräsidentin bzw. einem Vizepräsidenten, der Verbandsrat von der Sprecherin bzw. dem Sprecher der Landesturnverbände oder der stellvertretenden Sprecherin bzw. dem stellvertretenden Sprecher geleitet.

7.5 Beschlüsse:

Beschlüsse werden mit der Mehrheit der abgegebenen gültigen Stimmen gefasst.

Stimmenthaltungen und ungültige Stimmen werden nicht mitgezählt. Stimmübertragungen sind nicht zulässig. Über die Beratungen in den Organen und Gremien ist eine Niederschrift zu fertigen; die Beschlüsse sind darin wörtlich aufzunehmen. Die Niederschrift ist von der Versammlungsleiterin bzw. dem Versammlungsleiter, beim Deutschen Turntag auch von den gewählten Protokollführerinnen bzw. Protokollführern, zu unterschreiben und den Mitgliedern der jeweiligen Organe sowie dem Präsidium – beim Deutschen Turntag den Mitgliedern des Hauptausschusses, den Delegierten der DTJ, den Ehrenmitgliedern sowie den Landesturnverbänden – innerhalb von acht Wochen bekannt zu geben.

7.6 Wahlen:

Bei Wahlen ist die Kandidatin bzw. der Kandidat gewählt, die bzw. der die absolute Mehrheit der abgegebenen gültigen Stimmen erhalten hat. Ist dies nicht der Fall, genügt bei weiteren Wahlgängen die relative Mehrheit. Das Abstimmungsverfahren wird durch die Turntagsordnung geregelt und gilt für alle Wahlen in allen Organen entsprechend.

Die Mitglieder der Organe werden für eine Amtszeit von vier Jahren wie folgt gewählt:

- das Präsidium vom Deutschen Turntag,
- die Bereichsvorstände vom Hauptausschuss,
- der Finanz- und Verwaltungsrat vom Verbandsrat,

– die Sprecherin bzw. der Sprecher der Landesturnverbände und die stellvertretende Sprecherin bzw. der stellvertretende Sprecher im Verbandsrat von den Präsidentinnen bzw. Präsidenten der Landesturnverbände,

– die Vertreterinnen bzw. Vertreter der DTJ in den Organen durch die Vollversammlung der DTJ,

– die Mitglieder der Technischen Komitees durch die Bundestagungen der Sportarten und Fachgebiete,

– die Mitglieder des Bundesfrauenausschusses durch die Bundestagung Frauen.

Die bzw. der Vorsitzende und die bzw. der stellvertretende Vorsitzende des Bundesschiedsgerichtes sowie die Rechnungsprüferinnen bzw. Rechnungsprüfer werden vom Deutschen Turntag für vier Jahre gewählt.

Die Gewählten führen ihre Ämter bis zur Neu- oder Wiederwahl. Scheiden gewählte Mitglieder zwischenzeitlich aus, ergänzt das jeweilige Wahlgremium durch Nachwahl für den Rest der Amtsperiode.

Organe, die Mitglieder von Gremien wählen oder berufen, können diese auf Antrag abberufen. Nähere Einzelheiten regelt die Geschäftsordnung.

7.7 Beauftragte:

Für Sportarten und Fachgebiete, für die keine Technischen Komitees gebildet werden, können Beauftragte, gegebenenfalls mit einem entsprechenden Ausschuss, berufen werden. Über die Einrichtung und Berufung entscheidet das Präsidium.

7.8 Bundestagungen:

Zur Koordinierung der Arbeit mit den Landesturnverbänden können bei Bedarf Bundestagungen durchgeführt werden. Sie sollen mindestens alle zwei Jahre stattfinden.

Die Entscheidung über die Durchführung treffen das Präsidium bzw. die zuständigen Bereichsvorstände unter Berücksichtigung der zur Verfügung stehenden Finanzmittel.

Den Bundestagungen gehören an:

– die Vertreterinnen bzw. die Vertreter der Landesturnverbände,

– die Mitglieder der zuständigen Organe.

7.9 DTB-Geschäftsstelle:

Der DTB unterhält eine hauptamtlich besetzte Geschäftsstelle unter Leitung der Generalsekretärin bzw. des Generalsekretärs.

Diese unterstützt die Mitglieder der Organe und Gremien bei ihren Aufgaben. Hauptamtliche Mitarbeiterinnen bzw. Mitarbeiter nehmen ohne Stimmrecht an Sitzungen von Organen und Gremien des DTB teil. In den Lenkungsstäben haben sie Stimmrecht.

Das Präsidium kann der Generalsekretärin bzw. dem Generalsekretär Zuständigkeiten des Präsidiums in einer Geschäftsanweisung übertragen.

§ 8 Deutscher Turntag

8.1 Den Deutschen Turntag bilden:

- die stimmberechtigten Mitglieder des Hauptausschusses,
- 300 Delegierte der Landesturnverbände,
- 20 Delegierte der DTJ,
- die Ehrenmitglieder des DTB.

Der Deutsche Turntag tritt alle zwei Jahre zusammen. Er wird vom Präsidium einberufen.

Außerordentliche Deutsche Turntage kann das Präsidium einberufen. Es ist dazu verpflichtet, wenn Landesturnverbände dies schriftlich unter Angabe des Zweckes und der Gründe beantragen und dabei gemeinsam ein Viertel der Delegierten der Landesturnverbände zum Deutschen Turntag repräsentieren. Jeder ordnungsgemäß einberufene Deutsche Turntag ist ohne Rücksicht auf die Zahl der Erschienenen beschlussfähig.

Die Zahl der Delegierten der Landesturnverbände wird wie folgt ermittelt:

Auf jeden Landesturnverband entfallen zunächst zwei Basis-Delegierte. Die restliche Anzahl zu den 300 Delegierten der Landesturnverbände wird anteilmäßig im Verhältnis des zu entrichtenden Beitrages jedes Landesturnverbandes zur Summe der Beiträge aller Landesturnverbände ermittelt. Es wird bei der zweiten Nachkommastelle mathematisch nach der 5/4-Regel gerundet. Dadurch kann es zu einer höheren oder geringeren Anzahl der Delegierten der Landesturnverbände als 300 kommen. Den Landesturnverbänden obliegt die Benennung ihrer Delegierten.

8.2 Dem Deutschen Turntag obliegt es,

- die Richtlinien für die Arbeit des DTB festzulegen;
- die Berichte des Präsidiums, der Rechnungsprüferinnen bzw. der Rechnungsprüfer und der Generalsekretärin bzw. des

Generalsekretärs entgegenzunehmen und zu beraten; diese Berichte sind den Mitgliedern des Hauptausschusses, den Delegierten der DTJ, den Ehrenmitgliedern sowie den Landesturnverbänden mindestens vier Wochen vor dem Deutschen Turntag zuzuleiten;

- das Präsidium zu entlasten;
- das Präsidium zu wählen - mit Ausnahme der bzw. des durch die Vollversammlung der DTJ zu wählenden Vorsitzenden der DTJ und der Sprecherin bzw. des Sprechers der Landesturnverbände;
- die Vorsitzende bzw. den Vorsitzenden und die stellvertretende Vorsitzende bzw. den stellvertretenden Vorsitzenden des Bundesschiedsgerichts sowie drei Rechnungsprüferinnen bzw. Rechnungsprüfer zu wählen;
- die Höhe von Beiträgen und Umlagen sowie deren Fälligkeit festzusetzen;
- den Finanzrahmenplan für die Zeit bis zum nächsten Deutschen Turntag zu beschließen;
- über Anträge zu befinden;
- die Satzung und die Turntagsordnung zu ändern;
- Ehrenmitglieder zu ernennen.

§ 9 Hauptausschuss

9.1 Dem Hauptausschuss gehören an:

- die gewählten Mitglieder des Präsidiums mit je einer Stimme,
- die Präsidentinnen bzw. Präsidenten der Landesturnverbände oder deren Vertreterinnen bzw. Vertreter mit qualifiziertem Stimmrecht.

Jeder Landesturnverband erhält dabei eine Basis-Stimme. Weitere 40 Stimmen werden anteilmäßig im Verhältnis des zu entrichtenden Beitrages jedes Landesturnverbandes zur Summe der Beiträge aller Landesturnverbände ermittelt.

und mit je einer Stimme:

- die gewählten Mitglieder der Bereichsvorstände,
- die gewählten Mitglieder des Vorstandes der DTJ,
- ein gewähltes Mitglied des Bundesfrauenausschusses,
- die Vorsitzenden bzw. stellvertretenden Vorsitzenden der Technischen Komitees,
- die gewählten Mitglieder des Finanz- und Verwaltungsrates.

9.2 Der Hauptausschuss tritt mindestens einmal jährlich zusammen.

9.3 Aufgaben des Hauptausschusses sind:

- zwischen den Deutschen Turntagen Grundsatzentscheidungen zu treffen;
- die Koordinierung zwischen dem Präsidium, den Landesturnverbänden, den Bereichsvorständen, dem Vorstand der DTJ sowie dem Finanz- und Verwaltungsrat zu sichern;
- über Aufnahmeanträge zu entscheiden;
- über Sanktionen gemäß § 3.7 zu entscheiden;
- die weiteren Mitglieder der Bereichsvorstände Sportarten-Entwicklung, Olympischer Spitzensport und Allgemeines Turnen zu wählen;
- über die Einrichtung von Technischen Komitees zu entscheiden;
- den Bericht zur Jahresrechnung und zur Vermögenslage entgegenzunehmen;
- den Haushaltsplan einschließlich Stellenplan zu beschließen;
- den Erlass von Beiträgen zu beschließen;
- Ordnungen zu beschließen, mit Ausnahme der Turntagsordnung, der Ordnung der DTJ, der Vollversammlungsordnung der DTJ und der Ergänzungsordnungen/Fachgebietsordnungen;
- Ort und Zeit der Deutschen Turnfeste und der Deutschen Turntage zu bestimmen.

§ 10 Verbandsrat

10.1 Den Verbandsrat bilden:

- die Mitglieder des Präsidiums,
- die Präsidentinnen bzw. Präsidenten der Landesturnverbände oder deren Vertreterinnen bzw. Vertreter.

Die gewählten Mitglieder des Präsidiums sowie die Präsidentinnen bzw. Präsidenten der Landesturnverbände oder deren Vertreterinnen bzw. Vertreter haben je eine Stimme.

Vorsitzende bzw. Vorsitzender des Verbandsrates ist die Sprecherin bzw. der Sprecher der Landesturnverbände oder die stellvertretende Sprecherin bzw. der stellvertretende Sprecher. Sie bzw. er leitet die Sitzungen des Verbandsrates.

10.2 Aufgabe des Verbandsrates ist es, alle Angelegenheiten in fachlicher, organisatorischer und finanzieller Art zu beraten und entsprechende Anträge an die Organe weiterzuleiten.

Insbesondere obliegen ihm:

- die Koordinierung zwischen dem Präsidium und den Landesturnverbänden;
- die Vorbereitung verbandspolitischer Maßnahmen, die die Landesturnverbände betreffen;
- Vorlagen für den Deutschen Turntag und Hauptausschuss zu beraten;
- Beitragsangelegenheiten zu beraten;
- Haushaltspläne und Jahresrechnungen zu beraten;
- die Sprecherin bzw. den Sprecher und die stellvertretende Sprecherin bzw. den stellvertretenden Sprecher der Landesturnverbände zu wählen (dabei sind nur die Präsidentinnen bzw. Präsidenten der Landesturnverbände oder deren Vertreterinnen bzw. Vertreter stimmberechtigt);
- die Mitglieder des Finanz- und Verwaltungsrates zu wählen;
- die Ernennung von Ehrenmitgliedern zu beantragen.

§ 11 Präsidium

11.1 Das Präsidium ist Führungsorgan des DTB. Es ist dem Deutschen Turntag verantwortlich.

Wesentliche Aufgabe des Präsidiums ist die Wahrnehmung der Gesamtinteressen des DTB, entsprechend den in § 1 beschriebenen Aufgaben und Zielen.

11.2 Dem Präsidium gehören an:

- die Präsidentin bzw. der Präsident,
- die Vizepräsidentin bzw. der Vizepräsident Verbandsentwicklung und Bildung,
- die Vizepräsidentin bzw. der Vizepräsident Gesellschaftspolitik,
- die Vizepräsidentin bzw. der Vizepräsident Finanzen und Verwaltung,
- die Vizepräsidentin bzw. der Vizepräsident Sport,
- die Vizepräsidentin bzw. der Vizepräsident Olympischer Spitzensport,
- die Vizepräsidentin bzw. der Vizepräsident Allgemeines Turnen,

- die Vizepräsidentin Personalentwicklung, Frauen und Gleichstellung,
- die Vorsitzende bzw. der Vorsitzende der DTJ,
- die Sprecherin bzw. der Sprecher der Landesturnverbände;

mit beratender Stimme:
- die Generalsekretärin bzw. der Generalsekretär.

11.3 Die vom Deutschen Turntag gewählten Mitglieder des Präsidiums bilden den Vorstand im Sinne des § 26 BGB. Der DTB wird gerichtlich und außergerichtlich von zwei der vorgenannten Personen gemeinschaftlich vertreten.

11.4 Dem Präsidium obliegen:
- die Festlegung der Verbandspolitik des DTB;
- die Entscheidung über Grundsatzpositionen des DTB in außerhalb des DTB zu vertretenden Angelegenheiten;
- die Entscheidung über Kandidaturen des DTB in nationalen und internationalen Gremien und Organisationen;
- die Aufsicht über die Einhaltung der in dieser Satzung und in den Ordnungen festgelegten

Grundsätze durch alle Organe und Gremien sowie die Amtsträgerinnen bzw. Amtsträger;
- die Kontaktpflege mit den Organen und Gremien des DTB und den Landesturnverbänden;
- die Ausführung von Beschlüssen des Deutschen Turntages und des Hauptausschusses;
- die Entscheidung über die Berufung von Beauftragten der Sportarten und Fachgebiete;
- vorläufige Maßnahmen für Mitglieder der Organe und Gremien, wenn eine Verletzung der Pflichten gemäß § 4.2 festgestellt wird;
- das Verwalten des Vermögens des DTB;
- das Aufstellen des Haushaltsplanes und des Stellenplanes;
- die Einstellung und Entlassung der hauptamtlichen Mitarbeiterinnen und Mitarbeiter des DTB.

11.5 Beabsichtigt das Präsidium aus verbandspolitischen Gründen Entscheidungen zu treffen, die denen der Bereichsvorstände, des Vorstandes der DTJ sowie des Finanz- und Verwaltungsrates entgegenstehen, hat es die Angelegenheit dem Hauptausschuss vorzulegen.

11.6 Unbeschadet der Verantwortung des Präsidiums in seiner Gesamtheit für die Verbandspolitik des DTB sind die Mitglieder des Präsidiums für ihren jeweiligen Aufgabenbereich verantwortlich und vertreten diesen im Präsidium. Ihnen obliegt für ihren Arbeits- und Verantwortungsbereich:

- die verantwortliche Führung in den ihnen zugeordneten Aufgabenbereichen;
- der Vorsitz in den ihnen zugeordneten Kommissionen und Ausschüssen; Zusammen mit den zugeordneten Bereichsvorständen und Ausschüssen:
- das Entwickeln von Perspektiven;
- das Konzipieren und Koordinieren der praktischen Arbeit;
- die Planung, Vorbereitung und Durchführung von Maßnahmen und Veranstaltungen;
- das Vorschlagen von Kandidaturen für die Vertretung des DTB in nationalen und internationalen Gremien und Organisationen;
- die Verwaltung der jeweiligen Bereichshaushalte.

11.7 Das Präsidium beruft die Vertreterinnen und die Vertreter des DTB in internationalen

Gremien, im Deutschen Olympischen Sportbund (DOSB) und in anderen nationalen Verbänden als kooptierte Mitglieder in die jeweils entsprechenden Organe und Gremien.

11.8 Die Mitglieder des Präsidiums können für ihre Tätigkeit eine pauschale Aufwandsentschädigung, Sachbezüge und/oder eine angemessene Vergütung erhalten, insbesondere in Hinblick auf § 3 Nr. 26 a EStG (Ehrenamtspauschale).

§ 12 Verbandsentwicklung und Bildung

Die Vizepräsidentin bzw. der Vizepräsident Verbandsentwicklung und Bildung ist verantwortlich für:

- Grundsatzfragen Verbandsentwicklung,
- Grundsatzfragen Bildung,
- Öffentlichkeitsarbeit.

§ 13 Gesellschaftspolitik

Die Vizepräsidentin bzw. der Vizepräsident Gesellschaftspolitik ist verantwortlich für pädagogische, soziale und kulturelle Aufgaben im Bereich der Gesellschaftspolitik.

Dazu gehören insbesondere:

- Sport und Gesellschaft,
- Geschichte und Kultur,

- Betreuung des DTB-Archivs,
- Umwelt.

§ 14 Finanzen und Verwaltung

14.1 Die Vizepräsidentin bzw. der Vizepräsident Finanzen und Verwaltung ist verantwortlich für:
- Finanzen, Steuern und Versicherung,
- Rechtsangelegenheiten,
- Personalfragen,
- Sponsoring,
- Liegenschaften.

14.2 Der Vizepräsidentin bzw. dem Vizepräsidenten wird ein Finanz- und Verwaltungsrat zugeordnet. Ihn bilden:
- die Vizepräsidentin bzw. der Vizepräsident Finanzen und Verwaltung als Vorsitzende bzw. Vorsitzender,
- vier weitere Mitglieder,
- eine Vertreterin bzw. ein Vertreter der DTJ.

14.3 Der Finanz- und Verwaltungsrat entscheidet über Stundungen von Beiträgen.

14.4 Der Finanz- und Verwaltungsrat berät die Organe des DTB
- in Finanz- und Wirtschaftsfragen,
- bei der Planung und Überwachung des Haushaltes des DTB,
- bei der Erstellung und Fortschreibung der Finanz- und Wirtschaftsordnung,
- in Verwaltungs-, Rechts-, Satzungs- und Ordnungsfragen,
- bei der Verwaltung der Liegenschaften des DTB,
- bei der Zusammenarbeit mit den DTB-Gesellschaften und seinen Beteiligungen,
- in allgemeinen Fragen der Personalplanung und -verwaltung,
- bei der Verwaltung des Bereichshaushaltes Verwaltung und Personal.

§ 15 Sportarten-Entwicklung

15.1 Im Verbandsbereich Sportarten-Entwicklung erfolgt die Betreuung und Entwicklung der in § 1.2 genannten Sportarten und Fachgebiete des DTB ganzheitlich in ihren Ausprägungen als Spitzen-, Leistungs- und Breitensport sowie als Freizeit- und Gesundheitssport. Dabei sind die speziellen Aufgaben der Talentförderung und Kaderentwicklung des olympischen Spitzensports in besonderer Weise zu berücksichtigen.

15.2 Für die verantwortliche Wahrnehmung dieser Aufgaben wird der Bereichsvorstand Sportarten-Entwicklung unter dem Vorsitz der Vizepräsidentin bzw. des Vizepräsidenten Sport gebildet.

15.3 Dem Bereichsvorstand Sportarten-Entwicklung gehören an:

- die Vizepräsidentin bzw. der Vizepräsident Sport als Vorsitzende bzw. Vorsitzender,
- das Vorstandsmitglied Aus- und Fortbildung,
- das Vorstandsmitglied Schulsport,
- das Vorstandsmitglied Ordnungen,
- das Vorstandsmitglied Veranstaltungen / Wettkämpfe,
- eine Vertreterin bzw. ein Vertreter der DTJ.

15.4 Der Bereichsvorstand Sportarten-Entwicklung hat über die allgemeinen Aufgaben in § 11.6 hinaus die zusätzlichen Aufgaben:

- Koordinierung gemeinsamer Anliegen und Aufgaben in den Sportarten und Fachgebieten des DTB sowie den Landesturnverbänden;
- Abstimmung des Wettkampfkalenders;
- Beschließen von Ergänzungs- und Fachgebietsordnungen der Sportarten.

15.5 In den Sportarten und Fachgebieten können Technische Komitees gebildet werden.

Über die Einrichtung von Technischen Komitees entscheidet der Hauptausschuss.

15.6 Die Technischen Komitees haben folgende Aufgaben:

- die verantwortliche Führung und Steuerung der Entwicklung der jeweiligen Sportart;
- die Vertretung der Sportart nach innen und außen;
- die Erarbeitung und Umsetzung von Förderprogrammen für die jeweilige Sportart;
- die Regelung des Wettkampfbetriebs;
- die Gewährleistung der Aus- und Fortbildung für Übungsleiterinnen bzw. Übungsleiter, Trainerinnen bzw. Trainer sowie Kampf- und Schiedsrichterinnen bzw. Kampf- und Schiedsrichter;

- die Gewährleistung der Öffentlichkeitsarbeit für die Sportart;
- die Verwaltung der jeweiligen Fachetats.

§ 16 Olympischer Spitzensport

16.1 Im Verbandsbereich Olympischer Spitzensport erfolgt die Entwicklung und Betreuung der Talente und Kaderangehörigen in den zum Olympischen Programm gehörenden Sportarten.

16.2 Für die verantwortliche Wahrnehmung dieser Aufgaben wird der Bereichsvorstand Olympischer Spitzensport unter dem Vorsitz der Vizepräsidentin bzw. des Vizepräsidenten Olympischer Spitzensport gebildet.

16.3 Dem Bereichsvorstand Olympischer Spitzensport gehören an:
- die Vizepräsidentin bzw. der Vizepräsident Olympischer Spitzensport als Vorsitzende bzw. Vorsitzender,
- das Vorstandsmitglied Aus- und Fortbildung,
- das Vorstandsmitglied wissenschaftliche Betreuung und Forschung,
- das Vorstandsmitglied Nachwuchsförderung,
- das Vorstandsmitglied Dopingprävention,
- das Vorstandsmitglied für medizinische Fragen,
- das Vorstandsmitglied Koordination der Nachwuchs-Stützpunkte,
- die Aktivensprecherin bzw. der Aktivensprecher.

16.4 Der Bereichsvorstand Olympischer Spitzensport hat über die allgemeinen Aufgaben in § 11.6 hinaus die zusätzlichen Aufgaben:
- Verantwortliche Führung und Betreuung der Kader in den zum Olympischen Programm gehörenden Sportarten;
- Entwickeln von Perspektiven für die Kader- und Nachwuchsbetreuung;
- Erarbeitung von Strukturkonzepten von der Talentsichtung und Talentförderung bis zu den Bundesstützpunkten;
- Beteiligung bei Änderungen von Fachgebietsordnungen der Olympischen Programmsportarten.

16.5 Der Bereichsvorstand Olympischer Spitzensport ist jeweils anzuhören vor:

– der Berufung und Entlassung von Bundestrainerinnen bzw. Bundestrainern, Teamchefinnen bzw. Teamchefs, zuständigen Fachgebietsärztinnen bzw. Fachgebietsärzten sowie der Verbandsärztin bzw. des Verbandsarztes im Bereich des Olympischen Spitzensports;

– dem Abschluss von grundlegenden Vereinbarungen des DTB mit dem DOSB im Bereich Olympischer Spitzensport.

16.6 Im Bereich Olympischer Spitzensport werden Lenkungsstäbe eingerichtet für:

– Gerätturnen männlich,
– Gerätturnen weiblich,
– Rhythmische Sportgymnastik,
– Trampolinturnen.

Die Zusammensetzung der Lenkungsstäbe ist in der Geschäftsordnung des DTB geregelt.

16.7 Die Lenkungsstäbe haben u. a. die Aufgaben:

– Nominierung der Bundeskader und Nationalmannschaften;

– Nominierung der Delegationen laut Reglement der FIG bzw. der UEG;

– Festlegung der Aufgaben für Bundestrainerinnen und Bundestrainer sowie des weiteren Leistungssport-Personals;

– Erarbeitung und Umsetzung des Stützpunkt-Konzeptes des DTB.

§ 17 Allgemeines Turnen

17.1 Im Verbandsbereich Allgemeines Turnen erfolgt die Entwicklung und Umsetzung von sportlichen Aktivitäten in Turnen und Gymnastik im Sinne von neuen Bewegungs-, Spiel- und Ausdrucksformen mit hohem Freizeit-, Gesundheits-, Bildungs- und Sozialwert.

17.2 Zum Verbandsbereich Allgemeines Turnen gehören:

– alle Angebote der in § 1.2 genannten Sportarten und Fachgebiete, die auf Fitness, Gesundheit und Ausdruck ausgerichtet sind, sowohl sportartbezogen als auch als Kombination von mehreren Sportarten;

– die vielseitigen sportlichen Aktivitäten aus Turnen und Gymnastik mit den Schwerpunkten Fitness- und Gesundheitssport, Bewegungskunst und Vorführungen unter Berücksichtigung der unterschiedlichen Bedürfnisse der Ziel- und Altergruppen;

- die Fachgebiete:
- Wandern,
- Natursport Sommer/Winter (Schneesport),
- Musik und Spielmannswesen.

17.3 Für die verantwortliche Wahrnehmung dieser Aufgaben wird der Bereichsvorstand Allgemeines Turnen unter dem Vorsitz der Vizepräsidentin bzw. des Vizepräsidenten Allgemeines Turnen gebildet.

17.4 Dem Bereichsvorstand Allgemeines Turnen gehören an:
- die Vizepräsidentin bzw. der Vizepräsident Allgemeines Turnen als Vorsitzende bzw. Vorsitzender,
- das Vorstandsmitglied für die Zielgruppe Kinder und Jugend (eine Vertreterin bzw. ein Vertreter der DTJ),
- das Vorstandsmitglied für die Zielgruppe Erwachsene,
- das Vorstandsmitglied für die Zielgruppe Ältere,
- das Vorstandsmitglied Gesundheitssport,
- das Vorstandsmitglied Vorführungen,
- das Vorstandsmitglied Aus- und Fortbildung.

17.5 Die allgemeinen Aufgaben des Bereichsvorstandes Allgemeines Turnen ergeben sich aus § 11.6.

§ 18 Personalentwicklung, Frauen und Gleichstellung

18.1 Die Vizepräsidentin Personalentwicklung, Frauen und Gleichstellung ist verantwortlich für Personalentwicklung im Ehrenamt, übergreifend für alle Verbandsbereiche im DTB.

Gleichzeitig vertritt sie die Interessen der Frauen und Mädchen im DTB insbesondere mit dem Ziel der Gleichstellung von Frauen und Männern.

18.2 Zum Aufgabenbereich Personalentwicklung gehören die Entwicklung von Konzepten sowie die Durchführung von Maßnahmen im DTB zur Förderung des Engagements von Frauen und Männern im Ehrenamt. Ziel ist die Schaffung von Rahmenbedingungen und Führungsstrukturen, die ehrenamtliches Engagement im DTB begünstigen, unterstützen und sichern.

18.3 Zum Aufgabenbereich Frauen und Gleichstellung gehören die Entwicklung von Konzepten und Initiativen sowie die Durchführung von Maßnahmen, die zur Gleichstellung von Frauen und Männern im DTB beitragen. Zur Unterstützung dieser Aufgaben wird ein Bundesfrauenausschuss eingerichtet.

18.4 Dem Bundesfrauenausschuss gehören an:

- die Vizepräsidentin Personalentwicklung, Frauen und Gleichstellung als Vorsitzende,

- bis zu vier weitere Mitglieder.

18.5 Die Aufgaben des Bundesfrauenausschusses sind:

- Maßnahmen zur Förderung von Frauen und der Gleichstellung von Frauen und Männern sowie der Vereinbarkeit von Familie, Beruf und Ehrenamt;

- Maßnahmen zur gleichberechtigten Teilhabe von Frauen in Führungspositionen im DTB;

- Entwicklung von Perspektiven im DTB für die Gleichstellung von Frauen und Männern.

18.6 Weitere Einzelheiten regelt die Ordnung des Bundesfrauenausschusses.

§ 19 Verbandsgerichtsbarkeit

Die Verbandsgerichtsbarkeit des DTB wird von den in den Ordnungen des DTB vorgesehenen Rechtsinstanzen (Rahmenordnung, Rechts- und Verfahrensordnung), die unabhängig und an Weisungen nicht gebunden sind, ausgeübt:

- dem Bundesschiedsgericht,

- der Anti-Doping-Kommission.

§ 20 Bundesschiedsgericht

20.1 Das Bundesschiedsgericht ist im Rahmen der Verbandsautonomie unter Ausschluss des Rechtsweges zu den staatlichen Gerichten zur vergleichsweisen Erledigung oder zur Erledigung durch Schiedsspruch zuständig:

- bei Streitigkeiten, die im Zusammenhang mit dieser Satzung und den Ordnungen des DTB, dessen Tätigkeit, den Beschlüssen der Organe des DTB, den von ihm getroffenen Vereinbarungen sowie der Mitgliedschaft der Landesturnverbände zwischen dem DTB und den Landesturnverbänden, den Landesturnverbänden untereinander, zwischen den Organen des DTB untereinander sowie zwischen dem DTB und den Amtsträgerinnen bzw. Amtsträgern bzw. den Organen des DTB entstehen;

- als letzte Instanz in allen Streitigkeiten, sofern diese Satzung, die Rechts- und Verfahrensordnung, die Turnordnung, die Ordnungen der Bereiche oder die Satzungen bzw. Ordnungen der Landesturnverbände dies vorsehen und der darin geregelte Rechtsweg ausgeschöpft ist.

20.2 Das Bundesschiedsgericht besteht aus

- der bzw. dem Vorsitzenden, im Falle der Verhinderung der bzw. dem stellvertretenden Vorsitzenden,
- zwei weiteren, von den Parteien zu benennenden Beisitzerinnen bzw. Beisitzern. Diese Schiedsrichterinnen bzw. Schiedsrichter dürfen nicht Mitglieder eines Organs des DTB sein.

Verzichten beide Parteien auf die Benennung einer weiteren Beisitzerin bzw. eines weiteren Beisitzers, besteht das Bundesschiedsgericht lediglich aus der bzw. dem amtierenden Vorsitzenden. Das Bundesschiedsgericht hat seinen Sitz in Frankfurt am Main, Otto-Fleck-Schneise 8, 60528 Frankfurt. § 1043 ZPO bleibt unberührt.

20.3 Die bzw. der Vorsitzende und die bzw. der stellvertretende Vorsitzende des Bundesschiedsgerichts müssen die Befähigung zum Richteramt haben und mindestens 40 Jahre alt sein. Abwahl ist unzulässig. Ihre Amtszeit endet nur mit der Neuwahl. Sie bleiben jedoch in den bereits anhängigen, noch nicht abgeschlossenen Schiedsgerichtsverfahren weiterhin zu deren Erledigung zuständig. Die weiteren Regelungen ergeben sich aus der Rechts- und Verfahrensordnung.

§ 21 Anti-Doping-Bestimmungen

21.1 Der DTB wendet zur Umsetzung seiner Anti-Doping-Bestimmungen in Satzung und Ordnungen die folgenden Bestimmungen in der jeweils aktuell gültigen Fassung an und nimmt am entsprechenden Doping-Kontrollsystem teil:

- das Regelwerk der Welt-Anti-Doping-Agentur (WADA),
- das Regelwerk der Nationalen Anti-Doping-Agentur (NADA), insbesondere der Standard für Meldepflichten als Bestandteil des Regelwerks,
- das Regelwerk der internationalen Verbände, deren Mitglied der DTB ist.

Die NADA, der DTB und die internationalen Fachverbände, deren Mitglied der DTB ist, sind berechtigt, Dopingkontrollen während und außerhalb des Wettkampfes, auch unangemeldet, durchzuführen.

21.2 Anti-Doping-Kommission

Über die Sanktionierung von Athletinnen und Athleten sowie anderer Personen bei Verstößen gegen Anti-Doping-Bestimmungen im Sinne des Regelwerks der NADA entscheidet die

Anti-Doping-Kommission des DTB. Die bzw. der Vorsitzende und bis zu fünf weitere Mitglieder der Anti-Doping-Kommission werden vom Präsidium des DTB berufen. Ihre Amtszeit endet zum 31.12. im Jahr der Olympischen Sommerspiele. Die Mitglieder der Anti-Doping-Kommission dürfen keinem Organ des DTB angehören, sind unabhängig und an keine Weisungen gebunden.

Die Anti-Doping-Kommission trifft ihre Entscheidungen in der Besetzung mit der bzw. dem Vorsitzenden und zwei, von der bzw. dem Vorsitzenden aus dem Kreis der Mitglieder der Anti-Doping-Kommission bestimmten, Beisitzerinnen bzw. Beisitzern. Der Anti-Doping-Kommission obliegt die Festlegung der Strafen. Das Strafmaß erstreckt sich von einer Verwarnung bis zu einer lebenslangen Sperre. Zusätzlich können Geldbußen bis zu einer Höhe von 20.000 € verhängt werden. Gegen Entscheidungen der Anti-Doping-Kommission können Rechtsbehelfe beim Deutschen Sportschiedsgericht eingelegt werden. NADA, WADA und die internationalen Fachverbände, deren Mitglied der DTB ist, sind berechtigt, gegen Entscheidungen des Deutschen Sportschiedsgerichts Rechtsbehelfe beim Internationalen Sportgerichtshof (CAS) einzulegen. Hinsichtlich des Rechtsbehelfsverfahren, der Rechtsbehelfsbefugnisse und der Rechtsbehelfsfristen gelten die Bestimmungen des Regelwerks der NADA. Weitere Einzelheiten des Disziplinarverfahrens ergeben sich aus dem Regelwerk der NADA, der Rechts- und Verfahrensordnung und der Rahmenordnung des DTB.

21.3 Anti-Doping-Beauftragte bzw. Anti-Doping-Beauftragter

Das Präsidium beruft eine Anti-Doping-Beauftragte bzw. einen Anti-Doping-Beauftragten. Die Berufung gilt analog der Amtszeit der Anti-Doping-Kommission (§ 21.2). Die bzw. der Anti-Doping-Beauftragte stellt im DTB die Einhaltung der Anti-Doping-Richtlinien von NADA, WADA und der internationalen Verbände, deren Mitglied der DTB ist, sicher. Sie bzw. er ist Ansprechpartnerin bzw. Ansprechpartner für Athletinnen bzw. Athleten und die NADA.

Die bzw. der Anti-Doping-Beauftragte leitet bei der Anti-Doping-Kommission das Disziplinarverfahren ein, wenn nach ihrer bzw. seiner Auffassung ein Verstoß der Athletin bzw. des Athleten oder einer anderen Person gegen die Anti-Doping-Bestimmungen nicht auszuschließen ist.

Der bzw. dem Anti-Doping-Beauftragten obliegen insbesondere folgende Aufgaben:

- Meldung der betreffenden Athletinnen bzw. Athleten für die Testpools,
- Durchführung des Ergebnismanagements,
- Wahrnehmung von Informationspflichten,
- Geschäftsführung der Anti-Doping-Kommission.

21.4 Ermächtigung des Präsidiums

Das Präsidium des DTB ist berechtigt, die §§ 21.1 bis 21.3 bei aktuellen Änderungen des WADA- und NADA-Codes oder des entsprechenden Regelwerkes der internationalen Fachverbände, deren Mitglied der DTB ist, anzupassen. Dafür ist jeweils eine Zweidrittel-Mehrheit erforderlich. Das Präsidium unterrichtet den Hauptausschuss.

§ 22 Änderung der Satzung

Diese Satzung kann nur von einem Deutschen Turntag mit einer Zweidrittel-Mehrheit geändert werden. Anträge dazu müssen in vollem Wortlaut gleichzeitig mit der Tagesordnung versandt werden.

§ 23 Auflösung des DTB

Die Auflösung des DTB kann nur von einem zu diesem Zweck einberufenen Außerordentlichen Deutschen Turntag mit einer Dreiviertel-Mehrheit vorgenommen werden. Er wählt auch die Liquidatoren. Bei Auflösung oder Verlust der Rechtsfähigkeit des DTB oder bei Wegfall steuerbegünstigter Zwecke fällt das Vermögen des DTB an den Deutschen Olympischen Sportbund (DOSB). Dieser ist verpflichtet, es ausschließlich und unmittelbar für gemeinnützige turnerische Zwecke zu verwenden. Diese Satzung tritt zum 1.1.2012 in Kraft.

[57] Satzung des Deutschen Handball-Bundes (DHB)[5]

In der Fassung vom 24.09.2011.

Präambel

Der Deutsche Handballbund e.V. (DHB) ist die Vereinigung und Vertretung aller in der Bundesrepublik Deutschland Handballsport betreibenden Verbände und Vereine. Er wurde am 1. Oktober 1949 als Dachorganisation des deutschen Handballsports gegründet, dessen nationale und internationale Entwicklung und Historie im Jahr 1917 in Berlin begonnen hat. Im Rahmen einer Neuordnung des lizenzierten Handballsports gehören ihm zudem seit dem DHB-Bundestag 2002 neben den Regional- und Landesverbänden ein Ligaverband der Männer und ein Ligaverband der Frauen an, die den Lizenzspielbetrieb der Bundesligen eigenverantwortlich veranstalten und vermarkten. Auf der Grundlage seiner Mitgliedschaft im Deutschen Olympischen Sport-Bund (DOSB) sowie in der Internationalen Handball Federation (IHF) und Europäischen Handball Föderation (EHF) trägt der DHB in gemeinsamer Verantwortung mit den Handball-Verbänden und Handball-Vereinen Sorge für die sportliche, gesellschaftliche und kulturelle Entwicklung des Handballsports und der in ihm verbundenen Menschen. Die Ämter im DHB sind Frauen und Männern gleichberechtigt zugänglich. Der DHB unterstützt die tatsächliche Durchsetzung der Gleichstellung von Frauen und Männern durch gezielte Frauenförderung. Der DHB ist politisch und konfessionell neutral. Er lehnt sämtliche Manipulationen zur Steigerung der Leistungsfähigkeit im Sport ab. Zur Erfüllung und Durchführung seiner Aufgaben gibt sich der Deutsche Handballbund folgende Satzung:

---

[5] Neben der Satzung sind u.a. zu beachten:
- die DHB-Spielordnung (→http://www.dhb.de/fileadmin/redakteure/03_downloads/Spielordnung07012012.pdf)
- die DHB-Rechtsordnung (→ http://www.dhb.de/fileadmin/redakteure/03_downloads/Rechtsordnung07012012.pdf)
- und die DHB-Schiedsrichterordnung (→ http://www.dhb.de/fileadmin/redakteure/03_downloads/Schiedsrichterordnung.pdf).

I. Allgemeine Bestimmungen

§ 1 Name, Sitz und Geschäftsjahr

(1) Die Regional- und Landes-Handballverbände sowie die Ligaverbände der Männer und der Frauen bilden gemeinsam mit den ihnen zugeordneten Vereinen in der Bundesrepublik Deutschland den Bundes-Sportfachverband für den Handballsport.

(2) Der Verband führt den Namen Deutscher Handballbund e. V., abgekürzt DHB.

(3) Sitz des DHB ist Dortmund. Er ist in das Vereinsregister des Amtsgerichts Dortmund eingetragen.

(4) Das Geschäftsjahr ist das Kalenderjahr.

§ 2 Zweck und Aufgaben

Zweck des DHB ist die Förderung und Weiterentwicklung des Handballsports. Um diesen Zweck zu erreichen, nimmt er insbesondere folgende Aufgaben wahr:

a) Vertretung des Handballsports im In- und Ausland, soweit es sich um Interessen handelt, die über die Zuständigkeit eines angeschlossenen Verbandes hinausgehen;

b) Zusammenarbeit und Abstimmung mit den Verbänden und Vereinen, besonders in Angelegenheiten von überregionaler Bedeutung, insbesondere die Leitung des Spielbetriebs, der nicht durch einen Regional- oder Landesverband, einen Ligaverband oder aufgrund vertraglicher Regelungen geleitet wird;

c) Förderung der gleichberechtigten Teilnahme von Männern und Frauen in allen Organen und Gremien;

d) Gewährleistung der einheitlichen Regelauslegung und Durchführung der Handballspiele innerhalb des DHB-Gebietes im Einklang mit den entsprechenden internationalen Bestimmungen;

e) Zusammenarbeit mit öffentlichen Institutionen und Mitwirkung in Organisationen, die sich den Aufgaben des Sports widmen;

f) Durchführung von Maßnahmen zur Gewinnung neuer Mitglieder für den Handballsport;

g) Förderung und Durchführung von Veranstaltungen des Breiten- und Freizeitsports mit wettkampfgebundenem und

-ungebundenem Handballspiel unter Berücksichtigung motivations- und zielgruppenorientierter Sportangebote;

h) Förderung und Weiterentwicklung des Handballsports im Kinder- und Jugendbereich unter besonderer Berücksichtigung der sportpolitischen Ziele der Jugendpflege und Jugendfürsorge;

i) Anregung, Durchführung und Koordinierung von Maßnahmen, die den Spitzen- und Leistungssport fördern;

j) Aus- und Weiterbildung im Übungsleiter-, Trainings- und Schiedsrichterwesen; Regelung der Vergabe von Übungsleiter- und Trainer-Lizenzen;

k) Klärung von Streitfällen, sofern sie nach Satzung und Ordnungen in die Entscheidungsbefugnis des DHB fallen; Überwachung der sportlichen Disziplin und Ordnung;

l) Veranstaltung von überregionalen Wettbewerben der Verbandsauswahl- und Vereinsmannschaften; Veranstaltung von Wettbewerben der Bundesligen, wobei die Veranstaltungsrechte und -pflichten ab dem 1. Juli 2003 zur eigenverantwortlichen Ausübung auf die Ligaverbände übertragen werden;

m) Veranstaltung von Länderspielen und Teilnahme von Auswahlmannschaften an internationalen Wettbewerben; Überwachung internationaler Spiele von Verbands- und Vereinsmannschaften, sofern dies nicht in die Zuständigkeiten der Ligaverbände fällt;

n) Ausübung der Rechte aus den Veranstaltungen der Bundesligen durch die Ligaverbände und der sonstigen vom DHB geleiteten oder veranstalteten Wettbewerbe; Wahrnehmung der Rechte und Erwirtschaftung von Einnahmen aus der Übertragung, Aufzeichnung und Wiedergabe der vorgenannten Wettbewerbe, soweit sie nicht den Ligaverbänden übertragen sind;

o) das Dopingverbot zu beachten und durchzusetzen, um Spieler vor Gesundheitsschäden zu bewahren und Fairness im sportlichen Wettbewerb und Glaubwürdigkeit im Handballsport zu erhalten. Der DHB stellt sicher, dass zu diesem Zweck Dopingkontrollen durchgeführt werden.

§ 3 Gemeinnützigkeit

Der DHB verfolgt ausschließlich und unmittelbar gemeinnützige Zwecke im Sinne des Abschnitts „Steuerbegünstigte Zwecke" der Abgabenordnung. Er ist selbstlos tätig und verfolgt nicht in erster Linie eigenwirtschaftliche Zwecke. Dem ideellen

Zweck der Förderung des Handballsports ist eine bei Durchführung der Verbandsaufgaben erforderliche wirtschaftliche Betätigung untergeordnet. Die Mittel des DHB dürfen nur für satzungsgemäße Zwecke verwendet werden. Die Mitglieder erhalten als solche keine Zuwendungen aus Mitteln des Verbandes. Niemand darf durch Ausgaben, die dem Zweck des Verbandes fremd sind, oder durch eine unverhältnismäßig hohe Vergütung begünstigt werden.

§ 4 Zuständigkeiten und Rechtsgrundlagen

(1) Der DHB und seine Mitglieder haben zur Erreichung ihres Zweckes und zur Durchführung ihrer Aufgaben folgende Ordnungen und Richtlinien erlassen:

a) Spielordnung,

b) Rechtsordnung,

c) Jugendordnung,

d) Trainerordnung,

e) Schiedsrichterordnung,

f) Richtlinien zur Lizenzierung und Inanspruchnahme von Spielervermittlern,

g) Anti-Doping-Reglement,

h) Finanz- und Gebührenordnung,

i) Ehrungsordnung,

j) Geschäftsordnung,

k) Werberichtlinien.

(2) Die Ligaverbände erlassen zur Erreichung der von ihnen zu verfolgenden Zwecke und zur Erfüllung der ihnen übertragenen Aufgaben u. a. folgende Richtlinien:

a) Richtlinien zur Erteilung von Lizenzen zur Teilnahme am Spielbetrieb der Bundesligen,

b) Werberichtlinien für die Bundesligen.

(3) In mit den Ligaverbänden abgeschlossenen Grundlagenverträgen werden die Zuständigkeiten und Befugnisse zwischen dem DHB und den Ligaverbänden geregelt. Die Kündigung der Verträge ist ausschließlich gemäß den dort vereinbarten Bestimmungen möglich. Abschluss und Änderungen der Grundlagenverträge bedürfen der Zustimmung des Erweiterten Präsidiums.

(4) Der DHB und die Ligaverbände sind verpflichtet, Meinungsverschiedenheiten, die sich aus der Anwendung, Ausgestaltung und Auslegung der in dieser Satzung, in den DHB-Ordnungen, DHB-Richtlinien und in den Grundlagenverträgen geregelten Rechte und Pflichten ergeben, im Geiste sportlicher Partnerschaft und im Bewusstsein der Gesamtverantwortung für den Handballsport zu regeln. Für nicht beilegbare Streitigkeiten ist ein Schiedsgerichtsverfahren gesondert zu vereinbaren, das die Anrufung der ordentlichen Gerichte ausschließt.

(5) Spielordnung, Rechtsordnung, Jugendordnung , Trainerordnung, Schiedsrichterordnung, Richtlinien zur Erteilung von Lizenzen zur Teilnahme am Spielbetrieb der Bundesligen, Richtlinien zur Lizenzierung und Inanspruchnahme von Spielervermittlern, Anti-Doping-Reglement, Finanz- und Gebührenordnung, Werberichtlinien, etwaige weitere künftige Ordnungen und Richtlinien sowie die Entscheidungen der DHB-Organe, die diese im Rahmen ihrer Zuständigkeitsbereiche treffen, sind für die Mitgliedverbände, für die den Verbänden angeschlossenen Vereine und deren Mitglieder unmittelbar verbindlich.

(6) Abweichende Regelungen durch die Mitgliedverbände sind nur bei Ermächtigung in den Ordnungen zulässig. Stehen in anderen Fällen Ordnungsbestimmungen und Entscheidungen der Mitgliedverbände zu denen des DHB im Widerspruch, haben die Ordnungsbestimmungen des DHB und Entscheidungen seiner Organe Vorrang. Ob ein Widerspruch im Einzelfall vorliegt, entscheidet auf Antrag das Bundesgericht.

§ 5 Strafen, Geldbußen und andere Entscheidungen

(1) Wenn Verbände, Vereine oder deren im Handballsport tätige Mitglieder und Mitarbeiter gegen die DHB-Satzung und gegen die in den Ordnungen und Richtlinien (s. § 4) festgelegten Tatbestände (z. B. Vergehen, Ordnungswidrigkeiten usw.) oder gegen die Grundregeln des sportlichen Verhaltens verstoßen oder Entscheidungen der Verwaltungs-, Sport- und Rechtsinstanzen nicht befolgen, können von den Organen und Instanzen im Rahmen ihrer Zuständigkeiten folgende Strafen, Geldbußen, Maßnahmen und Zahlungspflichten auferlegt werden:

a) Strafen, die einzeln oder nebeneinander verhängt werden können:

- Verweis,

- persönliche Sperre bis zu 48 Monaten, bei Dopingvergehen im Wiederholungsfalle bis auf Lebenszeit; Spielsperre für bestimmte Wettbewerbe,

- Mannschaftssperre bis zu 30 Monaten,

- Abteilungssperre bis zu 30 Monaten,

- Platz- und Hallensperre bis zu 30 Monaten,

- Geldstrafe bis zu 20.000,00 €, bei Dopingvergehen bis zu 100.000,00 €,

- Spielverlust,

- Amtsenthebung unter gleichzeitiger Aberkennung der Fähigkeit zur Bekleidung eines Amtes im Bereich des DHB oder seiner Verbände für die Dauer von bis zu 5 Jahren,

- Aberkennung der Fähigkeit zur Bekleidung eines Amtes oder zur Wahrnehmung einer Funktion im Bereich des DHB oder seiner Verbände für die Dauer von bis zu 5 Jahren,

- Entbindung von der Amtstätigkeit,

- Aberkennung von bis zu acht Punkten vor oder während der Spielsaison,

- Nichtzulassung zum Spielbetrieb,

- Ausschluss vom Spielbetrieb für den Rest des Spieljahres,

- Entziehung der Spielervermittlerlizenz oder befristetes Verbot zur Ausübung der Lizenz (Sperre) für die Dauer von bis zu 2 Jahren,

- Entziehung der Trainer- und/oder Übungsleiterlizenz oder befristetes Verbot zur Ausübung der Trainer- und/oder Übungsleitertätigkeit (Sperre) für die Dauer von bis zu 2 Jahren,

b) Geldbußen wegen Ordnungswidrigkeiten bis zu 20.000,00 €,

c) Maßnahmen: Spielaufsicht, Aufsicht durch einen Technischen Delegierten, Spielwiederholung,

d) Zahlung insbesondere von Beiträgen, Spielbeiträgen, Spielabgaben, Auslagen, Gebühren, Mahngebühren und Bekanntmachungskosten sowie sonstiger in der Satzung und in den Ordnungen festgelegten Beiträge, Abgaben, Auslagen und Gebühren.

(2) Die Ligaverbände sind berechtigt, für den von ihnen geleiteten Spielbetrieb von dem vorstehenden Katalog Abs. 1 Buchst. a)–d) weitere bzw. ergänzende Bestimmungen in ihren Satzungen zu erlassen, die in die entsprechenden Ordnungen der Ligaverbände zu übernehmen sind.

(3) Die Vereine haften für persönliche Geldstrafen, Geldbußen und sonstige Zahlungspflichten ihrer Mitglieder und Mitarbeiter gesamtschuldnerisch. Soweit Bundesligavereine und Bundesligaspieler betroffen sind, übernimmt der jeweils zuständige Ligaverband die gesamtschuldnerische Haftung gegenüber dem DHB.

(4) Der Vizepräsident Finanzen kann säumigen Vereinen Zahlungsfristen setzen und Mannschaftssperren oder persönliche Sperren ankündigen, die nach Ablauf der Zahlungsfrist von der Spielleitenden Stelle zu verhängen sind.

II. Mitgliedschaft

§ 6 Mitglieder

(1) Der DHB hat Mitglieder und Ehrenmitglieder.

(2) Mitglieder sind:

a) die Regionalverbände

1. Norddeutscher Handball-Verband e.V.
2. Nordostdeutscher Handball-Verband e.V.
3. Süddeutscher Handball-Verband e.V.
4. Südwestdeutscher Handball-Verband e.V.
5. Westdeutscher Handball-Verband e.V.

b) die Landesverbände

6. Bremer Handball-Verband e.V.
7. Handball-Verband Niedersachsen e.V.
8. Handball-Verband Sachsen-Anhalt e.V.
9. Handball-Verband Berlin e.V.
10. Handball-Verband Brandenburg e.V.
11. Hamburger Handball-Verband e.V.
12. Handball-Verband Mecklenburg-Vorpommern e.V.
13. Handballverband Schleswig-Holstein e.V.
14. Badischer Handball-Verband e.V.
15. Bayerischer Handball-Verband e.V.
16. Handball-Verband Sachsen e.V.
17. Südbadischer Handball-Verband e.V.
18. Handball-Verband Württemberg e.V.
19. Hessischer Handball-Verband e.V.
20. Pfälzer Handball-Verband e.V.
21. Handball-Verband Rheinhessen e.V.

22. Handball-Verband Saar e.V.
23. Thüringer Handball-Verband e.V.
24. Handball-Verband Rheinland e.V.
25. Handball-Verband Mittelrhein e.V.
26. Handball-Verband Niederrhein e.V.
27. Handball-Verband Westfalen. e.V.
c) die Ligaverbände der Männer und der Frauen
28. Handball-Bundesliga e.V. (Männer).
29. Handball-Bundesliga-Vereinigung Frauen e.V..
(3) Ehrenmitglieder sind die nach § 10 Ernannten.

§ 7 Erwerb der Mitgliedschaft

Die Aufnahme von Mitgliedern erfolgt durch das Erweiterte Präsidium. Der Aufnahmeantrag ist schriftlich zu stellen. Aus dem Bereich eines Mitgliedverbandes darf kein weiterer Verband in den DHB aufgenommen werden.

§ 8 Erlöschen der Mitgliedschaft

(1) Die Mitgliedschaft erlischt durch:
a) Auflösung,
b) Austritt,
c) Ausschluss.

(2) Der Austritt von Mitgliedern kann grundsätzlich nur zum Ende eines Spieljahres erfolgen und muss sechs Monate vorher durch eingeschriebenen Brief dem DHB mitgeteilt werden. Für die Ligaverbände ist der Austritt während der Laufzeit der Grundlagenverträge ausgeschlossen. Mit Beendigung des Grundlagenvertrages erlischt die Mitgliedschaft des jeweiligen Ligaverbandes.

(3) Ein Mitglied kann ausgeschlossen werden, wenn es

a) seine Pflichten als Mitglied gröblich verletzt und diese Verhaltensweise trotz durch das Präsidium erfolgter Abmahnung fortgesetzt wird,

b) seinen dem DHB gegenüber bestehenden Verbindlichkeiten und Auflagen trotz Fristsetzung durch das Präsidium unter Androhung des Ausschlusses nicht nachkommt,

c) in grober Weise gegen die Grundsätze der geschriebenen und ungeschriebenen Sportgesetze verstößt.

Der Ausschluss eines Mitglieds erfolgt durch den Bundestag.

§ 9 Nachfolge

Erlischt die Mitgliedschaft eines Regional- oder Landesverbandes, kann an seiner Stelle eine andere Organisation für das betreffende Gebiet aufgenommen werden oder die Verwaltung dieses Gebietes einem bestehenden Mitgliedverband durch das Erweiterte Präsidium übertragen werden.

§ 10 Ehrenpräsidenten, Ehrenmitglieder

(1) Der Bundestag kann auf Antrag des Erweiterten Präsidiums Personen, die sich um den Handballsport oder den DHB besonders verdient gemacht haben, zu Ehrenpräsidenten oder zu Ehrenmitgliedern ernennen.

(2) Die Ehrenpräsidenten und Ehrenmitglieder haben Sitz im Bundestag.

III. Rechte und Pflichten der Mitglieder

§ 11 Rechte

(1) Die Mitglieder regeln innerhalb ihrer Bereiche alle mit der Pflege und Förderung des Handballsports zusammenhängenden Angelegenheiten selbständig, soweit diese nicht der Beschlussfassung durch den DHB vorbehalten, durch die Grundlagenverträge festgeschrieben oder für den Bereich des DHB einheitlich geregelt sind. Sie können zum Zwecke eines zwischenverbandlichen Wettbewerbs vertragliche Regelungen treffen, die auch die den Verbänden angehörenden Vereine verpflichten.

(2) Die Mitglieder nehmen ihre Rechte durch ihre Vertreter und Delegierten wahr.

§ 12 Pflichten

(1) Die Mitglieder sind verpflichtet,

a) der Satzung und den Ordnungen und Richtlinien des DHB sowie den Beschlüssen seiner Organe Folge zu leisten und ihre Arbeit den allgemein gültigen sportlichen Grundsätzen unterzuordnen, soweit die Mitglieder nicht ihre Aufgaben frei von Weisungen zu erfüllen haben,

b) an allen satzungsmäßigen und den vom DHB beschlossenen Bundesveranstaltungen teilzunehmen,

c) die Urteile des Bundesgerichts und des Bundessportgerichts im eigenen Zuständigkeitsbereich zu vollstrecken,

d) dem DHB einen Mitgliedsbeitrag mit Ausnahme der Ligaverbände zu zahlen, dessen Höhe für die Regional- und Landesverbände vom Erweiterten Präsidium zu beschließen ist. Regelungen für die Ligaverbände werden in den jeweiligen Grundlagenverträgen getroffen.

e) die beauftragten Vertreter des DHB-Präsidiums an ihren Verbands- bzw. Mitgliederversammlungen teilnehmen zu lassen und ihnen auf Verlangen das Wort zu erteilen.

(2) Die Vereine sind die Träger des Handballsports mit seinen ideellen Zielsetzungen. Ihre Namen haben dieser Bedeutung zu entsprechen.

IV. Besondere Rechte und Pflichten der Ligaverbände und ihrer Mitglieder

§ 13 Allgemeine Bestimmungen

(1) Die Ligaverbände der Männer und der Frauen sind die Zusammenschlüsse der lizenzierten Vereine und/oder ihrer wirtschaftlichen Träger der Bundesligen und Zweiten Bundesligen.

(2) Die besonderen Rechte und Pflichten der Ligaverbände und ihrer Mitglieder ab dem 1. Juli 2003 sind in den nachfolgenden Bestimmungen (§§ 14 - 16) geregelt.

(3) Die Ligaverbände regeln ihren jeweils eigenen Geschäftsbereich durch Satzung, Ordnungen und Richtlinien sowie Entscheidungen ihrer Organe unter Beachtung der Satzung, Ordnungen und Richtlinien des DHB und der den DHB bindenden Regelungen der IHF und EHF.

(4) Eine Weiterübertragung der vom DHB an die Ligaverbände zur Ausübung übertragenen Rechte und Pflichten an Dritte ist ausgeschlossen. Dies gilt auch für Einzel- oder Gesamtrechtsnachfolger der Ligaverbände. Bei Beendigung des Grundlagenvertrages und/oder der Mitgliedschaft der Ligaverbände im DHB – aus welchem Grunde auch immer – fallen die übertragenen Rechte und Pflichten automatisch an den DHB zurück.

§ 14 Besondere Rechte

(1) Die Ligaverbände nehmen jeweils die nachstehend aufgeführten Rechte, Pflichten, Aufgaben und Befugnisse frei von Weisungen des DHB wahr:

a) Sie ermitteln in den Wettbewerben der Bundesligen den Deutschen Meister des DHB für Männer und Frauen und die Teilnehmer der Bundesligen an den europäischen Wettbewerben.

b) Sie veranstalten und vermarkten den DHB-Pokal der Männer und der Frauen nach Maßgabe der vom betreffenden Ligaverband und DHB-Präsidium zu beschließenden Durchführungsbestimmungen.

c) Der Ligaverband Männer veranstaltet und vermarktet den Super-Cup der Männer-Vereinsmannschaften nach Maßgabe der von ihm zu beschließenden Durchführungsbestimmungen.

d) Sie sind berechtigt, die sich aus den Wettbewerben gemäß Buchst. a), b) und c) ergebenden Vermarktungsrechte exklusiv im eigenen Namen zu verwerten. Dies gilt auch für das Liga-Logo.

e) Sie erteilen die Lizenzen an Vereine oder deren wirtschaftliche Träger für die Teilnahme an den Wettbewerben der Bundesligen jeweils in eigener Verantwortung nach sportlichen, technischen, organisatorischen und wirtschaftlichen Kriterien. Sie erteilen die Spielberechtigung an die Spieler der Bundesligen und erstellen die entsprechenden Spielausweise.

f) Sie haben ein Vorschlagsrecht für die Vertretung des DHB in den Ausschüssen und Kommissionen der IHF und EHF. Der DHB ist an die entsprechenden Vorschläge gebunden, wenn ausschließlich oder überwiegend Belange des lizenzierten Handballs betroffen sind.

g) Sie erstellen jeweils einen Rahmenterminkalender im Einvernehmen mit dem DHB.

h) Die Vorsitzenden der Ligaverbände sind Mitglieder des Präsidiums des DHB.

(2) Die Ausgestaltung dieser Rechte wird in den Grundlagenverträgen oder den entsprechenden Ordnungen geregelt.

(3) Für die Sportgerichtsbarkeit und das Schiedsrichterwesen sind die Organe und Einrichtungen des DHB nach dessen Regelungen zuständig.

§ 15 Besondere Pflichten

(1) Die Ligaverbände haben in ihren Satzungen, Ordnungen und Richtlinien sowie beim Handeln ihrer Organe sicherzustellen, dass die nachstehenden Pflichten von ihnen, ihren Mitgliedern, deren Einzelmitgliedern, deren Organen und Mitarbeitern beachtet werden:

a) Die Spiele der Bundesligen sind nach den jeweils gültigen Hallenhandball-Regeln der IHF auszutragen unter besonderer Berücksichtigung der Ergänzungen und verbindlichen Auslegungen des DHB.

b) Die Ligaverbände haben zu gewährleisten, dass zwischen den Bundesligen und der Zweiten Bundesliga sowie der Zweiten Bundesliga und der Dritten Liga ein ausreichender Auf- und Abstieg stattfindet.

c) Sie haben auf Anforderung des DHB die Abstellung von Spielern ihrer Mitglieder für die Nationalmannschaften sicherzustellen.

d) Sie verpflichten sich, sich an der Entwicklung, Betreuung und Förderung des gesamten Handballsports in der Bundesrepublik Deutschland zu beteiligen. Dazu dienen insbesondere auch die in den Grundlagenverträgen vereinbarten, an den DHB zu zahlenden Abgaben.

e) Sie verpflichten ihre Mitglieder, an den Pokalwettbewerben des DHB teilzunehmen.

f) Sie sind verpflichtet, die Einhaltung des Doping-Verbotes sicherzustellen und entsprechend den vom DHB erlassenen Bestimmungen durchzusetzen und bei Fehlverhalten ihrer Mitglieder zu sanktionieren.

g) Der Präsident des DHB oder ein von ihm beauftragter Vertreter hat das Recht, an den Sitzungen ihrer jeweiligen Organe, Kommissionen oder Ausschüsse teilzunehmen.

h) Sie sind verpflichtet und verpflichten ihre Mitglieder, besondere Aktivitäten des DHB, die aus seiner sozialen und gesellschaftspolitischen Verantwortung heraus dem Handball dienen, ideell und materiell zu fördern. Dies gilt in besonderer Weise für die Unterstützung des Jugendhandballs sowie die Förderung des Ehrenamtes.

i) Sie gewährleisten die Einhaltung weiterer Verpflichtungen, darunter insbesondere die Einhaltung der Satzung, Ordnungen und Richtlinien des DHB sowie der Vorschriften der IHF und EHF.

(2) Die Ausgestaltung dieser Verpflichtungen wird in den Grundlagenverträgen oder den entsprechenden Ordnungen geregelt.

(3) Die Ligaverbände sind jeweils verpflichtet, den DHB von der Inanspruchnahme aus Verbindlichkeiten freizustellen, wenn diese Verbindlichkeiten ihren Grund in Entscheidungen, Maßnahmen, Tatsachen, Handlungen und Unterlassungen der Schiedsrichter oder der DHB-Gerichte haben, die im Zusammenhang mit Bundesligavereinen, Bundesligaspielern oder Bundesligaspielbetrieb stehen.

§ 16 Mitgliedschaft in den Ligaverbänden

(1) Vereine der Bundesligen und/oder ihrer wirtschaftlichen Träger erwerben die Mitgliedschaft im jeweiligen Ligaverband mit Erteilung der Bundesligen-Lizenz durch ihn.

(2) Ein wirtschaftlicher Träger kann die Mitgliedschaft im jeweiligen Ligaverband nur erwerben und damit eine Lizenz erhalten, wenn der Verein an dem Träger mit mindestens 51% der Stimmenanteile beteiligt ist und zum Zeitpunkt, in dem er eine Lizenz beantragt, sportlich für die Teilnahme an einer Bundesliga qualifiziert ist oder seine Qualifikation zum Zeitpunkt der Meldung zu erwarten ist.

(3) Lizenzvereine (Bundesligenvereine) und/oder ihre wirtschaftlichen Träger dürfen weder unmittelbar noch mittelbar an anderen Lizenzvereinen oder wirtschaftlichen Trägern jeweils innerhalb des Männerbereichs oder des Frauenbereichs beteiligt sein. Dies gilt nicht für eine gemeinsame Beteiligung zwischen Männer- und Frauenbereich.

(4) Vereine und ihre wirtschaftlichen Träger können weder gemeinsam noch nebeneinander eine Bundesligen-Lizenz besitzen.

V. Verbandsgremien

§ 17 Organe, Kommissionen, Ausschüsse und Räte

(1) Organe sind:

a) der Bundestag,

b) das Erweiterte Präsidium,
c) das Präsidium ,
d) der Bundesjugendtag,
e) das Bundesgericht,
f) das Bundessportgericht.

(2) Kommissionen, Ausschüsse und Räte sind:
a) der Erweiterte Jugendausschuss,
b) der Jugendausschuss,
c) die Leistungssportkommissionen Männer und Frauen,
d) die Frauenkommission,
e) der Ernennungsausschuss,
f) die Anti-Doping-Kommission,
g) die Rechts- und Satzungskommission,
h) die Finanzkommission,
i) der Schiedsrichterausschuss,
j) der Entwicklungsrat,
k) der Trainerrat männlich, der Trainerrat weiblich,
l) der Handball-Regionalrat.

§ 18 Weitere Kommissionen, Ausschüsse und Arbeitskreise

Das Präsidium und das Erweiterte Präsidium können für neue, ständige oder einzelne Aufgaben weitere Kommissionen, Ausschüsse oder Arbeitskreise einsetzen, die das Abschlussergebnis ihrer Tätigkeit innerhalb einer festzulegenden Frist vorlegen sollen.

VI. Bundestag

§ 19 Termin, Wahlperiode

(1) Der nächste ordentliche Bundestag findet in der zweiten Jahreshälfte 2013 statt. Ab dem Jahre 2013 findet der ordentliche Bundestag alle vier Jahre statt. Der Termin ist jeweils vier Monate vorher vom Präsidium bekannt zu geben.

(2) Die Amtszeit der vom ordentlichen Bundestag Gewählten beträgt zwei Jahre, ab dem Jahre 2013 vier Jahre. Sie bleiben bis zur Neubestellung im Amt. Dies gilt auch für die nicht vom Bundestag gewählten Präsidiumsmitglieder.

§ 20 Einberufung

Der Bundestag wird vom Präsidium einberufen. Die schriftliche Einberufung ist sechs Wochen vor dem Termin des Bundestages unter gleichzeitiger Bekanntgabe der Tagesordnung und der Anträge an die Mitglieder des DHB zu versenden oder im Bekanntmachungsorgan zu veröffentlichen.

§ 21 Zusammensetzung

(1) Der Bundestag setzt sich zusammen aus:

a) dem Erweiterten Präsidium,

b) den Delegierten der Landesverbände,

c) den Delegierten der Ligaverbände,

d) den Ehrenpräsidenten und Ehrenmitgliedern,

e) den Mitgliedern des Bundesgerichts,

f) den Mitgliedern des Bundessportgerichts,

g) den Kassenprüfern.

(2) Den Landesverbänden sowie der Handball-Bundesliga (Männer) und der Handball- Bundesliga-Vereinigung Frauen bleibt es vorbehalten, die Modalitäten der Berufung/Wahl und die Amtsdauer der Delegierten in ihren Satzungen zu regeln.

(3) Die Landesverbände sowie die Handball-Bundesliga (Männer) und die Handball-Bundesliga-Vereinigung Frauen müssen dem DHB ihre Delegierten respektive Ersatzdelegierten zwei Monate vor dem Bundestag mitteilen.

(4) Die Verbände sollen in angemessenem Umfang weibliche Delegierte zum Bundestag entsenden.

§ 22 Stimmrecht

(1) Beim Bundestag haben Stimmrecht:

a) die Mitglieder des Präsidiums mit je 1 Stimme,

b) die übrigen Mitglieder des Erweiterten Präsidiums mit je 1 Stimme,

c) die Delegierten der Landesverbände mit je 1 Stimme.

Die Zahl der Stimmen/Delegierten errechnet sich aus der Subtraktion der Summe der Regional- und Landesverbands-Präsidenten/-Vorsitzenden von der Zahl 76. Diese Stimmen/Delegierten sind auf die Landesverbände im Verhältnis der von ihnen zum Pflichtspielbetrieb gemeldeten Mannschaften – ab D-Jugend – nach dem d'Hondt'schen Höchstzahlverfahren zu verteilen. Stichtag für die Erhebung der Mannschaftszahlen ist der

1. Januar des Jahres, in dem der ordentliche Bundestag stattfindet. Wenn für die Vergabe der letzten Stimme der Landesverbände mehr identische Divisionsergebnisse (d'Hondt) vorliegen als Stimmen zu vergeben sind, wird die Vergabe der letzten Stimme unter den betroffenen Verbänden ausgelost.

d) 13 Delegierte des Ligaverbandes der Männer mit je 1 Stimme,

e) 13 Delegierte des Ligaverbandes der Frauen mit je 1 Stimme.

Die übrigen Mitglieder des Bundestages haben beratende Stimme.

(2) Stimmrechtsübertragung und Stimmrechtshäufung, auch wenn die Mitgliedschaft im Bundestag auf mehreren Funktionen beruht, sind nicht zulässig.

(3) Das Stimmrecht der Mitglieder des Präsidiums mit Ausnahme der beiden Ligaverbandsvorsitzenden und des Vertreters der Regional- und Landesverbände erlischt mit dem Aufruf des Tagesordnungspunktes „Entlastungen“. Die vom Bundestag zu wählenden Präsidiumsmitglieder und der Vizepräsident Jugend haben erst nach Abschluss der Präsidiumswahlen Stimmrecht.

§ 23 Aufgaben

(1) Dem Bundestag steht die Entscheidung in allen Bundesangelegenheiten außer in der Sportgerichtsbarkeit, dem ausdrücklichen Zuständigkeitsbereich anderer Organe und den in den Grundlagenverträgen getroffenen Regelungen zu. Er kann Entscheidungsbefugnisse übertragen und Weisungen erteilen, außer den Rechtsinstanzen.

(2) Der Bundestag ist insbesondere zuständig für:

a) die Wahl der Präsidiumsmitglieder gemäß § 35 Abs. 1 Buchst. a)–d),

b) die Wahl der Vorsitzenden und der Beisitzer des Bundesgerichts und die Wahl der Vorsitzenden und Beisitzer der ersten und zweiten Kammer des Bundessportgerichts, c) die Wahl dreier Kassenprüfer,

d) die Beratung und Beschlussfassung über Satzungsänderungen, über Erlass, Änderung und Aufhebung von Ordnungen und Richtlinien mit Ausnahme der Jugendordnung sowie über sonstige Anträge, die fristgemäß oder als Dringlichkeitsanträge gestellt sind,

e) die Entscheidung über den Ausschluss von Mitgliedern,

f) die Entlastung des Präsidiums sowie der sonstigen gewählten und berufenen Mitarbeiter,

g) die Ernennung von Ehrenpräsidenten und Ehrenmitgliedern,

h) die Beratung und Beschlussfassung über Grundsatzfragen des deutschen Handballsports.

§ 24 Tagesordnung

Die Tagesordnung eines ordentlichen Bundestages hat folgende Punkte zu enthalten:

a) Feststellung der ordnungsgemäßen Einberufung, der Stimmenzahl und der Beschlussfähigkeit,

b) Berichte des Präsidiums, der Ligaverbände, des Jugendausschusses, des Bundesgerichts, des Bundessportgerichts,

c) Bericht der Kassenprüfer,

d) Anträge auf Satzungsänderungen,

e) Entlastung des Präsidiums sowie der sonstigen gewählten und berufenen Mitarbeiter,

f) Wahlen nach § 23 Abs. 2 Buchst. a), b) und c),

g) Anträge auf Erlass, Änderung und Aufhebung von Ordnungen und Richtlinien sowie

sonstige Anträge.

§ 25 Wahlen

(1) Die Wahlen sind geheim. Liegt nur ein Wahlvorschlag vor, kann offen abgestimmt werden.

(2) a) Jedes Mitglied des Präsidiums nach § 35 Abs. 1 Buchst. a)–d) sowie die Vorsitzenden des Bundesgericht und des Bundessportgericht werden jeweils in einem gesonderten Wahlgang gewählt. Blockwahl ist nur bei der Wahl der Beisitzer der DHB-Gerichte und der Kassenprüfer zulässig.

b) Derjenige Kandidat ist gewählt, der die absolute Mehrheit der abgegebenen gültigen Stimmen auf sich vereinigt. Ist bei mehreren Kandidaten diese Stimmenzahl nicht erreicht worden, findet eine Stichwahl zwischen den Kandidaten mit den beiden höchsten Stimmenzahlen statt. Gewählt ist derjenige, der nunmehr die meisten Stimmen erhält. Bei Stimmengleichheit erfolgt eine erneute Wahl. Bei erneuter Stimmengleichheit entscheidet das Los.

c) Stimmenthaltungen und ungültige Stimmen werden als nicht abgegebene Stimmen gewertet.

(3) Wählbar sind nur Mitglieder von Vereinen der Mitgliedverbände. Abwesende können nur gewählt werden, wenn ihr schriftliches Einverständnis zu einer etwaigen Wahl dem Sitzungsleiter vorliegt.

(4) Als Kassenprüfer dürfen nur Personen gewählt werden, die kein Amt auf DHB- Ebene ausüben. Eine Wiederwahl darf in ununterbrochener Reihenfolge höchstens für zwei Legislaturperioden erfolgen.

(5) Angestellte des DHB können nicht für die durch Wahl zu besetzenden Ämter kandidieren.

(6) Ein Widerruf der Bestellung von Präsidiumsmitgliedern ist nur aus wichtigem Grund, insbesondere wegen grober Pflichtverletzung oder Unfähigkeit zur ordnungsgemäßen Geschäftsführung, möglich.

§ 26 Anträge

(1) Anträge an den Bundestag können eingebracht werden:

a) vom Präsidium,

b) vom Erweiterten Präsidium,

c) von den Mitgliedern,

d) vom Bundesjugendtag.

(2) Ergänzungs-, Abänderungs- und Gegenanträge sowie Anträge zur Geschäfts- und Tagesordnung kann jeder stimmberechtigte Teilnehmer des Bundestages stellen. Ergänzungs-, Abänderungs- und Gegenanträge müssen jedoch dem Sitzungsleiter vor der Abstimmung schriftlich vorliegen.

(3) Anträge an den Bundestag müssen spätestens zwei Monate vor dem Bundestag auf der DHB-Geschäftsstelle schriftlich vorliegen. Später eingehende Anträge können nur behandelt werden, wenn ihre Dringlichkeit mit zwei Dritteln der abgegebenen gültigen Stimmen bejaht wird.

(4) Eine Satzungsänderung aufgrund von Dringlichkeitsanträgen ist unzulässig.

§ 27 Beschlüsse und Protokolle

(1) Die Satzung ändernde Beschlüsse bedürfen einer Mehrheit von zwei Dritteln der abgegebenen Stimmen. Soweit Satzungsänderungen sich auf in den Grundlagenverträgen getroffene Vereinbarungen beziehen, bedürfen diese während der Laufzeit dieser Verträge einer Mehrheit von Dreivierteln der abgegebenen gültigen Stimmen. Dies gilt auch für diese Bestimmung. Alle anderen Beschlüsse bedürfen der einfachen Mehrheit der abgegebenen Stimmen. Stimmenthaltungen und ungültige Stimmen werden als nicht abgegebene Stimmen gewertet.

(2) Die Satzung ändernde Beschlüsse werden mit Eintragung in das Vereinsregister wirksam.

(3) Alle anderen Beschlüsse treten mit ihrer Veröffentlichung im Bekanntmachungsorgan des DHB oder durch Rundschreiben an die Mitglieder des DHB in Kraft, falls nicht ein anderer Termin ausdrücklich bestimmt ist.

(4) Protokolle sind vom Leiter der Versammlung und vom Protokollführer zu unterzeichnen.

(5) Protokolle gelten als genehmigt, wenn nicht innerhalb von vier Wochen nach ihrer Absendung an die Teilnehmer des Bundestages Einwendungen schriftlich erhoben worden sind.

§ 28 Außerordentlicher Bundestag

Das Präsidium kann unter Angabe von Gründen einen außerordentlichen Bundestag einberufen. Das Präsidium muss einen außerordentlichen Bundestag innerhalb von sechs Wochen nach Eingang des Antrages bei der DHB-Geschäftsstelle einberufen, wenn mindestens ein Drittel der Mitgliedverbände dies unter Angabe der Gründe beantragt. Der außerordentliche Bundestag muss innerhalb von drei Monaten nach Eingang des Antrages stattfinden.

§ 29 Beschlussfähigkeit

Ein ordnungsgemäß einberufener Bundestag ist bei Anwesenheit von mindestens der Hälfte der Stimmberechtigten beschlussfähig.

§ 30 Öffentlichkeit

Der Bundestag ist öffentlich; die Öffentlichkeit kann jedoch durch einfachen Mehrheitsbeschluss ausgeschlossen werden.

§ 31 Kosten

Die Kosten für den Bundestag tragen:

a) die Verbände für ihre Delegierten,

b) der DHB für alle übrigen Teilnehmer.

VII. Erweitertes Präsidium

§ 32 Zusammensetzung und Stimmrecht

(1) Das Erweiterte Präsidium setzt sich zusammen aus:

a) dem Präsidium,

b) den Präsidenten/Vorsitzenden der Regionalverbände oder deren Vertreter,

c) den Präsidenten/Vorsitzenden der Landesverbände oder deren Vertreter,

d) dem Vertreter des Ligaverbandes der Männer und dem Vertreter des Ligaverbandes der Frauen, jeweils vom betreffenden Ligaverbandsvorstand/-präsidium berufen,

e) der Frauenbeauftragten.

(2) Im Erweiterten Präsidium haben Stimmrecht:

a) die Mitglieder des Präsidiums mit je 1 Stimme,

b) die Präsidenten/Vorsitzenden der Regionalverbände und der Landesverbände bzw. deren Vertreter mit insgesamt 76 Stimmen, die nach folgendem Modus verteilt werden:

aa) die Präsidenten/Vorsitzenden der Regionalverbände bzw. deren Vertreter mit je 1 Stimme,

bb) Vorweg erhält jeder Landesverbands-Präsident/-Vorsitzender bzw. sein Vertreter 1 Stimme.

cc) Die restlichen Stimmen sind auf die Landesverbands-Präsidenten/-Vorsitzenden bzw. ihre Vertreter im Verhältnis der von ihnen zum Pflichtspielbetrieb gemeldeten Mannschaften – ab D-Jugend – nach dem d'Hondt'schen Höchstzahlverfahren zu verteilen. Stichtag für die Erhebung der Mannschaftszahlen ist der 1. Januar des Jahres, in dem der ordentliche Bundestag stattgefunden hat. Wenn für die Vergabe der letzten Stimme der Landesverbände mehr identische Divisionsergebnisse (d'Hondt) vorliegen als Stimmen zu vergeben sind, wird die Vergabe der letzten Stimme unter den betroffenen Verbänden ausgelost.

c) der Vertreter des Ligaverbandes der Männer mit 14 Stimmen,

d) der Vertreter des Ligaverbandes der Frauen mit 14 Stimmen,

e) die Frauenbeauftragte mit einer Stimme.

(3) Stimmrechtsübertragung, Stimmrechtshäufung und uneinheitliche Stimmabgabe bei Mehrfachstimmrecht sind nicht zulässig.

§ 33 Aufgaben

(1) Dem Erweiterten Präsidium obliegt insbesondere:

a) die Aufnahme von Mitgliedern,

b) die Beratung und Beschlussfassung über Angelegenheiten von überregionaler und/oder grundsätzlicher Bedeutung, soweit diese nicht dem Bundestag vorbehalten oder in den Grundlagenverträgen geregelt sind,

c) die Beratung und Beschlussfassung über Fernsehverträge und Vertragsverhältnisse, die den Wert von 50.000,00 € pro Jahr übersteigen, mit Ausnahme von Dienst- und Arbeitsverträgen,

d) die Beratung und Verabschiedung des Haushaltsplanes; Beratung des Jahresabschlusses,

e) die Zustimmung mit Wirkung im Innenverhältnis zum Erwerb, zur Veräußerung und Belastung von Grundstücken und grundstücksgleichen Rechten, zur Gründung von juristischen Personen, zum Erwerb und zur Veräußerung von Gesellschaftsanteilen,

zum Abschluss und zur Änderung von Verträgen mit dem Ligaverband der Männer und dem Ligaverband der Frauen,

f) die Beschlussfassung über die Höhe des Mitgliedsbeitrages der Mitgliedverbände mit Ausnahme des Mitgliedsbeitrages der Ligaverbände,

g) die Beratung und Beschlussfassung über die Einsetzung von Kommissionen, Ausschüssen und Arbeitskreisen, die nicht durch die Satzung vorgeschrieben sind.

h) die Beschlussfassung über Erlass, Änderung und Aufhebung von Ordnungen (mit Ausnahme der Jugendordnung) und Richtlinien, sofern die Dringlichkeit mit einfacher Mehrheit festgestellt wird.

Über entsprechende Anträge darf nur entschieden werden, wenn sie mindestens drei Wochen vor der Sitzung den Mitgliedern des Erweiterten Präsidiums zugegangen sind. Das vorrangige Recht des Bundestages, Beschlüsse zu den Ordnungen und Richtlinien zu fassen oder auf Antrag entsprechende Beschlüsse des Erweiterten Präsidiums aufzuheben oder zu ändern, bleibt unberührt.

i) die Beschlussfassung über die Wettkampfsysteme des DHB (z. B. Pokal, Jugend) mit Ausnahme der Wettkampfsysteme der Bundesligen,

j) Das Erweiterte Präsidium soll mindestens eine Frau in jede Kommission, jeden Ausschuss und jeden Rat berufen.

k) die Berufung von mindestens drei Mitgliedern des Entwicklungsrates auf Vorschlag des Präsidiums,

l) die Berufung von jeweils zwei Mitgliedern der Rechts- und Satzungskommission und der Finanzkommission durch die Vertreter der Regional- und Landesverbände (s. Abs. 2 u. §§ 44 u. 45),

m) das Antragsrecht zum Bundestag auf Ernennung von Ehrenmitgliedern und Ehrenpräsidenten,

n) die Festlegung des nächsten Bundestages.

(2) Die Präsidenten der Regional- und Landesverbände bilden den Handball-Regionalrat.

Dieser wählt in der ersten der dem ordentlichen Bundestag folgenden Sitzung den Vertreter der Regional- und Landesverbände im Präsidium und die in der Satzung aufgeführten Vertreter der Regional- und Landesverbände in den Kommissionen, Ausschüssen und Räten.

(3) Das Erweiterte Präsidium hat das Recht, die Mitglieder von Organen, Kommissionen, Ausschüssen und Räten sowie sonstige Mitarbeiter des DHB zu seinen Sitzungen mit beratender Stimme hinzuzuziehen.

§ 34 Beschlussfähigkeit und Antragsrecht

(1) Das schriftlich eingeladene Erweiterte Präsidium ist bei Anwesenheit von mindestens der Hälfte seiner Mitglieder beschlussfähig. Der Einladung ist die Tagesordnung beizufügen. Die Einladung hat vier Wochen vor dem Sitzungstermin zu erfolgen.

(2) Beschlüsse bedürfen der einfachen Mehrheit der abgegebenen Stimmen. Beschlüsse über Erlass, Änderung und Aufhebung von Ordnungen bedürfen der Zweidrittel-Mehrheit. Stimmenthaltungen und ungültige Stimmen werden als nicht abgegebene Stimmen gewertet.

(3) Das Präsidium ist berechtigt, eine Abstimmung unter den Mitgliedern des Erweiterten Präsidiums auf schriftlichem Wege herbeizuführen. Ein Antrag gilt in diesem Falle als angenommen, wenn mehr als die Hälfte der Mitglieder des Erweiterten Präsidiums mit mehr als der Hälfte der Stimmen, bei Änderungen der Ordnungen und der Richtlinien zwei Drittel der Mitglieder des Erweiterten Präsidiums mit mindestens zwei Drittel der Stimmen zugestimmt haben.

(4) Das Erweiterte Präsidium wird vom Präsidium mindestens zweimal im Jahr einberufen.

Eine Sitzung ist auch dann durchzuführen, wenn mehr als ein Drittel der Mitglieder des Erweiterten Präsidiums dies beantragt.

(5) Anträge an das Erweiterte Präsidium können eingebracht werden:

a) von den Mitgliedern,
b) vom Präsidium,
c) vom Jugendausschuss.

VIII. Präsidium

§ 35 Zusammensetzung

(1) Das Präsidium setzt sich zusammen aus:

a) dem Präsidenten,
b) dem Vizepräsidenten Finanzen,
c) dem. Vizepräsidenten Recht,
d) dem Vizepräsidenten Leistungssport,
e) dem Vizepräsidenten Jugend,
f) dem Vertreter der Regional- und Landesverbände,
g) dem Ligaverbandsvorsitzenden Männer,
h) dem Ligaverbandsvorsitzenden Frauen.

Das Präsidium beschließt über die Zuordnung zusätzlicher Aufgaben.

(2) Die in Abs. 1 Buchst. a)–e) genannten Personen bilden den Vorstand im Sinne von § 26 BGB. Ihm obliegt die Vertretung des DHB nach außen sowie die Führung und Kontrolle der laufenden Geschäfte. Jeweils zwei Mitglieder des Vorstandes im Sinne des § 26 BGB sind gemeinsam zur Vertretung des DHB berechtigt.

(3) Der Vizepräsident Jugend wird vom Bundesjugendtag gewählt. Die Präsidiumsmitgliedschaft des Vertreters der Regional- und Landesverbände ist an die Funktion als Regional- oder Landesverbandspräsident gebunden. Die Präsidiumsmitglied-

schaft des Ligaverbandsvorsitzenden Männer und des Ligaverbandsvorsitzenden Frauen ist an die Mitgliedschaft der betreffenden Ligaverbände im DHB gebunden.

§ 36 Aufgaben

(1) Das Präsidium nimmt die Aufgaben des DHB wahr, soweit diese nicht ausdrücklich dem Bundestag, dem Erweiterten Präsidium, einem anderen Organ des DHB oder den Ligaverbänden vorbehalten sind. Das Präsidium führt die satzungsgemäßen Beschlüsse des Bundestages und des Erweiterten Präsidiums aus.

(2) Das Präsidium beruft:

a) den Schiedsrichterwart,

b) den Bundeslehrwart,

c) die Frauenbeauftragte sowie auf deren Vorschlag drei Beisitzerinnen der Frauenkommission,

d) die DHB-Trainer,

e) jeweils einen Vertreter der Ligaverbände in die Leistungssportkommissionen auf Vorschlag des jeweiligen Ligaverbandsvorstandes,

f) einen Vertreter jeweils der Sportmedizin und der Sportwissenschaft in die Leistungssportkommissionen,

g) den Vertreter des Bundesleistungsausschusses des Deutschen Olympischen Sport-Bundes (DOSB-BL) in die Leistungssportkommissionen,

h) zwei Mitglieder der Anti-Doping-Kommission jeweils auf Vorschlag der Ligaverbandsvorstände Männer und Frauen, von denen eines die Befähigung zum Richteramt haben soll,

i) den Vertreter des Schiedsrichterausschusses in die Leistungsportkommissionen jeweils auf Vorschlag des Schiedsrichterausschusses,

j) zwei von den Regional- und Landesverbänden vorgeschlagene Mitglieder der Finanzkommission sowie ein weiteres von den Ligaverbandsvorständen gemeinsam vorgeschlagenes Mitglied,

k) den Referenten für Kinder- und Schulhandball auf Vorschlag des Erweiterten Jugendausschusses,

l) zwei Mitglieder des Schiedsrichterausschusses jeweils auf Vorschlag der Ligaverbandsvorstände Männer und Frauen,

m) den beauftragten Schiedsrichterwart der Regionalverbände auf deren Vorschlag hin als Mitglied des Schiedsrichterausschusses,

n) den hauptamtlichen Mitarbeiter als Mitglied des Entwicklungsrates; Vorschlag weiterer drei Mitglieder des Entwicklungsrates zur Berufung durch das Erweiterte Präsidium,

o) die Trainervertreter der Regional- und Landesverbände auf deren Vorschlag hin jeweils als Mitglied des Trainerrates männlich und des Trainerrates weiblich.

(3) Das Präsidium beaufsichtigt durch seine zuständigen Ressorts die Tätigkeit der Kommissionen, Ausschüsse, Räte, Arbeitskreise und sonstigen Mitarbeiter des DHB. Das Präsidium kann die Beschlüsse der Kommissionen, Ausschüsse, Räte und Arbeitskreise außer Kraft setzen, zur erneuten Beratung und Entscheidung einmalig zurückverweisen und dann in der Sache neu entscheiden.

(4) Das Präsidium ist berechtigt, Mitglieder der Kommissionen, Ausschüsse, Räte und Arbeitskreise bei grober Verletzung der Interessen des DHB von ihrer Amtstätigkeit zu entbinden.

(5) Für die zwischen zwei Bundestagen ausscheidenden, vom Bundestag gewählten Mitglieder des Präsidiums, der Kommissionen, der Ausschüsse, der Räte, der Rechtsinstanzen und die Referenten kann das Präsidium kommissarische Ernennungen vornehmen. Scheiden der Präsident oder mehr als zwei, vom Bundestag gewählte Vizepräsidenten aus, hat ihre Nachwahl durch einen außerordentlichen Bundestag zu erfolgen. Die Vereinigung mehrerer Präsidiumsämter in einer Person ist unzulässig.

(6) Das Präsidium übt - ausgenommen bei Mindeststrafen - das Gnadenrecht in den Fällen aus, die von den Rechtsinstanzen des DHB anlässlich von DHB-Wettbewerben rechtskräftig entschieden worden sind. Das Präsidium beschließt über Erlass und Änderung der Werberichtlinien, soweit nicht die Zuständigkeit der Ligaverbände gegeben ist. Das Präsidium erstellt gemeinsam mit den Ligaverbänden die Durchführungsbestimmungen für den Spielbetrieb des DHB-Pokals.

(7) Der Vizepräsident Recht ist für die den DHB betreffenden Rechtsangelegenheiten zuständig.

Er steht den Organen des DHB bei gerichtlichen und außergerichtlichen Verhandlungen, beim Abschluss von Verträgen aller Art sowie bei der Erledigung registergerichtlicher Eintragungen beratend zur Seite. Als Vorsitzender der Rechts- und Satzungskommission hält er enge Verbindung mit den Regionalrechtswarten, den Vorsitzenden des Bundesgerichts und des Bundessportgerichts. Er hat das Recht und die Pflicht, Bundes- und Verbandsorgane hinsichtlich der Auslegung und Befolgung von Satzungen und Ordnungen zu beraten sowie außerhalb schwebender Verfahren eine schlichtende Tätigkeit auszuüben. Der Vizepräsident Recht hat keinen Einfluss auf die Entscheidungen der Rechtsinstanzen. Die Rechtsprechung obliegt ausschließlich den unabhängigen und an keine Weisungen gebundenen Rechtsinstanzen. Er kann aber an den Verfahren vor dem Bundesgericht und dem Bundessportgericht teilnehmen, falls dies im Interesse des DHB geboten erscheint.

(8) Die Frauenbeauftragte berät das Präsidium in Frauenfragen.

(9) Das Präsidium gibt sich eine Geschäftsordnung. Beschlüsse werden grundsätzlich in Sitzungen nach Angabe des Beschlussgegenstandes in der Tagesordnung gefasst.

(10) Das Präsidium kann Aufgaben auf das Geschäftsführende Präsidium übertragen.

§ 37 Beschlussfähigkeit

Das Präsidium ist bei Anwesenheit von mehr als der Hälfte der Zahl seiner Mitglieder beschlussfähig. Beschlüsse bedürfen der einfachen Mehrheit der abgegebenen Stimmen. Bei Stimmengleichheit im Präsidium gelten die Anträge als abgelehnt.

IX. Jugendorgane

§ 38 Bundesjugendtag

(1) Dem Bundesjugendtag gehören stimmberechtigt an:

a) je zwei Vertreter der Landes- und Regionalverbände, die deren Jugendorgane aus ihrer Mitte wählen,

b) je ein Jugendsprecher der männlichen und der weiblichen Jugend aus den Regional- und Landesverbänden und des DHB oder deren Vertreter (Höchstalter: 23 Jahre am Tage ihrer Wahl),

c) die Mitglieder des Jugendausschusses, ausgenommen die unter § 40 Abs. 1 Buchst. c), f) und h) genannten Personen.

(2) Der Bundesjugendtag wählt:

a) den Vorsitzenden des Jugendausschusses, der Vizepräsident Jugend im DHBPräsidium ist,

b) den stellvertretenden Vorsitzenden des Jugendausschusses,

c) den DHB-Jugendsprecher und die DHB-Jugendsprecherin und deren Stellvertreter (aus dem Kreis der unter Abs. 1 Buchst. b) aufgeführten Personen) auf Vorschlag des Arbeitskreises Jugendsprecher,

d) fünf Vertreter der Landesverbände als Mitglieder des Jugendausschusses nach § 40 Abs. 1 Buchst. g) entsprechend der Einteilung der Oberligen gemäß § 38 Abs. 4 Spielordnung (SpO). Je 1 gemeinsamer Vertreter entfällt auf die Landesverbände Hamburg / Schleswig-Holstein / Berlin / Brandenburg / Mecklenburg-Vorpommern, Sachsen / Sachsen-Anhalt / Thüringen / Bremen / Niedersachsen, Westfalen / Niederrhein / Mittelrhein, Rheinhessen / Rheinland / Pfalz / Saar / Hessen, Baden / Südbaden / Württemberg / Bayern. Die stimmberechtigten Vertreter entsprechend Abs. 1 Buchst. a) und b) der so zusammengefassten Landesverbände schlagen diese aus ihrem Kreise vor.

(3) Die weiteren Aufgaben des Bundesjugendtages ergeben sich aus der Jugendordnung.

Die Jugendordnung darf keine Bestimmungen enthalten, die zum Regelungsgegenstand anderer Ordnungen oder Richtlinien des DHB gehören.

(4) Der nächste ordentliche Bundesjugendtag findet im Jahre 2013, ab 2013 alle vier Jahre, jeweils vor dem Bundestag des DHB statt. Der Termin muss vor Ablauf der Antragsfrist zum Bundestag des DHB liegen und ist vom Jugendausschuss vier Monate vorher bekannt zu geben. Die schriftliche Einberufung durch den Jugendausschuss muss sechs Wochen vor Beginn der Bundesjugendtages unter gleichzeitiger Bekanntgabe der Tagesordnung und der Anträge den stimmberechtigten Mitgliedern zugehen. Die Beschlüsse des Bundesjugendtages bedürfen der einfachen Mehrheit der abgegebenen gültigen Stimmen. Protokolle sind vom Leiter der Versammlung und vom Protokollführer zu unterzeichnen.

§ 39 Erweiterter Jugendausschuss

(1) Der Erweiterte Jugendausschuss setzt sich zusammen aus:

a) den Mitgliedern des Jugendausschusses,

b) je einem durch Jugendorgane gewählten Vertreter aus den Regionalverbänden,

c) je einem durch Jugendorgane gewählten Vertreter aus den Landesverbänden.

Daneben kann beratend je ein Vertreter des Leistungssports männlich und weiblich teilnehmen. Ferner können Experten zu bestimmten Sachfragen an Sitzungen des Jugendausschusses teilnehmen.

(2) Die Aufgaben des Erweiterten Jugendausschusses ergeben sich aus der Jugendordnung.

§ 40 Jugendausschuss

(1) Dem Jugendausschuss gehören stimmberechtigt an:

a) der Vizepräsident Jugend als Vorsitzender,

b) der Stellvertretende Vorsitzende des Jugendausschusses,

c) der Referent für Kinder- und Schulhandball,

d) der Jugendsprecher der männlichen Jugend oder dessen Stellvertreter,

e) die Jugendsprecherin der weiblichen Jugend oder deren Stellvertreterin,

f) der Vorsitzende des Jugendspielausschuss,

g) fünf vom Bundesjugendtag gewählte Vertreter der Landesverbände,

h) der Jugendsekretär.

Daneben kann beratend je ein Vertreter des Leistungssports männlich und weiblich teilnehmen. Ferner können Experten zu bestimmten Sachfragen an Sitzungen des Jugendausschusses teilnehmen.

(2) Die Aufgaben des Jugendausschusses ergeben sich aus der Jugendordnung.

(3) Die Geschäftsführung zwischen den Jugendausschusssitzungen obliegt dem Geschäftsführenden Jugendausschuss. Diesem gehören die in Abs. 1 Buchst. a), b), f) und h) genannten Personen an.

X. Kommissionen, Ausschüsse und Räte

§ 41 Leistungssportkommissionen

(1) Die Leistungssportkommission Männer und die Leistungssportkommission Frauen bestehen jeweils aus:

a) dem Vizepräsidenten Leistungssport als Vorsitzenden,

b) dem Sportdirektor als stellvertretenden Vorsitzenden,

c) dem jeweils zuständigen Bundestrainer Männer bzw. Frauen,

d) jeweils einem Vertreter der Ligaverbände,

e) dem jeweils verantwortlichen Nachwuchstrainer im männlichen bzw. weiblichen Bereich,

f) dem jeweils verantwortlichen, hauptamtlichen C-Kader-Trainer im männlichen bzw. weiblichen Bereich,

g) einem Vertreter der Sportmedizin,

h) einem Vertreter der Sportwissenschaft,

i) dem Vizepräsidenten Jugend,

j) einem Vertreter des Schiedsrichterausschusses,

k) dem Koordinator für Handball des DOSB-BL,

l) dem Bundeslehrwart,

m) einem Vertreter der Regional- und Landesverbände.

(2) Den Leistungssportkommissionen obliegen insbesondere:

a) die Förderung des Leistungssports einschließlich des Jugendbereiches,

b) die Genehmigung der sportfachlichen Planung der Spiele und Lehrgangsmaßnahmen für die DHB-Auswahlmannschaften,

c) die Genehmigung der Planung der entsprechenden Haushaltsvoranschläge,

d) ein Vorschlagsrecht zur Berufung der DHB-Trainer durch das Präsidium,

e) die allgemeine und individuelle Förderung und Betreuung der DHB-Auswahlmannschaften und -kaderspieler,

f) die Planung und Durchführung von Talent- und Nachwuchsförderungsmaßnahmen,

g) die Zusammenarbeit mit den Ligaverbänden,

h) die Koordination spieltechnischer Fragen zwischen DHB, Ligaverbänden und Regional- und Landesverbänden,

i) die Organisation regelmäßiger Tagungen mit den Spieltechnikern der Verbände,

j) die Konzeptionierung, Planung und Durchführung von Maßnahmen zur Trainer-Ausbildung.

(3) Der Sportdirektor ist Geschäftsführer der Leistungssportkommissionen. Er koordiniert in Leistungssportangelegenheiten die Kommissionen, Ausschüsse und Arbeitskreise des DHB und arbeitet mit den für den Leistungssport zuständigen staatlichen Institutionen und Sportorganisationen eng zusammen.

(4) Die Leistungssportkommissionen tagen mindestens zweimal jährlich.

§ 42 Ernennungsausschuss

(1) Dem Ernennungsausschuss gehören an:

a) der Vorsitzende des DHB-Bundesgerichts,

b) der Präsident der HBL,

c) der Vorsitzende der HBVF.

(2) Der Ernennungsausschuss bestimmt:

a) auf Antrag der Partei, die das Schiedsgericht anrufen will, den zweiten Schiedsrichter unter den in § 51 genannten Voraussetzungen,

b) auf Antrag einer Partei den Vorsitzenden des Schiedsgerichts unter den in § 51 genannten Voraussetzungen,

c) auf Antrag einer Partei bei Wegfall oder Verhinderung des Vorsitzenden einen Vorsitzenden unter den in § 51 genannten Voraussetzungen.

§ 42a Frauenkommission

(1) Der Frauenkommission gehören an:

a) die Frauenbeauftragte als Vorsitzende,

b) eine gewählte weibliche Vertreterin des Jugendausschusses,

c) drei Beisitzerinnen, die auf Vorschlag der Frauenbeauftragten vom Präsidium berufen werden.

(2) Die Frauenkommission hat das Recht, Mitglieder von Organen, Kommissionen, Ausschüssen und Räten des DHB sowie sonstige Personen zu ihren Sitzungen mit beratender Stimme hinzuzuziehen.

(3) Die Frauenkommission hat u.a. die Aufgabe:

a) die Vertretung der Frauen und Mädchen im DHB,

b) die Beratung und Unterstützung der Gremien bei der Umsetzung von Gender Mainstreaming,

c) die Kooperation mit nationalen und internationalen Frauenorganisationen.

d) Sie benennt dem Präsidium Vertreterinnen zur Berufung in Kommissionen bzw. Ausschüsse des DHB.

§ 43 Anti-Doping-Kommission

(1) Die Anti-Doping-Kommission besteht aus:

a) dem Vizepräsidenten Recht oder einem von ihm beauftragten Präsidiumsmitglied,

b) den Verbandsärzten der Nationalmannschaften der Männer und Frauen,

c) zwei weiteren Mitgliedern, die vom Präsidium jeweils auf Vorschlag der Ligaverbandsvorstände Männer und Frauen berufen werden und von denen eines die Befähigung zum Richteramt haben soll.

(2) Die Anti-Doping-Kommission verhängt die nach der Satzung, der Rechtsordnung bzw. dem Anti-Doping-Reglement vorgesehenen Strafen bei Dopingvergehen. Im Übrigen nimmt die Anti-Doping-Kommission die Aufgaben wahr, die ihr durch das vom Präsidium zu beschließende Anti-Doping-Reglement übertragen sind.

§ 44 Rechts- und Satzungskommission

(1) Die Rechts- und Satzungskommission besteht aus:

a) dem Vizepräsidenten Recht als Vorsitzenden,

b) zwei Vertretern der Regional- und Landesverbände, die von den Vertretern der Regional- und Landesverbände innerhalb einer Sitzung des Erweiterten Präsidiums zu berufen sind,

c) je einem Vertreter der Ligaverbände Männer und Frauen,

d) dem Vorsitzenden des Bundesgerichts,

e) den Vorsitzenden des Bundessportgerichts.

(2) Die Rechts- und Satzungskommission hat die Aufgabe, Anträge auf Änderungen der Satzung und der Ordnungen zu prüfen, vorzubereiten und den zur Beschlussfassung zuständigen Organen zuzuleiten. Sie ist nicht antragsberechtigt, hat aber das Recht, Empfehlungen zu geben.

§ 45 Finanzkommission

(1) Der Finanzkommission gehören an:

a) der Vizepräsident Finanzen als Vorsitzender,

b) zwei Vertreter der Regional- und Landesverbände, die von den Vertretern der Regional- und Landesverbände innerhalb einer Sitzung des Erweiterten Präsidiums zu berufen sind,

c) ein gemeinsamer Vertreter der Ligaverbände der Männer und der Frauen.

(2) Die Finanzkommission berät und unterstützt:

a) in Fragen und Angelegenheiten von grundsätzlicher finanzieller Bedeutung,

b) bei der Haushaltsplanung und Haushaltsfortschreibung,

c) den Vizepräsidenten Finanzen bei Einsprüchen gegen nicht haushaltsgedeckte Beschlussfassungen und Maßnahmen,

d) in Mitgliedsbeitragsfragen.

§ 46 Schiedsrichterausschuss

(1) Dem Schiedsrichterausschuss gehören an:

a) der Vizepräsident Leistungssport oder ein vom Präsidium beauftragter Vertreter als Vorsitzender,

b) der Schiedsrichterwart ,

c) der Schiedsrichterlehrwart,

d) der Beauftragte für Schiedsrichterbeobachtung,

e) jeweils 1 Vertreter des Ligaverbandes der Männer und des Ligaverbandes der Frauen,

f) ein beauftragter Schiedsrichterwart der Regionalverbände,

g) ein gewählter Vertreter des Schiedsrichter-A-Kaders,

h) der Schiedsrichteransetzer.

(2) Die Aufgaben und Entscheidungskompetenzen des Schiedsrichterausschusses regelt die Schiedsrichterordnung.

§ 47 Entwicklungsrat

(1) Dem Entwicklungsrat gehören an:

a) der Präsident oder ein anderes vom Präsidium bestimmtes Mitglied des Präsidiums,

b) ein vom Präsidium beauftragter hauptamtlicher Mitarbeiter,

c) der Vizepräsident Jugend oder ein anderes Mitglied des Jugendausschusses,

d) mindestens 3 weitere berufene Mitglieder.

Die Berufung dieser Mitglieder erfolgt durch das Erweiterte Präsidium auf Vorschlag des Präsidiums.

(2) Der Entwicklungsrat ist zuständig für die Weiterentwicklung des Handballsports unter Berücksichtigung sportlicher, kultureller und gesellschaftlicher Entwicklungen. Ihm obliegt insbesondere:

- die Erstellung, Erprobung und Fortschreibung von priorisierten Handlungsvorschlägen für die Weiterentwicklung des Handballsports als Entscheidungsgrundlage für das Präsidium,
- die Zusammenarbeit mit Organen und Institutionen, die sportpolitisch tätig sind oder sich mit der Entwicklung des Sports und der Sportarten befassen,
- die Organisation regelmäßiger Tagungen (mindestens einmal pro Legislaturperiode) mit den Verbänden und internen bzw. externen Experten.

(3) Der Entwicklungsrat hat das Recht, Mitglieder von Organen, Kommissionen, Ausschüssen und Räten des DHB sowie sonstige Personen zu seinen Sitzungen mit beratender Stimme hinzuzuziehen.

(4) Der Entwicklungsrat tagt mindestens einmal pro Jahr.

§ 48 Trainerrat männlich, Trainerrat weiblich

(1) Die sportfachliche Leitung des Trainerrats männlich und des Trainerrats weiblich obliegt dem Sportdirektor, im Verhinderungsfall dem jeweiligen Bundestrainer. Der jeweilige Trainerrat unterstützt in sportfachlichen Fragen die Leistungssportkommission. Dem Trainerrat gehören jeweils an:

a) der Sportdirektor,
b) der Bundestrainer,
c) der verantwortliche Nachwuchstrainer,
d) der verantwortliche Trainer des C-Kaders,
e) der verantwortlichen Trainer des D-Kaders,
f) ein Trainervertreter der Regional- und Landesverbände.

(2) Der Trainerrat ist insbesondere zuständig für:

a) die sportfachliche Planung der Umsetzung der Leistungssportkonzeption,

b) die sportfachliche Abstimmung zwischen den Kadern aller Auswahlmannschaften,

c) die sportfachliche Abstimmung der Lehrgangsmaßnahmen und Spiele aller Auswahlmannschaften,

d) die Einbringung von sportfachlichen Entwürfen in die Leistungssportkommission,

e) die Koordination der sportfachlicher Fragen zwischen DHB und Regional- und Landesverbänden,

f) die Erstellung von sportfachlichen Ausarbeitungen.

(3) Der Trainerrat tagt mindestens einmal im Jahr.

§ 48a Handball-Regionalrat

(1) Die Präsidenten der Regionalverbände und Landesverbände im DHB oder deren Vertreter bilden den Handball-Regionalrat (HRR), der neben der Förderung des Handballsports im Gesamtbereich des DHB vor allem die Interessen der Regional- und Landesverbände vertritt.

(2) Der Handball-Regionalrat organisiert den Spielbetrieb der Dritten Liga, deren Träger die Regional- und Landesverbände sind.

(3) Der HRR wählt im Rahmen der Tagung gemäß § 33 Abs. 2 einen Vorsitzenden und zwei Stellvertreter. Sie bilden den Vorstand des HRR.

(4) Der Vorsitzende des HRR vertritt im Präsidium die Regional- und Landesverbände.

(5) Der HRR gibt sich für seine Arbeit eine Geschäftsordnung.

XI. Rechtsinstanzen

§ 49 Bundesgericht

(1) Das Bundesgericht setzt sich zusammen aus dem Vorsitzenden und neun Beisitzern (je ein Beisitzer aus jedem Regionalverband, je zwei Beisitzer des Ligaverbandes der Männer bzw. der Frauen, für die die Verbände jeweils entsprechend das Vorschlagsrecht haben).

Die Mitglieder des Bundesgerichts können nicht zugleich eine weitere Funktion im DHB, in einem Ligaverband oder in einem Bundesligenverein innehaben.

(2) Das Bundesgericht übt die Rechtsprechung nach den Bestimmungen der Rechtsordnung (RO) in letzter Instanz aus. Der gewählte Vorsitzende benennt für Verhinderungsfälle einen der Beisitzer zum Vorsitzenden der Spruchinstanz. Der Vorsitzende und der jeweilige Vorsitzende der Spruchinstanz müssen die Befähigung zum Richteramt haben.

(3) Das Bundesgericht entscheidet grundsätzlich in der Besetzung mit einem Vorsitzenden und zwei vom Vorsitzenden bestimmten Beisitzern. Wird das Bundesgericht zur Feststellung des Widerspruchs zwischen Bundesrecht einerseits und Landes- oder Regionalrecht andererseits angerufen, entscheidet es in der Besetzung mit einem Vorsitzenden und vier vom Vorsitzenden bestimmten Beisitzern.

(4) Die Ligaverbände sind in Verfahren, an denen Bundesligavereine und/oder Bundesligaspieler beteiligt sind, Gebühren- und Kostenträger an Stelle des DHB.

§ 50 Bundessportgericht

(1) Das Bundessportgericht besteht aus zwei Kammern.

a) Die erste Kammer setzt sich zusammen aus dem Vorsitzenden und sechs Beisitzern. Sie ist für alle Rechtsfälle nach der Rechtsordnung mit Ausnahme der Rechtsfälle des Spielbetriebs der Ligaverbände zuständig. Das Vorschlagsrecht für die Wahl durch den Bundestag liegt bei den Regional- und Landesverbänden.

b) Die zweite Kammer setzt sich zusammen aus dem Vorsitzenden und sechs Beisitzern.

Sie ist für Rechtsfälle des Spielbetriebs der Ligaverbände zuständig. Das Vorschlagsrecht für die Wahl durch den Bundestag liegt bei den Ligaverbänden. Die Mitglieder des Bundessportgerichts können nicht zugleich eine weitere Funktion im DHB, in einem Ligaverband, in einem Bundesligenverein oder einem Verein der Dritten Liga innehaben.

(2) Das Bundessportgericht entscheidet nach den Bestimmungen der Rechtsordnung (RO).

Der gewählte Vorsitzende benennt für Verhinderungsfälle einen der Beisitzer zum Vorsitzenden der Spruchinstanz. Der Vorsitzende und der jeweilige Vorsitzende der Spruchinstanz müssen die Befähigung zum Richteramt haben.

(3) Das Bundessportgericht entscheidet in der Besetzung mit einem Vorsitzenden und zwei vom Vorsitzenden bestimmten Beisitzern.

(4) Die Ligaverbände sind in Verfahren, an denen Bundesligavereine und/oder Bundesligaspieler beteiligt sind, Gebühren- und Kostenträger an Stelle des DHB.

XII. Schiedsgerichtsbarkeit

§ 51 Schiedsgericht

(1) Dopingvergehen werden unter Ausschluss des verbandsinternen Instanzenzuges sowie des ordentlichen Rechtsweges durch ein Schiedsgericht entschieden.

(2) Das Schiedsgericht besteht aus drei Schiedsrichtern, von denen mindestens der Vorsitzende die Befähigung zum Richteramt haben muss. Die Parteien können vereinbaren, dass die Streitigkeit nur durch einen Schiedsrichter entschieden wird, der die Befähigung zum Richteramt haben muss.

(3) Jede Partei ernennt einen Schiedsrichter. Die Partei, die das Schiedsgericht anrufen will, hat dies der anderen Partei unter kurzer Angabe des Sachverhalts durch eingeschriebenen Brief mitzuteilen und gleichzeitig einen Schiedsrichter zu benennen. Die andere Partei hat spätestens zehn Tage nach Erhalt der Mitteilung ihrerseits einen Schiedsrichter zu benennen. Erfolgt diese Benennung nicht, hat die anrufende Partei eine Nachfrist von weiteren sieben Tagen zu setzen, nach deren Ablauf sie die Benennung des zweiten Schiedsrichters durch den Ernennungsausschuss beantragen kann.

(4) Die beiden Schiedsrichter haben sich binnen zehn Tagen nach der Benennung des zweiten Schiedsrichters auf einen Vorsitzenden zu einigen. Kommt die Einigung innerhalb dieser Frist nicht zustande, und einigen sich die beiden Schiedsrichter auch nicht innerhalb einer Nachfrist von fünf Tagen auf einen Vorsitzenden, so wird er auf Antrag einer Partei von dem Ernennungsausschuss bestimmt.

(5) Bei Wegfall oder Verhinderung eines Schiedsrichters wird der Nachfolger ebenso ausgewählt wie der Vorgänger.

(6) Die Schiedsrichter sind bei ihrer Entscheidung an die Satzung und die Ordnungen des DHB und seiner Mitgliedsverbände sowie die Vorschriften des materiellen Rechts der Bundesrepublik Deutschland gebunden. Soweit in den Satzungen und in den Ordnungen zulässigermaßen nicht anderes bestimmt ist, gelten für das Schiedsverfahren die allgemeinen Vorschriften der Zivil- bzw. der Strafprozessordnung. Für alle Maßnahmen, die unbeschadet dieser Schiedsvereinbarung die Einschaltung der ordentlichen Gerichte erfordern, ist im Rahmen des gesetzlich Zulässigen das Landgericht Dortmund ausschließlich zuständig.

(7) Das Schiedsgericht ist kein Organ des DHB. Die Mitglieder des Schiedsgerichts sind unabhängig und an Weisungen nicht gebunden.

§ 52 Ständiges Schiedsgericht, Court of Arbitration for Sport (CAS)

(1) Der DHB anerkennt den Court of Arbitration for Sport (CAS) mit Sitz in Lausanne (Schweiz) als unabhängige richterliche Instanz in internationalen Streitigkeiten und unterwirft sich den Entscheidungen des CAS, soweit zwingendes nationales oder internationales Recht nicht entgegensteht oder die IHF- oder EHF-Reglemente Ausnahmen zulassen.

(2) Der DHB anerkennt weiter, dass der IHF und der Welt-Anti-Doping-Agentur (WADA) gegen verbandsintern endgültige Entscheidungen in Dopingangelegenheiten, die der IHF und der WADA umgehend vorzulegen sind, ein Berufungsrecht beim CAS zusteht.

XIII. Schlussbestimmungen

§ 53 Ehrenamtlichkeit/Aufwandsentschädigung/Vergütung

(1) Alle nach dieser Satzung in ein Amt Gewählten und Berufenen sind grundsätzlich ehrenamtlich tätig.

(2) An die Präsidiumsmitglieder gemäß § 26 BGB kann eine pauschale Aufwandsentschädigung gezahlt werden, über deren Höhe das Erweiterte Präsidium entscheidet. Unabhängig von dieser Aufwandsentschädigung, die ausschließlich als pauschaler Aufwandsersatz für eigene Zeit- und Arbeitsaufwendungen gilt, insbesondere für die Teilnahme an Präsidiumssitzungen, steht unabhängig hiervon den Präsidiumsmitgliedern ein Auslagen- und Aufwendungsersatzanspruch ergänzend zu, soweit nach den bestehenden Reisekostenrichtlinien ein Anspruch auf Auslagenersatz/Entschädigung gemäß § 670 BGB besteht. Hierfür wird vorausgesetzt, dass es sich um eine nachweisbare Ausgabe im Interesse des Verbandes bzw. ein Anspruch auf Abrechnung nach steuerrechtlichen Dienstreisegrundsätzen handelt.

(3) Das Präsidium kann gewählten und berufenen Amtsträgern eine Aufwandsentschädigung nach § 3 Nr. 26a Einkommensteuergesetz (ESTG) (Ehrenamtspauschale) gewähren.

§ 54 Amtliche Bekanntmachungen

Amtliche Bekanntmachungen des DHB werden durch Rundschreiben an die Mitglieder postalisch, per Telefax oder per E-Mail oder in einem Bekanntmachungsorgan veröffentlicht, das durch Präsidiumsbeschluss bestimmt wird.

§ 54a Datenverarbeitung und Datenschutz

(1) Zur Erfüllung der Zwecke und Aufgaben des DHB werden unter Beachtung der gesetzlichen Bestimmungen des Bundesdatenschutzgesetzes (BDSG) personenbezogene Daten über die persönlichen und sachlichen Verhältnisse der hauptamtlichen, ehrenamtlichen und Honorar-Mitarbeiter in DHB-Organen, Verwaltung und Spielbetrieb sowie sonstiger Personen (z.B. Handballspieler, Tagungsteilnehmer, Lizenznehmer etc.) erhoben, in der Datenverarbeitung des DHB bearbeitet, gespeichert, übermittelt und verändert.

(2) Von den zur Erfüllung der Verbandszwecke gespeicherten Daten können Bildnis, Namen, Titel, akademische Grade, Anschrift, Geburtsjahr, Telefonnummer, Berufs-, Branchen- und Geschäftsbezeichnungen und Angaben über die Zugehörigkeit zu einer Gruppe, insbesondere über die Vereinszugehörigkeit, unter Beachtung der datenschutzrechtlichen Bestimmungen zu Veranstaltungs-, Spielbetrieb-, Marketing-, Öffentlichkeitsarbeits-, Werbezwecken und zu Spielübertragungszwecken in den Medien im Interesse des Handballsports, insbesondere des DHB, seiner Mitgliedsverbände, der ihnen angehörenden Vereine und deren Mitglieder, genutzt werden, soweit die Betroffenen der Nutzung nicht widersprechen.

(3) Jede Person hat das Recht auf

a) Auskunft über die zu seiner Person gespeicherten Daten,

b) Berichtigung der zu seiner Person gespeicherten Daten, wenn sie unrichtig sind,

c) Sperrung der zu seiner Person gespeicherten Daten, wenn sich bei behaupteten Fehlern weder deren Richtigkeit noch deren Unrichtigkeit feststellen lässt,

d) Löschung der zu seiner Person gespeicherten Daten, wenn die Speicherung unzulässig war.

(4) Den Organen und allen Mitarbeitern des DHB ist es untersagt, personenbezogene Daten unbefugt zu anderen als den zur jeweiligen Aufgabenerfüllung gehörenden Zwecken des DHB zu verarbeiten, bekannt zu geben, Dritten zugänglich zu machen oder sonst zu nutzen. Diese Pflicht besteht auch über das Ausscheiden der oben genannten Personen aus dem DHB hinaus.

(5) Der DHB und von ihm mit der Datenverarbeitung beauftragte Dritte sind bei der Erhebung, Verarbeitung, und Nutzung der Daten an die Bestimmungen des Bundesdatenschutzgesetzes gebunden. Sie stellen insbesondere sicher, dass die personenbezogenen Daten durch geeignete technische und organisatorische Maßnahmen vor der unbefugten Kenntnisnahme Dritter geschützt werden und ausschließlich die zuständigen Stellen Zugriff auf diese Daten haben. Dies gilt entsprechend, wenn der DHB ein Informationssystem gemeinsam mit anderen Mitgliedsverbänden nutzt und betreibt. Zugriffsrechte dürfen nur erteilt werden, soweit dies zur Erfüllung der Verbandszwecke notwendig oder aus anderen Gründen datenschutzrechtlich zulässig ist. Der DHB und von ihm mit der Datenverarbeitung beauftragte Dritte achten darauf, dass bei der Datenverarbeitung schutzwürdige Belange der betroffenen Personen berücksichtigt werden.

§ 55 Auflösung

(1) Der Bundestag beschließt die Auflösung des DHB mit drei Vierteln der abgegebenen Stimmen. Stimmenthaltungen und ungültige Stimmen gehören nicht zu den abgegebenen Stimmen.

(2) Der Antrag auf Auflösung des DHB muss aus der Tagesordnung des betreffenden Bundestages ersichtlich sein. Er kann weder als Dringlichkeitsantrag noch als Anschluss- oder Erweiterungsantrag eingebracht werden.

(3) Im Falle einer Auflösung fällt das vorhandene Vermögen nach Erfüllung aller Verbindlichkeiten an den Deutschen Sportbund. Es darf nur für gemeinnützige sportliche und jugendpflegerische Zwecke verwendet werden.

2011 Verteilung der LV-Stimmen nach dem Verhältnis der Mannschaftszahlen (d'Hondt'sches Verfahren)

RV'e = 5 50
LV'e = 22

Landesverbände	Mannsch.	Delegierte
Niedersachsen	3.655	8
Westfalen	3.179	7
Bayern	2.855	6
Württemberg	2.802	6
Hessen	2.303	5
Niederrhein	1.844	4
Schleswig-Holstein	1.703	3
Baden	1.047	2
Sachsen	911	2
Mittelrhein	895	1
Südbaden	865	1
Hamburg	737	1
Sachsen-Anhalt	549	1
Berlin	529	1
Brandenburg	523	1
Saar	447	0
Pfalz	436	0
Rheinland	398	0
Thüringen	336	0
Mecklenburg-Vorpommern	300	0
Bremen	270	0
Rheinhessen	270	0
	26.854	49

Stimmenverhältnis im Bundestag		bei Wahlen
Präsidium (ohne Ligavertreter)	6	1
2 Ligavorsitzende im Präsidium	2	2
RV-Präsidenten	5	5
LV-Präsidenten	22	22
Landesverb.: Variable (d'Hondt)	49	49
2 Ligavertreter im EP	2	2
Delegierte Ligav. Männer	13	13
Delegierte Ligav. Frauen	13	13
Frauenbeauftragte	1	1
	113	108

Stimmenverhältnis im EP	
Präsidium (ohne Ligavertreter)	6
2 Ligavorsitzende im Präsidium	2
RV-Präsidenten	5
LV-Präsidenten	22
LV Präs.: Variable (d'Hondt)	49
1 Ligavertreter Männer	14
1 Ligavertreter Frauen	14
Frauenbeauftragte	1
	113

§ 22 (1) c) und § 32 (2) b) cc) DHB-Satzung:

Wenn für die Vergabe der letzten Stimme der Landesverbände (z.Zt. 49) mehr identische Divisionsergebnisse (d'Hondt) vorliegen als Stimmen zu vergeben sind, wird die Vergabe der letzten Stimme unter den betroffenen Verbänden ausgelost.

[58] Nationaler Anti Doping Code der Nationalen Anti Doping Agentur Deutschland 2009[6]

In der Fassung vom 4.11.2010.

Geleitwort

Doping steht im Widerspruch zum Geist des Sports. Wer sich einen Vorteil dadurch zu verschaffen versucht, dass er sich im Training oder im Wettkampf verbotener Substanzen oder Methoden zur Leistungssteigerung bedient, missachtet die Fairness, betrügt die anderen Sportler und die Zuschauer und gefährdet seine Gesundheit. Alle Athletinnen und Athleten auf der Welt haben ein Grundrecht auf Teilnahme an einem fairen, sauberen Sport. Dieses Grundrecht durchzusetzen und zu schützen, ist Aufgabe der World Anti-Doping Agency (WADA) und der nationalen Anti-Doping-Agenturen, der internationalen und der nationalen Sportverbände, der internationalen Organisationen und der einzelnen Staaten. Letztlich ist es die Aufgabe aller, denen der Sport am Herzen liegt. Als unabhängiges Kompetenzzentrum ist die Nationale Anti Doping Agentur Deutschland (NADA) dieser Aufgabe durch ihre Stiftungsverfassung verpflichtet. Das weltweite Programm zur Bekämpfung des Dopings umfasst drei Komponenten:

(a) den WADA-Code[7] mit den elementaren Vorschriften, was erlaubt ist und was nicht und wie bei Verstößen vorzugehen ist,

(b) die ebenfalls zwingend einzuhaltenden International Standards mit technischen Vorgaben zur Umsetzung des WADA-Codes auf bestimmten Gebieten und

(c) Empfehlungen zur bestmöglichen Umsetzung („best practice"), an denen man sich orientieren kann, aber nicht muss.

---

[6] Zu berücksichtigen sind auch die Anhänge 1 und 2 des NADA-Anti-Doping-Codes, die Begriffsbestimmungen und Kommentare bieten; zu finden unter: http://www.nada-bonn.de/fileadmin/user_upload/nada/Recht/Regelwerke/100701_NADA-Code_komplett.pdf sowie die NADA-Standards für Dopingkontrollen, Datenschutz, Meldepflichten und Medizinische Ausnahmegenehmigungen zu finden unter: http://www.nada-bonn.de.

[7] Zu finden unter: http://www.nada-bonn.de/fileadmin/user_upload/nada/Downloads/Regelwerke/08305_WADA-Code_v2009_EN.pdf.

Der WADA-Code, der als nichtstaatliches Regelwerk seit dem Jahr 2003 Grundlage für sämtliche Anti-Doping-Regelwerke war, ist durch das Internationale Übereinkommen gegen Doping im Sport, das auf der 33. Sitzung der Generalkonferenz der UNESCO am 19. Oktober 2005 verabschiedet wurde, auch auf staatliche Ebene transportiert worden. Die Bundesrepublik Deutschland hat dieses UNESCO-Übereinkommen im Jahr 2007 ratifiziert.

Zu Beginn des Jahres 2009 tritt ein neuer, überarbeiteter WADA-Code mit entsprechend angepassten International Standards in Kraft. Der bisherige WADA-Code war ein erster wichtiger Schritt im weltweiten Anti-Doping-Kampf und hat gewisse Standards gesetzt. Mit der neuen Fassung wird jetzt ein weiterer Schritt zur Harmonisierung der internationalen und nationalen Regelwerke getan. Auch in Deutschland sind alle Beteiligten gehalten, ihre Regelwerke bis zum 1. Januar 2009 an den neuen WADA-Code angepasst zu haben. Das ist sicherlich eine Herausforderung, die aber mit gutem Willen und wechselseitiger Unterstützung bewältigt werden kann.

Es gibt dazu keine Alternative: Der WADA-Code lässt keinen Spielraum, und andere Länder stehen vor der gleichen Herausforderung. Der neue Nationale Anti Doping Code (NADC 2009), der hier vorgelegt wird, ist die Umsetzung des neuen WADA-Codes in Deutschland. Aufgrund der Vorgaben des Artikels 23.2.2 WADA-Code sind die dort aufgeführten Hauptbestandteile des Regelwerks zwingend und wortwörtlich von der NADA umzusetzen gewesen. Bei der Übernahme des NADC 2009 in Verbandsregelwerke ist diese Vorgabe ebenso maßgeblich. Auch sind die Kommentare zu diesen Artikeln zwingend umzusetzen und bei der Anwendung heranzuziehen.

Der NADC 2009 ist intensiv mit Vertretern des Deutschen Olympischen Sportbundes (DOSB) und Anti-Doping-Beauftragten sowie Rechtsexperten von Sportverbänden, der Deutschen Institution für Schiedsgerichtsbarkeit (DIS), dem Bundesministerium des Innern sowie europäischen Anti-Doping-Organisationen beraten worden. Allen, die in dieser Arbeitsgruppe mitgewirkt haben, sei herzlich gedankt. Sie haben sich von dem Bestreben leiten lassen, auf der Grundlage der Vorgaben der WADA einen ebenso wirksamen wie praktikablen Anti-Doping-Code zu schaffen. Auch sei denjenigen gedankt, die durch ihre

Stellungnahmen und Hinweise zum ersten Entwurf des NADC 2009 maßgeblich dazu beigetragen haben, ein umfassendes und die Bedürfnisse des Sports berücksichtigendes Anti-Doping-Regelwerk zu schaffen. Zu danken ist schließlich Anja Berninger und ihren Mitarbeitern im Justitiariat der NADA – Lars Mortsiefer, Christian Theißen und Jens Saatkamp –, die das schier Unmögliche möglich gemacht haben, nämlich den neuen WADA-Code rechtzeitig und abgestimmt umzusetzen. Der NADC 2009 richtet sich grundsätzlich an alle Sporttreibende und in den Sport Involvierte, insbesondere an

- alle nationalen Sportfachverbände, Landessportbünde und andere Anti-Doping- Organisationen, die ihn durch eine vertragliche Vereinbarung mit der NADA anerkannt haben,
- alle Athletinnen und Athleten, die Mitglied eines nationalen Sportfachverbandes sind oder als Mitglied eines Teams mit deutscher Lizenz am Sportbetrieb in Deutschland teilnehmen oder mittelbar auf jede andere mögliche Art und Weise (Regelanerkennungsverträge, Lizenzen o.ä.) dem Regelwerk des jeweiligen nationalen Sportfachverbandes unterliegen,
- alle Athletinnen und Athleten, die an Wettkämpfen teilnehmen,
- AthletenbetreuerInnen und andere Personen, die Athletinnen und Athleten im weitesten Sinne unterstützen oder mit ihnen zusammenarbeiten.

Soweit Bestimmungen des NADC und seiner Standards nur auf eine bestimmte Gruppe von Athletinnen und Athleten (beispielsweise bestimmter Testpools) oder andere Personen anzuwenden sind, ist dies ausdrücklich in den Bestimmungen genannt.

Der neue NADC 2009 ist ein weiterer Schritt auf dem Weg, Doping im Sport aufzuspüren, zu unterbinden und zu ächten. Das Kompetenzzentrum NADA steht bereit, bei der Umsetzung des NADC 2009 mit Rat und Tat zur Seite zu stehen.

Armin Baumert, Vorsitzender des Vorstands
Dr. Göttrik Wewer, Geschäftsführendes Vorstandsmitglied
Hanns-Michael Hölz, Vorsitzender des Kuratoriums

Nationaler Anti Doping Code 2009

Artikel 1 Definition des Begriffs Doping

Doping wird definiert als das Vorliegen eines oder mehrerer der nachfolgend in Artikel 2.1 bis Artikel 2.8 festgelegten Verstöße gegen Anti-Doping-Bestimmungen.

Artikel 2 Verstöße gegen Anti-Doping-Bestimmungen

Athleten oder andere Personen sind selbst dafür verantwortlich, davon Kenntnis zu haben, was einen Verstoß gegen eine Anti-Doping-Bestimmung darstellt und welche Substanzen und Methoden in der Verbotsliste aufgenommen worden sind.

Verstöße gegen Anti-Doping-Bestimmungen sind:

2.1 Das Vorhandensein einer Verbotenen Substanz, ihrer Metaboliten oder Marker in der Probe eines Athleten.

2.1.1 Es ist die persönliche Pflicht eines jeden Athleten, dafür zu sorgen, dass keine Verbotene Substanz in seinen Körper gelangt. Athleten sind für jede Verbotene Substanz oder ihre Metaboliten oder Marker verantwortlich, die in ihrer Probe gefunden werden. Demzufolge ist es nicht erforderlich, dass Vorsatz, Verschulden, Fahrlässigkeit oder bewusster Gebrauch auf Seiten des Athleten nachgewiesen wird, um einen Verstoß gegen Anti-Doping-Bestimmungen gemäß Artikel 2.1 zu begründen.

2.1.2 Ein ausreichender Nachweis eines Verstoßes gegen Anti-Doping-Bestimmungen gemäß Artikel 2.1 ist in den beiden nachfolgenden Fällen gegeben: das Vorhandensein einer Verbotenen Substanz, ihrer Metaboliten oder Marker in der A-Probe eines Athleten, wenn der Athlet auf die Analyse der B-Probe verzichtet und die B-Probe nicht analysiert wird; oder, wenn die B-Probe des Athleten analysiert wird und das Analyseergebnis das Vorhandensein der Verbotenen Substanz oder ihrer Metaboliten oder Marker in der A-Probe des Athleten bestätigt.

2.1.3 Mit Ausnahme solcher Substanzen, für die in der Verbotsliste spezifische Grenzwerte festgelegt sind, begründet das Vorhandensein jeglicher Menge einer Verbotenen Substanz, ihrer Metaboliten oder Marker in der Probe eines Athleten einen Verstoß gegen Anti-Doping-Bestimmungen.

2.1.4 Abweichend von der allgemeinen Regelung des Artikels 2.1 können in der Verbotsliste oder den International Standards spezielle Kriterien zur Bewertung Verbotener Substanzen, die auch endogen produziert werden können, festgelegt werden.

2.2 Der Gebrauch oder der Versuch des Gebrauchs einer Verbotenen Substanz oder einer Verbotenen Methode durch einen Athleten.

2.2.1 Es ist die persönliche Pflicht eines jeden Athleten, dafür zu sorgen, dass keine Verbotene Substanz in seinen Körper gelangt. Demzufolge ist es nicht erforderlich, dass ein vorsätzlicher, schuldhafter, fahrlässiger oder bewusster Gebrauch des Athleten nachgewiesen wird, um einen Verstoß gegen Anti-Doping-Bestimmungen wegen des Gebrauchs einer Verbotenen Substanz oder einer Verbotenen Methode zu begründen.

2.2.2 Der Erfolg oder der Misserfolg des Gebrauchs einer Verbotenen Sub- oder einer Verbotenen Methode ist nicht maßgeblich. Es ist ausreichend, dass die Verbotene Substanz oder die Verbotene Methode gebraucht oder ihr Gebrauch versucht wurde, um einen Verstoß gegen Anti-Doping-Bestimmungen zu begehen.

2.3 Die Weigerung oder das Unterlassen ohne zwingenden Grund, sich nach entsprechender Aufforderung einer gemäß anwendbaren Anti-Doping-Bestimmungen zulässigen Probenahme zu unterziehen, oder jede anderweitige Umgehung einer Probenahme.

2.4 Der Verstoß gegen anwendbare Vorschriften zur Verfügbarkeit des Athleten für Trainingskontrollen, einschließlich Meldepflichtversäumnisse und Versäumte Kontrollen, die auf der Grundlage von Bestimmungen festgestellt wurden, die dem International Standard for Testing entsprechen.

Jede Kombination von drei Versäumten Kontrollen und/ oder Meldepflichtversäumnissen innerhalb eines Zeitraumes von 18 Monaten, die von für den Athleten zuständigen Anti-Doping-Organisationen festgestellt wurden, stellt einen Verstoß gegen Anti-Doping-Bestimmungen dar.

2.5 Die Unzulässige Einflussnahme oder der Versuch der Unzulässigen Einflussnahme auf irgendeinen Teil des Dopingkontrollverfahrens.

2.6 Der Besitz Verbotener Substanzen und Verbotener Methoden:

2.6.1 Der Besitz durch einen Athleten Innerhalb des Wettkampfes von Verbotenen Methoden oder Verbotenen Substanzen, oder der Besitz Außerhalb des Wettkampfs von Methoden oder Substanzen, die Außerhalb des Wettkampfs verboten sind. Dies gilt nicht, sofern der Athlet den Nachweis erbringt, dass der Besitz auf Grund einer Medizinischen Ausnahmegenehmigung, die im Einklang mit Artikel 4.4 erteilt wurde, oder auf Grund einer anderen annehmbaren Begründung gerechtfertigt ist.

2.6.2 Der Besitz durch einen Athletenbetreuer Innerhalb des Wettkampfs von Verbotenen Methoden oder Verbotenen Substanzen, oder der Besitz außerhalb des Wettkampfs von Methoden oder Substanzen, die außerhalb des Wettkampfs verboten sind, sofern der Besitz in Verbindung mit einem Athleten, einem Wettkampf oder einem Training steht. Dies gilt nicht, sofern der Athletenbetreuer den Nachweis erbringt, dass der Besitz auf Grund einer Medizinischen Ausnahmegenehmigung eines Athleten, die im Einklang mit Artikel 4.4 erteilt wurde, oder auf Grund einer anderen annehmbaren Begründung gerechtfertigt ist.

2.7 Das Inverkehrbringen oder der Versuch des Inverkehrbringens von einer Verbotenen Substanz oder einer Verbotenen Methode.

2.8 Die Verabreichung oder der Versuch der Verabreichung an Athleten von Verbotenen Methoden oder Verbotenen Substanzen Innerhalb des Wettkampfs, oder Außerhalb des Wettkampfs die Verabreichung oder der Versuch der Verabreichung an Athleten von Methoden oder Substanzen, die Außerhalb des Wettkampfs verboten sind, sowie jegliche Unterstützung, Aufforderung, Hilfe, Mithilfe, Verschleierung oder sonstige Beteiligung bei einem Verstoß oder einem Versuch eines Verstoßes gegen Anti-Doping-Bestimmungen.

Artikel 3 Nachweis eines Verstoßes gegen Anti-Doping-Bestimmungen

3.1 Beweislast und Beweismaß

Die Anti-Doping-Organisation trägt die Beweislast für das Vorliegen eines Verstoßes gegen Anti-Doping-Bestimmungen. Das Beweismaß besteht darin, dass die Anti-Doping-Organisation gegenüber dem Disziplinarorgan überzeugend darlegen kann, dass ein Verstoß gegen Anti-Doping-Bestimmungen vorliegt, wobei die Schwere des Vorwurfs zu berücksichtigen ist. Die Anforderungen an das Beweismaß sind in jedem Fall höher als die gleich hohe Wahrscheinlichkeit, jedoch geringer als ein Beweis, der jeden vernünftigen Zweifel ausschließt. Liegt die Beweislast zur Widerlegung einer Vermutung oder zum Nachweis außergewöhnlicher Tatsachen oder Umstände gemäß dem NADC bei dem Athleten oder der anderen Person, dem/der ein Verstoß gegen Anti-Doping-Bestimmungen vorgeworfen wird, so liegen die Anforderungen an das Beweismaß in der gleich hohen Wahrscheinlichkeit. Dies gilt nicht in den Fällen von Artikel 10.4 und Artikel 10.6, in denen der Athlet eine höhere Beweislast tragen muss.

3.2 Verfahren zur Feststellung von Tatsachen und Vermutungen

Tatsachen im Zusammenhang mit Verstößen gegen Anti-Doping-Bestimmungen können durch jegliche verlässliche Mittel, einschließlich Geständnis, bewiesen werden. Die folgenden Beweisregeln gelten in Dopingfällen:

3.2.1 Bei WADA-akkreditierten Laboren wird widerlegbar vermutet, dass diese die Analysen der Proben gemäß dem International Standard for Laboratories durchgeführt haben und mit den Proben entsprechend verfahren wurde. Der Athlet oder die andere Person kann diese Vermutung widerlegen, indem er/sie eine Abweichung vom International Standard for Laboratories nachweist, die nach vernünftigem Ermessen das Von der Norm abweichende Analyseergebnis verursacht haben könnte. Widerlegt der Athlet oder die andere Person die vorhergehende Vermutung, indem er/sie nachweist, dass eine Abweichung vom International Standard for Laboratories vorlag, die nach vernünftigem Ermessen das Von der Norm abweichende Analyseergebnis verursacht haben könnte, so obliegt es der Anti-Doping-Organisation nachzuweisen, dass die Abweichung das Von der Norm abweichende Analyseergebnis nicht verursacht hat.

3.2.2 Abweichungen von einem anderen International Standard oder von einer anderen Anti-Doping-Bestimmung oder Ausführungsbestimmung, die nicht die Ursache für ein Von der Norm abweichendes Analyseergebnis oder für einen anderen Verstoß gegen Anti-Doping-Bestimmungen waren, bewirken nicht die Ungültigkeit der entsprechenden Ergebnisse. Erbringt der Athlet oder die andere Person den Nachweis, dass eine solche Abweichung vorliegt, die nach vernünftigem Ermessen das von der Norm abweichende Analyseergebnis oder einen anderen Verstoß gegen Anti-Doping-Bestimmungen verursacht haben könnte, so obliegt es der Anti-Doping-Organisation nachzuweisen, dass die Abweichung das von der Norm abweichende Analyseergebnis oder die dem Verstoß zugrunde gelegten Tatsachen für den Verstoß gegen Anti-Doping-Bestimmungen nicht verursacht hat.

3.2.3 Sachverhalte, die durch die Entscheidung eines Gerichts oder eines zuständigen Berufs-Disziplinargerichts, welche nicht Gegenstand eines laufenden Rechtsbehelfsverfahrens ist, festgestellt wurden, gelten als unwiderlegbarer Beweis gegen den Athleten oder die andere Person, den/die die entsprechende Entscheidung betroffen hat. Dies gilt nicht, sofern der Athlet oder die andere Person nachweisen kann, dass die Entscheidung gegen den deutschen ordre public verstoßen hat.

3.2.4 Das Disziplinarorgan kann in einem Verfahren wegen eines Verstoßes gegen Anti-Doping-Bestimmungen negative Rückschlüsse aus der Tatsache ziehen, dass der Athlet oder die andere Person, dem/der ein Verstoß gegen Anti-Doping-Bestimmungen vorgeworfen wird, sich nach einer mit angemessener Vorlaufzeit ergangenen Aufforderung weigert, an der Anhörung (gemäß den Anweisungen des Disziplinarorgans entweder persönlich oder telefonisch) teilzunehmen und Fragen des Disziplinarorgans oder der Anti-Doping-Organisation zu beantworten, die ihm/ihr den Verstoß gegen Anti-Doping-Bestimmungen vorwirft.

Artikel 4 Die Verbotsliste

4.1 Veröffentlichung und Verbindlichkeit der Verbotsliste

Die WADA veröffentlicht so oft wie nötig, mindestens jedoch einmal jährlich, die Verbotsliste als International Standard. Die NADA veröffentlicht das englische Original und die deutsche Übersetzung der Verbotsliste auf ihrer Homepage (www.nada-bonn.de).

Sofern die jeweils veröffentlichte Verbotsliste nichts Abweichendes vorsieht, tritt diese und ihre Überarbeitungen drei Monate nach Veröffentlichung durch die WADA in Kraft, ohne dass es hierzu weiterer Maßnahmen seitens der Anti-Doping-Organisationen bedarf. Die Verbotsliste ist in ihrer jeweils aktuellen Fassung Bestandteil des NADC.

4.2 In der Verbotsliste aufgeführte Verbotene Substanzen und Verbotene Methoden

4.2.1 Verbotene Substanzen und Verbotene Methoden

Die Verbotsliste führt diejenigen Verbotenen Substanzen und Verbotenen Methoden auf, die wegen ihres Potenzials zur Leistungssteigerung oder ihres Maskierungspotenzials zu jeder Zeit (Außerhalb und Innerhalb des Wettkampfs) als Dopingmittel verboten sind, sowie jene Substanzen Methoden, die nur Innerhalb des Wettkampfes verboten sind. Die WADA kann die Verbotsliste für bestimmte Sportarten ausdehnen. Verbotene Substanzen und Verbotene Methoden können in die Verbotsliste als allgemeine Kategorie (z.B. Anabolika) oder mit speziellem Verweis auf eine bestimmte Substanz oder eine bestimmte Methode aufgenommen werden.

4.2.2 Spezifische Substanzen

Für die Anwendung des Artikels 10 gelten alle Verbotenen Substanzen als Spezifische Substanzen, mit Ausnahme der Substanzen der Sub-Substanzen“ und „Hormone“ sowie den Stimulanzien, Hormonantagonisten und Modulatoren, die nicht als Spezifische Substanzen in der Verbotsliste aufgeführt sind. Verbotene Methoden gelten nicht als Spezifische Substanzen.

4.3 Die Festlegung der WADA, welche Verbotenen Substanzen und Verbotenen Methoden in die Verbotsliste aufgenommen werden, und die Einordnung der Substanzen in bestimmte Kategorien ist verbindlich und kann weder von Athleten noch von anderen Personen mit der Begründung angegriffen werden, dass die Substanz oder Methode kein Maskierungsmittel ist, nicht das Potenzial hat, die Leistung zu steigern, kein Gesundheitsrisiko darstellt oder nicht gegen den Sportsgeist verstößt.

4.4 Medizinische Ausnahmegenehmigungen

Das Vorhandensein einer Verbotenen Substanz im Körper eines Athleten unter Vorliegen einer entsprechenden Medizinischen Ausnahmegenehmigung stellt keinen Verstoß gegen Anti-Doping-Bestimmungen gemäß Artikel 2 dar. Das Verfahren zum Antrag und zur Ausstellung von Medizinischen Ausnahmegenehmigungen richtet sich nach dem Standard für Medizinische Ausnahmegenehmigungen.

Artikel 5 Dopingkontrollen

5.1 Zuständigkeit für die Organisation und Durchführung von Dopingkontrollen

5.1.1 Die NADA ist zuständig für die Organisation und Durchführung von Trainingskontrollen

bei Athleten des Testpools der NADA und sonstiger dem Anwendungsbereich des NADC unterfallender Athleten. Ungeachtet dessen sind die WADA, das Internationale Olympische Komitee oder Internationale Paralympische Komitee im Zusammenhang mit den Olympischen Spielen oder den Paralympischen Spielen und der Internationale Sportfachverband des Athleten berechtigt, Trainingskontrollen zu organisieren und durchzuführen.

5.1.2 Für die Organisation und Durchführung von Dopingkontrollen Innerhalb des Wettkampfs ist die den Wettkampf veranstaltende Anti-Doping-Organisation zuständig, soweit die Zuständigkeit nicht der NADA übertragen wurde. Die NADA ist berechtigt, in Abstimmung mit der den Wettkampf veranstaltenden Anti-Doping-Organisation zusätzliche Dopingkontrollen während des Wettkampfs durchzuführen. Die Anti-Doping-Organisation informiert die NADA über ihre geplante Kontrolltätigkeit im Rahmen von Wettkämpfen, die sie veranstaltet.

5.2 Testpool und Pflicht der Athleten, sich Dopingkontrollen zu unterziehen

5.2.1 Die NADA legt in Abstimmung mit der jeweiligen Anti-Doping-Organisation den Kreis der Athleten fest, der Trainingskontrollen unterzogen werden soll. Hierfür meldet die jeweilige Anti-Doping-Organisation der NADA die Athleten, die gemäß den im Standard für Meldepflichten festgelegten Kriterien für die Zugehörigkeit zum Testpool der NADA in Frage kommen, zum vereinbarten Zeitpunkt. Die Athleten, die nach Festlegung der NADA dem Testpool der NADA zugehörig sind, verbleiben in diesem für den im Standard für Meldepflichten festgelegten Zeitraum. Ein früheres Ausscheiden ist nur unter den in dem Standard für Meldepflichten aufgeführten Umständen und nach entsprechender Mitteilung an die NADA möglich. Ein auf Grund eines Verstoßes gegen Anti-Doping-Bestimmungen gesperrter Athlet verbleibt während der Dauer der Sperre im Testpool der NADA. Die jeweilige Anti-Doping-Organisation informiert ihre Athleten schriftlich über die Testpoolzugehörigkeit und die daraus resultierenden Pflichten. Einzelheiten regelt der Standard für Meldepflichten.

5.2.2 Athleten, die dem Testpool der NADA zugehörig sind, an einem Wettkampf teilnehmen oder auf sonstige Weise dem Anwendungsbereich des NADC unterfallen, sind verpflichtet, sich Dopingkontrollen der NADA, der WADA und anderer für die Durchführung von Dopingkontrollen zuständigen Anti-Doping-Organisation zu unterziehen.

5.3 Meldepflichten der Athleten und der Anti-Doping-Organisationen

5.3.1 Für die Planung effektiver Dopingkontrollen und zur Sicherstellung der Verfügbarkeit für Dopingkontrollen müssen Athleten des Testpools der NADA die gemäß dem Standard für Meldepflichten vorgeschriebenen Angaben zu ihrem Aufenthaltsort und ihrer Erreichbarkeit machen.

5.3.2 Die Anti-Doping-Organisation stellt der NADA alle notwendigen Informationen zu Wettkämpfen sowie zentralen Trainingsmaßnahmen, an denen Athleten der Testpools der NADA teilnehmen, unverzüglich nach Festlegung der Termine zur Verfügung.

5.4 Durchführung von Dopingkontrollen

5.4.1 Die Durchführung der Dopingkontrollen richtet sich nach dem Standard für Dopingkontrollen.

5.4.2 Dopingkontrollen sind vorrangig als Zielkontrollen und, außer bei Vorliegen außergewöhnlicher Umstände, unangekündigt durchzuführen.

5.5 Auswahl der Athleten für Kontrollen

5.5.1 Die NADA wählt die zu kontrollierenden Athleten nach eigenem Ermessen gemäß den Vorgaben des NADC und unter Berücksichtigung sportwissenschaftlicher Erkenntnisse aus. Sie schuldet keine Begründung für die getroffene Auswahl.

5.5.2 Bei der Auswahl von Athleten für Dopingkontrollen Innerhalb des Wettkampfs beachtet die für die Durchführung der Dopingkontrollen zuständige Anti-Doping-Organisation die folgenden Vorgaben:

(a) Bei Wettkämpfen in Einzelsportarten werden in der Regel die ersten drei Platzierungen kontrolliert sowie mindestens ein weiterer Athlet, der aus dem gesamten Feld ausgelost wird.

(b) Bei Wettkämpfen in Mannschaftssportarten werden in der Regel je drei durch Los ermittelte Spieler der beiden Mannschaften kontrolliert.

(c) Bei Wettkampfveranstaltungen werden bei Mannschaftssportarten in der Regel jeweils drei ausgeloste Athleten der drei erstplatzierten Mannschaften sowie drei ausgeloste Athleten mindestens einer weiteren ausgelosten Mannschaft kontrolliert.

5.5.3 Der für die Durchführung der Dopingkontrollen zuständigen Anti-Doping-Organisation bleibt es unbenommen, auch bei Wettkämpfen Athleten zielgerichtet nach eigenem Ermessen auszuwählen. In Einzelfällen kann die NADA ohne Angabe von Gründen die zuständige Anti-Doping-Organisation anweisen, bestimmte Athleten zu kontrollieren.

Sollten der Anti-Doping-Organisation hierdurch zusätzliche Kosten anfallen, werden diese von der NADA erstattet.

5.6 Rückkehr von Athleten, die ihre aktive Laufbahn beendet hatten

5.6.1 Ein Athlet, der seine aktive Laufbahn beendet hat und nach entsprechender Mitteilung gemäß Artikel 5.2.1 von der NADA aus dem Testpool herausgenommen wurde, kann erst wieder an Wettkämpfen, für die die Zugehörigkeit zu dem Testpool der NADA erforderlich ist, teilnehmen, soweit folgende Voraussetzungen erfüllt sind:

(a) Die Anti-Doping-Organisation, die für die Meldung des Athleten in den Testpool der NADA zuständig ist, hat schriftlich einen Antrag bei der NADA auf Wiederaufnahme des Athleten gestellt;

(b) Der Athlet war nach Wiederaufnahme mindestens sechs (6) Monate dem Testpool der NADA zugehörig und war den gemäß dem Standard für Meldepflichten vorgesehenen Meldepflichten unterworfen.

5.6.2 In Abweichung zu Artikel 5.6.1 (b) kann die NADA nach Ausübung pflichtgemäßen Ermessens eine Ausnahmeentscheidung treffen, dass eine verkürzte Zugehörigkeit des Athleten zum Testpool der NADA als Voraussetzung für die Teilnahme an Wettkämpfen, für die die Zugehörigkeit zu dem Testpool der NADA erforderlich ist, ausreicht.

Die Anti-Doping-Organisation, die für die Meldung des Athleten in den Testpool der NADA zuständig ist, stellt hierfür in Ergänzung zum Antrag auf Wiederaufnahme des Athleten gemäß Artikel 5.6.1 (a) schriftlich bei der NADA einen ausreichend begründeten Antrag auf eine Ausnahmeentscheidung. Dabei gibt sie Auskunft über alle ihr bekannten möglichen, tatsächlichen und bereits sanktionierten Verstöße des Athleten gegen Anti-Doping-Bestimmungen.

Für die Ausnahmeentscheidung zieht die NADA insbesondere die folgenden Kriterien heran:

(a) Der Athlet war trotz Beendigung seiner Laufbahn einem WADA-Kriterien entsprechenden Dopingkontrollsystem unterworfen oder der Athlet war lediglich für kurze Zeit keinem Dopingkontrollsystem unterworfen;

(b) Der Athlet wurde nach dem Antrag auf Wiederaufnahme und vor der Teilnahme an Wettkämpfen, für die die Zugehörigkeit zu dem Testpool der NADA erforderlich ist, mindestens einer unangekündigten Dopingkontrolle der NADA oder einer anderen dem International Standard for Testing entsprechenden Dopingkontrolle unterzogen;

(c) Der Anti-Doping-Organisation und der NADA liegen keine Hinweise auf ein Verhalten des Athleten vor, das einer vorzeitigen Teilnahme an Wettkämpfen, für die die Zugehörigkeit zu dem Testpool der NADA erforderlich ist, im Hinblick auf das Interesse aller an Chancengleichheit und Fairplay entgegen steht.

Artikel 6 Analyse von Proben

6.1 Beauftragung anerkannter Labore

Für die Zwecke des Artikels 2.1 werden Proben ausschließlich in von der WADA akkreditierten oder anderweitig von der WADA anerkannten Laboren analysiert. Die Auswahl des von der WADA akkreditierten Labors (oder eines anderen von der WADA anerkannten Labors oder einer Methode), das mit der Analyse der Probe beauftragt werden soll, wird ausschließlich von der Anti-Doping-Organisation getroffen, die die Probenahme veranlasst hat.

6.2 Zweck der Probenanalyse

Proben werden analysiert, um die in der Verbotsliste aufgeführten Verbotenen Substanzen und Verbotenen Methoden oder andere Substanzen nachzuweisen, die die WADA gemäß ihrem Monitoring Programm überwacht, oder um einer Anti-Doping-Organisation zum Zwecke der Dopingbekämpfung dabei zu helfen, ein Profil relevanter Parameter im Urin, Blut oder einer anderen Matrix eines Athleten zu erstellen. Darunter fällt auch die DNS- oder Genomprofilerstellung. Die NADA darf hierzu unter Berücksichtigung gesetzlicher Vorgaben Datenbanken führen.

6.3 Verwendung von Proben zu Forschungszwecken

Proben dürfen ohne schriftliche Einwilligung des Athleten nicht für andere Zwecke als die in Artikel 6.2 beschriebenen Zwecke verwendet werden. Bei Proben, die für andere Zwecke als die in Artikel 6.2 beschriebenen Zwecke verwendet werden, werden sämtliche Identifikationsmittel entfernt, so dass kein Rückschluss auf den jeweiligen Athleten möglich ist.

6.4 Durchführung der Analyse und Berichterstattung

Die Labore analysieren die Proben und melden die Ergebnisse gemäß dem International Standard for Laboratories.

6.5 Einfrieren und erneute Analyse von Proben

6.5.1 Proben können für den Zweck des Artikels 6.2 jederzeit erneut analysiert werden. Dies erfolgt ausschließlich auf Anweisung der Anti-Doping-Organisation, die die Probenahme veranlasst hat, oder auf Anweisung der WADA oder NADA. Die Umstände und Voraussetzungen für die erneute Analyse von Proben haben den Anforderungen des International Standard for Laboratories zu entsprechen.

6.5.2 Proben können für den Zweck des Artikels 6.2 eingefroren werden, um zu einem späteren Zeitpunkt, insbesondere unter Verwendung neuer WADA-akkreditierter Analysemethoden, analysiert zu werden.

6.6 Eigentumsverhältnisse

Proben, die im Auftrag der NADA genommen worden sind, sind Eigentum der NADA.

Artikel 7 Ergebnismanagement

7.1 Allgemeines

7.1.1 Ergebnismanagement bezeichnet den Vorgang ab Kenntnis von einem Von der Norm abweichenden oder Atypischen Analyseergebnis oder von einem möglichen anderen Verstoß gegen Anti-Doping-Bestimmungen oder von einem möglichen Meldepflichtverstoß oder einer Versäumten Kontrolle bis zur Durchführung eines Disziplinarverfahrens.

7.1.2 Zuständig für das Ergebnismanagement bei Trainingskontrollen ist der jeweilige nationale Sportfachverband, bei Wettkampfkontrollen die jeweilige den Wettkampf veranstaltende Anti-Doping-Organisation. Hiervon ausgenommen ist die erste Überprüfung gemäß Artikel 7.2.1.1, die in der Zuständigkeit der NADA liegt.

Die Zuständigkeit für das Ergebnismanagement kann mittels schriftlicher Vereinbarung auf eine andere Anti-Doping-Organisation übertragen werden.

7.1.3 Die Zuständigkeit für die Feststellung von Meldepflicht- und Kontrollversäumnissen liegt bei der NADA. Einzelheiten zum Verfahren regelt der Standard für Meldepflichten.

7.1.4 Die für das Ergebnismanagement zuständige Anti-Doping-Organisation teilt unverzüglich nach Abschluss des Ergebnismanagements dessen Ergebnis der NADA mit.

7.1.5 Die NADA hat das Recht, der für das Ergebnismanagement zuständigen Anti-Doping-Organisation sämtliche sie betreffende Analyseergebnisse zu melden.

7.2 Erste Überprüfung und Mitteilung bei Von der Norm abweichenden Analyseergebnissen

7.2.1 Erste Überprüfung bei Von der Norm abweichenden Analyseergebnissen

7.2.1.1 Bei Dopingkontrollen der NADA wird nach Erhalt eines von der Norm abweichenden Analyseergebnisses der A-Probe von der NADA die Code-Nummer der Probe dekodiert und eine erste Überprüfung durchgeführt, um festzustellen, ob:

(a) eine gültige Medizinische Ausnahmegenehmigung vorliegt, oder

(b) ob eine offensichtliche Abweichung vom Standard für Dopingkontrollen oder dem International Standard for Laboratories vorliegt, welche das Von der Norm abweichenden Analyseergebnis verursachte.

Diese erste Überprüfung sollte spätestens sieben (7) Werktage nach Erhalt des Analyseberichts abgeschlossen sein.

7.2.1.2 Bei Dopingkontrollen anderer Anti-Doping-Organisationen wird nach Erhalt eines von der Norm abweichenden Analyseergebnisses der A-Probe von der jeweiligen Organisation die Code-Nummer der Probe dekodiert und eine erste Überprüfung durchgeführt, um festzustellen, ob:

(a) eine gültige Medizinische Ausnahmegenehmigung vorliegt, oder

(b) ob eine offensichtliche Abweichung vom Standard für Dopingkontrollen oder dem International Standard for Laboratories vorliegt, welche das von der Norm abweichenden Analyseergebnis verursachte.

Diese erste Überprüfung sollte spätestens sieben (7) Werktage nach Erhalt des Analyseberichts abgeschlossen sein. Die NADA ist unverzüglich über die Identität des betroffenen Athleten zu informieren. Darüber hinaus sind der NADA unverzüglich das entsprechende Dopingkontrollformular sowie alle weiteren relevanten Unterlagen zur Verfügung zu stellen.

7.2.2 Mitteilung nach der ersten Überprüfung bei Von der Norm abweichenden Analyseergebnissen

7.2.2.1 Unverzüglich nach Abschluss der ersten Überprüfung durch die NADA gemäß Artikel 7.2.1.1 teilt diese der für das Ergebnismanagement zuständigen Anti-Doping-Organisation die Identität des Athleten sowie das Ergebnis der ersten Überprüfung und bei Vorliegen die Medizinische Ausnahmegenehmigung des Athleten schriftlich per Einschreiben mit Rückschein mit. Nach Abschluss der ersten Überprüfung durch die für das Ergebnismanagement zuständige Anti-Doping-Organisation gemäß Artikel

7.2.1.2 teilt diese unverzüglich Entsprechendes der NADA mit.

7.2.2.2 Hat die erste Überprüfung ergeben, dass keine gültige Medizinische Ausnahmegenehmigung, kein gemäß dem Standard für Medizinische Ausnahmegenehmigungen festgelegter Sonderfall oder keine offensichtliche Abweichung, welche das Von der Norm abweichende Analyseergebnis verursacht hat, vorliegt, teilt die für das Ergebnismanagement zuständige Anti-Doping-Organisation dem betroffenen Athleten unverzüglich schriftlich per Einschreiben mit Rückschein an die letzte ihr bekannte Adresse Folgendes mit:

(a) das von der Norm abweichende Analyseergebnis;

(b) die Anti-Doping-Bestimmung, gegen die verstoßen wurde;

(c) das Recht des Athleten, unverzüglich, spätestens innerhalb von sieben (7) Werktagen, die Analyse der B-Probe gemäß Artikel 8 zu verlangen. Dabei wird der Athlet darauf hingewiesen, dass ein Unterlassen, die Analyse der B-Probe zu verlangen, als Verzicht auf die Analyse der B-Probe gewertet wird;

(d) das Recht des Athleten und/ oder eines Vertreters gemäß den Bestimmungen des Artikel 8.2 bei der Analyse der B-Probe zugegen zu sein, falls eine solche Analyse beantragt wurde;

(e) das Recht des Athleten, das Documentation Package zu den A- und B-Proben entsprechend dem International Standard for Laboratories anzufordern;

(f) das Recht des Athleten, innerhalb von sieben (7) Werktagen nach Erhalt dieser Benachrichtigung zu den Vorwürfen schriftlich gegenüber der für das Ergebnismanagement zuständigen Anti-Doping-Organisation Stellung zu nehmen.

7.2.2.3 Beschließt die für das Ergebnismanagement zuständige Anti-Doping-Organisation nach Prüfung der Stellungnahme des Athleten kein Disziplinarverfahren einzuleiten, so informiert sie den Athleten hierüber in schriftlicher Form.

7.3 Überprüfung und Mitteilung bei Atypischen Analyseergebnissen

7.3.1 Gemäß den International Standards sind die Labore unter gewissen Umständen angewiesen, das Vorhandensein Verbotener Substanzen, die auch endogen erzeugt werden können, als Atypische Analyseergebnisse für weitergehende Untersuchungen zu melden. Bei Erhalt eines Atypischen Analyseergebnisses der A-Probe führt die NADA oder die andere Anti-Doping-Organisation, die die Probenahme veranlasst hat, eine erste Überprüfung durch, um festzustellen, ob:

(a) eine gültige Medizinische Ausnahmegenehmigung vorliegt, oder

(b) ob eine offensichtliche Abweichung vom Standard für Dopingkontrollen oder dem International Standard for Laboratories vorliegt, welche das Atypische Analyseergebnis verursacht hat. Diese erste Überprüfung sollte spätestens sieben (7) Werktage nach Erhalt des Analyseberichts abgeschlossen sein.

7.3.2 Hat diese erste Überprüfung ergeben, dass weder eine gültige Medizinische Ausnahmegenehmigung, noch eine Abweichung, die das Atypisches Analyseergebnis verursachte, vorliegt, so veranlasst die NADA oder die Anti-Doping-Organisation, die die Probenahme veranlasst hat, die erforderlichen weiteren Untersuchungen. Die NADA ist über das Ergebnis der Untersuchungen zu informieren. Ergeben die weiteren Untersuchungen, dass das Atypische Analyseergebnis ein Von der Norm abweichendes Analyseergebnis darstellt, so ist entsprechend Artikel 7.2 zu verfahren.

7.3.3 Die NADA meldet ein Atypisches Analyseergebnis grundsätzlich nicht vor Abschluss der weiteren Untersuchungen und vor dem Ergebnis, ob das Atypische Analyseergebnis ein von der Norm abweichendes Analyseergebnis darstellt. Stellt die NADA oder die andere Anti-Doping-Organisation fest, dass die B-Probe vor Abschluss der weiteren Untersuchungen nach Artikel 7.3 analysiert werden sollte, so kann die Analyse der B-Probe nach Benachrichtigung des Athleten durchgeführt werden, wobei die Benachrichtigung das Atypische Analyseergebnis und die in Artikel 7.2.2.2 (b)-(f) beschriebenen Informationen enthalten muss.

7.4 Überprüfung und Mitteilung bei anderen Verstößen gegen Anti-Doping-Bestimmungen, die nicht von Artikel 7.2 und Artikel 7.3 erfasst sind 7.4.1 Sofern eine Anti-Doping-Organisation Kenntnis von einem möglichen Verstoß gegen Anti-Doping-Bestimmungen erhält, der nicht von Artikel 7.2 und Artikel 7.3 erfasst ist, ist die NADA hierüber unverzüglich zu informieren. Dabei ist die Identität des Athleten oder der anderen Person sowie dessen/ deren Disziplin oder Funktion und der zugrunde liegende Sachverhalt mitzuteilen.

7.4.2 Die NADA oder eine andere Anti-Doping-Organisation, die Kenntnis von einem möglichen Verstoß gegen Anti-Doping-Bestimmungen erhält, der nicht von Artikel 7.2 und Artikel 7.3 erfasst ist, führt Ermittlungen in einer Art und einem Umfang durch, die sie zur Aufklärung des Sachverhalts für angemessen und erforderlich erachtet. Diese Ermittlungen sollten spätestens sieben (7) Werktage ab Kenntnis von einem möglichen Verstoß abgeschlossen sein.

7.4.3 Kommt die NADA oder die andere Anti-Doping-Organisation zu dem Ergebnis, dass ein Verstoß gegen Anti-Doping-Bestimmungen vorliegt, der nicht von Artikel 7.2 und Artikel 7.3 erfasst ist, ist über die für das Ergebnismanagement zuständige Anti-Doping-Organisation dem betroffenen Athleten oder der anderen Person unverzüglich schriftlich per Einschreiben mit Rückschein an die letzte ihr bekannte Adresse Folgendes mitzuteilen:

(a) die Anti-Doping-Bestimmung, gegen die verstoßen wurde;
(b) der dem Verstoß zugrunde liegende Sachverhalt;

(c) das Recht des Athleten oder der anderen Person, innerhalb von sieben (7) Werktagen nach Erhalt dieser Benachrichtigung zu den Vorwürfen schriftlich gegenüber der für das Ergebnismanagement zuständigen Anti-Doping-Organisation Stellung zu nehmen.

7.5 Vorläufige Suspendierung

7.5.1 Zwingend zu verhängende Vorläufige Suspendierung nach einem von der Norm abweichenden Analyseergebnis der A-Probe Wird bei der Analyse der A-Probe eines Athleten ein Von der Norm abweichendes Analyseergebnis festgestellt, welches auf einer Substanz beruht, die keine Spezifische Substanz ist, ist von der für das Ergebnismanagement zuständigen Anti-Doping-Organisation unverzüglich eine Vorläufige Suspendierung auszusprechen, nachdem die erste Überprüfung gemäß Artikel 7.2.1 abgeschlossen und die Mitteilung gemäß Artikel 7.2.2 erfolgt ist.

Eine Vorläufige Suspendierung darf jedoch nur ausgesprochen werden, wenn dem Athleten:

(a) die Möglichkeit einer Vorläufigen Anhörung entweder vor Verhängung der Vorläufigen Suspendierung oder unverzüglich nach Verhängung der Vorläufigen Suspendierung gegeben wird; oder (b) die Möglichkeit eines beschleunigten Verfahrens, das den Verfahrensgrundsätzen gemäß Artikel 12.2.3 entsprechen muss, unverzüglich nach Verhängung einer Vorläufigen Suspendierung gegeben wird.

7.5.2 Optional zu verhängende Vorläufige Suspendierung auf Grund eines Von der Norm abweichenden Analyseergebnisses der A-Probe bei Spezifischen Substanzen oder auf Grund eines anderen Verstoßes gegen Anti-Doping-Bestimmungen

7.5.2.1 Bei einem Verstoß gegen Anti-Doping-Bestimmungen, der nicht von Artikel 7.2 und Artikel 7.3 erfasst ist, oder bei einem Von der Norm abweichenden Analyseergebnis der A-Probe eines Athleten, welches auf einer Spezifischen Substanz beruht, kann von der für das Ergebnismanagement zuständigen Anti-Doping-Organisation eine Vorläufige Suspendierung des Athleten oder der anderen Person ausgesprochen werden.

7.5.2.2 Die Vorläufige Suspendierung kann vor der Analyse der B-Probe oder vor einer Anhörung im Rahmen eines Disziplinarverfahrens gemäß Artikel 12 ausgesprochen werden, jedoch erst, nachdem die Mitteilung gemäß Artikel 7.4.3 erfolgt ist oder die erste Überprüfung gemäß Artikel 7.2.1 abgeschlossen und die Mitteilung gemäß Artikel 7.2.2 erfolgt ist. Eine Vorläufige Suspendierung darf jedoch nur ausgesprochen werden, wenn dem Athleten oder der anderen Person:

(a) die Möglichkeit einer Vorläufigen Anhörung entweder vor Verhängung der Vorläufigen Suspendierung oder unverzüglich nach Verhängung der Vorläufigen Suspendierung gegeben wird; oder

(b) die Möglichkeit eines beschleunigten Verfahrens, das den Verfahrensgrundsätzen gemäß Artikel 12.2.2 entsprechen muss, unverzüglich nach Verhängung einer Vorläufigen Suspendierung gegeben wird.

7.5.2.3 Bei der Entscheidung, ob eine Vorläufige Suspendierung verhängt wird, ist zwischen den Auswirkungen einer im Nachhinein unbegründeten Vorläufigen Suspendierung für den Athleten oder die andere Person und dem Interesse aller an Chancengleichheit und Fairplay abzuwägen. Hierbei sind insbesondere der vorgeworfene Verstoß gegen Anti-Doping-Bestimmungen, der Grad des Verschuldens sowie die zu erwartenden Sanktionen zu berücksichtigen.

7.5.3 Aufhebung der Vorläufigen Suspendierung bei negativer B-Probe

Wird auf Grund eines Von der Norm abweichenden Analyseergebnisses der A-Probe eine Vorläufige Suspendierung verhängt und eine vom Athleten oder einer Anti-Doping-Organisation beantragte Analyse der B-Probe bestätigt dieses Analyseergebnis nicht, so ist die Vorläufige Suspendierung unverzüglich aufzuheben. In Fällen, in denen der Athlet oder die Mannschaft des betroffenen Athleten von einem Wettkampf ausgeschlossen wurde und das Analyseergebnis der A-Probe durch eine anschließende Analyse der B-Probe nicht bestätigt wird, kann der Athlet oder die Mannschaft die Teilnahme am Wettkampf fortsetzen, falls ein Wiedereinstieg ohne weitere Beeinträchtigung des Wettkampfs noch möglich ist.

7.5.4 Mitteilung an die NADA

Jede Verhängung oder Aufhebung einer Vorläufigen Suspendierung ist durch die für das Ergebnismanagement zuständige Anti-Doping-Organisation unverzüglich der NADA mitzuteilen.

7.6 Beendigung der aktiven Laufbahn

Beendet ein Athlet oder eine andere Person die aktive Laufbahn während des Ergebnismanagements, so behält die Anti-Doping-Organisation, die für das Ergebnismanagement zuständig ist, die Zuständigkeit für dessen Abschluss. Beendet ein Athlet oder eine andere Person die aktive Laufbahn bevor ein Ergebnismanagementverfahren aufgenommen wurde, so ist die Anti-Doping-Organisation für die Durchführung des Ergebnismanagements zuständig, die zu dem Zeitpunkt zuständig gewesen wäre, zu dem der Athlet oder die andere Person gegen eine Anti-Doping-Bestimmung verstoßen hat.

Artikel 8 Analyse der B-Probe

8.1 Recht, die Analyse der B-Probe zu verlangen

8.1.1 Der Athlet, die NADA und die für das Ergebnismanagement zuständige Anti-Doping-Organisation haben das Recht, die Analyse der B-Probe zu verlangen.

8.1.2 Verzichtet der Athlet auf sein Recht, die Analyse der B-Probe zu verlangen, ist die für das Ergebnismanagement zuständige Anti-Doping-Organisation oder die NADA nicht verpflichtet, eine Analyse der B-Probe durchzuführen. Führt die für das Ergebnismanagement zuständige Anti-Doping-Organisation oder die NADA dennoch eine Analyse der B-Probe durch, ist der Athlet gemäß Artikel 8.1.4 zu benachrichtigen. Verzichtet der Athlet auf sein Recht, die Analyse der B-Probe zu verlangen, wird dies nicht als Geständnis eines Verstoßes gegen Anti-Doping-Bestimmungen gewertet, sondern stellt die unwiderlegbare Vermutung auf, dass die Analyse der B-Probe das Analyseergebnis der A-Probe bestätigt hätte. Als Verzicht wird ebenfalls das Versäumnis angesehen, die Analyse der B-Probe überhaupt nicht oder nicht fristgerecht gemäß Artikel 8.1.3 schriftlich zu verlangen.

8.1.3 Der Athlet muss die Analyse der B-Probe innerhalb von sieben (7) Werktagen nach Erhalt der Mitteilung gemäß Artikel 7.2.2.2 von der für das Ergebnismanagement zuständigen Anti-Doping-Organisation schriftlich verlangen. Maßgeblich für die Einhaltung der Frist ist der Eingang bei der für das Ergebnismanagement zuständigen Anti-Doping-Organisation.

8.1.4 Die für das Ergebnismanagement zuständige Anti-Doping-Organisation informiert den Athleten und die NADA rechtzeitig über Ort, Datum und Uhrzeit der Analyse der B-Probe.

8.2 Anwesenheitsrecht bei der Analyse der B-Probe

Bei der Analyse der B-Probe haben folgende Personen das Recht, anwesend zu sein:

(a) Der Athlet und/oder ein Stellvertreter;

(b) Ein Vertreter der NADA;

(c) Ein Vertreter der für das Ergebnismanagement zuständigen Anti-Doping-Organisation;

(d) Ein Vertreter des DOSB, des nationalen und des internationalen Sportfachverbandes, sofern die Genannten nicht bereits unter (c) fallen;

(e) Ein Übersetzer.

Der Laborleiter kann die Zahl der anwesenden Personen beschränken, soweit ihm dies auf Grund von Schutz- und Sicherheitsaspekten geboten erscheint. Falls die unter (a) bis (e) aufgeführten Personen trotz rechtzeitiger Ankündigung zum festgelegten Analysetermin nicht oder nicht rechtzeitig erscheinen, ohne dies vor Analysebeginn mit angemessener Begründung anzuzeigen, wird ihr Nichterscheinen bei Analysebeginn als Verzicht auf ihr Anwesenheitsrecht gewertet.

8.3 Durchführung der Analyse der B-Probe

8.3.1 Die Analyse der B-Probe wird in demselben Labor gemäß den Bestimmungen des International Standard for Laboratories durchgeführt, das auch die Analyse der A-Probe vorgenommen hat.

8.3.2 Die Analyse der B-Probe soll unverzüglich, spätestens jedoch sieben (7) Werktage nach Verlangen der Analyse der B-Probe durchgeführt werden. Kann das Labor auf Grund von technischen oder logistischen Gründen die Analyse erst zu einem späteren Zeitpunkt durchführen, stellt dies keinen Verstoß gegen den International Standard for Laboratories dar und kann nicht herangezogen werden, um das Analyseverfahren oder das Analyseergebnis in Frage zu stellen.

8.4 Kosten der Analyse der B-Probe

Der Athlet trägt die Kosten der Analyse der B-Probe, es sei denn, die Analyse der B-Probe bestätigt nicht das Von der Norm abweichende Analyseergebnis der A-Probe oder die Analyse der B-Probe wurde gemäß Artikel 8.1.2 von der für das Ergebnismanagement zuständigen Anti-Doping-Organisation oder der NADA angeordnet.

8.5 Benachrichtigung über das Analyseergebnis der B-Probe

Der Athlet ist von der für das Ergebnismanagement zuständigen Anti-Doping-Organisation unverzüglich über das Analyseergebnis der Analyse der B-Probe schriftlich zu informieren.

8.6 Vorgehen, falls das Analyseergebnis der B-Probe das Von der Norm abweichende Analyseergebnis der A-Probe nicht bestätigt

Bestätigt die Analyse der B-Probe das von der Norm abweichende Analyseergebnis der A-Probe nicht, werden bereits verhängte Sanktionen und Konsequenzen aufgehoben und der Athlet wird keinen weiteren Disziplinarmaßnahmen unterworfen. Entsprechend Artikel 7.5.3 kann in Fällen, in denen der Athlet oder die Mannschaft des Athleten von einem Wettkampf ausgeschlossen wurde, der Athlet oder die Mannschaft die Teilnahme am Wettkampf fortsetzen, falls ein Wiedereinstieg ohne weitere Beeinträchtigung des Wettkampfs noch möglich ist.

Artikel 9 Automatische Annullierung von Einzelergebnissen

Bei Einzelsportarten führt ein Verstoß gegen Anti-Doping-Bestimmungen in Verbindung mit einer Wettkampfkontrolle automatisch zur Annullierung des in diesem Wettkampf erzielten Ergebnisses, mit allen daraus entstehenden Konsequenzen, einschließlich der Aberkennung von Medaillen, Punkten und Preisen.

Artikel 10 Sanktionen gegen Einzelpersonen

10.1 Annullierung von Ergebnissen bei einer Wettkampfveranstaltung, bei der ein Verstoß gegen Anti-Doping-Bestimmungen erfolgt

Ein Verstoß gegen Anti-Doping-Bestimmungen während oder in Verbindung mit einer Wettkampfveranstaltung kann auf Grund einer entsprechenden Entscheidung des Veranstalters zur Annullierung aller von einem Athleten bei dieser Wettkampfveranstaltung erzielten Einzelergebnisse mit allen Konsequenzen führen, einschließlich der Aberkennung von Medaillen, Punkten und Preisen, es sei denn, Artikel 10.1.1 findet Anwendung.

10.1.1 Weist der Athlet nach, dass er für den Verstoß Kein Verschulden trägt, so werden die Einzelergebnisse, die der Athlet in den anderen Wettkämpfen erzielt hat, nicht annulliert. Dies gilt nicht, sofern die Wahrscheinlichkeit besteht, dass die Ergebnisse, die der Athlet bei anderen Wettkämpfen als dem Wettkampf, bei dem der Verstoß gegen Anti-Doping-Bestimmungen erfolgte, erzielt hat, durch den Verstoß gegen Anti-Doping-Bestimmungen beeinflusst worden sind.

10.2 Sperre wegen des Vorhandenseins, des Gebrauchs oder des Versuchs des Gebrauchs oder des Besitzes Verbotener Substanzen und Verbotener Methoden

Für einen Verstoß gegen Artikel 2.1, Artikel 2.2 oder Artikel 2.6 wird die folgende Sperre verhängt, es sei denn, die Voraussetzungen für die Aufhebung oder Herabsetzung der Sperre gemäß Artikel 10.4 und Artikel 10.5 oder die Voraussetzungen für die Heraufsetzung der Sperre gemäß Artikel 10.6 sind erfüllt: Erster Verstoß: Zwei (2) Jahre Sperre

10.3 Sperre bei anderen Verstößen gegen Anti-Doping-Bestimmungen

Für Verstöße gegen Anti-Doping-Bestimmungen, die nicht in Artikel 10.2 geregelt sind, sind die folgenden Sperren zu verhängen:

10.3.1 Bei Verstößen gegen Artikel 2.3 oder Artikel 2.5 zwei (2) Jahre Sperre, es sei denn, die Bedingungen des Artikels 10.5 oder des Artikels 10.6 sind erfüllt.

10.3.2 Bei Verstößen gegen Artikel 2.7 oder Artikel 2.8 mindestens vier (4) Jahre bis hin zu einer lebenslangen Sperre, es sei denn, die Bedingungen des Artikels 10.5 sind erfüllt.

Ein Verstoß gegen Anti-Doping-Bestimmungen, bei dem Minderjährige betroffen sind, gilt als besonders schwerwiegender Verstoß; wird ein solcher Verstoß von Athletenbetreuern begangen und betrifft er nicht die in Artikel 4.2.2 erwähnten Spezifischen Substanzen, ist gegen den Athletenbetreuer eine lebenslange Sperre zu verhängen. Darüber hinaus müssen erhebliche Verstöße gegen Artikel 2.7 oder Artikel 2.8, die auch nicht sportrechtliche Gesetze und Vorschriften verletzen können, den zuständigen Verwaltungs-, Berufs- oder Justizbehörden gemeldet werden.

10.3.3 Bei Verstößen gegen Artikel 2.4 mindestens ein (1) Jahr und bis hin zu zwei (2) Jahren Sperre, je nach Grad des Verschuldens des Athleten.

10.4 Absehen von einer Sperre oder Herabsetzung der Sperre bei Spezifischen Substanzen unter bestimmten Umständen

Kann ein Athlet oder eine andere Person den Nachweis erbringen, wie eine Spezifische Substanz in seinen Organismus oder in seinen/ihren Besitz gelangt ist, und dass mit der Spezifischen Substanz nicht beabsichtigt war, die sportliche Leistung des Athleten zu steigern oder den Gebrauch einer leistungssteigernden Substanz zu maskieren, so wird die in Artikel 10.2 aufgeführte Sperre wie folgt ersetzt: Erster Verstoß: Mindestens eine Verwarnung und keine Sperre für künftige Wettkampfveranstaltungen, bis hin zu zwei (2) Jahren Sperre.

Um eine Aufhebung oder Herabsetzung zu rechtfertigen, muss der Athlet oder die andere Person zusätzlich zu seiner/ihrer Aussage überzeugend gegenüber dem Disziplinarorgan den bekräftigenden Nachweis erbringen, dass keine Absicht vorlag, die sportliche Leistung zu steigern oder den Gebrauch einer leistungssteigernden Substanz zu maskieren. Für die Bemessung der etwaigen Herabsetzung der Sperre ist der Grad des Verschuldens des Athleten oder der anderen Person als Kriterium heranzuziehen.

10.5 Absehen von einer Sperre oder Herabsetzung der Sperre auf Grund außergewöhnlicher Umstände

10.5.1 Kein Verschulden

Weist ein Athlet im Einzelfall nach, dass ihn Kein Verschulden trifft, so ist von der ansonsten zu verhängenden Sperre abzusehen. Liegt ein Verstoß gegen Artikel 2.1 auf Grund des Nachweises einer Verbotenen Substanz oder ihrer Marker oder Metaboliten in der Probe des Athleten vor, muss der Athlet darüber hinaus nachweisen, wie die Verbotene Substanz in seinen Organismus gelangt ist, um ein Absehen von der Sperre zu erreichen. Findet dieser Artikel Anwendung und wird von der ansonsten zu verhängenden Sperre abgesehen, so ist der Verstoß gegen Anti-Doping-Bestimmungen lediglich bei der Festlegung der Sperre bei Mehrfachverstößen gemäß Artikel 10.7 nicht als Verstoß zu werten.

10.5.2 Kein signifikantes Verschulden

Weist ein Athlet im Einzelfall nach, dass ihn Kein signifikantes Verschulden trifft, kann die Sperre herabgesetzt werden. Allerdings darf die herabgesetzte Sperre nicht weniger als die Hälfte der ansonsten zu verhängenden Sperre betragen. Wenn die ansonsten zu verhängende Sperre eine lebenslange Sperre ist, darf die nach diesem Artikel herabgesetzte Sperre nicht weniger als acht (8) Jahre betragen. Liegt ein Verstoß gegen Artikel 2.1 auf Grund des Nachweises einer Verbotenen Substanz oder ihrer Marker oder Metaboliten in der Probe des Athleten vor, muss der Athlet darüber hinaus nachweisen, wie die Verbotene Substanz in seinen Organismus gelangt ist, um die Herabsetzung der Sperre zu erreichen.

10.5.3 Substanzielle Hilfe bei der Aufdeckung oder dem Nachweis eines Verstoßes gegen Anti-Doping-Bestimmungen

Die im Falle eines Verstoßes gegen Anti-Doping-Bestimmungen für das Ergebnismanagement zuständige Anti-Doping-Organisation kann vor einer endgültigen Rechtsbehelfsentscheidung gemäß Artikel 13 oder vor dem Ablauf der Frist für die Einlegung eines Rechtsbehelfs einen Teil einer in einem Einzelfall verhängten Sperre aussetzen, wenn der Athlet oder die andere Person einer Anti-Doping-Organisation, Strafverfolgungsbehörde oder Berufs-Disziplinargericht Substanzielle Hilfe geleistet hat, auf Grund derer die Anti-Doping-Organisation einen Verstoß gegen Anti-Doping-Bestimmungen einer anderen Person aufdeckt oder nachweist oder auf Grund derer eine Strafverfolgungsbehörde oder ein Berufs-Disziplinargericht eine Straftat oder den Verstoß gegen Berufstandsregeln einer anderen Person aufdeckt oder nachweist. Wenn bereits die endgültige Rechtsbehelfsentscheidung gemäß Artikel 13 ergangen ist oder die Frist für die Einlegung eines Rechtsbehelfs verstrichen ist, darf eine Anti-Doping-Organisation einen Teil der ansonsten anwendbaren Sperre nur mit der Zustimmung der WADA, der NADA und des zuständigen Internationalen Sportfachverbandes aussetzen. Der Umfang, in dem die verhängte Sperre ausgesetzt werden darf, richtet sich nach der Schwere des Verstoßes gegen Anti-Doping-Bestimmungen, den der Athlet oder die andere Person begangen hat, und nach der Bedeutung der vom Athleten oder der anderen Person geleisteten Substanziellen Hilfe für die Dopingbekämpfung im Sport. Von der verhängten Sperre dürfen nicht mehr als Dreiviertel ausgesetzt werden. Wenn die verhängte Sperre eine lebenslange Sperre ist, darf der nach diesem Unterartikel nicht ausgesetzte Teil der Sperre nicht unter acht (8) Jahren liegen. Wenn die Anti-Doping-Organisation einen Teil der verhängten Sperre nach diesem Artikel aussetzt, übermittelt sie unverzüglich allen Anti-Doping-Organisationen, die berechtigt sind, gegen die Entscheidung Rechtsbehelf einzulegen, eine schriftliche Begründung für ihre Entscheidung. Wenn die Anti-Doping-Organisation anschließend einen Teil der ausgesetzten Sperre wieder einsetzt, da der Athlet oder die andere Person nicht die erwartete Substanzielle Hilfe geleistet hat, kann der Athlet oder die andere Person gegen die Wiedereinsetzung Rechtsmittel gemäß Artikel 13.2 einlegen.

10.5.4 Geständnis eines Verstoßes gegen Anti-Doping-Bestimmungen ohne das Vorliegen anderer Beweise Wenn ein Athlet oder eine andere Person freiwillig die Begehung eines Verstoßes gegen Anti-Doping-Bestimmungen gesteht, bevor er/sie zu einer Probenahme aufgefordert wurde, durch die ein Verstoß gegen Anti-Doping-Bestimmungen nachgewiesen werden könnte (oder im Falle eines anderen Verstoßes als der gemäß Artikel 2.1, vor der Mitteilung gemäß Artikel 7 des Verstoßes, auf den sich das Geständnis bezieht), und wenn dieses Geständnis zu dem Zeitpunkt den einzigen verlässlichen Nachweis des Verstoßes darstellt, kann die Sperre herabgesetzt werden, muss jedoch mindestens die Hälfte der ansonsten zu verhängenden Sperre betragen.

10.5.5 Fälle, in denen der Athlet oder die andere Person nachweist, dass er/sie nach mehr als einer Bestimmung dieses Artikels Recht auf eine Herabsetzung der Sanktion hat

Bevor eine Herabsetzung oder Aussetzung gemäß Artikel 10.5.2, 10.5.3 oder 10.5.4 Anwendung findet, wird die ansonsten zu verhängende Sperre gemäß Artikel 10.2, 10.3, 10.4 und 10.6 festgelegt. Weist der Athlet oder die andere Person ein Recht auf Herabsetzung oder Aussetzung der Sperre gemäß zwei oder mehr der Artikel 10.5.2, 10.5.3 oder 10.5.4 nach, kann die Sperre herabgesetzt oder ausgesetzt werden, muss aber mindestens ein Viertel der ansonsten zu verhängenden Sperre betragen.

10.6 Erschwerende Umstände, die zu einer Heraufsetzung der Sperre führen können

Wenn die Anti-Doping-Organisation in einem Einzelfall, der einen anderen Verstoß gegen Anti-Doping-Bestimmungen als die der Artikel 2.7 und Artikel 2.8 beinhaltet, den Nachweis führt, dass erschwerende Umstände vorliegen, die die Verhängung einer Sperre oberhalb der Standardsanktion rechtfertigen, wird die ansonsten zu verhängende Sperre bis zu einem Höchstmaß von vier (4) Jahren heraufgesetzt, es sei denn, der Athlet oder die andere Person kann gegenüber dem Disziplinarorgan überzeugend darlegen, dass er/sie nicht bewusst einen Verstoß gegen Anti-Doping-Bestimmungen begangen hat. Ein Athlet oder eine andere Person kann die Anwendung dieses Unterartikels verhindern, wenn er/sie den ihm/ihr vorgeworfenen Verstoß gegen eine Anti-Doping-Bestimmung unverzüglich gesteht, nachdem er/sie von einer Anti-Doping-Organisation mit dem Vorwurf eines Verstoßes gegen Anti-Doping-Bestimmungen konfrontiert wurde.

10.7 Mehrfachverstöße

10.7.1 Zweiter Verstoß gegen Anti-Doping-Bestimmungen

Beim ersten Verstoß eines Athleten oder einer anderen Person gegen Anti-Doping-Bestimmungen gilt die in Artikel 10.2 und Artikel 10.3 festgelegte Sperre (vorbehaltlich einer Aufhebung, Herabsetzung oder Aussetzung gemäß Artikel 10.4 oder Artikel 10.5 oder einer Heraufsetzung gemäß Artikel 10.6). Bei einem zweiten Verstoß gegen Anti-Doping-Bestimmungen ist eine Sperre gemäß dem in der folgenden Tabelle festgelegten Rahmen zu verhängen.

Spez. Substanz (Herabgesetzte Sanktion wegen Spezifischer Substanzen gemäß Artikel 10.4):

Der Verstoß gegen Anti-Doping-Bestimmungen wurde bestraft oder müsste bestraft werden mit einer herabgesetzten Sanktion gemäß Artikel 10.4, weil er eine Spezifische Substanz betraf und die anderen Voraussetzungen des Artikels 10.4 erfüllt waren.

MPV/Vers. Kontrolle (Meldepflichtversäumnisse und/ oder Versäumte Kontrollen):

Der Verstoß gegen Anti-Doping-Bestimmungen wurde bestraft oder müsste bestraft werden gemäß Artikel 10.3.3. Kein sign. Versch. (Herabgesetzte Sanktion für Kein signifikantes Verschulden): Der Verstoß gegen Anti-Doping-Bestimmungen wurde bestraft oder müsste bestraft werden mit einer herabgesetzten Sanktion gemäß Artikel 10.5.2, weil der Athlet nachweisen konnte, dass ihn Kein signifikantes Verschulden gemäß Artikel 10.5.2 trifft. Standardsanktion (Standardsanktion gemäß Artikel 10.2 oder Artikel 10.3.1): Der Verstoß gegen Anti-Doping-Bestimmungen wurde bestraft oder müsste bestraft werden mit der Standardsanktion von zwei (2) Jahren gemäß Artikel 10.2 oder Artikel 10.3.1.

Heraufg. Sanktion (Heraufgesetzte Sanktion):

Der Verstoß gegen Anti-Doping-Bestimmungen wurde bestraft oder müsste bestraft werden mit einer heraufgesetzten Sanktion gemäß Artikel 10.6, weil die Anti-Doping-Organisation die Voraussetzungen gemäß Artikel 10.6 nachweisen konnte.

Inverk./Verabr. (Inverkehrbringen oder Versuch des Inverkehrbringens und Verabreichung oder Versuch der Verabreichung): Der Verstoß gegen Anti-Doping-Bestimmungen wurde bestraft oder müsste bestraft werden mit einer Sanktion gemäß Artikel 10.3.2.

10.7.2 Anwendung der Artikel 10.5.3 und Artikel 10.5.4 auf einen zweiten Verstoß gegen Anti-Doping-Bestimmungen

Wenn ein Athlet oder eine andere Person, die einen zweiten Verstoß gegen Anti-Doping-Bestimmungen begangen hat, das Recht auf eine Aussetzung oder Herabsetzung eines Teils der Sperre gemäß Artikel 10.5.3 oder Artikel 10.5.4 nachweist, setzt das Disziplinarorgan zunächst die ansonsten zu verhängende Sperre entsprechend des in der Tabelle in Artikel 10.7.1 festgelegten Rahmens fest und nimmt anschließend die entsprechende Aussetzung oder Herabsetzung der Sperre vor. Die nach der Aussetzung oder Herabsetzung gemäß Artikel 10.5.3 und Artikel 10.5.4 verbleibende Sperre muss mindestens ein Viertel der ansonsten zu verhängenden Sperre betragen.

10.7.3 Dritter Verstoß gegen Anti-Doping-Bestimmungen

Ein dritter Verstoß gegen Anti-Doping-Bestimmungen führt immer zu einer lebenslangen Sperre, es sei denn, der dritte Verstoß erfüllt die Voraussetzungen für ein Absehen von einer Sperre oder eine Herabsetzung der Sperre gemäß Artikel 10.4 oder stellt einen Verstoß gegen Artikel 2.4 dar. In diesen besonderen Fällen beträgt die Sperre acht (8) Jahre bis hin zu lebenslänglich.

10.7.4 Zusätzliche Regeln für bestimmte mögliche Mehrfachverstöße

– Für die Verhängung von Sanktionen gemäß Artikel 10.7 stellt ein Verstoß gegen Anti-Doping-Bestimmungen nur dann einen zweiten Verstoß dar, wenn die Anti-Doping-Organisation nachweisen kann, dass der Athlet oder die andere Person den zweiten Verstoß gegen Anti-Doping-Bestimmungen erst begangen hat, nachdem der Athlet oder die andere Person die Mitteilung gemäß Artikel 7 erhalten hat oder nachdem die Anti-Doping-Organisation einen angemessenen Versuch unternommen hat, ihn/sie davon in Kenntnis zu setzen. Sofern die Anti-Doping-

Organisation dies nicht darlegen kann, werden die Verstöße zusammen als ein einziger erster Verstoß gewertet. Die zu verhängende Sanktion richtet sich nach dem Verstoß, der die strengere Sanktion nach sich zieht; allerdings kann das Vorliegen mehrerer Verstöße als Kriterium zur Feststellung erschwerender Umstände gemäß Artikel 10.6 herangezogen werden.

- Wenn eine Anti-Doping-Organisation, nachdem eine Entscheidung über das Vorliegen eines ersten Verstoßes gegen Anti-Doping-Bestimmungen ergangen ist, aufdeckt, dass der Athlet oder die andere Person bereits vor der Mitteilung des ersten Verstoßes gegen Anti-Doping-Bestimmungen verstoßen hat, verhängt das zuständige Disziplinarorgan eine zusätzliche Sanktion, die derjenigen entspricht, die hätte verhängt werden können, wenn beide Verstöße gleichzeitig abgeurteilt worden wären. Die Ergebnisse aller Wettkämpfe seit dem früheren Verstoß gegen Anti-Doping-Bestimmungen werden gemäß Artikel 10.8 annulliert. Um zu vermeiden, dass hinsichtlich des früher begangenen, aber später aufgedeckten Verstoßes erschwerende Umstände gemäß Artikel 10.6 angenommen werden, muss der Athlet oder die andere Person rechtzeitig nach der Mitteilung des Verstoßes, für den er zuerst belangt wird, freiwillig den früher begangenen Verstoß gestehen. Dieselbe Regelung findet Anwendung, wenn die Anti-Doping-Organisation, nachdem eine Entscheidung über das Vorliegen eines zweiten Verstoßes gegen Anti-Doping-Bestimmungen ergangen ist, einen weiteren früheren Verstoß aufdeckt.

10.7.5 Mehrfachverstöße gegen Anti-Doping-Bestimmungen innerhalb eines Zeitraums von acht Jahren

Ein Mehrfachverstoß im Sinne des Artikels 10.7 liegt nur vor, wenn die Verstöße gegen Anti-Doping-Bestimmungen innerhalb eines Zeitraums von acht Jahren begangen wurden.

10.8 Annullierung von Wettkampfergebnissen nach einer Probenahme oder einem Verstoß gegen Anti-Doping-Bestimmungen

Zusätzlich zu der gemäß Artikel 9 erfolgenden automatischen Annullierung der Ergebnisse, die in dem Wettkampf erzielt wurden, bei dem die positive Probe genommen wurde, werden alle Wettkampfergebnisse, die in dem Zeitraum von der Entnahme der positiven Probe oder der Begehung eines anderen Verstoßes gegen Anti-Doping-Bestimmungen bis zum Beginn einer Vorläufigen Suspendierung oder einer Sperre erzielt wurden, annulliert, mit allen daraus entstehenden Konsequenzen, einschließlich der Aberkennung von Medaillen, Punkten und Preisen, sofern nicht aus Gründen der Fairness eine andere Vorgehensweise geboten ist.

10.8.1 Als Voraussetzung für die Wiedererlangung der Teilnahmeberechtigung nach Feststellung eines Verstoßes gegen Anti-Doping-Bestimmungen muss der Athlet zunächst die gemäß diesem Artikel aberkannten Preise zurückerstatten.

10.8.2 Zuteilung des aberkannten Preisgeldes

Sofern die Bestimmungen des Internationalen Sportfachverbands nicht vorsehen, dass das aberkannte Preisgeld anderen Athleten zukommen soll, wird es vorrangig zum Ersatz der Ausgaben verwendet, die die Anti-Doping-Organisation für die notwendigen Schritte zum Wiedererhalt des Preisgeldes tätigen musste, anschließend dient es dem Ersatz der Ausgaben der Anti-Doping-Organisation für das Ergebnismanagement in diesem Fall. Ein möglicher Restbetrag ist in Übereinstimmung mit den Bestimmungen des Internationalen Sportfachverbands zuzuteilen.

10.9 Beginn der Sperre

Außer in den unten aufgeführten Fällen beginnt die Sperre mit dem Tag der Verhandlung, in der die Sperre festgelegt wurde, oder, wenn auf eine Verhandlung verzichtet wurde, mit dem Tag, an dem die Sperre akzeptiert oder anderweitig verhängt wurde. Jede Vorläufige Suspendierung (unabhängig davon, ob sie verhängt oder freiwillig akzeptiert wurde) wird auf die Gesamtdauer der festgelegten Sperre angerechnet.

10.9.1 Nicht dem Athleten oder der anderen Person zurechenbare Verzögerungen

Bei erheblichen Verzögerungen während des Disziplinarverfahrens oder anderer Teile des Dopingkontrollverfahrens, die dem Athleten oder der anderen Person nicht zuzurechnen sind, kann das Disziplinarorgan den Beginn der Sperre auf ein früheres Datum vorverlegen, frühestens jedoch auf den Tag der Probenahme oder des anderen Verstoßes gegen Anti-Doping-Bestimmungen.

10.9.2 Rechtzeitiges Geständnis

Gesteht der Athlet oder die andere Person den Verstoß gegen Anti-Doping-Bestimmungen unverzüglich (bei Athleten hat dies in jedem Fall vor erneuter Wettkampfteilnahme zu erfolgen), nachdem er von der Anti-Doping-Organisation mit dem Verstoß gegen Anti-Doping-Bestimmungen konfrontiert wurde, kann der Beginn der Sperre bis zu dem Tag der Probenahme oder des anderen Verstoßes gegen Anti-Doping-Bestimmungen vorverlegt werden. In allen Fällen, in denen dieser Artikel angewendet wird, muss der Athlet oder die andere Person jedoch mindestens die Hälfte der Sperre verbüßen, beginnend mit dem Tag, an dem der Athlet oder die andere Person die festgelegte Sanktion akzeptiert hat oder mit dem Tag der Verhandlung, in der die Sperre festgelegt wurde oder mit dem Tag, an dem die Sanktion auf andere Weise verhängt wurde.

10.9.3 Wenn eine Vorläufige Suspendierung verhängt und vom Athleten eingehalten wurde, wird die Dauer der Vorläufigen Suspendierung des Athleten auf eine gegebenenfalls später verhängte Sperre angerechnet.

10.9.4 Erkennt ein Athlet freiwillig eine von einer für das Ergebnismanagement zuständigen Anti-Doping-Organisation verhängte Vorläufige Suspendierung in schriftlicher Form an und nimmt infolgedessen nicht an Wettkämpfen teil, wird die Dauer der freiwilligen Vorläufigen Suspendierung auf eine gegebenenfalls später verhängte Sperre angerechnet. Eine Kopie dieser schriftlichen freiwilligen Anerkennung der Vorläufigen Suspendierung durch den Athleten wird unverzüglich jeder Partei zur Verfügung gestellt, die berechtigt ist, über einen möglichen Verstoß gegen Anti-Doping-Bestimmungen gemäß Artikel 14.1 informiert zu werden.

10.9.5 Zeiten vor dem Beginn der Vorläufigen Suspendierung oder der freiwilligen Vorläufigen Suspendierung werden nicht auf die Sperre angerechnet, unabhängig davon, ob der Athlet nicht an Wettkämpfen teilnahm oder von seiner Mannschaft suspendiert wurde.

10.10 Status während einer Sperre

10.10.1 Teilnahmeverbot während einer Sperre

Ein Athlet oder eine andere Person, gegen die eine Sperre verhängt wurde, darf während dieser Sperre in keiner Funktion an Wettkämpfen oder organisierten Trainingsmaßnahmen teilnehmen (außer an autorisierten Anti-Doping-Präventions- oder Rehabilitationsprogrammen), die von einem Unterzeichner, einer Mitgliedsorganisation eines Unterzeichners oder einem Verein oder einer anderen Mitgliedsorganisation der Mit-Unterzeichners autorisiert oder organisiert werden, oder an Wettkämpfen, die von einer Profiliga oder einem internationalen oder nationalen Veranstalter autorisiert oder organisiert werden. Ein Athlet oder eine andere Person, gegen den/die eine Sperre von mehr als vier (4) Jahren verhängt wurde, darf nach Ablauf von vier (4) Jahren der Sperre an lokalen Sportveranstaltungen teilnehmen, jedoch nicht an solchen der Sportart, in der der Athlet oder die andere Person den Verstoß gegen Anti-Doping-Bestimmungen begangen hat, und dies nur sofern diese lokale Sportveranstaltung nicht auf einer Ebene stattfindet, auf der sich der Athlet oder die andere Person ansonsten direkt oder indirekt für die Teilnahme an einer nationalen Meisterschaft oder einer Internationalen Wettkampfveranstaltung qualifizieren könnte (oder Punkte für eine derartige Qualifikation sammeln könnte).

Ein Athlet oder eine andere Person, gegen den/die eine Sperre verhängt wurde, wird weiterhin Dopingkontrollen unterzogen.

10.10.2 Verstoß gegen das Teilnahmeverbot während der Sperre

Wenn ein Athlet oder eine andere Person, gegen den/ die eine Sperre verhängt wurde, während der Sperre gegen das Teilnahmeverbot gemäß Artikel 10.10.1 verstößt, werden die Ergebnisse dieser Teilnahme annulliert, und die ursprünglich festgelegte Sperre beginnt mit dem Tag des Verstoßes gegen das Teilnahmeverbot erneut zu laufen. Diese erneute Sperre kann gemäß Artikel 10.5.2 herabgesetzt werden, wenn der Athlet oder die andere Person nachweist, dass ihn/sie beim Verstoß gegen das Teilnahmeverbot Kein signifikantes Verschulden trifft. Die Entscheidung darüber, ob ein Athlet oder eine andere Person gegen das Teilnahmeverbot verstoßen hat, und ob eine Herabsetzung gemäß Artikel 10.5.2 angemessen ist, trifft die Anti-Doping-Organisation, nach deren Ergebnismanagement die ursprüngliche Sperre verhängt wurde.

10.10.3 Einbehalten von finanzieller Unterstützung während einer Sperre

Darüber hinaus wird bei einem Verstoß gegen Anti-Doping-Bestimmungen, der nicht mit einer herabgesetzten Sanktion wegen Spezifischer Substanzen gemäß Artikel 10.4 bestraft wurde, die im Zusammenhang mit dem Sport stehende finanzielle Unterstützung oder andere sportbezogene Leistungen, welche die

Person erhält, von den Unterzeichnern, Mitgliedsorganisationen der Unterzeichner sowie Regierungen teilweise oder gänzlich einbehalten.

10.11 Kontrollen vor Wiedererlangung der Teilnahmeberechtigung

Als Voraussetzung für die Wiedererlangung der Teilnahmeberechtigung nach Ablauf einer festgelegten Sperre muss ein Athlet während der Vorläufigen Suspendierung oder der Sperre für Trainingskontrollen jeder Anti-Doping-Organisation mit Kontrollzuständigkeit zur Verfügung stehen und sich gemäß dem Standard für Meldepflichten vorgesehenen Meldepflichten unterwerfen. Wenn ein Athlet, gegen den eine Sperre verhängt wurde, seine aktive Laufbahn beendet und aus dem Testpool herausgenommen wird und zu einem späteren Zeitpunkt die Wiedererlangung der Teilnahmeberechtigung beantragt, erlangt der Athlet die Teilnahmeberechtigung erst wieder, wenn der Athlet die betroffenen Anti-Doping-Organisationen informiert hat und für den Zeitraum für Trainingskontrollen zur Verfügung stand, der der am Tag seiner Laufbahnbeendigung verbliebenen Sperre entspricht.

10.12 Verhängung finanzieller Sanktionen

Anti-Doping-Organisationen können in ihren eigenen Regelwerken finanzielle Sanktionen für Verstöße gegen Anti-Doping-Bestimmungen festlegen. Allerdings darf eine finanzielle Sanktion nicht herangezogen werden, um die gemäß dem NADC auszusprechende Sperre oder sonstige Sanktion herabzusetzen. Bei der Entscheidung, ob und in welchem Maß eine finanzielle Sanktion verhängt wird, sollen insbesondere die Schwere der Schuld und das Verhalten des Athleten oder der anderen Person im Disziplinarverfahren sowie seine/ihre Einkommensverhältnisse und sein/ihr Alter angemessen berücksichtigt werden.

Geldstrafen fließen hälftig der NADA und dem nationalen Sportfachverband des Athleten oder der anderen Person zu, der diese für Anti-Doping-Prävention verwenden soll.

Artikel 11 Konsequenzen für Mannschaften

11.1 Dopingkontrollen bei Mannschaftssportarten

Wenn mehr als ein Mitglied einer Mannschaft in einer Mannschaftssportart über einen Verstoß gegen Anti-Doping-Bestimmungen in Verbindung mit dieser Wettkampfveranstaltung Mitteilung gemäß Artikel 7 erhalten hat, veranlasst der Wettkampfveranstalter während der Dauer der Wettkampfveranstaltung geeignete Zielkontrollen bei der Mannschaft.

11.2 Konsequenzen bei Mannschaftssportarten

Wenn bei mehr als zwei Mitgliedern einer Mannschaft in einer Mannschaftssportart während der Dauer einer Wettkampfveranstaltung ein Verstoß gegen Anti-Doping-Bestimmungen festgestellt wurde, verhängt der Wettkampfveranstalter zusätzlich zu den Konsequenzen, die für einzelne Athleten festgelegt wurden, die gegen Anti-Doping-Bestimmungen verstoßen haben, eine angemessene Sanktion gegen die Mannschaft (beispielsweise Punktverlust, Disqualifizierung vom Wettkampf oder der Wettkampfveranstaltung, oder eine sonstige Sanktion).

11.3 Wettkampfveranstalter können strengere Konsequenzen für Mannschaftssportarten festlegen

Es bleibt dem Wettkampfveranstalter unbenommen, Regeln für die Wettkampfveranstaltung festzulegen, die strengere Konsequenzen für Mannschaftssportarten vorsehen als die, die gemäß Artikel 11.2 für Wettkampfveranstaltungen vorgegeben sind.

Artikel 12 Disziplinarverfahren

12.1 Allgemeines

12.1.1 Kommt die für das Ergebnismanagement zuständige Anti-Doping-Organisation nach Durchführung des Ergebnismanagements zu dem Ergebnis, dass ein Verstoß gegen Anti-Doping-Bestimmungen des Athleten oder der anderen Person nicht auszuschließen ist, leitet sie bei dem zuständigen Disziplinarorgan ein Disziplinarverfahren ein.

12.1.2 Leitet die für das Ergebnismanagement zuständige Anti-Doping-Organisation ein Disziplinarverfahren nicht innerhalb von zwei (2) Monaten ab Kenntnis von einem Von der Norm abweichenden oder Atypischen Analyseergebnis oder von einem möglichen anderen Verstoß gegen Anti-Doping-Bestimmungen ein, obwohl ein Verstoß gegen Anti-Doping-Bestimmungen eines Athleten oder einer anderen Person nicht auszuschließen ist, ist die NADA befugt, selbst ein Disziplinarverfahren bei dem zuständigen Disziplinarorgan einzuleiten oder die Rechtmäßigkeit der Nichteinleitung des Disziplinarverfahrens durch die zuständige Anti-Doping-Organisation vor dem Deutschen Sportschiedsgericht überprüfen zu lassen. Leitet die NADA selbst das Disziplinarverfahren ein, wird sie Partei des Verfahrens. Wird das Deutsche Sportschiedsgericht mit der Überprüfung der Rechtmäßigkeit befasst und stellt fest, dass eine Verfahrenseinleitung zu Unrecht unterblieben ist, leitet die Anti-Doping-Organisation in Anerkennung des Schiedsspruchs das Disziplinarverfahren ein.

12.1.3 Zuständiges Disziplinarorgan für die Durchführung des Disziplinarverfahrens ist entsprechend der Schiedsvereinbarung zwischen dem Athleten oder der anderen Person und der für das Ergebnismanagement zuständigen Anti-Doping-Organisation das Deutsche Sportschiedsgericht als Erstinstanz oder ein anderes Schiedsgericht, soweit die Schiedsvereinbarung ein solches vorsieht oder das gemäß der Verfahrensordnung der Anti-Doping-Organisation zuständige Organ.

12.1.4 Die NADA ist durch die für das Ergebnismanagement zuständige Anti-Doping-Organisation unverzüglich über die Einleitung und das Ergebnis eines Disziplinarverfahrens oder über die Gründe, warum ein solches nicht eingeleitet oder eingestellt wurde, zu informieren. Auf Anfrage der NADA hat diese ihr über den aktuellen Stand des Disziplinarverfahrens Auskunft zu geben sowie ihr für ihre Tätigkeit relevante Unterlagen zur Verfügung zu stellen. Die NADA hat das Recht, bei einer mündlichen Verhandlung zugegen zu sein. Die NADA ist rechtzeitig unaufgefordert über den Termin zu informieren.

12.2 Verfahrensgrundsätze

12.2.1 Das Disziplinarverfahren wird nach der Verfahrensordnung des Deutschen Sportschiedsgerichts (www.dis-sportschiedsgericht.de), des zuständigen Schiedsgerichts oder der Anti-Doping-Organisation durchgeführt.

12.2.2 Insbesondere sind die folgenden Verfahrensgrundsätze zu beachten:

(a) Eine zügige Durchführung des Verfahrens;

(b) Eine Besetzung des Disziplinarorgans mit fairen und unparteilichen Personen;

(c) Das Recht, sich anwaltlich vertreten zu lassen;

(d) Das Recht, über den behaupteten Verstoß gegen Anti-Doping-Bestimmungen angemessen und rechtzeitig informiert zu werden;

(e) Das Recht, zu dem Vorwurf des Verstoßes gegen Anti-Doping-Bestimmungen und den sich daraus ergebenden Konsequenzen Stellung zu nehmen;

(f) Das Recht jeder Partei, Beweismittel vorzubringen, einschließlich des Rechts, Zeugen zu stellen und zu befragen. Dabei können auch telefonische Zeugenaussagen oder schriftliche Beweismittel zugelassen werden;

(g) Das Recht auf Hinzuziehung eines Dolmetschers;

(h) Eine rechtzeitige, schriftliche und begründete Entscheidung, die insbesondere die Gründe für eine gegebenenfalls verhängte Sperre erläutert.

12.3 Absehen von einer mündlichen Verhandlung

Das Disziplinarorgan kann von einer mündlichen Verhandlung absehen und eine Entscheidung auf der Grundlage eines schriftlichen Verfahrens treffen, wenn der Athlet oder die andere Person, dem/der ein Verstoß gegen Anti-Doping-Bestimmungen vorgeworfen wird, hierzu gegenüber dem Disziplinarorgan schriftlich sein/ihr Einverständnis erklärt hat. Die abschließende Entscheidung über das Absehen von einer mündlichen Verhandlung trifft der Vorsitzende des Disziplinarorgans. Hat der Athlet oder die andere Person, dem/der ein Verstoß gegen Anti-Doping-Bestimmungen vorgeworfen wird, einen Verstoß gegen Anti-Doping-Bestimmungen gestanden, kann im Wege des schriftlichen Verfahrens ohne Einverständnis des Athleten oder der anderen Person entschieden werden. Ein Absehen von einer mündlichen Verhandlung ist im Falle der Säumnis unter den Voraussetzungen des Artikels 12.4 möglich, wenn der Athlet oder die andere Person, dem/der ein Verstoß gegen Anti-Doping-Bestimmungen vorgeworfen wird, in der Aufforderung zur Stellungnahme und in der Ladung auf die Folgen seiner/ ihrer Säumnis hingewiesen wurde.

12.4 Säumnis

Säumig ist ein Athlet oder eine andere Person, der/die trotz ordnungsgemäßer Ladung und eines entsprechenden Hinweises auf diese Folge der Säumnis zu einer mündlichen Verhandlung nicht erscheint oder es unterlässt, sich innerhalb der vom Disziplinarorgan bestimmten Frist zu äußern oder Beweismittel vorzulegen. Wird die Säumnis nach Überzeugung des Disziplinarorgans genügend entschuldigt, bleibt sie außer Betracht. Im Falle einer Säumnis kann eine Entscheidung im schriftlichen

Verfahren auf Grundlage der zum vorgesehenen Zeitpunkt der mündlichen Verhandlung dem Disziplinarorgan vorliegenden Tatsachen ergehen.

Artikel 13 Rechtsbehelfe

13.1 Anfechtbare Entscheidungen

Gegen Entscheidungen, die durch das zuständige Disziplinarorgan auf Grundlage des NADC oder der Regeln, die den NADC umgesetzt haben, ergehen, können Rechtsbehelfe gemäß den Bestimmungen der Artikel 13.2 bis 13.4 oder anderer Bestimmungen des NADC eingelegt werden. Diese Entscheidungen bleiben während des Rechtsbehelfsverfahrens in Kraft, es sei denn, das zuständige Rechtsbehelfsorgan bestimmt anderes. Bevor ein Rechtsbehelfsverfahren gemäß diesem Artikel eingeleitet wird, müssen sämtliche nach den Bestimmungen der für das Ergebnismanagement zuständigen Anti-Doping-Organisation verfügbaren Entscheidungsüberprüfungsinstanzen ausgeschöpft werden, sofern diese im Einklang mit den Grundsätzen des Artikels 13.2.2 stehen. Dies gilt nicht in den Fällen des Artikels

13.1.1 WADA nicht zur Ausschöpfung interner Rechtsmittel verpflichtet

Hat die WADA ein Rechtsbehelfsrecht gemäß Artikel 13 und keine Partei hat Rechtsbehelf gegen die Entscheidung des Disziplinarorgans eingelegt, kann die WADA gegen diese Entscheidung direkt beim CAS Rechtsbehelf einlegen, ohne andere in den Verfahrensvorschriften der für das Ergebnismanagement zuständigen Anti-Doping-Organisation vorgesehene Rechtsmittel ausschöpfen zu müssen.

13.2 Rechtsbehelfe gegen Entscheidungen über Verstöße gegen Anti-Doping-Bestimmungen, Konsequenzen und Vorläufigen Suspendierungen

Gegen folgende Entscheidungen dürfen ausschließlich Rechtsbehelfe entsprechend den Vorgaben des Artikels 13.2 eingelegt werden:

(a) Die Entscheidung, dass ein Verstoß gegen Anti-Doping-Bestimmungen vorliegt, welche Konsequenzen ein solcher nach sich zieht oder dass kein Verstoß gegen Anti-Doping-Bestimmungen vorliegt;

(b) Die Entscheidung, dass ein Verfahren wegen eines Verstoßes gegen Anti-Doping-Bestimmungen aus verfahrensrechtlichen Gründen nicht fortgeführt werden kann (beispielsweise Verjährung);

(c) Eine Entscheidung gemäß Artikel 10.10.2 wegen Verstoßes gegen das Teilnahmeverbot während einer Sperre;

(d) Die Entscheidung, dass eine Anti-Doping-Organisation nicht zuständig ist, über einen vorgeworfenen Verstoß gegen Anti-Doping-Bestimmungen oder dessen Konsequenzen zu entscheiden;

(e) Die Entscheidung einer Anti-Doping-Organisation, dass ein Von der Norm abweichendes Analyseergebnis oder ein Atypisches Analyseergebnis keinen Verstoß gegen Anti-Doping-Bestimmungen darstellt oder dass nach Ermittlungen gemäß Artikel 7.4 kein Verstoß gegen Anti-Doping-Bestimmungen vorliegt;

(f) Eine Entscheidung über die Verhängung einer Vorläufigen Suspendierung, die auf Grund einer Vorläufigen Anhörung oder auf Grund eines Verstoßes gegen die Vorgaben des Artikels 7.5 ergangen ist.

13.2.1 Rechtsbehelfe gegen Entscheidungen, die Athleten eines internationalen Testpools betreffen

In Fällen, die auf Grund einer Teilnahme an einer Internationalen Wettkampfveranstaltung entstehen, oder in Fällen, die Athleten eines Internationalen Testpools betreffen, können Rechtsbehelfe gegen Entscheidungen letztinstanzlich ausschließlich vor dem CAS gemäß den anwendbaren Vorschriften des Gerichtshofs eingelegt werden.

13.2.2 Rechtsbehelfe gegen Entscheidungen, die Athleten auf nationaler Ebene oder andere Personen betreffen

Athleten auf nationaler Ebene oder andere Personen können Rechtsbehelfe gegen Entscheidungen entsprechend der Schiedsvereinbarung zwischen dem Athleten oder der anderen Person und der für das Ergebnismanagement zuständigen Anti-Doping-Organisation beim Deutschen Sportschiedsgericht als Rechtsmittelinstanz oder einem anderen Schiedsgericht einlegen. War das Deutsche Sportschiedsgericht bereits Disziplinarorgan, kann ein Rechtsbehelf nur beim CAS eingelegt werden. Das Rechtsbehelfsverfahren wird nach der Verfahrensordnung des Deutschen Sportschiedsgerichts (www.dis-sportschiedsgericht.de) oder des zuständigen Schiedsgerichts durchgeführt. Ungeachtet dessen sind die Verfahrensgrundsätze im Sinne des Artikels 12.2.2 zu beachten.

13.2.3 Rechtsbehelfsbefugnis

13.2.3.1 In Fällen des Artikel 13.2.1 sind folgende Parteien berechtigt, vor dem CAS Rechtsbehelf einzulegen:

(a) Der Athlet oder die andere Person, gegen den/die sich die Entscheidung richtet, gegen die der Rechtsbehelf eingelegt wird;

(b) Die andere Partei des Verfahrens, in dem die Entscheidung ergangen ist;

(c) Der jeweilige Internationale Sportfachverband;

(d) Die NADA;

(e) Das Internationale Olympische Komitee oder das Internationale Paralympische Komitee, wenn die Entscheidung Auswirkungen auf die Olympischen oder Paralympischen Spiele haben könnte, einschließlich Entscheidungen, die das Recht zur Teilnahme an Olympischen oder Paralympischen Spielen betreffen;

(f) Die WADA.

13.2.3.2 In Fällen des Artikels 13.2.2 sind folgende Parteien berechtigt, entsprechend der Schiedsvereinbarung zwischen dem Athleten oder der anderen Person und der für das Ergebnismanagement zuständigen Anti-Doping-Organisation beim Deutschen Sportschiedsgericht als Rechtsmittelinstanz, einem anderen Schiedsgericht oder dem CAS Rechtsbehelf einzulegen:

(a) Der Athlet oder die andere Person, gegen den/die sich die Entscheidung richtet, gegen die der Rechtsbehelf eingelegt wird;

(b) Die andere Partei des Verfahrens, in dem die Entscheidung ergangen ist;

(c) Der jeweilige Internationale Sportfachverband;

(d) Die NADA;

(e) Die WADA.

Gegen die Entscheidung des Deutschen Sportschiedsgerichts oder des zuständigen Schiedsgerichts sind die WADA, die NADA und der jeweilige Internationale Sportfachverband auch dazu berechtigt, Rechtsbehelfe vor dem CAS einzulegen. Jede Partei, die einen Rechtsbehelf einlegt, hat Anspruch auf Unterstützung durch den CAS, um alle notwendigen Informationen von der für das Ergebnismanagement zuständigen Anti-Doping-Organisation zu erhalten; die Informationen sind zur Verfügung zu stellen, wenn der CAS dies anordnet.

13.2.3.3 Die Frist für das Einlegen eines Rechtsbehelfs oder das Einschreiten der WADA beträgt, je nachdem, welches Ereignis später eintritt:

(a) Einundzwanzig (21) Tage nach dem letzten Tag, an dem eine andere Partei in diesem Fall einen Rechtbehelf hätte einlegen können, oder

(b) Einundzwanzig (21) Tage, nachdem die WADA die vollständige Akte zu dieser Entscheidung erhalten hat.

13.2.3.4 Ungeachtet sonstiger Bestimmungen des NADC kann ein Rechtsbehelf gegen eine Vorläufige Suspendierung nur von dem Athleten oder der anderen Person eingelegt werden, gegen den/die die Vorläufige Suspendierung verhängt wurde.

13.3 Keine rechtzeitige Entscheidung des Disziplinarorgans

Versäumt ein Disziplinarorgan in einem Einzelfall, innerhalb einer angemessenen, von der WADA festgelegten Frist, eine Entscheidung darüber zu treffen, ob ein Verstoß gegen die Anti-Doping-Bestimmungen vorliegt, kann die WADA Rechtsmittel unmittelbar beim CAS einlegen, so als ob das Disziplinarorgan entschieden hätte, dass kein Verstoß gegen Anti-Doping-Bestimmungen vorliegt. Stellt der CAS fest, dass ein Verstoß gegen Anti-Doping-Bestimmungen vorliegt und das Vorgehen der WADA, unmittelbar beim CAS Rechtsbehelf einzulegen, angemessen war, werden der WADA ihre durch das Rechtsbehelfsverfahren entstandenen Kosten sowie Anwaltshonorare von der für das Ergebnismanagement zuständige Anti-Doping-Organisation zurückerstattet.

13.4 Rechtsbehelf gegen Entscheidungen über die Bewilligung oder Ablehnung einer Medizinischen Ausnahmegenehmigung

Gegen Entscheidungen der WADA, durch welche die Bewilligung oder Ablehnung einer Medizinischen Ausnahmegenehmigung aufgehoben werden, können Rechtsbehelfe durch den Athleten oder die Anti-Doping-Organisation, deren Entscheidung aufgehoben wurde, ausschließlich vor dem CAS eingelegt werden. Gegen Entscheidungen der NADA oder anderer Anti-Doping-Organisationen über die Ablehnung einer Medizinischen Ausnahmegenehmigung, die nicht durch die WADA aufgehoben wurden, können Athleten eines internationalen Testpools Rechtsbehelf beim CAS und Athleten auf nationaler Ebene bei dem Deutschen Sportschiedsgericht oder dem zuständigen Schiedsgericht einlegen. Hebt letzteres die Entscheidung über die Ablehnung einer Medizinischen Ausnahmegenehmigung auf, kann die WADA gegen diese Entscheidung vor dem CAS Rechtsbehelf einlegen. Versäumt es eine Anti-Doping-Organisation, innerhalb einer angemessenen Frist eine Entscheidung über einen ordnungsgemäß eingereichten Antrag auf eine Medizinische Ausnahmegenehmigung zu treffen, kann die fehlende Entscheidung der Anti-Doping-Organisation hinsichtlich des in diesem Artikel festgelegten Rechts auf Einlegung von Rechtsbehelfen als Ablehnung des Antrags angesehen werden.

Artikel 14 Information undVertraulichkeit

14.1 Information anderer Anti-Doping-Organisationen

Anti-Doping-Organisationen sind über ihre im NADC festgelegten Informationspflichten hinaus berechtigt, sich gegenseitig sowie die WADA über mögliche und tatsächliche Verstöße gegen Anti-Doping-Bestimmungen durch Athleten oder andere Personen und die Ergebnisse des Ergebnismanagements und des Disziplinarverfahren zu informieren.

14.2 Meldung staatlicher Ermittlungsbehörden

Die für das Ergebnismanagement zuständige Anti-Doping-Organisation sowie die NADA sind nach Ausübung pflichtgemäßen Ermessens befugt, bei hinreichendem Verdacht auf einen Verstoß gegen das Arznei- oder Betäubungsmittelgesetz oder das Strafgesetzbuch auf Grund Vorliegens eines Von der Norm abweichenden Analyseergebnisses noch vor Mitteilung gemäß Artikel 7.2.2 den Namen des betroffenen Athleten, die Substanz, die zu dem Von der Norm abweichenden Analyseergebnis geführt hat sowie seinen gewöhnlichen Aufenthaltsort der zuständigen Staatsanwaltschaft oder dem Bundeskriminalamt zu melden. Ungeachtet dessen hat die für das Ergebnismanagement zuständige Anti-Doping-Organisation sowie die NADA die Verpflichtung, bei auf Grund von Hinweisen von Athleten, Athletenbetreuern oder anderen Personen begründeten hinreichendem Verdacht auf einen Verstoß gegen das Arznei- oder Betäubungsmittelgesetz oder das Strafgesetzbuch die jeweilige Person zur Anzeige zu bringen.

14.3 Information der Öffentlichkeit

14.3.1 Die Identität eines Athleten oder einer Person, dem/der von einer Anti-Doping-Organisation vorgeworfen wird, gegen Anti-Doping-Bestimmungen verstoßen zu haben, darf von der

Anti-Doping-Organisation, die für das Ergebnismanagement zuständig ist, und der NADA nur offengelegt werden, nachdem der Athlet oder die andere Person gemäß Artikel 7.2, 7.3 oder 7.4, und die zuständige Anti-Doping-Organisation gemäß Artikel 7 oder 14.1 benachrichtigt wurde.

14.3.2 Spätestens zwanzig (20) Tage, nachdem die Entscheidung ergangen ist, dass ein Verstoß gegen Anti-Doping-Bestimmungen vorliegt oder gegen die Entscheidung des Disziplinarorgans kein Rechtsmittel mehr eingelegt werden kann, soll die für das Ergebnismanagement zuständige Anti-Doping-Organisation die Entscheidung Veröffentlichen und dabei insbesondere Angaben zur Sportart, zur verletzten Anti-Doping-Bestimmung, zum Namen des Athleten oder der anderen Person, der/die den Verstoß begangen hat, zum Verbotenen Substanz oder zur Verbotenen Methode sowie zu den Konsequenzen machen. Dieselbe Anti-Doping-Organisation soll ebenfalls innerhalb von zwanzig (20) Tagen Entscheidungen zu einem Verstoß gegen Anti-Doping-Bestimmungen Veröffentlichen, die im Rechtsbehelfsverfahren ergangen sind. Ferner übermittelt die Anti-Doping-Organisation sämtliche Entscheidungen aus Disziplinarverfahren und Rechtsbehelfsverfahren innerhalb des Veröffentlichungszeitraums an die WADA.

14.3.3 Wenn nach einem Disziplinarverfahren oder Rechtsbehelfsverfahren festgestellt wird, dass ein Athlet oder eine andere Person nicht gegen Anti-Doping-Bestimmungen verstoßen hat, darf die Entscheidung nur mit Zustimmung des Athleten oder einer anderen Person veröffentlicht werden, der/die von der Entscheidung betroffen ist. Die für das Ergebnismanagement zuständige Anti-Doping-Organisation unternimmt angemessene Anstrengungen, um diese Zustimmung zu erhalten, und veröffentlicht die Entscheidung nach Erhalt der Zustimmung entweder ganz oder in einer von dem Athleten oder einer anderen Person gebilligten gekürzten Form.

14.3.4 Eine Anti-Doping-Organisation oder ein von der WADA akkreditiertes Labor darf öffentlich nicht zu Einzelheiten eines laufenden Verfahrens, mit Ausnahme von allgemeinen Beschreibungen verfahrenstechnischer, rechtlicher und wissenschaftlicher Natur, Stellung nehmen, es sei denn, dies geschieht in Reaktion auf öffentliche Stellungnahmen des Athleten, einer anderen Person oder ihrer Vertreter.

14.4 Jahresbericht

Die NADA veröffentlicht mindestens einmal jährlich einen statistischen Bericht über ihre Dopingkontrollmaßnahmen sowie deren Ergebnisse und übermittelt diesen an die WADA.

14.5 Vertraulichkeit

Die Personen oder Organisationen, welche gemäß Artikel 14.1. Artikel 14.2 benachrichtigt wurden, dürfen die Informationen erst dann Veröffentlichen, wenn die für das Ergebnismanagement zuständige Anti-Doping-Organisation die Informationen veröffentlicht hat oder es versäumt hat, die Informationen gemäß der Bestimmungen des Artikels 14.2.2 zu Veröffentlichen. Bis dahin sind die Informationen vertraulich zu behandeln.

14.6 Datenschutz

Zur Planung, Koordinierung, Durchführung, Auswertung und Nachbearbeitung von Dopingkontrollen darf die NADA Personenbezogene Daten von Athleten und von am Dopingkontrollverfahren beteiligten Dritten verarbeiten. Die NADA behandelt diese Daten vertraulich und stellt sicher, dass sie beim Umgang mit diesen Daten in Übereinstimmung mit geltendem nationalen Datenschutzrecht sowie dem Standard für Datenschutz handelt. Die Daten sind zu vernichten, sobald sie für diese Zwecke nicht mehr benötigt werden.

Artikel 15 Dopingprävention

15.1 Ziel der Dopingprävention

Ziel der Dopingprävention ist es, den Sportsgeist zu bewahren und zu verhindern, dass er durch Doping untergraben wird. Im Sinne des Fairplays und zum Schutz der körperlichen Unversehrtheit und Gesundheit sollen Athleten davor bewahrt werden, bewusst oder unbewusst Verbotene Substanzen und Methoden anzuwenden.

15.2 Präventionsprogramme

Die Anti-Doping-Organisationen planen im Rahmen ihrer Möglichkeiten und Kompetenzen und in Zusammenarbeit miteinander Präventionsprogramme für einen dopingfreien Sport, setzen diese um, werten sie aus und überwachen sie. Durch diese Programme sollen Athleten oder andere Personen insbesondere die folgenden Informationen erhalten:

Substanzen und Methoden, die auf der Verbotsliste geführt werden

Verstöße gegen die Anti-Doping-Bestimmungen

Die Folgen von Doping, darunter Sanktionen sowie gesundheitliche und soziale Folgen

Dopingkontrollverfahren

Rechte und Pflichten der Athleten und Athletenbetreuer

Medizinische Ausnahmegenehmigungen

Umgang mit Risiken von Nahrungsergänzungsmitteln

Schaden von Doping für den Sportsgeist

15.3 Koordinierung und Zusammenarbeit

Anti-Doping-Organisationen, Athleten und andere Personen arbeiten zusammen, um ihre Bemühungen bei der Dopingprävention abzustimmen, Erfahrungen auszutauschen und sicherzustellen, dass Doping im Sport wirksam verhindert wird. Der nationale Sportfachverband bestellt einen Anti-Doping-Beauftragten und meldet diesen der NADA. Der Anti-Doping-Beauftragte ist Ansprechpartner für Athleten und die NADA.

Artikel 16 Dopingkontrollverfahren bei Tieren in sportlichen Wettkämpfen

16.1 Bei jeder Sportart, in der Tiere an Wettkämpfen teilnehmen, legt der Internationale Sportfachverband dieser Sportart für die Tiere, die an der jeweiligen Sportart beteiligt sind, Anti-Doping-Bestimmungen fest und setzt diese um. Die Anti-Doping-Bestimmungen beinhalten eine Liste Verbotener Substanzen, ein geeignetes Dopingkontrollverfahren und eine Liste anerkannter Labore für die Analyse von Proben.

16.2 Hinsichtlich der Feststellung von Verstößen gegen Anti-Doping-Bestimmungen, des Ergebnismanagements, ordnungsgemäßer Disziplinarverfahren, der Konsequenzen und der Rechtsbehelfsverfahren bei Tieren im Sport legt der Internationale Sportfachverband dieser Sportart für die Tiere, die an der Sportart beteiligt sind, Regeln fest und setzt sie um, die im Allgemeinen mit den Artikeln 1, 2, 3, 9, 10, 11, 13 und 17 des Codes übereinstimmen.

16.3 Es bleibt der NADA unbenommen, ein geeignetes Dopingkontrollverfahren für Tiere, die an sportlichen Wettkämpfen teilnehmen, einzurichten.

Artikel 17 Verjährung

Gegen einen Athleten oder eine andere Person kann nur dann ein Verfahren auf Grund eines Verstoßes gegen Anti-Doping-Bestimmung gemäß dem NADC eingeleitet werden, wenn dieses Verfahren innerhalb von acht (8) Jahren ab dem Zeitpunkt des festgestellten Verstoßes eingeleitet wird.

Artikel 18 Schlussbestimmungen

18.1 Der NADC tritt am 1. Januar 2009 in Kraft. Er setzt den Code der WADA (Fassung 2009) für den Zuständigkeitsbereich der NADA um und ersetzt den bis zum 31. Dezember 2008 geltenden NADC (Fassung 2006).

18.2 Die Begriffsbestimmungen (Anhang 1), die Kommentare (Anhang 2), die Verbotsliste (Anhang 3) sowie die Standards (Anhang 4 bis 6) und International Standards (Anhang 7 und 8) sind Bestandteil des NADC.

18.3 Die nationalen Sportfachverbände nehmen den NADC durch Zeichnung der Vereinbarung über die Organisation und Durchführung von Dopingkontrollen an. Sie setzen den NADC sowie zukünftige Änderungen unverzüglich nach deren Inkrafttreten um. Sie haben durch geeignete, insbesondere rechtliche und organisatorische Maßnahmen dafür Sorge zu tragen, dass eine Anpassung ihrer entsprechenden Regelwerke an die geänderten Fassungen unverzüglich erfolgt und die ihnen angehörigen beziehungsweise nachgeordneten Verbände, Vereine, Athleten und sonstige Beteiligte über die Änderungen informiert und daran gebunden werden.

18.4 Der NADC ist ein unabhängiger und eigenständiger Text und stellt keinen Verweis auf bestehendes Recht oder bestehende Satzungen der Anti-Doping-Organisationen dar. In Zweifelsfragen sind die Kommentare (Anhang 2) und der Code der WADA in seiner englischen Originalfassung zur Auslegung heranzuziehen.

18.5 Anerkennung und Kollision

18.5.1 Gegenseitige Anerkennung

Vorbehaltlich des in Artikel 13 vorgesehenen Rechts zur Einlegung von Rechtsbehelfen werden Dopingkontrollen, Medizinische Ausnahmegenehmigungen sowie die Entscheidungen des Disziplinarorgans oder andere endgültige Entscheidungen eines Unterzeichners des Codes oder einer Anti-Doping-Organisation, die den NADC angenommen hat, die mit dem Code und dem NADC übereinstimmen und in der Zuständigkeit dieses Unterzeichners oder dieser Anti-Doping-Organisation liegen, von allen Unterzeichnern und allen Anti-Doping-Organisationen, die den NADC angenommen haben, anerkannt und beachtet. Die Unterzeichner und Anti-Doping-Organisationen, die den NADC angenommen haben, erkennen dieselben Maßnahmen anderer Organisationen an, die den Code und den NADC nicht angenommen haben, wenn die Regeln dieser Organisationen mit dem Code und dem NADC übereinstimmen.

18.5.2 Kollision mit Regelwerken internationaler Sportfachverbände

Sollte eine Bestimmung des NADC mit dem für den nationalen Sportfachverband verbindlichen Regelwerk seines internationalen Sportfachverbandes unvereinbar sein, so gilt die entsprechende Bestimmung des internationalen Sportfachverbandes, soweit sie mit dem Code und den International Standards übereinstimmt und mit deutschem Recht vereinbar ist.

18.6 Rückwirkung und Anwendbarkeit

18.6.1 Der Code und der NADC finden keine rückwirkende Anwendung auf Angelegenheiten, die vor dem Tag der Annahme des Codes und des NADC und seiner Umsetzung in die Regelwerke durch die Unterzeichner oder Anti-Doping-Organisationen anhängig waren. Verstöße gegen Anti-Doping-Bestimmungen vor Annahme des Codes und des NADC gelten jedoch zum Zweck der Strafbemessung nach Artikel 10 für Verstöße nach Annahme des Code und des NADC als Erstverstöße oder Zweitverstöße.

18.6.2 Meldepflicht- und Kontrollversäumnisse, die vor dem Tag des In-Kraft-Tretens begangen und sanktioniert wurden, sind für die Sanktionierung eines Verstoßes gegen Artikel 2.4 nicht mehr zu berücksichtigen.

18.6.3 Für ein Disziplinarverfahren wegen eines Verstoßes gegen Anti-Doping- Bestimmungen, das am Tag des In-Kraft-Tretens des NADC anhängig ist und für ein Disziplinarverfahren, das ab dem Tag des In-Kraft-Tretens eingeleitet wurde und einen Verstoß behandelt, der zuvor begangen wurde, gelten die Anti-Doping-Bestimmungen, die zu dem Zeitpunkt wirksam waren, zu dem der Verstoß gegen Anti-Doping-Bestimmungen begangen wurde, sofern im Disziplinarverfahren nicht festgelegt wird, dass auf dieses der Lex-Mitior-Grundsatz anzuwenden ist.

18.6.4 In Fällen, bei denen ein Verstoß gegen Anti-Doping-Bestimmungen vor dem Tag des In-Kraft-Tretens endgültig festgestellt wurde, der Athlet oder die andere Person jedoch nach diesem Tag weiterhin eine Sperre verbüßt, kann der Athlet oder die andere Person bei der Anti-Doping-Organisation, die bei diesem Verstoß für das Ergebnismanagement zuständig war, eine Herabsetzung der Sperre unter Berücksichtigung des Codes und des NADC aus dem Jahr 2009 beantragen. Dieser Antrag muss vor Ablauf der Sperre gestellt werden. Gegen die Entscheidung der Anti-Doping-Organisation können gemäß Artikel 13.2 Rechtsbehelfe eingelegt werden. Der Code und der NADC aus dem Jahr 2009 findet keine Anwendung auf Fälle, in denen ein Verstoß gegen Anti-Doping-Bestimmungen bereits endgültig festgestellt wurde und die Sperre bereits abgelaufen ist.

18.6.5 Für die Zwecke der Anwendung von Artikel 10.7.1 gilt ein Verstoß gegen Anti-Doping-Bestimmungen, der vor In-Kraft-Treten des Codes und des NADC begangen wurde und eine Substanz betraf, die gemäß dem Code und dem NADC aus dem Jahr 2009 als Spezifische Substanz eingestuft ist und für den eine Sperre von weniger als zwei (2) Jahren verhängt wurde, als herabgesetzte Sanktion wegen Spezifischer Substanzen.

Linkliste mit den Satzungen der wichtigsten nationalen und internationalen Sportverbände

Internationale Sportverbände:

IHF (International Handball Federation) - http://www.ihf.info/files/Uploads/NewsAttachments/0_01_Statutes_ALL.pdf

FIBA (Federation Internationale de Basketball) - http://www.fiba.com/downloads/Regulations/2011/FIBABookGSAG.pdf

FIH (International Hockey Federation) - http://www.fih.ch/files/Sport/Coaching/FIH%20Statutes%20and%20Bylaws.pdf

FIA (Fédération Internationale de l'Automobile) - http://www.fia.com/en-GB/the-fia/statutes/Documents/Statuts-FIA-2012.pdf

FIS (Fédération Internationale de Ski) - http://www.fis-ski. com/data/document/fis-statutes-2008.pdf

FIVB (Fédération Internationale de Volleyball) - http://www.fmvoley.com/areadescarga/FIVB_Code_of_Conduct_Eng.pdf

IAAF (International Association of Athletics Federations) - http://www.iaaf.org/mm/Document/06/28/25/ded17e35-fb04-4a83-801f-a3dcf4ec5f38_PDF_English.pdf

IHF (International Handball Federation) - http://www.ihf.info/files/Uploads/NewsAttachments/0_01_Statutes_ALL.pdf

ITTF (International Table Tennis Federation) - http://www.ittf.com/ittf_handbook/2011/2011_EN_HBK_CHPT_1.pdf

ITU Internationale Triathlon Union - http://www.triathlon.org/images/uploads/itu-constitution-approved-congress2011.pdf

IIHF (Internationale Eishockey-Föderation) - http://www.iihf.com/fileadmin/user_upload/PDF/The_IIHF/2008-2012_IIHF_Statutes_and_Bylaws_May_2011_Amendments.pdf

UCI (Union Cycliste Internationale) - http://www.uci.ch/Modules/BUILTIN/getObject.asp?MenuId=&ObjTypeCode=FILE&type=FILE&id=34040&LangId=1

Nationale Sportverbände:

BDR (Bund Deutscher Radfahrer e.V.) - http://www.rad-net.de/html/bdr/satzung07.pdf

DBB (Deutscher Basketball Bund e.V.) - http://www.basketball-bund.de/wp-content/uploads/dbb_satzung.pdf

DEB (Deutscher Eishockey-Bund e.V.) - http://www.dis-sportschiedsgericht.de/Material/DEB/DEB-SATZUNG_12.07.08.pdf

DESG (Deutsche Eisschnelllauf-Gemeinschaft e.V.) - http://www.desg.de/images/stories/downloads/DESG_Satzung_2010.pdf

DFB (Deutscher Fechter-Bund e.V.) - http://www.fechten.org/uploads/media/2009_Satzung.pdf

DGV (Deutscher Golf Verband e.V.) - http://www.golf.de/dgv/imagedata/Satzung_16.04.11.pdf

DHB (Deutscher Hockey-Bund e.V.) - http://www.hockey.de/VVI-web/Ordnungen/DHB/DHB-SATZUNG.pdf

DLV (Deutscher Leichtathletikverband) - http://www.leichtathletik.de/Dokumente/images_original/18756_orig_Satzung.pdf

DRB (Deutscher Ringer-Bund e.V.) - http://www.ringen.de/Downloads/Satzung.pdf

DRV (Deutscher Ruderverband e.V.) - http://www.rudern.de/uploads/media/Entwurf_Neufassung_Grundgesetz_-_Fassung_4_vom_5.12.2008.pdf

DSB (Deutscher Schützenbund e.V.) - http://www.dsb.de/media/PDF/Statuten/Satzung_DSB_2011-1.pdf

DSV (Deutscher Skiverband e.V.) - http://www.deutscherskiverband.de/datei.php?system_id=101223

DTV (Deutscher Tennisbund e.V.) – http://www.dtb-tennis.de/downloads/Satzung_2011.pdf

DTTB (Deutscher Tischtennis-Bund) – http://www.tischtennis.de/dttb/satzung/DTTB-Handbuch_2011_Teil_02_Satzung_V02_050911.pdf

DTU (Deutsche Triathlon Union e.V.) – http://www.dis-sportschiedsgericht.de/Material/DTU/Satzung.pdf

DTB (Deutscher Turnerbund) – http://www.dtb-online.de/portal/fileadmin/user_upload/dtb.redaktion/Daten_und_Fakten/Satzung_und_Ordnungen/DTB-Satzung_2012.pdf

DVV (Deutscher Volleyball Verband e.V.) – http://www.volleyball-verband.de/filerepository/XCUJwuf5HJvnCdfMvvYT.pdf

Sachverzeichnis

Die fette Zahl bezeichnet die Nummer des Gesetzes, die magere Zahl den Artikel oder Paragrafen.

A-Probe **58** 2, 7, 8
Abstieg **55** 16b; **57** 15
Abgabenordnung **46**
AEUV **4**
Allgemeine Geschäftsbedingungen **28** 305 ff.
Allgemeine Handlungsfreiheit **8** 2
Amateursport **55** 6
Annahme **28** 147
Antrag **28**
Arbeitsverhältnis
- Dienstvertrag **28** 611 ff.
- Kündigungsschutz **34** 9
- befristetes Arbeitsverhältnis **36** 2, 15
Arbeitsvertrag **28** 611 ff.; **36** 3
Arbeitszeit **28;** 622; **37**; **36** 2; **38** 4
Arbeitszeitgesetz **28**
Arznei- und Betäubungsmittel **32; 33; 58** 14
Aufnahme
- als IOC-Mitglied **51** 16
- bei der FIFA **52** 9, 10, 11
- beim DOSB **54** 6
- beim DHB **57** 7
- beim DTB (Turnen) **56** 3
- beim DFB **55** 8
- als olympische Sportart **51** 46

B-Probe **58** 2, 7, 8
Berufsfreiheit **5** 15; **8** 12
Beschränkte Geschäftsfähigkeit **28** 104 ff.
Bestechung
- im geschäftlichen Verkehr **31** 299, 300, 301
- im Amt **31** 332, 334
Betäubungsmittelgesetz
Betäubungsmittelrecht (Doping) → Arznei- und Betäubungsmittel
Betrug **31** 263
Bild des Sportlers **44** 22 ff.
Bundesdatenschutzgesetz **46**
Bundesurlaubsgesetz **35**

Charta der Grundrechte der EU **5**
Court of Arbitration of Sport (CAS) **52** 62 ff.; **53** 2, 11; **54** 33 ff.; **55** 17a; **57** 52

Datenschutz **46**
Deliktischer Anspruch **28** 823 ff.
DFB **55**
DFL **55** 33
DHB **57**
Dienstleistungsfreiheit **4** 56, 57
Dienstvertrag **28** 611 ff.
Diskriminierungsverbot **4** 18
Disziplinarmaßnahme **53** 16; **52** 57
Disziplinarkommission **52** 58
Doping

- Anti-Doping-Bestimmungen **3; 68; 51** 44; **52** 63; **53** 15; **54** Präambel; **55** 4; **56** 21; **57** 2, 4
- Dopingkontrollverfahren **3** 2, 12; **68** 5; **55** 4; **56** 21; **57** 2
- Dopingnachweis **68** 3
- Dopingstrafe **68** 10, 11, 12; **32** 6a, 95
- Dopingsubstanz **68** 4
- Dopingverstoß **32** 6a, 95

DTB (Turnen) **56**

Ehrenamtlicher Vorstand **28** 31a
Ehrenamtsfreibetrag **48** 3
Eigentum **51** 7, 25
Einführungsgesetz zum Bürgerlichen Gesetzbuch **29**
Eingetragener Verein **28** 21 ff.
Einkommenssteuer **48** 1
Einkommenssteuergesetz **48**
Einkünfte
- aus Gewerbebetrieb **48** 15
- aus selbständiger Arbeit **48** 18

Einwilligung des Sportlers **31** 228
Elterliches Erziehungsrecht **8** 6
EMRK **6**
Erholungsurlaub **35** 1
Erlöschen der Mitgliedschaft **28** 39
Erwerb der Mitgliedschaft **28** 38; → Aufnahme
Erziehungsauftrag **8** 6, 7
Europäische Gerichtsstands- und Vollstreckungsverordnung (EuGVO) **7**
Europäisches Übereinkommen über die internationale Handelsschiedsgerichtsbarkeit **2**

Fairness-Gebot **51** Präambel, 2, 4; **52** 4, 51; **55** Präambel, 4; **57** 2; **68** 15
Fernsehübertragung **39** 14; **40** 4, 5; **51** 7; **52** 10; **53** 16
Fernseh- und Hörfunkrechte → Fernsehübertragung
FIFA **52**
FIFA-Transferreglement **52** 49
Förderung **9** 3c; **10** 140; **11** 32; **12** 35; **13** 36a; **15** 16; **16** 6; **17** 18; **18** 40; **19** 34a; **20** 11; **21** 36; **22** 36; **23** 30

Gefährdungshaftung **28** 249 ff.
Gegenbeweismittel des Athleten **68** 3
Gemeinnützige Zwecke **47** 51 ff.
Geschäftsbetrieb **28** 21
Geschäftsjahr **28** 39
Gesetz gegen den unlauteren Wettbewerb **41**
Gewerbebetrieb **48** 15; **49** 2, 3, 7
Gewerbesteuer **49** 2
Gewerbesteuergesetz **49**
Grundfreiheiten **4** 28, 34, 45, 49, 56
Grundgesetz **8**
Grundrechtecharta **5**
Grundrechte **8** 1–10, 12, 14

Haftung
- vertraglich **28** 249 ff.
- deliktisch **28** 823 ff.

- des Vereinsvorstands **28** 31, 31a
Handlungsfreiheit **8** 2
Hauptpflicht des Sportlers **28** 611

Idealverein **28** 21 ff.
Immissionsschutz **26**
Informationsfreiheit **8** 5
Inhaltskontrolle **28** 305 ff.
Internationale Biathlon Union **53** 1 ff.
Internationale Schiedsgerichtsbarkeit **1, 2**
Internationale Sportverbände **52, 53**
Internationales Olympisches Komitee **51** 2 ff.

Jugendarbeitsschutz **38**

Kartell- und Beihilferecht **4** 101, 102
Kleinunternehmer **50** 19
Kommunikationsfreiheiten **8** 5
Kompetenzen **8** 70 ff.
Körperliche Unversehrtheit **8** 2
Körperverletzung **31** 223 ff.
Korruption im Sport **31** 299 ff.
Kündigung **28** 620; **34** 1
Kündigungsschutz **34** 1 ff.
Kündigungsschutzgesetz **34**
Kunst-Urheberrechtsgesetz **44**
Kurzberichterstattungsrecht **40** 5

Landesverfassungen **9–23**
Länderkompetenzen **8** 70
Lärmschutz **26**
Ligaverband **55** Präambel 1, 7, 16 f.
Lizenz **52** 11, 12; **53** 1; **55** 16; **57** 16

Markenlizenz **43** 30
Markengesetz **43**
Markenschutz **43** 2 ff.
Medienrechtevermarktung **51** 7; **53** 18; **55** 16; **57** 14
Meldepflicht **58** 2, 5, 7, 10
Menschenwürde **8** 1
Minderjährige **28** 104 ff.
Mitgliedschaft
- Verband → Aufnahme
- Verein **28** 38, 39
- Vorstand **28** 26
Mitgliedsbeiträge **52** 13, 71; **53** 2; **54** 12, 27, 31; **56** 5; **57** 12, 33
Mitverschulden **28** 254
Musterversammlungsstättenverordnung **27**

Nachrichtenmäßige Berichterstattung **40** 5
Nachweis (Doping) **58** 2
NADA-Code **58**
Namensrecht **28** 12, 57
Nationale Anti-Doping Agentur **58**
Nebenpflicht **28** 241
New Yorker Übereinkommen über die Anerkennung und Vollstreckung ausländischer Schiedssprüche **1**
Niederlassungsfreiheit **4** 49
Nominierung **53** 6; **54** 3, 15; **56** 16

Nutzungs- und Verwertungsrecht **42** 31 ff.

Öffentliche Stelle **46** 2
Öffentliche Zugänglichmachung **42** 19a
Olympiaschutzgesetz **45**
Olympische Bewegung **51** 1 ff.; **54** Präambel
Olympische Bezeichnungen **45** 1 ff.; **51** 7, 14
Olympische Charta **51**
Olympische Eigentumsrechte **45** 1 ff.; **51** 7
Olympische Fahne **51** 9, 32, 54
Olympische Spiele **41** 3; **51** 6, 7, 33 ff.
Olympisches Symbol **41** 1; **51** 7–9

Persönliche Daten **46** 1 ff.
Persönlichkeitsrecht
- Verankerung im Grundgesetz
- Anspruchsgrundlagen zur Durchsetzung **8** 2, 1; **28** 823, 1004
- Fallgruppe → Recht am eigenen Bild
Pflichtverletzung **28** 241 ff.

Recht am eigenen Bild **44** 22 ff.
Recht auf freie Berufsausübung → Berufsfreiheit
Recht auf Kurzberichterstattung → Kurzberichterstattungsrecht
Rechtschutz **8** 19; **52** 57 ff.; **54** 33, 34; **56** 19, 20; **57** 49 ff.
Rechtsstaatsprinzip **8** 20
Religionsfreiheit **8** 4
Rundfunkfreiheit **8** 5
Rundfunkstaatsvertrag **40**

Sachbeschädigung **31** 303, 303c
Satzung **28** 25 ff.; **51 ff.**
Schadensersatz **28** 280 ff., 823 ff.
Schiedsgerichtsbarkeit **30** 1005 ff.; **51** 49; **52** 62–64; **53** 10; **54** 33, 34; **55** 17, 17a; **56** 21, 22; **57** 4, 51, 52; **58** 12, 13
Schiedsrichter
- im Rahmen des Schiedsgerichtsverfahrens **53** 10; **54** 34; **55** 17; **56** 20; **57** 51
- als Spielleiter **51** 1; **52** 21–23AFB; **55** 55; **56** 15; **57** 46
Schuldverhältnis **28** 241 ff.
Schulsport **8** 7
Selbstgefährdung des Sportlers **28** 823
Selbständige Athleten **48** 15, 18
Sittenwidrigkeit **28** 138
Spenden **47** 58; **48** 10b
Sperre **52** 59, 63; **55** 44; **56** 21; **57** 5; **58** 10
Spielertransfer **52** 5, 49, 14AFB; **55** 3
Spielregeln **51** 27; **52** 2, 6, 13, 20ASB; **53** 1, 15; **55** 3, 4, 54
Sportanlagenlärmschutzverordnung **26**
Sportberichterstattung **39** 14; **40** 4, 5
Sportförderung **9–23; 4** 165
Sportlärm **26**
Sportmanipulation **31** 263, 266, 299 ff. 331 ff.

Sportstrafrecht **31**
Sportunterricht **8** 4, 7
Sportverband → Verbandsrecht
Sportverein → Vereinsrecht
Staatszielbestimmung **9–23**
Strafgesetzbuch **31**
Strafrecht **31**
- Straftaten gegen die persönliche Ehre **31** 185 ff.
- Körperverletzungen **31** 223 ff.
- Betrugstatbestände **31** 263 ff.
- Sachbeschädigung **31** 303 f.
- Straftaten gegen den Wettbewerb **31** 299 ff.
- Straftaten im Amt **31** 331 ff.
Stiftung **28** 80 ff.

Teilnahmeanspruch → Aufnahme
Teilzeit **36** 2
Teilzeitbefristungsgesetz **36**
Ticket-AGB **28** 305 ff.
Trainervertrag **28** 611 ff.
Transferbestimmungen → Spielertransfer
TV-Übertragungsrechte → Fernsehübertragung

Übertragung von Großereignissen **39** 14
Übungsleiterfreibetrag **48** 3
UEFA **52** 20
Umsatzsteuer **50** 1 ff.
unerlaubte Handlung **28** 823 ff.
UNESCO **3** 1 ff.; **58** 1
UNESCO-Übereinkommen gegen Doping im Sport **3**
Unionsrecht **4–8**
Unterlassungsanspruch **28** 12 1004; **42** 97; **43** 14, 15
Unschuldsvermutung **6** 6
Umsatzsteuer **50** 2
Umsatzsteuergesetz **50**
Unternehmer **28** 14, 305; **50** 1
Urheber **42** 1
Urheberrecht **42** 1 ff.
Urheberrechtsgesetz **42**
Urkundenfälschung **31** 267
Urlaub → Erholungsurlaub
Urlaubsanspruch **35** 1
Urlaubsentgelt **35** 11
Untreue **31** 266

Verband → Verbandsrecht
Verbandsgerichtsbarkeit **51** 59; **52** 57–61; **53** 10; **54** 33; **55** 39–45; **56** 19; **57** 49, 50
Verbandsrecht **51 ff.**
- Grundlagen Vereins- und Verbandsrecht **28** 21 ff.
- internationales Verbandsrecht **51–53**
- nationales Verbandrecht **54–58**
Verbandssatzung → Satzung
Verbotsliste **58** 4
Verbraucher **28** 13, 305 ff.
Verein **28** 21 ff.; **24** 2
Vereinigungsfreiheit
Vereinsautonomie **8** 9; **28** 25
Vereinsgesetz **24**
Vereinsmitgliedschaft → Mitgliedschaft
Vereinsrecht **28** 21 ff.
Vereinsregisterverordnung **25**
Vereinszweck **28** 21, 22, 43, 57
Vermittlung **52** 13 AFB; **57** 4
Vermögensdelikt **31** 263 ff.

Versammlungsstätten **27**
Verschulden **28** 280 ff., 823 ff.
Verwertungsrecht **42** 20 b, 100
Vorstand **28** 26 ff.; **56** 11; **57** 35, 36

Welt Anti-Doping Agentur **58** 1 ff.
Werk **42** 2
Werkvertrag **28** 631 ff.
Wettbewerbsrecht **41; 4** 101, 102
Wettbewerbsregeln → Wettbewerbsrecht
Wettmanipulation **31** 263
Wirtschaftlicher Geschäftsbetrieb **28** 21, 22, 45; **47** 64–67a; **49** 2, 3; **50** 12
Wirtschaftlicher Verein **28** 22

Zivilprozessordnung **30**
Zivilrechtliche Haftung **28** 241 ff., 823 ff.
Zuschauervertrag → Ticket-AGB